KB237128

국어사와 국어방언사와의 만남

최전승 전북대학교 사범대학 국어교육과 교수

저서 『19세기 후기 전라방언의 음운현상과 그 역사성』(한신문화사, 1986)
　　　『한국어 방언사 연구』(태학사, 1995)
　　　『한국어 방언의 공시적 구조와 통시적 변화』(역락, 2004)
공저 『국어학의 이해』(1999 / 2008) 외 5권
번역 『역사 언어학』(1992, *Historical Linguistic*s by Thea Bynon)
논문 「국어 움라우트 현상의 유추적 확대와 화용론」(2004) 외 49편

전북대학교 교과교육연구총서 ❶

국어사와 국어방언사와의 만남

초판 인쇄 2009년 11월 20일 | 초판 발행 2009년 11월 30일
지은이 최전승
펴낸이 이대현 | 편집 추다영
펴낸곳 도서출판 역락 | 등록 제303-2002-000014호(등록일 1999년 4월 19일)
주소 서울시 서초구 반포4동 577-25 문창빌딩 2층
전화 02-3409-2058(영업부), 2060(편집부) | 팩시밀리 02-3409-2059
전자우편 youkrack@hanmail.net
ISBN 978-89-5556-738-0　93710

정가 34,000원
■ 잘못된 책은 교환해 드립니다.

전 북 대 학 교
교과교육연구총서 ①

국어사와 국어방언사와의 만남

최 전 승

도서출판 역락

발간사

　이 시대 교육의 중요성에 대해서는 다시 강조해도 부족함이 없을 듯합니다. 우리 전북대학교 사범대학은 지역사회와 나라를 대표하는 교육 연구와 실천의 요람으로서 나름의 역할을 충실히 해왔음을 자부합니다. 그동안 안으로는 학문적으로 교육의 이론을 세우고, 밖으로는 이를 실천하는 우수한 선생님들을 수없이 배출해 온 역사가 이를 잘 보여준다고 믿습니다. 그러나 하루가 다르게 변화하는 교육 현실은 우리에게 또 다른 도전을 요구하고 있습니다.

　특히 그동안 광범위한 영역에서 교과 교육은 있어 왔으나, 이에 관한 이론 수준의 연구가 부족했던 것이 사실입니다. 이에 우리 전북대학교 교과교육연구소는 이런 학계와 교육계의 반성을 바탕으로 교과 교육 방면의 지식 체계를 구조화할 수 있는 이론의 개발에 노력하기로 했습니다. 교과교육연구총서의 발간과 보급은 이를 뒷받침할 수 있는 사업의 하나로 기획된 것입니다.

　이론 없는 실천은 공허하기 쉽습니다. 우리의 궁극적 목표는 교육 현장에서 이루어지는 것이지만, 이를 위해서는 치열한 이론 탐구가 전제되어야 합니다. 이론 제시가 토론을 낳고, 토론의 결실이 현장에 반영되고, 다시 그 결과가 이론 연구에 영향을 주어야 합니다. 학교 현장에서의 교육은 교과 교육의 형태를 띠고 있습니다. 때문에 교과 교육에 대한 이론적 연구는 어떤 연구보다 우선시되고 중요하게 여겨져야 할 것입니다. 우리 전북대학교 교과교육연구소는 앞으로도 이 점에 역점을 두고 여러 사업을 진행해 나가고자 합니다.

우리 연구소의 노력이 총서의 형태로 결실을 맺기까지는 집필에 참여해주신 연구자 여러분은 물론이거니와, 많은 분들의 헌신적인 노고가 깃들어 있음을 잘 알고 있습니다. 우리는 이를 항상 기억하고 또 다른 결실로 보답하기 위해 노력하고자 합니다. 특히 이런 뜻깊은 사업의 취지에 동감하고 아낌없는 지원을 해주시는 전북대학교 당국의 배려에 감사의 말씀을 드립니다.

이제 약간은 야심에 찬 심정으로 우리 노력의 결과를 하나씩 세상에 내놓고자 합니다. 아무쪼록 이 총서를 접하는 많은 이들에게 우리의 의욕과 성과가 함께 하기를 기원합니다.

전북대학교 교과교육연구소장

책 머리에

　이 책은 나의 『한국어 방언의 공시적 구조와 통시적 변화』(2004, 역락) 이후에 작성한 논문들을 약간의 수정을 거쳐서 한 자리에 모은 것이다. 지금까지 나는 크게는 '한국어의 방언사', 좁게는 '19세기 후기 전라방언'에 주된 관심을 갖고 공부를 해 오며 논문을 써 왔다. 머리로는 <역사 화용론>과 <문법화>, <역사 사회언어학> 등의 이론과 주제를 늘 읽고 생각해 왔으나, 발은 어쩔 수 없이 19세기 후기 전라방언의 자료에 딛고 있었다. 내가 추구하는 학문적 이상과, 내가 갖고 있는 능력의 한계라는 현실과의 괴리에 따른 결과였다.

　나의 학위논문인 『19세기 후기 전라방언의 음운현상과 그 역사성』(1986, 한신문화사)을 20년이 지난 최근에 개정하는 일을 하면서, 그것보다는 오히려 일관된 논지를 갖고 19세기 후기 한국어 방언 전반을 새롭게 종합해 보는 작업을 하는 편이 더 나을 것 같은 판단을 하게 되었다. 따라서 "19세기 후기 한국어 방언의 분화와 발달"이라는 가제하에서 그 당시의 중부방언과 북부방언 그리고 남부방언의 자료를 나의 관점에서 다시 검토하고 상호 비교하는 작업을 진행해 오고 있다. 그렇기 때문에, 여기에 나오는 이 책은 내가 계획하는 원래의 예정에 없던 것이다.

　이러한 사실에도 불구하고, 이 책을 굳이 간행하게 된 이유는 내가 맞이하게 되는 정년을 염두에 두었기 때문이다. 내가 하는 공부는 그러한 제도적 장치와는 아무 관련이 없이 지속될 수 있을 것으로 처음에는 생각을 하였다. 그러나 한 직장에서 30년 넘게 녹을 받아먹고 공부하고 나가는 처지에 내 나름으로 작은 이정표라도 하나 있으면 좋을 것 같다는 생각이 아주 뒤늦게야 들었다. 그러나 2005년도부터 지금까지 내가 작성해서 발표한 글 가운데 다시 내보일만한 제대로 된 논문은 별로 찾기 어려웠다. 기회가 있으면 몇 편 더 보강해서 나중에 『한국어 방언사와 19세기 후기 전라방언』이라는 표제로 간행하려고 준비하고 있던 최근 4편의 논문과, 전라방언의 의미변화에 관한 논문 1편을 이 책의 제1부와 제2부에 포함시키는 수밖에 없었다.

따라서 이 책의 전반부는 19세기 후기 중부방언과 전라방언 중심의 한국어 방언사의 음운론과 형태론 및 의미론에 해당된다고 볼 수 있는 극히 작은 일부분이 주제를 이루게 되었다. 이 책의 제3부에서는 국어사의 내적 재구와 관련된 논문 1편과, 국어사의 지료 해서의 문제를 취급한 1편이 배정되었다. 특히 제6장의 글은 다시 간행하기에 다소 문제가 있기 때문에 많이 주저하였지만, 준비한 밑천이 원래 없어서 부득이 이 책에 첨가하였다. 여기서 이 책의 내용은 사실상 끝난다. 내가 예전에 1980년대에 발표했던 글 가운데 4편은 논지에 부족한 점이 많아서 나중에 개정해서 다시 쓰려고 벼르고 있었던 것이지만, 시간이 부족해서 그 작업은 여기에 포함시키지 못하였다.

이 책의 제4부에 해당되는 글은 나의 예전 1970년대의 석사학위 논문으로, 일종의 사족이고 부록이다. 이 글은 내가 시도한 최초의 전공 논문이기도 하다. 내 나름으로는 감회가 적지 않은 것이지만, 어쩐지 다시 읽어보기 싫은 글이었기 때문에 그 이후로 꺼내어 정독해 본 적은 없었다. 그렇지만, 이 기회에 다른 대안이 없기 때문에, 손을 좀 봐서 이 책에 같이 포함시키면 좋을 것 같다는 얄팍한 생각이 들었다. 그러나 그것은 내 꾀에 내가 빠진 큰 오산이었다는 사실을 나중에 알게 되었다. 덕분에 올 여름 7~9월은 이 작업으로 한층 더 힘들고 무덥게 보내게 되었다. 이 논문에서 관찰과 해석의 시점은 이 글이 작성되었던 당시 1975년 이전으로 한정시켰으며, 본문 가운데 어색한 문장을 다듬고, 강조하려는 논지의 초점을 좀 더 정확하게 제시하려고 하였다. 그러나 이 글에서 인용되었던 중세와 근대국어의 예문들을 "세종어휘 역사자료"(시대별) 자료뭉치를 바탕으로 Syn KDP(통합형 한국어 처리 프로그램), 깜짝새 1.55를 사용하여 대부분 교체시키게 되었음은 큰 다행이었다고 생각한다.

이렇게 하여 제3부와 4부에 배정된 논문은 대체로 국어사에 관한 주제에 속한다. 이 책의 제1장에 배정된 글은 내가 최근에 쓴 논문으로, 굳이 말하자면 국어 방언사의 영역에 관한 것이다. 그리고 제8장의 논문은 내가 이 글을 작성함으로써 국어학의 분야로 입문한 국어사의 일부에 관한 것이다. 따라서 이 책의 제목을 그럴 듯하게 『국어사와 국어 방언사와의 만남』이라고 설정하게 된 것이다. 혹시 이 책의 제목만 보고, 책의 내용이 이 두 영역 간의 심오한 철학적 문제를 제기한 글일 것이라고 잘못 판단하게 될 독자들이 있을까 하여 미리 양해를 구한다.

이 책에 실린 길고 짧은 글들의 게재된 출처를 발표 시기별로 제시하면 다음과 같다.

1975. 8.「중세국어에서의 이화작용에 의한 원순성 자질의 소실에 대하여」,『국어연구』제33호, 국어연구회, 1~108면.

2005. 8.「음성변화와 내적 재구, 그리고 지역 방언에서의 개별 어휘적 특질-중세국어의 비자동적 교체 유형과 그 방언 반사체들의 발달을 중심으로」,『국어학 논총』(이병근선생 퇴임기념), 태학사, 1079~1115면.

2005. 12.「국어사 연구에서 언어 사실과 그 해석의 논리-'ㅇ'의 경우」,『배달말』제37집, 배달말학회, 99~125면.

2006. 12.「국어 지역 방언에서 일어난 의미 변화의 일반적 발달 경향과 환유(metonymy)와의 상관성-전라방언에서 '도르다/두르다'형의 의미 전이의 경우를 중심으로」,『배달말』제39집, 배달말학회, 168~216면.

2007. 12.「19세기 후기 국어에서 의존명사로의 문법화 과정과 역사적 연속성」,『국어문학』제43집, 국어문학회, 55~115면.

2008. 10.「방언 자료 텍스트의 유형에 따른 방언 의식 실현상의 상이와 진행 중인 언어변화의 양상-19세기 후기 전라방언의 경우를 중심으로」,『제2회 이재 황윤석 연구 학술발표논문집』, 이재 학술 연구소, 125~170면.

2009. 2.「19세기 후기 국어방언에서 진행 중인 음성변화와 과도교정(hyper-correction)의 개입에 대한 일 고찰」,『국어문학』제46집, 국어문학회, 323~385면.

2009. 9.「19세기 후기 전라방언에서 '그네'(鞦韆)의 방언형 '근듸' 계열의 형성과 발달에 관한 일 고찰」,『어문연구』제61집, 어문연구회, 103~104면.

　나의 전공이 국어사의 좁은 한 분야 음운론으로부터 출발하였으나, 나중에 국어 방언사, 특히 19세기 후기 전라방언의 연구로 발전·지속되고, 최근에 19세기 후기 한국어 방언의 형태론과 통사론 분야로 확대되게 만든 계기는 내가 1978년에 전북대학교에 조교로부터 시작하여 교수로 지금까지 32년간 근무하게 된 인연과 불가분의 관계에 있다는 생각이 든다. 생각해 보면, 사회·정치적으로 엄청난 격동의 80년대와 90년대의 시기를 국어 방언사의 일념으로 책상에 앉아 무사히 버티게 해준 전북대학교와, 사범대학의 국어교육과 동료 교수님들, 그리고 국어과 젊은 학생들에게 마음속으로 깊은 감사를 올린다. 특히, 국어교육과 한창훈 교수에게 감사한다. 이 책이 부족하지만, 전북대학교 교과교육연구총서 첫째 권으로 간행되는 것은 전적으로 한창훈 교수의 배려 덕택이다.

　그리고 나의 삶의 아름다운 반려인 溫剛 화백에게 이 책을 바친다.

2009. 10.

최 전 승

차 례

제1부 19세기 후기 국어방언의 음운론과 형태론의 역동성

제1부

19세기 후기 국어방언의 음운론과 형태론의 역동성

제1장

19세기 후기 전라방언에서 '그네'(鞦韆)의 방언형 '근듸' 계열의 형성과 발달에 대한 일 고찰

1. 서론

1.1. 이 글에서 글쓴이는 현대국어의 '그네'(鞦韆)에 해당되는 19세기 후기 전라방언의 전형적인 방언형 '근듸' 계열의 어휘적 형성 과정과 그 이후의 변화의 진로, 그리고 여기에 참여한 통시적 음성변화들의 성격 및 방언 형태론에 대한 몇 가지 가정을 제시하려고 한다.[1] '근듸' 계열은 19세기 후기 전라방언 자료들의 유형에 따라서 구체적으로 '근듸, 근듸, 군듸'와 같은 공시적 변종으로 반영되었다.

---

[1] 이 글은 2009년도 전북대학교 연구기반 조성 연구비에 의하여 작성된 것임. 이 글의 초고를 세밀하게 검토하고, 건설적인 비평과 많은 문제점, 그리고 새로운 자료를 제시하여 준 백두현(경북대), 배주채(가톨릭대), 이진호(전남대), 이정애(전북대), 김규남(전주대), 위진(전남대), 서형국(전북대), 강희숙(조선대), 정인호(대구대), 신중진(울산대), 손희하(전남대) 교수님들에게 진심으로 감사의 인사를 올린다.
그러나 이 글의 내용에서 파생된 모든 부족한 점과, 오류는 글쓴이에게만 한정된다.

　　이러한 19세기 후기 전라방언의 방언형들은 단어 형성의 측면에서 거의 같은 시기의 경판본 자료 또는 서울방언 자료에 출현하고 있는 '그늬, 그닉, 그네' 부류들과 그 계열을 달리 하고 있다. 또한, 19세기 후기 육진 또는 함북방언을 반영하고 있는 Putsillo의 『로한ᄌ뎐』(1874 : 231)에 '그네'의 방언형으로 '츄처니, 그늬' 이외에 '굴긔'가 등록되어 있다. 따라서 19세기 후기 단계에서 '그네'의 지역적 방언형은 전라방언의 '근듸', 중부방언의 '그늬', 그리고 북부방언 중심의 '굴긔'와 같은 세 가지 계열로 확인된다. 현대 경상방언에서 '그네' 방언형들의 유형('군뒤, 군디, 군데' 등)과 분포를 관찰하면, 그 이전 단계에서 역시 '근듸' 계열로 소급될 수 있을 것 같다. 그렇다면, 현대국어의 지역방언에서 보이고 있는 '그네' 방언형들의 형성과 그 발달 과정은 19세기 후기의 단계에 등장하고 있는, 위에서 언급된 세 가지 계열의 범주에서 크게 벗어나지 않는다.

　　문헌 중심의 국어사에서 '그네'의 최고의 역사적 선행 형태는 '글위'(鞦韆)로 나타난다. 중세국어의 '글위'형은 17세기에 자연스러운 음성변화(비원순화)를 수용하여 '그릐'로 전환된 다음, 18세기 국어에서 비교적 이른 단모음화 '의>이'에 적용된 '그리'와 같은 형태를 보인다. 그러나 근대국어 후기의 단계에 또 다른 형태 '그늬'가 출현하기 시작하여 그 후속적인 발달형들이 남부와 북부방언을 제외한 중부방언의 대표적인 변종으로 확립된다. 역사적 선행 형태 '글위, 그릐' 부류와 18세기부터 등장하는 새로운 후속 형태 '그늬'는 피상적으로 동일한 기원에서 출발한 것 같으나, 서로 다른 어휘사의 경로를 거쳐 왔을 가능성이 높다. 그 이유는 '그릐>그늬'와 같은 변화를 국어사에서 합리적으로 설명할 수 없기 때문이다. 또한, '그릐' 계열과 '그늬' 계열의 후속형들이 현대국어 지역방언에서 각각 상이한 사용 영역을 차지하고 있어 상호 배타적 분포를 나타낸다.

　　19세기 후기의 전라방언의 역사적 단계 설정에 대한 타당성, 그리고 신재효 판소리 사설 및 완판본 고소설 중심의 다양한 방언 자료들의 유형과 그 사회 문화적 형성 배경에 대한 구체적인 언급은 최전승(1986)을 전제로 한다. 현대 전남과 전북방언에서 19세기 후기 방언형 '근듸' 계열은 대체로 '군뒤, 군대, 군두, 근디, 군지' 등과 같은 후속형들로 변화되어 각 지역에 분포되어 있다. 이 가운데 특히 '군지, 근지' 부류가 대부분 전남방언에 확대되어 있는 현상이 주목된다. 따라서 글쓴이는 19세기 후기 전라방언에서의 '근듸'를 출발점으로 하여 현대 남부방언에서 보이는 공시적 방언형들의 후속적인 발달에서 외견상으로 관찰되는 다음과 같은 음운대응에 언어변화의 관점에서 일정한 음운·형태론적 근거를 탐색해보려고 한다.

    (1) ㄱ. '근듸>군뒤, 군대, 군두, 근디'
          ㄴ. '근듸>군지'

1.2. 지금까지의 다른 고찰에서 시도되었거나 알려진 '그네'의 어원과 그 역사적 어휘사는 불완전한 것일 수밖에 없다. 그러한 이유는 주로 다음의 두 가지 사실에서 기인된다. 첫째는 '그네'의 역사적 선행 형태들이 전통적인 문헌 자료에서 다양하게 등장하지 않았으며, 출현하는 빈도 역시 시기별로 소량에 불과하였다. 둘째, 한글로 전사된 최초의 기록을 반영하는 15세기 형태인 '글위'에서부터 현대국어 중앙어의 '그네'로 이르는 통시적 변화 과정이 매우 불투명하다. 이러한 사정은 현대국어의 공시적 지역방언에서 '그네'의 다양한 방언형들이 40여 가지 이상이나 생산적으로 분포되어 있는 사실과 좋은 대조를 이루는 것이다(小倉進平, 1944 ; 최학근, 1990).

『우리말 어원사전』(김민수 편, 1997 : 136)에서 '그네'의 어원은 알 수 없으며, 이 어휘가 역사적으로 밟아온 변화 과정은 '글위>그릐>그리>그늬>그네'인 것으로 기술하였다. '그네'의 어원이 미상이라는 사실은 동의하지만, 위의 연쇄적 변화 가운데 '그리>그늬'와 같은 과정 설정은 불합리하다고 생각한다. '그리'와 '그늬'는 앞에서 언급한 바와 같이, 서로 다른 계열에 속하는 형태로 간주하는 것이 타당하다.2) 그러나 중세국어 전반과 전기 근대국어에 걸쳐 문헌자료에 전연 반영되지 않았던 '그늬' 형이 18세기 단계에서 '글위'의 마지막 변화 형태인 '그리'에 뒤이어 출현하였으며, 이 어형의 반사체들이 현대 중부방언에서 주류를 형성하고 있다는 사실은 쉽게 이해되지 않는다.

종래에 산발적이기는 하지만 '그네'의 어원을 규명하려는 시도도 있어 왔다. 일찍이 양주동(1947 : 248)은 고려 고종 때 翰林의 여러 사대부들이 지은 경기체가 「한림별곡」(악장가사 소재) 가운데 "紅실노 紅글위 미요이다." 에 대한 주석에서 다음과 같은 언급을 하였다. 즉, '그네'의 어원이 '발을 구르다'의 '구르-'(그우르)에 있는 까닭에, 오늘날 '그네, 군듸, 굴위' 등 무려 수십 여종의 현존하는 방언형 가운데 '글위' 혹은 '굴위'가 역시 원형에 가깝다는 것이다. 그 반면에, 최상수(1988 : 110)는 민속학적 관점에서 '그네'의 역사를 조감하였으며, '그네'는 원래 '근의'에서 파생된 어휘로, '근(>끈, 繩)으로 묶어서 노는 놀이의 일종이기 때문에 '근(끈)의 희(戱)' 의 합성임이 분명하다고 보았다.3) 물론 이와 같은 설명은 지금까지 축적된 국어 음운사에 대한 정밀한 체계 위에서 이루어진 것이 아니다.

최근 <한민족 언어정보화>(1998~2007, 21세기 세종 계획에 의한)에서 작

---

2) 유창돈(1980 : 146)은 음성변화의 유형 가운데 "對應"의 항목에서 '그네'(鞦韆)의 예를 제시하면서, 이 어휘는 '글위'에서 ㄹ>ㄴ으로 변한 것으로 기술하였다. 백두현(경북대) 교수는 이 글의 초고에 대한 논평에서 '그릐>그늬'와 같은 변화 방향이 국어사에서 가능한 과정일 것으로 판단하였다.

3) 최상수(1988)는 자신의 '그네' 어원에 대한 추정이 이미 최남선의 『조선의 상식』(1946) 에서 제시된 설명을 다시 확인한 것이라고 하였다.

성한 "국어 어휘의 역사 검색 프로그램" 가운데 하나의 항목인 '그네'의 개략적인 語彙史가 기술된 바 있다. 지금까지 제시된 이 어휘에 관한 구체적인 언급 가운데 가장 상세한 역사적 발달 과정과 어휘사에 대한 해설을 이러한 "국어 어휘의 역사"가 대변하고 있기 때문에, 글쓴이의 관점에서 여기서 주목되는 설명의 후반 부분을 그대로 정리하여 요약하면 다음과 같다.

> (2) ㄱ. '그네'의 역사적 발달 가운데 19세기에 '근듸'가 나타나는 점이 특이하다.
> ㄴ. '근듸'는 'ㄴ-ㄷ'의 자음 연쇄를 가지고 있어서 이 형태를 '글위'나 '그늬' 부류와 같은 계열로 설명하기는 어렵다. 특히 '근듸'가 전라방언을 반영하는 〈춘향전〉에서만 나타나는 점도 이러한 추정을 뒷받침한다.
> ㄷ. 따라서 국어사에서 계기적으로 출현하고 있는 '글위, 그늬, 근듸' 형태는 각각 '글-, 근-'에 '-위, -의, -듸'가 결합된 것으로 추정한다.
> ㄹ. 여기서 이음절 위치의 '-위, -의, -듸'는 "어떠한 행위와 관련되는 도구"의 의미를 가지는 것으로 상정해 볼 수 있다. "글, 근" 형태를 분석하는 것은 어려운 일이지만, 'ㄹ'과 'ㄴ'을 가진 어형이라는 점에서 관형사형으로 추정해 볼 수 있다.

위의 설명 가운데 글쓴이가 이 글에서 전개하였던 19세기 후기 전라방언형 '근듸'의 형성과 발달의 관점에서 (2ㄱ)과 (2ㄴ) 부분은 동의한다. 그러나 (2ㄷ)과 (2ㄹ)에 해당되는 '근듸' 형태 분석에 대해서는 이와 전혀 다른 관점에서, 19세기 후기 전라방언의 자료를 중심으로 몇 가지 대안을 제시하려고 한다.

2. 19세기 후기와 현대 전라방언에서 '근듸'와 '그늬' 계열의 배타적 분포

2.1. 개신형 '근듸(鞦韆)' 계열의 등장과 그 공간적 확산

19세기 후기 전라방언의 자료 가운데, 오늘날의 '그네'형으로 소급되는 방언형들은 한자어인 '츄천', 그리고 중부방언 계열의 '그늬' 부류 이외에, 전형적인 '근듸'와 '근디' 또는 '군디'와 같은 형태로 등장하였다. 이 시기의 자료에서 개신형 '근듸' 계열의 예를 제시하면 다음과 같다.

> (3) ㄱ. 이익 상단아 <u>근듸</u> 바람이 독ᄒ기로… <u>근듸</u>줄 붓들러라(수절
> 가, 상. 8ㄴ)
> <u>근듸</u>을 미고 네가 뛸졔(상동. 상. 10ㄴ)
> 춘향 <u>근듸</u> 미고 오락가락 노던 양을(상동. 하. 29ㄴ)
> <u>근듸</u>줄을 양수의 갈너쥐고(병오본 완판 33장본, 수절가. 3ㄴ)
> <u>근듸</u>줄을(박순호장본 99장본 필사본 춘향가, 5ㄱ)
> ㄴ. <u>근디</u> 밋틔 썰어지며(박순호장본 99장본 필사본 춘향가, 8ㄱ)
> ㄷ. 놉피 올나 <u>군디</u> 미고(박순호 소장 68장본 필사본 춘향가, 3ㄴ)
> <u>군디</u>줄을 얼는 노코(상동. 6ㄴ)

위의 예에서 '근듸' 계열은 19세기 후기 전라방언의 자료에서도 특히 판소리계 완판본 고소설 계통과, 언어 표출의 측면에서 이것과 밀접한 관계를 맺고 있는 일정한 필사본 부류 등에 한정되어 대부분 출현하고 있다. 하나의 예외는 29장본 완판본 『별춘향전』 가운데 '츄천'과 교체되어 나타나는 '그늬' 계열의 '근의'형이다. 방즈 일은 말리 츄천을 ᄒ량이면 네 집 후원의셔 홀 거시졔…장장치승 근의줄을 양슈의 갈너 쥐고(4ㄴ). 따라서 19세기 후기 전라방언에서 '그네'의 방언형은 격식어체에 등장하는 한자음 '츄천'

과 중부방언 계통의 '그늬' 계열, 그리고 전형적인 토속형 '근듸' 계열이 사회언어학적 상황에 의해서 교체되어 사용되었을 것으로 보인다.

小倉進平(1924)이 수집한 1920년대 '그네'의 남부지역 방언형들의 분포를 조감해 보면, 19세기 후기의 '근듸' 계열에서 발달된 다양한 방언형들이 비단 전라방언에서 뿐만 아니라, 충남방언의 일부 지역과 대부분의 경상방언에까지 그 분포 영역을 남부방언 전체로 확대시키고 있다.[4]

19세기 후기 또는 그 이전의 경상도 방언의 역사적 자료에서 '그네'의 방언형이 '근듸', 아니면 이와 비슷한 형태로 등장하였던 토착어의 예들은 글쓴이는 아직 찾을 수 없다. 현대 경남방언에서 산발적으로 분포되어 있는 '추천'과 '그네' 계열을 제외하면, '군디'(창녕, 김해) 또는 '군대'(울주, 산청, 의령, 진양, 양산, 사천, 고성, 거제)형이 주종을 이루고 있다(『한국방언 자료집』, VIII, 경상남도 편, 1993 : 126, 한국정신문화원). 그 반면에, 경북방언에서는 '군디'형의 쓰임이 주된 경향을 이룬다(VII, 경상북도 편, 1989 : 137). 이러한 방언형들의 분포를 1920년대의 그것과 대조하면, 특히 현대 경북방언의 '군디'는 19세기 후기의 단계에서 '군듸'로 소급될 수 있다(각주 4)에서 (ㄹ) 항목을 참조). 이러한 사실은 '군듸>군디'와 같은 단모음화가 적

---

4) 小倉進平(1924)에서 남부방언의 조사 지점은 충청도, 전라도, 경상도 그리고 강원도 동해안 일대에까지 포함되어 있다. 여기서 충남과 충북 그리고 강원도 방언에서 대부분을 이루고 있는 '그늬' 계열을 제외하면, 1920년대 '근듸' 계열의 남부 방언형들의 종류와 그 분포 지역은 아래와 같이 다시 요약될 수 있다.

(ㄱ) 근데(충남 : 부여, 전북 : 무주)
(ㄴ) 근듸(전북 : 전주, 임실, 남원, 정읍, 금산 ; 충남 : 부여, 강경)
(ㄷ) 군두(전남 : 목포, 진도)
(ㄹ) 군듸(전남 : 함평, 보성 ; 경북 : 상주 외 11개 지역 ; 경남 : 마산)
(ㅁ) 군대(경북 : 경주)
(ㅂ) 권듸(전북 : 금산)
(ㅅ) 근지(전북 : 김제 ; 전남 : 대부분)
(ㅇ) 군지(전남 : 여수, 장흥)
(ㅈ) 군기(경북 : 안동)

어도 3세대(약 90년)를 거치는 동안에 개입된 것으로 이해된다. 따라서 경상도 방언의 전형적인 방언형 '군디'와 '군대' 등은 역시 19세기 후기 전라방언 '근듸' 계열과 그 기원을 같이 하고 있다.

『한국방언 자료집』(VI, 전남 편, 1991 : 143)을 참고하면, 이 방언지역의 하위방언들은 '그네'의 방언형으로 '군지'형을 대부분 사용하고 있다.[5] 또한, 전북방언 자료(V, 전북 편, 1987 : 105)에서는 '그늬' 계열에서 발달된 방언형들이 '옥구, 완주, 부안, 정읍, 고창' 등지에 침투되어 있는 양상을 보이지만, 여타의 다른 하위방언에서는 '근듸' 계열의 후속형들이 '군디' 또는 '근디'의 형태로 출현하고 있다. 그러나 오늘날 공시적 남부방언 지역에서도 '근듸' 계열의 다양한 반사체가 일정한 방언 경계선으로 분리되어 상호 배타적으로 출현하지는 않는다고 생각한다. 그것보다는 방언 접촉 또는 화용론적 상황에 준해서 방언 화자들이 구사하는 말의 스타일에 따라서 각각의 방언형들이 서로 교체되어 사용되었을 가능성이 많다. 예를 들면, 郡 중심의 대단위 전북방언 자료집(V, 전북 편, 1987 : 105)에서 '그네'의 방언형으로 남원 지역은 '군디'형이 단독형으로 사용되는 것으로 조사되어 있다. 그 반면에, 방언 자료 조사지점을 面 중심의 소단위로 정밀화한 전광현(1977 / 2003 : 99)에 의하면, 남원방언의 하위 지역에 따라서 다음과 같은 네 가지 변이형들이 상호 중첩되어 출현하는 양상을 보인다.

(4) ㄱ. 군대(동면, 아영)
     ㄴ. 군디(동면, 아영, 운봉, 금지, 송동)

---

5) 전남방언의 전체 조사지점 가운데, 신안에서 '군두', 여천에서 '군데', 그리고 화순에서 '그네', 영광과 담양에서 전혀 다른 기원에서 유래하는 '둥구'와 '훔지, 훈지'형이 출현하였다(『한국방언 자료집』 VIII, 전남 편, VI, 1991 : 143). 이 글에서는 '근듸' 계열 이외의 여타의 다른 계통의 방언형들에 대해서는 글쓴이의 여력이 미치지 못하였다.

    제1부 19세기 후기 국어방언의 음운론과 형태론의 역동성

ㄷ. 군지(송동, 금지, 보절)
ㄹ. 군뒤(운봉)

위의 예들은 19세기 후기 전라방언의 '근듸' 계열에서부터 각각 상이한 변화를 밟아 온 대부분의 반사체들을 전북방언의 郡 단위 내에서 모두 열거하고 있는 셈이다. 비록 '그네'의 방언적 분포 한 가지에만 한정되지만, 위에서 우리가 개략적으로 조감했던 남부방언의 주된 대표 방언형들의 분포와 (4)의 남원방언의 경우를 비교하면 방언 차용 또는 방언접촉의 관점에서 다음과 같은 추정이 잠정적으로 가능하다. 즉, (4ㄷ)의 '군지'형을 사용하는 송동, 금지, 보절의 지역은 전남방언,6) (4ㄴ)의 '군듸'를 사용하는 동면, 아영, 운봉, 금지, 송동 등의 지역은 전형적인 전북방언권에 속하여 있음을 보여주며, (4ㄱ)의 '군대'형을 사용하는 동면과 아영 지역은 아울러 경남 방언권의 영향을 동시에 받고 있음을 나타내는 지표가 된다.

남원방언에서 관찰되는 이러한 사회언어학적 상황은 다른 지역방언에서도 나타나는 자연스러운 현상인 동시에, 현대의 공시적 방언에서나 1940년대에서나 크게 다르지 않았을 것이다. 즉, 小倉進平(1944ㄴ : 245)의 조사에 의하면, '그네'의 방언형 '군뒤'[kun-dui]는 전북의 운봉과 남원을 포함하여 임실, 정읍, 장수, 진안, 무주 등에 분포되어 있으나, 남원방언에는 '군뒤'와 아울러 '근듸'가 같이 사용되고 있다.7)

---

6) 신중진 교수는 이 글의 초고에 대한 논평에서 본문 (4ㄷ)의 '군지'형은 방언 차용이라기보다는 이 지역방언 자체에서 수행된 구개음화의 확대라고 볼 수 있을 것으로 지적하였다. '반되>반뒤>반듸'(螢)의 과정을 거친 '반디'형이 남원방언에서 t−구개음화를 수용한 '반짓불'으로 쓰이는 사실을 보면(이 글의 4장 3절을 참조), 그렇게 판단할 개연성이 있다.

7) 또한, 같은 방언지역에서 상이한 계열의 '그네' 방언형들이 공존하기도 한다. 그리하여 충북 단양에서 '군두'와 '구누'형이, 전북 전주와 임실에서 '근듸'와 '질매'형이, 그리고 충남 서천에서는 '근네'와 '근듸'형이 각각 나란히 쓰이고 있다(小倉進平, 1944ㄴ : 245~247).

2.2. 남부방언에서 '그늬' 계열의 위상

小倉進平(1944)에서 조사된 1940년대 '그네'의 방언형들의 분포와 현대 국어의 『한국방언 자료집』(정신문화연구원)에서 조사된 그것들의 사례를 남부방언 중심으로 대조하면 전남방언에서보다 전북방언에서 '그늬' 계열의 확산을 관찰하게 된다.[8] 1940년대 전북방언에서 '그늬' 계열의 방언형은 김제에만 한정되어 있었다. 그러나 현대 전북방언 자료집(V, 전북편, 1987 : 105)에는 옥구(근네), 완주(건네), 부안(그네), 정읍(근네), 임실(그네<군지), 고창(그네) 등에서 1940년대에 쓰이던 '근듸' 계열이 '그늬' 계열의 후속형들로 대치되어 있다. 짧은 기간 동안에 일어나는 이러한 어휘 대치의 방향은 중부방언 중심의 '그늬' 계열이 전북방언의 내부로 확산되어가는 과정을 가리키는 것으로 보인다.[9] 1940년대 전남방언에서 대표적인 '군지'형은 현대 전남방언에서의 상황과 대체로 동일하다. 전남지역 대부분의 하위방언에 골고루 분포되어 있으며, 전북방언 일부에까지 확대되어 있는 고유한 방언형 '군지'의 존재와 그 분포 영역은 1920년대까지 큰 변동이 없이 그대로 소급되는 사실이 주목된다(小倉進平, 1924). '그네'의 방언형 분포와 관련하여 『한국방언 자료집』(정신문화연구원)을 이용하여 지금까지 개략적으로 살펴 본 전북방언 가운데, '그늬' 계열의 대표

---

8) 小倉進平(1944ㄴ : 242~249)은 1940년대 한국 지역방언에 분포되어 있는 '그네'(鞦韆)의 공시적 변종들을 수집하여 정리하고, 그 형태 음운론적 특질에 따라서 9가지 계열로 분류한 다음, 이러한 계열에서 파생된 다양한 35종의 방언형들을 추출하여 기술하였다. 즉, (1) '추천'의 한자음 계열, (2) '구리' 계열, (3) '그네' 계열, (4) '근듸' 계열, (5) '군지' 계열, (6) '굴기' 계열, (7) '굴매'와 '질매' 계열, (8) '훈지' 계열, (9) '술래' 계열. 또한, 그는 위의 9가지 계열에서 파생되어 35종에 이르는 '그네' 방언형들의 기원이 대부분 역사적으로 시대별 문헌 자료에 나타나는 '글위'(15, 16세기), '그릐'(17세기), 그리고 '그늬'(18세기)로 각각 소급될 수 있다고 보았다.

9) 이러한 현상은 시대의 흐름에 따라 일어나는 언어 내적인 경향에 근거한다고 볼 수도 있으나, 당시의 토박이 화자들이 갖고 있는 언어사용역 가운데 말의 스타일에 따라서 어느 하나의 형태가 등록되었을 가능성도 있다.

적인 형태 '그네'가 부안 등지와 함께 고창지역에도 확대되어 있는 사실
이 주목된다.10) 그 이유는 19세기 후기 전라방언 자료의 일부를 이루는
신재효의 『판소리 사설집』 가운데 「춘향가」와, 이 자료를 전후하여 이루
어진 다른 계통의 판소리 사설 필사본 부류에서 '근듸' 계열 대신에 주로
'그늬' 계열이 다음과 같이 등장하고 있기 때문이다.

> (5) ㄱ. 장장치승 <u>그느</u>줄을 감아 미고(신재효 동창 춘향가 가람본, 6ㄱ)
>   <u>그뉘</u> 씌난 네 밉시로(상동. 3ㄴ)
>   ㄴ. <u>근의</u>줄을 가마 미고(장자백 창본 춘향가, 4ㄱ)
>   양 <u>근의</u>줄을 갈나 잡고(상동. 4ㄱ)
>   쌈작 놀니여 <u>근의</u> 아리 쑥 쩌러지며(상동. 6ㄴ)
>   ㄷ. <u>근우</u>줄 갈너 잡고(高大本 춘향가, 54장 필사본, 296면)
>   <u>근우</u>줄의 쏙 쩌려져(상동. 306면)
>   <u>근위</u>줄의 바름나고(상동. 298면)
>   게집아희가 <u>근네</u>을 쮜거던(상동. 308면)
>   <u>근의</u>줄 갈너 잡고(상동. 308면)

위의 예들 가운데 '그늬' 계열이 19세기 후기에 개작된 신재효의 판소
리 사설에는 '그늬>그느'와 '그늬>그뉘'와 같은 변화 과정을 반영하고
있다. 여기서 '그뉘'형은 또한, 고대본 『춘향가』(54장 필사본)에서 '근위'와
'그우'로 반복되어 나타난다. 1940년대에 '그우'형은 주로 충북방언의 일부
에서 사용되던 형태로 조사된 바 있다(小倉進平, 1944ㄴ : 244). 이 자료에서만
'그늬' 계열의 방언형으로 '근우∽근위∽츄천∽근네∽근의' 등과 같이 다

---

10) 그 반면에, 최학근(1990 : 818)에서 전북 고창은 남원, 군산, 임실, 전주와 함께 '군뒤'
    형을 쓰는 것으로 조사되어 있다. 小倉進平(1924, 1944)의 방언 조사에는 전북 고창은
    '그네'의 방언형 항목에서 누락되어 있다. 또한, 부안지역의 방언만을 단독으로 조사한
    1995년도 서울대학교 국어국문학과 방언반 학술답사 보고서(『관악어문연구』 제20집)
    에서 이 지역에서 '그네'의 방언형으로 '근디'와 '근지(줄)'이 수집된 바 있다.

섯 가지의 형태들이 문맥에 따라서 출현하고 있는 사실이 특이하다.[11]

19세기 후기 판소리 사설 가운데에는 완판본 고소설 춘향전 계통에서와 동일하게 '그네'의 토착형 대신에 한자음 '츄쳔'(鞦韆)이 등장하는 빈도가 매우 높다.[12] 그러나 신재효의 개작 또는 여타의 다른 판소리 사설 부류에서 '근듸' 계열은 전연 출현하지 않는다. 19세기 후기 완판본 고소설 부류와, 이와 비슷한 시기의 산물인 고창 출신 신재효 판소리 사설 부류는 동시대의 여러 언어 층위에 걸쳐 전라방언의 특징적인 모습을 사실적으로 반영하고 있다(최전승, 1986). 따라서 '그네'의 토착 방언형으로 신재효의 판소리 사설집이 '그늬' 계열의 후속형만을 나타내고 있는 사실은 당대의 실제 언어 현실을 그대로 반영하는 것으로 이해한다.

3. '근듸'(鞦韆)의 어휘적 형성과 방언 형태론

3.1. 근대국어의 '근두'(跟陡)와 '근듸'(鞦韆)와의 연관성

19세기 후기 전라방언의 '근듸' 계열이 각각의 고유한 음성변화를 수행하여 오늘날 남부방언 등지에 분포되어 있는 반사체들을 살펴보면, 어

---

11) 19세기 후기의 중부방언을 반영하는 경판본 자료에서 통상적인 한자음 '츄쳔' 이외에, '그늬' 계열은 주로 '그늬∞그니'과 같은 형태로 출현하였다.

(ㄱ) 그늬줄을 셤셤옥슈로 갈ㄴ 쥐고(경판본 16장본 츈향젼, 2ㄱ)
(ㄴ) 니 츄쳔ㅎ던지 그늬를 쮜던지 디슈라(상동. 2ㄴ)
(ㄷ) 방즈놈 말이 츄쳔인지 그넌지 은근혼 곳의셔(상동. 3ㄱ)

12) 완판본 고소설 춘향전 부류, 즉 『별춘향전』 계열(26장본, 29장본)과 『열여춘향수절가』 계열(33장본 병오판, 84장본 수절가) 및 여기에 근거한 다양한 필사본에서도 한자음 '츄쳔'의 사용이 매우 일반적이다. 다음과 같은 예문은 동일 인물(방자→춘향)의 대화 속에 '추천'과 '근듸' 계열이 번갈아 등장하고 있는 모습을 보인다.

너 글은 니력을 드러 보와라. 계집 아히 힝실노 <u>추천</u>을 하량이면…은근이 미고 <u>추천</u>하난게 도례의 당연하미라…광한누 귀경처의 <u>근듸</u>을 미고 네가 쮤졔(수절가, 상. 10ㄱ)

두음절 모음의 관점에서 두 부류로 나누어진다. 하나는 그 분포에서 일부를 형성하지만, '근듸'형 그 자체와 같이 '으' 모음을 유지하고 있는 부류와, 다른 하나는 '근듸'형에서 발달된 대부분의 형태 '군디, 군두, 군뒤, 군지, 군데' 등과 같이 '으>우'의 원순화가 표면적으로 이루어진 것 같은 부류이다. 19세기 후기 '근듸'를 두 번째 부류가 갖추게 되는 일련의 음성변화의 출발점으로 설정하게 되면 '근->군-'으로의 원순모음화를 촉발시키는 구체적인 음성조건은 찾을 수 없다. '근듸'의 변화에서 '근->군-'으로의 과정은 20세기 초엽에 필사된 자료에 나타나는 (3ㄷ) '군더'에서 이미 시작되었다. 그뿐만 아니라, 19세기 후기의 '근듸'로부터 현대 남부방언형 가운데 수행된 비어두음절의 원순화('군뒤, 군두')도 역시 설명하기 어려운 것이다.

19세기 후기 전라방언의 '근듸'와 여기서 발달된 남부방언에서의 다양한 반시체들에 대한 합리적인 해석을 위해서는 그 기원지가 '근듸'에서 더 시대적으로 소급되는 어떤 형태에 있을 것이다. 그렇다면 19세기 후기 '근듸'형도 역시 그 이전에 투명한 음성변화를 수용하여 형성되었다고 간주할 수 있기 때문에, 현대 지역방언으로 이르는 연속적인 발달의 중간 단계의 형태에 해당될 것이다. 글쓴이는 이러한 기원적 형태가 근대국어에서 "몸을 한 번에 뒤집어 재주넘다"의 의미로 쓰이는 '근두(질)'와 깊은 관계를 맺고 있다고 추정한다. '근두(질)'는 근대국어의 어휘집 등에서 일종의 유희 범주인 <戱杭> 항목에 속하여 있다(남광우, 1997 : 182 ; 홍윤표, 2009 : 54를 참조).[13]

---

13) 오늘날의 '곤두박질'의 형성에 대한 어원적 역사와, 한자음 '筋斗, 跟陡' 등이 단순한 취음이라는 사실에 대해서는 홍윤표(2009 : 54~55)를 참조.

(6) ㄱ. 鞦韆 그릐, 跟陡 근두질ᄒᆞ다(역어유해, 하. 24ㄱ)
    놀이부(戲杭) : 打筋斗 근두딜ᄒᆞ다, 그릐 : 鞦韆, 打鞦韆
    그리 씌다(이상은 동문유해, 하. 33ㄱ)
 ㄴ. 근두질ᄒᆞ논 물(1790, 몽노중 5, 12ㄱ)
    후거리 잡고 근두쳐 쒸여 ᄐᆞ다(한청문감 116ㄱ)
    범이 근두치며 길노 쒸여가ᄂᆞᆫ지라(17??, 낙진삼, 46)
    몸을 근두쳐 변ᄒᆞ여 일기여회 되어(18??, 옥누몽 4, 77b)
    筋斗 근두박질(18??, 광재물, 物性, 1ㄱ)

  위의 (6ㄱ)의 예에서 '근두질'이 일종의 놀이의 한 가지로 '그릐∽그리'(鞦韆) 등과 함께 배열되어 있다. 그 반면에, (6ㄴ)에서는 이 단어가 거의 비슷한 시기에 '근두질ᄒᆞ다'와 '근두치다'와 같이 몸을 번드쳐 거꾸로 뒤집는 행위를 하는 동작동사로 전용되었음을 보여준다. 즉, 특정한 재주로 이루어지는 놀이의 일종이 그러한 행위를 하는 일반적인 개념으로 전이된 것이다. 현대국어에서 '근두(질)'은 '곤두벌레, 곤두서다, 곤두박질(치다), 곤두박이다, 곤두잡이 하다' 등과 같은 합성어와 파생어들(『우리말큰사전』, 1947 : 288)로 확장되어 쓰인다. 근대국어의 '근두'는 19세기 후기 단계에서부터 '곤두'로 전환되어 첫째 음절에서 '으>오'의 변화를 수용한 것으로 보이는데, 이러한 음성변화의 방향은 근대국어의 공시적 모음 체계에 비추어 이해하기 어려운 것이다.[14]

(7) 곤두박이다, 곤두박질ᄒᆞ다(1897, 한영자전, 272)
    곤두박질ᄒᆞ다 顚倒(1895, 국한회어, 28)
    우물에 집프락이 곤두셔면(1898, 협성보, 219, 3)

---

14) 홍윤표(2009 : 55)는 19세기에 일어난 '근두>곤두'의 변화는 '근-'이 후행하는 '-두'의 영향을 받아 '곤-'으로 바뀌진 것으로 설명하였다.

그 이유는 '근두'에서 둘째 음절 '우' 모음의 역행동화를 받은 형태는 (7)의 예에서와 같은 '곤두'가 아니라, 자연스러운 원순모음화 '으>우'에 의한 '군두'형이 도출되어야 하기 때문이다. 이와 같은 '근두>군두'의 변화는 그네의 방언형과 관련하여 남부방언에서 수행되었다고 추정한다.[15] 근대국어의 '근두(질)'가 몸을 돌려 뒤로 뒤집는 놀이, 또는 그러한 행위를 지시하는 어휘이라면, 이 어휘가 어느 역사적 단계에서 남부방언을 중심으로 그네를 타는 민속놀이의 행동과, 그것을 실현시키는 도구를 가리키는 개념으로 옮겨오게 되었을 가능성이 있다. 그리하여 남부방언에서 몸을 번드쳐서 재주넘는 동작이, 그러한 행위를 일으키게 하는 유희 도구 자체로 그 개념이 환유(metonymy)의 과정을 거쳐 전이된 것으로 해석한다.[16] 초기에는 남부방언 화자들이 중부방언의 '그늬' 계열을 차용하여 사용하다가 어떠한 유리한 사회언어학적 환경에서 점진적으로 고유한 '군두'형으로 확대시킨 것으로 보인다.

기원적으로 유희의 일종인 '근두'로부터 근대국어의 어느 단계에서 '그네'를 가리키는 보통명사로 남부방언에 파급되었을 가상적인 '근두' 또는 '군두'형이 어느 정도 개연성이 있다면, 이것은 우리가 시금까지 관찰하여 온 19세기 후기 '근듸'(鞦韆)와 형태·음운론적으로 어떻게 타협할 수 있을까. 또한, 형태·음운론적으로 타협을 거친 역사적 선행 형태에서 현대 남부지역에 분포되어 있는 '근듸' 계열의 다양한 방언형들을 어떻게 합리적으로 도출시킬 수 있을까.

---

15) 六堂本 『청구영언』에 수록된 시조 가운데, 어두음절 모음에 원순화가 적용되지 않은 '근두'형이 접사 '-질'이나 '-ᄒ다' 또는 '-치다' 등에서 독립된 단독적인 사용을 보인다.

강원도 雪花紙롤 졔 長廣에 鳶을 지어…三間 토김 四間 근두 半空에 소스 올나(634)

16) 주로 '연상'과 관련된 인지작용으로서 환유에 의한 의미 확장의 유형과 의미 재해석에 대해서는 Traugott & Dasher(2002 : 78~81)과 임지룡(1997 : 196)을 참조.

이러한 남부 방언형 '근듸' 계열의 반사체 '근디∽근지(줄)' 형태가 위의 (6)의 예에 해당되는 '근두'(跟陡)와 관련이 있을 것이라는 추정이 제기된 바 있다(정인호, 1995). 그러나 정인호(1995 : 562~563)는 이러한 추정이 어느 정도 사실성을 얻기 위해서는 다음과 같은 두 가지의 풀기 어려운 문제를 해결하여야 된다고 보았다. 첫째, 역사적인 형태로 의심되는 근대국어의 '근두'와 그 반사체인 부안방언의 '근디∽근지'를 이끌어낼 수 있는 기저형을 재구하는 작업의 문제. 둘째, 만약 이 기저형을 하향 이중모음을 갖고 있는 형태로 재구하게 되면, 또 다른 방언형 '근지'에 적용된 t−구개음화를 적절하게 설명하는 문제.

3.2. '근두∽군두'(跟陡〉鞦韆)와 파생접사 '−이'

먼저, 글쓴이는 근대국어의 어느 단계에서 당시의 지역방언에 따라서 '근두'형에 접사 '−이'가 첨가되는 형태론적 과정을 거친 '근뒤' 또는 '군뒤'형이 원래의 몸을 뒤집어 뒤로 재주넘는 동작과, 여기서 환유화를 거쳐 파생된 '그네'의 방언형으로도 사용되었을 것으로 판단한다. 여기서 명사 어근말 모음 또는 자음에 연결되는 접사 '−이'의 본질은 지금까지 제시된 몇 가지 대안 중에서, 대체로 구어에서 화자가 전달하려고 하는 정보의 내용에 [−위신, +친숙성, −격식성, +동질 집단의 정체성] 등을 부가시키는 일종의 사회언어학적 표지(marker)에 해당되는 기능에 있었을 것으로 전제한다(최전승, 1988).[17]

---

17) 20세기 초반 러시아의 카잔 자료를 중심으로 이 시기에 해당되는 함북 육진방언의 음운현상을 고찰한 곽충구(1994 : 76~83)는 이들 육진방언 자료에 적극적으로 실현되어 있는 체언 어간말 '−이'의 성격을 다음과 같이 규명한 바 있다. (ㄱ) '−이'는 주격의 위치가 아닌 통사적 환경에서 출현하고 있으며, 개음절 어간에 통합되어 어간의 일부로 재구조화되었다는 사실에서 주격어미와는 그 성격을 달리한다. (ㄴ) 『로한ᄌ뎐』 등의 한국어 체언말에 부가되어 있는 '−이'는 선행명사의 자격을 매겨주는 한정적 기능

　제1부 19세기 후기 국어방언의 음운론과 형태론의 역동성

이러한 ‘근두+-이’와, [+위신, -친숙성, +격식성, -동질 집단의 정체성] 등의 속성을 나타내는 원래의 ‘군두+ø’형의 존재가 19세기 후기와 20세기 초반의 자료에 아래와 같이 등장하고 있다. 뒤로 거꾸로 내리박히는 동작을 뜻하는 합성명사 ‘뒤군뒤∽뒤군두∽뒤근두’의 등장이 바로 그러한 형태이다.

(8)　ㄱ-a. 이쩌 스쏘임이 디쳥의셔 거리시다 엇덕케 놀너신지 <u>뒷군뒤</u>롤 ᄒᆞ셧구나(신재효 동창 춘향가, 10ㄱ)

　　　　b. 그 그릇이 마루 꼿헤셔부터 <u>뒤군뒤</u>롤 ᄒᆞ야 쩨굴쩨굴 섬돌로 마당까지 굴러 가며(1912, 산천초목, 80)

　　ㄴ. 삿쏘 디쳥으 기무시다 엇지 놀너썬지 <u>뒤군두</u> 흔손 치고 이로너라(백성환 창본, 춘향가 9ㄱ)

　　ㄷ. 後裙倒 : 갓 쓰고 <u>뒤근두</u>를 ᄒᆞ니 용허오(裙倒, 초간 / 재간 交隣須知 3. 43ㄱ)[18]

위의 예 가운데 김성렬(1995 : 78)은 신소설에 등장하는 ‘뒤군뒤’를 남부방언의 ‘근듸’ 계열의 방언형과 연관 지어 다음과 같이 분석한 바 있다. “① ‘뒤군뒤’는 ‘뒤(後)+군두(듸)’의 합성어이다. ② ‘군두’는 ‘그네’의 남부방언이다. ③ 그 결과, (8ㄱ-b)의 표현은 뒤로 그네 뛰듯 떼굴떼굴 굴러간다는 뜻으로 풀이된다.”

글쓴이는 이와 같은 분석과 해석에 기본적으로 동의한다. 따라서 19세

을 하는 한정첨사라고 할 수 있다.

최전승(1988)에서도 접사 ‘-이’의 형태론적 성격을 언어 내적인 관점에서 Scalise(1984 : 131)을 참고하여 축소 접미사, 증대 접미사, 또는 경멸 접미사 등과 유사한 기능을 어기에 부가하는 “평가 접미사”(evaluative suffix) 범주에 속하는 것으로 이해하였다.

18) 『交隣須知』의 초간본(1881)과 재간본(1883) 이외의 다른 판본에서 (8ㄷ)의 용례는 다음과 같이 등장한다(편무진, 2005 : 791~792, 참조).

(ㄱ) 갓 쓰고 <u>후군두</u>롤 ᄒᆞ니 용ᄒᆞ외(1868~1873, 서울대본, 1880?, 제주본 3. 63ㄱ)
(ㄴ) 갓슬 쓰고 <u>뒷군두</u>를 ᄒᆞ니 용ᄒᆞ오(1904, 교정, 186)

기 후기 전라방언 자료에 출현하는 (8ㄱ-a)의 '뒷군뒤'형도 역시 위와 동일한 방식으로 풀이되어야 한다.[19] 그렇지만, 위에서 김성렬(1995)에서와 같은 분석 방식이 형태·음운론적으로 정밀한 것이 아님은 물론이다. 즉, '군두'의 어말모음에 첨가된 '-이'(군뒤)에 대한 구체적인 해명이 제시되지 않았으며, '군두'형이 '그네'에 해당되는 대표적인 남부지역 방언형은 아니기 때문이다.[20] 그러나 근대국어의 '근두'(跟陡)가 지역방언을 반영하는 문헌자료들의 속성에 따라서 N+-i의 형태론적 장치에 의한 '근뒤'로도 출현하였다는 사실을 위의 (8ㄱ)의 예는 가리키는 것이다.

19세기 후기 전라방언 자료에 개음절로 끝나는 人名, 地名 등과 같은 고유명사 또는 보통명사 어근에 '-이'가 연결되어, 다양한 어근말 모음과 이중모음을 형성한 다음에 단모음화를 거친 단어형성법(word formation)이 생산적으로 발달되어 있는 모습을 보인다. 따라서 이들 자료에는 재구조화된 N+-i 유형과, 원래의 N+ø 유형이 사용되는 상황에 따라서 수의적으로 교체되어 나타나기도 하지만, 어휘적 속성에 따라서 대체로 전자의 형태가 그 주된 경향을 이룬다. 이러한 양상을 19세기 후기 전라방언의 자료 중심으로 일부 제시하면 아래와 같다(최전승, 1995 : 339~347).

(9) ㄱ. 바디(海), 불효지(不孝子), 부익(부화), 장기(장가), 초미(치마), 자리(자라), 소시(素沙), 금봉치(金鳳叉), 청이(淸雅), 마노리(마노라), 나리(나라, 國), 임지(主人), 녀익(女兒),신히(臣下)[21]

---

19) 강한영(1971 : 119)은 판소리 사설 <춘향가>(가람본, 동창)의 주석에서 '뒷군뒤'를 '뒷궁둥(을 하셨구나)'으로 풀이한 바 있다.

20) '근듸' 계열에 속하는 1920년대 남부방언의 방언형들 가운데 어말모음 '-이'가 연결되지 않은 것으로 추정되는 '군두'형이 전남 목포와 진도에서 쓰이고 있는 것으로 조사되었다(小倉進平, 1924 : 111). 현대 남부방언에서도 '군두'형의 쓰임은 '근듸'의 반사체들 가운데 극히 소수(충북-단양, 전남-완도, 진도, 목포)에 속한다(최학근, 1990 : 817).

21) 이와 같은 접사 '-이'의 연결은 해당 지역방언을 반영하고 있는 문헌 자료에 따라서 19세기 훨씬 이전의 역사적 단계로 소급될 수가 있으며, 동시에 19세기 후기 전라방언

ㄴ. 쾨코리(象)∽쏘키리, 진퇴(塵土)∽진토, 뇌곤(勞困), 공뇌(功勞),
   적퇴마(赤免馬), 뇌(櫓)∽노, 유뫼(乳母)
ㄷ. 노리(노루, 獐), 투긔(투구), 수원수긔(誰怨誰咎), 뉘긔(누구),가
   리(가루, 粉), 너뒤사(來頭事),22) 원쉬(元帥)

　위의 예에서 접사 '-이'의 특히 생산적인 적용은 주로 개음절 어근
가운데 (9ㄱ)의 '-아' 모음에서 발견된다. (9ㄱ) 가운데 한 가지 구체적
인 보기를 들면, '바다'(海)에 접사 '-이'가 연결되어 19세기 후기 당시에
'바디'로 등장하는 예들의 어근말 모음은 'a+-i>ay>ɛ'의 과정을 거친 형
태인 것이다.

　　(10) 바디가 쓸난 듯 ᄒ더라(완판, 용문, 37ㄴ)
　　　　바디물(수절가, 하. 22ㄴ)
　　　　바디가 말으면(수절가, 하. 22ㄱ)
　　　　연평 바디 그무갓치(수절가, 상. 27ㄱ)
　　　　바디이 뒤누우며(완판, 심청, 하. 4ㄴ)

을 포함하여 여타의 남부방언과, 중부방언의 일부 그리고 북부방언에까지 생산적으로
확대되어 있었을 것으로 보인다. (9ㄱ)에서 '신희'(臣下)의 경우에 18세기 초엽에 간행
된 예천 용문사본『염불보권문』(1704)으로 소급될 수 있다.

(ㄱ) 신해는 님금의 말슴을 듯고(13ㄱ)
(ㄴ) 신희는 님금의 말슴을 듯고(1776, 합천 해인사본, 13ㄴ)

이와 같은 '臣下+-이→신해'의 형태론적 과정을 거친 파생어는 보수성이 강한 지방 천
자문의 새김에서도 등장하였다. 신해, 신(臣, 평북 강계, 강원도 강릉, 제주도 표선,『천자
문 자료집』, 지방 천자문 편, 1995 : 30).
또한,『천자문 자료집』(1995)에는 (9ㄱ)과 (9ㄴ)에서 열거된 예들의 일부가 동일한 형
태로 전통적인 새김에 등장하고 있다. 즉, 바대 해(海, 전남 곡성, 17면), 치매 상(裳,
전남 곡성, 22면), 나래 국(國, 경남 마산, 23면), 재 척(尺, 경남 하동, 59면), 쾨코리 상
(象, 경남 함양, 212면).
22) 본문의 예문 (9ㄷ) 가운데 '너뒤사'(來頭事)는 "이 때부터 닥치는 앞의 일"이라는 뜻을
　　갖고 있는 '내두'(來頭)에 접사 '-이'가 연결된 다음에 '-事'와 합성된 것으로 보인다.
　　문세영의『조선어사전』(1937 : 273)에 '내두사'(來頭事 : 이제부터 앞) 표제어와 뜻풀이
　　가 제시되어 있다.

바디의(완판, 초한, 하. 27ㄱ)
말근 바더 이슈신어 쩌셔 논다(춘, 남. 48)

(9ㄴ)의 예들은 어근말 모음 '-오'에 접사 '-이'가 연결되어 'o+-i>oy>we>ö' 같은 단모음화 과정을 거친 형태들인데, '쇠코리'(象)의 예는 어근 '코'(鼻)에 접사 '-이'가 연결된 방언형 '쇠'를 전제로 한다(小倉進平, 1944 : 85 ; 이돈주, 1979 : 165). 19세기 후기 전라방언의 '쇠코리'는 1930년대 전남 함평방언에서 '쾨코리'로 그대로 사용되고 있다.23) 그리고 '젹퇴마'(赤兔馬)의 경우에는 한자음 '兎'에 연결된 '-이'와 관련되어 있는 것이다. 젹퇴말을 모라(완판, 대봉, 상, 44ㄱ)∽젹토마를 타고(완판, 용문, 31ㄱ), 퇴션싱(兎先生, 판, 퇴. 310), 퇴스호비(兎死狐悲, 완판, 퇴별, 14ㄴ). 어근말 모음 '-오'를 갖고 있는 한자음에 첨가된 사례는 (9ㄴ) 가운데 '노+-이→뇌'(櫓)에서도 관찰된다.24)

(11) ㄱ. 오역으로 <u>뇌</u>를 져어(장자백 창본 춘향가, 21ㄴ)
　　　 니 기겨로 노를 져어(수절가, 상. 35ㄴ)
　　ㄴ. 비젼의셔 <u>목뇌</u>을 들고 비질할 시(木櫓, 완판, 삼국지 3. 40ㄴ)
　　　 노를 잡어 비을 졋고(상동. 3. 41ㄴ)

또한, (9ㄷ)의 일부는 어근말 모음 '우'에 '-이'가 연결되어 이중모음

---

23) 이 예는 李康壽 씨가 『한글』(제4권 3호, 1937, 11~16면)에 조사 보고한 <방언>에서 인용한 것이다. 이 보고서에는 19세기 후기 전라방언에 등장하고 있는 특징적인 어휘, 예를 들면, '어덕(언덕), 숨풀(수풀), 필래(피리), 뛰(띠)' 등과 아울러 '군지'(그네)형 등이 수록되어 있다.

24) 본문의 예문 (8ㄴ)의 보기 가운데 '뇌곤'(勞困)과 '공뇌'(功勞)의 경우에도 한자음 '勞'에 접사 '-이'가 연결된 이후에 합성된 한자어로 보인다. 이와 같은 사실은 『천자문 자료집』(1995)에 수집된 각 지방의 전통적인 한자음에도 나타난다. 에뿔 뢰(勞, 평북 강계), 수그로울 뇌(전남 곡성), 힘씰 뢰(경남 마산, 172면). 이러한 한자음 '뇌'(勞)는 19세기 후기의 남부방언을 반영하고 있는 일부 『千字文』 계통으로 소급된다(손희하, 1991 : 391을 참조). 685. 잇쓸 뢰(勞, 용문사본), 잇블 뢰(행곡본), cf. 잇쓸 로(내각문고본).

‘-위’가 형성된 다음 비원순화 과정(-uy>iy)을 수행하였거나, ‘-의’의 단계에서 단모음화(-iy>i)되었음을 나타낸다. 그리하여 (9ㄷ) 가운데 ‘투긔’는 ‘투구’(胄)에 접사 ‘-이’가 첨가된 ‘투귀’에서 제2음절 위치에서 비원순화(투귀>투긔)가 이루어진 형태이다. 19세기 후기 전라방언 자료에 ‘투귀’형도 다음과 같이 등장하였다. 마초를 치니 투귀 버셔지는지라(완판본, 삼국지, 3. 6ㄴ). 이 시기의 자료 내에서 ‘투귀’에서 비원순화를 거친 ‘투긔’형이 원래의 ‘투구’ 또는 ‘투고’와 같은 문면에서까지 수의적으로 교체되어 나타난다.

> (12)　ㄱ. 황금 투구(신재효의 판소리 적벽가, 456)∽황금 투고(좌동. 492)
> 　　　　장군 투고도 소장의 투고요(완판, 화룡도 92ㄱ)
> 　　ㄴ. 니 <u>투긔</u> 네가 씨고(판, 적. 522)
> 　　　　빅금 <u>투긔</u>, 투긔 버셔 손의 들고(상동. 524)
> 　　　　쌍봉 <u>투긔</u> 용인갑을 입고(필사본 김문기 소장 26장본 홍부
> 　　　　전, 25ㄴ)
> 　　　　cf. 봉 그린 투구의 룡닌갑을 입고(경판 20장본 홍부전, 19ㄴ)
> 　　　　용봉 투구를 쓰고(경판, 장경전. 9ㄱㄴ)

‘투구’는 중국어 차용어(頭盔)로 파악되고 있으나, 국어로 유입된 역사가 중세 이전의 단계로 소급될 수 있다(이기문, 1991 : 221).25) 또한, ‘투구’에 접사 ‘-이’가 연결된 결과를 나타내는 ‘투긔’(<투귀)형이 이와 같은 형태론적 과정이 남부방언에 못지않은 생산성을 보이는 19세기 후기 함

---

25) 중국어 차용어 ‘투구’에 접사 ‘-이’가 연결된 형태론적 과정 역시 후기 중세국어 이전의 단계로 추적된다. 1403~1424년 사이에 간행된 것으로 추정되는 『朝鮮館譯語』에 “no.276, 盔 兎貴” 항목이 주목된다. 이 자료에 대한 음운론적 고찰을 시도한 권인한(1995 : 102)은 이 항목을 ‘투귀로 해독하고, 이 형태는 ‘투구’에 ‘-이’가 결합된 구조로 설명하였다. 『朝鮮館譯語』에서 개음절 명사어근에 이와 같은 ‘-이’가 연결된 것으로 보이는 예는 “no.163. 춤 所貴”에서도 찾을 수 있다. 권인한(1995)에서 지적된 바와 같이, 여기서 ‘술고+-이→술긔’형의 반사체가 제주도와 함북 육진방언에서 ‘살귀’로 출현하고 있다.

북 또는 육진방언 자료에서도 관찰되는 것은 당연한 현상이다. '투귀'[tʰugiy](Putsillo, 1874 : 84).[26] 따라서 위의 (12ㄴ)에 제시된 19세기 후기 전라 방언형 '투귀' 역시 표기의 모습과 같이 체언 어간말 모음은 이중모음 [-iy]의 단계를 tʰugu+-i → tʰuguy>tʰugiy의 과정에 의해서 반영하였을 것이 분명하다. 이어서 이 체언 어간말 위치에서 이중모음 [iy]는 단모음화에 적용되었을 것인데, '투기'형도 19세기 후기 전라방언 자료에서 확인할 수 있다. 쥬장군을 <u>투기</u>씨여(신재효의 申氏家藏本 「烏蟾歌」, 강한영, 1971 : 682를 참조).

이와 같은 사실에 의하면, 위의 (9ㄷ)의 방언형들에서 마지막 음절에 반영된 표기 형태 '-의' 또는 '-이'는 접사 '-이'가 첨가되는 형태론적 절차와, 일련의 음성변화를 차례로 수용한 당시 실제의 모습으로 생각된다.[27] 그렇다면, 우리가 추정한 '근두'(跟陡>鞦韆)형에 접사 '-이'가 첨가된 '근뒤'형이 근대국어의 단계에서 변화하여 가는 자연스러운 방향은 충분히 예측될 수 있다.

---

26) Putsillo의 『로한ᄌᆞ뎐』(1874)에는 체언 어간말음 '-우'에 '-이'가 연결되어 재구조화된 함북 또는 육진 방언형들이 생산적으로 반영되어 있다. 이들 가운데 일부는 자료 자체 내에서 [-uy]∽[-iy]와 같은 공시적 변이를 나타내거나, 어휘에 따라서 이미 [-iy]로 도달한 단계만을 보여준다.

(ㄱ) 공뷔∽공부(187면), 녹뒤∽녹두(綠豆, 117면), 벼뤼∽벼릐돌이(벼루, 435면)
(ㄴ) 친귀(친구, 155면), 샹튀(상투, 257면), 미뷔(妹夫, 131면), 단취(단추, 189면), 마뤼∽마루(宗, 461면), 국쉬, 면이(국수, 47면), 만튀(만두, 413면)
(ㄷ) 감틔(감투, 245면), 골믜(골무, 335면), 동믜, 동뫼(동무, 249면)

27) 본문의 예문 (9ㄷ) 가운데 '수원수긔'(誰怨誰咎)는 완판본 심청전 판본의 유형에 따라서 '수원수구+-이→(수원수귀)>수원수긔>수원수기'와 같은 변화의 진로를 반영하고 있다.

(ㄱ) 사셰 부득이라 <u>슈원슈구</u> ᄒ리오(무술본 완판 41장본 심청가, 20ㄱ)
(ㄴ) <u>슈원슈긔</u>(완판 71장본 A본 심청, 상. 30ㄱ)
(ㄷ) <u>슈원슈기</u>(완판 71장본 E본 심청, 상. 30ㄱ)

4. 역사적 기저형 '*근뒤'(鞦韆)에서 20세기 남부방언 방언형들로의 발달 과정

4.1. '근뒤>군디∽군두'의 규칙적인 음성변화

글쓴이는 이 글의 3장 1절에서 근대국어의 놀이의 일종 또는 여기서 전이된 급진적인 동작동사 '근두'(跟陡)와 19세기 후기 전라 방언형 '근듸'(鞦韆)과의 연관을 이끌어내기 이전까지, 문헌 자료상으로 소급될 수 있는 가장 투명한 '그네'의 방언형 '근듸'를 기준으로 설정하였다. 그리하여 '근듸'에서부터 파생되었다고 추정되는 오늘날의 공시적 남부 방언형들의 다양한 이형태들을 설명할 수 있는 것으로 가정한 바 있다. 19세기 후기 전라방언의 '근듸'형은 글쓴이가 앞 장에서 추정한 '근두+-이→근뒤'형과는 비어두음절 모음에서 원순성의 유무에 따르는 차이를 보인다. 그러나 지금까지 우리가 3장 2절에서 살펴본 이중모음의 자연스러운 변화 방향에 따르면, '근듸'의 형성은 '그네'의 남부지역의 기원적 방언형으로 추정된 '*근뒤'로부터 kïnduy>kïndïy의 변화를 수행한 결과이다.[28]

---

28) 정인호 교수는 이 글의 초고에 대한 논평에서 전라방언 특히 체언에서 어간말 '-위'는 '위>우'의 일반적인 변화를 수용한다는 사실을 지적하였다. 즉, 멀위>머루, 시뉘>시누, 가마괴>가마귀>가마구 등. 그리고 정인호 교수는 앞 음절이 원순모음이 아닌 경우에 둘째 음절에 '-위>의'와 같은 비원순화가 일어나는 현상은 일반적인 음운변화의 범주에 들지 않는다고 하였다. 따라서 글쓴이가 설정한 '근뒤>근듸'의 변화 방향은 매우 자연스럽지 못하다는 것이다.

글쓴이는 정인호 교수의 위와 같은 지적이 매우 타당하다고 생각한다. 그러나 글쓴이는 여기에 대하여 다음과 같은 사실 세 가지를 간단하게 언급하려고 한다.

(ㄱ) 이 글의 4장 3절에서 t-구개음화의 확대와 관련하여 제시된 '반딧불'(螢)형은 역사적으로 '반되'에서 출발하였다. 이것은 중간 단계 '반되>*반뒤'를 거쳐 '반뒤>반듸'에 이르렀기 때문에, 어간말 위치에서 비원순화 과정 '-위>-의'을 거친 것이다. 물론 전라방언 자체에서 '반딧불'은 주로 기원이 다른 방언형 '개똥벌레'로 쓰이고 있다.

(ㄴ) 비어두음절 위치의 원순성 자질은 의미 변별적 차원에서 취약하기 때문에, 통합적

따라서 19세기 후기 전라방언의 '근듸'형은 역사적 기저형 '*근뒤'/kɨntuy/에서 오늘날의 다양한 남부지역 방언형 '근듸' 계열을 연결하여 주고 있는 중간 단계의 신분을 갖고 있는 셈이다.

小倉進平(1944 : 228~230)을 참고하면, 19세기 후기 전라 방언형 '근듸'를 그대로 계승한 '근듸'형의 어말모음은 이중모음 [ɨy]로 전사되어 있다.29) 이 방언형은 1940년대에 전북의 일대와 충남의 공주, 강경, 부여, 서천 등지에 분포를 보인다. 따라서 19세기 후기 전라방언에 등장하였던 표기상의 '근듸'의 어말모음은 y계 하향 이중모음 [ɨy]를 유지하고 있었을 것이다.

현대 전남과 전북방언 등지에 공시적으로 분포되어 있는 '그네'의 다양한 방언형 가운데 주로 '군지, 군두, 군데, 군대, 건두, 근두, 군뒤, 군디, 근디'(小倉進平, 1924, 1944 ; 이돈주, 1979 ; 최학근, 1990 ; 전광현, 1977 / 2003) 등과, 경북방언의 '군디', 경남방언의 주류를 이루는 '군대'형(이 글의 2장 1절을 참조)들은 우리가 설정한 근대국어 단계의 '*근뒤'에서 출발하여 각각 아래와 같은 일련의 음성변화를 밟아 온 결과들이다.

(13) ㄱ. 근뒤>(역행 원순모음화)군뒤>(비어두음절의 비원순화)군듸>(단모음화)**군디**30)

계기가 직접적으로 존재하지 않아도 점진적으로 약화되는 경향을 국어사에서 무시할 수 없다고 생각한다. 둥위(蚓, 능엄경언해 9 : 86)>둥의(훈몽자회, 상. 22).
(ㄷ) 체언 어간말 '-우'에 파생접사 '-이'가 연결된 전라 방언형 '-위'들은 일반적으로 '-위>우'의 변화가 아니라, '-위>의>이'의 통로를 따르고 있음을 이 글의 3장 3절에서 취급된 예들은 보여준다. 투구(胄)+-이→투귀>투긔>투기, 등.
29) 小倉進平(1944 : 230)에서의 원래의 음성전사는 [kǔn-dǔi](전북 : 남원, 임실, 군산, 전주)이다.
30) 본문에서 (13ㄱ)에서와 같은 (ㄱ) 역행 원순모음화→(ㄴ) 비어두음절의 비원순화 또는 원순성의 이화작용에 의한 비원순화와 같은 일련의 연쇄적 변화는 국어 음운사에서 찾기 어려운 현상이 아니다. 중세국어에서 관찰되는 '그위(官廳)>구위>구의' 등의 역사적 과정도 이러한 변화의 범주에 속한다.

ㄴ. 근뒤>(비어두음절의 비원순화)근듸>(단모음화)**근디**

ㄷ. 근뒤[kïnduy]>군뒤>**군뒤**[kundü]

ㄹ. (근두+ø)**근두**

ㅁ. 근뒤>군뒤>군듸∽군더>**군대, 군데**

ㅂ. 근뒤>군뒤>군듸>군디>(t-구개음화)**군지**

우리가 이 글의 제1장에서 '근듸'를 기점으로 여기서 파생되어 발달해 온 것으로 보이는 현대 남부방언의 공시적 방언형들의 형성에 대해서 잠정적으로 추정했던 변화의 통로 (1)은 이제부터 (13)과 같은 방식으로 대치되어야 한다. (13ㄷ)에서 발달의 최종 단계인 '군뒤'형은 어근말 위치에서 이중모음 [uy]가 비원순화를 수용하지 않고, 직접 -uy>-wi>-ü과 같은 단모음화 과정을 선택한 결과이다. (13ㄹ)의 '근두'는 어떠한 이유로 형태·음운론적 관여가 모두 배제된 원래의 기원적 모습을 지속시키고 있는 방언형이다.

그러나 위의 (13)에는 여기에 참여한 음성변화의 속성과 관련하여 해결하여야 하는 두 가지 문제가 내재되어 있다. 그 가운데 하나는 (13ㅁ)에서 관찰되는 '군듸>군데, 군대'의 변화 유형이다. 기원적인 '*근뒤'에서 발달한 오늘날의 공시적 방언형 '군데, 군대'는 '근뒤>군데'의 직접적인 변화가 아니라, (13ㅁ)에서 제시한 바와 같이 '근뒤>군뒤>군듸' 과정에서 파생된 것이다. 여기서 '군데' 또는 '군대'에 해당되는 20세기 초반 또는 19세기 후기의 형태는 '근더'와 '군더'로 소급된다.31) 따라서 이러한 시기에 비어두음절 표기에 등장하는 '-의'가 현대 지역 방언형과 같

그리고 19세기 후기와 오늘날의 함북방언에서 사용되고 있는 그네의 방언형 '구리'형 (김태균, 1986 : 85)과 '굴긔'형의 역사적 발달도 역시 (ㄱ) '글위>굴위>구릐>구리', (ㄴ) '*글긔>*굴긔>굴긔'와 같은 (13ㄱ)과 동일한 연쇄적 변화 과정을 전제로 하는 것이다.

31) 이 글 2장 1절에서 예문 (3ㄴ) '근더'와 ㄷ의 '군더'를 참조.

은 '-에' 또는 '-애'를 나타내었을 가능성이 크다. 그렇다면, 변화의 중간 단계인 '근듸', '군듸'는 어떠한 과정을 거쳐서 '군데', '군대'로 각각 변화되었을까.

4.2. 비어두음절 위치에서 '-의〉-에'의 변화와 '군뒤〉군듸〉군데∽군대'

우선, 19세기 후기 지역방언 자료를 중심으로 비어두음절에 한정된 당시의 '-의'라는 표기와, 이것이 나타내는 음성 내용과의 형식적인 관계를 주목하기로 한다. 이 시기의 전라방언 자료 가운데 비어두음절 위치에서 기원적인 '♀'와 간접적으로 관련이 있는 어휘들에서 '-의∽-의∽-에'와 같은 표기 형태가 변이의 형식으로 등장한다.

(14) ㄱ. 안이 다려가고 <u>젼데닐가</u>(수절가, 상. 41ㄱ)
    ㄴ. 젼듸소(수절가, 하. 12ㄴ), 못젼듸여(판, 박. 338)
       안이 디려가고 젼듸여닐가(장자백 창본 춘향가, 24ㄱ)
    ㄷ. 젼딜소냐(삼국지 4. 38ㄴ), 못젼디여(판, 적. 480).

(15) ㄱ. 담베를 부쳐주며(판, 박. 336), <u>담베</u> 먹고(좌동. 338)
       cf. 담베쩌(초간 / 재간 교린수지, 3. 6ㄴ)[32]
    ㄴ. 담비 먹식(수절가, 하. 26ㄴ), 담비을 푸여(춘, 남. 56)
       cf. 담비(南草, 한불ᄌ뎐, 452)
    ㄷ. 담부 한 디(수절가, 하. 30ㄴ), 담부쩌(좌동, 하. 32ㄴ)

(16) ㄱ. 져긔 져분은 <u>어데</u> 계시오(김문기 소장 26장본 홍보전, 21ㄱ)
       ∽져분은 어듸 계시오(상동. 21ㄴ)
    ㄴ. 어듸 보자(수절가, 하. 21ㄴ), 어듸셔(좌동. 28ㄴ)
       어듸 잇셔(좌동. 상. 28ㄴ)
    ㄷ. 어디 잇나(수절가, 상. 7ㄱ), 어디을(좌동. 하. 38ㄱ)

---

32) 1904년 개정된 『校訂 交隣須知』(241면)에는 '담비째'로 나온다.

글쓴이는 '군디>군데, 군대'의 변화와 관련하여 (14)~(16)에서의 예들을 아울러 이용하여 비어두음절에 등장하고 있는 '-의∽-의∽-에' 등의 표기 형태를 비어두음절에 적용된 'ᄋᆞ'의 제2단계 변화를 중심으로 파악하려는 시도를 한 다음에, 여기서 문제점을 발견해 내고 이것을 극복할 수 있는 대안을 제시하려고 한다.

위의 예들에서 (14ㄷ)의 '견디-'(忍)는 15세기 국어에서부터 당시의 모음조화 규칙을 준수하고 있는 '견듸-'형보다 문헌 자료에 출현하는 빈도가 더 높았다. 또한, (16ㄷ)의 '어디'(何處)의 경우에도 15세기 국어에서 '어듸'의 단계를 지나면 16세기 국어에서부터 그 쓰임이 확대되어 나타난다. 중세국어의 문헌 자료에 비어두음절 위치에서 'ᄋᆞ>으'의 변화가 아니라, 오히려 '으>ᄋᆞ'의 변화의 방향이 적극적으로 나타나는데, 이것은 표기가 실제로 일어난 언어 내적인 모습을 반영하는 것일까(한영균, 1994). 그렇다면, '견디-'와 '어디' 등의 어휘가 비어두음절 위치에서 'ᄋᆞ'에 적용된 제1단계 변화를 부분적으로 수용하지 않고 그대로 유지되이 있다가, 18세기 중엽 이후에 'ᄋᆞ>아'의 제2단계 변화의 흐름에 휩쓸린 결과를 19세기 후기의 '전데-'와 '어데'형이 보여주는 것으로 해석할 수 있다. '견디-'와 '어디'에 적용된 'ᄋᆞ'의 제2단계 변화가 (14)와 (16)의 예에서 '-애'가 아니고, '-에'로 나타나는 현상은 'ᄋᆞ>어'와 같은 변화의 진로를 반영하는 것이거나, 'ᄋᆞ>아'의 변화 이후에 나중에 또 다른 변화 '-애>에'가 개입되었음을 뜻한다.

이와 같은 입장은 비어두음절 위치에 기원적인 'ᄋᆞ'를 보유하고 있던 어휘들의 변화에도 적용된다. 즉, 15세기 국어 'ᄆᆞ디'(節)형에서 발달된 후기 근대국어의 후속형들 '마듸, 마두' 가운데 '마데'형이 19세기 후반의 『한불ᄌᆞ뎐』(1880)의 표제어로 실려 있다. <u>마데</u> ou 마듸, 마두 ou 마듸(226면). 19세기 후기 중부방언의 '마데'(節)가 비어두음절 위치에서 'ᄋᆞ'의 제

2단계 변화를 반영하는 실제의 형태인 동시에, 이러한 사정이 당시의 중부방언에만 국한된 현상이 아니었음은 오늘날의 지역방언 반사체들 가운데 일부에서 확인할 수 있다(김태균, 1986). 마디(節) → 마데(학성, 경흥, 무산, 191면).33)

그러나 위와 같은 관점이 어느 정도 역사적 사실에 가깝다고 하더라도, 19세기 후기 또는 20세기 초엽의 '근디'와 '군디'(靷韃)형이 근대국어의 '*근뒤'에서 '근듸'를 거쳐 비어두음절에 음소 /ㅇ/를 보유하게 되었을 가능성은 매우 낮다고 생각한다. 그 이유는 19세기 표기에서 'ㅇ'의 통상적인 쓰임을 보면, 이 시기의 표기 형태 '군디' 등은 실제로 '군대' 또는 '군데'의 발음에 가까웠을 것이기 때문이다.

후기 근대국어 당시의 문헌 자료에 부단히 등장하는 '−익∽−애∽−에' 등의 표기상의 공존이 실제의 음운변화의 결과를 반영하는 것이 아니라, 음가와 상관없이 관습적으로 사용되었던 전통적 'ㅇ' 표기에 대한 화자들의 철자식 발음과 연관되어 있을 가능성이 높다. 그 이유는 비어두음절 위치에 나타나는 표기상의 '−익'가 '−애' 또는 '−에'로 발음 또는 표기되는 행위가 비단 어느 특정한 지역방언에만 국한되어 일어나는 현상이 아니기 때문이다.34) 따라서 19세기 후기 또는 20세기 초반의 전라

---

33) 국어 방언사의 어느 단계에서 비어두음절 위치에 일어난 '−익>−애, 에'와 같은 음성 변화는 북부 방언군에 더욱 확대되어 있다. 1936년대에 『한글』(4권 4호)에 보고된 평북 선천방언에는 '종에(종이), 동애(동이), 선배(선비), 잔채(잔치), 배채(배추)' 등과 같은 방언형들이 수집되어 있다.
또한 김이협(1981)을 참고하면, 비어두음절 위치에 적용된 '−익>−애, 에'의 변화가 다음과 같은 어형에 적용되어 있다.

선배(士, 329면), 잔체, 잔채(宴, 448면), 종애, 종에, 종우(紙, 464면), 동애, 동에(盆, 183면), 등에, 등에 적삼(중의 190면), 양지(樣子, 387면), 동배(돔부, 183면), 배채(배추, 274면). 종지(種子, 465면), 쥐전재, 주전재(酒煎子, 470면).

34) 그 예로 1930년대에 시행된 『사정한 조선어 표준말 모음』(1936)의 내용 가운데, 근대 국어에서 직접 또는 간접적으로 비어두음절 위치에 표기 'ㅇ'가 사용된 적이 있었던 어휘들에 대한 그 당시 서울을 중심으로 한 중부방언에서 사용되었던 이형태들과 표

방언 자료에 출현하는 '근터' 또는 '군터'의 실제 발음은 오늘날의 경상도 방언에서 주류를 이루는 '근데∽군데'형에 근접하였을 것이다. 그렇다면, 공시적 방언형들인 '군데' 또는 '군대'는 중간 단계 '군듸'에서 어떠한 과정을 거쳐서 형성되었을까.

19세기 후기 남부방언 일부에서 수행된 '군듸>군데, 군대'와 같은 변화는 이와 대략 같은 시기의 중부방언에 실현되었던 '그늬>그네'의 그것과 동일한 유형으로 생각된다. 따라서 먼저 '그늬>그네'와 관련된 현상을 중심으로 '군데, 군대'의 발달에 대한 통로를 추적하기로 한다. 중세나 근대국어의 단계에서 문헌 자료상으로 전연 쓰인 적이 없었던 '그늬' 형이 18세기부터 점진적으로 등장하게 되는 과정과, 그 이후의 확대와 관련된 일련의 역사적 의문점들에 못지않게, 자료의 성격에 따라서 19세기 중엽 이후부터 출현하게 되는 '그늬>그네'의 변화도 역시 통시적 음운변화의 관점에서 어려운 문제를 제공한다.

(17) 단오는 남녀업시 <u>그늬</u>롤 씌옵느니(1873, 武藤本 교린수지 1. 12ㄴ)
      단오는 남녀업시 <u>그네</u>를 쒸느니라(1881, 초간, 재간 교린수지 1.
      10ㄱㅣ)
      단오에는 남녀가 다 <u>그네</u>를 쒸오(1904, 校訂 교린수지, 15)

<hr>

준형과의 대조를 일부 제시한다.
(ㄱ) *ㅐ와 ㅣ의 通用(17면)
   【ㅣ를 취함】
   견디다(耐, 견대다, 견듸다), 어디(何處, 어대, 어듸, 어테), 마디(節, 마대, 마듸), 드디어(遂, 드대여, 드듸여), 잔치(宴, 잔채), 잔디(莎草, 잔디, 잔대), 무디다(鈍, 무대다, 무듸다), 선비(士, 선배)
(ㄴ) *ㅏ와 ㅡ의 通用(15면)
   【ㅡ를 취함】
   가르치다(敎, 가라치다), 가슴(胸, 가삼), 다스리다(治, 다사리다), 두드리다(두다리다), 거느리다(率, 거나리다), 반드시(必, 반다시), 따름(而己, 따람), 하늘(天, 하눌, 하날), 아들(子, 아달)

근에, 轣(1856, 字類註釋, 상. 74ㄴ)
cf. 그늬 쮜면(ㅅ과지남 207, no.762)
    그늬 추 鞦, 그늬 천 轣.(1895, 국한회어. 044)
    그늬, 츄쳔, 그늬 쮜오(1890, 한영ㅈ뎐. Underwood, 251면)

현대국어의 지역방언에서 '그늬>그니'와 같은 규칙적 단모음화를 수용한 공시적 변이형, 즉 [거 : 니, 건니, 구니, 그 : 니] 또는 [그느] 등도 사용되고 있다(최학근, 1990 : 816). 그러나 비어두음절 위치에서 표면상으로 불규칙하게 실현된 '-의>-에'의 변화를 거친 [그네]형이 가장 폭 넓은 방언 분포를 차지하고 있기 때문에, 19세기에 일어난 '그늬>그네'의 변화가 주목되는 것이다. 그러나 19세기 후기에 관찰되는 이러한 유형의 변화는 비단 '그늬'형의 발달에만 국한되어 나타나는 현상이 아니었다. 근대국어의 시기에서부터 당시 모음체계의 계열과 서열의 진로를 무시한 것 같은 '-의>-에'의 변화는 주로 두 가지 범주에서 나타나기 시작하였다. 한 가지는 산발적이지만, 관형격조사 '-의'가 '-에'로 실현되는 변화인데, 최초의 예들은 16세기 국어의 자료로 소급되기 시작한다(허웅, 1989). 그리고 이러한 경향은 19세기 후기 중부방언 자료에 이르면 대부분의 문헌에서 생산적인 확대를 보여준다(19세기 후반 중부방언을 반영하는 『독립신문』(1896~1899) 자료에 나타나는 관형격조사 '에'의 분포를 참조). 다른 한 가지 범주는 18세기 후반부터 시작하여, 주로 19세기 후기의 다양한 성격을 갖고 있는 문헌 자료에 일반화되기 시작하는 한정된 수효의 어휘형태소 유형이다(최전승, 1986 ; 박기영, 2005, 2006). (ㄱ) 술위>술의>수릐>수레(車), (ㄴ) 등위>등의>등에(蝱), (ㄷ) 므긔>무게(重), (ㄹ) 둗긔, 두틔>둑게, 두티(厚), (ㅁ) 홈쯰>함께(同時).35)

---

35) 제주도 방언의 통시 음운론을 고찰한 정승철(1995 : 93)에 의하면, 중부방언에서 '의>에'와 같은 특수한 변화를 수용한 단어들의 유형은 이 방언에서는 일반적인 '의>이'

관형격 조사에서 수행된 '-의>-에'의 변화에 대해서는 일찍이 개화기 문법서에서부터 지금에 이르기까지 음운사 또는 문법사 등의 측면에서 비상한 관심의 대상이 되어 왔다.36) 문법형태소와 어휘 형태소 두 가지 범주에서 같은 변화의 방향을 가리키는 통시적 과정을 동일한 언어층위의 차원에서 취급하여야 할 것인가에 대해서 글쓴이는 아직 확신하지 못하고 있다. 위의 (17)의 예에서 제시된 '그늬>그네'는 어휘 형태소 범주에서 일어난 변화에 속한다. 이와 같은 '-의>-에' 변화의 본질에 대해서 아직 분명하게 규명할 수 있는 단계에 와 있지 않지만, '군듸>군데'의 변화도 이와 같은 일정한 변화의 경향에 동참하고 있는 현상이다.

후기 근대국어 단계에서 '-의>-에'의 변화 과정을 수용한 예들 가운

단모음화를 수용하였다.

무기(무게, 重), 그저끼(그저께, 前前日), 두티, 두끼(두틔, 둗긔, 厚).

김이협(1981)에서도 평북방언으로 '두터이(188면, 투더이가 얇다), 두꺼이(186면, 두꺼이가 두껍다), 무거이(247면, 무게)' 등으로 등록되어 있다. 이러한 사실을 보면, 중부방언에서 수행된 '의>에'의 변화는 다른 지역방언에서는 필수규칙이 아니었음을 알 수 있다. 국어 음운사에서 순경음 'ㅸ'의 변화와 관련된 '둗긔>둣게(厚), 므긔>무게(重)'의 변화에 대한 음운론적 설명은 김완진(1972 / 1996 : 18)을 참조.

36) 근대국어의 단계에 관형격 조사(여격 조사도 포함하여)에 수행된 이와 같은 '의>에'의 변화에 대한 추정은 (1) 모음추이와 관련된 음운사의 측면, (2) 속격과 처격의 사용 영역의 중복으로 인한 사회 화용론적 측면, 그리고 (3) 속격과 여격의 복합형태 '-엣/앳-'에서의 발달 등이 고려된 바 있다.
여기서는 (1)의 관점만 간단하게 요약하면 다음과 같다. 관형격조사 '의>에'의 통시적 발달을 모음추이와 관련시킨 가장 최초의 해석은 김완진(1971, 1978)에서 찾을 수 있다. 김완진(1978 / 1996 : 92~93)은 '의'의 단모음화가 '에'로 향한다는 것은 유례가 없는 현상이기 때문에, '-의'가 이중모음으로서의 '에'를 거치거나, 또는 '의' 그 자체가 독자적인 단모음화를 거쳐 '에'에 합류하였다고 상정하는 것이 더 논리적인 해석으로 보았다. 즉, '♀>으'의 모음추이에서 예외가 되었던 일부의 어휘들이 원래의 보수적인 '♀'를 존속시키다가, '어'의 후설화의 경향으로 특수한 사정에 의하여 '♀>어'라는 제3의 대안을 선택하여 온 결과라는 것이다. 따라서 속격형과 여격형 /-əj/, /-əjkəj/가 단모음화를 수행하여 /e/로 전환된다.
최근에 이루어진 박기영(2005, 2006)의 연구는 어휘형태소에 수행된 '의>에'의 변화에만 한정되었으나, 설명의 태도는 김완진(1971, 1978)의 모음추이 중심에서 크게 벗어나지 않는다.

데 중세국어에서 '술위'에서 출발하였던 '수레'형이 '글위>그늬>그네'(鞦韆) 부류의 변화 방식과 매우 흡사한 통시적 발달의 궤적을 보인다.

> (18) ㄱ. 슈레 박희(1876, 南宮桂籍, 7ㄱ)
> 슈레 박회(三聖訓經, 12ㄱ)
> 슈레 박희(태상감응편 5. 33ㄱ)∽슈릐롤 밀며(동. 3. 4ㄴ)
> 슈레(蒙喩篇. 2ㄱ), 술에는(1881, 초간 교린수지 3. 37ㄱ)
> 술에 박퀴(좌동 3. 37ㄴ)
> 수레 車, 수레 박퀴 輪(국한회어, 549)
> 슈레 쓸고 다니는 역군은(독립신문, 1897. 4. 17. ②)
> 슈레 車(1880, 한불자, 444), 수레(事類博解, 하. 13ㄴ)
> 슈레(한영ㅈ뎐. Underwood 1880 : 139)
> ㄴ. 크기 슈레 갓흐여(경판 20장본, 심청. 15ㄱ)
> 슈레우의 달고(경판 조웅 22ㄱ)
> ㄷ. 슈레우의 실고(완판 됴웅 3. 22ㄱ)
> 수리 타고(수절가, 상. 35ㄴ)
> 네가 큰 수리를…수리라 ㅎ난 거시(완판 심청, 상. 25ㄱ)

그러나 최종적인 변화 과정을 밟아 온 '수레'(車)형은 '그네'(鞦韆)의 발달 방식과 몇 가지의 차이를 보인다. 첫째, '그늬>그네'의 변화는 근대국어 후기 단계에서 비교적 늦게 출발하였으며, 이 시기에서도 개신형 '그네'는 일반화된 형태가 아니었다. 그리하여 19세기 후기 자료인『한불ㅈ뎐』(1880 : 444), Gale의 『ㅅ과지남』(1894 : 154, 205), 그리고 『국한회어』(1895 : 549) 등에 개신형 '슈레'가 이미 확립되어 있는 반면에, 같은 자료들에서 '그네'의 경우에는 보수형 '그늬'만 나타난다. 이러한 현상은 '그늬>그네'의 변화가 '수릐>수레'의 경우보다 늦게 출발하였거나, 개신형 '그네'의 확산의 속도가 훨씬 더디었음을 나타내는 것 같다. 실제로, 문헌 자료에서 개신형 '수레'의 등장은 이미 18세기 국어에서부터 부분적으로 확인된다. <u>수레</u>박회(1782, 중외윤, 2b), 비와 <u>수레</u>(1782, 경기대, 2a).

둘째, 19세기 후기 전라방언 자료에서 '수릐'의 개신형은 '수래'만 아니라, 규칙적인 '의>이'의 음성변화를 수용한 '수리'형으로도 등장하였다.37)

  (19) 크기가 <u>수리</u>박쿠 갓타여(완판, 심청A본, 하. 15ㄴ)
    크기가 <u>슐리</u>박쿠 갓터여(완판, 심청가 41장본, 29ㄴ)
    <u>수리</u> 우의 놉피 실코(완판 충열, 상. 25ㄴ)

 현대 전남과 전북 방언에 등장하는 '그네'의 공시적 방언형들의 분포로 미루어 보면, 19세기 후기 전라방언에서 '그늬>그니' 또는 '그늬>그느'와 같은 변화도 가능한 것이었으나, 적어도 완판본 고소설 계열의 자료에서 이러한 유형의 변화는 찾을 수 없다.

 위와 같은 관점에서 경상도 방언의 '군데∽군대'형은 '술위>수레'(車), '그늬>그네'(鞦韆) 등과 같은 부류가 밟아 온 '군듸>군데'의 변화에 동참하였을 것으로 추정한다. 예문 (18)에서 보이는 19세기의 표기형 '그늬',

---

37) '수릐>수리'의 변화는 19세기 후기에 간행된 다른 지역방언 자료에도 부분적으로 반영되어 있다.

 (ㄱ) 수리 거(車)(1884, 정몽유, 18b)
   큰수리 로(輅)(정몽유, 25b)
 (ㄴ) 도라오는뒤 수리롤 타고(1887, 예수성, 데자힝젹 8장 28절)
   수리롤 홈끠 타니(상동. 8장 31절)
   이여 명ᄒ여 수리롤 멋추고(상동. 8장 37절)

김이협(1981 : 347)의 『평북방언사전』에 의하면, 이 지역에서 '수레'는 '술기, 술래'로 사용되고 있으나, "평북방언 『천자문』"에서 '車'의 새김은 '수리'로 나타난다. 천자문에 반영된 새김은 통상적으로 보수적인 전통을 띠고 있다고 알려져 있다. 따라서 평북 천자문에서의 새김 '수리'는 19세기 후기 평북방언 자료에 반영된 '수리'와 연관되어 있을 것이다.
'수릐'의 단모음화에서 결과된 '수리'형은 『천자문 자료집』(지방 천자문 편, 이기문 외 1995 : 130)에서도 확인된다. '車'의 새김이 평북의 박천, 강원도의 강릉, 전남의 곡성, 경남의 성리와 함양, 마산, 제주도의 구좌, 표선 등의 지방 천자문에서 '수리'로 등록되어 있다.

그리고 예문 (18)에서 19세기 후기 전라방언 자료에 나타나는 '수리'와 같은 형태는 각각 그 당시에 사용되었던 [그네]와 [수레]를 반영하는 것이다. 따라서 이와 비슷한 시기의 방언형 '근더'와 '군더'도 역시 실제로 [근데]와 [군데]의 출발을 알리는 표기로 판단된다.

4.3. '군듸(鞦韆)>군디>군지'의 변화의 특질과 t-구개음화의 생산성

대부분의 전남방언과 일부의 전북 접촉방언에 분포되어 있는 '군지' 또는 '근지'는 경북과 전북방언 등지에서 주류를 형성하는 '군디'와 '근디' 형에서 한 단계 더 발전시킨 형태로 보인다. 그렇다면, 남부지역 방언에서 '근디, 군디>근지, 군지'와 같은 변화에 참여한 음운론적 과정은 t-구개음화일 수밖에 없다. 일찍이 小倉進平(1944 : 228~230)은 '그네'의 방언형들의 유형과 그 분포를 제시하면서, 주로 전라남도의 대부분의 하위방언에서 사용되는 '군지'형의 제2음절의 '-지'는 '군디'의 '-디'에서 구개음화를 수행한 형태로 해석하였다. 이와 같은 구개음화의 적용에 근거한 '군지'형은 小倉進平(1924)의 조사에 의하면 전남방언에서 적어도 1920년대까지 소급된다.

1920년대 전북과 경북방언에서 '군듸'형이 제2음절 위치에 이중모음 [iy]를 유지하고 있는 기록을 감안하면, 이 시기에 전남방언에 등장하는 '군지'형에는 매우 특수한 사정이 개입되어 있는 것 같다. 왜냐하면 '군지'의 출현은 '군듸>군디'와 같이 제2음절 위치에서 iy>i의 단모음화 과정을 선행하여야 되기 때문이다. 그렇다면, 전남방언에서 '군듸>군디'의 단모음화와, 여기에 계기적으로 적용된 '군디>군지'의 구개음화는 19세기 후기 전라방언 이후와 1920년대 이전의 어느 기간 사이에 일어난 현상으로 일단 추정된다.

19세기 후기 전라방언의 다양한 자료에 등장하는 이중모음 '의'는 그 당시에 단모음 '이'와 '으'의 방향으로 부단한 변이의 모습을 나타내고 있다. 따라서 이 시기 방언 자료에 대한 지금까지의 관찰에서 이중모음 '의'의 음운론적 신분이 심하게 의심받기도 하였다(김규남, 1994 ; 신은수, 2004 : 332~334 ; 김옥화, 2007 : 116~117).[38] 그러나 19세기 후기의 방언 자료에 특히 '의'의 표기가 보이는 혼기는 당시에 공시적으로 진행 중에 있었던 이중모음 '의'의 단모음화 과정을 사실적으로 나타내는 것이다. 이 시기의 방언 자료에 반영된 이중모음 '의'의 유지 또는 변화 유형들을 자세히 검토하여 보면, '의'의 단모음화는 단일 차원에서 전면적으로 수행된 것이 아니었다. 즉, '의'가 출현하는 음절 위치와 음절 초성 자음들이 갖고 있는 음성적 성격에 따라서 단모음화의 방향과 그 변화의 속도가 일정하지 않았다. 특히 이 시기의 자료에서 음절의 초성이 'ㄷ, ㅌ' 계열인 음성조건에서 이중모음 '의'는 대부분 완강하게 유지되어 나타난다(최전승, 1986 : 219).[39] 이러한 사실은 19세기 후기 전라방언 '근듸'(鞦韆)에서도 확인되는 것이며, 제2음절 위치에서 이중모음 '의'의 신분이 小倉進平(1924, 1944)의 음성전사에 따르면 1920년대와 1940년대의 남부지역 방언에서도 그대로 유지되어 있다.[40]

---

38) 김옥화(2007 : 116)는 가람본 신재효 판소리 『춘향가』가 나타내는 방언 자료적 성격을 표기의 측면에서 검토하면서 이중모음 '의' 표기의 다양한 특질을 제시하고, 이러한 표기 '의'는 하향 이중모음으로 실현되었을 가능성도 있으나 그보다는 '의>이, 의>으' 등의 단모음화를 의식한 의도적인 표기이었을 가능성이 높다고 판단하였다.

39) 또한, 19세기 후기 전라방언 자료에는 '으'의 움라우트가 이중모음 [iy]로 실현되었다.

그림>긔림(畵), 드리->듸리-(獻), 드듸->듸듸-(踏), 드듸여>듸듸여(遂), 쑤드리->쑤듸리-, (국을)쓰려>끼려, 늦기->늿기-(感)(최전승, 1986 : 152).

40) 小倉進平(1944ㄱ)에 조사된 1940년대의 지역방언, 특히 이중모음 '의'의 발음은 그 당시 자료 제공인들의 대상(소학교 상급반 학생들)과, 방언조사 면담의 부자연스러운 상황과 분위기(교사들의 배석과 지도) 등에 비추어 볼 때, 당시의 구어성을 그대로 반영 못하였을 가능성이 있다.

그렇다면, 전남방언에서만 1920년대 이전의 어느 단계에서 '의'의 단모음화가 보수적 환경 'ㄷ, ㅌ' 계열을 극복하고 수행되기 시작한 것일까. 그렇게 판단하기는 어렵다. 예를 들면, 19세기 후기 전라방언에 등장하는 '전듸-'(忍)에 출현하는 제2음절 이중모음 '-의'가 1940년대의 전남방언에서 [ɨy](üi)로 유지되어 있거나, 또는 [i]로 단모음화되어 있다. 따라서 이러한 단모음화의 출발은 동일한 음성 조건을 갖추고 있는 환경에서도 어휘에 고유한 특성에 따라 선별적으로 적용되었을 것 같다. 이러한 첨단적 변화를 1920년대 이전 시기의 전남방언이 먼저 '군듸>군디'에 참여시켰다고 추정한다. 어휘적 특성, 즉 사용 빈도수 또는 화자들이 감지하는 정감과 친밀도 등과 같은 화용론적 요인 등이 일정한 어휘 항목들을 제일 먼저 변화시키는 데 결정적인 기여를 한다고 알려져 있다 (Phillips, 1884, 2001 ; Bybee & Hopper, 2001). 그러나 특히 1920년대 이전 전남방언에서 대중적 민속놀이의 하나인 그네의 방언형에 적용된 '군듸>군디>군지'와 같은 일련의 첨단적 변화와 어휘 확산에 관여한 언어 외적 요인은 쉽게 파악하기 어렵다.

또한, 1920년대를 전후하여 오로지 전남방언에서만 적용된 '군디>군지'의 구개음화 현상 역시 일반적인 음성변화의 제약을 크게 벗어나고 있다. 통상적으로 이중모음 '-의'에서 기원된 단모음 [i]는 t-구개음화를 수행할 수 있는 기능이 제외되었기 때문이다. 현대국어에서 t-구개음화의 공시적 예외에 속하는 '마디(節), 어디(何處), 티끌(塵), 디디다(딛다, 踏), 오디(桑實), 반딧불(螢火)' 등이 여기에 속한다. 제2음절 위치에 이중모음 '-의'를 이전 단계에서 보유했던 이 어휘 항목들에 구개음화가 먼저 적용되고 난 후, 이중모음의 단모음화가 이루어지는 시간상으로 배타적인 상대적 연대의 차이 때문에 이와 같은 공시적 불투명성이 현대국어에 존재하게 되었다는 것은 잘 알려진 사실이다.

1920년대 이전에 전남방언에서 수행된 '군듸>군디>군지'(鞦韆)와 유사한 통시적 발달 과정을 19세기 후기 전라방언과 중부방언 자료 등에서 찾을 수 있다. 즉, '뒤곡뒤>뒤꼭지'(後腦)와 같은 변화의 진로가 그것이다.

(20) ㄱ. 흥보의 뒤꼭지을(김문기 소장 필사 25장본 홍보전, 4ㄱ)
　　　　뒷꼭지가 터지게(임형택 소장 필사본, 박흥보전, 20ㄱ)
　　　　cf. 흥부의 뒤곡두룰 꽉 집흐며(경판 20장본 홍부전, 3ㄱ)
　　ㄴ. 뒤꼭지 : 後腦, nuque, occiput(한불ㅈ뎐, 499면)
　　　　cf. 곡뒤 : 腦後(한불ㅈ뎐, 185면)
　　　　　뒤곡지(後腦, 국한회어, 87면)∽꼭뒤(腦, 국한회어, 33면)

19세기 후기 지역방언에 등장하는 위와 같은 '뒤꼭지'는 15세기 국어 '곡뒤'에서부터 제2음절의 비원순화를 수용한 '곡듸'의 단계를 거치고, '(뒤)곡듸>곡디>곡지'와 같은 일련의 변화를 거쳐 온 것으로 보인다. 이미 17, 18세기 국어의 단계에 '곡뒤'의 마지막 음절 모음에 비원순화가 일어난 '곡디'형이 등장하였다. 곤의로 곡니를 쓰고(가례언해, 1. 46ㄱ), 抛在腦後, 곡디 뒤혜 ᄇ리다(역어유해, 60ㄴ). 이 어휘의 오늘날의 반사체는 '디꼭지' 형으로 전남방언을 위시한 남부방언 일대에 광범위한 분포를 나타내고 있다(최학근, 1990 : 786). 따라서 각각의 어휘 항목들이 역사적 발달 과정 속에서 보유하고 있는 고유한 특성(어휘적 차원), 또는 구개음화의 진원지와 연관된 확산의 강도(내적 시간의 차원) 등과 같은 요인을 여기서 고려할 필요가 있는 것이다.[41]

그리하여 '-듸>-디'과 같은 환경에서 먼저 이중모음의 단모음화, 나중에 구개음화를 수용하여 공시적으로 투명해진 '반딧불>반짓불'(螢火)와

---

41) 구개음화 규칙의 역사적 발생과 그 확산의 과정에 대한 상세한 고찰은 곽충구(2001)을 참조.

'오디>오지'(桑實) 등과 같은 방언형들이 현대국어의 지역방언에서 쓰이고 있다. 중세국어의 '반되'(螢)는 현대국어의 '반디'로 정착하기 전에 그 중간 단계로 '반듸'와 같은 과정을 거쳤다고 생각된다.[42] 이것은 '반되>반듸'와 같은 직접적인 변화를 수용한 것이 아니다. 여기에 '반되>(비어두음절의 모음상승)*반뒤>(비원순화)반듸'와 같은 순차적 과정이 개입되었던 것으로 보인다. 반듸(螢火, 1810, 몽유편, 상, 18a), 반듸 螢, 반듸불 螢火(한불ᄌᆞ뎐, 300면). 이러한 '반딧(불)'형에 t-구개음화가 실현된 방언형 '반짓(뿔)이 전남 신안군 일대와 전북 남원방언에 분포되어 있다(이기갑 외, 1997 : 264 ; 전광현, 2003 : 110 ; 주갑동, 2005 : 157). 또한, '오듸'(桑實)에서 '오듸>오디'를 거치고, 이어서 구개음화를 수용한 방언형 '오지'가 전남 장성방언에서 확인된다(최학근, 1990 : 1110). 그리고 '오디'의 또 다른 방언형 '오질개'도 전남 방언(광양, 승주, 고흥, 여수) 일대에서 수집된 바 있다(이기갑 외, 1997 : 462).

이와 같은 과정이 t-구개음화와 단모음화 ɨy>i 두 변화의 관계에만 적용되어 있는 것은 아니다. 또한, k-구개음화와 이중모음의 단모음화의 두 가지의 통시적 변화 사이에 시간차원에서 맺고 있는 상대적 연대기가 일부의 방언형들에도 적용되어 있다. 전북 익산방언에 대한 음운론에서 전광현(1977ㄱ / 2003 : 45)은 이 지역방언에 생산적인 k-구개음화가 그 적용 영역의 제약을 부분적으로 제거시킨 예들을 제시한 바 있다.[43] (ㄱ)

42) 중세국어에서도 자료의 유형에 따라서 통상적인 '반되' 이외에 '반도'형으로도 출현하였다. 螢 반도 혀ᇰ(1527, 훈몽자, 상, 11ㄴ). cf. 반되 爲螢(訓民正音 언해, 용자례), ᄀᆞᅀᆞᆷ 반되ᄅᆞᆯ 容納ᄒᆞ야(1481, 두시초 6, 20ㄴ). 이와 같은 '반되∽반도'의 변이는 원래 '반도'형에 파생접사 '-이'가 연결된 어휘와, 그러한 형태론적 과정을 나타내지 않는 어휘들 간의 공존을 나타내는 것으로 생각된다.

43) 충남방언의 경우에는 특히 h-구개음화가 생산적으로 실현되고 있는데, 이 현상의 적용 영역의 확대가 주목된 바 있다. 한영목(1998 : 174)이 제시한 이러한 첨단적인 방언형들의 예는 다음과 같다. '시다(희다), 시망(희망), 시사(희사), 시끗(희끗). 이와 같이 h-구개음화가 기원적인 이중모음 '의'로 소급되는 단어들에도 확대된 예는 19세기 후기 중부방언에서도 관찰된다.

지 : 다(牐, <긔ー), 저 : 다녀, (ㄴ) 지별(寄別, <긔별), (ㄷ) 지차(汽車, <긔), (ㄹ) 지레기(雁, <그려기).

이러한 첨단적인 방언형들 가운데 '지레기'형은 역사적으로 '그려기>긔려기>기러기'의 변화를 거쳐 온 형태이다. 또한 이 방언형은 19세기 후기 전라방언 자료에서도 이미 출현하고 있으며, 강원도 강릉방언을 반영하고 있는 지방『千字文』의 보수적인 새김에서도 사용된 바 있다. (ㄱ) 쇼상강 쩨지렉이 가노라 ᄒ직ᄒ고(김문기 소장 필사 25장본, 홍보전, 6ㄴ), cf. 쇼상강 쩨기러기(경판 20장본 홍부전, 5ㄴ), (ㄴ) 강릉 : 지레기 雁(이기문 외, 1995 : 157).

따라서 '군듸>군디>군지'(鞦韆)와 같은 변화, 그리고 지금까지 이러한 변화의 타당성을 지원하기 위해서 제시했던 몇몇 지역 방언형들에서 다음과 같은 관찰을 할 수 있다. 즉, 근대국어 어느 단계에서 t-구개음화가 시작된 진원지, 또는 상대적으로 이 현상을 다른 지역 방언에서보다 이른 시기에 수용하여 규칙의 적용 범위를 일반화시킬 여유가 있었던 남부지역의 방언에서의 내적 시간 차원은 기타 중부방언들과는 약간 달랐을 것이다. 남부방언에서 개신적 음운규칙으로서 구개음화(R1)와 이중모음의 단모음화(R2)의 출현을 시간 선상에서 아래와 같이 두 가지 방식으로 추정해 볼 수 있다(Chen, 1972 : 225를 참조하였음).

(21) ㄱ. time ——●——●——→ ㄴ. time ————————→

(ㄱ) R1 ___ R2 ___　　(ㄴ) R1 ___ R2 ___

위의 그림에서 (21ㄱ)은 구개음화(R1)의 적용 시기가 완전히 종료된 다음에 이어서 시간상으로 단모음화(R2)가 새롭게 시작하였음을 보이는 것

시지부지 : to squander, to spend carelessly. see 희지부지(1897, 한영ᄌ뎐, Gale, 593면).

으로 두 통시적 규칙 간의 상보적 분포와 계기적 연속을 뜻한다. 위에서 제시한 t-구개음화의 불투명한 일련의 어휘부류들이 이러한 규칙 관계를 시간 차원에서 반영한다. 그 반면, 남부지역의 방언에서는 해당되는 어휘적 특성에 따라서 R1과 R2가 역사적 시간 차원에서 부분적으로 겹치게 되었을 가능성이 있다.[44] 그러한 (21ㄴ)의 통시적 규칙 간의 연대적 상황을 '군듸>군디>군지'(鞦韆) 등의 부류가 반영하고 있을 것이다.

4.4. '근듸'와 '그늬'와의 역사적인 관련성

지금까지 논의의 대상이 되어 온 남부방언의 '근듸' 계열의 방언형들과 중부방언 중심의 '그늬' 계열의 방언형들은 역사적으로 어떤 관계를 맺고 있을까. 이 글의 초고를 검토한 이진호(전남대) 교수는 글쓴이에게 보낸 전자편지에서 이 두 계열은 매우 중요한 음운사적 관계를 서로 맺고 있을 것이라는 견해를 제시하였는데, 이것을 요약하면 다음과 같다.

> (22) ㄱ. 방언형 가운데 어중의 '비음'과 '파열음-비음'의 연쇄가 대응하는 경우가 적지 않다. 예를 들면, '하마트면-함바트면, 가르마-가름바, 깜뷔기-까뮈기' 등 그 수효나 종류가 많다. 여기서 관찰의 대상이 된 '근데'와 '그네'도 이러한 대응 예에 속한다고 할 수 있다.
> ㄴ. 그러한 이유로, '근듸' 계열과 '그늬' 계열이 국어사에서 전

---

44) 본문에서 (21ㄴ)과 같은 통시적 규칙 간의 부분적인 중첩 과정은 움라우트(R1)와 이중모음의 단모음화(R2)의 적용 순서에 더욱 적극적으로 반영되어 있다. 현대국어에서 움라우트의 실현에 예외를 보이는 '당긔다'(引), 사귀다(親交), 참외(瓜), 종이(紙), 잎사귀(葉)' 등과 같은 부류들이 실제로 지역방언에서 먼저 단모음화, 그 다음에 움라우트가 적용된 '댕기다, 새기다, 채미, 쬥이, 잎새기' 등으로 사용되고 있다(최전승, 1995).
김병제의 『방언사전』(1980)만 관찰해 보면 다음과 같은 움라우트 실현형이 확인된다. 쬥이(紙, 전남, 134면), 죄리(조리, 강원, 황남, 황북, 134면), 지제기(기저귀, 강원, 130면), 챔이(참외, 황남, 138면), 헤미(호미, 함북, 156면), 회미(호미, 156면), 까매기(까마귀, 함북, 157면), 다램지(다람쥐, 함북, 52면), 사매기(사마귀, 함남, 98면) 등.

혀 다른 어원에 속하는 것이 아니다. 이것들은 음운사적으
로 하나의 단일한 형태로부터 분화된 것으로 볼 수 있다.
　　ㄷ. 그 반면에, 이 글에서는 두 계열 사이의 형태들에 음운사적
　　　　관계를 전혀 인정하지 않은 태도를 취하였다.

　이진호 교수가 옳게 지적한 바와 같이, '그늬' 계열을 도외시하고, '근
듸' 계열의 형성과 그 발달 과정을 역사적으로 온전하게 기술할 수는 없
다. 두 계열의 음운사적 연결성은 이미 종래에 몇몇 학자들이 잠정적으
로 추정해 왔었다. 그러나 글쓴이가 오늘날의 남부방언에 분포되어 있는
'근듸' 계열의 다양한 방언형들의 기원을 근대국어의 '근두'(跟陡)에서 파
생된 '*근뒤'로 소급시키는 한에 있어서, 이 형태는 중부방언에서의 '그
늬' 계열과 어원적으로 서로 다른 계통에 속한다는 판단을 내릴 수밖에
없다.45) 그 근거는 '그늬' 계열을 역사적으로 소급하여 갈수록 적어도 글
쓴이에게 분명하여진다.
　중세국어 단계에 등장하는 '그네'의 역사저 선행 형대 '글위'에 대한
예는 우리에게 잘 알려져 있다.

(23)　ㄱ. 열 히롤 蹴踘호매 삿기 더브러 머리 왓노니 萬里옛 글위쁘긴
　　　　習俗이 혼가지로다(초간 두시언해 11. 15ㄱ, 十年蹴鞠將雛遠
　　　　萬里鞦韆習俗同.　鞦韆은　北方山戎之戱니以習輕率也ㅣ니　蹴鞠
　　　　鞦韆이皆淸明景物이라)
　　　ㄴ. 鞦 글위 츄, 韆 글위 쳔 俗乎鞦韆 又乎半仙戱 遊仙戱(叡山本,

---

45) 국어사의 先史 단계로 들어가면, 중부방언의 '그늬' 계열이나 남부방언의 '근듸' 계열,
　그리고 '근두'(跟陡) 등의 원시적 어근은 같은 어원에 근거했을 것이라는 가정은 할 수
　있다. 글쓴이의 이러한 생각은 이남덕(1985)에 의한 것이다. 이남덕(1985 : 138)은 어
　원연구의 거시적 관점에서 중세어의 '글위'(鞦韆)를 위시하여 오늘날의 다양한 '그네'
　방언형들은 "흔들흔들" 또는 "건들건들"과 같은 동작을 나타내는 *kVr-로 소급될 수
　있다고 기술하였다. 이남덕(1985 : 138)의 자료는 이정애(전북대) 교수가 글쓴이에게
　찾아준 것이다.

훈몽자회, 중, 10ㄱ)

　15세기 초간본『두시언해』권11 가운데「淸明」에서 인용한 (23ㄱ)의 예문을 보면, 일찍이 중국에서 그네뛰기가 유희의 일종으로 민간에 일반화되었던 것으로 보인다. 중국의 그네뛰기 풍습을 고찰한 Laufer(1933)에 의하면, 원래 이 민속놀이는 고대에 인도와 태국을 거쳐 중국의 북방 종족(北方山戎之戱)에 의하여 수용된 이후에 전 지역에 전파되기 시작했다고 한다. 애초에 그네뛰기는 주술적 또는 종교 의식행위로 시작되었으나, 중국에 전파되었을 무렵에는 그러한 개념이 제거되고 단순히 장수를 기원하거나, 몸을 날렵하게 단련시키는 놀이 행위로 일반화되었다(Laufer, 1933 : 219). 중국에서 청명지절(춘분과 곡우 사이, 4월 5일 무렵, 蹴鞠 鞦韆이 皆淸明景物이라)에 그네뛰는 풍속이 일찍이 고려 또는 그 이전의 시기에 민간에 확산되어 왔을 것이다(최상수, 1988). 그리하여 고려 고종 때 작성된 경기체가「한림별곡」에 그러한 유희가 자연스럽게 등장하게 된 것이다. 위의 예문 (23ㄴ)에 의하면, 중국에서 수입된 놀이에 그 이름까지 따라왔으며, 통상적인 한자음 '추천'이 고유어 '글위'와 함께 중세국어에서 대중어로 같이 사용되었음을 알 수 있다.

　그러나 중세국어의 문헌어로 등장하는 '글위'형이 그 당시 차지하고 있었던 구체적인 지역적 분포나, 이 중부방언형에 대응하는 동 시기의 지역 방언형들의 존재는 구체적으로 알 수 없다. 또한 중세국어의 '글위'형이 오늘날 중부방언의 '그늬' 계열을 대변하지 못한다. '글위'에서 '그늬>그네'로 이르는 역사적 발달의 진로가 이 글의 서론 부분에서 지적한 바와 같이 음운사적으로 투명한 것이 아니기 때문이다.

　일찍이 小倉進平(1944ㄴ : 248)은 1940년대 '그네'의 공시적 방언형들을 계열에 따라서 분류하면서(이 글의 각주 4)를 참조), '그늬' 계열의 공시적 후속형들과 '근듸' 계열의 후속형들의 기원을 동일하게 간주하였다. 그리하여 그는 '근듸' 계열에서 제2음절 두음 'ㄷ-'은 '그늬 계열의 'ㄴ-'이 "轉化"된 것이라고 기술하였다.46) 즉, '그늬>근듸'. 이와 같은 해석은 매우 그럴 듯하다고 생각한다. 여기서 그 입력과 출력의 형태가 자음의 변화만 제외하면 모음에서 일치를 대체로 보이기 때문이다. 그렇지만, 글쓴이는 '그늬>근듸'와 같은 과정을 국어 방언사에서 가능한 자연스러운 음성변화로 연결하는 작업은 결코 쉽지 않다고 생각한다.

小倉進平(1944ㄴ)이 주로 함경도 방언과, 그리고 강원도 동해안 일대에 등장하였던 '구리'(구리∽굴리∽굴레)와 '굴기' 두 계열을 '멀귀∽멀구∽멀기'(山葡萄) 등과 같은 방언형들의 존재에 기대어 15세기 국어의 역사적인 형태 '굴위'로 소급시킨 것은 올바른 해석이었다. 김태균(1986 : 85)을 참조하면, 현대 함북방언에서 사용되는 '그네'의 방언형들의 유형과 하위 분포지역은 다음과 같다. (ㄱ) 구리(온성, 종성), (ㄴ) 굴기 (성진 외 3개 지역), (ㄷ) 굴레(명천 외 5개 지역), (ㄹ) 굴리(경성 외 2개 지역), (ㅁ) ㄱ네(길주, 경성).

이러한 함북 방언형들의 일부는 19세기 후기 자료에서 이미 언급되었던 '굴긔'(Putsillo, 1874 : 231) 이외에, '구리'로도 등장하였다.47)

> (24) 슈양속의 구리 쒸는 뎌 여익가(춘향뎐, 8면)
> 구름갓치 뫼여드러 차례로 구리 쒸니(상동. 8)
> cf. 츄쳔 우의 노니는 모양은(상동. 8)

---

46) 김형규(1982 하권 : 284)도 <특수방언> 항목에서 주로 남부방언에 분포되어 있는 '근듸' 계열의 형성을 중세어 '글위'에서부터 일련의 음성변화("고어의 [r]이 현대어에 [n]으로 변하고 다시 [d]로 변한 예")를 수행하여 온 결과로 설명하였다.

47) 김병옥의 *Koreiskie Teksty*(1898, 한국어 독본 : 춘향뎐)에 반영된 19세기 후기 함북방언의 성격과, 전반적인 어휘 음운론적 특징에 대해서는 King(1991)과 최전승(2004 : 567~621)을 참조.

19세기 후기 함북 방언형 '굴긔'와 '구리'는 중세국어의 '글위'와 직접적인 관계를 맺고 있는 것으로 보인다. 즉, 이 시기에 등장하는 '굴긔'[kulgiy]의 존재는 역사적 선행 형태인 '글위'가 후기 중세국어 이전의 단계에서 '*글귀'에서 변화되어 나왔음을 가리킨다. 그렇다면, 함북 방언에서 보이는 어두음절 모음의 원순화는 '글위'의 단계에서 후행 원순모음의 역행동화를 수용한 것이다. '굴긔'형이 등록된 Putsillo의 『로한즈뎐』(1874)에는 '술긔'(車, 243면)도 등장하였는데, 이 방언형 역시 15세기 국어에서 '술위'로 소급된다. 따라서 '술위'의 경우도 '*술귀>술위'의 과정을 거쳐 온 형태가 분명하다. 이와 같은 추정에 의하면, 19세기 후기의 '굴긔'형은 '*글귀>(원순성의 역행동화)*굴귀>(비원순화)굴긔'의 변화 과정을 거쳐 온 것이다.[48]

19세기 후기의 또 다른 '구리' 방언형은 '*굴귀'로부터 자음 'ㄱ'이 선행하는 'ㄹ' 뒤에서 유성 마찰음화를 수행한 중부방언의 개신파를 함북방언의 화자들이 부분적으로 수용한 결과이다. 따라서 '구리'는 '글위>굴위>구릐>구리'와 같은 일련의 음성변화를 밟아 온 형태인 것이다. 小倉進平(1944ㄴ)에서 1940년대 사용되고 있는 함경도 중심의 방언형 '구리'와 '굴기' 부류가 두 계열 (2)와 (6)으로 따로 분류되었으나, 동일한 기원 '*글귀'에서 유래되었음을 전제로 하면 하나의 계열로 통합시킬 필요가 있다. 또한, 재구형 '*글귀'(鞦韆)와 '*술귀'(車)의 둘째 음절 위치에서 공통 성분인 '*-귀'가 일종의 접사와 같은 기능으로 파악되지만, 어떤 구체적인 추정은 여기서 더 이상 할 수 없다.

'그네' 방언형에 대한 小倉進平(1944ㄴ)의 분류 기준은 해당 형태들이

---

48) Putsillo의 『로한즈뎐』(1874)에 반영된 19세기 후반의 함북 및 육진방언의 언어 현상을 20세기 초반에 간행된 제정 러시아 카잔에서 간행된 자료들과 연관하여 고찰한 King(1991 : 79)은 함북 방언형 '글긔'는 *kunɨgey로부터, '술긔'의 경우는 *sulgo-i로부터 발달해 왔을 가능성을 상정한 바 있다.

보유하고 있는 제1음절 종성과 제2음절 초성에 출현하는 자음의 유형을 중심으로 이루어졌다. 그렇기 때문에, 중부방언 등지에 광범위하게 분포되어 있는 '그네' 부류와, 주로 평북방언 중심으로 사용 영역을 점하고 있는 '그늘' 부류가 동일한 계열로 분류될 수밖에 없었다.[49] 일견해서 이 방언형들은 제1음절의 종성과 제2음절의 초성의 관점에서 '그늬' 계열에서 크게 벗어나지 않는 것 같다. 그러나 '그늘'형에서 둘째 음절 말에 첨가되어 있는 '-ㄹ'의 기원을 쉽게 해결할 수 없기 때문에, '그늬'형 부류와 이 부류의 방언형들은 서로 다른 계통에 속하였을 가능성이 있다.[50]

중세국어 '글위'(鞦韆) 계열은 근대국어의 단계에서 '글위>글의>그릐'의 변화를 거치고, 이어서 단모음화를 수행하여 '그리'형으로 전환되었다. 그러나 일련의 변화를 거친 최종적인 형태 '그리'가 출현하는 18세기 후기 무렵에, 둘째 음절의 자음에 관한 한, 전혀 다른 개신형 '그늬'형이 문헌 자료에 등장하기 시작하였다. 그리하여 새로운 '그늬'형이 보수형 '그리'를 완전히 제치고, 19세기로 이어지게 되었다. 매우 세한된 분헌 자료만을 중심으로 이 시기에 교체되는 '그리'와 '그늬'의 쓰임의 역동적인 실제의 기제는 파악하기 어렵다. 그렇기 때문에, 종래에 이러한 '그릐, 그리 → 그늬'의 역사적 대치 과정을 일직선상에서 '그릐>그리>그늬'(김

---

49) 『평북방언사전』(김이협, 1981 : 66)에 의하면, 방언형의 마지막 음절에 'ㄹ'을 보유하고 있는 변이형의 유형들과 그 분포 지역은 다음과 같다.

    (ㄱ) 그늘(벽동 외 8개 지역)
    (ㄴ) 구늘(창성 외 3개 지역)
    (ㄷ) 구눌(영변, 박천)
    (ㄹ) 거늘(의주 외 3개 지역)

50) 小倉進平(1944ㄴ)에서 제2음절 초성에 '-ㄴ'음을 갖고 있는 '그네' 계열은 1940년대에 전라와 경상방언을 제외한 각각의 지역방언에 광범위하게 분포되어 있는 것으로 조사되었다. 이 계열에 속하는 방언형들은 다음과 같은 종류를 보인다. '구네, 구늬, 구누, 군네, 그네, 그누, 그늬, 구니, 근너, 근네'. 이 방언형들의 어두음절은 '그-' 또는 '구-'로 일정한 일관성을 보여준다. 그러나 비어두음절에 실현된 다양한 모음의 형성은 결국 역사적으로 그 선행 형태 '그늬'의 발달에 기인되는 것으로 생각된다.

민수, 1997), 또는 '그릐>그늬'(유창돈, 1980)로 간주할 수 없다고 생각한다. 현대국어 지역 방언형들의 분포를 조감해 보면, 18세기경에 개신형 '그늬' 계열이 중부방언 일대에 강한 세력으로 확대되었던 것으로 추정된다. 18세기 국어의 '그릐'형은 19세기 후기부터 지금까지 함북방언 등지에서 쓰이고 있는 방언형 '구리'에 가장 근접해 있다. 그렇기 때문에 18세기 중부방언에서 이루어진 '그릐→그늬'의 대치는 흥미 있는 당시의 역사 사회언어학적 배경을 전제로 하는 것이다.

5. 결론

이 글은 19세기 후기 전라방언 자료에 출현하는 그네의 전형적인 방언형 '근듸'(鞦韆)의 존재와, 현대 남부방언에 분포되어 있는 그 공시적 반사체들인 '군뒤, 군두, 군지, 군대, 군데' 등의 역사적 관련성에 대한 작은 의문을 해결해 보려는 시도에서 출발한 것이다. 이 글의 제2장에서 19세기 후기 전라방언 자료의 유형에 따라서 '근듸' 계열과 '그늬' 계열이 서로 배타적 출현 분포를 보유하고 있었으며, 이러한 상황이 대체로 현대 남부방언에도 유지되어 있음을 기존의 1920년대 이후 남부방언에 대하여 이루어진 자료집을 참고하여 제시하였다.

제3장에서는 근대국어의 민속놀이 가운데 일종인 '근두'(跟陡)가 인지 과정에서 전형적인 환유화(metonymization)를 거쳐 이와 비슷한 행위를 하는 그네 또는 그네뛰기를 지칭하는 용어로 남부방언을 중심으로 점진적으로 이전되어 왔을 가능성을 추구하였다. 그리하여 19세기 후기 전라방언 '근듸'에 접근하기 위해서 '근두'에 남부방언에 생산적으로 적용되었던 파생접사 '-이'가 연결된 '*근뒤'를 가정하고, 이 형태의 개연성과 그

타당성을 방언 형태론의 관점에서 논증하려고 하였다.

제4장에서는 19세기 후기 전라방언의 '근듸'는 이렇게 설정된 '*근뒤'로부터 '*근뒤>근듸'와 같은 변화를 거쳐 온 중간 단계에 해당된다고 해석하였다. 이와 같이 '*근뒤'를 오늘날의 공시적 남부 방언형들이 파생되어 나온 역사적 기저형으로 설정하였을 때, 대부분의 반사체들이 규칙적인 음성변화에 의해서 합리적으로 설명될 수 있음을 제시하였다. 그러나 경상도 방언의 '군대∽군데'형의 경우는 몇 가지 설명의 대안 중에서 근대국어의 단계에서 부분적으로 작용하였으며, 관형격 조사 '-의>-에'와 '그늬>그네, 술위>술의>수레(車)' 부류에 한정되었던 '-의>-에'의 변화 경향에 동참하였을 가능성이 있다고 판단하였다.

한편, 4장 3절에서는 전남방언에 집중적으로 분포되어 있는 '군지'형이 '군뒤>군듸>군디>군지'와 같은 연쇄적 변화를 거쳐 왔음을 전제로 하였다. 이와 같은 '군지'는 1920년대 이전으로까지 소급될 수 있기 때문에, 이 방언형이 전남방언에서 보유하고 있었던 고유한 어휘적 특성이 다른 어나의 지역방언과는 약간 상이하였을 것으로 보았다. 그리하여 전남방언에 특유한 '군지'형은 여기에 적극적으로 참여하였던 통시적 t-구개음화 규칙과 iy>i 규칙 사이에 역사적 시간의 차원에서 개입된 상대적 연대기(relative chronology)가 출혈순서에서 급여순서로 전환되어 형성되었을 가능성을 논증하였다. 그리고 4장 4절에서는 중부방언의 '그늬' 계열과 남부방언에서의 '근듸' 계열이 비록 형태상의 유사점을 보유하고 있으나, '그늬>근듸'와 같은 음성변화를 거친 것이 아니라, 국어사의 어느 역사적 단계에서 서로 다른 기원에서 파생되었을 가능성을 제시하였다.

참고문헌

강한영(1971), 『신재효 판소리 사설집』, 한국고전문학대계 제12권, 민중서관.
곽충구(1994), 『함북 육진방언의 음운론—20세기 초 러시아의 Kazan에서 간행된 문헌 자료에 의한』, 국어학 총서 20, 태학사.
곽충구(2001), 「구개음화 규칙의 발생과 그 확산」, 『진단학보』 제92집, 진단학회, 237~266면.
권인환(1995), 「朝鮮館譯語의 음운론적 연구」, 서울대학교 문학박사 학위논문.
김규남(1994), 「『石南歷史』의 표기와 음운론적 특징」, 『국어문학』 29, 149~182면.
김성렬(1995), 「신소설의 어휘연구」, 『인문논총』 제16집, 아주대학교, 65~86면.
김옥화(2007), 「가람본 춘향가의 방언 자료적 성격」, 『어문연구』 35권 4호, 109~134면.
김완진(1971), 『국어음운체계의 연구』, 일조각.
김완진(1972), 「다시 ß>w를 찾아서」, 『어학연구』 8-1, 51~62면.
김완진(1978), 「모음체계와 모음조화에 대한 반성」, 『어학연구』 14-2, 127~139면.
김완진(1996), 『음운과 문자』, 신구문화사.
김이협(1981), 『평북방언 사전』, 한국정신문화원.
김태균(1986), 『함북방언 사전』, 경기대학교 출판국.
김형규(1982), 『한국방언연구』, 서울대학교출판부.
남광우(1997), 『교학 고어사전』, 교학사.
박기영(2005), 「개화기 한국어의 음운 연구」, 서울대박사학위논문.
박기영(2006), 「이중모음 '의'의 변화에 대한 일고찰」, 『이병근선생 퇴임기념 국어학논총』, 태학사, 133~153면.
손희하(1991), 「새김 어휘 연구」, 전남대학교 박사학위청구논문.
신은수(2004), 「戊戌本(1898) 완판 심청전의 표기 특징」, 『국어사 연구』 제4호, 국어사학회, 315~347면.
양주동(1961), 『麗謠箋注』, 을유문화사.
유창돈(1980), 『이조 국어사연구』, 이우출판사.
이기갑 외(1997), 『전남방언 사전』, 전라남도
이기문(1991), 『국어 어휘사 연구』, 동아출판사.
이기문 외(1995), 『천자문 자료집, 지방 천자문 편, 도서출판 박이정.
이남덕(1985), 『한국어 어원연구』 2, 이화여자대학교 출판부.
이돈주(1979), 『전남방언』, 어문총서 206, 형설출판사.
임지룡(1997), 『인지 의미론』, 탑출판사.
전광현(1997ㄱ / 2003), 「전라북도 익산지역어의 음운론적 연구」, 『국어사와 방언』(2,

방언연구)에 재록, 월인, 37~76면.

전광현(1977 / 2003), 「남원지역어의 기초어휘 연구」, 『국어사와 방언』(2, 방언연구)에 재록, 월인, 77~143면.

정승철(1995), 『제주도 방언의 통시음운론』(국어학총서 25), 국어학회.

정인호(1995), 「방언반 학술답사 보고서-부안 지역어의 특징」, 『관악어문연구』 제20집, 서울대학교, 552~576면.

주갑동(2005), 『전라도 방언사전』, 수필과비평사.

최상수(1988), 『한국의 씨름과 그네의 연구』, 성문각.

최전승(1986), 『19세기 후기 전라방언의 음운현상과 그 역사성』, 한신문화사.

최전승(1988), 「파생법에 의한 음성변화와 어휘대치의 몇 가지 유형」, 『한글』 제200호, 한글학회, 24~56면.

최전승(1995), 『한국어 방언사 연구』, 태학사.

최학근(1962), 『전라남도 방언연구』, 한국연구총서 제17집, 한국연구원.

최학근(1990), 『증보 한국방언사전』, 명문당.

한영균(1994), 「후기 중세국어의 모음조화 연구」, 서울대학교 문학박사학위논문.

한영목(1998), 「충남방언의 현상과 특징에 대한 연구」, 『방언학과 국어학』, 태학사, 159~210면.

허 웅(1989), 『16세기 우리 옛말본』, 샘문화사.

홍윤표(2009), 『살아있는 우리말의 역사』, 태학사.

小倉進平(1924), 『남부조선의 방언』, 조선사하회.

小倉進平(1944), 朝鮮語 方言의 硏究』(前篇 資料 篇), 岩波書店.

小倉進平(1944ㄴ), 「鞦韆」, 『朝鮮語 方言의 硏究』(後篇 硏究篇), 岩波書店, 241~248면.

Bybee, Joan & P, Hopper.(2001), Introduction to Frequency and Emergence of Linguistic structure, *Frequency and the Emergence of Linguistic Structure*, Edited by Bybee & Hopper, pp.1~26, John Benjamins Publishing Company.

Chen, Matthew.(1972), The Time Dimension : Contribution toward a Theory of Sound Change, *Foundation of Language* 8, pp.457~498.

King, Julian. Ross.(1991), *Russian Sources on Korean Dialects*, Unpublished Harvard University Ph.D Dissertation.

Laufer, Berthold.(1933), The Swing in China, LieberSemisaecularis Societatis Fenno-Ugricae, pp.21~223, *Memoires de la Societe Finno-ougrienne*, LXVll.

Phillips, S. Betty.(1984), Word Frequency and the Actuation of Sound change, *Language*, Vol.60, No.2, pp.320~341.

Phillips, S. Betty.(2001), Lexical Diffusion, Lexical Frequency, and Lexical analysis, *Frequency and the Emergence of Linguistic Structure*, Edited by Bybee & Hopper, pp.123~158,

John Benjamins Publishing Company.

Salise, S.(1984), *Generative Morphology*, Foris Publication(전상범 역, 『생성 형태론』, 한신
　　문화사).

Traugott, Elizabeth & R. Dasher.(2002), *Regularity in Semantic Change*, Cambridge Studies
　　in Linguistics 97, Cambridge University Press.

1. 서론

1.1. 이 글에서 글쓴이는 19세기 후기 국어를 구성하고 있는 중부와 남부 지역방언들의 문법 현상 가운데 특정한 통사적 환경, 즉 '관형사형＋의존명사＋존재동사'의 구조에서 출현하는 '길'(道), '법'(法), '일'(事), 그리고 '수'(手 / 數)와 '세'(勢) 등이 문법화를 수행하여 "수단"과 "방법"을 뜻하는 추상적인 의미로 발달하여 가는 과정과 그 역동성을 고찰하려고 한다.[1] 이와 같은 구상적이고 객관적인 자립명사 부류들이 겪게 되는 문

---

[1] 이 글은 국어문학회 2007년도 춘계 전국학술발표대회(2007. 6. 1~2, 전북대학교)에서의 주제인 「완판본(전주본) 고문헌의 국어국문학적 가치」에 맞추어 "완판본 고소설에 반영된 공시적 언어변이와 역사적 연속성"이라는 제목으로 발표한 초고를 수정하여 제3장 (문법화 과정에서 실현되는 연속변이) 부분만을 확대한 것이다.

초고를 발표하였을 때에 지정토론자로 참여한 윤석민 교수(전북대)와, 홍윤표 교수(연세대), 유수열 교수(전주대)로부터 이 글의 논지 전개에 많은 지적과 도움을 받았다. 다시 수정한 원고를 읽고 꼼꼼하게 검토하여준 김규남(전북대) 선생과 왕문용 교수(강원대),

법화의 과정에서 음운변화가 여기에 아직 적극적으로 개입되지는 않았다. 그러나 이들 성분은 특정한 통사적 구성으로 한정되어 주로 존재동사와 통합되어 지속적으로 사용되어 왔다. 따라서 이러한 표현 용법이 19세기 후기의 단계에서 점진적으로 관용적인 구성을 이루고 있으며, 명제에 대한 화자의 주관적인 인식이 강화된 의미 화용론적 변화의 모습을 보인다.

국어사에서 19세기 후기의 국어는 근대국어의 마지막 단계에 속하지만, 현대국어에서와 같은 다양한 지역방언들의 언어적 분화 현상을 가장 투명하게 보여주는 창문의 역할을 하고 있다. 이 시기의 지역방언들이 보이고 있는 여러 층위에서의 언어적 특질들은 현대국어의 공시적 방언 분화의 모습을 온전히 갖추어가기 이전의 과도기와 같은 역동적인 과정을 반영하고 있다. 따라서 이 시기의 지역방언 구조와 분화에 대한 체계적인 고찰이 현대국어를 이해하고, 지역방언의 고유한 형성 과정을 파악하는 데 결정적인 역할을 한다.

19세기 후기를 전후하여 해당 지역방언의 특질을 반영하는 문헌 자료들이 생산적으로 출현하였고, 여기에 바탕을 둔 연구들이 1980년대와 90년대에 집중적으로 이루어진 바 있다. 이들 방언 자료 가운데, 우선 19세기 후기 전라방언 자료들을 언급할 수 있다. 1850년에서부터 1910년대 사이에 전주 일대에서 간행된 완판본 계열 자료와, 전북 고창 출신 신재효가 개작한 『판소리 사설집』 여섯 마당이 오늘날 갖고 있는 언어학적 가치는 대체로 19세기 중엽 이후부터 20세기 초반에 걸치는 국어사와 지역 방언사 연구를 위한 구어적 자료라는 데 있다. 종래에 이들 언어 자료에 대한 관찰이 "19세기 후기 전라방언"에 한정되는 지역적 방언사적 관점에서 국지적으로만 이루어져 왔다. 그러나 최근에야 이러한 일련의 완

안주호 교수(위덕대), 이기갑 교수(목포대), 이정애 교수(전북대)께 깊은 감사를 드린다. 그러나 이 글이 안고 있는 여러 제약과 문제점들은 글쓴이에게만 국한될 뿐이다.

판본 계열 자료와, 신재효의 『판소리 사설집』의 일부(간기를 확인할 수 있는 있는 부류들만)가 근대국어 단계의 정식 국어사 자료의 목록으로 본격적으로 등록되기 시작하였다(홍윤표, 1994, 1997 ; 김동소, 2003, 2007).

이들 자료에 대한 이와 같은 관심과 주목의 추이는 언어 자료로서 가치와 위상이 점진적으로 재평가되었다는 사실을 뜻한다고 생각한다. 따라서 완판본 계열 자료와, 신재효의 『판소리 사설집』에 반영된 당대의 언어는 단순한 지역성을 탈피하여 전반적인 국어사와 방언사 이론의 구축, 그리고 일정한 역사적 단계의 국어의 공시적 연구를 위한 폭넓은 시야를 제공하게 된 것이다. 이러한 사실에도 불구하고, 국어의 역사적 자료 또는 지역방언의 공시적 기술 자료로서의 완판본 고소설 계열과 판소리 사설은 전통적이고 동시에 규범적인 언어 자료의 기준에서 보면, 간과할 수 없는 몇 가지 제약과 많은 결점들을 그 자체 안고 있다(최전승, 1986 : 7~13). 그러나 수많은 전통적인 국어사 자료 가운데에서도 비교의 대상으로서 이상적이고, 동시에 완벽한 문헌 자료란 원칙저으로 존재하지 않는다는 사실을 기억할 필요가 있다.

19세기 후기 중부방언을 체계적으로 반영하는 전형적인 문헌 자료들은 여기서 특별한 언급이 필요하지 않을 정도로 지금까지 잘 소개되어 있다(이병근, 1970, 1976 ; 이기문, 1980). 그러나 글쓴이 자신의 제약으로 인하여, 이 글에서 주로 이용할 중부방언의 자료는 『한어문전』(*Grammaire Coréenne*, 1981)과 그 자매편 『한불ᄌ뎐』(*Dictionnaire Coreen-Francais*, 1880), Gale의 『ᄉ과지남』(*Korean Grammatical Forms*, 1894), 그리고 서재필의 『독립신문』(1896. 4~1898. 12) 등으로 한정시켰다. 19세기 후기와 그 이전의 경상방언의 풍부한 자료는 백두현(1992)에 소개되어 있다. 글쓴이는 19세기 중엽과 후엽에 속하는 경상방언의 자료로, 한국어 학습서로 일본에서 간본과 필사본으로 작성된 『隣語大方』 계통(편무진・岸田文隆, 2005)과 필사본

『漂民對話』(편무진·岸田文隆, 2006), 그리고『交隣須知』계통(편무진, 2005)의 이본 자료들을 주로 이용하였다.[2]

1.2. 글쓴이가 이 글에서 논의하려는 "수단" 또는 "방법"을 나타내는 일련의 양태성 의존명사들의 문법화 과정과, 19세기 후기 국어의 단계는 현대국어의 공시적 의존명사들의 신분과 형성에 밀접한 유대 관계를 맺는다. 그 근거는 현대국어 의존명사들의 생성과 소멸의 인자는 이미 그 이전 단계 언어의 공시적 구조에 역동적으로 실현되어 있기 때문이다.

지금까지 수행된 의존명사의 역사적 고찰(이주행, 1988)에서나, 근대국어의 의존명사 체계에 대한 공시적 연구(이주행, 1987 ; 왕문용, 1988) 등에서 공시적 단계의 의존명사의 범주 설정을 그 선행하거나 후행하는 역사적 단계와 아무런 연관성이나 인과관계의 해명 없이 독자적으로 파악하였다. 동시에 각각의 연구의 전제로서 설정된 의존명사화의 기준을 전부 만족시키지 못하면, 그 후보로서 잠재성이 농후하더라도 의존명사의 목록에서 완전하게 배제시키는 경향이 강하였다. 동시에 어느 역사적 단계에서 선행하는 시기에 나타나지 않았던 새로운 성분이 의존명사로 분류

---

2) 19세기 후기와 20세기 초기에 걸치는 평안도와 함경도 방언의 자료도 여기에 당연히 포함되어야 하지만, 글쓴이의 준비 부족으로 이 글에서 누락되었다. 다음 기회에 보충하려고 한다.

특히, 20세기 초엽의 함북 육진방언은 1901년과 1904년 사이에 Kazan에서 러시아 정교 선교협회가 간행한 다음과 같은 자료에 풍부하게 반영되어 있다. (1) *Pervonachaljnyj Uchebnik Russkago Jazyka dlja Korejcev*(한국인을 위한 초등 러시아어 교과서, 1901), (2) *Azbuka dlja Korejcev*(한국인을 위한 철자 교과서, 1902), (3) *Russko-Korejskie Razgovory*(露韓會話, 1904), (4) *Slova i Vyrazhenija k Russko-Korejskim Razgovoram*(노한회화에 관한 단어와 표현, 1904), (5) *Opyt Kratkago Russko-Korejskago Slovarja*(露韓小辭典 試編).

이들 자료에 대한 소개와 검토는 곽충구(1994)를 참조. Ross King(University of British Columbia) 교수는 세 권으로 구성된 *Russian Sources on Korean Dialects*를 앞으로 간행할 예정인데, 제1권은 비전문가들이 작성한 육진방언 자료들을, 제2권에서는 카잔의 자료들을 포함하고 있다.

 제1부 19세기 후기 국어방언의 음운론과 형태론의 역동성

되었을 경우와, 기존의 의존명사가 다음 단계에서 그 신분을 상실하게 되었을 경우에 "그 신생과 소멸"의 원리(왕문용, 2003)에 대한 모색이 최근까지 적극적으로 시도되지 못하였다.

그러나 글쓴이는 형태 통사론의 영역에서도 기술언어학이 근간으로 삼고 있는 종래의 전통적인 범주성 이론(categoricity)을 벗어나서, 사회언어학에서 지속적으로 발전시킨 언어변이 이론(variation)의 입장에서 의존명사화의 진로가 개별적 어휘 특성에 따라 점진적으로 완성되어 가는 어휘 확산으로 이해하려고 한다.3) 이와 같은 관점에서 공시적인 19세기 후기 국어의 언어 현상들은 일종의 "역사성"을 갖고 있음을 글쓴이는 주목하는 것이다. 그 이유는 일정한 시기의 공시적 언어 구조는 다음과 같은 세 가지의 시간 속성을 자체적으로 포괄하고 있기 때문이다(Lass, 1987).

첫째, 19세기 후기의 공시적 언어 구조는 이전의 과거에서부터 그 당시에 이르는 모든 유형의 역사적 변화가 여러 언어 층위에 걸쳐 공시적으로 축적되어 있는 양상을 보인다. 둘째, 19세기 후기의 언어 사실은 동시에 과거라는 시간과 대립되는 공시적인 언어 구조의 체계를 구비하고 있는 의사전달의 수단이다. 셋째, 19세기 후기 국어는 20세기 이후의 현대국어로 이행되어 가는 모든 언어변화의 방향을 그 자체 가리키고 있다.

또한, 글쓴이는 이 글에서 19세기 후기 지역방언 자료에서 추출된 몇 가지 유형의 의존명사 부류들을 수의적 교체로 실현되는 언어변이(variation) 현상으로 주목하려고 한다. 언어변이는 공시적 언어 구조 내부에서 변화 이전의 보수형과 새로운 변화를 수용한 개신형 간의 갈등과 대립으로 형성된다. 동시에 언어변화의 실현은 먼저 언어변이의 과정을 그 이전 단계에서 거친 결과이다(Chambers, 2003). 이와 같은 언어변이는 사회언어학적 변

---

3) 범주성 이론(axiom of categoricity)과 언어변이(variation)에 대한 상세한 논증과 대조는 Chambers, 2003 : 26~38)을 참조.

항(계층, 연령, 성별, 話題 등)과 상호 연관되어 있음이 원칙이다(Labov, 1972).

　따라서 글쓴이는 19세기 후기 국어 또는 그 이전 단계에서 일정한 자립명사가 문법화를 거쳐 의존명사화를 보이는 시작과 그 진행을 다음과 같은 두 가지의 사실에서 이해하려고 한다. 첫째, 의미변화의 원리에 의해서 해당 자립명사가 뚜렷한 의미의 분화를 거쳐 추상화되는 경우. 둘째, 통사적으로 제한된 구성으로만 출현하여 관용적으로 쓰이는 경향을 보이는 경우. 또한, 글쓴이는 의존명사는 자유로운 통사 환경에 출현할 수 있는 해당 자립명사와 일정한 기간 또는 지속적으로 공존하는 것을 자연스러운 현상으로 이해한다. 지금까지 논의된 문법화의 몇 가지 기제 가운데 가장 중요한 첫 단계는 의미변화에서부터 출발하는 것이 일반적이다(Fisher, 2007 : 116). 일정한 근원 형태소에 해당 의미변화가 일어난 연후에 비로소 형태 통사적인 구조에서의 변화가 뒤따르게 된다. 여기서 일어나는 의미변화의 과정은 문맥 의존적이기 때문에, 상황과 문맥에 따라 화자와 청자에 의해서 새롭게 형성되는 재해석으로 파악된다(Heine & Kuteva, 2002).

　지금까지 글쓴이가 제시한 이와 같은 몇 가지의 관점은 이 글을 작성하는 기본적인 전제가 될 것이다. 그리하여 글쓴이는 19세기 후기 국어 방언 자료에 반영된 몇 가지 문법 형태들을 진행 중에 있는 문법화의 관점으로 관찰하려고 한다. 여기서 논의될 의존명사화의 대상은 다음과 같은 두 가지 부류로 한정된다. 첫째, '-(으)ㄹ＋의존명사＋존재동사'의 통사 구성을 갖춘 양태성 부류인 '길'(道), '법'(法), '일'(事), '수'(手 / 數), '세'(勢) 등이 서로 맺고 있는 유기적 관계로부터 파생된 기능의 축소와 확대. 둘째, 고정화된 '관형사형＋의존명사'와 같은 통사 구조에 등장하는 시간성 의존명사 부류인 '마듸'(時節), '도막', '동안' 등의 소멸과 새로운 형성의 과정. 이런 부류의 문법 형태들은, 대부분의 의존명사가 보여주는 속성처

　제1부 19세기 후기 국어방언의 음운론과 형태론의 역동성

럼, 19세기 후기 국어 지역방언들의 공시적 상태에서도 자립명사와 의존명사, 그리고 접미사의 문법 범주에 걸쳐 나타나고 있다. 따라서 글쓴이는 이들 문법 형태들이 19세기 후기라는 역사적 단계에서 20세기 전기의 단계로 옮겨 오는 발달의 통로에서 실현시키는 문법화 연쇄(grammaticalization chain)의 역동적 과정을 제시하려고 한다.

2. 의존명사의 설정 기준과, 진행 중에 있는 의존명사의 문법화

2.1. 19세기 후기 국어에서 의존명사 '길'의 경우

일정한 단계의 언어의 문법체계는 고정되어 있는 것이 아니라, 생성되어 가는 과정의 중간 단계 속에 존재하기 때문에, 그 자체 끊임없는 변이와 변화의 과정을 보인다. 따라서 의존명사와 같은 언어 형식을 배당하는 문법범주의 설정 역시 예외가 아니다. 현대국어의 의존명사의 설정 기준과 통합성 및 그 농요 상황을 검토한 고영근(1989)이 <휘갑>에서 내린 결론 가운데 다음과 같은 한 가지의 사실은 이러한 사정을 잘 나타내고 있다. "현대국어의 의존명사는 동요하고 있다."(109면) 이러한 동요는 전형적인 문법화의 과정 속에서 다음과 같은 변이와 변화의 방향을 가리키는 것이다. (ㄱ) 자립 실질명사→ 의존 의존명사, (ㄴ) 의존명사→ 활용어미나 조사.4)

---

4) 현대국어의 의존명사들이 밟아 온 문법화 과정을 체계적으로 정리한 안주호(1997)는 그 문법화의 단계를 정도성과 역사적 진행 방향에 따라서 다음과 같이 규정하였다.
　　문법화 제1단계 : 의존명사화(대상을 지시하던 구상적 의미가 은유나 환유와 같은 기제를 거쳐 추상화 또는 일반화되는 과정)
　　문법화 제2단계 : 접어화(문법 형태의 기능을 하지만, 형태·통사적 구성으로 완전한 이 또한 현대국어에서 의존명사의 식별 기준(고영근, 1989 : 85~86 ; 이주행, 1988 : 31~32 ; 임동훈, 1991 : 21~22 ; 서정수, 1996 : 467~468)은 큰 틀에 있어서 거의 대동소이한 것이지만, 이러한 기준의 검증 과정을 거쳐서 최종적으로 확립된 의존명사의 유형은 연구자들마다 조금씩 차이가 있기 마련이다.[5]

그러한 해석상의 차이는 언어 내적인 요인보다는 의존명사의 의존성의 정도, 분포상의 제약을 이해하는 태도, 앞서거나 뒤에 오는 성분과의 통합 관계, 또는 다의성을 용인하는 한계 등의 요인에 따라서 결과된 것이다.[6] 예를 들면, 이병모(1995 : 33~55)와 허웅(2000 : 259)에서 의존명사로 설정된 '길'의 경우에 고영근(1989), 임동훈(1991), 서정수(1996) 등에서 이 성분은 제외되어 있다(최형용, 1997 : 14~15). 이와는 대조적으로, 이병모(1995)에서 의존명사로 파악된 '법'(法)은 대부분의 다른 연구자들에 의해서 동일한 관점이 이미 적용되어 있으나, 이주행(1988)에서는 자립명사로 파악되었다. 그 반면에, 허웅(2000)에서 의존명사 목록을 설정하는 자

　　　　　　　　　　탈을 하지 못한 단계)
　　문법화 제3단계 : 어미, 조사, 접미사화(형태 통사적 구성에서 완전한 문법화의 완료)
　　　　　　　　　　마지막 제3단계의 특징 가운데 하나는 의미론의 측면에서 원래의 명
　　　　　　　　　　사로부터 유연성이 사라지고, 문법적 의미만 보유하게 된다.
　　국어 명사의 문법화 과정에서 의존명사화에 대한 또 다른 논의는 김현정(1997)을 참조.
5) 고영근(1989 : 85~88)에서 종합된 현대국어 의존명사의 확인 기준은 다음과 같다. (1) 의존성을 띨 것, (2) 통합관계에 제약이 있을 것, (3) 관형사형에 붙을 것, (4) 조사를 취할 것. 서정수(1996 : 467~468)는 고영근(1989)의 기준 위에서 으뜸 기준(의존명사는 반드시 앞의 관형어와 어울린다)과 보조기준(의존명사는 일반으로 그 뒤에 조사나 지정사를 수반한다)을 제시하였다. 특히 서정수(1996 : 468)에서는 관형어의 종류를 통상적인 (ㄱ) 관형사, (ㄴ) 용언의 관형형, (ㄷ) '체언+의'(체언의 관형형) 이외에, (ㄹ) 체언 자체(앞 성분의 체언 형태에 '의'가 상례적으로 탈락한 것으로 파악하기 때문)와 (ㅁ) 용언의 명사형(용언+명사화소 '기')을 첨가하였다.
6) 왕문용(2003 : 274)은 지금까지의 통시적 및 공시적 연구에서 연구자들에 따른 의존명사 목록의 불일치는 다음과 같은 두 가지 원인에서 비롯된다고 보았다. 첫째는 중세국어나 근대국어의 경우에 문헌 자료의 제약. 둘째는 현대국어의 경우에 연구자들이 구사하는 방언이나, 언어 직관의 차이.

리에서 '법'은 취급되지 않았다.

어느 실질명사가 수행하는 의존명사화 또는 어미와 접사화로의 진행 과정은 문법화의 전형적인 점진성(gradualness)을 전제로 한다. 그렇기 때문에, 현대국어의 의존명사들이 이전 단계와는 아무런 통시적 연관성이 없이 독자적으로 출현하였을 것으로 생각되지 않는다. 근대국어 또는 그 이전의 단계에서부터 그러한 문법화 과정이 출발하여 현대국어로 지속되어 완결되었을 것이 분명하다.

근대국어에 사용되었던 의존명사의 목록을 점검하고 추출하는 과정에서 왕문용(1988 : 26)은 "현대국어에서만 의존명사"로 기능하는 항목들 가운데 '법'을 포함시켰다. 또한 왕문용(1988)에서 '법'은 근대국어의 단계에서도 자립명사로만 관찰되었다. 따라서 이러한 논리에 의하면, '법'은 현대국어 단계에 진입하여야만 의존명사로의 문법화가 급진적으로 수행된 것이다. 의존명사의 통시적 고찰을 시도한 이주행(1988 : 53)에서 잠정적으로 선정된 "근대국어 의존명사 검증 목록"에서 '법'은 보이지 않지만, '길'(道)은 후보로 등장하여 있다. 그러나 이주행(1988)은 근대국어에 사용된 '길'의 용례들 가운데 맥락에 따른 의미의 전이(도로>방법, 수단)를 제시하면서(아래의 예문 (2)를 참조), 이 형태는 원래의 실질적인 의미를 나타낼 뿐만 아니라, 관형어의 선행을 수의적인 조건으로 하기 때문에 자립명사의 범주로 간주하였다.

위에서 언급한 '길'과 '법' 형태는 표출 자료의 형식에 따라서 이미 근대국어인 17세기의 단계에서부터 문법화의 과정이 시작되었던 것으로 보인다.7) 「해남윤씨어초공파 고문서간찰 부류」 가운데 아우가 누이에게 보

---

7) 17세기 국어의 단계에서 '긿'(道)의 쓰임 가운데 18세기와 19세기 국어에서 확인할 수 있는 것과 같은 일정한 통사적 구성의 제약이나, 추상적인 의미로의 확대를 거친 용례들은 간본 문헌 자료에서는 아직 확인되지 않는다(『17세기 국어사전』(홍윤표 외, 1995 참조)). 이러한 사정이 자료상의 한계에서 비롯된 것인지도 모르지만, 격식체 중심의 문

낸 한글 편지(1664년 작성)에 '길'의 문법화의 이른 단계를 보여주는 다음과 같은 예가 등장하고 있다.

(1) 아무도 그것 지어 제 귀실도 <u>홀 길히 업</u>다 ᄒ니 민망ᄒ여 ᄒ나이다. 예 잇ᄂ 누의 동싱들도 이것돌 가지고 돌님제(祭)도 <u>홀 길</u> 업스니(127면).[8]

실질명사 '길'의 쓰임 가운데 일부가 일정한 형태 통사적 환경으로 반복되어 정형화되기 시작하는 모습은 근대국어의 마지막 단계인 18세기 후반과 19세기 중엽의 국어에 적극적으로 등장하였다(아울러, 이주행 1988 : 54~55도 참고).

(2) ㄱ. 요스이쳐로 일이 만흔디 그런 긴치 아닌 일ᄭ지 校擧ᄒ려ᄒ다가ᄂ <u>견딜 낄</u>이 업스외(1790년간, 인어대방 1. 13ㄱ)
ㄴ. 이 곧은 준폐ᄒ 村이오라 아모 걷도 <u>어들 길</u>이 업스외(상동. 1. 14ㄱ)
ㄷ. 아모 일이라도 精神이 만하야 일우지 날 굳치 정신 업슨 사룸은…<u>成就홀 길</u> 업스외(상동. 3. 13ㄴ)
ㄹ. 幹事로온 사룸이 맏다온 일을 竣事틀 몯ᄒ 젼의 도라<u>갈 길</u>이 업서(상동. 4. 11ㄴ~12ㄱ)

(3) ㄱ. 비록 扁鵲이 이셔도 <u>救홀 길</u>이 업습ᄂ니(아스톤본 필사본 인

───────

어와 관련하여 일단 '값'의 문법화로의 수용은 18세기에 들어와서야 비로소 보편화되었던 것으로 보인다.

責罰이 이몸의 더으면 뉘온출 <u>길히</u> 업스리라(責罰이 加身ᄒ면 悔之無路ᄒ리라, 1736년, 초간 여사서 2. 19ㄴ)=칙벌이 이몸의 밋치리니 뉘쳐홀 <u>질이</u> 업시리라(1907년 중간본 여사서 3. 16ㄱ).

8) 이 한글편지의 자료와 해독은 전적으로 한국학 중앙연구원 편 『조선 후기 한글간찰(언간)의 역주 연구』 1(2005, 태학사)을 이용하였다. 여기서 위의 예문은 다음과 같이 현대어로 해독되었다. "아마도 그것 지어(보았자) 제 구실도 <u>할 길이</u> 없다고 하니…여기 있는 누이동생들도 이것들을 가지고서는 돌림제사도 <u>할 수 없으니</u>…"(130면).

어대방 1. 19ㄴ)9)

　　ㄴ. 나타나지 아넌 사롭은 <u>잡을 길</u>이 업스매(상동. 2. 17ㄱ)
　　ㄷ. 날 ㄹㄷ치 情神 업슨 사롭은 <u>成就홀 길</u>이 업스외(상동. 4. 10ㄱ)
　　ㄹ. 여러 날 官出入을 못 ㅎ옵기로 <u>뵈올 길</u>이 업스와(상동. 6. 22ㄱ)
　　　　여러 날 관츌입을 못 ㅎ고 <u>뵈올 낄</u>이 업써(정정 인어대방 9.
　　　　9ㄴ)

　　근대국어 단계에서의 '길'의 용례는 일찍이 Ramstedt(1939 : 109~123)
에서부터 현대국어에서 특징적인 일종의 의존명사(special postparticipial
nouns)의 하나로 파악된 '-는 길에'와 같은 통사 구성으로 아직 나타나지
않는다. 또한, 의존명사 '길'과 관련하여 허웅(2000 : 259)에서 논의된 '-던
길로'와 같은 통사적 제약의 형성도 이 시기에서 아직 찾을 수 없다.10)
그러나 위의 예들이 보이고 있는 미래성의 시제 또는 잠재성의 양태를
갖춘 '-ㄹ 길이 없다'의 통사적 구성은 이미 이 시기에 확립되어 있다.
그리고 이러한 고정된 통사 구성에서 '길'은 이주행(1988)에서 지적된 바
와 같이, 선형적인 은유화에 의한 '도로>수단, 방법'의 의미전이가 수행
되었음을 보인다.
　　고영근(1989 : 73)은 위의 예문 (2)와 (3)에서 보이는 통사적 환경과 동
일한 현대국어에서의 '길'의 용례(-(으)ㄹ+길이+없다)를 제시하면서, 이

---

9) 아스톤(W. G. Aston)본 / 경도대학문학부 소장 『인어대방』(필사본)에서 이끌어낸 자료는
　　편무진・岸田文隆 공편 『인어대방』(해제, 색인, 원문, 2005, 불이문화사)을 이용하였다.
　　해제에 따르면, 각권의 필사본들은 그 필사연대가 1841년에서부터 1846년에 해당된다
　　고 한다. 이 자료에 등장하는 '길'은 자립명사(道,路)의 용례와, 통시적 제약을 갖고 있
　　는 의존명사의 용례를 아울러 보인다. 의존명사 '길'의 경우에 그 의미는 '방법'에 해당
　　되며, 이에 대한 일본어는 mitsi(길, 도로 / 방법)로 대응되어 있다.
10) 허웅(2000 : 259)은 '-는 / 던 길에'와 같은 통사 구성에 쓰이는 '길'의 의미는 '곧 바
　　로'이며, 그 뜻이 매우 추상적이어서 의존명사로 볼 수 있을 것 같다고 기술하였다. 이
　　와 같은 설명에서 우리는 구상적 의미에서 추상적 의미로의 변화와, 이어서 관용화된
　　통사적 제약이 허웅(2000)에서 의존명사 설정의 한 기준으로 작용하고 있음을 알 수
　　있다.

성분은 자립명사의 신분을 여전히 갖고 있으나, 일정한 통사적 구조에서 의존명사성을 발휘하거나, 또는 의존명사적인 성격이 농후하다고 판정하였다.11) 이러한 사실에도 불구하고, 고영근(1989)은 현대국어에서 '길'이 갖고 있는 완전한 의존명사의 자격을 모든 통사적 환경에서 인정하지 않았다. 그 주된 근거는 형태음운론의 영역에서 의존명사가 자립명사와 대립되어 보이는 고유한 행위를 '길'의 경우는 실현시키지 않는다는 사실에 있다. 즉, 의존명사 가운데 '-(으)ㄹ'로 시작되는 모든 어미들은 반드시 경음화 하는 것이 원칙이지만, 현대국어에서 '길'의 경우는 경음으로 변화되는 과정을 아직은 확인할 수 없다는 것이다.

그러나 현대국어어의 경음화 현상의 적용 유무에 근거한 그와 같은 문법적 사실의 판단은 다분히 주관적인 요소가 개입될 여지가 많다고 생각한다. 특히, 역사적 자료에 반영된 동일한 환경에서의 경음화 유무는 표기의 문제와 관련되어 있다. 이러한 사실에도 불구하고, 경음화 현상의 개입 유무가 의존 명사적 신분을 결정하는 중요한 논거가 된다고 한다면, 위의 18세기 후기의 자료에서 추출된 예문 (2ㄱ)에서 "-견딜 낄이 업스외"(1790년간, 인어대방 1. 13ㄱ)와, 19세기 후기의 같은 성격의 필사 자료에서 인용한 (3ㄹ) "뵈올 낄이 업써"(1883년간, 정정 인어대방 9. 9ㄴ)의 사례들을 참조할 필요가 있다. 고영근(1989)에서의 논리를 이용하면, 이 시기의 자료에 '-(으)ㄹ 낄/낄'과 같은 경음화의 현상의 반영은 '길'이 의존명사의 신분에 이르렀음을 알리는 것이다.

'길'이 사용되고 있는 다양한 용례를 통하여 '길'의 문법화의 정도를

---

11) 고영근(1989)은 "의존성"의 기준에서 이와 같은 '길'의 범주에 포괄되는 다른 예들로 '모양, 정도, 셈, 마음, 판' 등을 제시하였다. 고영근(1989 : 73)에서 예시된 현대국어에서 관용적으로 사용되는 '길'의 예는 다음과 같다.

알 길이 없다.
cf. 가는 길을 모른다. 그렇게 해결하는 길은 있다.

측정한 안주호(1997 : 56~57)는 위의 예문 (2)와 (3)으로 소급될 수 있는 통사적 환경에 출현하는 현대국어에서의 '길'의 경우("지갑을 다시 찾을 길이 없다.")는 원래의 구상적인 의미에서 단순히 확장된 의미로 쓰인 것이기 때문에, 이 성분이 의존명사로 쓰였다고 볼 수 없다고 해석하였다. 따라서 안주호(1997)의 설명에 따르면, 현대국어에서와 동일하게 위의 예문 (2)와 (3)에 등장하는 '길'의 경우는 "단순한 비유적 표현일 뿐"이다(57면, 각주 45).[12] 그러나 문법화 현상, 특히 자립명사에서 의존명사로의 범주 이동은 문맥에 따른 은유화나, 환유화 같은 의미 전이 과정에서 출발하고 있다는 전제를 명심하여야 할 것이다. 또한, 안주호(1997)에서 현대국어에서 '길'의 쓰임 가운데 '-(은)ㄴ / 던 길이다'에서만 통사적 제약의 개입을 인정하는 반면에, '-(으)ㄹ＋길이＋없다'와 같은 역사적으로 오래 전에 관용화되어 사용되는 통사적 환경은 그 제약을 무시한다는 것은 기준의 일관성이 없다고 생각한다.

19세기 후기 단계에서 중부와 전라방언을 내변하고 있는 여러 유형의 자료들에서도 일정한 틀로 정형화되어 가는 통사적 제약 '-(으)ㄹ 길이 없다' 에 사용된 의존명사 '길'은 맥락에서 형성된 의미의 재해석을 거쳐서 추상화된 "수단", 또는 "방법"의 영역으로 전이가 이미 완료된 것으로 보인다.[13]

---

12) 그 반면, 안주호(1997 : 56~57)는 '길'의 쓰임에 세 가지의 통사적 제약((ㄱ) 명제의 보문을 반드시 취한다. (ㄴ) 상황 의미로 쓰일 경우 '-(으)ㄹ'을 보문소로 취할 수 없다. (ㄷ) 주어나 목적어로 쓰일 수 없으며, 후행 성분은 '이다'만 취한다)이 적용된 '-는 / 던 길이다'와 같은 유형은 이 성분이 의존명사에 접근한다고 본다. 그러나 안주호(1997) 는 이러한 통사적 환경에 출현하는 '길'이 아직도 자립명사와 의미의 유연성이 강하게 감지되기 때문에 완전한 의존명사로 설정하기에는 아직 이르다고 판정하였다.

13) 『한어문전』(1881)의 자매편인 『한불즈뎐』(1880)의 '길' 표제어에서도 '홀 길이 잇다'와 '홀 길이 업다'와 같은 통사적 환경에서는 그 의미에 "il y a moyen de faire ; on peut faire"와, "il n'y a pas moyen de faire ; on ne peut pas faire" 라는 설명이 첨부되어 있다. 20세기 초엽의 『신소설』부류의 전체 언어 자료에서도 '(으)ㄹ 길 잇 / 없다'의 통사

(4) ㄱ. 그럴 <u>길</u> 잇습ᄂ잇가(moyen, 1881년 한어문전, Exercies Gradués, 39)[14]

ㄴ. 이 일을 보시매 그 가듥을 알 <u>길</u>이 업사신즉(상동. 17 : 4)

ㄷ. 노친 혼 분을 봉양할 <u>길</u>이 업슴으로(상동. 18 : 4)

(5) ㄱ. 너를 잡부러 와쓰되 너를 보니 잡아갈 길 전이 업다(병오, 춘. 15ㄴ)

ㄴ. 두 달리는 장독니 나셔 촌보홀 길 전이 업고(박순호본 99장본 춘향가, 84ㄱ)

ㄷ. 너가 만일 업거듸면 우리 부친 나문 희를 맛칠 <u>기리</u> 업사오며(완판, 심청, 상. 16ㄱ)

ㄹ. 희마도 나은 자식 셔러나믄 너머 되니 입필 <u>질리</u> 전혜 읍셔(김문기 소장 26장본 홍보전, 2ㄱ)

ㅂ. 츙열은 모친을 일코 물의 쌘져 살 <u>질리</u> 업셔쩌니(츙열, 상. 20ㄴ)

따라서 현대국어에서 미래성 또는 잠재 가능성에 근거한 화자의 인식 판단과 같은 양태성을 보유한 의존명사 '길'의 출발은 적어도 문헌 기록상으로 17세기 또는 근대국어 후반 18세기에서부터 시작하는 문법화의 과정으로 소급되는 것이다(예문 (1)을 참조). 의존명사 '길'에서 수행된 '도로>수단, 방법'으로의 의미변화의 시작은 관용적으로 형성된 통사 구조인 '-(으)ㄹ 길이 없다'의 보문의 용언이 실질명사 '길'(道)을 풀이하는 동작을 구체적으로 요구하는 동작동사 '나가다, 벗어나다' 등에서부터 발단되었을 가능성이 높다. 19세기 후기 전라방언의 자료에서도 이와 같은 통사적 조건에서 '길'은 그대로 자립 명사적 속성을 유지한다.

적 구성이 31개 항목으로 추출된다.

믹씨가 이 구셕의 와 잇는 것을 <u>알 길 업슨</u> 즉(1911년간, 월하가인, 7) 등.

14) 『한어문전』(*Grammaire Coréenne*, 1881)에 부록으로 첨부된 Exercies Gradués(E.G. 수준별 읽기연습) 부분에서 인용한 예들이다.

(6) ㄱ. 퓌왕이 심을 다ᄒ여 좌충우돌ᄒ되 <u>버서날 기리</u> 업난지라(초
　　　　한, 하. 29ㄱ),
　　ㄴ. 문밧기 두 군사 직키거늘 중중한 담장안의 <u>나갈 기리</u> 업셔
　　　　스니(충열, 상. 11ㄱ).

　위의 예문에 등장하는 '길'의 의미는 일단 구상적인 것(道路)이지만, 추
상화(수단, 방법)로의 잠재성도 갖고 있다. 이러한 의미의 애매성에서 위의
예문 (5)에서와 같이, '-(으)ㄹ 길이 없다'의 보문의 용언이 구상적인
'길'과 연관이 없는 '(물에) 빠지다', '입히다', '잡아가다' 등으로 확대되
면서 "수단, 방법"으로의 은유화가 촉진된 것이다. 19세기 후기 전라방언
에서도 동일한 통사적 환경에 출현하는 '길'은 근원적인 자립명사와 의
존명사가 문법화의 단계에서 언제나 공시적으로 실현되는 적층(layering)의
형식으로 공존하고 있는 것이다. 또한, 전형적인 통사 구조 '-(으)ㄹ 길
이 없다'에서 발단된 '길'의 문법화는 현대국어에서 그 통사적 환경을
'-는 길에'(during, while, Ramstedt(1939 : 121))와 '-는 / 던 길로'("곧 바로",
허웅, 2000 : 259) 등과 같은 새로운 영역으로 점진적으로 확대시킨 것이다.

2.2. 19세기 후기 국어에서 의존명사 '법'과 '일'의 경우

　2.2.1. 왕문용(1988 : 30, 2003 : 280)은 근대국어의 의존명사 목록을 검증
하면서, 이 시기에 '법'(法)은 여전히 자립명사로 기능을 발휘하였으며, 이
성분의 문법화 과정은 현대국어의 단계에 들어와서 시작되었음을 지적한
바 있다. 근대국어 단계에서 '법'이 유지하고 있는 자립 명사적 속성이
이주행(1988 : 54), 류성기(1997 : 62), 이숙경(2006) 등에서도 관찰되어 왔다.
현대국어에서 의존명사로서 작용하는 '법'이 구성하는 통사적 환경과, 여
기서 파생된 의미의 전이는 다양한 편이다.[15)]

허웅(2000)은 대부분의 다른 연구자들과는 달리(임동훈, 1991 ; 서정수 1996 ; 안주호, 1988 등), 현대국어 의존명사의 목록으로 '법' 자체를 취급하지 않았다. 이주행(1988)은 현대국어에서도 이 성분의 의존 명사적 성격을 인정하지 않았다. 그 반면, 고영근(1989 : 75)은 '법'이 나타내는 위의 사전적 용례 가운데, (ㅂ)에 해당되는 통사적 구성 '-(으)ㄹ 법하다'를 주목하였다. 그리하여 이 예에서 해당 명사의 의미가 "추측"으로 변화되었기 때문에 자립명사 '법'과는 거리가 멀다고 간주하였다.16) 그러나 현대국어에서 확립된 것 같은 '법'의 통사적 제한과, 여기서 은유의 과정을 거쳐서 파생된 "관례" 또는 "관습" 그리고 "습관적인 사실"과 같은 방향으로의 의미의 전이는 부분적으로 근대국어의 마지막 단계인 19세기로 소급될 수 있다.

---

15) 『표준국어대사전』(국립국어원)에 의하면, 현대국어에서 의존명사 '법'의 통사적 구성과 그 의미의 유형은 다음과 같이 다섯 가지로 나뉜다.
  (ㄱ) (어미 '-는' 뒤에 쓰여) 방법, 방식 : 계산하는 법
  (ㄴ) (어미 '-는' 뒤에 쓰여) 해야 할 도리나 정해진 이치 : 여자라고 해서 남자에게 지라는 법이 있나요?
  (ㄷ) (어미 '-는' 뒤에 쓰여) 행동하는 습성의 예를 이르는 말 : 재가 언제 한번이라도 돈을 내는 법이 있니?
  (ㄹ) ('-은/는 법이다' 구성으로 쓰여) 앞 말의 동작이나 상태가 당연함을 나타내는 말 : 달도 차면 기우는 법이다.
  (ㅁ) (어미 '-을' 뒤에 쓰여) 어떤 일이 그럴 것 같다는 뜻 : 일은 잘 될 법하다.
16) 서정수(1996 : 475~476)는 현대국어 의존명사의 기원에 따라서 "전용된 의존명사" 항목을 설정하고, 여기에 '바람, 수, 턱' 및 '법'을 포함하였다. 전용된 의존명사는 "본디 자립명사이었던 것들이 환경에 따라 의존적 쓰임을 보이는 것"을 말한다. 따라서 공시적으로 이들 성분은 통사적 환경에 따라서 자립성과 의존성의 양면을 보이고 있다는 것이다.
  그러나 의존명사의 성격은 기본적으로 자립명사의 문법화와 그 맥을 같이한다고 생각한다. 공시적으로 의미와 출현하는 통사 구조에 있어서 일정한 자립명사로부터 완전한 독립을 보이는 의존명사가 존재한다면, 그 성분은 의존명사화의 전개 과정에서 역사적 어느 단계에서 먼저 전용 의존명사의 신분을 필수적으로 통과하였을 것으로 판단된다.

(7) ㄱ. 스룸니 쥬그면 혼번 죽졔 두 번 죽<u>논</u> 법 업노니(박순호본 99
　　　 장본 춘향가, 52ㄱ)
　　 ㄴ. 셰승의 사람덜도 츙신 의리 아논 이논 줍아먹<u>논</u> 볍이 업고
　　　 (완판 퇴별가, 5ㄱ)
　　 ㄷ. 어려서 혼 도인을 만노 상보<u>논</u> 법을 비은 배(완판 길동, 4ㄴ)
　　　 도련님이 글닉 상 보<u>는</u> 볍이 도져호오(박순호본 99장본 춘
　　　 향가, 10ㄴ)[17]

(8) ㄱ. 신션 계신 곳에 인간 범샹혼 사롬은 마고 못 가<u>논</u> 법이오니
　　　 (한어문전, E.G. 21 : 11)
　　 ㄴ. 아모리 싱각호여도 죽을 밧긔 다른 <u>볍</u>이 업손 즉(상동. E.G.
　　　 23 : 21)
　　　 날마다 죠셕 째가 되면 다른 <u>법으로</u> 봉양홀 수논 온젼이 업
　　　 스니(상동. E.G. 18 : 4)
　　 ㄷ. 냥반이 무옴에 심히 무셔오나 별 <u>볍</u>이 업서(moyen, 상동.
　　　 E.G. 23 : 20)
　　 ㄹ. 됴혼 법이 잇나(moyen, 한어문전. E.G. 52)

(9) ㄱ. 엇지 <u>홀</u> 법 업스냐(한어문전. E.G. 21 : 7)
　　 ㄴ. 혼 사롬이 포흠 수만금을 져 갑<u>흘 볍</u>이 업스냐(상동. E.G. 17 : 1)

　19세기 후기 지역방언에서 추출된 이와 같은 '법'의 용례들에서 현대
국어에서와 같은 특정한 통사적 구성인 '-(으)ㄹ 법하다'의 경우는 아직
확인되지 않는다. 이러한 사실은 왕문용(2003)에서 지적된 바와 같이, 현
대국어 이전의 문헌 자료상의 한계에서 비롯된 것일 수도 있다. 그러나

---

17) 현대국어에서 '법'의 의존명사 기능을 나타내는 『표준국어대사전』(국립국어원)에서의
　　 규정 가운데 "(ㄱ) (어미 '-는' 뒤에 쓰여) 방법, 방식 : 계산하는 법"과 같은 용례는
　　 원래 이 명사의 다의적 성격에 가깝다고 생각한다. 이와 같은 통사적 환경은 17세기
　　 국어에서도 통상적으로 출현하였다.

　　 됴혼 물 샹 보는 법이라(마경언해, 상. 3ㄱ), 산도 브틸 법이라(태산집요언해, 63ㄴ)

글쓴이는 '법'이 의존명사의 방향으로 점진적으로 문법화를 수행하여 가는 과정과 속도가 위의『표준국어대사전』(국립국어원)에서 제시한 다섯 가지 유형의 통사적인 환경에 따라서 동일하지 않았을 가능성을 생각한다. 그렇다면, 자립 실질명사 '법'(法)이 놓이게 되는 통사적 환경에 따라서, 객관적이고 구상적인 의미로부터 은유화를 거쳐 추상화되어 결국은 의미 변화의 최종적인 단계인 화자의 주관적 양태가 강화된 "추측"의 의미를 갖게 되는 '-(으)ㄹ 법하다'의 구성이 현대국어에서 최근에 완성되었을 것이다.

또한, 위의 (7)~(9)에서 제시된 19세기 후기 의존명사 '법'의 쓰임에서 『표준국어대사전』(국립국어원)에서 열거한 현대국어의 용법과는 상이한 의미의 변화와 통사적 구성이 주목된다. 특히, 예문 (8)에서 출현하는 '법'과 그 통사적 환경 '-(을) 법(이) 있다 / 없다'와 같은 사례는 현대국어에서 쉽게 확인되지 않는다. 이러한 구성에서 '법'은 "수단"과 "방법"의 의미를 취한다. 아래의 19세기 중엽(1840년대)의 이와 같은 부류의 또 다른 예들을 보면, 예문 (9)와 같은 통사적 환경 '-(을) 법(이) 있다 / 없다'의 쓰임은 비단 19세기 후기 중부방언과 전라방언 자료에서만 한정되어 출현하는 현상이 아니었다.

(10) ㄱ. 中品으로 잡으려 ᄒᆞᆸ시면 혹 端으로나 굴ᄒᆞ여 약간 잡으실
         법 잇습거니와(아스톤본, 인어대방 1. 17ㄴ)
     ㄴ. ᄉᆞᆺ로이 議論하면 혹 될 법이 잇ᄉᆞ오려니와(상동. 2. 18ㄱ)
     ㄷ. 그 ᄉᆞ이 乘菊ᄒᆞ여 알외여 보면 혹 回心ᄒᆞ실 법이 잇ᄉᆞ오리
         (상동. 5. 13ㄴ)

위의 예문에 등장하는 '법'은 일본어 대역에서 "방법"의 의미로 추상화된 '길'(michi)로 대응되어 있다. 또한, 『한불ᄌᆞ뎐』(1880)의 표제어 '법'

항목에서 미래 관형사형 어미 다음에 통합되는 '법'은 moyen(수단, 방법)을 의미한다고 규정되어 있으며, 다음과 같은 예문이 첨가되었다. 홀 법 잇다 : il y a moyen de faire, on peut faire ; 홀 법 업다 : il n'y a pas moyen de faire, on ne peut pas faire(316면).

이러한 용례들은 20세기 국어에 들어와서도 Ramstedt(1939 : 120)에서 관찰된 바 있다. Ramstedt(1939)에 의하면, 의존명사 '법'(法)은 선행 성분으로 미래 관형사형, 후행성분으로 존재동사 '있다 / 없다'의 통사적 구성으로 빈번하게 쓰인다. 이러한 통시적 환경에 등장하는 '법'의 의미는 can / can't에 해당되기 때문에(예법이 있소 : 약을 많이 먹을 법이 없소. 들어 올 법 없소. 약이 있더면 이 병을 고칠 법이 있소), 대부분의 경우에 또 다른 의존명사 '수'(가능성)와 동일한 기능으로 사용된다는 것이다.

위와 같은 사실들을 참고해 보면, 19세기 후기 국어에서 문법화의 과정을 수행한 '-(을) 법(이) 있다 / 없다'의 통사적 구성과, 의존명사 '법'이 표출하고 있는 관습화된 문맥적 의미 "수난", "빙법"은 현대국어에서 그 영역이 대폭 축소되어 버렸거나, 어떤 이유로 소멸의 길을 걸었을 가능성이 있다. 그렇다면, 단순한 의존명사 성분 자체의 개체적 소멸이 아니라, 해당 성분의 여러 의존 명사적 환경과 변화된 추상적 의미 가운데, 어느 일부가 의존명사로서의 기능이 다음 시대에서 화자들에 의해서 사용하지 않게 되는 상황을 생각할 수 있다.

중세와 현대국어에 이르는 역사적 관점에서 의존명사의 신생과 소멸의 원리를 규명하려고 시도한 왕문용(2003)은 그것의 새로운 형성은 의미체계적 빈칸의 원리에서, 기존의 소멸은 의미체계에서 과도한 의미의 중첩, 또는 기능상의 중첩에 있을 것으로 가정하였다. 이러한 가정을 전제로 하면, 위의 예문 (8)의 경우에 의존명사 '법'의 통사적 환경과, 2장 1절에서 살펴 본 의존명사 '길'이 취하고 있는 '-(으)ㄹ 길이 없다 / 있다'에서 문법화가 이루어진 추상적인 의미가 서로 중복되거나 일치되는 영역이 확인된다. 우리는 위에서 『한불ㅈ뎐』(1880)의 표제어 '길'과 '법'에서 동일한 통사적 환경 "홀 길이 잇다 / 업다"와 "홀 법 잇다 / 업다"에 사용된 이 성분들의 의미가 각각 moyen(수단, 방법)으로 대응되어 있음을 제시하였다. 그러나 물론 이와 같은 통사적 구성 '-(으)ㄹ 길 / 법이 없다 / 있다'에서 언제나 의존명사 '길'과 '법'의 의미가 중복되어 나타나는 것은 아니다. 그러나 적어도 위의 예들 가운데 『한어문전』(1881)에서 인용된 (8)의 예문에서 의존명사 '법'을 '길'로 대치하여도 추상적인 "수단" 또는 "방법"의 의미에 손상이 있을 것 같지 않다.

> (11) ㄱ. 엇지 <u>홀 법 / 길</u> 업스냐(한어문전. E.G. 21 : 7)
> ㄴ. 혼 사룸이 포흠 수만금을 져 <u>갑흘 법 / 길</u>이 업스니(상동.
> E.G. 17 : 1)

2.2.2. 19세기 후기와 20세기 초반의 국어에서 의존명사 '길'과 '법'이 이루고 있는 통사적 구성 '-(으)ㄹ 길 / 법이 없다 / 있다'에서 의미 중복 현상은 또 다른 유사 의존 명사적 기능을 하는 '일'(事)의 통사적 구성 '홀 일 없다'의 통합에도 영향을 주었을 것으로 보인다. 현대국어에서 명사 '일'(事)의 용법은 『표준국어대사전』(국립국어원)에 따르면, 맥락에 다른 다의적 성격을 보이는 13가지 유형을 보인다. 이러한 '일'의 용례 가운데 관용적으로 굳어진 통사적 환경은 사전에 의하면 다음과 같다. (ㄱ) (동사의 관형사형 뒤에 쓰여) 그 동사의 행위를 이루는 동작이나 상태를 이르는 말 : 그는 한번도 화를 낸 일이 없다. (ㄴ) ('-ㄹ / 을 일로 / 일이다'의 구성으로 쓰여) 마땅히 그렇게 하여야 함을 이르는 말 : 어른이 부르면 빨리 대답할 일이다.

일찍이 Ramstedt(1939 : 116)는 '일'의 일반적인 다른 용례들은 제외하지만, 특히 (ㄴ)의 '-ㄹ / 을 일이다'와 같은 통사 환경에 쓰이는 '일'을

 제1부 19세기 후기 국어방언의 음운론과 형태론의 역동성

일종의 의존명사(special postparticipial noun)로 설정하고, 그 의미가 "must, should, ought to"로 전이되었음을 지적한 바 있다(예 : 갈 일이오, 노형이 편지를 쓸 일이오). 고영근(1989 : 73)은 자립명사 '일'이 이와 같이 특정한 통합 관계를 갖게 되면 의미의 변화가 수반되기 때문에 의존명사의 기능을 발휘하는 것으로 간주하였다. 그러나 순차적 검증 과정에서 57개에 이르는 의존명사의 최종적인 목록에서 '일'의 경우는 제외되었다(이주행, 1988 : 70도 참고).

그러나 특정한 통합 관계에 따른 '일'의 의존 명사적 성격과 관련하여 글쓴이는 19세기 후기 국어 자료에 등장하는 다음과 같은 '-할+일+없다' 통사 구성을 주목한다.[18]

(12) ㄱ. 집안을 뒤즙으니 놀보 <u>할 일 읍셔</u> 분 씸의 쏘 한 통을 탈랴
　　　 고(김문기 소장, 26장본 흥보전, 2ㄱ)
　　 ㄴ. 놀뵈 <u>할 일 읍셔</u> 타고 보니(상동. 25ㄴ)
　　 ㄷ. 죽어스면 <u>할 일 업거니와</u> 사라스면 만날 날이(완판, 심청,
　　　 하. 20ㄴ)
　　 ㄹ. 용이 물을 이려쓰니 이제는 <u>할 일 업다</u>(충열, 상. 32ㄴ)

(13) ㄱ. 도젹의 비 션창으로 달여드니 부인이 <u>호릴 업셔</u> 통곡ᄒ며
　　　 (충열, 상. 18ㄱ)
　　 ㄴ. 진퇴유곡이라. <u>호릴 업셔</u> 물가의 차자 가니(충열, 상. 16ㄱ)
　　 ㄷ. 츙열이 <u>하릴 업셔</u> 강승상을 ᄯᅡ라 가니(충열, 상. 22ㄴ)
　　 ㄹ. 눈 어둡고 귀가 머거 볼 수 업고 들를 수 업셔 <u>하릴 업난</u> 일
　　　 이로셰(수절가, 하. 26ㄴ)

(14) ㄱ. 손님이 그예이 알냐 ᄒ시니 말홀 밧긔 <u>홀 일 업소</u>(한어문전

18) 그러나 '일'이 사용되는 화용론적 상황에 따라서 '홀 일 없-'과 같은 통사적 구성이 문법화의 영향에서 벗어나 있는 예들도 있다. "공연히 남의 집에 와셔 <u>홀 일 업시</u> 먹고 잇는 사룸들이"(독립신문, 1896. 12. 8)

        18 : 4)
    ㄴ. 혼 가난혼 냥반이 잇서 형셰 홀 일 업스니(상동. 22 : 15)
    ㄷ. 간린혼 ᄆᆞᆷ에 미우 어려오나 테면에 할 일 업서 음식을 쟉
        만ᄒᆞ고(상동. 45)

위와 같은 특정한 통사적 구조는 '일'의 선행 성분으로 대용동사 '하-'(爲)의 미래 관형사형만을 요구하는 제약을 보인다. 여기서 의존 명사적 기능으로 전환된 '일'의 의미는 역시 "수단" 또는 "방법"으로 추상화되었다. 따라서 (12)~(14)의 예문들은 그 통사적 환경과 의미변화에 있어서 우리가 앞서 논의한 바 있는 의존명사 '길'과 '법'의 용법과 어느 정도 접근하고 있는 것 같다. 특히 (12)~(14)에 등장하는 '일'의 경우는 우리가 3장 1절에서 취급할 의존명사 '수'의 쓰임과 통사적 기능과 파생된 의미가 완전하게 일치한다. 따라서 '할 일 없다' 와 같은 통사적 환경과 문법화를 수행한 의미가 동 시대에 여타의 다른 의존명사 '수, 길, 법' 등과의 대부분 중복되었다는 사실이 19세기 후기 국어에서 이와 같은 성분을 점진적으로 현대국어의 '하릴없-'과 같은 어휘화(lexicalization, Brinton & Traugott, 2005)의 방향으로 이끌게 되었던 계기가 된 것으로 보인다.[19]

자립명사 '일'(事)이 '할 일 없다'와 같은 특정한 통사 구조에서 의미 화용론적 변화를 수행하여 문법화의 과정에 진입하게 되는 역사적 시기는 한글 서간 등과 같은 비격식체(casual style)의 예를 관찰하면 16세기 국어로 소급될 수 있다.[20] 내 히므로는 홀 이리 업세라(청주언간, 123).[21] 그러나

---

19) 현대국어에서 통시적 구성을 이루던 것이 융합이 진전되어 새로운 어휘적 의미를 가진 형태적 구조로 결과된 어휘화의 예들은 안주호(2001 : 101~102)를 참조

20) '일'(事)의 문자적 의미에서 이와 같은 특정한 통사적 환경에서 일어나는 초기의 화용론적 추론은 해석자들에게 한 가지 이상의 해석이 실제로 가능할 때(즉, 중의적인 상황) 일어난다. 그러나 원래의 문자적인 의미가 은유를 거쳐 확대된 이차적 의미가 맺고 있는 연관성이 다음 세대의 화자들에 의해서 불투명하게 된다면 일종의 의미의 재분석이 이루어진 것이다(Traugott & Dasher, 2002). 어느 화자가 어떤 상황에서 대처할

위의 19세기 후기 국어의 예들 가운데 특히 (13)의 용례들은 동사구를 형성하는 통사적 구성의 내부가 단어의 경계가 제거되어 부분적으로 융합(fusion)되어가는 경향을 반영한다. 즉, '홀#일#없- → ㅎ릴#없-'. 또한, (13)의 예들은 뒤이어 수행된 'ㅎ릴#없- → ㅎ릴없-'과 같은 단계도 아울러 나타내었을 가능성도 있다. 『한불ㅈ뎐』(1880 : 87)에는 이미 재분석을 거친 '홀일업시'(無可奈何, certainement, nécessairement ; il n'y pas de resource, il n'y a pas moyen de faire autrement)형이 하나의 단어 항목으로 등록되어 있다.[22]

3. 의존명사 체계에서의 유기적 관계와 역사적 연속성

3.1. 19세기 후기 국어에서 '수'(數 / 手)의 문법화와 기능의 확대

현대국어에서 '수'는 가장 원형적인 의존명사 목록에 포함되어 있어(최형용, 1997 : 15), 대부분의 연구자들은 문법형태소로서 그 의존 명사석 속

만한 '일'이 제거된다는 순수한 외적 의미는 화자가 그러한 상황을 극복할 수 있는 "수단"이나 "방법"이 존재하지 않게 된 것이라는 화자의 인식이 강하게 가미된 내적 평가 의미로 전환되어 의미 화용론적 변화의 제3단계인 주관화(subjectification)가 수행된 것이다.

21) 『청주언간』의 자료와 해독은 조항범(『주해 순천김씨 묘 출토간찰』(1998, 태학사)을 이용하였다.

22) 그리하여 20세기 초엽 <신소설> 부류에 반영된 국어에는 아래의 예들에서 관찰되는 바와 같이, 하나의 단어로 어휘화된 용례들만 쓰이고 있다(예문 검색에는 황용주(전북대) 선생이 구축한 신소설 말뭉치와 SynKDP 1.55를 이용하였다).

(ㄱ) 가자실 계 갓더면 이 고싱은 안이 힛지 하릴업시 인계 와셔 가고(1908, 송뢰금, 85)
(ㄴ) 우리 갓흔 못는 것은 하릴업시 이런 천혼 일을(1912, 재봉춘, 6)
(ㄷ) 혼자 말로 계집이란 거슨 하릴업논 거시야(1907, 귀의성 上, 7)
(ㄹ) 도격놈 이라는 거슨 하릴업논 놈이로구(1908, 귀의성 下, 104)
(ㅁ) 셜영 못 맛ㄴ보더리도 하릴업고 정이가 어디 가서 죽엇슬지라도(1914, 안의성, 121)
(ㅂ) ㅈ식된 도리에 그리도 허깃다마는 부모된 마음에 죽으면 하릴업지마는(1913, 세검뎡, 47)

성을 의심하지 않는다. 물론 '수'는 오늘날 매우 제한되어 있으나 자립명사로도 기능을 발휘하고 있다. 현대국어에서 '수'가 나타내는 이와 같은 양면성을 서정수(1996 : 475)는 '바람', '턱' 등과 같은 부류들과 같은 전용된 의존명사로 규정한 바 있다. 그렇다면 자립명사로서의 '수'는 어느 역사적 단계에서부터 문법화의 과정을 수행하여 현대국어에서 의존명사의 신분으로 확립되어 사용되는 것일까.

근대국어 단계의 의존명사화 과정을 고찰한 이주행(1987, 1988)과 왕문용(1988)은 18, 19세기에 실현된 '수'의 쓰임에서 "관형어의 선행을 필수 조건"으로 하지 않기 때문에 의존명사 목록에서 제외하였다.[23] 그 반면에, 왕문용(1988 : 189~190)은 19세기 국어에서 '바람'의 경우는 그 당시 보이는 통합 관계의 제약(-는 바람에)과, 추상화된 의미의 변화(風>여세, 원인)의 관점에서 이미 의존명사의 신분에 이르렀다고 판단하였다. 따라서 왕문용(1988)에서는 근대국어 단계의 의존명사 목록을 작성하는 기준에 있어서 일종의 이중적인 태도를 보인다고 생각한다.[24] 즉 이 시기에 '바

---

23) 이주행(1987)은 근대국어 자료에서 설정된 잠정적인 의존명사 목록 가운데 '수(슈)' 항목을 첨가한 다음, 주로 완판 84장본『춘향전』에서 추출된 예들을 제시하고 다음과 같은 결론을 내렸다.
    "관형어의 선행을 필수 조건으로 하지 않는다. 이상의 예에서 쓰인 '수(슈)'는 모두 '도리'나 '방안'을 의미한다. 예들 가운데, '-될 박그 수 업다. -갈 박그 슈가 업네.' 등에서 쓰이는 바와 같이 '수(슈)'는 관형어의 수식을 받지 않고 자립적으로 쓰이기도 한다. 따라서 '수(슈)'는 자립명사로 간주하여야 할 것이다."(208~209면)
    왕문용(1988)도 후기 근대국어 시기에 의존명사의 체계 내에 들어 온 의존명사를 검토((ㄱ) 한자차용으로 형성된 의존명사 : 뉴, 번, 중, 지경, 차, 체, (ㄴ) 의미변화로 형성된 의존명사 : 김, 노릇, 동안, 바람, 양, 쪽, 즈음, 터, (ㄷ) 파생법으로 형성된 의존명사 : 대, 마곰)하면서 '수(數, 術)의 경우는 현대국어에서는 의존적으로 사용되지만 근대국어에서는 의존명사가 아니었다고 기술하였다. 즉,
    "이 어휘는 중국어, 곧 한자에서 차용되어 시대적인, 사회적인 배경에 뒷받침을 받아 널리 사용되다가 위축의 과정을 밟고 있는 것으로 판단된다. 이때에 어떤 일부의 구조에서는 그대로 유지되어 사용되기도 하는데, 이 경우가 의존적인 환경이면 의존명사가 된다. '리, 수'가 바로 이러한 경우에 해당되는 어휘이다."(52면)
24) 그러나 이주행(1988)에서는 형식명사 설정의 기준((ㄱ) 자립성 여부, (ㄴ) 관형어의 필

람'의 제한적 쓰임에서는(비록 생산적으로 나타나지는 않지만) 일종의 전용된 의존 명사적 성격을 인정하지만, '수'의 사례에서는 현대국어에서와 거의 동일한 통사적 제약의 분포(-(으)ㄹ 수 없다 / 있다)와, 여기에 부과된 추상화된 의미변화(數, 手> 가능성, 수단, 방법)에도 불구하고 그 의존 명사적 속성을 수용하지 않은 것이다.

19세기 후기 전라방언 자료에서도 '바람'의 통사적 제약이 출현하기 시작하였으나, 문법화의 초기 단계로 의미의 전이 과정에서 나타나는 중의성이 다음과 같은 예에서 어느 정도 감지된다. 기러기 쏘 날기의 모러을 무쳐다가 불의 면상의 뿌린이 <u>날기치는 바람의</u> 두 눈에 모시가 드러가니(적성의젼 하, 28ㄱ). 따라서 '-는 바람에'에서 수행된 의미의 변화는 먼저 "바람과 더불어 일어나는 구상적인 기세"에서, 다양한 보문의 맥락으로 확대됨에 따라서(허웅, 2000 : 256) 일반화되어 구상적인 '바람'의 성분이 제거되어 은유화(metaphorization)를 거친 이차적 의미인 "여세, 원인" 등으로 옮겨 간 것이다. 이와 같은 과정을 완료한 에는 19세기 후반 중부방언 자료에서도 관찰된다. 빅셩이 위션 그 <u>곤쟝불옴에</u> 놀니여 긔졀흔다 흐며(독립신문, 1898. 8. 3. ②).

19세기 후기 전라방언 자료에서 '수'의 쓰임은 자립명사와 의존명사의 두 영역에 걸쳐 나타난다. 이러한 사용 예에서 특정한 지역 방언적 특질은 관찰되지 않는다. 특히 완판 84장본 『열여춘향수절가』를 이용하여 이 성분의 전형적인 쓰임을 제시하면 다음과 같다.

(15) ㄱ. 노상으셔 울 수 업셔(수절가, 상. 36ㄴ)
ㄴ. 큰딕으로 가셔 살 수 업슬 거시니(상. 37ㄱ)

수적인 선행 여부, (ㄷ) 수사와의 공기 여부, (ㄹ) 대체요소 여부)의 일관성을 유지하여, 근대국어 단계의 '바람'은 자립명사이었고, 현대국어에서 의존명사로 바뀐 것으로 간주하였다.

　　ㄷ. 달이는 변통할 수 업고(상. 41ㄱ)
　　ㄹ. 엇절 수가 업네(하. 12ㄱ)
　　　　춘향이 할 수 업셔(하. 8ㄴ)
　　ㅁ. 눈 어둡고 귀가 머거 볼 수 업고 들를 수 업셔 하릴 업난 일
　　　　이로세(하. 26ㄴ)
　　ㅂ. 목셕 안이여든 감심 안이 될 수 잇냐(하. 7ㄴ)
　　ㅅ. 양반이 부르시난듸 안이 갈 슈 잇것난아(상. 11ㄴ)
　　ㅇ. 이 모다 늬 사랑 갓틔면 사랑 결여 살 슈 잇냐(상. 30ㄱ)

(16)　ㄱ. 이번는 아마도 이별할 <u>박그 슈가 없네</u>(수절가, 상. 41ㄴ)
　　　ㄴ. 춘향은 요요의다 틔와 갈 <u>박그 슈가 업네</u>(상. 41ㄴ)
　　　ㄷ. 불가불 이벼리될 <u>박그 수가 업다</u>(상. 37ㄴ)
　　　ㄹ. 이무 불너쓰니 아미도 혼사할 <u>박기 수가 업소</u>(하. 9ㄱ)

　　위의 예문에서 '수'의 통사적 환경 '-(으)ㄹ 수 없다 / 있다'는 현대국어의 용례에 매우 근접하여 있다(고영근, 1989). 따라서 이와 같은 조건을 구성하고 있는 19세기 후기 전라방언에서의 '수'를 자립명사의 신분으로 파악하여야 할 근거가 없다. 예문 (15)에 등장하는 '수'의 문법적 의미는 선행문의 의미 자질과 쓰이는 맥락에 따라 현대국어에서와 동일하게 다양한 영역(방법, 능력, 힘, 수단 등)에 걸쳐 있다(이주행, 1983 ; 윤용선 1989 ; 이병모, 1995).[25] 그리하여 『한불ㅈ뎐』(1880 : 436)에는 표제어 '수'(數, moyen,

---

25) '수'의 이러한 용례는 19세기 후기 국어에서 일반화되어 있었던 것으로 보인다. 『독립신문』(1896~1898)에 서는 '수 / 슈'의 쓰임이 주로 '-(으)ㄹ 수 / 슈 없다 / 있다'의 통사적 구성으로만 등장한다. 이 가운데 특히 '-(으)ㄹ 수 / 슈 없다'의 환경이 대부분을 차지하여 420여 출현 예를 확인할 수 있다. 그 반면에, '-(으)ㄹ 수 / 슈 있다'의 사례는 이 자료에서 6회 정도로 등장하였다(황용주(전북대) 선생이 입력한 자료를 이용하였다). 『독립신문』에서 추출된 예 가운데 의존명사 '수' 다음에 통합되는 조사와의 측면에서 세 가지 유형만 제시한다.

(ㄱ) 안흔 일을 미리보고 ᄒ엿는지 <u>알 수 업더라</u>(독립 1896. 6. 20. ②)
(ㄴ) 이 스긔는 찌트릴 <u>수가 업게</u> 믄드럿다더라(독립 1897. 1. 23. ②)
(ㄷ) 청국셔 불란셔를 토디로 허급 <u>홀 수논 업다</u>고 ᄒ엿다더라(독립 1898. 3. 29)

expedient)의 용법이 자립명사로는 존재하지 않고, 오직 미래 관형사형 다음에 위치하는 환경에 한정되어 있다. 즉, 홀 수 잇다(il y a moyen de faire), 홀 수 업다(il n'y a pas moyen de faire).26)

예문 (16)에서 '-(으)ㄹ 박긔 수가 없다'와 같은 통사적 환경에 등장하는 '수'(數 / 手)는 자립명사로 쓰였음을 보인다(왕문용, 2003 : 280). 이와 같은 관용적인 구성이 다른 유형의 19세기 후기 전라방언에서와, 여타의 19세기 후기 국어 자료에서 어느 정도 보편화되어 있었음을 아래의 예에서 관찰할 수 있다.

(17) ㄱ. 당신게 가셔 근청헐 밧게는 슈(手) 업소오니(1882, 正訂 인어
대방 1. 6ㄴ)27)
견듸여 볼 밧게 슈(手) 업거든(1904년간, 교정 교린수지 276)
cf. 견듸여 볼 박쩨 업거든(1883년간 재간 교린수지 4. 21ㄴ)

ㄴ. 쏘 삼년 기드릴 밧긔 수 업고(한어문전, 21 : 7)
cf. 징검돌도 업서 쒸여 선닐 수빗긔 업서(한어문전. E.G. 39)
밧긔 누셜치 말나 하엿더니 ㅈ연이 밧긔 젼ㅎ야(한어문
전. E.G. 21 : 14)

ㄷ. 소식조차 돈졀ㅎ고 종젹이 쓴쳐쓰니 죽을 박긔 홀 수 업네
(병오, 춘. 19ㄴ)
네고 너고 죽는 슈박끠 할 일 업다(김문기 소장 필사본 26
장본 흥보전. 25ㄴ)
오날날은 읍니을 잠간 드러갈 슈박기난 슈가 업네(상동. 8ㄱ)
니 숀슈 작정홀 박기 슈가 업네(상동. 10ㄴ)
톡기 간을 못 먹으면 죽을 밧기 슈 업신이(완판 퇴가 3ㄱ)
당신이 무루신이 할 박계 슈ㄱ 업소(상동. 15ㄱ)

---

26) Gale의 『한영ㅈ뎐』(1897 : 609)에는 표제어로 '수나다'(to obtain means, to get possession
of money)가 등록되어 있다.

27) 19세기 후반 일본에서 필사되거나 간행된 한국어 학습 자료에는 위의 예문 (18ㄱ)에
해당되는 일본어 대역 부분에 한국어의 '수'에 대해서 한자어 '手'로 대응되어 있다.

톡기가 드러본직 <u>두 슈 업시</u> 죽어구늑(상동. 16ㄱ)[28]
비 속의 간니 업단 말 암만힉도 헛말이니 비 갈으고 <u>보는 슈드</u>(상동. 17ㄴ)
속 뒤집난 비린 닉가 파지평 <u>웃슈</u>로다(윗數 / 윗手, 판, 퇴. 256)

위의 예에서 '밧긔' 형태는 이 시기에 쓰이는 통사적 환경에 따라서 공시적으로 자립명사(밖+처격조사 -의)에서 의존명사의 단계를 거치고, 이어서 보조사의 범주에까지 확대되어 있는 모습을 보인다. 문법화의 관점에서 명사구성의 조사화를 역사적으로 고찰한 한용운(2003 : 90~94)은 15세기에 이미 '밖'(外)은 자립명사에서 의미 분화를 일으켜 의존명사 '밖'과 공존하게 되었으며, 다시 의존명사 '밖'에 처격조사 '의'가 통합된 '밧긔'형이 19세기 무렵에 재분석되면서 조사화한 것으로 파악하였다. 역시 19세기 국어의 문법사적 고찰을 시도한 이현희(1994 : 60)는 위의 예문에서와 같은 통사적 구성 '-(으)ㄹ 밧긔 수(가) 없다' 유형을 흥미롭게 관찰한 바 있다. (17ㄷ)에서 "오날날은 읍니을 잠간 <u>드러갈 슈박기는 슈가 업네</u>" 같은 구성에서는 동일한 성분 '수'가 의존명사와 자립명사의 신분으로 번갈아 등장하고 있다.

또한, (17ㄷ)의 예문 가운데 '-박기 할 수 없다'와 같은 구성에서 '수'는 다른 의존명사 '일'과 교체될 수 있음을 보인다.[29] 글쓴이는 앞서 2장에서 의존명사 '길'(예문 (4)~(6))과 '법'(예문 (9)), 그리고 '일'(예문 (12)~(14))이 '-(으)ㄹ 길 / 법 / 일 없다 / 있다'와 같은 특정한 통사적 환경에서 원

---

28) 완판본 자료에 등장하는 '두 수 업시-'와 같은 구성은 신소설 자료에서도 확인된다. "경찰이 지독흐게 엄흭셔 두 수 업시 꼭 죽을 판인디"(1911, 화세계, 132).

29) 이현희(1994)는 주로 『정정 인어대방』(1882)에서 추출된 자료를 이용하여 이러한 구성에 의존명사 '수' 대신에 '길'도 나타날 수 있는 사례를 제시하였다. 시작헐 박쎄는 <u>헐 씰</u> 업스오(정정 인어대방 2. 12).

래의 자립명사로부터 의미가 분화되어 "수단, 방법" 등의 추상적인 뜻으로 발달하였다는 사실을 관찰하였다. 따라서 고유한 문법화 과정을 거쳐 이 환경에 동참하게 되는 세 가지 유형의 의존명사 '길/법/일'의 이차적인 의미들이 근대국어 어느 시점의 의미 체계에서 어느 정도 일치되는 상황을 맞이하게 되었음을 지적하였다. 그리하여 글쓴이는 이러한 상황이 특정한 통사적 구성에서 현대국어에서 의존명사 '법'의 지속적인 쓰임을 축소시켰으며, 동시에 '일'의 구성을 어휘화하게 한 원인이 되었을 것으로 이해하였다.

글쓴이는 '-(으)ㄹ 길/법/일 없다/있다'의 통사적 환경에 등장하는 의존명사 '길/법/일'의 사용 영역의 축소는 상대적으로 이와 동일한 통사 구성에서 중복되는 의미 영역을 포괄하고 있는 또 다른 의존명사 '수'의 기능 확대에 반비례하였을 것으로 추정한다. 그 시기는 근대국어의 후반기 정도에 해당될 것으로 본다. 19세기 중기와 후기 단계에 이르면 '-(으)ㄹ 수 없다/있다'의 구성에 등장하는 '수'의 출현 빈도가 '길/법/일'의 경우보다 훨씬 더 높게 확인되기 때문이다.

국어사의 단계에서 의존명사 '수'의 문헌 자료상의 출현은 근대국어의 후반기로 한정된다. 따라서 중세국어에서 '수'는 의존명사 후보목록에서도 취급될 수 없다(고영근, 1995). 그렇다면 중세국어의 단계에서는 오늘날과 같은 "방법/수단"을 표현하는 '관형사형＋의존명사＋존재동사(있/없-)'의 통사적 구성이 존재하지 않았을까? 이 시기에도 이러한 통사적 장치의 표현 수단이 가능하였다면, 이와 같은 구성은 어떻게 표현하였을까? 글쓴이는 이러한 의문들에 대한 어떠한 대안도 확실하게 제시할 수 있는 입장에 있지 않다(앞으로 논의될 3장 2절을 참조). 그러나 지금까지 우리가 앞선 2장에서 취급한 '길/법/일' 등이 왕문용(2003)에서 진술된 바와 같은 의미 체계상의 빈칸을 의존명사 '수'가 확대되기 이전 단계에 보충하고 있었을 것으로 추정한다. 동시에 새로운 '수'의 경우는 이미 중세국어의 단계에서부터 쓰이는 통사적 환경에 따라서 의존명사화로 향할 수 있는 잠재성을 보유하고 있었음을 다음의 예에서 확인할 수 있다. 어버시 셤길 사르몬 병 고튤 슈롤 아디 몯 호미 올티 아니ᄒ니라(事親者ᄂᆞᆫ 亦不可不 知醫니라, 번역 소학 7 : 5ㄴ).30)

3.2. 의존명사 '셰'(勢)의 형성과 소멸의 과정

19세기 후기 전라방언에서 통상적으로 의존명사 '수'가 나타나는 '-(으)ㄹ 수 없-'의 통사적 환경에 다음과 같은 새로운 문법형태 '셰'형이 일종의 수의적 변이형과 같은 형태로 쓰이고 있음이 주목된다.

> (18) ㄱ. 츈향 홀 셰 업셔 수절가ᄒ던 그 티도로(33장본. 병오 춘. 15ㄴ)31)
> 츈향이 할 셰 업셔 슈절ᄒ던 그 티도로(29장본. 완판. 별춘. 14ㄴ)
>
> cf. 츈향이 할 일 업셔 슈절ᄒ던 그 티도로(필사 성열. 198)
> 춘향이 할 수 업셔 수절하던 그 티도로(수절가, 하. 8ㄴ)
>
> ㄴ. 츈향이 디답치 안이ᄒ고 홀 셰 업셔 집으로 도라와셔(필사 성열. 196)
>
> cf. 츈향이 디답지 안이ᄒ고 할 수 업셔 집의 도라와(33장본. 병오. 춘. 13ㄱ)
>
> ㄷ. 일디 할 셰 업셔 회군ᄒ여(완판. 조웅 3. 3ㄴ)
> 일디 홀 셰 업셔(완판. 조웅 3. 14ㄴ)

---

30) 『표준국어대사전』(국립국어원)에 '슈'의 표제어로 이 예문이 제시되어 있다. 이 사전에서 이와 같은 통사적 환경에서 쓰인 '슈'는 "수, 방법"의 의미를 갖고 있는 의존명사로 규정하였다. 『번역소학』 7권에 등장하는 이 구절은 선조판 『소학언해』(1589)에서는 다음과 같이 언해되어 있다.

어버이 셤기는 이 쏘 可히 의슐을 아디 아니티 몯홀거시니라(5권, 39ㄱ)

31) 설성경 교수는 그의 주석서 『춘향전』(완판 33장본, 1986 : 83, 시인사)에서 위의 부분을 "춘향 할 수 없어…"로 풀이하였다.

황졔 <u>홀 셰</u> 업셔(완판. 졍사본. 조웅 3. 33ㄱ)
cf. 황졔 <u>홀 수</u> 업셔(완판. 조웅 3. 18ㄱ)
문을 구지 다덧는지라 <u>홀 셰</u> 업셔 그져 도라셔며(완판.
졍사본. 조웅 1. 7ㄱ)

위의 예에서 '셰'는 당시의 완판본 고소설 자료에서도 적극적으로 출현하지 않기 때문에, 그 생산성은 의존명사 '수'에 비하여 훨씬 떨어진다. (18ㄱ)의 예들은 춘향전 이본들의 유형에 따라서 동일한 통사 구성에서 '셰'와 '일' 그리고 '수'가 임의로 교체되어 쓰일 수 있음을 보인다. 또한, (18ㄴ)의 예에서는 '셰'형을 반영하였던 33장본 완판『병오본 춘향전』자체에서도 상황 또는 문맥에 따라서 역시 '수'로 대치되는 과정을 나타낸다. 제한된 통사적 환경에서 이와 같이 '셰'와 의존명사 '수'와 자유롭게 교체되어 사용된다는 사실은 두 문법형태소의 기능과 의미가 어느 정도 일치되어 있음을 추정할 수 있게 한다. 따라서 '셰'의 의미는 "수단, 방법"에 접근하여 있을 것이 분명하다. 19세기 후기 전라방언 사료에 의존명사 '수'를 대신하여 간헐적으로 등장하고 있는 새로운 '셰'는 형태어휘론적으로 어디에서 형성되어 나온 것일까.[32]

이러한 의문과 관련하여, 한국어 학습서로 18세기 후엽에 간행된『隣語大方』(1790)과 19세기 중엽에 일본에서 필사된 아스톤본『隣語大方』(1841), 그리고 그 이후 일본 외무성장판『正訂 인어대방』(1882) 가운데 '-(으)ㄹ 셰 없-'과 같은 구성을 갖고 있는 동일한 예문에 지속적으로

---

32) 이현희(1994 : 60)는 19세기 국어의 문법사를 조감하는 자리에서, '셰'(세), '슈 / 수'(手) 등이 이 시기에 새로이 등장하기 시작한 의존명사 부류임을 언급하였다. 그러나 여기서 의존명사라는 '셰'에 대한 구체적인 언급과 문헌상의 예문이 제시되지는 않았다. 정재영(1996)의 다음과 같은 기술도 아울러 참고.
"-19세기 후반부터 쓰이기 시작한 '셰'(勢), '슈, 수'(手) 등도 쓰이기 시작하여 의존명사 구문이 더욱 풍부해졌다."(19~20면)

등장하고 있는 '셰'에 주목할 필요가 있다.

(19) ㄱ. 人馬롤 출여 ᄂ려오쟈 홀 츠의 風雨가 暴至ᄒ오매 들어 올
          <u>셰 업ᄉ와</u> 不得已 失約을 ᄒ엿ᄉ오니 애돌니 너기옵ᄂ(1790,
          인어대방 3. 15ㄴ)
       ㄴ. 人馬를 출혀 막 ᄂ려오쟈 홀 츠에 風雨가 暴至ᄒ여 <u>드러올</u>
          <u>셰 업ᄉ와</u>(1841, 아스톤본 인어대방 필사본 4. 11ㄴ ; 경도대
          본 인어대방 2. 6ㄴ)
       ㄷ. 막 ᄂ려오쟈 홀 츠(次)에 풍우가 폭지ᄒ야 드러올 셰(勢) 업
          ᄉ와 부득이 실약이 되엿ᄉ오니(1882, 정정 인어대방 7. 6ㄱ)

(20) ㄱ. 몰이 失足ᄒ여 落傷을 대단히 ᄒ여 <u>나갈 셰 업기의</u> 내가 代
          行 ᄒ게 ᄒ엿ᄂ(아스톤본 5. 16ㄱ ; 경도대본 필사본 인어대
          방 3. 9ㄱ)
       ㄴ. 낙샹을 대단히 ᄒ야 나갈 <u>슈(手)</u> 업기에 니가 디힝허게 허엿
          슴네다(1882년간본 인어대방 8. 8ㄱ)

예문 (19ㄴ)에서 '드러 올 셰 업ᄉ와' 통사 구성에 등장하는 '셰'에 대
한 일본어 대역어는 "기세" 또는 "힘"에 해당되는 'いきおい'로 대응되
어 있다. 그리고 이 구절은 한국어의 −(으)ㄹ 수가 없−'와 동일한 뜻으
로 해석된다(편무진・岸田文隆, 2005). 특히 (19ㄷ)의 '셰'에 대한 일본어 대
역으로 한자 '勢'가 배당되었다. '셰'의 위치에 배당된 '勢'는 (19ㄴ)의
예문에서 우리가 확인하였던 대역어 "기세" 또는 "힘"과 일치한다.

(20ㄱ)에서 아스톤(W. G. Aston) 구장본 필사본 『隣語大方』(1841)에 등
장하는 '셰'는 일본어 'セイ'(勢)로 대응되어 있으며, 그 후에 간본으로
간행된 『正訂 인어대방』(1882)에서는 이 성분이 이번에는 '슈'(手)로 교체
되어 있다. 이러한 사실을 보면, 한국어 학습서 부류들에서 한국어의 특
정한 통사적 환경에 출현하고 있는 '셰'는 한자 '勢'에 해당되는 것이며,

동시에 '셰'는 다음 단계에서 '슈'(手)로 바꿔지고 있음을 알 수 있다. 그리고 '슈'는 이 계통의 자료에서 일관성 있게 한자 '手'로 대역되어 있다 (3장 1절의 예문 (17)을 참조).[33]

한국어 학습서 부류에서 보이는 이와 같은 '셰(勢) → 슈(手)'의 대치 과정은 18세기 후기에서부터 19세기 후기에 걸치는 일련의 『交隣須知』 계통에서도 다음과 같이 나타난다.

> (21) ㄱ. 침침ᄒ고 좁기니 걸릴 <u>셰</u>(勢, セイ) 업데(苗代川본 4. 51ㄴ, 沈
>   壽官본 4. 25ㄱ)[34]
>   ㄴ. 침침ᄒ고 물의 좁기여 걸릴 <u>셰</u> 업고니(小田본 4. 52ㄴ, 아스
>   톤본 4. 72ㄴ)
>   ㄷ. 침침이 물에 징겨쓰니 건질 <u>슈</u> 업꾸나(1881년 초간 4. 51ㄱ,
>   1883년 재간 4. 50ㄴ)

위의 예문 (21ㄷ)에서 바꿔진 '슈'의 일본어 대역은 이번에는 한자 '手'가 아니고, 'ミチ'(길, 방법)으로 나타난다. 특수한 통사적 구성 '-(으)ㄹ 수 없-'에서 '수'가 거의 동일한 의미 영역에 속해 있는 '길' 또는 '일'과 대치되는 예는 우리가 이미 위에서 확인한 바 있다. 이와 같은 한국어 학습서 부류에 등장하는 '셰'(勢)는 자립명사 '셰'(勢)에서 기능상으로 분화되어 전용된 의존명사의 신분으로 사용되었음이 분명하다. 이들

---

33) 일본어 학습서에 일본어 대역어로 표시된 한자어를 그대로 믿을 수 없는 사례가 많다. 그러나 의존명사 '수'를 '手'로 표시한 것은 어떤 원칙에 의했을 가능성도 있다. 의존명사 '수'가 한자 차용어인 사실은 분명하지만, 지금까지 연구자들에 의하여 한자어 '手 / 數 / 術' 등이 적절한 후보로 제시된 바 있다(왕문용, 1988 ; 임동훈, 1991 ; 안주호, 1997). 그러나 통상적인 옥편을 따르면, 한자어 '手'나 '數'는 갖고 있는 의미 영역이 "재주, 힘, 기술, 수단, 솜씨, 꾀" 등과 같이 중복되기 때문에 의존명사 '수'의 기원과 관련하여 구태여 구분하려고 할 필요는 없다고 생각한다.
34) 『交隣須知』 계통에서 추출된 자료는 편무진(『【諸本對照】 交隣須知』(교린수지의 기초적 연구 별책부록 자료집, 2005, 제이엔씨)을 이용한 것이다.

자료에서 자립명사 '셰'(勢)는 다음과 같이 의존명사 '셰'와 공존하여 쓰이고 있었다.

> (22) ㄱ. <u>셰</u>(勢)가 이시면 저마다 두려 ᄒᆞᆸᄂᆞ니(苗代川본 4. 39ㄱ, 沈壽官본 교린수지 4. 12ㄴ)
> ㄴ. <u>셰</u>롤 뽈와 아당호 쟈는 ᄌᆞ로 츌입ᄒᆞᆸᄂᆞ니(아스톤본 교린수지 4. 53ㄴ)
> ㄷ. 卽今 <u>勢</u>롤 議論홀 쟉시면(아스톤본 교린수지 4. 2ㄴ)
> cf. 즉금 ᄉᆞ셰(事勢)를 의논허게드면(정정 인어대방 4. 12ㄱ)

19세기 전기와 후기에 걸친 다양한 한국어 학습서 부류에서 특정한 통사 환경에 등장하고 있는 '셰'의 존재에 대해서 지금까지 파악된 사실을 세 가지로 정리하면 다음과 같다. 첫째, 이 성분은 한자어 '勢'에 해당되며, 기능은 의존명사이었다. 둘째, '-(으)ㄹ 셰 없-'의 통사 구성에서 '셰'는 또 다른 의존명사 '수'(手)와 의미와 통사 영역이 일치하였다. 셋째, 19세기 후기에 이르면 점진적으로 보수적인 형태 '셰'는 개신적인 '수'로 대치되는 경향을 보인다. 여기서 요약된 '셰'의 정체를 앞서 제시되었던 19세기 후기 전라방언의 예문 (18)에서의 '셰'형과 대조하면 의미와 통적 기능상으로 완전 일치한다. 따라서 예문 (18)에 등장하는 '셰'의 존재가 규명된 셈이다. 또한, 우리가 발굴해낸 의존명사 "셰"는 어느 특정 방언에만 국한된 분포를 보이는 형태론적 특질이 아니라, 19세기 후기 전반적인 국어의 특질이었다.

의존명사 '셰'(勢)형이 19세기 후기의 단계에서 보수형인 반면에, '수'가 개신형의 신분이었을 것이라는 추정을 확대하면, 우리가 3장 1절 후반부에서 제기했던 의문점에 어떤 해답을 찾을 수 있을 것으로 보인다. 즉, '수'의 의존명사화가 중세국어에는 아직 존재하지 않았다는 사실에 비추어, ‘관형사형＋“방법／수단”의 의존명사＋존재동사(있／없−)’의 통사적 구성을 그 시기에는 어떠한 통사 장치로 구현하였을까 하는 의문이었다. 이러한 통사적 환경에 우리가 2장에서 살펴 본 “방법”과 “수단”을 뜻하는 ‘길, 법, 일’ 등의 의존명사에 준하는 형태들도 참여하였을 것이지만, 그 중심적인 표현 수단은 ‘셰’이었을 개연성이 있다.

글쓴이가 중세국어의 단계에 ‘관형사형＋셰＋존재동사’의 통사적 구성이 가능하여서, 의존명사 ‘셰’가 오늘날 의존명사 ‘수’에 의한 의미 영역을 어느 정도 포괄하였을 것이라고 판단하는 데에는 다음과 같은 문헌 자료(한글편지 중심)의 예들이 지속적으로 출현하기 때문이다.

(23)　ㄱ. 옴죽ᄒ면 다 놀라이고 ᄒ니 <u>살 셰ᄂ 업시</u> 되엿노라(청주언
　　　　간. 88)
　　　ㄴ. 내 긔오니 하 어히 업스니 <u>살 셰ᄂ 업스니</u> 다시 볼 길히 업
　　　　세라(청언. 32)
　　　ㄷ. 시월 동지ᄯᆯ 서ᄯᆯ 정 이월ᄀ지ᄂ <u>살 셰 업서</u>(청언. 168)
　　　ㄹ. 내사 ᄀ술히나 가고져 ᄒ여도 <u>살 셰 업고</u> 올밀 ᄆᅀᅳ미 업세
　　　　라(청언. 15)
　　　ㅁ. 명디 ᄀᆮ도 <u>어들 셰 업고</u> 옷 ᄒ여 니블 <u>셰ᄂ</u> 올로도 <u>업스니</u>
　　　　(청언. 21)

위의 예문에 출현하는 ‘셰’는 충북 청주에서 출토된 16세기(1565년～1575년 전후) 한글편지 묶음에서 추려낸 것이다.35) 이 한글편지를 주해한 조항범(1998)은 위와 같은 통사적 구성에 나오는 ‘셰’를 한자어 ‘勢’로 파악하고, 문맥에 따라서 ‘힘’, ‘기운’, ‘형편’, ‘형세’ 등으로 주석하였다.

---

35) 이 예들은 조항범(1998)에서 판독되고 주석을 단 『순천 김씨묘 출토 간찰』을 이용하였
　　다. 또한, 한글편지 판독의 확인을 위해서 황문환(2002)의 부록 1, ＜충북청주 순천김씨
　　묘 출토 언간＞(267～333면)도 아울러 참고하였다.

따라서 16세기의 편지 글에서 '관형사형+세+존재동사'의 구성에 관용적으로 등장하는 '세'는 기본의미인 구상적인 "힘"으로부터 은유 과정을 거쳐서 일정한 행위를 통제할 수 있는 "형편"이나, 그것을 이루는 "수단"과 "방법"으로 옮겨오기 시작한 것으로 보인다. 충북 청주에서 출토된 한글편지에 등장하고 있는 '세'의 쓰임은 19세기 국어에서 우리가 관찰하였던 예들과 완전 일치한다.

또한, 의존명사 '세'는 16세기의 청주지역에만 국한되어 사용된 것이 아니고, 이와 거의 비슷한 시기의 다른 지역에서 출현하였던 「마지막 한글편지」에서도 등장하였다. 아래의 예문은 1586년 이응태 부인이 죽은 남편을 보내면서 아무런 경황이 없는 가운데 오로지 슬픔 속에서 작성한 한글편지 내용 일부에서 인용된 것이다. 이 편지가 작성된 당시의 이러한 상황을 감안하면, 적어도 16세기의 자연스러운 구어에서는 특정한 통사적 환경에서 의존 명사적 기능을 발휘하였던 '세'의 사용 빈도가 어느 정도 높았을 것으로 추정된다.

> (24) 엇디 그런 이룰 싱각디 아녀 날올 ᄇᆞ리고 몬져 가시ᄂᆞ고 자내 여희고 아ᄆᆞ려 <u>살 세 업스니</u> 수이 자내 ᄒᆞᆫ듸 가고져 ᄒᆞ니 날 드려가소.

이 한글편지에서 안귀남(1999)과 황문환(2000 : 138)은 위의 '살 세 업스니'에 쓰인 '세'를 한자어 '勢'로 파악하고, "살 힘(기력)이 없으니"로 해독하였다. 그러나 여기서 '세'의 의미는 중의적으로 파악되기도 한다. 즉, 이 문법형태는 기본의미 "힘"에서 출발하여 은유화를 거쳐 오늘날 의존명사 '수'에 접근한 "수단"과 "방법"으로까지 확대되었을 개연성이 있다.

의존명사로서의 '세'(勢)의 쓰임은 그 이후의 단계 17세기에서도 지속되었다. 그러나 이 형태가 간본 중심의 문헌 자료에 반영된 문어체에서

 제1부 19세기 후기 국어방언의 음운론과 형태론의 역동성

사용된 예는 아직 확인되지 않고, 단지 아래와 같은 한글편지(1664년)의 형식 가운데 시대와 장소를 달리하여 다시 등장한다는 사실이 특이한 것이다. 동시에 이 편지에는 '셰'가 쓰이는 동일한 통사적 환경에서 의존명사 '긿'과 교체되어 공시적으로 공존하는 모습이 관찰되기도 한다(2장 1절의 예문 (1)을 참조).

> (25) 아므도 그것 지어 제 귀실도 <u>홀 길히</u> 없다 ᄒ니 민망ᄒ여 ᄒ나이다. 예 잇ᄂ 누의 동싱들도 이것둘 가지고 돌님졔도 <u>홀 길 업</u>ᄉ니 종가의셔 졔ᄉ나 ᄒ라 ᄒ디 죵도 외방 거실 분 아냐 어린 거시 만코 던디ᄂ 더욱 제 귀실도 <u>홀 셰</u> 업ᄉ니 내 집 ᄒ나 모양 못ᄒ고 님자니도 니 갓가이 이시니 내 어이 ᄒ리잇가(「해남 윤씨 어초공파 고문서 간찰 부류」, 127면).

지금까지 16세기 국어의 구어에서부터 19세기 후기의 단계에까지 지속적으로 출현하고 있는 의존명사 '셰'의 용법에서 글쓴이는 다음과 같은 추정을 하려고 한다. 의존명사 '수'의 출현 이전에, 중세국어의 단계에서 '관형사형+"수단"과 "방법"을 뜻하는 의존명사+존재동사'와 같은 통사적 구성은 먼저 '길 / 법 / 일'과 같은 자립명사에서부터 문법화 과정을 시작하여 점진적으로 근대국어에서 일반화되었을 것이다. 이러한 표현 수단의 전개 과정에서 원래 '힘'을 기본 의미로 하는 자립명사 '셰'(勢)도 맥락에 따른 의미의 재해석을 거쳐 "수단"과 "방법"을 나타내는 통사적 환경에 합류하였을 것으로 보인다.

특히, 구어에서 의존명사 '셰'가 사용되는 분포는 같은 시대에서도 다른 유형의 의존명사 '길 / 법 / 일'의 경우보다 넓었을 것이지만, 중세국어에서부터 문법화의 잠재성을 갖고 있었던 '슈'(3장 1절을 참조)가 근대국어의 단계에서 점진적으로 그 영역을 확대하면서 의미체계의 과도한 중복을 초래하게 되었다. 근대국어에서 의존명사화를 거친 생산적인 '슈'(手/數)의 세력은 동일한 통사 구조에서의 의존명사 '길/법/일' 등의 사용 영역에 뿐만 아니라, 종래의 '세'에까지 잠식해 왔을 것이다. 그 이유는 개신형 의존명사 '슈'가 "수단" 또는 "방법"의 의미 영역 이외에 통상적인 '길/법/일/세' 등의 경우보다 맥락에 따른 더 포괄적이고 동시에 추상적인 이미 영역을 나타내었을 것이기 때문이다.[36)]

따라서 20세기 국어에 들어와서 '관형사형+"수단"과 "방법"을 뜻하는 의존명사+존재동사'의 통사 구조에 19세기에 발달하였던 의존명사 '법'과 '일'이 제외되기 시작하였다. 우리가 앞에서 예문 (18)~(21)을 통하여 관찰하였던 19세기 후기 국어에서의 '세→슈'와 같은 대치 현상도 이러한 유기적 관계를 반영하였던 것으로 생각한다.[37)]

---

36) 이주행(1983)은 현대국어에서 명사구 보문이 갖고 있는 의미 자질의 유형에 근거하여 의존명사 '수'가 나타내는 추상적인 의미를 뒤따르는 존재동사에 따라서 "능력"에서부터 "자격", "겨를", "형편", "처지", "필요" 등까지 포괄하는 11가지를 추출한 바 있다. 의존명사 '수'가 갖고 있는 맥락에 따른 의미의 다양성 또는 모호성은 이와 유사한 다른 어떤 의존명사 유형보다도 더 전형적인 의존 명사적 속성을 대변하는 것이다. 따라서 근대국어의 단계에서 '세→슈'의 대치 과정도 이러한 관점에서 이해된다.

37) 의존명사 '세'의 후속형은 오늘날의 지역방언에서 쉽게 확인되지 않는다. 그러나 19세기 후기 전라방언 자료 가운데 '셰'(勢)의 변화형(셰>시)이라고 생각되는 '시'가 다음과 같이 나타난다.

   (ㄱ) 입의 맛난 반츤 업다 안졋던 물방익집 불도 노와 보랴 ᄒ고 별 시를 미양부려(판. 박. 332)
      cf. 별 시를 毋樣부려(성두본 B, 박타령. 4ㄱ)
      암만히도 별 슈 업다(판. 박. 332)

   위의 예에서 '별 셰'에서 '별 시'로 변화되었을 가능성은 『전남방언사전』(이기갑 외, 43면)에서 방언 표제어 '국'(안쪽, 속)의 설명에 나오는 다음과 같은 전남방언의 예문에서 발견된다. 즉, "이 고을 국이 좁아 가지고 풍수설을 놓고 본다면 별 시가 없다고 합니다". 여기에 대한 표준어 대역은 역시 이 사전에서 "별 세가 없다고 합니다"로 대응되어 있다.
   의존명사 '수'의 다른 지역 방언형들은 '쉬'로 분포되어 있다. 이 '쉬'형은 '수'(手/數)에 명사파생접미사 '-이'가 연결된 형태로 보이는데, 20세기 초반(러시아 카잔 자료)에서부터 주로 함북방언 등지에서 쓰이고 있다(이 글의 각주 2)를 참조).

4. 19세기 국어 방언에서 의존명사 기능의 축소와 새로운 형성

4.1. 의존명사 '마듸'(節)의 생성과 탈락

지금까지 3장에서 우리가 제시하였던 19세기 후기 국어에서 의존명사 '슈'(手 / 數)의 점진적인 기능의 확대가 이와 유사한 의미영역을 담당하고 있었던 기존의 '길 / 법 / 일' 그리고 '셰'(勢) 등과 같은 의존명사들의 폐용 또는 기능 축소로 유도되는 과정은 시간을 나타내는 다른 유형의 의존명사들이 맺고 있는 유기적인 관계에서도 찾을 수 있다. 근대국어에서 시간을 뜻하는 의존명사로 왕문용(1988 : 221~240)은 통합 환경과 문법기능 그리고 의미의 상호 관계를 기준으로 '적, 즈음, 동안, 이림, 중, 차' 등을 설정하였다. 그리고 그는 이러한 시간 의존명사들 가운데 중세국어에서 계승된 '적'만 제외하면, 다른 여타의 성분들은 근대국어의 시기에 새로 형성된 것으로 판단하였다(1988 : 238).

시간 의존명사에 관한 한, 근대국어는 그 이전 단계의 중세국어에서보다 생산적인 의존명사를 발달시킨 것으로 보인다. 그렇다면, 비로소 근대국어에 와서 시간 관계 개념의 의존명사가 대거 등장하는 이유는 무엇일까? 이 성분들이 상호 맺고 있는 유기적인 관계는 어떠한 것이었을까? 이러한 글쓴이의 의문과 관련하여, 19세기 후기 전라방언에서 '관형사형＋의존명사＋에'와 같은 통사적 구성에 등장하고 있는 '마듸'(節)의 용례를 제시하려고 한다.[38]

(ㄴ) kamuŋgi ət'i har šü əpsə(가뭉기 어띠 할 쉬 없서, 『철자 교과서』 35. 47) put'ur-s'üy(붙을 쉬, 『로한회화』, p.xiii).

(ㄷ) 쉬→ 피양 가 귀겨 : 하이 당초에 그 어디메 얘기 <u>할 쉬 업지비</u>, 너무 조 : 우이 까대(동북방언, 『조선어방언학개요』 (하), 김병제 1975 : 6).

(25) ㄱ. 츈향아 죽단 말리 원 말이냐…한창 이리 울 <u>마듸여</u> 옹상인
   니다라 보고(완판 29장본 별춘. 23ㄱ)
   =츈향아 죽단 말리 웬 말린야 한창 이리 울 <u>마듸예</u> 옹싱인
   형제 바러보고(필사 성열. 201)
   =익고 츈향아, 네가 이게 웬 일인야 호창 이리 야단홀 제
   그 빈소가 옹싱원의 빈소로다(완판 33장본 열녀춘향수절
   가. 25ㄱ)
   =한창 이리 울 <u>격의</u> 원상인 니다라 보고(필사본 성열. 23ㄱ)
   =한참 이리 할 <u>지음의</u>(장자백 창본 춘향가, 32ㄱ)
   ㄴ. 七星임前의 비난이다 지성으로 빌 <u>마듸의</u>, 잇쩌 어사쏘 허허
   웃고(박순호 소장 68장본 춘향가, 55ㄱ)
   ㄷ. 한참 이리 할 <u>마듸여</u> 후비스령이 나오든이(장자백 창본 춘
   향가. 28ㄱ)

위의 예에서 '-(으)ㄹ+마듸+에'의 통사 구조에 쓰인 '마듸'는 같은
시기의 다른 이본들에는 '제', '격', '지음'으로 교체되어 나오는 사실이
주목된다. 따라서 19세기 후기 전라방언에서 이와 같은 환경에 쓰이는
'마듸'의 경우는 일정한 시간의 연속 가운데 한 때를 지칭하는 다른 의존
명사들과 거의 유사한 의미 영역에 속하였던 동의어들로 보인다. 그렇지
만, 19세기 전라방언 자료에서 위와 같은 예들의 출현 빈도는 매우 낮은
편이다. 이러한 상황을 보면, '마듸'의 쓰임은 이 시기에서 매우 보수적
이거나, 전라방언의 징표성이 강한 반면에, 일반화되어 있고 분포가 넓은

---

38) 19세기 후기 전라방언에서 '마듸'는 자립명사로 다음과 같이 쓰이고 있다.

(ㄱ) 그 말 한 <u>마듸여</u> 말궁기가 열이엿제(수절가, 상. 22ㄴ)
  =그 말 한 <u>조리여</u> 말구무가 열여썻다(장자백 창본 춘향가, 14ㄴ)
(ㄴ) 인경 첫 <u>마듸</u> 칠 쩌 마닥(수절가, 상. 29ㄱ)

그러나 다음과 같은 상황에 쓰인 '마듸'의 의미는 구상적 의미에서 은유적으로 전이된
추상적 의미를 나타내었기 때문에, 일종의 다의(polysemy) 단계를 형성하고 있다.

(ㄷ) 두 줄 눈물이 말소리을 쪼츠 쩌러지니 진실로 만고상심 훈 <u>마듸라</u>(완판. 길동. 31ㄴ)

시간 의존명사 '적', '즈음' 등으로 바꿔지는 경향을 반영하는 것 같다.[39)

또한, 이 시기의 방언 자료에서 동일한 '마듸'가 미래 관형사형 다음에 통합되지만, 처격조사 이외의 다른 격조사가 뒤따르는 경우도 산발적으로 나타난다.

> (26) 이 글 뜻설 낫낫치 식여보면 쎼쏭 쌀 <u>마듸</u>가 만는니라(장자백
> 창본 춘향가, 19ㄴ),
> =낫낫치 시겨 보면 쎼쏭 쌀 일리 만하지야(수절가, 상. 15ㄴ)
> =천즈을 맛시 잇게 일그면 쎼쏭 쌀 <u>딕</u> 만흥지야(백성환 창본
> 춘향가, 8ㄱ).

예문 (26)에 등장하는 '마듸'는 역시 이 시기의 다른 유형의 이본들에서 시간의 개념과 관련이 없는 '일'과 '딕'로 바꿔져 있는데, 화자가 인식하는 어느 특정한 "경우" 또는 "상황" 정도의 의미로 사용되었다. 따라서 (25)에서의 통사적 환경 '-(으)ㄹ+마듸+에'와, (26)의 '-(으)ㄹ+마듸+가'에 출현하는 '마듸'는 원래의 구상적 의미에서부터 "일정한 시간이나 상황의 한 때"의 추상적인 의미로 전환되었다. 이와 같은 의미변화의 원리는 인지적 영역 간의 전이(節→시간→상황)를 거치는 은유화 작용이 개입되었을 것이다. 그렇기 때문에, 글쓴이는 19세기 후기 전라방언에서 위의 예문에 쓰이는 '마듸'는 의존명사의 범주에 귀속된다고 생각한다. '마듸'가 출현하는 위의 두 가지 통시적 환경 가운데, '-(으)ㄹ+마듸' 다음에 처격조사와만 통합되는 강한 제약을 갖고 있으며, 또한 "시간의 한 대

---

39) 19세기 후기 전라방언 자료에서도 비판소리계 영웅 고소설 부류에는 의존명사 '마듸'
가 잠재적으로 사용될 수 있는 통사적 구성 '-(으)ㄹ+마듸'의 자리에 통상적인 '즈음'
이 대부분 나타난다.
  창으로 지르려 <u>할 지엄의</u>(삼국지 3. 38ㄱ), 급피 <u>쏄 지음의</u> 됴됴 발셔 멀이 도망 흥거
  늘(삼국지 3. 38ㄴ).

목"으로 의미가 뚜렷하게 분화된 (25)의 예들이 문법화의 진행 척도에 있어서 다른 환경에서 보다 한걸음 앞서 진전된 단계를 보인다.

그러나 위와 같은 환경에서 등장하는 19세기 후기 전라방언의 '마듸'의 선행 형태는 이미 15세기 국어에서도 거의 유사한 의미와 기능을 보이고 있었다.

(27) ㄱ. 나랏 法에 자피여 미여 매 마자 獄애 가도아 罪니블 <u>모딕며</u>
(석보 9. 8ㄴ)
　　ㄴ. 내 來世예 菩提 得혼 時節에 호다가 獄애 가도이거나 罪니블
<u>모딕어나</u>(월석 9 : 25ㄱ)
　　ㄷ. 주으려 밥 얻고져호야 모딘 업 지슬 마딕예(월석 9. 25ㄴ)
　　ㄹ. 俱夷이 아두룰 나호실 時節에 王이 월식호게홀씨 日食홀 <u>모</u>
<u>딕예</u>(월석 2. 2ㄴ)

(28) ㄱ. 그저긔 太子ㅣ 울며…무틔 올아오논 <u>모딕예</u>(월석 8. 101ㄴ)
　　ㄴ. 어미 밥 가져 오나눌 머구려 <u>호시논 모딕예</u>(석보 11. 41ㄴ)
　　ㄷ. 尊者ㅣ 혼 나모아래 안자 入定호야 뉘 所作인고 호야 <u>보논 모</u>
<u>딕예</u>(월석 4. 20ㄱ)

위의 예들에 등장하는 '모딕'의 통사적 환경에서 선행 성분인 관형사형은 (27)의 '-(으)ㄹ＋모딕'와, (28)에서의 '-(으)ㄴ＋모딕'로 구분된다. 이러한 관형사형의 차이는 15세기 국어에서는 서로 다른 의미의 또 다른 분화를 아직 야기하지 않은 것 같다. 그리고 '모딕'의 후속 성분으로는 처격조사 '-에' 이외에 여타의 활용어미 '-며/-어나' 등이 연결되었기 때문에 아직 엄격한 통사적 제약은 출현하지 않았다. 홍기문(1966 : 278)은 일찍이 위의 예들의 쓰임을 주목하였고, 이와 같은 통사적 구성에 쓰인 출현하는 '모딕'는 구상적 의미에서 시간의 의미로 전용된 것으로 기술하였다. (27)의 예문에서는 '(으)ㄹ＋모딕예'와 동일한 구문에서 '-(으)ㄹ

時節에'로 교체되어 사용되었다. 이 시기에 '時節'의 범위는 일정한 시간의 흐름을 경계로 하는 개념이 아니었던 것으로 보인다. 그 長者ㅣ 鴛鴦이롤 자바 네 아둘 어듸 가뇨 ᄒᆞ고 還刀롤 메어틸 時節에 鴛鴦이 놀애롤 블로디(월석 8. 102ㄱ).

15세기 국어에서 엄격한 통사적 제약은 아직 완성되지는 않았으나, 기본적 의미에서 이차적인 시간의 의미로 전환된 'ᄆᆞ디'의 용례들은 초기의 문법화의 과정에 진입하기 시작한 단계를 표출하고 있었던 것으로 글쓴이는 파악한다. 여기에 관여하는 문법화의 필수적인 첫 단계는 15세기 국어에서 관형사형을 선행 성분으로 하는 특정 위치의 'ᄆᆞ디'의 예들에서 문맥에 따른 의미의 재분석을 통하여 시간의 의미로 유추되어 다의어를 형성한 다음, 이러한 이차적 의미와 통사적 구성이 관용적으로 굳어지기 시작하여 확산되는 단계를 말한다(Eckardt, 2006 : 39).

허웅(1975 : 274~300)과 고영근(1995 : 69~94)에서 중세국어의 의존명사 목록으로 (27)과 (28)의 예문에 등장하는 'ᄆᆞ디'는 언급된 바 없다. 그러나 통사론적 기능의 관점에서 강성일(1993 : 83)은 위의 'ᄆᆞ디'를 전형적인 "불완전명사"의 한 유형으로 간주하였다. 즉, 이 성분의 의미는 "경우"로 이전되었으며, '용언의 관형사형+의존명사+다양한 조사'와 같은 기능을 발휘하는 것으로 기술하였다.40)

그 이후 위에서와 같은 특정한 통사적 구성에 등장하는 'ᄆᆞ디'의 용례는 중세국어 후반과 17세기 국어의 문헌 자료에서 적극적으로 드러나지 않았다. 그러나 이러한 사실이 15세기 국어 이후의 역사적 과정에서 시간을 뜻하는 의존명사 체계에서 'ᄆᆞ디'(時節)의 완전한 소멸을 뜻하는 것

---

40) 또한, 이주행(1988)은 중세국어의 의존명사 후보 목록으로 'ᄆᆞ디'를 검증한 바 있다. 그러나 그는 이 'ᄆᆞ디'의 통사적 환경이 엄격한 의존명사 선정 기준에 미달하는 "관형어의 선행을 수의적 조건"으로 하기 때문에 자립명사로 취급하였다(44면).

은 아니었다고 생각한다. 18세기 후반과 19세기 중엽 정도의 일본어 학습서 계통의 자료에 의존명사 'ᄆᆞ디'의 사용이 다시 확인된다.

> (29) 그거시 져기 失色ᄒᆞ기는 <u>ᄆᆞ를 ᄆᆞ디</u> 陰乾을 아니 ᄒᆞ고 陽乾을 ᄒᆞ여(1790년간, 인어대방, 1. 2ㄱ)

> (30) ㄱ. 貴國 武官니 常時의 出朝ᄒᆞ실 <u>ᄆᆞ디는</u> 還刀 ᄶᅳ고 行次 ᄒᆞ시ᄋᆞᆸ나(경도대학장본 필사본 표민대화, 상. 54ㄴ)[41]
> ㄴ. 彼我國의 吉凶事 <u>계실 ᄆᆞ디</u> 大馬州ᄭᅥ지 보내ᄋᆞᆸ신 使者 잇습ᄂᆞᆫ디…그 渡海官의 日本 判事나올 <u>ᄆᆞ디ᄂᆞᆫ</u>(아스톤본 필사본 표민대화, 중. 16ㄱ)
> ㄷ. 처음의 만나 <u>말ᄒᆞᆯ ᄆᆞ디</u> 서로 分明치 아닌 말이 혹 잇습나요(아스톤본, 중. 48ㄴ)
> ㄹ. 그 줄은 <u>擧帆ᄒᆞᆯ ᄆᆞ디</u> 쓰ᄂᆞᆫ 종요로운 줄이올식(아스톤본, 하. 20ㄱ)
> ㅁ. 德源의 가셔 게셔 平海의 <u>갈 ᄆᆞ디</u> 壤陽 사름 두명 우리들 ᄇᆡ의 ᄐᆡ이고(경도대학장본, 상. 9ㄴ)
> ㅂ. 연훈나모ᄂᆞᆫ 來日 수이 가져오게 申飭이 되엿기의 져 <u>갈 ᄆᆞ디</u> 제 ᄇᆡ의 시러가게 ᄒᆞ고(경도대학장본, 상. 36ㄱ)
> ㅅ. <u>연훈ᄒᆞᆯ ᄆᆞ디ᄂᆞᆫ</u> 거인木 업스셔ᄂᆞᆫ 못ᄒᆞ옵기의(경도대학장본, 상. 36ㄴ)
> <u>비질ᄒᆞᆯ ᄆᆞ디ᄂᆞᆫ</u> 正南針 업스셔ᄂᆞᆫ 못ᄒᆞᆫ 거시요(경도대학장본, 상. 43ㄴ)

위의 예에서 시간을 나타내는 'ᄆᆞ디'의 통사적 환경은 모두 '–(으)ㄹ+ᄆᆞ디'의 구문으로만 등장하였다. 그리고 의존명사 'ᄆᆞ디'에 후속되는 성분들은 조사에 한정되어 있으나, 중세국어 단계에서의 예들과 마찬가지로

---

41) 예문 (30) 이하는 편무진과 岸田文隆이 공편한 필사본 『<漂民對話>－해제·본문·색인·원문』(2006, 불이문화)에서 추출한 것이다.

비교적 자유롭다. (30ㄴ~ㅂ)의 예에 사용된 '모디'의 경우에 후속되는
처격조사가 생략된 것으로 보인다. 처격조사의 생략은 '모디'가 시간을
담당하는 체언으로 확립되었음을 의미하는 것이다.42) 또한, 필사본『漂民
對話』의 예문들 가운데에는 의존명사 '모디'의 출현이 기대되는 통사 구
성에서 전형적인 시간명사 '째'(時)로 교체된 사례도 발견된다. 고기 잡으라
<u>나갈 째</u> 계집을 드려 가오리잇가(경도대학장본, 상. 3ㄱ).

예문 (30)을 추출한 필사본『漂民對話』의 전체 텍스트에서 위에서 언
급된 특정한 통시적 환경에 나타나지 않는 자립명사 '모디'는 원래의 구
상적인 의미 이외에 추상화된 시간의 개념을 표출하지 않는다. 그리하여
'-(으)ㄹ＋모디'의 구성에서만 이 성분이 원래의 기본 의미에서 이탈하
여 이차적인 추상적인 의미 영역으로 옮겨왔다. 따라서 19세기 중반의
국어에 반영된 (30)에서의 '모디'의 기능이 단순한 다의어의 신분을 넘어
서 의존명사의 범주에 가까웠을 것으로 판단한다. 이와 같은 관점은 우
리가 예문 (25)에서 관찰하였던 19세기 후기 전라방언 지료에서의 '마디'
의 경우에도 그대로 적용된다.

필사본『漂民對話』와 비슷한 시기인 1840년대에 필사된 다른 유형의
한국어 학습서『인어대방』계통에서는 의존명사 '모디'의 쓰임이 1882년
간행본『정정 인어대방』에서 '째'(時)로 대치되는 경향을 나타내고 있다.
이와 같은 '모디→ 째'와 같은 교체 과정은 우리가 19세기 후기 전라방
언에서의 예문 (25)을 통하여 관찰하였던 '마듸→ 적, 지음'의 교체와 유
사한 경로를 반영하고 있는 셈이다. 그렇다면, 19세기 후기 국어에서 불
투명해진 의존명사 '마듸'의 기능이 대폭 축소되면서, 다른 기존의 투명
한 시간명사나 의존명사들로 대치되어가는 단계였던 것으로 보인다.

---

42) 시간과 처소명사의 경우에 역사적으로 처격조사가 탈락하여 등장하는 경향에 대해서
    는 박진호・황선엽・이승희(2001)를 참조.

(31) ㄱ. 우리가 막 辛苦홀 ᄆ디난 아론체도 아니 ᄒ다가(1841년 필사
　　　 아스톤본 인어대방 4. 7ㄴ)
　　　 =우리가 막 신고홀 ᄶᅥ는(정정 인어대방 7. 4ㄴ)
　　ㄴ. 나라 일 홀 마디 親 不親이 잇사올까마ᄂ(아스톤본 5.8ㄴ)
　　　 =나라 일 홀 쌔에(정정 인어대방 8. 4ㄴ)
　　ㄹ. 지난 적의 巡營갈 ᄆ디 落馬를 보고(아스톤본 6. 22ㄱ)[43]
　　　 =지난번 巡營갈 쌔에 落馬ᄒ야(정정 인어대방 9. 9ㄴ)
　　ㅁ. 비 갈 ᄆ디 奇別ᄒ여 주옵쇼셔(아스톤본 5. 16ㄴ)
　　　 =비 갈 쌔에 다시 긔별허여 주시오(정정 인어대방 8. 8ㄴ)
　　ㅂ. 口尙乳臭한 거시 대사에 말을 홀 ᄆ디 어룬을 犯接ᄒ여(아스
　　　 톤본 4. 20ㄱ)
　　　 =어룬들이 대ᄉ를 말허는 데 범접허여(정정 인어대방 7. 10ㄴ)

위의 예에서 (31)의 경우는 '−(으)ㄹ＋ᄆ디'의 통사 구성이 다음 시기
에 시간보다는 연결어미 '−는데'로 바뀌었다. 그러나 이러한 현상은 선
행하는 필사본과 후행하는 간본 사이에 구사된 말의 스타일의 차이에서
비롯된 통사 구조의 차이에서 파생되었을 가능성이 있다.

또한, 의존명사로서의 'ᄆ디'(時)는 언어 표출의 측면에서 지금까지 위
에서 제시된 자료들과 그 성격이 판이한 개화기의 『독립신문』(1897~1898)
에서도 다음과 같이 사용되고 있다. 이러한 사실을 보면, 의존명사 'ᄆ디'
는 지역 방언적 분포만을 보여주는 것이 아니라, 19세기 후기의 국어에
서 어느 정도 폭넓은 사용지역을 보유하였을 것이 분명하다.

(32) ㄱ. 사무에 극히 요긴훈 ᄆ디가 잇시면(독립 1897. 9. 30)
　　ㄴ. 므릇 경찰 ᄒ는 것이 혹 쇼홀훈 ᄆ디가 만ᄒ더니(독립 1898.
　　　 1. 29)

---

43) 이 에문들에서 '−(으)ㄹ ᄆ디' 구성은 일본어 대역으로 toki(時에, 때) 등과 대비되어
　 있다.

ㄷ. 룡동 근처에 슌찰ᄒ난 므디 긔병 김션명의게 잡히여(독립
1898. 2. 12)

ㄹ. 잡보ᄂ 간혹 사(私)가 ᄭ이인 므디가 잇는듯 ᄒ나(독립 1898. 4. 12)

ㅁ. 신문이 론셜과 잡보들이 대단히 쟈미가 잇서 볼모혼 므디가
만히 잇더라(독립 1898. 5. 21)

ㅂ. 구름 ᄀ치 모혀 구경들 ᄒ논 모양은 실노 창피혼 므디가 만
타더라(독립 1898. 5. 26)

ㅅ. 그 쟈셰ᄒ고 확실혼 므디를 다시 더 치탐ᄒ여 보랴고(독립
1898. 6. 14)

위의 예문 (32)에서 '므디'는 주로 '-(으)+므디'의 통사적 구성에서만
주로 사용되는 사실이 (30)에서 제시하였던 19세기 중반의 한국어 학습서
계통의 예들과 대조를 이룬다. 그렇지만, 19세기 후기 전라방언에서 추출
된 (25)와 (26)의 예들은 '마듸'의 의미가 각각 "시간"과 "상황 / 경우"로
재해석되는 두 가지 유형의 통사적 구성을 반영하고 있다. 이와 같이 의
존명사 '마듸'가 쓰이는 통사 환경상의 차이가 19세기 국어의 지역빙언의
분화에 따른 결과를 반영하고 있는 것인지는 분명하게 확인할 수 없다.

그러나 현대국어에 들어와서 의존명사 '마듸'는 여러 지역방언들에서
도 구체적으로 나타나지 않는다.44) 이와 같이 현대국어에서 의존명사로서
'마듸'의 기능이 대폭 축소되어 가는 경향은 20세기 초엽의 산물인『신소
설』부류에도 반영되어 있다. 인구전파(人口傳播)ᄒ기가 어려운 마듸가 만히 잇
셧논디(1908년, 은세계. 96).

---

44) 박용후의『제주방언연구』(1988, 고대민족문화연구소)에서 표제어로 '므디'가 등록되어
    있다. 므디 : 시기, 시절(16면). 이 제주 방언형 '므디'가 쓰이는 구체적인 용례가 이 사
    전에서 제시된 바 없다. 아마도 이 성분은 우리가 본문의 예문 (25)와 (30) 등에서 관
    찰하였던 '-(으)ㄹ+므디'의 통사 구성에서 사용되었을 것이다.
    그러나 최근에 편집된『제주어 사전』(제주도, 1995)에서 이 방언의 표제어 '므디'가 구
    상적 의미로만 반영되어 있는 사실을 보면, '므디' 역시 이 방언에서 의존명사로서 기
    능이 축소된 것으로 보인다.

4.2. 19세기 후기 전라방언에서 새로운 시간 의존명사 '도막'의
형성과 확대

시간의 분절 단위를 의미했던 의존명사 '마듸'가 19세기 후기 국어 이후의 자료에서 사라지는 현상과 관련하여, 19세기 후기 전라방언 자료에 이와 유사한 의미 영역을 소지하고 새롭게 출현하기 시작하는 '도막' 형태가 주목된다.

(33) ㄱ. 더운 진지홀 <u>도막</u>의 시장ㅎ옵신듸 우선 요구나 ㅎ옵소셔(완판 33장본, 병오, 춘. 27ㄴ)
더운 밥할 <u>도막</u>으 우선 시장ㅎ옵신듸 요구나 ㅎ옵쇼셔(필사, 별춘. 353)
ㄴ. 더운 진지할 <u>동안</u>의 우선 요구나 ㅎ옵쇼셔(장자백 창본 춘향가, 57ㄴ)
더운 진지할 <u>동안</u>의 시장하신듸 우선 요구하옵소셔(수절가, 하. 32ㄱ)

위의 예들은 『열여춘향슈절가』에 등장하는 원형적인 담화 내용을 시대적으로 약간씩 차이 나는 몇 가지 이본들의 특징에 따라 의미는 대략 일치하지만, 다른 말의 스타일로 바꿔 놓은 것이다. (33ㄴ)에서와 같이 특정한 통사적 구성 '-(으)ㄹ+동안+의'에 등장하는 시간의 '동안'은 (33ㄱ)에서는 '도막'으로 대치되었다. 원래 자립명사 '도막'의 구상적 의미는 '마디'(節)의 경우와 동일하게 시간의 분절과는 거리가 멀다. 그러나 (33)의 예문은 '도막'이 위와 같은 특정한 통사 구조에서 출현하는 경우에 그 의미가 은유화를 거쳐 구상적 영역에서 분화되어 분절된 시간 개념의 '동안'과 동의어를 형성하고 있음을 가리킨다.[45]

---

45) 근대국어에서 시간 의존명사 '동안'의 통합 환경과 문법 기능 그리고 의미에 대한 기술은 왕문용(1988 : 229~232)을 참조

이 예들만을 갖고서 이 시기에 역사적 연속성을 보이는 보수형 의존명사 '마듸'가 '-(으)ㄹ+의존명사'의 구성에서 그 소임을 다하고, 개신형 '도막'으로 대치되었다고는 말할 수 없다. 그러나 적어도 19세기 후기 전라방언에서 (33)의 예는 시간 분절 관련의 의존명사 체계에 어떤 변화가 개입되어 있었음을 보인다고 생각한다. 글쓴이가 이와 같이 추정하는 근거는 다음과 같다. 즉, 오늘날의 전북과 전남의 지역방언에서 예전의 의존명사 '마듸'의 후속형이 사용되고 있는 예는 쉽게 찾을 수 없다. 그러나 시간의 의존명사로서 쓰이는 '도막'의 용례는 이 지역방언에서 매우 흔하게 발견된다. 전북 부안과 전남 진도방언에서 사용되고 있는 '도막'의 예를 제시하면 다음과 같다.

(34) ㄱ. 이것을 묵고 내 문을 잠그고 <u>나올 도막은</u> 그러고 있으라고. 배깥에 나오지도 말고(5-3. 한국구비문학대계, 전북 부안읍 18 : 70, 신사임 74세)

ㄴ. 아, <u>갈 도막으</u> 문자를 잊어 부렀어(상동. 부안읍 22 : 85, 김판술 74세)

ㄷ. 너 이놈을 나 어디 갔다 <u>올 도막으</u> 몇 갠가 셔 내노라고 허면서(상동. 줄포 13 : 291, 최창원 63세)

(35) 진도로 옴시로도 항상 자기 시아버이를 못 믿어갖고 "내가 <u>없는 도막에</u> 소변이나 대변이나 보는 데도 지장이 있고"(6-1. 전남 진도군편, 군내면 설화 31 : 172, 조공한 47세)

위의 예에서 의존명사 '도막'의 선행 통사적 구성은 '-(으)ㄹ+의존명사'와 '-(으)ㄴ+의존명사'로 구분된다. 전자의 통사적 환경에서 시간의 개념인 '때' 또는 '동안'의 뜻으로 파악되는 반면에, (35)의 예와 같은 후자의 환경에서는 시간의 의미보다 화자가 인지한 '상황'이나 '경우'의 의미가 더욱 강한 것 같다. 이와 같이, '도막'에 앞서는 관형사형의 유형에 따라 분화된 의미의 발달(시간→상황/경우)은 우리가 4장 1절의 예문 (31)~(32)에서 관찰한 '무디'의 경우와 어느 정도 일치한다.

'-(으)ㄴ+도막'의 통사 구성에서 의존명사 '도막'의 의미가 시간의 개념을 넘어서, 일정한 사건의 연속 가운데 어느 '상황'이나 '경우'와 같은 화자 중심의 양태성으로 이행한 과정은 비교적 후대에 형성된 것 같다. 즉, 자립명사 '도막'의 문법화의 첫 단계는 미래 관형사형 '-(으)ㄹ-' 앞에서 관용적으로 이 성분이 쓰이게 되면서 시간성의 의미로 발달한 것이다. 그 다음 단계로 '도막'이 '-(으)ㄴ+의존명사'의 구성에서 시간에서 양태성으로 이행하였을 것으로 보인다. 오늘날의 전남과 전북 방언에서도 '-(으)ㄴ+도막에'의 구성에서 여전히 시간성을 감지할 수 있는 예들도 확인된다. "넘의 집이만 한 약 40년을 살았단 말여. 사십년을 <u>사</u>는 도막에 그 때까지 장개를 못 갔어. 근디 한 40년 살도록"(0x84A1).[46] 그러나 『한국구비문학대계』의 전남과 전북 편에서 추출된 다른 예문에서는 '-(으)ㄴ+도막'의 통사 구성에서 시간성의 의미는 제거되어 있다.

(36) ㄱ. 그러니 날으는 사램이 세상으 어디가 있어? 날짐승 아닌 <u>도</u>
　　　<u>막</u>으는. 근게 공연시리 중국서 트집 잡니라고 허는 소리지
　　　(713면)
ㄴ. 그런게서나 참 팔자 <u>태인 도막</u>은 헐 수 없고나, 그리고서는
　　그냥 그날 저녁으(966면)[47]

---

46) 이 예문은 말뭉치로 구축된 『한국구비문학대계』 전남과 전북 편(이길재 제공)을 SynKDP 1.55를 이용하여 추출한 것이다. 그러나 부득이한 사정으로 출처의 정확한 하위 지역과, 자료의 면수를 밝힐 수 없었다. 본문의 (36)의 예문들도 마찬가지이다.

47) 『한국구비문학대계』 전남과 전북 편(이길재 제공)의 입력 자료에 의하면, '도막'은 시간성 의존명사(ㄱ)와 접사(ㄴ)로서의 양면성을 나타내고 있다.

(ㄱ) 미안하던가 상을 하나 이렇게 채려가 줘. 우리 요 <u>끝날 도막</u> 밥이랑 술이랑 많이 먹고(0x3ffb)

오늘날의 전북 완주군 일대의 중년층의 화자들에까지도 시간성 의존명사 '도막'의 쓰임이 생산적으로 나타나고 있다.[48] 특히, 전남방언의 경우에 자립명사로서 어떤 물체의 일부인 "짧고 작은 동강"에서, 시간의 동강으로 분화된 의존명사와의 범주상의 구분이 음운론적으로 실현되어 있다. 즉, 물리적인 개념에는 자립명사 '토막'으로 변화한 반면에, 시간의 개념에는 유기음화되지 않은 의존명사 '도막'형으로 사용된다(주갑동, 2005 : 98).

5. 결론—요약과 남는 문제들

5.1. 글쓴이가 이 글을 시작하게 된 원래의 동기는 19세기 후기 전라방언 자료에 특정한 통사적 구성에서 산발적으로 등장하고 있는 미지의 형태소 '셰'(勢)와 '마듸'(節)의 정체를 단순히 파악하기 위해서였다. 오늘날의 전남과 전북의 지역방언 이디에서너 이 형태소들의 반사체를 좀처럼 확인할 수 없었기 때문이었다. 이와 같은 19세기 후기 전라방언의 '셰'와 '마듸'의 쓰임을 추적하는 과정에서 근대국어와 현대국어의 "의존명사"라는 거대하고, 동시에 난해하기 짝이 없는 문법 범주 속에 들어와서 방황하게 되었다. 더욱이 지금까지 공시와 통시적 입장에서 의존명사에 대해서 축적되어 있는 수많은 연구 업적들 가운데, 글쓴이가 단편적

쌀이랑 돈이랑 후허게 갖다 줬는디, 그놈만 <u>먹을 도막으는</u>, 안 <u>떨어질 도막으는</u> 잘 먹고 지내아(721면)
(ㄴ) 야약, 내가 너를 말이지 <u>십 년도막</u>이나 공부를 시긴 내가 너 서울 과개허로…(171면)
이러고 저러고 해서 연거퍼 <u>사흘도막</u>을 나에게만 성을 물으니(552면)
허감사가 계속 <u>나흘도막</u>을 자기 성을 물었을 적에 이상허다 혔는디(558면)
내가 그 새 <u>메칠도막</u> 집이를 못둘왔는디 일이 바뻐서(559면)
48) 전북대에 근무하고 있는 30, 40대 토박이 화자들인 김규남(완주군 출신), 서형국(완주 봉동), 그리고 황용주(전북 부안군 출신) 선생들의 증언을 얻은 바 있다.

인 의존명사 '세'(勢)와 '마듸'(節)의 존재만을 갖고서 여기에 보충할 수 있는 여지가 전연 없었음은 당연한 사실이었다.[49]

따라서 이 글에서 근대국어 또는 현대국어의 의존명사에 대해서 글쓴이가 약간 언급한 사항들이 있다면, 이것은 전혀 선학들의 업적을 이용하여 가능하였을 뿐이다. 여러 연구자들이 제시한 의존명사의 설정 기준을 나름대로 이해하면서도 끊임없이 글쓴이를 괴롭히는 문제는 통상적인 의미변화에 의한 명사의 다의어(polysemy) 형성과, 여러 다의들 가운데 상호 유연성이 상실된 결과 독자적으로 분화되는 의존명사 단위 설정 사이에 있는 자의적인 경계 구분이었다. 예를 들면, 현대국어에서 '수'(手 / 數)는 모든 연구자들이 공통으로 인정하는 소위 원형적인 의존명사의 목록에 포함된다. 그러나 각각 자립명사와 의존명사로서의 '수'(手 / 數)의 통합적 관계와 그 의미적 분화는 특별히 구분되지 않는다. 의존명사의 '수'가 나타내는 소위 변별적인 파생 의미 "수단"과 "방법"은 자립명사 '수'가 관용적인 특정한 문맥에서 발달시킨 다의에 불과한 것이기 때문이다.[50]

5.2. 이 글에서 근대국어 또는 19세기 국어에서의 의존명사의 체계를 규명하거나, 20세기 국어로의 전이의 모습을 고찰하려는 의도는 전연 없었다. 논의의 전개 과정에서 19세기 후기 전라방언에서 '-(으)ㄹ＋의존

---

49) 현대 서남방언에서 사용되는 의존명사들의 유형과, 그 통사적 환경에 대한 종합적 기술은 이기갑(1997)과 배주채(1998)에서 시도되었다.

50) 안주호(2005)는 현대국어에서 생산적으로 쓰이고 있는 '-(으)ㄹ 수 있- / 없-'의 양태적 의미와 통사적 특성을 규명하고, 양태 기능으로 문법화 하는 과정을 제시한 바 있다. 안주호 교수는 이 논문(2005)에서 '-(으)ㄹ 수 있-'의 구성은 다음과 같은 문법화의 단계와 의미의 발달을 수행한다고 가정하였다.
즉, (1) 자립명사 '방법'이나 '도리'를 뜻하는 '수'(術)에서 '능력', '가능성'을 뜻하는 의존명사로, (2) '-(으)ㄹ 수 없-'과 같은 부정 형식에서 주어의 능력이나 허용을 나타내는 의무양태로, (3) '-(으)ㄹ 수 있-'의 구성에서 긍정 형식의 의무 양태에서 의미의 확장으로 화자의 주관적인 인식 양태가 결과된 것이다.

명사+존재동사'의 통사적 구성을 갖고 있었던 '셰'(勢)형이 적어도 16세기와 17세기 국어로 소급되는 역사적 연속성을 갖고 있음을 제시하였다.

그리고 이 성분은 적어도 19세기 후기의 남부방언 자료에서는 점진적인 '셰→슈'와 같은 방향을 가리키고 있었다. 의존명사 '셰'의 기능의 위축은 새로운 의존명사 '슈'(手 / 數)의 역할이 상대적으로 확대된 것으로 보았다. '수'(手 / 數)의 의존 명사적 잠재성이 있는 예가 16세기 국어에서부터 등장하고 있음을 지적하였다. 근대국어의 후반기 단계에서 의존명사 '슈'가 발휘하는 생산성은 '-(으)ㄹ+의존명사+존재동사'의 통사 구성에서 문맥에 따른 의미의 추이에 따라 더욱 일반적이고 포괄적인 "수단"이나 "방법"의 영역을 나타내게 되었기 때문이라고 추정하였다.

의존명사 '슈'의 출현 분포가 근대국어에서 확산됨에 따라서 이와 동일한 환경에서 유사한 의미로 사용되고 있었던 의존명사 '길'(道), '법'(法), '일'(事) 등의 기능이 제거되고, 이어서 '슈'의 방향으로 단일화되었을 가능성을 19세기 후기의 국어방언 사료를 이용하여 제시하였다.

5.3. 글쓴이가 19세기 후기 전라방언에서 궁금하게 여겼던 또 다른 형태인 '마듸'(時節)의 경우도 이미 15세기의 전형적인 문헌 자료에 특정한 문맥에서 선행 형태 'ᄆᆞ디'로 등장하고 있었다. 15세기 국어에서 사용된 'ᄆᆞ디'의 예들은 19세기 후기 전라방언에서 관용적으로 쓰이는 통사적 구성 '-(으)ㄹ+마듸'에 어느 정도 접근되어 있었다. 이 성분이 특정한 문맥에서 재분석된 이차적 의미인 "동안", 또는 "즈음"은 19세기 후기 전라방언의 사례들과 일치하였다. 또한, 일찍이 강성일(1976 / 1993)에서 이와 같은 통사적 구성을 이루고 있는 15세기의 'ᄆᆞ디'가 중세국어에서 전형적인 의존명사 가운데 하나로 설정되어 있음을 알았다.

　그 반면, 중세국어의 의존명사 설정에 대한 연구에서 허웅(1975)에서나 고영근(1995)에서 이 'ᄆ텨'의 용례가 관찰된 바가 없었다. 글쓴이가 서론에서 제시한 의존명사화의 두 가지 조건에 의해서 중세국어와 19세기 후기 전라방언에서의 'ᄆ텨'는 의존 명사적 속성을 갖고 있음을 제시하였다. 이 중세국어의 'ᄆ텨'형의 존재는 16세기 이후 격식어를 반영하는 문헌어에서 완전히 자취를 감춘 것처럼 보였다. 그러나 18세기 후반을 기점으로 하여 19세기 중반 일본에서 작성된 일련의 한국어 학습서 계통에 다시 시간 의존명사의 신분으로 '-(으)ㄹ＋ᄆ텨'의 구성으로 등장하기 시작하였다. 이와 같이, 16세기 이후 17, 18세기까지 문헌상으로 보이지 않는 의존명사 'ᄆ텨'의 존재는 어떠한 사실을 말하고 있는가 여기서 분명하게 제시할 수 없었다.

　또한, 19세기 후기 중부방언 자료인 『독립신문』에서 의존명사 'ᄆ텨'는 '-(으)ㄴ＋ᄆ텨'의 통사적 환경에서 시간의 개념이 제거되고 명제에 대한 화자의 양태성이 강화된 " 경우" 또는 "상황"의 의미로 사용되었음을 제시하였다. 19세기 후기 국어 자료에서 의존명사 '마텨'가 앞선 단계에서부터 사용되어 온 시간의 '즈음', '적', 또는 '째'(時) 등으로 빈번하게 교체되는 현상을 관찰하고, 이러한 변화의 방향은 공시적으로 불투명하게 된 의존명사를 동일한 의미체계에 있는 투명한 대체 성분으로 교환하려는 노력의 표현으로 이해하였다. 시간의 의존명사 'ᄆ텨'의 폐용은 아울러 또 다른 환경에 사용되었던 "경우" 또는 "상황"의 의미를 갖고 있었던 'ᄆ텨'까지 파급되어 같은 운명을 걷게 하였던 것으로 추정하였다.

　그리고 19세기 후기 전라방언에서는 의존명사 '마듸' 대신에, 이와 성격이 유사한 또 다른 의존명사인 '도막'이 사용되기 시작하여, 오늘날에는 전북방언과 전남방언 일대에 확산되어 쓰이고 있는 사실을 관찰하였다.

5.4. 이 글에서는 근대국어의 의존명사 체계에서 지금까지 언급된 "수단" 또는 "방법"을 의미하는 양태성 의존명사 부류와, 시간성 의존명사 부류들의 내적 구조를 전체적으로 규명하지 못하였다. 먼저 이와 같은 작업을 선행하여야 여기서 취급된 단편적인 유기적 관계가 완전히 복원될 것으로 생각한다. 그리고 이들 의존명사들이 자립명사로부터 문법화를 진행하는 과정에서 점진적으로 일어나게 되는 개별적인 의미변화의 통로를 지금까지 확립된 일반적인 의미 화용론적 변화의 원리(Traugott & Dasher, 2002)에 비추어 검증하지 못하였다.

강성일(1993), 『국어학 연구』, 동아대학교출판부.

고영근(1989), 『국어 형태론 연구』, 서울대출판부.

고영근(1995), 『단어·문장·텍스트』, 한국문화사.

곽충구(1994), 『함북 육진방언의 음운론-20세기 초 러시아 Kazan에서 간행된 문헌자료에 의한』, 국어학총서 20, 태학사.

김동소(2003), 『한국어 변천사』(수정 제4쇄), 형설출판사.

김동소(2007), 『한국어의 역사』, 정림사.

김현정(1997), 「국어 명사의 문법화 과정 연구」, 건국대학교 석사학위논문.

박진호·황선엽·이승희(2001), 「어말 'C+익 / 의'에서의 'C+ ♀ / 으' 탈락 현상에 대하여」, 『형태론』 3권 2호, 231~239면.

백두현(1992), 『영남 문헌어의 음운사 연구』, 국어학 총서 19, 국어학회.

백두현(2003), 『현풍곽씨 언간 주해』, 태학사.

배주채(1998), 「서남방언」, 『문법연구와 자료』(서태룡 외 공편), 태학사, 877~932면.

류성기(1997), 「근대국어 형태」, 『국어의 시대별 변천 연구-근대 국어』 2, 국립국어연구원, 55~108면.

서정수(1996), 수정증보판 『국어문법』, 한양대학교 출판원.

안귀남(1999ㄱ), 「이응태 부인이 쓴 언간의 국어학적 의의」, 『인문과학연구』, 안동대학교

안귀남(1999), 「고성 이씨 이응태묘 출토편지」, 『문헌과 해석』 통권 6호.

안주호(1997), 『한국어 명사의 문법화 연구』, 한국문화사.

안주호(2001), 「한국어의 문법화와 역문법화 현상」, 『담화와 인지』 제8권 2호, 93~112면.

안주호(2005), 「'-ㄹ 수 있-' 구성의 특징과 문법화」, 『한국언어문학』 제53집, 207~232면.

왕문용(1988), 『근대국어의 의존명사 연구』, 한샘.

왕문용(1991), 「의존명사」, 『국어 연구 어디까지 왔나』(서울대 국어연구회편), 동아출판사.

왕문용(2003), 「의존명사의 신생과 소멸」, 『국어교육』 112호, 273~295면.

이기갑(1983), 「전남 방언의 매인이름씨-그 공시태와 통시태」, 『언어학』 6, 73~91면.

이기갑(1997), 「서남 방언의 의존 명사」, 『국어학 연구의 새 지평』, 태학사, 525~550면.

이기갑(2003), 『국어방언문법』, 태학사.

이기갑 외 편(1997), 『전남방언사전』, 태학사.

이기문(1980), 「19세기 말엽의 국어에 대하여」, 『남광우박사 화갑기념논총』, 일조각, 255~266면.

이병근(1970), 「19세기 후기 국어의 모음체계」, 『학술원논문집』(인문, 사회) 9.

이병근(1976), 「19세기 국어의 모음체계와 모음조화」, 『국어국문학』 72, 73호.

이병모(1995), 『의존명사의 형태론적 연구』, 학문사.

이선영(1995), 「국어사전에서의 형식명사의 처리에 관한 고찰」, 『국어학논집』 2 (서울대 국어국문학과 편), 157~170면.

이성하(2000), 『문법화의 이해』, 한국문화사.

이숙경(2006), 「후기 근대국어의 문법화」, 『후기 근대국어 형태의 연구』(홍종선 외), 역락출판사, 283~326면.

이주행(1983), 「불완전명사에 대한 연구-'수'와 '줄'을 중심으로」, 『국어교육』 44, 45호, 265~274면.

이주행(1987), 「근대국어의 의존명사에 대한 소고」, 『국어교육』 59, 60호, 197~216면.

이주행(1988), 『한국어 의존명사의 통시적 연구』, 한샘.

이현희(1994), 「19세기 국어의 문법사적 고찰」, 『한국문화』 15, 57~81면.

임동훈(1991), 「현대국어 형식명사 연구」, 『국어연구』 103호, 국어연구회.

정재영(1996), 「19세기말부터 20세기초의 한국어문」, 『한국문화』, 1~31면.

조항범(1998), 『순천 김씨묘 출토 간찰』, 태학사.

주갑동(2005), 『전라도 방언사전』, 수필과비평사.

채현식(1995), 「형식명사의 동요상황에 대하여」, 『국어학논집』 2(서울대 국어국문학과 편), 191~208면.

최전승(1986), 『19세기 후기 전라방언의 음운현상과 그 역사성』, 한신문화사.

최형용(1997), 「형식명사·보조사·접미사의 상관관계」, 『국어연구』 148호, 국어연구회.

한국학중앙연구원 편(2005), 『조선 후기 한글 간찰(언간)의 역주 연구』 1, 태학사.

허 웅(1975), 『우리 옛말본』, 샘문화사.

허 웅(2000), 고침판 『20세기 우리말의 형태론』, 샘문화사.

홍기문(1966), 『조선어 력사문법』, 사회과학원출판사.

황문환(2002), 「조선시대 언간과 국어생활」, 『새국어생활』 제12권 2호, 여름, 국립국어연구원.

황문환(2002ㄱ), 『16, 17세기 언간의 상대경어법』, 국어학총서 35, 국어학회.

홍윤표(1994), 『근대국어 연구』, 태학사.

홍윤표(1997), 「한글자료의 성격과 해제」, 『국어사 연구』(국어사연구회), 태학사, 97~140면.

Brinton, Laurel J. & E. C. Traugott(2005), *Lexicalization and Language Change*, Cambridge University Press.

Chambers, J. K.(2003), *Sociolinguistic Theory*, 2th Edition, Blackwell Publishing.

Fischer, Olga(2007), *Morphosyntactic Change*, Functional and Formal Perspectives, Oxford University Press.

Lass, Roger(1987). *The Shape of English, Structure and History*, J. M. Dent & Sons Ltd.

Eckardt, Regine(2006), *Meaning Change in Grammaticalization*, Oxford University Press.

Heine, Bernd & Tania Kuteva(2002), *World Lexicon of Grammaticalization*, Cambridge University Press.

Labov, William(1972), *Sociolinguistic Patterns*, Univ. of Pennsylvania Press.

Ramstedt, G. J.(1939), *A Korean Grammar*, Helsinki.

Traugott, Elizabeth & R. Dasher(2002), *Regularity in Semantic Change*, Cambridge Studies in Linguistics 97, CUP.

Trudgill, Peter(2002), *Sociolinguistic Variation and Change*, Georgetown Univ. Press.

제 3 장

19세기 후기 국어방언에서 진행 중인 음성변화와 과도교정의 개입에 대한 일 고찰

1. 서론

1.1. 이 글에서 글쓴이는 19세기 후기 지역방언 자료에 반영된 진행 중인 음성변화 가운데 일반적인 규칙 또는 지역 고유한 특질을 보이는 변화의 방향으로 일관성 있게 기술할 수 없기 때문에, 다른 방안인 일종의 과도교정(hyper-correction)으로 설명될 가능성이 있는 몇 가지 유형들을 정리하여 논의하려고 한다. 여기서 취급하게 될 대상은 19세기 후기의 중부방언과 전라방언에 국한시키려고 한다.[1) 이러한 작업을 통해서 글쓴

---

1) 이 글은 제46회 국어문학회 전국학술발표대회(2009. 1. 30, 전북대학교)에서 발표한 초고를 수정한 것이다. 서형국 선생(고려대)의 지정 토론과 자료 보충에 감사한다. 또한, 고동호 교수(전북대)와 강희숙 교수(조선대)의 자료 검토와 자세한 비평에 감사를 드린다. 다시 수정한 원고를 가설 설정과 자료 해석의 관점에서 세밀하게 검토해준 정재경 선생(고려대 대학원)과 이정애 교수(전북대), 그리고 장승익 선생(전북대 대학원)에게 진심으로 감사드린다. 이 글에서 파생된 모든 문제점과 잘못은 글쓴이에게만 있다.

이는 언어변화와 여기에 능동적으로 참여하는 화자와 관련된 다음과 같은 세 가지의 사실을 이끌어내고 이것의 의미를 음미하려고 한다.2)

첫째, 당시의 19세기 후기 지역방언 화자들은 중부방언과의 부단한 접촉을 통해서 권위 방언 또는 규범어의 사회언어학적 가치를 민감하게 인지하고 있었다. 둘째, 중부와 남부지역의 화자들은 규범적인 표준어와 지역 토착어 간의 음운 대응 의식을 능동적 언어능력으로 보유하고 있어서, 상황에 따른 말의 스타일에 적극적으로 활용하고 있었다. 셋째, 진행 중인 언어변화가 갖고 있는 사회언어학적 평가에 따라서 중부방언의 중류층 화자들은 해당 변화의 확산과 저지에 적극적으로 참여하였다. 따라서 19세기 후기라는 역사적 단계에서 중부와 전라방언 지역 화자들의 말에 수행되는 과도교정의 유형은 그만큼 해당 음성변화가 생산적으로 진행되고 확대되어 있었다는 반증이 될 수 있다.

국어방언의 지역적 변이와 분화에 대한 전반적인 온전한 양상은 19세기 후기에 등장하는 여러 가지 유형의 방언 자료를 통해서 어느 정도 정밀하게 관찰할 수 있다. 국어방언의 지역적 변화와, 분화의 역사와 그 기원은 15세기 중세국어의 훨씬 이전으로 소급될 수 있을 것이다(이숭녕, 1971).3) 그러나 해당 시기의 지역방언을 반영하고 있는 충분한 문헌 자료

---

2) 19세기 후반과 20세기 초엽에 걸쳐 전주 등지에서 간행된 완판본 고소설 부류와, 신재효가 개작한 판소리 다섯마당에 근거한 19세기 후기 전라방언 자료의 언어적 성격과 그 유형 및 약칭에 대해서는 최전승(1986)을 참조. 완판 방각본 소설 부류에 대한 믿을만한 문헌학적 연구는 유탁일(1983, 1990)을 이용할 수 있다. 또한, 이태영(2000 : 447~472)은 최근에 발견된 새 완판본 자료도 포함하여 완판 방각본 한글 고소설의 서지를 일목요연하게 체계화한 바 있다. 홍윤표(2007 : 5~28)는 완판본 고소설이 갖고 있는 문헌적 가치와 의미를 한글의 역사적 관점에서 재조명하였다. 19세기 후기 중부방언의 자료는 이병근(1970)과 이 글의 각주 5)를 참조.

3) 이숭녕(1971 : 352)은 국어방언의 형성과 그의 발달에 대한 기술에서 고려 개성방언의 일단을 반영하는 12세기 초엽의 『계림유사』를 통해서 "방언 분포상 중부방언이 형성되기 시작한 시대가 바로 12세기경"에 해당되는 것으로 가정하였다. 따라서 고려 왕조의 성립과 더불어 중부방언이 형성되어 정치, 문화, 경제적 중심지의 배경으로 그 개신파

들의 결핍으로 인하여 내적재구 등을 이용한 방법 이외의 체계적인 방언사의 연구는 불가능하다. 16세기 국어, 그리고 근대국어의 단계로 진입하면서 지역에서 간행된 일부의 방언 자료들만이 그 당시의 지역방언 분화의 모습을 여러 언어 층위에 걸쳐 우연하게 단편적으로 보여줄 뿐이다.[4]

국어사 또는 국어방언사의 관점에서 19세기 후기라는 역사적 시기는 현대국어로 넘어오는 근대국어의 마지막 단계에 속하는 동시에, 현대국어의 지역방언들의 언어적 분화가 확립되어가는 진행 중인 변화의 과정을 반영하고 있다. 19세기 후기 지역방언의 모습과, 시간적으로 한 세기 이상이 격해 있는 오늘날의 현대 지역방언의 그것들과 대조해 보면 특히 음운론과 형태론의 측면에서 다음과 같은 사실이 주목된다. 오늘날 진행되고 있는 지역방언의 변이와 변화 대부분은 이미 19세기 후기 또는 그 이전의 단계에서부터 출발하여 변이의 과정을 나타내고 있다는 것이다. 따라서 오늘날의 지역방언이 보이고 있는 공시적 상태는 19세기 후기 또는 그 이전의 지역방언에서 형성되기 시작하는 음운규칙과 형태론의 규칙을 기반으로 그 적용 영역과 언어적 환경을 변이의 과정을 통해서 부단히 확산시켜온 통시적 변화의 결과이다.

이 글에서 논의하려는 19세기 후기 중부와 남부방언에서 추출된 몇 가지의 음성변화 유형은 역시 주로 노년층의 화자들 가운데 오늘날의 공시적 현상으로 지속되고 있다.[5] 그렇기 때문에, 이와 같은 음성변화들이

를 전국으로 확산하고, 언어통일의 세력을 가지게 됨에 따라서 지역방언의 구분은 북부방언, 중부방언, 동부방언, 서남방언으로 재형성되기 시작한 것으로 볼 수 있다는 것이다(408~409면).

4) 국어사의 여러 시대적 단계에 등장하는 다양한 방언 관계 문헌의 목록과 개략적인 해제는 『방언학 사전』(2001, 방언연구회, 태학사)의 <부록 1>(435~487면)에 정리되어 있다. 특히 근대국어 시기에 각각의 지역방언을 반영하고 있는 문헌 자료들의 상세한 제시는 김주필(1994 : 22~50)과 홍윤표(1994 : 128~135)를 참조.

5) 19세기 후기 서울말을 포함한 중부방언 자료는 전통적인 다양한 간본 자료(이병근 1970)를 이용할 수 있다. 글쓴이가 이 글을 위해서 주로 이용한 자료는 다음과 같다.

점진적으로 출발하여 언어 내적 또는 외적으로 확대되기 시작하는 19세기 후기의 단계에 대한 고찰이 오늘날의 공시태를 합리적으로 이해하는 하나의 중요한 수단이 될 것으로 판단한다.

   1.2. 이 글의 구성은 다음과 같다. 제2장에서 글쓴이는 통상적인 과도교정이라는 용어의 규정과, 역사언어학과 사회언어학 그리고 실험 음성학 영역에서 사용되는 의미를 살펴보았다. 그리고 사회적 권위에 근거한 과도교정의 유형에는 표준어 중심의 외재적 동기와 정체성 표현의 내재적 동기가 존재할 수 있음을 지적하였다. 제3장에서는『독립신문』일부에 반영된 언어 자료를 중심으로 19세기 후기 중부방언에서 진행 중인 움라우트 현상, 전설모음화, 그리고 구개음화 현상과 관련된 과도교정이 그 당시의 전라방언에 등장하는 그것들의 종류와 거의 유사한 모습으로 출현하고 있음을 제시하였다. 이러한 격식체의 자료에서 실현되는 중부방언에서 과도교정의 계량적 빈도와 정량적 내용에는 전라방언과 큰 차이가 있었음은 물론이다. 그러나 서울 중심의 중류계층 화자들에 의한 과도교정의 형성 동기는 전라방언 화자들의 그것과 내적으로 상이했을 가능성을 지적하였다.

   제4장에서는 체언의 비어두음절 모음에서 표준어의 '−우'와 전라방언의 '−이'의 대응을 형성하고 있는 모음 대응을 바탕으로 잘못 형성되어 세력을 넓히기 시작하는 과도교정의 두 가지 종류를 논의하였다. 즉, 19세기 후기 전라방언을 위시한 남부지역 방언 자료에서 부단히 출현하고 있는 '모시∽모수'(苧), '낙시∽낙수'(釣) 그리고 '씌∽쒸'(帶) 등과 같은 공시

(ㄱ) Ridel 신부 중심의 파리 외방전도회에 속한 프랑스 선교사들이 공동 저술한『한불ᄌᆞ뎐』(*Dictionnaire Coréen-Français,* 1880)과 그 자매편『한어문전』(*Grammaire Coréenne,* 1881), (ㄴ) Gale의 문법서 *Korean Grammatical Forms*(1894, ᄉᆞ과지남)과『한영ᄌᆞ뎐』(1897), (ㄷ) Underwood의『한영ᄌᆞ뎐』(1890)과『한영문법』(1890), (ㄹ) 서재필이 주간하고 간행한 최초의 한글신문인『독립신문』의 일부(1896. 4. 7~1898. 5. 30).

적 변이를 말한다. 이러한 변이 현상 가운데 19세기 후기 전라방언에서
부터 출현하는 '모수'와 '낙수'형은 '장수∽장시(商人), 국수∽국시(麵), 가
루∽가리(粉), 하루∽하리(一日), 마루∽마리(宗)' 등과 같은 표준어와 지역
방언형 간의 대응에서 표준어의 위신을 지향하려는 과도교정에서 파생되
었을 것으로 설명하려고 하였다. 그 반면에, 같은 시기에 출현하는 '쒸'(帶)
형의 경우는 중부방언에서 '나븨'(蝶) 계열과 원순모음화 현상이 발달된 남
부방언에서의 '나뷔' 계열의 모음 대응에서 남부지역 방언의 전형적인 특
질을 과도하게 실현시키려는 의도에서 이루어진 과도교정(hyper-dialectalism)
으로 추정하였다.

제5장은 현대 전라방언에서 쓰이고 있는 전형적인 토속어들 가운데
'회쥬'(燒酒), '푀슈'(砲手) 등이 '소주'와 '포수'로부터 일반적인 음성변화의
원리에 의해서 설명될 수 없다는 사실을 주목하였다. 그리고 이 방언형들
은 이미 한 세기 앞선 19세기 후기 단계의 전라방언 자료에 '포수→표
수', '쇼주→효수'와 같은 과도교정을 거쳐 출현히였음을 제시하였다
동시에 이러한 과도 교정형들은 이 시기의 전라방언에서 생산적으로 작
용하였던 음성변화를 수용하여 각각 '표수→ 푀수'와 '효주→ 회주'로
결과된 것이라고 해석하였다.

2. 19세기 후기 중부방언과 전라방언에서 수행되는
과도교정의 내적 차이점

2.1. 진행 중인 언어변화에 대한 사회적 평가와 과도교정

글쓴이는 19세기 후기 전라방언에서 일어나고 있는 여러 가지 유형의

과도교정은 그 당시 사회 구성원들이 위신을 갖고 있는 중앙어와 대립되는 토착어인 전라방언의 언어 현상에 대한 일정한 규범 지향 인식과 태도를 선명하게 나타내는 지표로 이해한다. 그 반면, 같은 시기의 중부방언 자료에 출현한 동일한 성격의 과도교정은 중부방언의 중류계층의 화자들이 자신들이 설정한 표준어로서의 위신과 사회적 규범을 유지하기 위해서 당시의 남부지역으로부터 확산되어 진행 중인 일정한 음성변화에 대하여 과도하게 반응함으로써 그 변화를 어느 정도 저지하고, 보수적인 형태를 유지하려는 노력의 표현으로 해석한다.

원래 과도교정이라는 용어는 지금까지 시대 순으로 전통적인 역사언어학, 사회언어학 그리고 실험 음성학의 영역에서 주로 사용되어 왔다. 그러나 세 영역에서 취급하는 내용은 언어 또는 변종 간의 접촉과, 여기서 비롯되는 말의 규범 또는 위신과 관련되어 있다는 사실에서 공통점이 많다. 즉, 전통적 역사언어학에서 이것은 화자들이 권위를 갖고 있는 표준적인 음운규칙을 과도하게 사용하여 어떤 경우에는 지속적으로 잘못 적용시키는 사례들을 지칭하여 왔다(Hock & Joseph, 1996 ; Campbell, 2000).[6] Campbell(2000 : 99~100)은 공시적 및 통시적 과정으로 수행되는 과도교정의 유형을 '유추'(analogy)의 하위 영역의 한 가지로 분류한 바 있다. 또한, Hock & Joseph(1996 : 186~188)도 역시 이것을 여러 방언들 사이에서 일어나는 유추적 형태(hyper-correction : an interdialectal form of analogy)로 바

---

6) 허웅(1985 : 559)은 이러한 과정을 프랑스 언어지리학에서 쓰이는 전통과 용어를 이용하여 말을 고상하게 하려는 시도에서 일어나는 '잘못 돌이킴'(false regression)이라는 용어를 사용하였다. 최근에 김주원(1997)은 구개음화에 근거한 과도교정을 역사적 관점에서 기술하면서 이러한 유형을 다음과 같이 세 가지로 구분하려고 하였다. (1) 교정(바로 돌이킴), (2) 과도교정(너무 돌이킴), (3) 오교정(잘못 돌이킴). 그러나 글쓴이는 과도교정이라는 용어를 통상적인 넓은 의미로 파악하려고 한다. 따라서 과도교정의 의미는 위에서 열거된 세 가지의 과정이 어느 정도 포괄된다고 생각한다. 이 글에서 주로 취급하려는 사례들은 김주원 교수의 분류에 따르자면 과도오교정(잘못 돌이킴)에 해당될 것이다.

    제1부 19세기 후기 국어방언의 음운론과 형태론의 역동성

꿔 부른다. 일찍이 유창돈(1971 : 46)에서 이러한 유형들을 역사적으로 '逆類推'로 명명한 사실과 맥락을 같이 한다. 현대국어에서 표준어 '김치(沈菜), 깃(羽), 기와(瓦), 길쌈(紡績), 맏디-(任)' 등이 각각 '딤>짐치, 짖, 디와>지와, 질삼, 맛지-'에서 근대국어 의 시기에 남부 방언권에서부터 확산되기 시작하는 k-구개음화에 대한 중부방언 화자들의 반작용에서 비롯된 과도교정으로 잘못 형성된 어휘라는 사실은 국어사에서 잘 알려져 있다(유창돈, 1971 : 46 ; 이기문, 1972 : 200 ; 허웅, 1985).[7]

그 다음으로, 언어변화와 변이 이론을 중심으로 하는 사회언어학에서 이 용어가 최근에 확대되어 사용되기 시작하였다. 즉 William Labov는 change from above(상층부 계층의 사회방언에서 전파되기 시작하는 변화)에서 확산되는 언어 변이에 대한 연구를 통해서, 사회적 신분상으로 낮은 계층의 화자들이 그보다 한 단계 높은 계층을 모방하기 위해서 일정한 말의 스타일에서 나타내는 일종의 뛰어넘기 방식(cross-over pattern)을 과도교정으로 규정하였다(1972 : 244~245). Labov(1972)에 의하면, '뛰어넘기 방식'은 중하류 계층에 속하는 사회집단의 화자들이 더 높은 신분(즉, 더 권위 있는)에 속하는 중상류 사회집단의 화자들처럼 말하려는 의도에서, 격식체 말의 스타일(낭독체와 단어목록 읽기체)을 구사하는 상황에서 중상류 계층에서보다 표준형을 더 높은 빈도로 구사하는 상황을 말한다. 그 결과, Labov(1972)는 현대 도시방언에서 수행되고 있는 위와 같은 과도교정의 행위가 표준형의 전파를 촉진시키는 동시에, 언어변화에 가속도를 부

---

7) 일반적으로 개별적인 과도 교정형들은 개인의 언어수행에서 시작되어 다른 상황에서 스스로 정리되는 과정('옳게 돌이킴', 허웅, 1985 : 559)을 거치기 때문에, 위와 같은 역사적 형태들이 구체적으로 어떠한 과정을 거쳐서 지역사회의 랑그(문법) 속으로 확산되는 효과를 얻게 되었는가 하는 사회언어학적 배경은 잘 알려진 바 없다. 예를 들면, 19세기 후기 중부방언에서 일어나는 과도 교정형 '겸심'(점심), '기름길'(지름길), '길기다-'(즐기다), '겸잖다'(점잖다) 등의 경우는 위에서 언급된 '길쌈'(<질삼) 등의 유형과 동일한 것이지만, 공식적인 용인을 받지 못했다.

여하게 되는 원동력으로 작용한다는 사실을 제시하게 되었다.[8]

끝으로, 또 다른 과도교정이라는 용어는 역사음운론의 대상을 음성학 중심의 정밀한 실험음운론의 영역으로 환원시킨 Ohara(1989, 1993, 2003) 의 일련의 연구에서 수용되었다. 여기서 음성변화를 야기하는 주체는 어떤 언어음을 지각하고 청취하는 청자들인데, 과도교정은 이들이 화자가 산출한 언어음을 정확하게 청취하지 못함으로 인해서 발생하게 되는 음성변화를 지칭한다. 청자들이 자신이 들은 언어음을 다시 복원하여 내는 경우에 원래의 언어음이 갖고 있는 표적보다 더 높게(더 정밀하게) 지각하게 되어 그대로 발음하려는 상황을 과도교정이라고 한다. 예를 들면, h-탈락 현상이 비표준어인 지역에서 egg를 h-탈락에서 결과된 것으로 잘못 청취하고 h를 의도적으로 삽입하여 hegg형을 산출케 된다는 것이다.[9]

과도교정이라는 용어를 원용하는 위의 세 가지 영역은 일정한 언어사회에서 규범형으로 간주되는 언어형식을 구사하려는 의도에 의해서 화자 또는 청자들이 결과적으로 부정확한 형태를 잘못 산출하게 되는 과정을 포괄하고 있다. 따라서 과도교정의 구체적인 성격은 본질적으로 사회언어학적 상황으로 소급되는 것이다(Baugh, 1992 : 501). 19세기 전라방언과 관련하여 글쓴이가 이 글에서 사용하려는 과도교정의 개념은 이 시기의 남부 지역방언 화자들이 권위 있는 중부방언의 영향과 압력에 의해서 토착어를 회피하는 방안으로 중부방언 중심의 언어 모습으로 접근하기 위

---

8) 언어변화의 전파 과정에서 과도교정이 어떠한 역할을 하고 있는가에 대해서 Labov(1972)는 마사스 비녀드(Martha's Vineyard)에 관한 본격적인 사회언어학적 연구에서 밝힌 바 있다. 그는 또한 뉴욕시 언어사회에서 중하류 계층에 속하는 단일한 사회 성층이 시도하는 빈번한 과도교정 행위를 검토하고, 이러한 현상이 언어변화의 과정에 끼치는 효과를 심층적으로 분석하였다.

9) Ohara(1993)는 청자 중심의 입장에서 청취한 발음을 정밀화시키는 데에는 hyper-correction 이라는 용어를 사용하지만, 이와 대조적으로 그 반대의 상황, 즉 청취한 발음을 잘못해서 단순화시키는 hypo-correction이라는 용어와 짝을 이룬다. 실험 음성학의 기반 위에서 자세한 설명은 Ohara(1993, 2003) 및 Smith(2007)를 참조.

해서 과도하게 언어규칙을 잘못 적용하는 언어적 행위로 규정한다. 최전 승(1987 : 341)은 이 글에서 취급하려는 과도교정의 부류와 상이한 다른 유형들을 정리하여 제시한 바 있다. 그 곳에서는 전주에서 간행된 방각 본 고소설의 독자 계층은 호남 중심의 상인과 농민층이었으며, 그 가운 데에서도 경제적 안정을 얻은 호남평야의 소작 농민층이 대부분을 이루 었을 것으로 추정한 유탁일(1983)의 견해를 수용하였다. 따라서 고소설에 반영된 19세기 후기 전라방언 역시 이 계층 중심의 토착어인 사회방언에 가까웠을 것으로 보았다. 그렇기 때문에 글쓴이는 당시의 소작 농민층과 상인 계층은 해당 지역방언의 특질에 민감하였을 것이며, 아울러 중앙어 의 사회언어학적 규범을 사회적 접촉을 통하여 잘 인지하고 있었을 것으 로 이해하였다. 그 결과, 그들의 언어생활 가운데 과도교정이 빈번하게 출현하였을 것이며, 이러한 사정이 그대로 19세기 후기 전라방언 자료에 반영되었을 것으로 해석하였다.[10]

그러나 산발적인 과도교정의 행위는 개인어로 끝나버릴 수도 있으며, 시행착오를 거쳐 다시 올바로 수정되는 것이 일반적이다. 이러한 경우의 짧은 수명의 과도교정은 잠재적인 언어변화의 대상에서 제외된다. 이 글 에서 제시되는 과도교정의 유형들은 19세기 후기 전라방언 자료에서 지 속적으로 출현하고 있으며, 오늘날의 남부방언 등지에서 그 생명력을 여 전히 지속시키고 있다. 그렇기 때문에, 이러한 유형들은 19세기 후기와 오늘날의 전라방언에서 끊임없이 다른 화자들에 의해서 모방되어 확산 전파되는 지구력을 보유하고 있는 언어변화에 속한다.

---

10) 최근 소신애(2007)는 20세기 초엽 함북방언 자료를 중심으로 'ㄷ' 구개음화와 관련된 과도교정의 유형을 점검하면서 언어변화 기제로서 작용하는 과도교정의 종래의 전통 적인 개념을 다시 검토하고, 이 현상을 발화 해석 과정에 있어서의 재해석이라는 관점 에서 문법 내에서 수행되는 구체적인 실현 원리를 규명하려고 하였다.

2.2. 외재적(overt) 위신과 내재적(covert) 위신에 따르는 과도교정

사회계층 중심의 사회언어학적 기반에서 이루어진 언어변화에 대한 관찰에서 일정한 개신의 전파와 선택을 설명하기 위해서 '위신'(prestige) 또는 '권위'라는 개념이 적극적으로 사용되었다. 이러한 개념은 대체로 화자들이 지향하려는 사회적 규범형이나 표준형과 밀접한 연관을 맺고 있다. 이 글에서 취급하려는 과도교정의 유형도 이러한 위신과 직접적으로 관련되어 있다. 그러나 위신 자체에 근거한 단선적인 설명은 다양한 언어변화를 파악하기에 문제점들이 많다(Swann et als, 2004). 해당 언어사회의 구성원들이 그 지역에서 무엇을 위신을 갖고 있다고 판단하는가에 대해서 그 지시하는 내용이 서로 상이할 수가 있기 때문이다.

그리하여 Labov(1972)는 '외재적' 위신과 '내재적' 위신을 서로 구분하려고 한다. 전자는 사회경제적으로 중상류 계층의 말 또는 지역적으로는 표준어의 규범형과 연관되어 있는 위신을 뜻하며, 그 아래의 단계에 있는 중하류 사회계층 또는 지역방언 화자들에게 '위로부터의 압력(변화)'을 주도한다.11) 따라서 외재적 권위에 근거한 표준형은 신분의 표지가 된다. 그 반면, 후자는 해당 계층 또는 지역의 자긍심 또는 유대성에 근거한 위신의 개념으로서, 표준형을 의도적으로 회피하고, 토착어 중심의 방언을 사용하려는 위신으로 해당 화자들에게 이른바 '아래로부터의 압력'을 행사하는 것이다. 이러한 관점에서 토착어 중심의 지역 방언형들이 일정한 사회의 구성원들 집단에서 소속감의 표현 또는 충성심의 정도를 나타내

---

11) Labov(1972 : 123)에 따르면, '위로부터의 압력'(pressure from *above*)이라는 용어는 사회적으로 공인된 표준어 또는 규범의식에 근거 하여 각각의 언어형식에 공공연하게 의식적으로 적용되는 사회적 교정의 힘을 말한다. 여기에 대립되는 용어인 '아래로부터의 압력'(pressure from *below*)은 규범어와 상관이 없는 계층의 말에서나 방언에서 자연스럽게 발생하여서 화자 자신이 소속된 집단의 소속감과 정체성을 무의식적으로 표출시키기 위해서 작용하는 사회적 압력을 뜻한다.

는 은밀한 권위를 형성하게 된다. 따라서 내재적 위신에 근거한 토착형들은 집단 유대감 또는 소속감을 밖으로 알리는 표지가 된다. 그렇기 때문에, 내재적 위신에 근거한 과도교정이 실현될 가능성이 있으며, 이러한 요인들이 낮은 사회계층의 말과 고유한 지역 방언형들이 지속되고 발달되는 원동력을 제공하는 것이다(Downes, 1998 : 185~186). 이 글에서 취급할 과도교정의 유형들 가운데 일부는 남부 지역사회 방언에 대한 내재적 권위에서 비롯된 결과일 가능성도 있기 때문에, 사용되는 사회언어학적 환경에 대한 고찰이 선행되어야 할 것으로 생각한다.

또한, 외재적 위신에 근거한 과도교정이 한 단계 낮은 사회계층 또는 지역방언의 화자들에서만 주로 실현되는 것은 아니다. 중상류에 속해 있는 계층이나 규범형 중심의 중앙어를 구사하는 지역사회 자체에서도 과도교정이 일어나는 경우가 드물지 않다. 그러나 같은 중부방언과 여기에 대립되는 지역방언에서 수행된 동일한 모습의 과도교정이라고 하더라도 각각의 화자들이 시도하는 동기는 시로 싱이하다. 예를 들면, 19세기 후기 전라방언 자료에서와, 이와 대조되는 같은 시기 개화기의 산물인『독립신문』에 전통적인 '즈름길'(抄路)에 대한 '기름길'형이 똑같이 등장하였다.

(1) ㄱ. 종용호 길럼길로 몬져 가셔(춘, 동. 150)
    ㄴ. 죵일 비를 맛고 힝진호야 기럼 길노 산에 올나 쫏차가니(독
       립 96. 8. 20. ③)[12]

---

12) 이 글에서 관찰의 대상이 되는『독립신문』은 글쓴이의 사정에 의해서 창간호인 1896
    년 4월 7일자부터 1898년 5월 30일까지의 전산 입력 자료에 한정하였다. 이 전산 자
    료는 황용주(국립국어원) 선생이 글쓴이에게 제공해 준 것이다. 이것을 바탕으로 깜짝
    새 1.55 Beta 버전을 이용하여 해당 용례를 추출하였다. 이렇게 하여 이끌어내진 용례
    들은 영인본『독립신문』(전 9권, 갑을출판사, 1981)을 통해서 직접 확인을 거쳤다.『독
    립신문』자료 가운데 위에서 언급된 기간 이외의 예들은 글쓴이가 찾아서 추가로 첨
    가한 것이다.
    『독립신문』자료의 인용은 (독립 96. 8. 20. ③)과 같은 방식으로 축약하였다. 즉, (독

By-way, 기럼길(Underwood, 『한영ㅈ뎐』 1890 : part Ⅱ, 32면)
∽즈럼길(동, part Ⅰ, 174면)
cf. 쳑경은 지럼길(捷徑, 관성제군명성경언해, 11ㄱ)

이러한 '기럼길'형의 사용은 전라방언 자료에서는 그렇게 생산적인 출현 빈도를 보이지는 않지만, 중부방언 중심의 다양한 자료에서 지속적으로 출현하고 있다.13) 먼저 19세기 후기 전라방언에 등장하는 과도 교정형 '기럼길'(중철표기를 일단 무시한다면)은 이 방언지역에 특징적인 고유한 k-구개음화의 흔적을 제거하고 위신을 갖고 있는 중부방언의 형태에 접근하기 위한 시도에서 일어난 것이다.

그 반면에, 대체로 19세기 후반의 중부방언을 대변하고 있는 『독립신문』(1986)에 나타나는 '기럼길'형은 지역 방언형을 배제하고 규범어의 가치를 보존하기 위해서 서울 중심의 화자들이 과도하게 대응한 결과이다.14) 이 형태는 20세기 초반에 간행된 林圭의 『日本語學, 音·語 編』(1912)에서도 반복되어 사용된 바 있기 때문에 어느 정도 고립된 형태는 아닌 것 같다.15) <u>기럼길</u>은 도리어 손(損)입니다(208면). 19세기 후반의 『한불ㅈ뎐』(1880 : 557)에 이 형태는 보수적인 '즈럼길'로 선정되어 있으나, 거

립 96. 8. 20. ③)은 1986년 8월 20일자 3면에 나타난 예를 가리킨다.

13) 19세기 후기의 단계에서 서울말이나 전라방언에서 흔하게 일어나는 비어두음절 위치에서 '으>어'와 같은 음성변화는 일단 논외로 한다.

14) 근대국어의 t-구개음화와 관련된 과도교정을 고찰한 김주필(1944 : 66)도 중앙어와 남부방언에 일어난 과도교정은 화자들의 의식의 측면에서 차이가 있다고 보았다. 즉, 중앙어의 교정은 부정적인 평가를 갖고 있는 남부방언의 표지를 회피하려는 수단인 반면에, 남부방언에서의 그것은 위신을 갖고 있는 중앙어의 표지를 지향하는 데에 기원된다는 것이다.

15) 1936년에 확립된 『사정한 조선어 표준말모음』(조선어학회)에서 '지름길'이 공식적으로 표준어로 확립이 되었다. 이와 동시에 이 모음집에는 20세기 초엽 서울지방에서 주로 사용되었던 공시적 변이형인 '즈름길∽지럼길∽질레길'(33면) 등이 선정된 단일 표준어와 함께 제시되어 있다. 여기에 과도 교정형 '기럼길'이 실려 있지 않은 사실을 보면, 이러한 과도 교정형의 출현 빈도가 그렇게 생산적이지 않았음을 알 수 있다.

의 20년 후에 간행된 Gale의 『한영ᄌ뎐』(1898 : 766)에서 이 형태는 개신형 '지럼길'로 교체되었다. 그 반면에, '기럼길'을 수록한 Underwood의 『한영ᄌ뎐』(1890)의 표제어의 다른 부분에서 다시 '즈럼길'(徑路, A short cut, a by-road, 174면)로 복원되어 있는 사실을 보면 이 시기에 말의 스타일에 따른 '즈럼길∽지럼길'의 교체가 변이의 형식으로 존재하였을 것이다. 따라서 (1)의 '기럼길'형은 '즈름길>지럼길'의 전설모음화를 수행한 이후에 '지럼길→기럼길'과 같은 과도교정을 수행한 형태로 해석된다.16)

19세기 후기 중부방언에서 관찰되는 이러한 과도 교정형 '기럼길'의 형성은 위에서 언급된 표준어 '김치(沈菜), 깃(羽), 기와(瓦), 길쌈(紡績)' 등과 동일한 과정을 거친 것이 분명하다. 이들 형태는 원래가 서울방언에서 어두 초성의 자음이 'ㅈ'이었거나, t-구개음화를 수용한 결과 이차적으로 경구개음 'ㅈ'으로 변화되었으나, 남부 지역방언에서 확립된 일종의 전형화 표지인 k-구개음화를 거친 형태로 화자들이 잘못 인식하게 되었을 것이다. ㄱ 결과, 이것들은 '길>질'(道), '기름'>지름'(油) 부류와 같은 과정을 거친 전형적인 남부 방언형으로 오해될 상황에 처했던 것으로 보인다. 그러나 당시의 사실은 남부방언에서 기원된 k-구개음화가 중부방언에도 이미 확산되어 중류계층을 제외한 다른 사회 계층의 말에서와, 일상어의 스타일에까지 도달해 있었다는 것이 더 정확한 표현이다.17) 따

---

16) 19세기 후기 전라방언에서 일반화되어가는 전설모음화 현상(스, 즈, 츠>시, 지, 치)에 대한 기술과, 여기에 근거한 다양한 과도교정의 종류는 최전승(1986, 2004)을 참조.

17) 그러나 19세기 후기의 단계에서도 k-구개음화 현상은 일정한 사회 계층에 따라서 서울 방언을 포함하여 경기도 일대의 방언에까지 확산되었음이 분명하다. 단지, 이상적인 표준어의 규범(교양 있는 말씨)을 통해서 이 현상이 중류계층에까지 수용되지 못한 것 같다. 오늘날 경기도 방언 등지에서 수집된 노년층 화자들 중심의 방언 자료에 k-구개음화를 수용한 많은 예들이 관찰된다.

  짐치(김치), 짐장(김장), 지침(기침), 쥸(귤), 질(길), 짐(김), 젂다(겪다), 지둥(기둥), 지우제(기우제) 등(김계곤, 2001).

  이러한 사실은 1930년대 서울말 중심의 변이형들을 망라한 『사정한 조선어 표준말 모

라서 서울말 중심의 중류계층의 화자들은 격식체에서 토속적인 남부 방언형과 유사하게 바뀐 '지름길' 등을 회피하기 위한 수단으로 여기에 적용되었다고 생각하는 k-구개음화를 해제시킨 결과 과도교정이 일어나게 되었다.

19세기 후기 중부방언의 격식체(formal style)에 해당되는 말의 스타일을 주로 대변하는 『독립신문』(1896. 4. 7~1898. 5. 30)을 조사해 보면, 위에서 언급된 성격의 과도교정이 k-구개음화와 관련되어 있는 것만이 아니라, 이와 비슷한 시기의 전라방언 자료에서 관찰할 수 있는 다양한 유형들과 거의 동일한 모습으로 실현되어 있다. 이러한 사실은 19세기 전기와 후기에 걸친 방언사의 단계에서 주로 남부 지역방언 등지에서 기원되어 다른 지역으로 전파되기 시작하는 전형적인 음성변화, 예를 들면, 움라우트, 구개음화, 전설모음화, 자음 앞에서 y계 이중모음의 변화, 체언어간말 설단자음의 변화(구개음화와 유추에 의한 확대) 등과 같은 다양한 부류들이 중부방언지역의 일정한 사회계층이 구사하는 말의 스타일에까지 도달하여 있었음을 뜻한다. 단지 이러한 변화들은 중부방언의 중류계층 화자들이 규범으로 설정해 놓은 격식어에까지 아직 침투하지는 못했던 것이다.18) 19세기 후기 『독립신문』의 언어에 나타나는 움라우트, 전설모음화

음』(1936)에서도 관찰된다.
ㄱ과 ㅈ의 통용 : 'ㄱ을 취함' 항목 가운데 다음과 같은 당시에 선정된 표준어들이 비표준형들과 같이 제시되어 있다.

곪(줄), 길(질), 길쌈(질쌈), 기름(지름), 김장(짐장), 김치(짐치, 짐채), 깃(짓), 깊다(짚다), 기지개(지지개), 기직(지직)(2~3면).

18) 김주원(2000)은 음운사의 측면에서 국어방언사 기술의 가능성을 긍정적으로 제시하면서, "방언 간의 차이는 생각보다 크지 않아서 소수의 자료로 어떤 특정 지역의 방언이라고 본 언어 사실에 대해서 더 많은 문헌을 검토해 보면 그것이 특정 지역의 방언이 아닌 더 넓은 지역의, 경우에 따라서는, 우리말 전체의 언어현상인 경우를 볼 수"(182면) 있음을 강조하였다.
이와 같은 김주원 교수의 언급은 매우 타당하다고 생각한다. 그러나 표면적으로 대등한 현상을 보여준다고 하더라도, 일정한 음운변화의 농도, 즉 음운규칙의 적용 환경의

그리고 이것과 연관된 구개음화 현상 가운데 그 반작용으로 수행되었다고 추정되는 과도교정의 몇 가지 예들과 그 형성 배경을 제3장에서 제시하려고 한다.

3. 19세기 후기 중부방언에서의 과도교정

3.1. 진행 중인 움라우트와 y계 이중모음의 단모음화에 대한 과도교정

서울 토박이 부인 한상숙 노인(당시 74세)이 자신의 한평생을 자연스러운 일상어체로 조사자 앞에서 구술한 『민중 자서전』 자료집에 반영된 서울말을 검토한 이병근(1992 : 18)은 이 구술자의 말에 움라우트 현상이 두드러지게 나타난다고 지적한 바 있다. 이 구술자료를 살펴보면, '핵교'(학교, 27면), '냄편'(남편, 138면), '꼴띠기'(꼴뚜기, 64면), 젤여(절여, 소금을 삼삼하게 젤여, 77면), 욍겼으니(옮겼으니, 89면) 등과 같이 다른 여타의 남부방언에서의 사례와 거의 비슷하게 움라우트 실현형이 등장한다. 더욱이, 한상숙 노인의 구술자료에 출현하는 다음과 같은 움라우트형들은 실현 위계가 높은 전형적인 남부방언의 보편적인 형태에 접근하고 있다. '쇠주'(소주, 43면), '—째리'(오전째리, 80면 ; 스물 몇 평째리, 171면), '채례'(사당 채례 지내구, 58면), '댄추'(단추, 108면), '젤여서(절여, 삼삼하게 젤여, 77면).[19] 이와 같은 움라우트

범위, 입력의 유형, 확산의 정도 등과 같은 요인을 배제할 수는 없다. 어떤 음성변화의 진원지에서는 그 강도(일반화)가 강하지만, 다른 지역으로 확산되어 가면서 규칙의 일반성이 점진적으로 약화되어 가는 것이 원칙이다. 그렇기 때문에, 어떤 역사적 단계에서 대부분의 지역방언에 동일한 성격의 변화가 관찰된다 하여도 그 음운규칙의 정량적(qualitative) 성격과 계량적(quantitative) 성격의 측면에서 고찰하여야 된다.

19) 「서울토박이 부인 한상숙의 한평생」(뿌리깊은 나무 민중 자서전, 18) 가운데 움라우트 실현형으로 특히 '댄추'(단취)형이 자연스럽게 사용되는 사실이 주목된다. 그 이유는 전남과 전북의 지역방언에서 '댄추'의 방언형은 매우 드물게 사용되기 때문이다. 이

현상은 경기도 화성군에 출생하여 서울 양반과 결혼하여 20세부터 서울로 시집와 살고 있는 당시 87세 이규숙 노인의 『민중 자서전』구술자료(1992, 뿌리깊은 나무)에서도 비슷하게 등장하고 있다. 즉, '웬수'(원수, 46면), '괴기'(고기, 152면), '쇡였구나'(속이-, 101면), '쥑이-'(죽이-, 94면), '쬧겨'(쫓기-, 40면) 등.

이러한 서울말에서의 비교적 생산적인 움라우트 현상과 남부방언, 특히 전라방언의 공시적 그것과의 차이를 대조하면, 그것은 음운규칙의 생산성과 그 확대 여부에서 찾을 수 있다. 현대 서울말의 움라우트 규칙은 사동과 피동의 접사와 통합되는 경우만 제외하면 대체로 그 적용영역이 형태소 내부에만 한정되어 있다. 서울 중류계층의 규범적인 서울말을 중심으로 하는 표준어에서 움라우트 현상의 수용은 원칙상 1930년대부터 매우 엄격하게 제한되어 있었다.[20] 따라서 움라우트 현상에 관한 한, 최근 1988년에 개정된 표준어도 역시 언어 현실을 올바로 반영하지 못하게 된 것이다.[21] 현대 서울말에서 일어나고 있는 움라우트 현상의 일부는 19세기 후기의 중부방언으로 소급된다(이병근, 1970 : 380~381). 그러나 당시의 서울말을 사용하였던 중류계층의 규범에서도 일상어에 수용된 움라

글에서 아래의 각주 20)도 아울러 참조.

(ㄱ) 고름 안달구 <u>댄추</u> 매(108면)
(ㄴ) 조고리에다 적삼해 입으믄 <u>댄추</u> 매서 달아, <u>댄추</u>를 매지(108면)
(ㄷ) 그렇게 깨기구 적삼이구는 죄 <u>댄추</u>를 다는데(109면)

20) 1930년대 『사정한 조선어 표준말 모음』(1936, 조선어학회)에서 움라우트 현상에 대한 표준어 수용과 억제에 대한 공시적 기술은 최전승(2004 : 262~275)을 참조.
21) 『서울 토박이말 자료집 (1)』(국립국어연구원, 1997)에서 25대째 서울에서 살아 온 대학원 출신의 bht(당시 74세)씨가 자연 발화 속에서 서울말과 표준말의 차이를 이야기하는 내용을 소개한다. 그에 의하면, 어렸을 때 서울에서 '돈'을 '둔', '안경'을 '앤경', '학교'도 '핵교'로 사용해 왔다고 한다. 그러나 표준어가 각각 '돈, 안경, 학교'로 되었기 때문에 그렇게 맞추어 사용하는 것이라 했다. 또한, 그는 토박이말로 '단추'도 '댄추'라고 말하는데, 표준어가 '단추'이지만 보통 말할 때는 '댄추'로 사용한다고 지적하였다(306면).

우트 현상이 격식어에까지 확산되는 과정을 억제하였던 것으로 보인다. 따라서 『독립신문』(1896. 4. 7~1898. 5. 30)에 반영된 격식어에서 움라우트 현상에 근거한 아래와 같은 유형의 과도교정이 부분적으로 반영되어 있다.

   (2) '벗기- 〉 벳기- → 볏기-'(使脫)
      ㄱ. 잡아 가죽을 <u>볏겨</u> 파라 큰 리득을 보나니라(독립 97. 7. 3)
      ㄴ. 몽동이로 훌터 가죽을 <u>볏기</u>는 고로(독립 97. 8. 10)
      ㄷ. 병뎡의 복장과 긔계를 억지로 <u>볏긴</u>즉 병뎡이 죽기로 방식
         ㅎ니(독립 97. 10. 7)
        cf. 슌검들의 양복을 벗기고(독립 96. 8. 18. ①)
           가죽 벳기라고 믄드지 아니ᄒ눈(독립 97. 5. 4. ③)

   (3) '벗기- 〉 벳기- → 볏기-'(寫)
      ㄱ. 훈령을 한문과 국문으로 <u>볏겨</u> 방곡에 곳곳마다(독립 97. 10. 21)
      ㄴ. 독립 신문에 난 젼보와 외국 통신을 <u>볏기</u>는 일이 좃커는 조
         흐나 어느 신문에셔 <u>볏긴</u>다눈것을 셜명 ᄒ눈것이(독립 98.
         6. 28)
        cf. 젼일에 쥬본을 일긔에 또 벳기라 ᄒ다(독립 97. 5. 1. ②)
           셜시 ᄒ눈 규칙을 벳겨 보내니(독립 97. 5. 11. ③)

   (4) '먹여 〉 멕여 → 몍여'(使食)
      정부를 <u>몍여</u> 살니눈 사롬들을 이럿케 박대 ᄒ눈것이(독립 98. 4.
      28)
      cf. 가져 온 물을 먹이지 말고 기여히 쓰린 후에(독립 96. 5. 2. ①)

   위에서 제시된 움라우트의 과도교정은 주로 피동화주 '어'에만 국한되어 나타난다. 이러한 사실은 19세기 후기 중부방언의 비격식어에서 가장 기원적인 '아'와 '어'의 움라우트 현상이 다른 어떤 피동화주 모음들에 비하여 생산적이었음을 의미한다.[22] 같은 시기의 19세기 후기 전라방언

에서 움라우트 현상은 모든 피동화주에 걸쳐 형태소 경계에까지 확대되어 있었기 때문에 움라우트에 근거한 다양한 과도교정이 적극적으로 등장하였음은 물론이다(최전승, 1995 : 432~433). 그러나 이러한 과도 교정형들이 출현하게 되는 사회언어학적 배경은 위에서 지적한 바와 같이 중부방언과 남부방언이 동일하지는 않았다.

(3ㄱ)의 과도 교정형 '볏겨'는 보수적인 '벗기-'(膌)에서 움라우트를 수행한 '벳기'에 대한 반작용으로 형성된 것이다. '벗기->벳기-'의 움라우트는 표준어로 수용된 극히 소수의 예에 속한다. 『독립신문』에서도 이미 '벗기-' 대신에 개신형 '벳기-'만으로 사용되었다.23) 1880년대 간

---

22) 19세기 후기 『독립신문』에 등장하는 움라우트 현상 가운데, 몇몇 어휘에 걸쳐 '으'의 움라우트 실현형들이 이중모음 '의'로 실현되어 있다. '으'의 움라우트에 의한 피동화음이 /iy/로 이중모음화 하는 음운론적 과정은 같은 시기의 전라방언 자료에서도 생산적으로 확대되어 있다(최전승, 1986).

  (ㄱ) 드리, 드려>듸리, 듸려(獻)
     학도들이 힘을 다 <u>듸려</u> 다름박질을 ᄒ더라(독립 2권 44호)
     이젼과 ᄀᆺ치 힘을 아니 <u>듸리고</u>(독립 97. 3. 6. ③)
     머리에 갑ᄉ 당긔 듸리고(독립 97. 3. 23. ④)
     물건은 일톄로 문 안으로 <u>듸려</u> 놋코(독립 97. 3. 23. ③)
     목장 물 셰필을 <u>듸리라</u> 혹즉 나라물을 군슈가 듸리라 ᄒ니 무ᄉᆷ 곡졀인지 알지 못ᄒ고 물 셰필을 본 군슈의게 <u>듸려</u> 보내엿더니(독립 97. 4. 29. ④)
  (ㄴ) 쑤드리->쑤듸리-(推敲)
     외국 사롬의게 <u>쑤듸려</u> 맛ᄂᆫ거슬 분히녁여(독립 96. 8. 18. ①)
     cf. 집 대문을 쑤드려 부수고 들어가(독립 97. 1. 26 ③)

또한, 이 자료에서 '우'의 움라우트형 가운데 '투젼>튀젼'(鬪錢) 같은 실현 위계가 높은 예도 확인된다.

  (ㄷ) 투젼~튀젼
     고관들이 쇼일노 <u>튀젼</u>을 ᄒ엿더니(독립 96. 7. 11. ①)
     슌힝 ᄒ던 슌검이 튀젼 ᄒ던 사롬들을(독립 96. 7. 11. ①)
     나라에셔 금ᄒ시ᄂᆫ 튀젼을 ᄒ시고도(독립 96. 7. 11. ①)
     쇼일노 튀젼을 ᄒ여 보앗다고(독립 96. 7. 11. ①)
     무론 누구던지 튀젼ᄒᄂᆫ 사롬잇스면(독립 96. 7. 11. ①)
     cf. 엽젼 두푼 내기 투젼을 ᄒ다가(독립 96. 9. 29. ②)
     투젼, 鬪錢(Underwood, 『한영ᄌᆞ뎐』, 1890, part1, 165면)

23) 이 글의 지정 토론자인 서형국 선생(고려대)은 위와 같은 '어'의 움라우트와 관련된 반

행된 『한불ᄌ뎐』(1880 : 318)과 그 이후의 『한영ᄌ뎐』(Gale, 1897 : 410)에 '벗기다'(膾)형만이 등록되어 있다. 이러한 사전 부류에 선정된 고전적인 표제항은 당시의 격식어 중심의 보수적인 태도를 드러내는 것이다. 따라서 19세기 후기 중부방언을 반영하는 다른 경전류의 언어에서도 과도교정을 거친 '볏기-'와 같은 형태가 나타난다. 칙 벽기단 말이오(관성제군명성경언해, 6ㄴ), cf. 활을 벼풀고(張弓, 21ㄴ).

그러나 위에서 제시한 (2)~(4)의 과도교정의 용례들을 보이는 『독립신문』에서 아래와 같은 다른 유형의 과도교정도 출현하는 예들은 이 시기의 일부 중부방언 화자들이 특히 음절 초성에서 C+yə의 통합으로 파생되는 C+e의 구성에 민감하게 반응하였음을 나타낸다.

(5) '베풀- → 벼풀-'(張)
　　ㄱ. 법을 <u>벼푸러</u> 고침이 올키에(독립 96. 10. 1. ②)
　　　　의론 안칙을 미리 <u>벼푸러</u> 고ᄒ되(독립 96. 10. 3. ①)
　　ㄴ. 지판쇼로 보내여 ᄉ가기 ᄀ쇠니로 법을 베플식(독립 96. 5. 16. ②)

작용으로 기인된 예들이 『독립신문』에서만 한정되어 있는 것이 아니라, 그 이후의 중앙어 중심의 자료에서도 지속적으로 출현하였다는 사실을 보충적인 예와 함께 제시하였다. 그 예들을 아래에 소개한다.

(ㄱ) 방 안에 걸니여 잇는 의복을 <u>볏기다가</u>(1925. 8. 25, 미일신보, 2)
(ㄴ) 영어를 <u>볏기고</u> 안젓든 순자(順子)는(1924. 3, 방정환_이상한, 61)
(ㄷ) 순자는 다시 영어를 <u>볏기려고도</u> 아니하고(1924. 3, 방정환_이상한, 62)
(ㄹ) 다른 조희에 옴기여 <u>볏기고</u> 쓰기 실흔 誓字는다(1922. 12, 나도향_녯날꿈, 9)
(ㅁ) 쓰다달다는 말도 업시 <u>먹기</u>에만 급한 것가텃다(1930, 심훈_동방의, 28)

또한, 이와 동일한 과도 교정형들이 20세기 초엽의 <신소설> 부류에서도 출현하고 있었다.

남편의 말도 듯기 젼에 사과를 <u>볏기다가</u>, 무엇을 <u>볏기여오</u>. (최) <u>볏기</u>는 것슬 <u>볏기여</u> 달는 말이오(1912, 류화우 (상), 51).

(6) ‘베– → 벼–’(割)

　ㄱ. 엇더케 싱긴거슬 알아 버지 안홀 물건은 <u>벼지</u> 안코 쏘 <u>벼는</u>
　　긔계와(독립 96. 12. 1)
　　낫슬 가지고 풀을 <u>변다</u>든지(독립 96. 8. 13)
　　그나무들이 다 자라 쓸만 흐게 되면 <u>벼여</u> 파라(독립 96. 8. 11)
　ㄴ. 아죠 넘녀 업슨 후에 비로쇼 살도 베고 오쟝을 열고라도(독
　　립 96. 12. 1)
　　남산에 올나 가셔 숄 베는 도적을 술피고(독립 96. 5. 14. ②)

　　여기서 ‘베→ 벼’와 같은 과도교정의 유형은 위에서 제시했던 (2)~(4)의 예들을 다시 검증하게 한다. 즉, 움라우트의 실현형 ‘벳기–’, ‘멕여’ 등을 원래의 형태인 ‘벗기–’와 ‘먹여’로 되돌리지 않고, C+yə의 구성으로 이동하려고 한 사실은 움라우트에 대한 교정과는 다른 성격이기 때문이다. (2)~(4)의 예들은 기본적으로 움라우트 현상에 의해서 도출된 ‘베–’와 ‘메–’ 음절 구성을 일정한 자음 앞에서 실현되는 C+yə>C+e와 같은 단모음화 과정을 회피하기 위한 과도교정으로 형성된 것이다.

　　19세기 후기 전라방언의 음운론에서 C+yə>C+e와 같은 y계 이중모음의 단모음화 과정이 다양한 자음 앞에서 매우 생산적으로 수행되어 있었다(최전승, 1986 : 194~217). 위에서 (5)~(6)의 과도교정 예는 이와 같은 음성변화가 19세기 후기 중부방언에서도 부분적으로 중류 이하의 계층에서나, 중류계층의 일상어에까지 확대되어 있었음을 알린다. 따라서 (2)~(4)의 예들은 이러한 음성변화에 대한 일종의 반작용으로 과도교정을 거친 형태들이며, 여기에 움라우트 현상이 간접적으로 참여한 것이다.[24]

---

24) 이러한 사실은 전적으로 고동호 교수(전북대)와 정경재 선생(고려대 대학원)이 이 글의 원고를 논평할 때 지적한 것이다.

3.2. 진행 중인 전설모음화에 대한 과도교정

19세기 후기 중부방언에서 진행되고 있는 음성변화 가운데 생산적인 한 가지 유형은 치찰음 아래에서의 전설모음화 현상(스, 즈, 츠>시, 지, 치)이다. 일찍이 이병근(1970)은 19세기 후기에 간행된 전형적인 경전류 간본 자료를 중심으로 이러한 현상을 그 당시의 모음체계와의 연관 속에서 자세하게 논증한 바 있다. 19세기 후기 중부방언에서 전설고모음화는 다른 음성변화를 거쳐 나온 출력이 해당 음성조건을 이차적으로 갖추게 되는 경우(스, 즈, 츠)에도 적용되었다. 『독립신문』에 등장하는 '목심'(목숨)형은 '목숨>목슴(비원순화)>목심(전설모음화)'의 연속적인 과정을 거친 것이다.25) 필경 죄를 닙고 <u>목심</u>을 일어 브릴터이니(독립 96. 4. 9. ①). 또한, 중세국어에서부터 계승된 '춤'(唾液)과 '기춤'(咳)에서 출발하여 현대국어에서 '침'과 '기침'으로 수용된 이른 형태도 이 시기에 등장하기 시작하였다. (ㄱ) 기침, 기침ᄒ다 see 희소(Gale의 『한영ᄌ뎐』(1897 : 250) ; 침, 침 밧다(涎, 812면), (ㄴ) 침을 밧지 아니 ᄒ고 디구 삼켯더니(『ᄉ과지남』, 1894 : 148).26)

---

25) 19세기 후기 지역방언에서 실현되는 '춤(涎)>츰, 기춤(咳)>기츰' 등과 같은 변화는 '우' 모음에 뒤따르는 순자음의 영향으로 그 원순성 자질이 제거되어 평순모음 '으'로 전환된 결과이다. 이 변화에서 형성된 출력은 다시 전설고모음화의 입력이 되는 것이다(이병근, 1970 ; 유창돈, 1971). 19세기 후기 지역방언을 반영하는 다른 성격의 자료(경상방언)에서도 이러한 중간 단계의 형태들을 쉽게 찾아 볼 수 있다.

    (ㄱ) 오즘누다, 오즘께(국한회어. 582)
        cf. 침, 침 배앗다(涎, 상동. 311)
    (ㄴ) 날심들심(出息入息, 국한회어. 153)
        cf. 날숨들숨(국한회어. 417)
    (ㄷ) 츰 밧고 오즘 누기 ᄒ며(태상감응편도설언해 1. 9ㄴ), 츰 밧흐며(동. 1. 9ㄴ)
        우러러 츰 밧트면 제 ᄂ늣치 ᄂ려지ᄂ느니라(재간 교린수지 4. 2ㄱ)

    19세기 후기 전라방언에 생산적으로 사용되었던 '목심(命), 오짐(尿), 한심(恨歎)' 부류들도 위의 '춤>츰>침'이 수행한 동일한 과정을 거쳤을 것이다(최전승 1986).

26) 그러나 Gale의 사전(1897)보다 약간 선행하는 Underwood의 『한영ᄌ뎐』(1890)에는 '침'과 '기침'형이 각각 보수형(춤, 춤 밧소, I, 188면)과 그 중간 단계의 형태(깃츰, 깃츰ᄒ오, II, 62면)로 나누어 등록되어 있다.

따라서 『독립신문』의 중부방언 자료 가운데에는 당시에 진행 중인 전설모음화에 근거한 반작용으로 아래와 같은 몇 가지의 과도 교정형들이 등장하고 있었음은 이상한 현상이 아니다.

(7) '심다 → 슴다'(植)
　　ㄱ. 나무를 <u>슴으게</u> ᄒᆞᆫᄂ디 그 나무를 슴으ᄂ 날은 종목일이라
　　　　(독립 96. 8. 11)
　　ㄴ. 이 나무도 만히 <u>슴으고</u>(독립 96. 8. 11)
　　ㄷ. 곡식 <u>슴으ᄂ</u> 법과 우ᄆ 기ᄅᄂ 법(독립 96. 9. 15. ①)
　　ㄹ. 집집마다 나무를 <u>슴으ᄂ</u>지라(독립 10. 29)
　　ㅁ. 여러 가지 나무 <u>슴을</u> ᄶᅡ홀 정ᄒᆞ라고(독립 96. 12. 17)
　　ㅅ. 공혼 ᄶᅡ에 나무를 <u>슴어</u> 빅셩의 싱업이 잘 되고(독립 97. 1.
　　　　7. ③)
　　ㅇ. 밧에 <u>슴은</u> 곡식들을(독립 98. 02. 10)
　　　　cf. 벼를 심어야 죠흔 줄노 알거니와 벼만 심어셔(독립 96.
　　　　　　6. 4. ①)

(8) '-고 싶다 → -고 슢다'(보조용언)
　　ㄱ. 죠션이 즁흥이 되게 ᄒᆞᆫ번 ᄒᆞᆫᄂ거슬 보고 <u>슢고</u>(독립 96. 10.
　　　　13. ①)
　　ㄴ. 사ᄅᆷ이 학문도 비ᄒᆞ고 <u>슢고</u>(독립 96. 12. 3)
　　ㄷ. 나라 일ᄒᆞ고 스펴 벼슬ᄒᆞ고 <u>슢다ᄂ</u> 말은(독립 96. 12. 5)
　　ㄹ. 대개 나라 일을 ᄒᆞ고 <u>스푸니ᄭ</u> 벼슬을 ᄒᆞ고 스푸다고 ᄒᆞ나
　　　　(독립 96. 12. 5)
　　ㅁ. 진물 모ᄒᆞ고 <u>슢푼</u> 싱각이 격기도 ᄒᆞ거니와(독립 96. 12. 8)
　　ㅇ. 사ᄅᆷ을 도적놈으로 ᄆᆫ들고 <u>슢거던</u>(독립 97. 1. 9. ①)
　　　　cf. 죠션 말도 비ᄒᆞ고 십고 영어와 한문을 비ᄒᆞ고 십거던(독
　　　　　　립 97. 4. 24. ③)

(9) '짐작 → 즘작'(斟酌)
　　ㄱ. 길게 말 아니 ᄒᆞ여도 대강 <u>즘쟉</u>ᄒᆞᆯ쯧 ᄒᆞ더라(독립 96. 6. 30. ①)

ㄴ. 그사룸이 죄가 잇거니 <u>즘쟉</u>만 ᄒ고(독립 96. 9. 29. ①)

ㄷ. 그 나라 인민이 엇더ᄒ 빅셩인지 <u>즘쟉</u>ᄒᄂ거슨(독립 97. 2.
   2. ①)

   cf. 낙지부 고문관이 그 ᄾ셰를 짐쟉ᄒ고(독립 96. 12. 19)

(10) '싫- → 슳-'(載)

ㄱ. 슈릐포 <u>슬코</u> 다니는 비가 이쳑(독립 97. 1. 30. ②)

ㄴ. 슈릐포 <u>슬코</u> 다나는 비가 ᄒ나(독립 97. 1. 30. ②)

ㄷ. 아라샤 사룸의 물끽 <u>슬코</u> 가는 물건을(독립 97. 1. 14. ③)

   cf. 은시져 두벌을 쇼에 실코(독립 97. 6. 8. ③)

      션긱과 짐을 실코 샹향에 닷게드면(독립 97. 5. 13. ②)

      물건을 마거로 실코 다니게 ᄒ며(독립 97. 1. 30. ①)

위의 예 가운데 (7)의 '심다→ 슴다'(植)와 같은 과도교정 유형은 치찰
음 아래 전설모음화가 생산적으로 수행되고 있던, 같은 시기의 19세기
후기 전라방언과 경상도 방언 자료에서도 관찰되는 현상이지만, 그 출현
빈도는 그리 높지 않았다. (ㄱ) 외 슴어셔 파라시나(판, 박. 362), (ㄴ) 벼 슴우다
種稻(국한회어, 43).

그러나 이와 대조적으로 19세기 후기 중부방언을 대변하는 『독립신문』
(1896. 4. 7~1898. 5. 30)의 언어에 '심다→ 슴다'(植)의 과도교정은 원래의
형태 '심-'과 나란히 지속적으로 출현하고 있다.27) 보조용언에서 일어나
는 (8)의 '-고 싶다→ -고 슾다'의 경우는 19세기 후기의 여타의 다른
방언 자료에서는 관찰할 수 없기 때문에, 이 방언 자료의 특이한 사례에
해당된다. 과도 교정된 보조용언 '슾-'형은 특히 『독립신문』의 광고문에

---

27) 『독립신문』(1896. 4. 7~1898. 5. 30)에 '심다'와 과도 교정형 '슴다'(植)의 출현 비율은
   다음과 같다.

   슴어 7회 / 심어 19회 ; 슴으고 1회 / 심으고 5회 ; 심으기 2회 / 슴으기 1회 ; 심는 2회 /
   슴는 0회.

서까지 확대되어 생산적으로 사용되었다. 그리하여 이 자료에서 원래의 보조용언 '-고 싶-'과 과도교정을 수행한 '-고 습-'의 출현 빈도는 각각 23회씩으로 대등하게 나타난다. 그리고 '-고 싶거든'과 '-고 싶은'과 같은 통사 구성은 주로 광고문에서 '-고 습거든'과 '-고 스픈'과 같이 전적으로 과도교정 형태로만 사용되었다.

  (9)의 예는 '斟酌'에 대한 중세국어부터의 한자음 '짐작'이 '즘작'으로 과도교정된 것이다. 관찰의 대상이 된『독립신문』(1896. 4. 7~1898. 5. 30)에서 이 어휘는 원래의 형태로 45회 사용된 반면에, 과도 교정형인 '즘작'으로는 단지 3회 출현하였을 뿐이다. 따라서 이러한 과도교정은 상황에 따라 우발적으로 형성되는 동시에, 곧 이어 원래의 형태로 통제되기 때문에, 그 성격상 지속력이 매우 낮다고 할 수 있다. '짐작→즘작'과 같은 과도교정 부류는 19세기 후기 전라방언 자료에 다양하게 실현되어 있다(최전승, 1986 : 321~322).

  19세기 후기의 단계에서 중부방언과 남부방언 화자들은 'ㄷ' 불규칙용언 가운데 일부를 모음으로 시작하는 어미 앞에서 교체되는 'ㄹ'로 단일화하려는 뚜렷한 경향을 보이고 있었다. 이러한 어간 단일화의 흐름이 해당되는 모든 'ㄷ' 불규칙 용언들로 동시에 균질적으로 파급된 것이 아니었다. 그러나 당시의 중부방언을 반영하는『독립신문』과 전주에서 간행된 완판본 고소설 부류에 등장하는 출현 빈도수를 측정하면, '싣-'(載)의 어간 재구조화가 가장 선두 위치에 있었다.[28] 여기서 파생되는 문제

28) 'ㄷ' 변칙용언 가운데 '싣-'(載)의 '싫-'로의 재구조화는 19세기 후기 중부방언을 반영하는『독립신문』에 적극적으로 등장하고 있다.

(ㄱ) 총 세 바리를 <u>실코</u> 동대문으로 나갓는듸(독립 96. 5. 26. ③)
(ㄴ) 물건들을 사셔 비에 <u>실코</u> 쟝ᄉ차로 츙쳥도로(독립 6. 9. 10. ②)
(ㄷ) 돈 <u>실코</u> 갓고 차가는 샹고 츠로 쓸 오십셕 <u>실코</u> 졔물포로 갓고(독립 97. 1. 16. ③)
(ㄹ) 노리기 두벌과 은시져 두벌을 쇼에 <u>실코</u> 그 고모로(독립 97. 6. 8. ③)

는 부수적인 음운 현상은 '싣- → 실-'과 같이 어간 단일화가 이루어진 다음에, 새로운 어간 '실-'의 음절말 'ㄹ'은 뒤따르는 자음으로 시작하는 어미 초성을 유기음화, 또는 경음화 시킨다는 사실이다.

규칙 용언의 어간말 'ㄹ'이 후행하는 장애음을 유기음 또는 경음으로 전환시키는 일반적인 음운현상은 찾을 수 없다. 그렇기 때문에 'ㄷ' 변칙 용언의 규칙화에 개입된 유기음화와 경음화 현상을 설명하기 위해서 재구조화된 용언어간의 말음 'ㄹ'에 유기음 'ㅎ' 또는 새로운 체계 외적 음소인 경음 'ㆆ'을 첨가하는 방법을 통상적으로 사용한다(최명옥, 1982). 이와 같은 현상이 19세기 후기 국어의 방언 자료들에서부터 부분적으로 등장하기 시작한다.29)

위에서 (10)의 예는 19세기 후기 중부방언에서 '싣- → 실- → 싫- / 실ㅎ-'과 같은 단계에서 치찰음 아래 전설모음화 현상에 대한 반작용으로 과도교정을 수행한 형태들이다. 용언어간 '싣-'(載)의 재구조화(11)와, 이어서 이루어진 과도교정의 예들(11ㄱ)은 같은 시기의 전라빙인 자료에서도 생산적으로 출현하고 있다.

그러나 같은 시기에 간행된 중부방언 중심의 다른 성격의 자료들에서 '싣->실-'로의 전환은 보여주지만, 유기음 'ㅎ'의 형성은 아직 나타나지 않는다. 이러한 사실이 단순한 표기상의 문제가 아니라면, 'ㅎ'의 출현은 이 용언의 어간말음이 모음 활용형에 준하여 '실-'로 바뀐 다음에 파생된 것으로 생각된다.

(ㅁ) <u>실다</u>, sil-ta, si-re, si-reun. 載, Charger sur, mettre sur(un boeuf, un char, un bateau.『한불ᄌ뎐』(1880 : 423)

  cf. 것다, ket-ta, ke-re, ke-reun, 步, marcher(상동. 149면)

(ㅂ) 술만 먹고 말짐 <u>실기</u>(경판 20장본 흥부전, 5ㄴ)

  cf. 말짐 실키(김문기 소장 26장본 흥보전, 6ㄱ)

29) 19세기 후기 중부와 전라방언에서 'ㄷ' 불규칙 용언의 재구조화와 관련된 유기음화와 경음화 현상에 대한 다양한 예들과, 이러한 음운 과정에 대한 가정은 최전승(예정)을 참조.

(11) ㄱ. 슈리의 <u>슬코</u> 셜미의 <u>슬코</u> 쇠게 실코(판, 박. 388)
　　　쥬뉴 등물을 <u>슬고</u>(삼국지 4. 29ㄴ), 만이 <u>슬고</u>(충열, 하. 31ㄱ)
　　　슈리 우희 <u>슬고</u>(丁巳本, 조웅 3. 34ㄴ)

ㄴ. 놉피 실고(심청, 하. 11ㄱ), 쥬뉴등물을 슬고(삼국 4. 29ㄴ)
　　슈리 우의 슬고(정사본 조웅 3. 34ㄴ), 거름 실고(판, 변. 544)
　　∽복물 실코(판, 박. 346)

ㄷ. 지물을 실쓰(길동. 13ㄱ), 잔득 실쓰(판, 적. 486)

ㄹ. 술을 실코(병오, 춘. 29ㄱ), 비예 실코(판, 심. 192), 실코 갓다
　　가(판, 박. 388)
　　놉피 실코(충열, 상. 25ㄴ), 지물을 만이 실코(충열, 상. 20ㄴ)
　　말 짐 실키(병진본 필사 박흥보. 2ㄴ), 슈리 우의 실코(충열,
　　하. 17ㄴ)
　　숨신순을 실코 잇셔(판, 퇴. 276), 숨신순을 실코 잇고(판, 심.
　　200).

　19세기 후기 중부방언에서 진행 중에 있는 음성변화인 전설모음화의 직접적인 영향 때문에 보수적인 규범형태로 잘못 환원된 지금까지 과도교정의 유형들은 당시의 개별적인 언어 수행 또는 화용론적 상황에 따른 것이기 때문에, 당대 화자들의 문법과 어휘부에까지 도달할 수는 없었다. 과도교정으로 형성된 형태가 19세기 후기 중부방언 화자들의 어휘부에까지 침투하기 위해서는 여러 가지의 요인 가운데 지속적인 출현 빈도수가 크게 작용하였을 것으로 보인다.

　치찰음에 연속되는 '으' 모음이 전설모음으로 옮겨가는 전설모음화에 대한 반작용으로 형성된 과도교정이 근대국어의 마지막 단계에 이르기까지 높은 빈도수 때문에 유추작용을 거부하고 비자동적 교체를 보이던 존재동사 '이시-∽잇-'(有)에 단일화를 초래하는 중요한 계기가 되었다고 추정한다. 즉, 18세기 후기에 이르러 자음어미 앞에서 실현되는 '이시-' 형이 점진적으로 '이스-'로 바꿔지기 시작하는 원리가 전설모음화에 대한

반작용으로 시작되는 과도교정에 있다는 것이다(허웅, 1987 : 235 ; 이현희, 1993 : 66 ; 최동주, 1995 : 138).30) 당시의 음성변화의 관점에서 이러한 존재동사 어간에 실현된 변화의 과정을 합리적으로 설명할 수 없기 때문에, '시>스'와 같은 과도교정을 주목하게 된 것이다. 또한, 존재동사 '이시-> 이스-'에 일어난 과도교정의 작용이, 이것과 문법형태소 구성에 밀접한 연관을 맺고 있는 과거시제 '아시- / 어시-'에도 파급되어 '아스- / 어스-'로의 연쇄적 변화를 초래하게 되었다고 가정한다. 이러한 추정에 따르면, '시 → 스'의 과도교정의 힘이 존재동사 '이시- / 잇-'이 참여하는 이른 현대국어 문법 범주의 영역에 혁신적인 재분석을 가능하게 한 것이다.31)

---

30) 18세기 말엽 경기도 楊洲에 있는 佛巖寺에서 간행된 『경신록 언석』(1796)에 '이시-> 이스-'(有)의 과정을 거친 개신형들이 아래와 같이 보수형 '이시-'와 대등한 분포로 출현하고 있다.

아니 홀 재 이스라(84ㄴ), 기ᄃ려 되ᄂ 일도 이스나(84ㄴ), 칙의 이스매(84ㄱ), 빗즐 져 이스며(84ㄱ), 벽 하던이 이스니(48ㄴ), 일이 이스리니(7ㄱ), 이슬지라도(7ㄱ), 착혼 거시 이스면(7ㄱ), 죄칙이 이스면(6ㄴ) 등.

그러나 과거시제의 선어말어미에서는 이러한 변화가 전연 확산되지 않았다. 따라서 '이시->이스-'와 같은 변화가 일단 먼저 확립된 연후에 점차적으로 과거형의 구조에 까지 확대되어 갔을 것으로 보인다.

여러 히 너희등 정결ᄒ믈 <u>보아시나</u>(50ㄱ)
쵹짜 즈동의 신명이 이셔 문챵직을 <u>맛다시나</u>(46ㄱ)
이제 비록 양쉬 <u>진하여시나</u>(43ㄴ)

위와 같은 현상에도 불구하고, 『경신록 언석』(1796)에서 '스>시'와 같은 전설모음화 현상을 수용한 여타의 다른 예들은 등장하지 않는다.

31) 글쓴이는 아래와 같은 세 가지의 근거를 바탕으로 18, 19세기의 단계에서 일어난 '시 →스'와 같은 과도교정이 존재동사 '이시->이스-'의 변화에 직접적으로 기여하지 않았을 것으로 판단한다.
첫째, 오늘날의 공시적 지역방언 가운데 아직도 '이시- / 잇-'의 비자동적 교체를 유지하고 있는 제주 방언이 존재한다. 제주 방언에서도 어느 지역 방언에 못지않게 매우 잘 발달된 전설고모음화를 관찰할 수 있다.
둘째, 역시 평안도와 함경도 방언 일대에서는 오늘날까지 이 존재동사의 활용은 여전히 역사적으로 19세기 당시의 '이시->이스-'의 변화 단계에 머물러 있다. 그러나 이

19세기 후기 중부방언, 특히『독립신문』(1895. 4. 7~1898. 5. 30)의 언어에서 이 존재동사는 이미 '이스-'의 과도교정을 거치고, 자음어미 앞에서 교체되는 어간 '잇-'으로 단일화되어 '잇스-'의 형태에 도달하여 있다. 다리논 잇스나 겁질이 업고…종류가 여럿시 잇스니(독립 97. 7. 11), 더 쩨셔 갈 것이 혹 잇슬가 흐야(독립 97. 12. 30). 그러나 이 시기에 공시적으로 과도교정을 수용하지 않은 것처럼 보이는 '잇시-'형도 공존한다.『독립신문』에서 보수형 '잇시-'(有)와 과도 교정형 '잇스-'와의 상대적 출현 빈도수는 다음과 같다. (ㄱ) '잇스-' 계열 : 978회 / '잇시-' 계열 : 233회, (ㄴ) '잇슬 : 390회 / 잇실 : 45회.

이와 개념상 대립되는 또 다른 존재동사 '없-'(無)의 경우에, 전설모음화를 수용하지 않은 '업스-' 계열의 출현 빈도수가 380회에 이른다. 그 반면에 이 변화에 적용된 '업시-' 계열은 48회에 불과하다. 여기서 출현 빈도에 있어 열세를 이루고 있는 '잇시- / 잇실' 계열의 음운·형태론적 신분은 두 가지로 해석될 수 있다. 첫째는 이 형태들은『독립신문』언어 자료에서 다수를 이루고 있는 과도 교정형 '잇스- / 잇슬'의 단계에서 당시에 진행 중에 있는 전설모음화에 적용된 결과인가. 둘째, '시 → 스'와 같은 과도교정을 거부하고 있다가 자음어미 앞에서 교체되는 어간 '잇-'으로 단일화(잇시- / 잇실)를 이룬 것인가.

또한, 같은 자료에서 문법화 과정을 밟아 온 과거 형태의 경우에도 '앗스- / 엇스-'형은 618회인 반면에 '앗시- / 엇시-'의 예들은 204회에 걸쳐 사용되어 있다.32)『독립신문』에 반영된 과거시제 이형태들의 이

들 지역방언, 특히 평안도 방언에서 전설모음화는 이 방언에서 고유한 음성변화로 발달하지 않았다(小倉進平, 1944 : 385를 참조).

셋째, 문헌어에서 '이시->으스-'와 같은 변화가 발견되는 18세기 후엽의 자료 자체 내에서 전설모음화 현상이 전연 반영된 바 없다(최전승, 2004 : 539).

32) 19세기 후기 전라방언의 자료에서도 이 존재동사의 활용 양상은 그 당시의 중부방언의

러한 상이한 출현 빈도수는 19세기 후반에 선교사들이 작성한 『한어문전』 (Grammaire Coréenne, 1881)이나, Underwood의 『한영문법』(1890) 등에서 제시된 기술과 대조된다. 『한어문전』(1881)에서 과거형은 '시 → 스'의 과도교정이 전연 파급되지 않은 '앗시- / 엇시-'로만 기술되어 있다. ㅎ여시면, ㅎ셔시면, 갓시면, 먹어시면, 잇서시면(잇스면), 업서시면(업스면), 씻서시면(씻스면), 하겟시면, 잇겟시면, 등(91면). 이와 같은 관찰은 『한영문법』(Underwood, 1890)과 『언문말칙』(J. Scott, 1887)에서도 동일하게 반복되어 있다. 특히 Underwood(1890)는 과거와 미래시제 문법형태소에 연결되는 연결어미 (connective)는 언제나 '-시-'라고 기술하고 있다(144~145면). 주엇소-주엇시면-주엇시나(he gave), 맛잣소-맛잣시면-맛잣시나(it suited), 가겟소-가겟시면-가겟시나(he will go), 엇겟소-엇겟시면-엇겟시나(he will get).

그 반면에, Underwood의 『한영문법』(1890 : 144)은 '없-'의 활용형 '업소∽업순∽업스면' 등을 제시하면서 전설모음화가 적용된 '업시면'형이 많이 사용된다고 인급하였디. 이번 쟝슈에는 리 호푼 업시니 흔동만동ㅎ오(182면). Underwood(1890)에 제시된 한국어 예문들을 검토해 보면, 전설모음화에 대한 보수형과, 이 음성변화를 수용한 개신형들이 병존하고 있다.[33] 그렇기 때문에, 이들 문법서에서 기술된 과거형태의 '-엇시- / -앗

경우와 대체로 비슷한 경향을 보이고 있다. 춘향전 계열의 84장본 『열여춘향슈절가』에서 사용된 존재동사의 출현 빈도수를 제시하면 다음과 같다. (ㄱ) '잇스-' : 11회 / '잇시-' : 5회. 그 대신, 과거형은 네 가지의 이형태들로 나누어 등장하였다. (ㄱ) '앗/엇시-'형은 6회, (ㄴ) '아/어시-'형은 5회, 그리고 (ㄷ) '앗/엇스-'형은 24회, (ㄹ) '아/어스-'형은 21회.

33) Underwood(1890)의 예문 가운데 당시의 전설모음화 현상을 반영하는 예와, 그러한 변화가 아직 적용되지 않은 예들을 일부 제시하면 다음과 같다.

(ㄱ) 됴희롤 차질 수가 업소(278면)
  신 차지러 왓실 째(254면)
  그 개가 아니 짓즈면 됴켓소(252면)
(ㄴ) 물이 먹기 슬커든 차롤 먹으려무나(184면)
  일 ㅎ기 슬커든 가렴(184면)

시-'의 '시'가 전설모음화와 그 과도교정에 비추어 어떠한 단계를 반영하고 있는 것인지는 더 면밀한 관찰을 필요로 한다.

3.3. 남부방의 전형화 표지 k-구개음화에 대한 과도교정

현대 경기도 방언에 대한 조사에 따르면(김계곤, 2001), 19세기 후기 중부방언에서 당시에 남부지역에서 확산되어 올라온 k-구개음화 현상이 중류계층 이하의 계층에서 또는 중류계층의 일상어에서까지 어느 정도 수용되었던 것으로 보인다.34) 그러나 여전히 중류계층의 말 또는 격식체에서 k-구개음화는 그 진원지인 남부방언의 전형적인 방언 표지(stereotype)로 중부방언의 화자들에게 인식되었음이 분명하다. 따라서 위에서 언급한 '질삼→길쌈'(紡織) 유형의 과도교정이 관용적으로 사용되어 1930년대 표준말 선정에 참여하게 되었다. 또한 여기에 '지직'과 1930년대 공시적 변이를 보였던 '기직'(齒)형도 표준어로 포함된다.

현대국어의 표준어에서 왕골자리를 가리키는 '기직'(齒)이라는 어휘는 일상어에서 거의 쓰이고 있지 않지만, 이것은 중세국어의 '지즑'로 소급되는 형태이다(남광우, 1997 : 1274). 따라서 오늘날 확인되는 '지즑>기직'과 같은 변화 과정에는 '질삼>길쌈'(紡織) 부류에서와 동일한 과도교정이 개입되어 있다. 1920년대 『조선어사전』(총독부 편)에 이미 '기직'형이 단독 표제어(149면)로 실려 있다. 이러한 사실을 보면, 역사적으로 오랜 '지즑>지짐>지직'과 같은 자연스러운 변화 과정(전설모음화와 음절말 자음의

증그럽소, 증그러워(185면)
34) 『독립신문』의 자료 가운데 k-구개음화에 적용된 '갸륵->쟈륵-'과 같은 예도 등장하였다.

어려운 사룸이 이런 일을 ᄒᆞ니 참 쟈륵ᄒᆞ 일이더라(독립 96. 12. 10)
cf. 힝쟝의 놉흠과 인망의 갸륵 ᄒᆞᆷ을 말 홀터이요(독립 97. 9. 2)

간소화)을 밟은 다음에 다시 '지직 → 기직'으로 재구조화된 것은 19세기에 들어와서의 일이었다.35) 그러나 1936년에 이루어진 사정한『조선어 표준말 모음』에 중부방언에서 사용되고 있는 '기직'과 '지직'의 이형태들 가운데 '기직'이 표준어로 선정된 사실로 미루어 보면(3면), 방언형으로 격하된 '지직'형도 그 당시에 사회계층에 따라서 꾸준히 사용되었던 것으로 보인다.

『독립신문』에는 k-구개음화에 대한 과도교정인 '김치'와 '길삼'형이 단독형으로 이미 고정되어 쓰이고 있으며, '졈잖-'(愼重)과 '즐겁-'(熹)에서 과도교정을 거친 '겸잖-'과 '길겁-'의 사용 빈도가 원래의 형태들보다 더 높게 등장하는 특이한 모습을 보인다.

(12) 졈잖- → 겸잖-
　ㄱ. 가난 ᄒ드리도 <u>겸잔혼</u> 사름으로나 보여야(독립 96. 5. 21. ①)
　ㄴ. 웃사름들이 아리 사름들을 <u>겸잔케</u> 디졉 ᄒ올터이라(독립 96.
　　　6. 27. ②)
　ㄷ. 공ᄉ가 <u>겸잔코</u> 신실 ᄒ게 교졔를 잘혼 연고더라(독립 96. 10.
　　　1. ③)
　ㄹ. 쳣지 사름이 <u>겸잔케</u> 보여야 ᄒ고 둘지 거즛 말을(독립 96.
　　　11. 14)
　ㅁ. 사름들이 모든 <u>겸잔코</u> 부지런ᄒ고(독립 97. 1. 16. ①)
　ㅂ. 이러케 쩌드는거슨 도로혀 <u>겸잔치</u> 못ᄒ고(독립 97. 1. 30. ①)
　　　cf. 아모리 졈잔혼체 ᄒ여도 사흘 굴므면(독립 97. 10. 9)

---

35) 과도교정으로 형성된 '기직'은 19세기 후기의 중부방언 자료에서는 20세기 초엽 <신소설> 부류에 등장하기 시작하였다.

　(ㄱ) 밧싹밧싹 졸나미여 가며 <u>기직</u>닙도 미고 집신 켜레도 삼아(1908, 구마검, 31)
　(ㄴ) 틈에 끼워 두엇든 <u>기직</u>도 나려 몬지를 톡톡 쩌러(1911, 목단화, 113)
　(ㄷ) 입지를 못 ᄒ고 길슴ᄒ고 <u>기직</u> 미여 손톱발톱이 다 달토록(1912, 현미경, 10)
　(ㄹ) 사랑에서는 <u>기직</u>도 미고 집신도 숨으시고(1908, 은세계, 27)

(13) 즐겁->질겁- → 길겁-

ㄱ. 그 나라안에는 사름을 <u>길겁게</u> ᄒ고 졍결 ᄒ다는 말은(독립
97. 4. 6. ②)

ㄴ. 모든 학원들이 독립가로 <u>길거훈</u> 후에(독립 97. 7. 11)

ㄷ. 두 나라에셔 다 <u>길거워</u> 홀지라(독립 97. 3. 27. ②)

ㄹ. 돈 낸 사름들은 <u>길거워</u> 홀지라(독립 97. 3. 30. ②)

ㅁ. 온 아라샤가 모도 <u>길거워</u> 홀 것을(독립 97. 08. 07)

cf. 농ᄉ ᄒ는 일을 질거 ᄒ며(독립 97. 2. 16. ①)

돈과 감샤훈 일을 즐겁게 싱각 홀터이요(독립 97. 1.
26. ②)

위의 예에서 원래의 '졈잔ᄒ-'형은 이 자료에 19회 쓰인 반면에, 여기
서 과도교정을 거친 '겸잔ᄒ-'는 24회 출현하고 있다.36) 그러나 『독립
신문』의 간행 연도에 따라서 그 비율은 상이하다. 서재필 박사가 관여한
이 신문의 전반기(1896. 4. 7~1898. 5. 30)에 '겸잔ᄒ-'형이 우세하게 쓰인
반면에, 그 후반기(1898. 6. 2~1899. 12. 4)부터는 오직 '졈잔ᄒ-'형만이 단
독으로 등장하였다. 이 단어는 이미 『한불ᄌ뎐』(1880 : 546)에 표제어 '졈
잔타'로 실려 있으며, 원래의 축자적 기본 의미에서부터(non jeune, qui
n'agit pas comme un jeune homme), 환유의 과정을 거친 "언행이나 태도가 의
젓하고 신중하다"(qui est plus raisonnable que ne comporte son ăge ordinairement.
Etre grave, posĕ, digne)와 같은 이차적 의미를 점유하고 있는 다의어로 규
정되어 있다.

(13)의 예인 '길거ᄒ-' 또는 '길겁-'(熹)은 '즐거ᄒ-'와 '즐겁-'에서 전
설모음화를 수용한 형태로부터 형성된 과도 교정형들이다(신중진, 2007 : 8).
그러나 『독립신문』의 언어에서 전설모음화를 반영하는 중간 단계의 '질

---

36) 신중진(2007 : 20)은 『독립신문』에 나타난 당시의 언어적 특성을 고찰하면서, '겸잔ᄒ-'
는 원래 한자어 '兼全ᄒ-'에서 어근이 변음되어 형성된 어휘로 추정하였다.

거워’나 ‘질겁-’형은 전연 반영되지 않았다.37) 그 대신 조사 범위 내에서 ‘질거’형이 단 1회 등장하였을 뿐이다. 이 자료에서 과도교정을 거친 ‘길거워’는 31회 출현하는 반면에 보수형 ‘즐거워’는 단지 4회밖에 나타나지 않았다. 또한, ‘길겁-’의 활용형은 여기서 18회 사용되었지만, 원래의 ‘즐겁-’의 경우는 그보다 더 적은 14회에 한정되었다. 위에서 언급되었던 과도 교정형 ‘길쌈’(紡績)이나 ‘기직’(齒) 부류 역시 원래의 형태보다 당시의 화자들 사이에서 그 사용 빈도가 원래의 형태를 능가함에 따라서 보수형과 개신형 간의 공시적 변이에서 1936년 표준어 선정 과정에서 먼저 유리한 고지에 이른 것이다. 그러나 ‘길거흐-’ 또는 ‘길겁-’(熹)형들은 당시의 높은 출현 빈도에도 불구하고 표준어에까지는 진입하지 못한 것으로 보인다. 중부방언에 등장하였던 ‘길겁-’과 같은 과도교정은 역시 19세기 후기 전라방언 자료에서도 빈번하게 출현하였다.

    (14) 종일 길기다가(적성, 하. 17ㄱ)
       길거운 마음(적성, 하. 1ㄱ)
       엇지 길겁지 안이ᄒ며(화룡, 47ㄱ)
       길겁고 조흔 일(수절가, 하. 22ㄴ)
      cf. 질기시니(삼국지 3. 5ㄱ)
         여군동낙 질길 젹의(화룡, 47ㄴ)

---

37) 이러한 현상은 전설모음화를 수용한 대부분의 ‘질거워’와 ‘질겁-’ 형태들이 실제로 19세기 후기 중부방언에서 사용되었으나, 격식체에서는 모두 ‘길거워’와 ‘길겁-’으로 과도교정되었다는 사실을 전제로 한다.

4. 19세기 후기 전라 방언어휘들의 고유한 발달과
i∽u의 모음 대응과 관련된 과도교정의 유형

4.1. '모시(苧)∽모수'의 공시적 대응과 과도교정

현대 전남과 전북의 지역방언에서 표준어 '모시'(苧)에 대한 방언형 '모수'가 아래의 구술 자료(『한국구비문학대계』 5-7, 전북 정주시 정읍군편 3)에서와 같이 주로 토박이 노년층 화자들에 의해서 사용되고 있다. 그리고 아래의 (15ㄴ)과 (15ㄷ)의 예는 동일한 화자의 구술 가운데 규범형 '모시'와 지역 방언형 '모수'의 두 가지 이형태가 말의 상황에 따라서 교체되어 등장하고 있음을 보인다.38)

(15) ㄱ. 아, 어떤 영갬이 그 전에 <u>모수</u>를 헐 때, 아이, 느닷없이 며누리가 <u>모수</u>를 팔러 장으 간다네. 모수, 그전에 <u>모수</u> 있잖은가? 아, <u>모수</u>를 팔러 인자 장으를 나갔어(정읍군 산내면 설화 24 : 739, 홍일남씨(男) 78세)

　　 ㄴ. 내가 이따 <u>모시</u> 팔러 보냈은게… <u>모시</u>값 받을라고 갔더니(상동. 산내면 설화 24 : 741)

　　 ㄷ. <u>모수</u>값을 챙겨가지고…술부텀 한잔 먹으라고. 그 <u>모시</u>값을 준게(상동. 산내면 설화 24 : 742)

현대국어의 표준말 '모시'(苧)의 역사적 선행어는 역시 '모시'로 소급되기 때문에, 전북의 방언형 '모수'는 통상적으로 '모시>모수'와 같은 변화의 방향을 수용한 것이 분명하다. 그러나 이러한 음성변화를 이루는 과

---

38) 지금까지 간행된 방언사전이나 방언 자료집 등에서 표준어 '모시'(苧)에 대한 지역 방언형이 조사된 적이 없다. 이러한 사실은 '모시'의 방언형 '모수'가 격식을 차린 방언 조사라는 면담의 상황에서 좀처럼 출현하지 않고, 일상적인 화용론적 상황에서 화자들 사이에 자연스럽게 사용되고 있음을 말한다.

정과 원리가 순수한 음운론적 층위에서 쉽게 설명되지 않는다. 어떠한 조음 음성적 요인이 비어두음절의 모음 i를 u로 전환시킬 수 있었는가를 보편성이 있는 공시적 규칙으로 제시할 수 없기 때문이다. 여기에 고유한 남부 방언형 '모수'의 형성에 특이점이 있다. 이와 같은 공시적 방언형 '모수'의 형성 과정을 이해하기 위해서 보수형 '모시'에 첫째 음절의 원순모음 '오'가 동화주가 되어 뒤따르는 '이' 모음을 원순화 하였다고 설명하는 방법도 있다. 그러나 원순모음화에 의한 i>u의 변화 방향은 근대와 현대 지역방언의 모음체계에서 계열과 서열 중심으로 한 단계씩 이동해 갈수 있는 구조적 원리에 비추어 배제된다. 따라서 중세국어의 기원적인 형태 '모시'(苧)에서 출발하였을 것으로 보이는 오늘날의 '모수'형의 형성은 공시적으로 이해하기 어려운 것이다.

그러나 남부 방언형 '모수'는 19세기 후기 전라방언으로 소급시킬 수 있다. 이들 자료에서 '모수'형은 규범적인 '모시'와 공존하고 있으며 적극적인 출현 빈도를 보이지는 않았으나, 방각 완판본과 필사본 계열에 상관없이 등장하고 있다.

> (16) ㄱ. 한순 <u>모슈</u> 상침ㅂ지(박순호 소장 99장본 춘향가, 3ㄴ)
> ㄴ. 당 <u>모슈</u> 상침바지, 진한 <u>모슈</u> 통힝견(장자백 창본 춘향가, 2ㄴ)
> ㄷ. 물식 진한 <u>모수</u> 쳘육, 빅쥬젼딕 고를 느려 믹고(수절가, 하. 3ㄱ)
> cf. 한산 <u>모시</u> 쳥도포의(완판 26장본 별춘향전, 1ㄴ)

위의 예들은 현대 남부방언에 출현하는 '모시∽모수'와 같은 변이가 공시적인 관찰의 대상이 아님을 의미한다. 현대 표준어 '모시'와 지역 방언형 '모수'의 체언 어간말 위치에 나타나는 i∽u와 같은 모음 대응이 19세기 후기 전라방언 자료에 반영된 일련의 다른 어휘 부류에서도 관찰된

다. 그리하여 이러한 현상은 특히, '요기(요긔)∽요구'(療飢)와 '(문)고리∽
(문)고루'(環) 등과 같은 어휘에서 쉽게 확인될 수 있다.

> (17) ㄱ. 우선 <u>요구</u>ㅎ옵소셔(병오, 춘. 28ㄴ ; 수졀가, 하. 32ㄱ)
> 황문관에 얼<u>요구</u> 시겨보자(판, 적. 502)
> cf. 요긔을 쳥ㅎ니(조웅, 1. 12ㄱ)
> ㄴ. <u>문고루</u>난 달낭달낭(수졀가, 상. 27ㄱ)

그러나 (16)에서의 '모시∽모수'(苧)의 모음 대응과, (17)의 '요기∽요구'(療飢) 부류의 비어두 음절 위치에서 이루어진 모음 대응은 역사음운론의 관점에서 그 형성 과정의 성격을 동일하게 볼 수 없다. 즉, 후자의 경우는 중세국어 단계에서 '요긔'와 '골회'에서부터 중부와 전라방언에서 각각 고유하게 수행된 음운변화의 과정을 밟아서 19세기 후기와 같은 i∽u의 대응이 표면적으로 이루어졌다. 즉, 중부방언에서 '요긔'는 비어두음절 위치에서 '의>이'의 단모음화를 거쳐 온 형태이다. 그 반면에, 전라방언의 '요구'는 후기 근대국어 당시에 남부지역에서 먼저 기원된 원순모음화 현상을 수용하여 '요긔>요귀'의 단계를 거치고, 이어서 일반적인 y 탈락(-uy>u)과 같은 규칙적인 음성변화를 밟아온 것이다.

(17ㄴ)에서 '(문)고리∽(문)고루'(環)의 공시적 대응에서도 중세국어 단계의 '골회'에서 출발하여 지역에 따라서 서로 상이한 발달의 과정을 밟아온 표면적인 모습이다. 중부방언에서 '고리'형은 '골회>골희(비원순화)>골의(h 탈락)>고리(단모음화)와 같은 진로를 취했다. 고리, 環(Underwood의 『한영ᄌᆞ뎐』, 1890 : 67). 전라방언에서 '고루'형은 '골회>골휘(모음상승)>골위(h 탈락)>고루(y 탈락)와 같은 일련의 변화를 거쳐 왔다. 19세기 후기 전라방언 자료에서 '요기(요긔)∽요구'(療飢)와 '(문)고리∽(문)고루'(環) 등과 거의 동일한 통시적 변화의 통로를 거쳐 온 예들로, '조기∽조구(石首魚), (물)동이

∽동우(盆), 모기∽∽모구(蚊), 호기∽호구(好氣)' 등을 제시할 수 있다.

> (18) ㄱ. 칠손 <u>죠구</u> 겁질 벡겨(<죠긔, 판, 박. 358)
> ㄴ. 방쌍 휘쟝 <u>모귀</u>장과(<모긔, 판, 박. 378)
> ㄷ. 정화수 한 <u>동우</u>(<동희, 수절가, 하. 30ㄴ)
> 금동우에 술은(수절가, 하. 37ㄱ)
> cf. 동의를 여푸 찌고(충열, 상. 19ㄴ)
> ㄹ. 셔리 중방 <u>호구</u> 잇게 너려온다(호긔, 장자백 창본 춘향가, 47ㄴ)

그러나 19세기 후기의 '모수'형의 경우는 중세국어 '모시'에서 출발하였기 때문에, 위의 (18)의 예들이 거쳐 온 과정과는 아무런 관련이 없다. 그렇다면, 19세기 후기 전라방언의 중류계층 화자들이 일련의 어휘 부류에 나타나는 규범적인 형태들의 음절말 위치의 '-이'형과 토착 방언형에서의 '-우'와의 모음 대응을 인지하였으며, 동시에 각각의 형태들에 부여된 사회언어학적 평가를 숙시하고 있었을 것이라고 전제하기로 한다. 이 시기에 등장하는 (16)에서의 표준어 '모시'(苧)에 대한 19세기 후기 전라 방언형 '모수'의 형성 동기는 당시의 방언 화자들이 취하게 되는 다음과 같은 두 가지 사회언어학적 태도에서 비롯되었을 가능성이 있다.

한 가지는 19세기 전라방언의 화자들이 규범적인 중부방언의 형태 '모시'를 당시 이 지역에서 토착 방언형으로 쓰이는 '고루(고리), 요구(요기)' 또는 '나부(나비), 거무(거미), 동우(동이)' 등의 체언 어간말 '-우'형에 맞추기 위하여 의도적으로 과도하게 잘못 교정하였을 가능성이다. 이러한 교정은 토착어에 대한 일종의 긍지 또는 내적 집단으로의 소속감과 유대성, 즉 내적으로 은밀한 권위를 표출시키려는 의도에서 지역 방언형을 의식적으로 과도하게 나타내고자 하는 '과도 방언형'(hyper-dialectalism)에 해당된다.39) 그러나 글쓴이는 이 시기에 '모수'(苧)형의 형성이 토착어를 과도하게 표출시킬 어떤 필요성에 의해서 결과된 것으로 파악하지 않는다. 그것은 지금까지 19세기 후기 전라방언 자료에서 추출된 다양한 성격의 과도교정들의 대부분이 서울말 중심의 규범어로의 지향에 근거하고 있음이 파악되었기 때문이다(최전승, 1987).

다른 한 가지의 가능성은 '모수'형의 출현을 당시의 전라방언 화자들이 외적인 권위, 즉 표준어를 지향하기 위해서 전형적인 과도교정(hyper-urbanism)을 수행한 것으로 이해하는 방안이다. 이러한 과도교정의 기준은 예문 (18)의 모음 대응 예들과 다른 유형의 것이다. 즉, 19세기 후기 전라방언 화자들은 이번에는 체언의 음절말 위치에서 중부방언 중심의 표준어 '-우'형(국수, 장수, 하루, 가루, 마루)에 대해서 지역 토착어 '-이'형(국시, 장시, 하리, 나리, 가리, 마리 등)이 상호 대응되고 있었음을 인지하였을 것이다.[40] 글쓴이는 이러한 두 번째 대안에 비중을 둔다. 원래 화자의 의식 속에서 과도교정이 수행되는 구조적 과정이 심리적으로 전통적인 유추의 비례식과 다르지 않다는 사실을 일찍이 Herman Paul(1886 / 1960 : 414~415)이 지적한 바 있다. 그에 의하면, 과도교정은 유추에 근거한 비례식이 갖고 있는 유효성을 잘못 과도하게 일반화하여 적용하기 때문에 과오가 일어나는 것이다. 이러한 Herman Paul의 관찰을 최근에 Hock(1991 : 205), 그리고 Hock & Joseph(1996 : 187)에서 과도교정에 근거한 비례식으로 활용하기도 하였다. 이러한 방식의 비례식을 음절말 위치에 대응되는 토착어 '-이'형과 표준어 '-우'형에 비추어 '모수'형의 형성에 적용해 보면 다음과 같다.

---

39) 과도교정의 유형 가운데 '과도 방언형'(hyper-dialectalism)에 대한 Peter Trudgill의 설명은 Hock, H. H. & Brian D. Joseph(1996 : 187~188)을 참조.

40) 지역 토착어 '-이'형(국시, 장시, 하리, 나리, 가리, 마리, 등)이 남부방언 등지에서 발달된 형태론적 특질, 즉 평가접미사 '-i'의 연결에 의한 중세국어 이후 역사적 발달 과정에 의한 형성임은 최전승(1983)을 참조.

(19) 하리(一日), 시리(蒸), 국시(麵), 장시(商人) : 하루, 시루, 국수, 장수

모시(苧) : X＝모수

이와 같은 유추에 의한 비례식에서 과도교정으로 형성된 '모수'형이 표준어를 지향하기를 시도하는 어느 개인어의 차원에서 이루어졌으며, 이와 비슷한 사회언어학적 동기를 갖고 있는 다른 화자들로 모방되어 사회 구성원들로 확산되기 시작하였을 것으로 생각한다. 그리하여 '모슈'형은 완판본 고소설 계열과 그 시대적 정신과 배경을 달리하는 전형적인 경전류의 간본 자료에서도 출현하였다. 중간본 『여사서언해』(1907)는 19세기 후기 전라방언 자료 가운데 글쓴이가 여기서 주로 취급하는 완판본 고소설과 판소리 사설집 계열과는 그 성격이 판이하다. 그러나 이 자료는 20세기 초반 전남 고흥(瀛洲)에서 간행된 것으로, 19세기 후기 또는 20세기 초반의 전라방언을 풍부하게 반영하고 있다(최전승, 2004). 따라서 중간본 『여사서언해』(1907)에 나타난 언어는 통상적인 19세기 후기 전라방언 자료에서의 그것들과 별다른 차이를 보이지 않는다. 그렇기 때문에, 중간본 『여사서언해』의 자료에 (16)의 예들과 같은 '모슈'형이 등장한다는 사실은 조금도 이상한 일이 아니다.

(20) ㄱ. 가는 베는 통의 듸려 죠밀혼 비단과 <u>모슈</u>와 칙을 짜기를(중간 여사서, 3. 6ㄱ)
    cf. ㄱ는 뵈는 筒의 들며 綢와 絹과 苧와 葛을 織造ᄒ기을(초간, 2. 4ㄴ)
    삼을 삼고 <u>모슈</u>를 이으되(중간 여사서, 3. 5ㄴ)
    <u>모슈</u>를 이으며(중간 여사서, 3. 20ㄱ)

또한, 전형적인 방언형 '모슈'는 19세기 후기 당시 서민들이 구사하는 일상적인 기본어휘에 속하였을 것이 분명하다. 그리하여, 이 과도 교정형

은 전남지역의 「해남윤씨 어초은공파 고문서 간찰류」에서 나온 1886년 대 및 그 후대의 한글 편지 가운데에서도 등장하였다. 이와 같은 사실을 보면, '모시'에서 과도교정을 거친 '모슈'형이 19세기 후기를 전후한 단계에서 당시의 방언화자들의 여러 계층으로 폭넓게 확대되어 현대 전라방언에까지 존속하고 있는 것이다.

> (21) ㄴ. <u>모슈</u>뵈 네 ᄌ 보너니(언니→아우, 海尹 MF35-3208-626, 118면)[41]
>
> <u>모슈</u>뵈 슈무 ᄌ 잇는 것(외사촌 아우→외사촌 형, 海尹 MF35-3208-627, 164면)

4.2. '낙시(釣)∽낙수'의 공시적 대응과 과도교정

위에서 언급한 '모시∽모수'(苧)에서와 동일한 모음 대응이 기원이 전혀 상이한 또 다른 형태 '낙시∽낙수'(釣)에서도 나타난다. 현대 전북방언에 '낙시'(釣)에 대한 지역 방언형으로 '낙수'가 폭넓게 분포되어 있다. 그리하여 토박이 전북방언 화자의 구술 자료 가운데 토착어 '낙수'(a)와 표준어 '낙시'(b)형이 다음과 같이 번갈아 교체되어 등장하고 있다.[42]

> (22) ㄱ. 옛날에 나무장사가 하나 있는데…그 <u>낙수</u>질(a)을 좋아라고해. <u>낙시</u>질(b)을 퍽 좋아 해서 하리(ㄱ)는, 하루(ㄴ)는 비도부실부실오고 온게…기왕이면 <u>낙수</u>질(a)이나 가야것 다 허고 <u>낙시</u>(b)를 가서 <u>낙시</u>질(b)을 허고 앉았는디…잉어가 큰(큰소리로 구술) 집더 미만한 잉어가 <u>낙수</u>(a)에가 걸렸어.
> ㄴ. 그래 한 며칠 지내고…그래서 또 <u>낙수</u>질을 갔어. <u>낙수</u>질을

---

41) 「해남윤씨 어초은공파 고문서 간찰류」의 한글 편지는 『조선후기 한글 간찰(언간)의 역주 연구』(한국학 중앙연구원 편, 2005, 태학사)를 이용하였다.

42) 이기갑 외(1997 : 100)에 따르면, 전남방언의 대부분 지역에 '낙수, 낙수질, 낙수데, 낙숫밥' 등이 '낙시'형과 더불어 분포되어 있다.

간께 잉어가 나왔네. 그 잉어가(청중 : 그 놈이?), 응. 그 낙
수대 밑에 와서(『한국구비문학대계』 5-2, 전북 전주. 완주군
편, 전주 동완산동 설화 12, 102~103면, 박길자(女) 73세).

위의 구술에서 방언 화자는 외래객인 자료 조사자와 동향인인 동네 청
중들에 둘러 싸여서 자신의 이야기에 몰두하고 있다. 이야기의 초입에서
표준어와 방언형이 교체되는 현상은 '하리'(一日)형이 이어서 '하루'로 대
치되는 상황에서도 관찰된다. 전남과 전북의 지역방언에서 이와 같은 체
언어간말 모음이 표준어 '一이'와 지역 방언형 '一우'로 대응하는 유형들
이 '모수'와 '낙수' 이외에도 점차적으로 확대되어 사용되는 경향을 보인
다. '홍시∽홍수(紅柿), 갈키∽갈쿠(鉤), 미시∽미수, 수제비∽수저부, 딸기∽딸구(莓),
시래기∽시라구'(최전승, 1986 : 260~262).[43]

이 가운데 '미시(가루)∽미수'(麨)의 공시적 대응은 표준어 선정과 관련
하여 매우 흥미 있는 어휘사를 보여준다. 중세국어의 단계에서 이 어휘
는 '미시'로 쓰였으며, 이러한 사정은 근대국어에까지 다른 변함이 없이
지속되었다(남광우, 1997 : 612). 그러나 19세기 후반의 서울 중심의 중부방
언을 대표하는 『한불ᄌᆞ뎐』(*Dictionnaire Coréen-Français*, 1880)에서 '미시'형은
표제어로 제외된 반면에, 오직 '미슈'형만이 단독으로 등록되어 있다. 미
슈, mi-syou, 蜜水, Eeau de miel(241면).[44] 18세기 문헌어에 이르기까지 오직

---

43) 최학근(1990 : 1120)에 따르면, 방언형 '홍수'는 충북과 경북방언 일대를 포함하여, 주
로 전북지역의 대부분의 하위방언(이리, 군산, 김제, 부안, 임실, 정읍, 남원, 익산)에 분
포되어 있다.

44) 사전의 표제어로 '미슈'만 선정된 『한불ᄌᆞ뎐』(1880)의 전통은 그 이후 개신교 선교사
들이 작성한 일련의 『한영ᄌᆞ뎐』들에서도 반복되어 나타난다.

밀슈, 蜜水, honey-water(a summer drink, Underwood(1890 : 81)
미슈, 蜜水(청밀一밀), (물一슈), Gale(1897 : 330)

여기서 사전의 표제어 가운데 한자어 '蜜水'가 주목된다. 그것은 '미수'형이 혹시 한자
음 '밀슈'에서 온 것으로 ㄹ이 탈락하여 형성되었을 가능성도 배제할 수 없기 때문이

'미시'형이 지속되었던 사실을 상기하면, 19세기 후기를 전후한 어느 단계에서 '미수'형이 출현하여 어떤 이유로 그 당시 대중 화자들의 호응을 얻었던 것으로 보인다. 이 시기에 '미시>미수'와 같은 음성변화는 역시 생각할 수 없기 때문에 '미수'(麫)형은 위에서 나부방언의 '모수'(麰)형의 출현을 이해하기 위해서 잠정적으로 추정한, 유추에 의한 비례식 (19)와 같은 과정을 거친 과도 교정형으로 보인다. 외국 선교사들이 편집한 계통의 사전 부류에서 이 '미수'형이 꾸준히 표제어로 출현하고 있는 사실은 19세기 후기에 중부방언에서 전통적인 '미시'의 쓰임에 비하여 개신형 '미수'의 사용 빈도가 압도적으로 높았음을 반증한다. 이것은 지역 방언형의 신분으로 출발하여 다른 지역으로 확산되었던 '미수'형이 19세기 후기에는 이미 중부지역의 일상어에까지 그 사용 영역을 확장하였음을 의미한다고 생각한다.

그러나 서울을 중심으로 하는 중부지역의 말에서 격식체의 규범은 여전히 '미시'이었을 것이다. 1920년대 『조선어사전』(총독부 편, 1920 : 345)에 선정된 단독 표제어는 역시 보수적인 '미시'형이었다. 1936년 조선어학회(한글학회)에서 설정한 『사정한 표준말 모음』에서 '미시∽미수' 사용에 대한 구체적인 언급은 나타나지 않는다. 그렇지만, '미수'형에 대한 20세기 초엽에 있었던 이른 언급은 1940년대 『큰사전』(1947 : 1161, 한글학회)에서인데, 여기서 비표준어의 신분으로 등장하였다. 그러나 20세기 초반의 서울말을 포함한 중부방언에서 전통적인 보수형 '미시'의 출현 빈도수는 개신형 '미수'형에 비하여 크게 떨어지게 되었을 것이다. 이와 같은 상황이 지속되면서, 1989년 3월 1일부터 시행된 개정 「표준어 규정」 제11항에서 익은말 '미수'는 새로운 표준어로 선정된 반면에, 종래에 위

다. 지역 방언형에서도 '밀수가리'(경남 : 진주, 하동), '밀쉬'(함남 : 정평, 신흥) 등이 사용되고 있다(최학근, 1990 : 706).

신을 누리던 '미시'형은 비표준어로 격하되면서 그 입장이 완전히 바뀌
게 되었다.45)

　여기서 논의될 지역 방언형 '낙수'(釣)는 오늘날 표준어로 선정된 '미
수'(籹)와 같은 대열에 합류하지는 못했으나, 19세기 후기 전라방언에서
규범적인 형태인 '낙시'와 일종의 공시적 변이를 이루고 있었다. 이러한
상황은 우리가 (22)의 예문에서 보았던 현대 전북방언의 경우와 거의 동
일하다.

> (23)　ㄱ. 추동강 칠이탄의 <u>낙슈</u>줄 던진 경(수절가, 상. 22ㄱ)
> 　　　　추동강 칠이탄의 <u>낙수</u>빈가(화룡, 54ㄱ)
> 　　　　고든 <u>낙슈</u> 물리 넛코(완판 29장본 별춘향전, 29ㄴ)
> 　　　　<u>낙슈</u>질 안져할제(판, 박. 330)
> 　　　　cf. 낙기질 안져 흘제(성두본B. 판, 박. 4ㄴ)
> 　　　ㄴ. 낙시줄 던진 경(병오, 춘. 6ㄱ), 낙시밥을 물어싸가(판, 퇴.
> 　　　　268)
> 　　　　낙시밥을 삼아(삼국 3. 2ㄴ), 낙시밥을 지여(동. 3. 2ㄴ)
> 　　　　낙시비 비겨 안져(29장본 별춘. 8ㄱ)
> 　　　　낙디로 달 건지라(병오, 춘. 5ㄱ)

　위의 예에 등장하는 '낙시∽낙수'의 공시적 변이 현상은 19세기 후기
전라방언에서도 말이 쓰이는 상황과, 화자들이 구사하는 말의 스타일에
따라서 일정하게 교체되었을 가능성이 높다. '낙시'형은 그 당시에서도
규범 형태이면서 긍정적인 사회 상징 가치와 위신을 갖고 있었을 것이다.

---

45) 새로 개정된 「표준어 규정」 제11항은 그동안 일어난 "모음의 변화를 인정하여 발음이
바뀌어 굳어진 형태"를 표준어로 설정하였다고 규정한다. 이 규정에 포함되는 단어들
가운데 '상추'(비표준어 : 상치), '지루하다'(비표준어 : 지리하다), '튀기'(비표준어 : 트
기) 등은 서울말에서 모음의 변화가 직접 수행된 것이 아니다. 그 대신, 이 형태들은
19세기 후기 이전의 단계에서 남부방언에서부터 형성되어 중부방언으로 점진적으로
세력을 얻어 확대되어간 방언형들이다.

그 반면에, 전형적인 토속 방언형 '낙수'는 낮은 가치를 갖고 있는 대신에 일상성과 친밀성, 또는 일정한 지역사회와 그 계층에 속하는 방언 화자들의 정체성과 소속감을 나타내는 일종의 표지(marker) 또는 내재적 위신을 표출 시키는 기능을 담당하였을 개연성도 제외할 수 없다. 그러나 위의 (23)의 예들을 관찰하면, '낙슈'의 출현은 위에서 제시된 과도 교정형 '모수'(昇)에서와 같은 범주에 속하는 부류이며, 그 사회언어학적 동기는 역시 외재적 위신에 근거한 중부방언 지향적 태도에서 비롯된 것이다.

19세기 후기 정읍방언을 반영하는 필사본『蘊各書錄』(1890)에도 '낙슈'형이 등록되어 있다(전광현, 1983 : 187). 그리하여 이 방언형은 사용되는 분포가 상당히 광범위한 것으로 보인다. 1940년대의 함경북도 정평방언에서 '낙수'형과 연관되어 있는 '낚쉬'(『한글』제5권 1호, 20면)형이 보고되어 있다. 이 방언형 '낚쉬'는 '낙수'에 평가접미사 '-이'가 연결된 형태로 분석될 수 있다.46) 이 당시의 함경도 방언에서 역시 '낙수'형이 등장하고 있기 때문이다. 낙시 → 낚수(함남 고원,『한글』제6권 2호, 19면). 또한, '낙수'는 19세기 후기와 오늘날의 경상도 방언 일대에도 분포되어 있다. (ㄱ) 낙시 → 낙수(경북 대구,『한글』제5권 5호, 23면), (ㄴ) 웃 본 나부와 낙수 문 고기(필사본. 수겡옥낭좌전, 9ㄴ).

표준형과 방언형 간에 둘째 음절의 위치에서 i∽u와 같은 대응을 보이는 다른 부류의 형태들을 포함해서, '낙시 → 낙수'의 과정이 수행된 원인을 음성적 층위에서 합리적으로 추출할 수 없다. 그렇기 때문에 이와 같은 과정은 서울말을 중심으로 하는 중부방언과의 접촉에서 형성된 과도 교정과 관련되어 있을 것으로 판단한다. 또한, 오늘날의 전라방언에서 관

---

46) '미수'(麩)의 경우에도 19세기 후기 함북방언을 반영하는 Putsillo의 『로한즈뎐』(1874)에서 접미사 '-이'가 연결된 '미쉬'(233면)형이 표제어로 실려 있다. 이러한 반사체는 20세기 초엽 小倉進平(1944 : 166)에서 함남과 함북에 걸쳐 사용되고 있는 것으로 수집되어 있다. [mi-sui] : 【함남】함흥 외 5개 지역, 【함북】성진, 길주.

찰하기 어려운 다음과 같은 비어두음절 위치에서 i(밉시)∽u(밉수) 대응의
예가 19세기 후기의 일부 필사본에 출현하고 있다. 통상적인 '밉시'와 대
응되는 '밉수'형의 형성도 역시 '낙시→낙수'와 동일한 기제에 근거한
과도교정을 거친 것으로 추정한다.

> (24) ㄱ. 밉슈 잇난 져 방즈…밉슈 잇게 졸나 미고(장자백 창본 춘향
>   가, 5ㄴ)
>   가진 미답 밉슈 잇쎄 느리 씨고(상동. 30ㄱ)
>   어스 밉슈 치릴 젹의(상동. 47ㄴ)
>   ㄴ. 밉시 잇난 방지(수절가, 상. 10ㄱ), 밉시 잇게 쒸여 츠고(병
>   오, 춘. 14ㄱ)
>   밉씨 잇는 져 방자놈(박순호본 99장 춘향가, 7ㄴ)
>   어스 밉시을 칠일 졔(상동. 69ㄱ)

4.3. '띄(帶)∽쎄'의 공시적 대응과 내재적 권위에 의한 과도교정

현대 표준어 '(허리)띠'는 중세국어의 '띄'(帶)에서부터 규칙적인 음성변
화를 거친 반사체라는 것은 누구나 다 아는 사실이다. 1940년대의 전형
적인 지역방언이 수록된 小倉進平(1944 : 159)에서 이 단어는 '허리'와 합
성되어 많은 지역에서 [həri-'tiy]로 쓰인다고 조사되어 있다. 따라서
1940년대의 방언형 '허리띄'는 이 시기의 지역방언들에서 특정한 자음,
즉 치조폐쇄음 'ㄷ' 계열 뒤에서 최후까지 이중모음 [iy]가 존속되어 있
음을 알려주는 사실 이외에는 별 다른 의미를 주지 못한다.[47]

---

47) 19세기 후기 전라방언 자료에서 하향성 이중모음 '의'는 '으' 또는 '이'로 단모음화를
   보여주지만, 특히 치조폐쇄음 'ㄷ' 계열 앞에서는 어휘형태소나 문법형태소에서 일관
   되게 [iy]로 유지되어 있음이 특징이다(최전승, 1986).

   말 한 마듸여(수절가, 상. 6ㄴ), 발 압부리를 듸듸고(판, 변. 556), 듸듸여 죽기더라(초
   한, 하. 44ㄱ), 예단을 듸리고(초한, 상. 10ㄱ), 어미 널틱(수절가, 하. 24ㄱ) 등.

   그 반면에, 19세기 후기 평안방언에서는 'ㄷ' 계열 앞에서도 이중모음 '의'는 이미 단

그러나 1930년대 전남 함평방언을 중심으로 이루어진 비전문가의 방언조사(1936, 『한글』4권 3호, 11~16면, 이강수씨의 조사)에서 표준어 '띠'에 대한 남부 방언형 '뛰'가 관찰된 바 있다(13면). 또한, 『천자문 자료집』(지방 천자문 편, 1995 : 245)에서 전남 담양과 곡성지역을 중심으로 '帶'에 대한 전통적인 새김으로 '뛰'가 등장하였다. 따라서 규범적인 '띠'와 대립되는 방언형 '뛰'의 발달은 상당한 시간심층으로 소급될 수 있을 것 같다.

최근 이루어진 최학근(1990 : 1023)과 『한국방언 자료집』(전북 편, 67면 ; 전남 편, 90면)에는 '(허리)뛰'형이 주로 전남과 전북지역에 부분적으로 분포되어 있다. 이와 같은 사실을 보면, 지역 방언형 '뛰'(帶)는 노년층 토박이 방언화자에 한정된 고유한 방언 형태이며, 부단히 진행되는 방언의 수평화(dialect leveling) 과정을 거쳐 표준어 '띠'형으로 점진적으로 대치되어 가고 있다. 표준형 '띠'와 방언형 '뛰'에서 '이∞위'와 같은 모음 대응이 추출된다. 이러한 모음의 대응은 표준형을 기준으로 지역방언에서 i>ü와 같은 모음의 변화가 현대국어 이전의 역사적 단계에서 일어났음을 가정하게 한다. 그렇지만, 이러한 음운변화를 일으키는 음운론적 조건을 표면적으로 규명하기 어렵다. 표준형 '띠'에서 앞선 치조폐쇄음 'ㄷ' 계열이 i를 ü로 원순화로 전환시킬 수 있는 어떤 음성적 계기를 찾을 수 없기 때문이다. 설령, 이러한 음성변화를 국어방언사에서 설정한다고 하더라도 i>ü

모음화(iy>i)를 반영되기 시작하였다. 거의 동일한 시기의 상이한 지역어에서 출현하는 이중모음의 단모음화의 이러한 진행 속도에서의 차이가 실제 언어의 모습을 반영하는 것인지, 아니면 자료의 현실어 반영의 정도에 따라 결정되는 것인지 아직 판단할 수는 없다.

(ㄱ) 씌를 찌고 나를 셩기다가(초역, 누가 17 : 8), 씌를 묵고(초역, 누가 12 : 35)
(ㄴ) 절머실 쩌에 스사로 찌롤 찌고(예수셩교, 요안 21 : 18), 디디여(예수셩교, 데자힝젹 27 : 40), 드디여(요안너 6 : 24)
(ㄷ) 수리롤 타고, 수리 겻틀, 수리를 홉끽 타니(車, 술위>수릐>수리, 예수셩교 데자힝젹 8 : 28, 8 : 29)

　제1부 19세기 후기 국어방언의 음운론과 형태론의 역동성

의 모음변화에서 어떤 보편적인 규칙성이나, 변화 방향의 자연성을 찾을 수 없다.[48]

　그러나 현대국어에서 표준어 '띠'와 지역 방언형 '뛰'에서 추출하였던 모음 대응 i∽ü는 한 세기 이전의 역사적 단계로 소급하면 iy∽uy와 같은 대응으로 전환된다. 방언형으로 '뛰'(帶)가 이미 19세기 후기의 단계에서 출현하고 있기 때문이다. 따라서 이 형태의 모음 대응은 원래 iy∽uy에서 각각 이중모음의 단모음화 과정을 거쳐 오늘날은 i∽ü의 방향으로 바뀌진 것이다.

　　(25)　ㄱ. 허리쮜, 부납쮜을 눌너 쯰고(박순호 소장 99장본 춘향가. 3ㄴ)
　　　　　　열두 도막 이신 쮜로 흉복을 눌너 쮜고(동. 69ㄴ)
　　　　　　유문황나 허리쮜의(동. 44ㄱ)
　　　　　　남젼디 쮜 쮜고(동. 44ㄴ)
　　　　　　통요디 허리쮜의(동. 44ㄴ)
　　　　　　홍광디 부납쒀을 횡중의 눌너 쮜고(동. 45ㄱ)
　　　　　　궁초 쮜을 흉중의 너짓 미고(필사본, 성열전, 별춘향전 이본, 6ㄱ)
　　　　　cf. 황금 쮜을 쮜여(필사본 옹고집전, 368)
　　　　　　　허리에 옥디을 쮜고(필사본 수겡옥낭좌전, 35ㄴ)[49]
　　　ㄴ. 영초단 허리쯰(수절가, 상. 5ㄴ)

---

48) 백두현(1988 : 100)은 「영남 삼강록의 음운론적 연구」(『용언어문논집』 4)에서 취급하는 자료에 변이의 형식으로 출현하는 '쯰(帶, 1. 10ㄴ)∽쮜(6. 22ㄱ)'의 예를 표기상의 문제로 인식하고, 여기서 '쯰'를 '쮜'로 표기한 것은 이 시기에 일어나고 있던 비원순화 uy>iy에 대한 유추적 표기로 설명한 바 있다.

49) 『필사본 수겡옥낭좌전』은 19세기 또는 20세기 초반의 경상방언을 반영하고 있다고 일반적으로 파악된다. 따라서 경상도 지역방언 일부에서도 '쮜'(대)형이 확대되어 있었을 것으로 보인다. 이러한 사실은 다음과 같은 자료에 출현하고 있는 예들에서도 확인된다.

　(ㄱ) 디룡이는 제 눈을 가제 주고 쮜롤 밧고와 쮠다 ᄒ옵닉(小倉本 교린수지 2. 18ㄱ)
　　　=쯰를 밧구어 쮠다 허옵데(1881, 초간. 교린수지 2. 13ㄴ)
　(ㄴ) 쮜 대(帶, 通學俓編, 상. 10ㄱ)

흑사 씌를 흉즁의 눌너미고(수절가, 상. 5ㄴ)
세초 씌을 눌너 씌고(완판 26장본 별춘향전 1ㄴ)
남젼디 씌를 씌고(33장본 병오. 춘. 14ㄱ)
홍공단 씌를 씌고(병오, 춘. 14ㄱ)
장삼 실씌 달인 치(완판본 41장본 무술본 심청, 12ㄱ)

위의 예에서 당시의 규범형 '씌'와 개신형 '쒸'의 출현은 방언 자료의 유형에 따라서 상보적 분포를 나타낸다. 즉, 완판 방각본 고소설 계열에는 주로 '씌'형이 사용된 반면에, 필사본 부류 등에는 '쒸'형이 일반적이다.50) 그리하여 완판 29장본『별춘향전』에서 인용한 일부 구절과, 김일근 소장 필사본『성열전』에서의 그 해당 부분은 다음과 같이 '씌∽쒸'의 대응을 보인다. 방안 칠례 볼작시면, 청능화 도벽의 황능화 씌을 씌고 황농화 도벽의 청능화 씌을 씌고(29장본 별춘. 7ㄴ)∽방안 칠례 볼작시면, 천능화 도벽의 황능화 쒸을 쒸고, 황능화 도벽의 청능화 씌을 씌고(성열전 6ㄱ). 방언형 '쒸'를 반영하는 필사본『성열전』자체에서도 위의 예문에서 '씌∽쒸'의 변이를 나타내고 있는 사실이 주목된다.

또한, 장자백 창본을 위시한 신재효의 판소리 사설에서도 '씌'형이 주로 등장하였으나, 필사본의 유형에 따라서 다음과 같이 이것은 '쒸'형으로 대치되기도 하였다.

(26) ㄱ. 도포 초록 슈실 씌를 눌너 밉시 잇게 씌고(신재효 가장본,
　　　　판. 춘. 4)∽도포 쵸록 수실 할임 쒸를 밉시 잇게 눌너 쒸고
　　　　(가람본, 춘. 남. 2ㄴ)
　　ㄴ. 흰 씌로 집이엿다(판, 춘. 14)∽흰 쒸로 집이엿다(가람본, 춘.

---

50) 그러나 19세기 후기의 전라 방언적 요소를 풍부하게 반영하는 임형택 소장 26장본『박
　　흥보전』에는 규범적인 형태 '씌'형이 등장하였다.
　　뉘비 장삼의 실씌 씌고(12ㄱ)

남. 9ㄱ)

　　ㄷ. 쌰라 디린 즁츄막의 목부납을 눌너 씌고(판, 춘. 56)∽샌라
　　　　디룬 즁츄막의 목부납을 눌너 쒸고(가람본, 춘. 남. 33ㄱ)[51]

이와 같이 교체된 예들을 보면, 19세기 후기 전라방언 자체에서 개신형 '쒸'형과 규범형 '씌'형은 방언 화자들의 언어 사용의식과, 말이 쓰이는 상이한 상황 등에 따라서 선택되는 사회언어학적 변이를 부단히 나타내었을 가능성이 크다. 19세기 후기의 경판본 고소설 자료에서는 '씌'(帶)형만이 사용되었음이 물론이다. 그리하여 대략 1860년대에 간행된 것으로 추정되는 경판 20장본『흥부전』과, 이 판본을 모본으로 하여 필사하였다고 하는 김문기 소장 26장본 필사본『흥보전』두 이본 사이에는 현저한 언어적 차이가 개재되어 있다.[52] 이 가운데 한 가지는 경판본의

---

51) 신재효가 개작한 동일한 판소리 사실이지만, 필사된 이본들 가운데에는 방언 의식에 따른 당시의 방언형 실현의 정도에 현저한 차이를 나타낸다. 이와 같은 언어적 차이는 말의 격식체와 비격식체 사용에 따른 19세기 후기 전라방언에서의 공시적 변이를 형성하였을 개연성이 많다.
신재효 가장본『춘향가』(남창)와 가람본을 일부 대조하면 다음과 같다. 예문 전반부는 신재효 가장본『춘향가』(남창)에서, 그리고 후반부는 가람본에서 추출하였다.

(ㄱ) 왜목으로 눈 ᄀ리니(판, 춘. 42)=왜목 틀어 눈 기룬이(가람. 25ㄴ)
(ㄴ) 손가락을 입이 너코(판, 춘. 18)=손짜락을 입의 넛코(가람. 11ㄱ)
(ㄷ) 한쇼쥬 병의 넛코 유지의 쏜 모른 안쥬(寒燒酒, 판, 춘. 26)=호쇠쥬 병의 넛코 유지로 싼 마른 안쥬(가람. 16ㄱ)
(ㄹ) 어ᄉ쏘는 츌두ᄒ자 차비를 츠리는듸(판, 춘. 86)=어ᄉ쏘는 츌쏘ᄒᄌ 치비를 치리난듸(가람. 51ㄱ)
(ㅁ) 장기 들기 가망 업셔 외진로 상토ᄒ고…더릴ᄉ회 노룻ᄒ며(판, 춘. 68)=외즈로 상투ᄒ고…데일ᄉ회 노룻ᄒ며(가람. 40ㄱ)

52) 19세기 후기 중부방언을 반영하는 20장 경판본과, 이와 비슷한 이 경판본을 모본으로 필사된 26장본『흥보전』간에 드러나는 언어적 차이는 매우 주목되는 것이다. 한 가지의 예로, 19세기 후기 전라방언의 특징적인 방언형 '숨풀'(林)에 대하여 경판본은 '수풀'로 대응된다.

수풀 님즈 님셔방이오(경판 20장본, 흥부전 16ㄴ)=숨풀 님짜 님셔방인가 부오(26장본 흥보전, 21ㄴ)

‘쁴’가 19세기 후기 전라방언의 특질을 반영하는 이 필사본에서는 ‘쀠’로 전환되어 있는 것이다. 쌈흐는 디 <u>허리쁴</u> 쯴코 다라나기(경판 20장본, 홍부전, 16ㄱ)=<u>허리쀠</u> 쯴코 다라닉기(필사 26장본, 홍보전, 21ㄱ).

19세기 후기 전라방언 자료에 나타나는 ‘쀠’(帶)형은 지금까지 우리가 논의하였던 표준어 중심의 과도교정과는 그 성격을 달리하는 것 같다. 이와 같은 방언형 ‘쀠’가 중세국어 ‘쁴’로부터의 발달일 수밖에 없음은 분명하다. 그러나 위에서 언급한 바와 같이 역사음운론에서 ‘ㄷ’이 ‘으’를 ‘우’로 원순화시킬 수 있는 음성적 기능이 없기 때문에 다른 방향에서 그 변화의 과정을 찾아야 한다. 여기서 몇 가지 대안 가운데 글쓴이는 역시 과도교정의 과정을 우선적으로 생각한다. 이러한 입장을 간략하게 요약하면 다음과 같다. 19세기 국어에서 비어두음절 위치에 양순음 계열과 연결된 이중모음 [iy]를 보유하고 있었던 일련의 중부방언의 어휘들, 예를 들면 ‘나븨’(蝶)와 ‘거믜’(蜘) 등의 부류에 대하여, 남부방언 지역에서는 발달된 원순모음화 현상에 의하여 ‘나뷔’와 ‘거뮈’ 등으로 사용되었을 역사적 단계가 있었다.53) 바로 이와 같은 시기에 중부방언의 규범적인

---

53) 19세기 후기 전라방언 자료에 남부지역에서 일찍이 발달된 원순모음화 현상과 관련하여 개재자음으로 순음을 갖고 있는 ‘일련의 나븨(나비), 거믜(거미), 호믜(호미), 구븨(구비), 션븨(선비), 말믜(말미), 고부(고비)’ 등의 어휘에서 중부방언의 표준형 ‘-이’(<의)와 지역 방언형 ‘-우’(<위<의)의 모음 대응이 지속적으로 등장하고 있다.

(ㄱ) 나뷔을 짜라(정사본 조웅 2. 32ㄴ), 왕나부(대봉, 상. 17ㄴ)
(ㄴ) 거무줄(판, 변. 618)
(ㄷ) 호무 들고(화룡, 56ㄴ)
   cf. 호뮈질(관성제군명성경언해, 12ㄴ)
(ㄹ) 시속 션부드른(수절가, 상. 15ㄱ), 션부의 틱(대성, 9ㄱ)
(ㅁ) 구뷔구뷔 집푼 스랑(별춘. 10ㄱ), 구부구부 미친 한(수절가, 하. 2ㄴ)
(ㅂ) 고뷔 넝길 슈가 업고(판, 변. 540), 흐창 조흘 고부여(심청, 하. 31ㄴ)
(ㅅ) 말뮈를 쳥흐여(길동, 18ㄴ), 널로 말무야마(길동, 15ㄴ), 말무을 주는이(풍운, 14ㄱ)

19세기 후기 중부방언을 대변하는 『독립신문』 등의 언어 자료에 ‘나븨>나뷔(蝶), 거믜>검위(蜘)’와 같은 예들이 등장하고 있다. 이러한 사실을 보면, 원순모음화 현상이 중부방언의 일부의 어휘들에까지 확대되어 있었던 것으로 보인다.

'씌'(帶)를 기반으로 남부방언에서 '쒸'가 유추에 의한 비례식을 거쳐 잘 못 형성되었다. 즉,

(27) 나븨(蝶), 거믜(蜘) : 나뷔, 거뮈
　　　　　씌(대) : X＝쒸

이러한 과정을 거쳐 형성된 'X＝쒸'는 결과적으로 지역방언의 특질을 과도하게 표출하려는 의도를 당시의 방언 화자들이 반영한 것으로 생각한 다. 따라서 19세기 후기 전라방언 자료에 등장하는 '쒸'형은 규범적인 형태 '씌'형을 회피하고 자신들이 구사하고 있는 토착어에 대한 일종의 내밀한 권위와 유대성에 근거한 '아래로부터의 변화'(change from below)에 의한 변화 형일 것이다. 따라서 이 개신형은 지금까지 논의되었던 '모수, 낙수' 등과는 그 성격이 상이하다. 즉, '쒸'형은 표준어 지향의 과도교정(hyper-urbanism)을 보이는 것이 아니고, 지역방언 중심의 과도교정(hyper-dialectalism)을 수행한 것이다.

글쓴이가 이렇게 판단하는 근거는 다음과 같다. 첫째, '씌(帶)∽쒸'의 모음 대응의 방향이 위에서 취급되었던 4장 1절과 4장 2절의 '모시∽모 수', '낙시∽낙수'의 그것과 상이하다. 둘째, 중세국어의 형태 '씌'에서 19세기 후기의 단계에서 '쒸'로의 발달은 원순모음화에 의한 '나븨>나 뷔'(蝶) 계열의 변화 방식과 일치한다. 셋째, 19세기 후기 전라방언 자료

(ㄱ) 나뷔 모양으로(독립 97. 7. 17), 나뷔는 입술이 기나(독립 97. 7. 17)
　　　또 무슴 즘승이 닛나냐 나뷔요. 나뷔도 놀기가 넷시오(독립 97. 6. 17. ②)
　　　은으로 몬드러 도금호 나뷔가 달엿다고(독립 97. 5. 23)
　　　cf. 나븨(한불ㅈ뎐, 1880, 267면), 나뷔(蝶, 한어통 1909, 13면)
(ㄴ) 검위는 날ᄂ 다니는 물것과 비스름 ᄒ여(독립 97. 6. 17. ②)
　　　둘광이와 박휘와 검위와 질렁이가(독립 97. 6. 17. ①)
　　　cf. 거뮈(한어통 1909, 63면)

의 유형 가운데, '쒸'형은 주로 필사본 자료에 한정되어 있으며, 필사본 부류에서도 그 당시의 전형적인 토착어를 적극적으로 반영하는 자료(예문 26을 참조)에 생산적으로 출현하고 있다.

5. 음성변화의 규칙성과 과도교정의 개입

5.1. '종조리∽종지리∽종기리∽종도리'(雲雀) 방언형들의 분포와 과도교정

현대국어의 '종달새' 또는 '종다리'(雲雀)에 해당되는 중세국어의 선행어는 확인되지 않으며, 비교적 최근 근대국어의 자료에서 '종다리' 계열과 '노고지리' 계열만 관찰될 뿐이다. 오늘날의 지역방언에서도 역시 위의 두 계열이 다양한 변종을 거쳐 분포되어 있다. 1940년대 방언조사에서 小倉進平(1944 : 281)에는 '종달새'형이 전남과 전북의 대부분, 그리고 경상도 방언 등지에서 지역 방언형의 주종을 이루고 있다. 그러나 19세기 후기 전라방언 자료 가운데 이 어휘는 주로 '종조리' 형태에서 음운론적 변화 또는 여러 가지의 과도교정을 거친 모습을 반영하고 있다.

19세기 후기 전라방언에서 이 어휘의 지역 방언형으로 '종조리'와 '종지리'의 출현 빈도수가 다른 변이형들에 비해서 높은 편에 속한다. 이러한 '종조리∽종지리'의 공시적 변이는 19세기 후기 전라방언 자료들의 유형에 따라서 다음과 같이 나타난다.54)

    (28) ㄱ. 져 <u>종조리신</u> 우름운다(화룡, 62ㄴ)
           <u>종조리신</u> 열씨 까듯 조랑조란 하라던야(완판 26장본 별춘향

---

54) 오늘날의 제주 지역방언에서도 이와 같은 '종주리'(<종조리)와 '종지리'형이 사용되고 있다. 이러한 사실을 보면 이 방언형들의 분포는 매우 넓었을 것으로 보인다. 종지리-새, 종주리-새(종달새, 현평효, 1962 : 546).

전 3ㄱ)
종조리식 열씨 쓰듯 다 외야 바치라던아(33장본, 병오, 춘. 3ㄴ)
종죠리식 열씨 싸듯(장자백 창본. 춘향가, 12 ; 99장본 박순
호본 별춘. 8ㄴ)
ㄴ. 네가 니 마를 종지리식 열씨 싸듯 하여나부다(수절가, 상. 10ㄱ)
너다려 죵지리식 열시 싸듯(완판 29장본 별춘. 4ㄴ)
식벽 종지리 지지 울고(임형택 소장 26장 필사본 박홍보전.
25ㄱ)

위와 같은 변이에서 (28ㄱ)의 '종조리'형이 오늘날의 전북방언에 일반적으로 계승되어 있다. 종조리새(시골말), 전북 정읍 중심, 『한글』 5권 11호, 19면, 1937년 백종남 조사 보고), 종조리(새) : 전북→ 김제, 부안, 임실, 정읍, 남원(김형규, 1974 : 242). 이와 같은 공시적 분포와, 음성변화의 방향에 비추어 볼 때, '종지리>종조리'의 과정보다는 '종조리>종지리'의 변화가 더 자연스럽다. 추자의 변화는 여기에 관여한 몇 단계의 음성변화를 상정하게 된다. 먼저, '종조리>종죄리'와 같은 움라우트 현상이 19세기 후기를 전후한 이 방언에 적용된 것으로 보인다. 이어서 '종죄리'는 비어두음절 위치에서 '외→에'와 같이 비원순화된 다음, 이어서 모음상승되는 과정(종제리→ 종지리)을 밟게 되었을 것이다.55) 오늘날에도 '종지리(새),' 또는 '종질새' 유형이 특히 전남방언 등지에 분포되어 있다.56)

19세기 후기 전라방언 자료 가운데 춘향전 완판본 계열의 이본에는 (28ㄱ)의 예문들이 사용되는 맥락에서 또 다른 변이형인 '종기리(식)'가 등장한다. 종기리식 열시 싸듯(완판 30장본, 별춘. 5ㄱ). 여기에 반영된 '종기리

---

55) 19세기 후기 전라방언에서 움라우트 현상을 포함하여, 보편적으로 수행된 당시의 음성
    변화들의 유형은 최전승(1986)을 참조.
56) (ㄱ) 종지리새(종달새, 종다리), 『우리 고장 무안의 방언』, 2003 : 249, 오홍일, 무안군,
    무안문화원)
    (ㄴ) 종질새(『전라도 방언사전』, 주갑동, 수필과 비평사, 2005 : 302)

(시)'형의 존재에 대한 합리적인 설명이 어렵다. 그러나 방언형 '종지리' 형에서 '종지리 → 종기리'와 같은 통로를 생각할 수 있다. 즉, 여기에 'ㄷ' 구개음화의 관점에서 '종기리'는 일종의 과도 교정형일 가능성이 있다고 보는 것이다. 19세기 후기 전라방언 자료에서 단일형태소 내부에서 'ㄷ' 구개음화와 무관한 '지'의 연결이 '기'로 잘못 교정된 예는 쉽게 발견되지는 않는다. 그러나 용언어간 '지나-'(過) 형태가 '기나-'로 과도 교정되어 쓰이는 사례가 드물게 자료상에서 발견된다. 임형택 소장 26장 본『박흥보전』(丙辰九月二十二日 謄)에서 '지너- → 기너-'와 같은 용례가 등장하고 있다.

(29) 십여일 <u>기넌</u> 후의(20ㄴ), 엄동도 다 <u>기너고</u>(22ㄱ)
　　　 호강으로 <u>기너난디</u>(21ㄱ), 곤궁으로 <u>기너더니</u>(22ㄴ)
　　　 말만훈 움막집의 긔한으로 <u>기닐</u> 젹의(24ㄴ)[57]

또한, '종기리'형의 후속형이 현대 전남방언 일대에서 수집되어 있다. 그렇기 때문에, 19세기 후기 전라방언에서 실제로 쓰였던 과도 교정형

---

57) 이와 같은 '지나-'(過) → 기너-'를 거친 예들은 19세기 함북방언 자료에서도 나타난다. 아래의 (ㄱ)의 예는 19세기 후반 제정 러시아 페테르브르크 대학의 한국어 강사 김병옥이 1898년에 Saint. Petersburg에서 편집하고 간행한 *Koreiskie Teksty*(한국어 독본)에서, (ㄴ)의 예는 20세기 초엽의 함북 육진방언을 반영하고 있는 일련의 카잔 자료들에서 추출한 것이다(최전승, 2004 : 615).
소신애(2007 : 193)는 20세기 초엽 함북방언을 반영하는 러시아 카잔 자료를 중심으로 이와 같은 과도교정을 논의하면서, '지나- → 기나-'의 예들은 '디나->지나->기나-'와 같은 변화가 수행된 것으로 간주하였다.

(ㄱ) 슘년이 기낫도다(19. 3)
　　 빅년이 기느도록(18. 3)
　　 이팔 쳥츈 기나가면(40. 5)
(ㄴ) kinan tare(지난 달에, 소사전. 65)
　　 kina gagi(지나가기, 소사전. 92)
　　 kina karman hanya?(지나 갈만 하냐?, 회화 37. 218)
　　 kina kanin(지나가는, 회화 21. 84)

'종기리시'의 실체가 어느 정도 확인되는 셈이다. 종기리세(전남 신안), 종질세(전남 화순, 이기갑 외, 1997 : 548, 549).[58]

이번에는 방언형 '종조리'에 근거한 또 다른 과도 교정형 '종도리시'가 이 시기에 위의 (28ㄱ)에서와 동일한 맥락에서 등장하고 있다. 필사본 계열의 춘향전 이본에 출현하는 '종도리'의 경우도 '종조리'에서부터 'ㄷ' 구개음화와 관련된 일종의 과도교정으로 형성되었을 가능성을 생각할 수 있을 것이다. 종도리시 열씨 짜듯 조랑조랑 다 외와 바치라던야(김일근 소장, 성열전, 3ㄴ). 19세기 후기 전라방언형 '종도리'의 후속형도 오늘날의 전북 방언 일대에서 보고된 바 있기 때문에, 그 실체가 표기의 문제만이 아니라는 사실이 확인된다. 종도리새(전북 : 남원, 최학근, 1990 : 1288).

5.2. 과도교정과 음성변화 ① - '회쥬∽효쥬∽쇼쥬∽쇠쥬'(燒酒)

19세기 후기 전라방언에 나타나는 다양한 유형의 과도 교정형들 가운데 일부는 19세기 후기 전라방언 당시에 생산적으로 수행되는 음성변화에 적극적으로 참여하는 다양한 예들도 보인다(최전승, 1986). 따라서 이 방언에서 당시에 수행된 일정한 과도교정의 유형들은 단순한 표기상의 문제가 아니었음이 분명한 사실이다. 또한, 이들 형태는 개인 화자의 차원에서 끝나는 잠정적인 또는 일시적인 현상이 아니라, 일정한 세력을 갖고 확산되어 동 시대의 사회 구성원들이 인지하고 일정한 사회언어학적 근거에 의하여 모방하는 지속적인 경향으로 발전하였을 것으로 보인다.

19세기 후기 전라방언 자료에 출현하는 과도 교정형들 가운데, 'ㅎ'

---

58) 19세기 후기 전라방언 자료에서 관찰된 '종조리시>종지리시 → 종기리시'의 유형과는 반대로, 이와 비슷한 시기의 중부방언을 반영하고 있는 『독립신문』(1897. 7. 8)에서도 역시 같은 성격의 과도교정으로 추정되는 '종디리'형이 1회 등장하였다. 꽁새와 종디리와 가치와(독립신문 2권 80호, 1면), 여기서 '종디리'의 예는 '종지리'형에서 t-구개음화 이전의 형태로 잘못 교정하려고 했다는 사실을 나타낸다.

구개음화와 관련하여 '쇼쥬'(燒酒)에서 출발한 과도 교정형 '효쥬'와, 여기
서 이중모음의 변화에 해당되는 '효>회'에 참여한 '회쥬'형이 주목된다.
이 시기의 자료에서 '쇼쥬'의 방언형은 다음과 같이 네 가지 유형으로 공
존하여 일정한 상황에 따라서 선택되는 공시적 변이 관계를 이루고 있었
다. 첫째는 아무런 변화를 수용하지 않는 규범적인 '소쥬'형, 둘째, '쇼
쥬>쇠쥬'와 같은 당시에 생산적으로 작용하였던 움라우트를 적용시킨
형태, 셋째, 원래의 '쇼쥬'로부터 'ㅎ' 구개음화에 대한 반작용의 결과,
잘못된 교정으로 형성된 '효쥬', 끝으로 과도 교정형 '효쥬'에서 계속적
인 음성변화를 수용하여 '효쥬>회쥬'로 전환된 변화형이 그것이다.

> (30) ㄱ. 팔팔 쮜난 <u>회쥬</u>, 약쥬(수절가, 상. 24ㄴ)
> ㄴ. 소하반 쳥시반을 <u>효쥬</u>의 가라 츈향을 먹길 져긔(완판 26장
> 본 별춘향전, 17ㄱ)
> <u>효쥬</u> 곱고 장 다리기(燒酒, 판, 박. 352)∽빅쇼쥬(판, 퇴. 266)
> ㄷ. 환쇠쥬 쓸 타셔(완판 29장본 별춘, 10ㄴ)
> 문어 전복 젓듸려 환쇠쥬 쓸물 타셔(33장본 병오, 춘. 11ㄴ)
> 쇠쥬 일곱잔식 먹여 노앗던니(박순호본 99장본 춘향가, 49ㄱ)
> 쇠쥬, 동변, 강집 등물을(판, 춘. 46)
> ㄹ. 남문밧 힝화쵼의 소쥬듸만 사오너라(판, 춘. 106)
> 한쇼쥬 병의 넛코(판, 춘. 26)∽훈쇠쥬 병의 넛코(가람본, 판,
> 춘. 16ㄱ)

　19세기 후기 전라방언 자료에 출현하는 위와 같은 네 가지 방언형 가
운데, 오늘날의 여러 지역방언에서 '쇠주'가 가장 넓은 분포를 점하고 있
다(小倉進平, 1944 : 167~168 ; 최학근, 1990 : 494~495). 그 반면에, 과도 교정
형으로 추정되는 '효주'는 오직 전남방언의 일부지역(순천, 담양)에만 한정
되어 쓰이고 있는 것으로 조사 보고되어 있다.[59] 그러나 19세기 후기의

중부방언 자료에서도 '효쥬'형이 출현하고 있는 사실을 보면, 이 시기에
이 과도 교정형들의 사용 분포가 현대 지역방언의 경우보다 훨씬 더 넓
었을 가능성도 있다. 쇼쥬 ou 효쥬(『한불ᄌ뎐』, 436면).

　(30ㄱ)의 '회쥬'에 대한 오늘날의 지역방언의 반사체는 아직 확인되지
는 않는다. 그러나 이 방언형이 나타나는 완판 84장본『열여춘향슈절가』
의 동형이판본인 서계서포본과 다가서관본에 수정 없이 그대로 반복되어
있는 사실을 보면 표기상의 문제라고 생각할 수 없다. 이 '회쥬'형은 과
도교정을 거친 '효쥬'(燒酒)에서 19세기 후기 전라방언 자료에 주로 한자
음에 한정되어 적극적으로 등장하고 있는 '효>회'의 이중모음의 단모음
화를 적용시킨 것이 분명하다. 이 시기에 '효'(孝, 效, 梟, 肴)와 같은 일정
한 자음 다음에 통합되는 이중모음 '요'가 '외'로 바꿔지는 변화의 유형
들은 아래와 같다.

　　(31)　ㄱ. **효 〉 회(孝)**
　　　　　　불회자(不孝子, 충열, 하. 11ㄱ)
　　　　　　회자 열여(孝子, 수절가, 상. 1ㄱ)
　　　　　　회녀(孝女, 판, 심. 196)
　　　　　　충회록(忠孝錄, 수절가, 상. 3ㄱ)
　　　　　　불회막심(불효, 용문, 5ㄴ)
　　　　ㄴ. **효 〉 회(效)**
　　　　　　빅약이 무회로다(無效, 조웅 3. 3ㄱ)
　　　　　　고의를 회칙고자(效則, 수절가, 상. 23ㄱ)
　　　　ㄷ. **효 〉 회(肴)**
　　　　　　옥반가회(玉盤佳肴, 판, 춘남, 88)
　　　　　　주회(酒肴, 화룡. 48ㄱ)
　　　　ㄹ. **효 〉 회(梟)**

---

59) 김형규(1982 : 164)에서는 '소주'의 전남 방언형 '효주'의 사용지역으로 종전에 보고된
　　담양, 순천 이외에, 승주가 하나 더 추가되어 있다.

회시ᄒ고(梟示, 충열, 하. 30ㄱ)

회시혼 후의(초한, 상. 40ㄱ)

회시ᄒ여도(병오, 춘. 17ㄴ ; 별춘 18ㄱ)

또한, 19세기 후기 전라방언의 당대 화자들에게 친숙한 고대소설의 등장인물인 '張遼'(장요, 완판본『화룡도』등을 통해서)와 같은 인명에서 한자음 '遼'(요)가 '회'로 사용된 예들이 확인된다. 장회가(화룡 49ㄴ), 장회로(화룡 79ㄱ), cf. 장효(화룡 49ㄴ), 장요(판, 적. 490). 이러한 사례를 관찰하면, '장요(張遼)>장회'와 같은 표면상으로 불가능한 변화가 이루어지기 위한 전제 조건으로 먼저 'ㅎ'이 삽입되는 과정이 선행하였음을 알 수 있다.[60] 그리하여 당시의 화자들 사이에 '장효'형이 친숙하게 관용적으로 사용되는 과정에서 위의 (31)에서와 같은 '효>회'의 음성변화가 개입된 것으로 본다.[61] 즉, '장요(張遼) → 장효>장회'.

5.3. 과도교정과 음성변화 ②-'포슈∽표슈∽픠슈'(砲手)

지금까지 위에서 제시한 '쇼쥬→ 효쥬>회쥬'(燒酒), 그리고 '장요→ 장효>장회' 등과 같은 변화가 19세기 후기 전라방언 자료에 반영된 단순한 표기상의 문제가 아니라고 글쓴이는 판단한다. 이러한 변화형들은 당

---

60) 19세기 후기 전라방언 자료에서 형태소 내부 모음과 모음 사이에 'ㅎ'을 개입시키는 표기 현상이 빈번하게 출현하였다.

누희(누의, 완판 구운몽, 하. 26ㄴ), 여희쥬(如意珠, 조웅 3. 16ㄴ), 고흔 얼골(고은, 수절가, 상. 5ㄱ), 고흔 머리, 고흔 티도(고은, 수절가, 상. 7ㄱ), 크게 우흐며(우으며, 길동 17ㄱ), 셔찰을 ᄶᅥ혀 보니(ᄶᅦ여, 적성, 상. 36ㄴ), 마흘(마을, 필사본 옹고집전, 375).

이와 같은 'ㅎ' 자음 첨가 현상이 구체적으로 어떠한 기능을 발휘하고 있었는가에 대해서 몇 가지 추정이 가능하다(최전승, 예정).

61) '장요(張遼) → 장효>장회'와 같은 과정은 또 다른 고대소설의 인물인 '심효연'(沈梟烟, 완판 구운몽, 하. 9ㄴ)이 자연스러운 음성변화를 밟아서 각각 '심요년'(구운몽, 상. 목록, 1ㄱ)과 '심회연'(수절가, 하. 29ㄱ)으로 사용되는 경우와 대조를 이룬다.

시의 화자들이 적극적으로 참여한 실제의 언어 행위의 결과에서 비롯되었을 가능성이 높다. 이러한 사실을 '쇼쥬→효쥬>회쥬'(燒酒)와 같은 진행 방향과 유사한 과정을 보이는 '포슈'(砲手)의 19세기 후기 전라에서 확인할 수 있다. 그것은 '포슈>푀슈'와 같은 변화를 보이는 '푀슈'형의 출현을 말한다. 이 시기의 방언에서 '포슈>푀슈'와 같은 변화는 단순하게 생각하면 성립될 것 같지 않지만, 19세기 후기 전라방언의 '푀슈'에 대한 현대 지역방언에서의 반사체가 일상적인 입말에 빈번하게 출현하고 있다.

19세기 후기 전라방언 자료에서 '포수'(砲手)의 방언형으로 아래와 같이 '표슈'와 '푀슈'형이 공시적으로 공존하여 사용되고 있다.

(32)　ㄱ. 좌우의 표수 일시의 총을 노흐되(길동. 23ㄱ)
　　　　도감 표수 빅을(길동. 23ㄱ)
　　　　산힝기는 표슈 무셔워 힐 슈 업고(권영철 소장 필사본 62장
　　　　본 톡기전, 32ㄱ)
　　ㄴ. 씽 잡는 푀슈 **총소리로다**(화룡, 69ㄱ)∽ 큰 산즁의 포슈 하
　　　　나 뿐일소냐(화룡, 69ㄴ)
　　　　포수에게 총을 팔아(판, 적. 502)

이 시기에 '포수>푀수'와 같은 변화는 (32ㄱ)의 예문에 등장하는 '표수'를 중간 단계로 설정하면 가능한 통합적 과정이다. 그렇다면 '포수→표수'의 변화는 통상적인 음성변화에 의해서 형성된 것으로 이해하기는 어렵다. '포→표'의 변화는 19세기 후기 전라방언에서 공시적으로 빈번하게 수행되는 단모음화 '표→포'의 변화에 대한 반작용, 즉 과도교정을 전제로 하여야만 가능한 것이다. 일정한 자음 다음에 연결된 y계 상승이 중모음 '요'는 한편으로 '외'의 방향으로 변화를 나타내지만, 다른 한편으로 단순히 y를 탈락시키는 방편으로 단모음화를 수행하였다.[62]

(33) ㄱ. 표(表)>포(장경, 27ㄱ ; 대성, 2ㄱ ; 풍운, 11ㄱ)
     표주(瓢舟)>포주(충열, 상. 18ㄴ)
     표연(飄然)>포연(대봉, 상. 14ㄱ)
   ㄴ. 묘계(妙計)>모계(심청, 상. 27ㄱ)
     묘칙(妙策)>모칙(조웅 1. 3ㄴ)

위와 같은 단모음화에 대한 과도교정의 일종으로 역시 같은 시기의 방언
자료에서 일정한 자음에 후행하는 단모음 '오'가 때로는 이중모음 '요'로 출
현하기도 하였다. 방포일성(放砲一聲) → 방표일셩(조웅, 3. 2ㄴ), 폭포(瀑布) → 폭표(별
춘. 3ㄱ). 따라서 (32ㄱ)에서와 같은 '포수'에 대한 '표수'의 출현은 19세
기 후기 전라방언에서 '포 → 표'의 과도교정의 경향에 합류한 결과인 것
이다. 이렇게 형성된 과도 교정형 '표수'(砲手)는 이번에는 이 시기에 생산
적인 단모음화를 수용하여 '표>푀'에 이르렀다고 본다. 이 시기의 방언
자료에 '표>푀>푀'와 같은 변화는 쉽게 찾을 수 있다.

(34) ㄱ. 푀련(飄然, 화룡, 82ㄴ)∽푀련(화룡, 58ㄴ)
   ㄴ. 형쥬 유푀는(화룡, 56ㄴ)∽형쥬 누표와(화룡, 59ㄱ)
   ㄷ. 푀박(漂迫, 적성, 상. 22ㄱ)∽표박(조웅 1. 16ㄴ, 풍운, 13ㄱ)
   ㄹ. 일엽 푀주(瓢舟, 대봉, 상. 12ㄴ)∽일엽 표주(충열, 하. 17ㄱ)
   ㅁ. 푀푀졍졍(表表亭亭, 수절가, 상. 19ㄴ)∽표표졍졍(적성, 상. 26ㄱ)

따라서 19세기 후기 전라방언에 등장하고 있는 '포슈∽표슈∽푀슈'(砲

---

62) 이와 같은 과도교정의 유형은 비단 19세기 후기 전라방언에만 국한된 현상은 아니었
   다. 일찍이 小倉進平은 『咸鏡南道 及 黃海道의 方言』(1930)에서 이 지역의 음운현상의
   특질 가운데 글쓴이의 논의와 비슷한 음운변화 유형을 관찰하였다.
   "'요'의 모음을 포함하는 단어, 예를 들면, '學校, 敎師, 公子廟, 妙香山, 車票, 表面, 孝
   子' 등에서 '교, 묘, 표, 효' 등은 함경남도의 몇몇 지방에서는 대체로 '학괴, 괴사, 공
   자푀, 푀행산, 차푀, 푀면, 회즈'와 같이 '외'로 바뀌지는 현상이 뚜렷하다. 그 반면, 여
   타의 다른 지방, 즉 갑산, 혜산, 풍산 지방에서는 '외'의 발음 이외에 '차포, 호자, 공자
   모' 등과 같이 '오'로 발음하고 있다."(23~24면)

手) 등과 같은 공시적 변이는 '포슈(砲手) → (과도교정)표슈>푀슈>푀수'의
변화 방향을 가리키고 있다고 생각한다. 이러한 변이의 모습은 현대 전
북방언 등지에서도 주로 토박이 노년층의 자연발화에 그대로 반복되어
실현되고 있다(최전승, 2004 : 100~104를 참조).[63]

> (35) ㄱ. 그 동네 정푀수라는 푀수가 하나 살어. 근디 푀수라는 사람
>   이. 참 푀수질 근간이 허고 혀서(전북 군산 옥구구 편, 나포
>   면 설화 17 : 1029, 유복동 74세)
>   푀수는 인자 저짝으로 가고(군산 옥구군 편, 나포면 유아기
>   (여) 71세)
>   ㄴ. 그리고 푀수는 거그서 뭣이 나가든지 쏴라…그리서 푀수를
>   싹 돌랴 시어 놓고는(전북 정읍 덕천면 설화 8 : 797, 민대호
>   82세)
>   너그 푀수ㄱ가 얼매나 있으문… 푀수가 얼매나 있냐 물은
>   게…짐승 잡는 포수ㄴ가 없간디?(정읍 덕천면 8 : 796)
>   조게 있은게 푀수가 옴서 이리 노루 못 봤냐고… 에, 푀수는
>   간 뒤에 나무를 이케 헤쳐준게 노리가 나오드만(정읍 태인
>   면 17 : 115, 손병준 85세)
>   ㄷ. 사냥꾼, 응, 총 갖구 표수 말이지… 근디 그 표수는 어째서
>   왔냐며는(전북 남원 보절면 설화 2 : 630)
>   그 표수가 꿩을 잡으러 갔단 말이여(남원 보절면 2 : 631, 소
>   주태 47세)
>   쪼매 있은게 표수가 하나 오드라느만, 표수가 하나 오더니
>   (전북 군산시 옥구 대야면 설화 26 : 738)

위와 같이 현대 남원과 정읍, 그리고 군산지역 등의 토박이 방언 화자
들이 구사하는 자연스러운 구술 자료에 등장하는 '포수'(砲手)의 공시적

---

63) 이 예문들은 『한국구비문학 대계』 가운데 전북 남원군 편(5-1, 1980), 군산시 옥구군
    편(5-4, 1984), 그리고 정주시 정읍군 편(5-6, 1984)에서 각각 추출된 것이다.

변이형 '표수∽푀수∽포수'들은 글쓴이가 19세기 후기 전라방언 자료에서 확인하였던 유형들과 크게 차이가 나지 않는다. 19세기 후기 전라방언의 자료와 오늘날의 구어 방언 자료 사이에는 한 세기 이상의 시간적 간격이 개재되어 있음에도 불구하고 같은 성격의 변이가 그대로 화자들의 구어 가운데 공시적으로 지속되어 있다고 판단된다. 또한, 예문 (32ㄴ)에서 관찰하는 바와 같이, 완판 83장본 『화룡도』의 동일한 문면에서 표면상 수의적으로 교체되어 출현하는 '푀슈'와 '포슈'의 변이 현상 역시 오늘날의 전북 정읍 덕천군 민대호(설화 채록 당시 82세) 노인 화자의 구술 가운데 지속되어 있다.64)

지금까지 살펴 본 19세기 후기 전라방언에서의 '포수'의 토속적인 방언형들의 실체가 현대 전북방언에서 추출된 (35)의 예들에 비추어 실제로 확인되고, 여기에 참여한 과도교정과 음성변화가 인정된다면, 글쓴이가 앞서 5장 2절에서 제시한 유사한 성격의 '소쥬→(과도교정)효쥬>회쥬>회주'(燒酒)와 같은 통시적 과정도 아울러 보강될 수 있다.

6. 결론과 미해결의 문제들

지금까지 글쓴이는 19세기 후기 국어 지역방언 가운데 주로 서울을 중심으로 하는 중부방언의 자료와, 통상적인 전라방언 자료를 이용하여 그 당시 공시적으로 진행 중에 있는 음성변화에 대한 화자들의 적극적인 사회언어학적 반응과 참여로 인하여 수행되고 있는 몇 가지 유형의 과도

---

64) '포수'(砲手)에서 과도교정을 거친 '표수' 형태는 현대 지역방언에서 광범위하게 분포되어 있는 것으로 보인다. 『황해도 방언연구』(황대화, 2007, 한국문화사)에 부록으로 실린 <황해도 방언 자료> 가운데 '포수→표수'(황남, 429면)가 등장한다. 또한, '표수' 방언형은 경기도 평택군 현덕면의 방언에서도 조사 보고된 바 있다(김계곤, 2001 : 343).

교정을 관찰하였다. 이와 같은 과도교정들은 해당 음성변화의 확산과 수용의 과정에서 공식적으로 밖으로 표현된 표준적 규범과, 이에 대립되는 정체성과 유대감을 나타내는 내면적인 권위 등에 근거한 화자들의 인식과 평가에서 적극적으로 이루어진 결과임을 확인하였다.

최근에 이 글에서와 상이한 성격의 20세기 초반 함북 방언 자료를 이용하여 주로 구개음화 현상과 관련된 다양한 과도교정을 깊이 있게 고찰한 소신애(2007)가 지적한 바와 같이, (ㄱ) 이러한 과도교정이 당대 토박이 방언 화자들의 기저형의 변화로 이어지는 과정을 문법 내적으로 체계화하는 문제, (ㄴ) 당시 진행 중인 음성변화와 해당 과도교정의 상관관계를 일관성 있게 규명하는 작업 등은 글쓴이가 여기서 구체적으로 접근하지 못했다. 그러나 소신애(2007)에서 시도된 과도교정의 원리, 즉 발화 해석 과정에서 청자들에 의해 수행된다고 하는 과도교정에 의한 재해석, 또는 공시적인 발화 산출과 해석 등에 대해서 글쓴이는 약간 다른 생각을 갖고 있다. 이 글에서는 글쓴이가 실징한 주제와 대상의 제약으로 이러한 영역에까지 미칠 수가 없었다.

또한, 소신애(2007 : 187)는 음성변화, 특히 과도교정을 취급할 때 문헌 자료에 반영된 해당 표기가 당시의 실제 화자들의 발음 그대로를 반영한 것으로 판단할 수 없기 때문에, 발음과는 무관한 과도 표기형과 실제로 화자들에 의해서 수행된 과도교정을 식별하는 작업은 어렵다고 보았다. 현대와 시간적으로 떨어져 있는 과거의 일정한 문헌 자료에 나타난 표기와 그 당시 실제의 발음 간의 거리 또는 간극에 관한 문제는 역사언어학의 영원한 과제에 속한다. 그 이유는 모든 통시적 변화가 일어나는 장소와 그 확산은 문헌 자료에 기록된 표기에 있기 마련이기 때문이다.

이러한 관점에서 다음과 같은 가상적인 과도교정의 사례를 생각해 보기로 한다. 하나의 개신으로서 어느 과도교정이 토박이 화자들의 구어에 등장은 하였지만, 표기에 반영되지 못하고 사라져 버리는 경우도 있다. 개인어에서 일회성으로 출현하는 과도교정은 그 자체 언어 변화의 요건은 이루지 못한다.[65] 그러한 개인적인 과도교정이 특정한 사회적 환경에서 반복하여 사용되고, 이어서 다른 화자들로 채택되어 확산되기 시작하였을 경우에 언어변화의 요건이 성립된다. 이러한 단계에서 대체로 문헌자료의 표기에 나타나기 시작한다. 그러나 구어에서 비롯된 음성변화나 과도교정이 문헌어로 등록되는 시점을 어떻게 포착하여야 될까.

예를 들면, 19세기 후기 전라방언 자료에 '점심'(點心)에서 과도교정을 거친 '겸심'형이 다음과 같이 1회 출현한다. 모여간 마조 안져 <u>겸심</u>밥이 방장이라(수절가, 상. 11ㄱ). 여기서 '겸심'형은 규범어를 지향하려는 사회언어학적 동기에서 출발한 과도교정이다. 이러한 과도교정을 나타내는 표기는 84장본 완판『열여춘향슈절가』와 동종의 다른 판본인 다가서포본에서는 '졈심'으로 수정되었다. 그렇다고 해서 우리는 '겸심'형을 단순한 표기상의 문제로만 해석하지 않는다. 현대국어의 다른 지역방언에서 이와 동일한 과도 교정형이 19세기 후기 전라방언에서와 동일한 동기에 의하여 관용적으로 쓰이고 있다. 점심→겸심(경원, 온성, 회령, 무산), 김태균,『함북방언사전』, 1986 : 434. 그리고 '겸심'형은 그 형성 과정이 여타의 지역방언에서의 사회언어학적 배경과 같지는 않지만 서울말 중심의 중부방언에서도 빈번하게 사용되고 있다(김계곤, 2001 : 197).[66] 그리하여 1930년대 사정한

---

65) 방언 화자의 개인어에서 과도교정이 일회성으로 출현하다가 사라지고, 표기 기록상으로 반영되지 못하는 사례가 매우 많을 것이지만, 이것을 구체적으로 문증(文證)하기는 어렵다. 그러나 구술자의 언어를 충실하게 한글로 전사한 기록에서 다음과 같은 과도교정(침→춤)으로 추정되는 개인적 차원의 예들이 등장하고 있다.

"어려서는 그 주사<u>춤</u> 놓러 다닌다고 댕깄거든. 이라고 있으믄 주사<u>춤</u> 준다고 일본놈같이 생긴 그런 사람들이 와서…딱 침 주어…. 아가 어째 그라냐 허니께, <u>춤</u> 주러 온께, <u>춤</u> 주러 온께 하고 울더래. 주사<u>춤</u>이 굵게 무서운 양인가 그랬거든."(『강강술래 앞소리꾼 최 소심의 한평생』, 뿌리깊은나무 민중자서전 9, 1992, 20~21면)

『조선어 표준말 모음』(1936 : 3)에서 그 당시 사용되었던 '점심'과 '겸심' 변이형 가운데 '점심'형이 표준어로 선정되기까지 하였다.

이러한 표준어의 규범에도 불구하고, 서울말의 격식체에서 이 형태는 아직도 지속적으로 살아 있는 것이다. 형태허구 겸심 잡숫구(『서울토박이 부인 한 상숙의 한평생』(뿌리깊은나무 민중자서전 18, 1992, 160면)). 이상의 사실로 미루어 보면, 84장본 완판『열여춘향슈절가』에서 단 1회 출연하는 '겸심' 형의 실체는 단순한 표기상의 것이 아니었음을 알 수 있다.

이번에는 과도교정이 표기에만 출현하고 그 당시의 화자들의 구어에 존재하지 않은 사례를 설정하기로 한다. 이러한 상황과 관련하여 우리가 3장에서 관찰한『독립신문』의 자료를 중심으로 하는 중부방언에서의 과 도교정의 유형(움라우트와 전설모음화 및 ㄱ-구개음화에 대한 반작용)들을 생각 할 수 있다. 이러한 유형들 가운데에서도 물론 정도에 있어서 차이가 있 겠지만, 움라우트에 대한 과도교정, 그리고 특히 보조용언에서 '-고 싶 다→-고 습다' 등은 당시 화자들의 구어와는 어느 정노 ㅅ리가 있는 것 같다. 그러나 19세기 후기를 살았던 당시의 화자들이 동 시대의 상대 방 청자들에게 자신의 의사전달을 하기 위해서 구어를 사용한 것과 마찬 가지로, 표기 수단으로 존재하는 그 당시의 혁신적인 신문의 표기도 역 시 같은 시대의 독자층들에게 읽힐 것을 전제로 한 의사전달의 매체인 것이다. 따라서 화자들의 실제 구어에 사회언어학적 동기에 의해서 과도 교정이 출현하였다면, 이와 동일한 동기에 의해서 독자들을 향한 문헌어 에서도 과도교정이 일어나게 될 것이 분명하다.

문헌 자료 중심의 중세영어의 방언학을 연구하는 일군의 학자들, 특히 MckIntosh 등(Laing, 1989)은 표기 문자에 의한 문헌어는 그 자체 독자적

66) 중부방언에서 '점심→겸심'으로의 과도 교정형은 19세기 후반에 이루어진 것 같다.

　　겸심 가져 가거라(1984, ㅅ과지남, 164면)

인 언어의 체계를 갖추고 있음을 주장한다. 또한 최근의 역사 사회언어학 분야에서는 문헌 자료에서 표기에 의해서 대변되는 문헌어는 적어도 해당 시기의 화자들의 사용하는 여러 말의 스타일 가운데 격식어의 수준에 해당된다는 전제를 설정한다(Berg, 2005). 그렇기 때문에『독립신문』의 자료에 나타난 과도교정들은, 그 당시 화자들의 구어성 여부를 떠나서, 그 자체 하나의 고유한 언어 현상으로 인정할 충분한 근거가 되는 것이다.

참고문헌

김계곤(2001), 『경기도사투리 연구』, 박이정.

김이협(1981), 『평북방언사전』, 한국정신문화연구원.

김주원(1997), 「구개음화와 과도교정」, 『국어학』 제29집, 국어학회, 33~49면.

김주원(2000), 「국어의 방언분화와 발달-국어방언 음운사 서술을 위한 기초적 연구」, 『한국 문화사상 대계』 제1권, 영남대학교 민족문화연구소, 151~185면.

김주필(1994), 「17·8세기 국어의 구개음화와 관련 음운현상에 대한 통시적 연구」, 서울대학교 문학박사논문, 서울대학교대학원.

남광우(1997), 『교학 고어사전』, 교학사.

백두현(1991), 「20세기 초의 서울방언에 대한 일 고찰」, 『용연어문논집』 제5집.

백두현(1992), 『영남 문헌어의 음운사 연구』, 국어학 총서 19, 국어학회.

소신애(2007), 「언어변화 기제로서의 과도교정-20세기 초 함북 방언을 중심으로」, 『어문연구』 제35권 제1호, 183~207면.

신중진(2004), 「『독립신문』에 나타난 몇 가지 어학적 특징」, 『개신어문연구』 제26집, 충북대학교, 5~29면.

유창돈(1971), 『어휘사 연구』, 선명문화사.

유탁일(1983), 『완판 방각소설의 문헌학적 연구』, 학문사.

유탁일(1990), 「완판 방각소설 형성 배경」, 『한국문헌학연구』, 아세아문화사, 127~152면.

이기갑 외(편, 1997), 『전남방언사전』, 전라남도, 태학사.

이기문(1972), 개정판 『국어사 개설』, 탑출판사.

이기문(1980), 「19세기 말엽의 국어에 대하여」, 『남광우박사 화갑기념논총』, 일조각, 255~266면.

이병근(1970), 「19세기 후기 국어의 모음체계」, 『학술원논문집』 제9집, 학술원, 375~390면.

이병근(1992), 「한상숙 노인의 서울말」, 『밥해 먹으믄 바느질허랴, 바느질아니믄 빨래허랴』(뿌리깊은 나무 민중자서전 18, 서울 토박이 부인 한상숙의 한평생), 뿌리깊은나무사, 15~18면.

이숭녕(1971), 「한국방언사」, 『한국문화사대계』 9(언어·문학), 고려대학교.

이현희(1993), 「19세기 국어의 문법사적 고찰」, 『한국문화』 제15집.

이태영(2000), 「완판(전주판) 방각본 고소설의 서지와 언어」, 『21세기 국어학의 과제』, 역락.

이태영(2007), 「새로 소개하는 완판본 한글고소설과 책판」, 『국어문학』 43집, 국어 문학회, 29~54면.

전광현(1983), 「『蘊各書錄』과 정읍 지역어」, 『국문학 논집』 11(단국대학교).

주갑동(2005), 『전라도 방언사전』, 수필과비평사.

최동주(1995), 「국어 시상체계의 통시적 변화에 관한 연구」, 서울대학교 문학박사 학위논문.

최명옥(1982), 『월성지역어의 음운론』, 영남대학교 출판부.

최전승(1983), 「비어두음절 모음의 방언적 분화(u∽i)와 접미사 -i의 기능」, 『국어학연구』, (정병욱 선생 화갑기념논총), 신구문화사, 154~175면.

최전승(1986), 『19세기 후기 전라방언의 음운현상과 그 역사성』, 한신문화사.

최전승(1987), 「언어변화와 과도교정(hypercorrction)의 기능－19세기 후기 전라방언 자료를 중심으로」, 『국어학 신연구 Ⅱ』(김민수교수 화갑기념), 탑출판사, 340~359면.

최전승(2004), 『한국어방언의 공시적 구조와 통시적 변화』, 역락.

최전승(예정), 「19세기 후기 지역방언의 음성변화의 방향과 방언 자료 표기에 반영된 성문 마찰음 'ㅎ'의 실체성과 상징성」, 원고, 1~25면.

최학근(1990), 『증보. 한국방언사전』, 명문당.

허 웅(1985), 『국어 음운학』, 샘문화사.

허 웅(1987), 『국어 때매김법의 변천사』, 샘문화사.

현평효(1962), 『제주도 방언연구』, 태학사.

홍윤표(1993), 『국어사 문헌자료 연구』(근대편 Ⅰ), 태학사.

홍윤표(1994), 『근대국어사 연구 Ⅰ』, 태학사.

홍윤표(2007), 「한글의 역사와 완판본 한글 고소설의 문헌적 가치」, 『국어문학』, 국어문학회, 5~27면.

小倉進平(1944), 『朝鮮語 方言의 研究』, 岩波書店.

Bergs, Alexander.(2005), *Social Networks and Historical Sociolinguistics*, Mouton de Gruyter.

Baugh, John.(1992), hyper-correction : Mistakes in Production of Vernacular African American English as a Second Dialect, *Language and Communication*, 12(3/4) : pp.317~326.

Campbell, Lyle.(2000), *Historical Linguistics*, An Introduction, The MIT Press.

Dowens W.(1998), *Language and Society,* Second edition, Cambridge University Press.

Hock, H. H.(1991), *Principles of Historical Linguistics*, Second Edition, Mouton de Gruyter.

Hock, H. H.(2003), "Analogical Change", in *The Handbook of Historical Linguistics*, ed. by Joseph R. & R. D. Janda, pp.441~460. Blackwell Publisher.

Hock, H. H. & Brian D. Joseph.(1996), *Language History, Language Change, and Language Relationship*, An Introduction to Historical and Comparative Linguistics, Mouton De Gruyter.

King, J. R. P.(1991), "Russian Sources on Korean Dialects", Unpublished Harvard University Ph.D Dissertation.

Labov, William.(1972), *Sociolinguistic Patterns*, Basil Blackwell.

Labov, William.(1994), *Principles of Linguistic Change*, Internal Factors, Blackwell Press.

Lass, Roger.(1997), *Historical Linguistics and Language Change*, Cambridge Studies in Linguistics 81, Cambridge University Press.

Laing, Margaret.(ed. 1989), *Middle English Dialectology*, Essays on some principles and problems, The University Press Aberden.

Milroy, James.(1992), *Linguistic Variation and Change*, Blackwell Press.

Ohara, John, J.(1989), "Sound change is drawn from a pool of Synchronic variation", *Language Change* : Contribution to the Study of its Causes, pp.173~198. ed. Guenter K. & M. D. Morrissey, Moton de Gruyter

Ohara, John, J.(1993), "The Phontics of Sound Change", in *Historical Linguistics*, ed by Charles Jones. pp.237~278, Longman.

Ohara, John, J.(2003), "Phonetics and Historical Phonology" in in *The Handbook of Historical Linguistics*, ed. by Joseph R. & R. D. Janda, pp.669~686. Blackwell Publisher.

Paul, Hermann.(1886 / 1960), *Prinzipien der Sprachgeschichte*, Max Niemeyer Verlag.

Smith, Jeremy, J.(2007), *Sound Change and the History of English*, Oxford University Press.

Swann, Joan et als.(2004), *A Dictionary of Sociolinguistics*, The Univ. of Alabama Press.

제4장
방언 자료 텍스트의 유형에 따른 방언 의식
실현상의 상이와 진행 중인 언어변화의 방향
—19세기 후기 전라방언의 공시적 변이를 중심으로

1. 서론

이 글에서 글쓴이는 일정한 역사적 단계에 존재하는 이질적인 성격의 문헌 자료들에서 보이는 표기상의 다양성 또는 변이 현상에 대하여 오늘날의 사회언어학에서 개발된 변이 이론(variation theory)의 방법론을 이용하여 체계적인 관찰을 시도하려고 한다.[1] 그리하여 종래의 국어사 연구에서 문제점으로 지적된 "표기법의 혼란"을 진행 중인 당시의 언어변화에 관한 풍부한 정보와 변화의 방향을 가리키고 있는 자원으로 전환시킬 수 있다는 사실을 제시하려고 한다. 여기서 예증하려는 자료는 주로 19세기 후반에서 20세기 초

---

[1] 이 글은 이재 연구소 제2회 학술발표회 「이재 황윤석의 학문과 사상」(2008. 5. 30, 전북대학교 이재연구소. 고창군)에서 발표한 내용을 부분적으로 수정한 것이다. 여기에 지정 토론자로 참여한 김규남(전주대) 교수의 많은 지적과 건설적인 논의에 감사를 드린다.

반에 걸쳐 전주 등지에서 간행되었거나 생산된 일련의 완판본 고소설 계열
과, 이와 관련된 다양한 필사본 부류, 그리고 고창 출신의 신재효(1811~1884)
가 개작한『판소리 사설집』여섯 마당에 반영된 19세기 후기 전라방언이다.

국어 방언사의 관점에서 완판본 고소설 부류와 신재효의 판소리 사설
집에 반영되어 있는 언어 자료는 1950년대를 걸쳐 지금에 이르기까지 개
별적으로, 혹은 종합적으로, 지속적인 관심의 대상이 되어 왔다.[2] 그 주
된 이유는 다음과 같은 사실에 근거한다.

첫째, 이 자료들은 19세기 후기 서민층들의 살아 있는 전라방언(특히,
전북방언)의 입말을 공시적으로 증언하는 가장 대표적인 풍부한 원천이다.
그렇기 때문에 이들 자료에 대한 언어적 해석과 이해는 토착어(vernaculars)
로서의 전라방언에 대한 정확한 이해가 없이는 어렵다. 이러한 사실을
이들 자료 가운데 출현하는 부사형 '선아선아'와 '삼오삼오'의 경우를 이
용하여 제시한다.

> (1) 슬푸다, 우리 벗임 어딕로 가게난고. 구추 단풍 입 진다시 <u>션아</u>
> <u>션아</u> 덜(쩔)어지고, 신벽 하날 별 진다시 <u>삼오삼오</u> 시(쓰)러진니,
> 가넌 지리 어딕민고(수절가, 하. 26ㄴ)

---

2) 일찍이 최학근(1954)은 완판 84장본『열여춘향수절가』에 반영된 이른 시기의 전라방언
   의 언어 모습을 중심으로 현대 전라방언과의 비교를 통하여 시간의 차이에 개입된 언어
   의 차이를 규명하였다. 이어서 김동욱(1976)은 역시 완판본 춘향전을 대상으로 거기에
   나타난 문체와 수사, 그리고 특징적인 방언 어휘 유형들을 검증하였다. 김옥화(1994)는
   이중모음의 변화 양상을 중심으로 신재효 판소리 사설에 반영된 19세기 후기 고창방언
   의 자료와 오늘날의 고창방언에 나타나는 음운현상을 비교 고찰하였다.
   최근에는 이태영(2000, 2007)이 완판 방각본 한글 고소설의 서지와 언어의 특질을 체계
   적으로 요약 정리한 바 있으며, 동시에 새로운 완판본 자료들을 발굴하여 제시하였다.
   신은수(2004)는『국어사 연구』(제4호, 국어사학회)에서 발굴하여 영인한(전북대 이태영
   교수 제공) 완판본『심청전』(무술본, 1898)을 중심으로 표기상의 특질을 고찰하였다.
   그리고 2007년도에「완판본(전주본) 고문헌의 국어국문학적 가치」라는 단독 주제로 개
   최된 학술대회(국어문학회 춘계 전국 학술발표대회, 전북대학교)에서 다양한 기획 논문
   들이 발표되었다.

위의 예문은 완판 84장본 『열여춘향수절가』 가운데 실려 있는 농부들의 "白髮歌"에서 인용한 것이다. 이 노래는 같은 장면에서 선행하는 "농부가"와 함께 일정한 가창 형식과 가사로 정형화되어 해당 지역에 거주하는 농부들을 통해서 세대에서 세대로 끊임없이 전승되어 왔을 것으로 보인다. 따라서 전라도 농부들의 노래의 가사는 대부분 전라도의 토속방언으로 이루어졌을 가능성이 크다. 표준어에서 속도부사 '천천히'에 해당되는 전북 방언형은 '서나서나'로 대응된다(이태영, 2000 : 32). 19세기 후기 전라방언 자료에 나오는 예의 '션아션아'형이 바로 오늘날의 방언형 '서나서나'의 선행 형태임이 분명하다.

그 반면에, 전남지역(영광, 담양, 광산, 고흥, 강진) 등에서는 이 부사형에 대해서 또 다른 방언형들 가운데 '사목사목' 또는 '싸목싸목'이 주로 사용된다(최학근, 1978 : 1131 ; 이기갑 외, 1997 : 388~389). 위의 백발가에 등장히는 '삼오삼오'형이 전남방언의 '사목사목'에 의미와 형태에 있어 접근되어 있다. 그러나 지금까지 간행된 완판 84장본 『열여춘향수절가』에 대한 몇몇 주석서 등에서 고유한 방언형 '셔나셔나'와 '삼오삼오'가 전라방언의 관점에서 올바로 풀이된 적이 없다.[3]

둘째, 근대국어의 후반, 즉 18, 19세기의 지역방언들은 오늘날의 지역방언들이 그 공시적인 언어의 특질을 모든 층위에 걸쳐 거의 구비하여 가는 과도기의 유동적인 모습을 반영하고 있다. 따라서 19세기 후기의 전라방언의 공시적 구조에 대한 체계적인 고찰이 국어사의 연구와, 현대방언의 형성 과정을 파악하는 데 매우 중요한 역할을 하는 것이다.

---

[3] 구자균 교주 완판본 『춘향전』(1978, 보성문화사)에서는 '션아션아'를 "선뜻선뜻인가?"라고 주석하였으며, '삼오삼오'의 경우에는 현대어로 "三五三五"로 옮기고, "드문드문한 모양" 이라는 주석을 달았다(179면). 이러한 방식의 해석은 이가원 주석, 완판본 『춘향전』(1958 : 269)으로 소급된다.

이 글에서 글쓴이는 완판본 고소설과, 신재효의 판소리 사설집에 반영된 언어 내적 자료(이들을 19세기 후기 전라방언 자료라고 통칭한다)에 대한 두 번째의 사실과 근거를 19세기 후기 전라방언 당대에 일어나고 있는 음운 변화와 변이 현상을 중심으로 제시하려고 한다. 따라서 여기서는 완판본 고소설 계열과, 신재효의 판소리 사설집에 대한 문헌학적 검토와 논의, 그리고 이본들 간의 연대기적 순서, 역사와 시대적 산물로서의 문화사적 의의(유탁일, 1983, 1990 ; 최운식, 1982 ; 강한영, 1976) 등에 대한 언어 외적 논의는 취급하지 않으려고 한다.

2. 한국어 방언사 연구에서 완판본 고소설 부류와 신재효의 판소리 사설의 자료적 위상

2.1. 19세기 후기 국어방언 자료와 방언의 분화

국어사에서 19세기 후기의 국어는 근대국어의 마지막 단계에 속하지만, 현대국어에서와 같은 다양한 지역방언들의 언어적 분화 현상을 가장 직접적으로 안내해 주는 통로와 같은 역할을 하고 있다. 이 시기의 지역 방언들이 보이고 있는 여러 층위에서의 고유한 특질들은 현대국어의 공시적 방언 분화의 모습을 온전히 갖추어 가기 이전의 과도기와 같은 역동적인 과정을 반영하고 있다. 따라서 이 시기의 지역방언 구조와 분화에 대한 체계적인 고찰이 현대국어를 이해하고, 지역방언의 고유한 형성 과정을 파악하는 데 중요한 역할을 한다(이기문, 1980).

중세나 근대국어의 일정한 공시적 단계에서도 오늘날의 지역방언의 분화와 동일한 모습을 언어의 모든 층위에 걸쳐서 나타냈을 것이지만,

대체로 19세기 중반 또는 후기에 와서야 비로소 각각의 지역방언을 어느 정도 체계적으로 반영하는 자료들이 출현하기 시작하였다. 그러나 이들이 형성된 사회·문화적 배경은 19세기 후기에 있어서도 지역에 따라서 동일한 것이 아니었다. 19세기 후반의 중부와 일부 북부방언 자료는 이 시대에 우리나라에 거세게 밀려들어온 개화기의 흐름 속에서 외부의 손으로 이루어진 산물이었다.

19세기 후기의 서울을 포함한 중부방언 자료는 전통적인 다양한 간본 자료 이외(이병근, 1970)에 다음과 같이 풍부하게 존재하고 있다. Ridel 주교 중심의 파리 외방전도회에 속한 프랑스 선교사들이 공동 저술한 『한불즈던』(*Dictionnaire Coréen-Français*, 1880)과 그 자매편 『한어문전』(*Grammaire Coréenne*, 1881)을 먼저 손꼽을 수 있다. 이어서, Gale의 대표적인 문법서 *Korean Grammatical Forms*(1894, 스과지남)와 『한영즈던』(1897), 그리고 Underwood의 『한영즈던』(1890)과 『한영문법』(1890), 또한, 서재필이 주간하고 간행한 최초의 한글신문인 『독립신문』(1896. 4~1898. 8. 18) 등을 통해서 당시의 중부방언의 공시적 구조를 격식어 중심으로 파악할 수 있다. 19세기 후기의 함경도 방언, 특히 육진방언의 구체적인 모습은 일찍이 Putsillo의 『로한즈던』(*Opyt Russko-Korejskago Slovarja*, 1874)을 위시하여, 제정 러시아 시기 20세기 초엽에 간행된 정밀한 카잔 자료(King, 1991, 간행 예정 ; 곽충구, 1994) 등을 통해서 여실하게 드러났다. 당시의 평안도 의주 청년들이 참여하였으며, 이들에게서 한국어를 습득한 John Ross와 Macintyre 선교사가 번역한 최초의 신약 한글성서 쪽복음 『예수셩교 누가복음』(1882)에서부터 점진적으로 완결된 『예수셩교전셔』(Ross version, 1887)의 언어는 19세기 후기 평안도 방언을 어느 정도 그대로 반영하고 있다(최임식, 1984 ; 최명옥, 1987).

또한, Ross가 저술한 일종의 회화서인 *Corean Primer*(1877)와 그 수정판

Korean Speech(1882)에서 이 시기 평안도 방언 일상어의 문법 구조와 음운 현상들을 정밀하게 추출하여 낼 수 있다(김영배, 1983 ; 최명옥, 1985, 1986 ; 최임식, 1988).

2.2. 19세기 후기 전라방언 자료의 특성과 그 제약

그 반면, 남부방언, 특히 19세기 후기 전라방언을 대표하고 있는 자료들은 개화기라는 근대화와 더불어 외적 요인으로 형성된 중부와 북부지역의 방언 자료들과는 대조적인 위치에 서 있다.4) 전북 전주지역에서 19세기 중엽 이후부터 20세기 초반에 걸쳐 간행된 일련의 완판본 한글 고소설들과 그 이본,5) 그리고 전북 고창 출신 신재효가 개작한『판소리 사설집』여섯 마당이 여기에 속한다. 이 두 가지 유형의 방언 자료는 표출하고 있는 언어 내용의 측면에서와, 시대적 형성 과정의 측면에서 서로 밀접한 유대 관계를 맺고 있다. 이들 자료는 외적 요인으로 촉발된 당대의 혁신적인 근대화와는 직접적인 관련이 없다. 그러나 우리 민족문화의 내적 자각과, 민중문학의 개화에 근거한 자연발생적인 내적 근대화에 의하여 형성된 귀중한 사회 문화적 산물이다.

이러한 완판본 고소설 부류와 판소리 사설집이 갖고 있는 국어사와 국어 방언학의 가치는 19세기 중엽 이후에서 19세기 후반에 걸치는 당시 이 지역의 다양한 사회계층에 걸치는 살아 있는 토착어(vernaculars)를 그대

---

4) 18, 19세기 후기 경상도 방언을 나타내는 다양한 문헌 자료와, 그 지역 방언적 특질에 대한 해석에 대해서는 김주원(1984)과 백두현(1992)을 참조.
5) 현존하는 완판본 고소설의 종류와 그 이본들의 유형에 대하여는 유탁일(1985)과 이태영 (2000, 2007)을 참조.
  신재효의『판소리사설』여섯 마당의 작품 개작 연대와 필사 연대 간의 고증은 강한영 (1971)을 이용하였다. 그리고 19세기 후기 전라방언의 자료들에 대한 통상적인 약칭의 사용은 특별히 따로 언급하지 않는 한, 최전승(1986)을 따르기로 한다.

로 반영한다는 데 있다.[6] 종래에 이들 언어 자료에 대한 관찰이 "19세기 후기 전라방언"에 한정되는 지역적 방언사적 관점에서 국지적으로만 이루어져 왔다. 그러나 최근에야 이러한 일련의 완판본 계열 자료와, 신재효의 『판소리 사설집』의 일부(간기를 확인할 수 있는 있는 부류들만)가 근대국어 단계의 정식 국어사 자료의 목록으로 본격적으로 등록되기 시작하였다(홍윤표, 1994, 1997 ; 김동소, 2003, 2007).

이들 자료에 대한 이와 같은 관심과 주목의 추이는 언어 자료로서 가치와 위상이 점진적으로 재평가되었다는 사실을 뜻한다고 생각한다. 따라서 완판본 계열 자료와, 신재효의 『판소리 사설집』에 반영된 당대의 언어는 단순한 지역성을 탈피하여 전반적인 국어사와 방언사 이론의 구축, 그리고 일정한 역사적 단계의 국어의 공시적 연구를 위한 폭넓은 시야를 제공하게 된 것이다. 이러한 사실에도 불구하고, 국어의 역사적 자료 또는 지역방언의 공시적 기술 자료로서의 완판본 고소설 계열과 판소리 사설은 전통적이고 동시에 규범적인 언어 자료의 기준에서 보면, 간과할 수 없는 몇 가지 제약과 많은 결점들을 그 자체 안고 있다(최전승, 1986 : 7~14). 그러나 수많은 전통적인 국어사 자료 가운데에서도 통시적 비교의 대상으로서 이상적이고, 동시에 완벽한 문헌 자료란 원칙적으로 존재하지 않는다는 사실을 기억할 필요가 있다.

---

6) 홍윤표(2007 : 11~15)는 완판본 한글 고소설 부류가 갖는 가치와 의미를 네 가지로 분류하여 기술한 바 있다, 그 가운데, 첫째는 한글로만 작성된 한글 전용의 최초의 문헌이기 때문에, 우리 어문생활사에서 한글 전용의 시초를 열었다는 의미를 부여할 수 있다. 둘째는 진솔한 당시 국어의 모습을 반영하고 있기 때문에, 19세기 후기 전라방언의 반영 비율이 여타의 다른 언해본들에 비하여 훨씬 높고, 이와 비례하여 방언 어휘량이 풍부한 동시에, 계층에 따른 경어법의 자연스러운 운용을 살필 수 있다.

2.3. 19세기 후기 전라방언의 변이와 변화

일반적으로 어느 일정한 역사적 단계에 존재하는 언어 자료에 대한 공시적 분석은 순수하게 공시적일 수 없다. 언어는 지속적으로 변화의 과정을 수행하고 있는 대상이기 때문에 공시적 구조는 새로 전개되는 개신적 성분과 퇴조하는 보수적 성분들이 언어의 모든 분석 층위에 공존하고 있다. 따라서 공시적 언어의 구조는 사실에 있어서 과거를 반영하는 거울인 동시에, 해당 언어가 전개하여 갈 미래를 예시하고 있는 것이다. 그렇기 때문에 모든 공시적 체계는 통시적인 성층을 이루고 있다고 말한다 (Ryden, 1979).

이와 같은 기본적인 전제에서 글쓴이는 이 글에서 19세기 후기 지역 방언 자료에서 추출된 몇 가지의 고유한 언어 사실들 가운데 수의적 교체로 실현되는 것 같은 언어변이(variation) 현상을 관찰하고, 기술하려고 한다.[7] 언어변이는 공시적 언어 구조 내부에서 이질적인 화자들이 속해

---

7) 19세기 후기 전라방언 자료 자체 내부와 이본들과의 대조에서 등장하고 있는 공시적 변이의 유형 가운데 통사적 변이는 다음과 같은 예를 말한다.

(ㄱ) 명천은 무심토다. 주유를 <u>닉여 겨시고</u>(a) 쏘 엇지 졔갈양을 <u>닉겨난고</u>(b)(삼국 3 : 17ㄴ)

위의 예는 오늘날의 전라방언에서 특징적인 주체높임법 '겨-'의 형성이 19세기 후기의 자료에서 '아/어 겨시-'에서 문법화되어 오는 과정에서 원래의 보수형(a)과, 개신형(b) 간의 변이를 같은 문장 내에서 실현시키고 있음을 보인다.
또한 방언 어휘적 층위에서 같은 문장 속에 등장하고 있는 중앙어 '모릭'와 토착어 '모싀'의 변이 유형은 다음과 같다. 따라서 이 시기의 방언에 사회적 의미만을 달리하여 두 어휘가 공존하고 있다.

(ㄴ) 기러기 쏘 날기의 <u>모릭</u>(a)을 무쳐다가 불의 면상의 쑤린이 날기 치는 바람의 두 눈에 <u>모싀</u>(b)가 드러느니(적성, 하. 28ㄱ)

이러한 유형은 또 다른 어휘인 '시닉'(溪)∞셰닉'와 같은 교체에서도 관찰된다.

(ㄴ)′ 고히혼 표즈 <u>셰닉물</u>(b)을 조츠 쩌오거날 <u>시닉물</u>(a)을 조츠 드러ㄱ니(길동. 10ㄴ)

형태론적 층위에서 일어나는 변이 유형 한 가지로, 명사파생 접미사 '-이'의 접미 유무와 관련된 중앙어 '노'(櫓, 노+ø)와 토착어 '뇌'(노+-이)형이 동일한 자료 내부 자체에서와, 다른 이본들 사이에서 확인되는 교체를 제시하면 다음과 같다.

있는 사회 계층과 신분상의 차이, 또는 말의 스타일 등과 같은 요인에 의해서 보수적인 형태와, 새로운 변화를 수용한 개신형 간의 갈등과 대립으로 실현된다. 또한 여기에 중앙어 중심의 어휘적 특질과 토속적인 방언형태들도 참여한다. 모든 언어변이 현상이 언어변화로 반드시 이행하는 것은 아니다. 그러나 대부분의 언어변화는 언제나 언어변이의 과정을 중간 단계로 거친다고 한다(Milroy, 1991). 그리고 언어변이는 당대의 사회 구조에서 사회언어학적 변항(계층, 연령, 성별, 話題 등)과 밀접하게 상호 연관되어 있다는 사실이 지금까지의 연구에서 실증적으로 관찰되어 왔다. 따라서 이와 같은 원리가 19세기 후기 전라방언의 지역사회에도 어느 정도 적용될 수 있을 것으로 판단한다.

글쓴이가 여기서 완판 고소설 계열과 판소리 사설집에 반영된 방언 자료에서 취급하려는 19세기 후기 전라방언의 특질 가운데 하나는 동일한

(ㄷ) 비견의셔 목뇌을 들고 비질할식(木櫑, 삼국, 3. 40ㄴ)∞
　　노를 잡어 비을 졋고(동. 3. 41ㄴ)

(ㄹ) 니 기겨로 노를 져어 오목셤을 드러가되(수절가, 상. 35ㄴ)∞
　　오역의로 뇌를 져어 오목셤 듸리 달나(장자백 창본 춘향가, 21ㄴ)

다음으로, 음운론적 변이의 경우에는 보수형과, 전라방언의 고유한 음운변화를 수용한 개신형 간의 교체가 훨씬 빈번하여 같은 자료의 동일 문장 내부에서 빈번하게 등장하고 있다. 이 가운데, 특히 움라우트의 예를 이용하여 제시하면 다음과 같다.

(ㅁ) 외당의 에 업던 인마소리 나거늘 기피(b) 시비 난향을 불너 그 연고를 탐지ᄒ니 난
　　향이 급피(a) 드러와 엿즈오듸(대봉, 상. 15ㄱ)

(ㅂ) 우으로 황상을 쇠기고(b) 아러로 빅관을 소겨(a)(대봉, 하. 25ㄱ)

(ㅅ) 혼 쇠쥬 벼의 넛코 유지로 싼 마른 안쥬(燒酒, 가람본, 판, 춘. 16ㄱ)
　　=한 쇼쥬 병의 넛코 유지의 쓴 모른 안쥬(판, 춘. 26)

또한, 19세기 후기 전라방언 자료에 반영된 음운론적 변이는 한자 성어에까지 그대로 적용되어 있다. 즉, 다음과 같은 'C+yo'의 음성 환경에서 'ㄱ' 구개음화(ㅇ)와 이중모음의 단모음화(ㅈ)가 경쟁하여 적용하고 있다.

(ㅇ) 죠퇴스 쥬구펑이라(완판 퇴. 11ㄱ)∞교퇴스의 쥬구펑이라(狡兔死 走狗烹, 판, 퇴. 280)

(ㅈ) 괴퇴스의 주구를 살무미로다(적성, 상. 12ㄴ)

자료 내에서 내적으로, 그리고 서로 다른 이본들을 통해서 외적으로 실현되는 역동적인 언어변이 현상이다. 이 시기의 방언 자료에 음운론적으로, 그리고 어휘적으로, 또한 문법 층위에서 실현되는 변이 현상이 관찰의 대상이 된다. 특히, 다양한 이본들 가운데 등장하는 동일한 장면의 기술을 상호 대조하여 추출되는 언어변이의 유형은 상이한 계층의 화자들(이야기 구술자, 또는 필사자)이 서로 다른 상황 속에서 담화 참여자들(또는 가상의 독자들)에게 구사하는 말의 스타일 바꾸기 과정과 연관되어 있을 것으로 전제 한다.

여기서 말의 스타일(style)은 방언 화자가 동일한 개념이나, 사물을 표현하기 위해서 사용할 수 있는 몇 가지 언어적 표출 가능성 가운데 자신의 정체성이나, 청자와의 유대성, 담화가 수행되는 분위기 등에 따른 사회·심리적 요인 등에 따라서 취하는 말의 선택이라는 의미로 국한하여 사용한다(Labov, 1972 ; Bell, 1997). 즉, 말의 스타일을 언어 표현의 선택이라고 하는 것은 자신의 언어 사용역(registers)을 형성하고 있는 여러 가능성이 있는 형태 가운데 어느 한 가지 변이형을 표출시킨다는 말이다. 또한, 이와 같은 언어적 선택은 변이형들과 관습적으로 연관된 사회적 의미(화자의 보수적 또는 진보적 성향, 사회 계층, 연령과 세대, 격식과 비격식적인 분위기와 화제 등과 같은)를 내포하고 있음을 뜻한다. 따라서 방언 화자가 구사하는 말의 스타일과 그 전환의 과정을 통해서 우리는 해당 지역방언이 보유하고 있는 변이형들에 대한 사회적 의미에 접근할 수 있다.8)

---

8) 이러한 말의 스타일 바꾸기 현상에 의한 언어변이는 오늘날의 토박이 방언 화자의 구술 가운데에서도 쉽게 관찰할 수 있다. 예를 들면, 경기도 화성군에서 출생하고, 17세부터 서울에서 살고 있는 87세(1991년 기준) 한규숙 노인의 긴 이야기 가운데 출현하는 스타일 바꾸기의 유형을 보기로 한다.
이 토박이 화자가 자연스럽게 구사하는 구어 가운데에는 체언 '사람'(人) 다음에 주격조사 '－이'가 연결되어 수행되는 움라우트 실현형 '사램이'(a)와, 비실현형 '사람이'(b), 그리고 이와 같은 생산적인 움라우트 현상에 근거한 유추적 확대형 '사램'(a)과 비실현형

3. 국어사 자료로서의 텍스트의 매개변항(parameters)에 따른 입말 실현상의 차이

3.1. 국어사 자료의 문헌어와 그 보수성

현대 전라방언(서남방언)에 대한 실증적 연구는 화자들이 다양한 사회적 환경에서 구사하고 있는 살아있는 전라방언의 구어와, 그 변이 현상(variations)을 대상으로 기술하고 설명하는 작업이다. 이와 마찬가지로, 전라방언의 역사적 연구, 즉 전라방언사의 기술은 일정한 역사적 단계에 속했던 당시의 방언화자들이 일상적인 맥락에서 자연스럽게 사용했던 구어를 중심으로 관찰하고 통시적 관점에서 비교하는 작업인 것이다. 따라서 예전의 전라방언의 문헌 자료, 텍스트들이 얼마나 가깝게 당시의 구어를 반영하고 있는가 하는 검증이 전라방언의 역사적 연구를 위한 척도가 된다. 왜냐하면, 통상적인 국어사의 자료에 반영된 문헌어와, 이것이 표상하는 입말 간의 거리는 엄청나기 때문이다.

'사람'(b)이 다음과 같이 동일한 문장 안에서, 또는 다른 이야기의 흐름 속에서 끊임없이 번갈아 교체의 형식으로 출현하고 있다.

(ㄱ) 젖 안 멕이는 <u>사람은</u>(b) 모르지만 젖 멕이는 <u>사램은</u>(a) 매운 것두 먹구 그르믄(120면)

(ㄴ) 그르니 젖 적은 <u>사램은</u>(a) 좀 들한데 젖 많은 <u>사람은</u>(b) 더 고상헌다구(121면)

(ㄷ) 시방두 그러는 <u>사람이</u>(b) 없는데, 새새댁이 당나귀 타구 대니는 <u>사램이</u>(a) 어디 있어(160면)

(ㄹ) 그땐 장작 뽀개러 다니는 <u>사람이</u>(b) 있어요. 톱질허는 <u>사램이</u>(a) 둘, 장작 쪼개는 <u>사람이</u>(b) 둘, 그릏게 오므는(173면)

(ㅁ) 춥구, <u>사램들이</u>(a) 다 나가구는 칠 <u>사람두</u>(b) 변변찮구 그르니까는 그루구 산다구 그르서 <u>사램이</u>(a) 맨 들어 가지구(168면)

이러한 움라우트에 의한 유추적 확대형 '사람'의 출현은 형태소 경계를 넘어 실현되는 움라우트 '사람+주격조사 '-이→사램이'의 예들이 동일한 토박이 한규숙 화자의 말에서 다음과 같이 생산적으로 등장하고 있다는 사실을 전제로 하는 것이다.

(ㅂ) <u>사램이</u> 얼굴은 똑 같애두 저 <u>사람이</u> 일본 사람인지, 한국 <u>사램인지</u>, 중국 <u>사램인지</u>, 자기가 말을 안허니께 내가 누구헌테 말을 걸 수가 없대(207면)

중세와 근대국어에 걸쳐서 국어사 또는 방언사의 연구 수단을 위한 가장 기본적인 일차적 대상은 당시의 표기법에 따라 음소문자인 한글로 작성된 문헌 자료이다. 그러한 자료, 즉 텍스트가 없이는 전통적인 통시적 연구는 불가능한 것이다. 그렇지만 이와 같은 역사적 문헌 자료들의 존재와 그곳에 반영된 표기들이 해당 시기의 충실한 언어의 모습을 그대로 우리에게 전달하고, 어느 정도 사실에 가깝게 증언한다는 보장은 해주지 않는다.

특히 중세국어 연구 자료의 텍스트 유형은, 한글편지와 같은 특수한 범주를 제외하면, 한문 원전에서 "언해"를 거친 번역 양식이 대부분이다. 그렇기 때문에, 중세국어의 한글 문헌은 한문 원전의 영향으로부터 자유로울 수 없으며, 당시의 대중들이 사용했던 살아 있는 입말과는 거리가 큰 것이다. 우리가 이와 같은 부류의 다양한 15, 16세기 문헌 자료들로부터 파악한 소위 중세국어라는 역사적 한 단계의 실제 모습은 일종의 글말 또는 서사언어(written language)에 가깝다. 일찍이 안병희(1992 : 11~27)는 의역과 직역이라는 번역 양식을 중심으로 중세국어의 연구 자료뿐만 아니라, 모든 국어사의 한글 자료에 대한 전반적인 성격 규명이 절실히 요망됨을 주장한 바 있다. 예시된 번역 양식의 차이에 대한 검토에서 안병희(1992 : 27)에서 뚜렷하게 부각된 결론은, 의역은 문어적 성격을 띠는 직역에 비하여 언해서의 언어를 그 당시의 입말에 상당히 접근시켜 놓았다는 점이다.

3.2. 한글 편지에 반영된 구어성의 사례

이러한 사실은 중세 또는 근대국어의 분석에서 대상이 되는 언어는 텍스트 자료 자체가 갖고 있는 가변적 속성들에 의하여 크게 좌우될 수 있음을 가리킨다.9) 그리하여 취급하게 되는 텍스트의 속성과 유형 등의 성격에 따라서 이른 시기의 자료에 반영된 언어가 역사적으로 훨씬 뒤에 오는 나중 단계의 자료에서보다 더욱 진전된 발달 과정을 나타내는 경우도 희귀하지 않다. 그 단적인 예를 아래에 부분적으로 인용하는 16세기 후기 한글편지(이응태 부인이 죽은 남편에게 보낸 마지막 편지, 1586년)의 언어에서 찾아 볼 수 있다.10)

> (2) ㄱ. 자내 날 <u>향희</u>(a) ᄆᆞ믈 엇디 가지며 나는 자내 향희(a) ᄆᆞ
>   믈 엇디 가지던고….
>   자내 <u>향희</u>(a) ᄆᆞ믈 ᄎᆞ셩 니줄 주리 업스니…
>   ㄴ. 미양 자내ᄃᆞ려 내 닐오디 <u>ᄒᆞ ᄃᆡ</u> 누어셔 이보소 눕도 우리ᄀᆞ
>   티 서로 어엿쎄 녀겨 ᄉᆞ랑ᄒᆞ리. 자내 여희고 아ᄆᆞ려 살 셰
>   업스니 수이 <u>자내ᄒᆞᄃᆡ</u>(b) 가고져 ᄒᆞ니 날 ᄃᆞ려가소.

(2ㄱ)의 편지글에서 세 번 똑같이 반복하여 출현하는 '향희'(a)는 일반적인 16세기 문헌어로는 '향ᄒᆞ여' 또는 '향ᄒᆞ야'에 해당된다. 그러나 여기서는 활용형 'ᄒᆞ여/ᄒᆞ야'가 이미 '희'로 축약되어 나타난다. 국어사 또는 국어 방언사에서 'ᄒᆞ여>희'와 같은 변화는 대략 19세기 후기 단계에서 생산적으로 출현하기 시작하였으며(최전승, 2004 : 132~133), 그 출발은 근대국어 이전의 간기를 갖고 있는 여러 문헌자료에서 좀처럼 확인되지

---

9) 김완진(1996)은 중세국어의 모음조화와 그 예외에 대한 고찰에서 문헌 자료를 취급함에 있어서 시대의 차이와 함께 개인의 차이 및 문체의 차이까지를 고려하야 하는 당위성을 강조한 바 있다. 현대 이전의 고대 언어를 텍스트 중심으로 관찰할 때 일어날 수 있는 언어의 변이와 그 내적 조건을 텍스트 매개변항(textual parameters)으로 통제하여 파악하려는 노력이 Susan C. Herring et als(2000)에 시도되어 있다.

10) 1998년 안동 정상동 고성 이씨분묘에서 출토된 이응태 부인의 요절한 남편에게 보내는 애절한 편지 사연과 출토 배경 및 현대 역에 대해서는 안귀남(1999ㄱ)을 참조. 안동대학교 박물관에서 이 한글편지를 「450년만의 외출」이라는 제목으로 1998년 9월 25일에서 1999년 2월말까지 개최된 특별 전시회에서 공개한 바 있다.

않는다. 그렇지만 실제로 언중들의 입말 가운데에 '호여>회'와 같은 음운변화가 지역에 따라서 이미 16세기 후반에 등장하고 있었음을 위의 편지글에서 (2ㄱ)의 용례는 증언하고 있다(황문환, 2002 ; 백두현, 2003 : 144).

격식적인 문헌어의 글말과 당시 언중들의 살아 있는 입말 사이에 개재된 또 다른 격차는 같은 편지글 가운데 (2ㄴ)의 '자내훈듸'(b)와 같은 예에서 확인할 수 있다. 이 예는 '훈 듸'(같은 장소, 같이, 함께)와 같은 통사구조 NP에서 출발하여 일련의 문법화 과정을 거치면서, 유정명사 뒤의 위치로 옮겨져 오늘날의 여격조사 '-한테'로 접근된 단계를 보여주는 것이다. 고성 이씨 이응태묘 출토편지를 소개하면서, 안귀남(1999ㄱ)과 황문환(2002 : 139)은 이 부분을 각각 오늘날의 용법과 같은 '당신에게'와 '자내한테'로 해독하였다. 그 반면, 근대국어의 문법형태소 형성과 분화를 고찰한 최근의 연구인 한용운(2003 : 119)과 이숙경(2006 : 312)에서 여격조사 '-훈듸'형의 등장은 18세기에는 확인되지 않으며, 19세기 후반에 와서야 산발적으로 문헌자료에 등장하였기 때문에, 이 문법형태소는 19세기 무렵에 문법화를 완료한 것으로 기술하였다. 이들의 관점에 의하면 통상적인 간본 중심의 문헌자료를 통해서 '-훈듸'에서 이루어진 문법화 과정을 보여주는 예들이 그 이전 시기에서는 나타나지 않았다는 것이다.

이와 같은 한용운(2003)과 이숙경(2006)에서의 관찰은 필사본 부류나, 한글편지와 같은 텍스트를 배제하고, 동시에 방언적 요소를 제거한 순수한 서울말 중심의 문어체를 대상으로 한정시킨 결과에서 얻어진 것이다. 그렇다고 하더라고 그것이 국어사 연구의 영역이라면 역시 본질적인 문제는 그대로 남아 있다. 19세기 후기 국어의 전반적인 자료를 검토해 보면, 여격조사로서 '-훈틔/훈듸'형은 남부와 중부, 및 북부방언 등지에서 이미 생산적으로 분포되어 있다.11) 이러한 분포는 '-훈틔/훈듸'형이 비로소 19세기에 와서 특정한 통사적 환경에서 급진적으로 문법화를 수행한 것이 아니었다는 사실을 나타낸다. 그러한 문법화 과정은 역사적으로 일정한 시기에 등장하여 점진적으로 확대되어 왔을 것이 분명하다. 그리하여 원래의 통사 구조인 '훈 듸'(같은 처소)와, 유정명사 뒤의 위치로 한정되어 문법화 과정을 시작하였거나 발전시킨 문법형태소 '-훈틔/훈듸'형이 오랫동안 적층(layering)되어 그 이전의 단계에서 공시적으로 공존하여 왔을 것이다. 따라서 18세기 초반의 경북방언을 반영하는『염불보권문』(1704) 계열의 자료에 다음과 같이 여격조사로 전환되어 있는 '-훈티/훈디'가 쓰이고 있었음은 오히려 자연스러운 현상이다.

> (3) ㄱ. 쏘 집 사롬과 병 보는 사롬과 왕니ᄒ야 문는 사롬드려 이로
> 더 내훈티 오느 이는 다몬 나을 위ᄒ야 염블ᄒ고(1741년 八
> 空山 修道寺 간행, 임종정염결, 4ㄱ)[12]

---

11) 『한어문전』(*Grammaire Coréenne*, 1881)에서 여격조사(후치사)의 유형으로 '-더러/드러'와 디불이 ' 안테'형이 처초로 제시되어 있다. 뉘안테 드럿느냐(142면). 이러한 여격조사 '-안테'형은 Underwood의 『한영ᄌ뎐』(1890)과 문법서인 『한영문법』(1890)에 반복하여 출현하였다.

(ㄱ) 안테 : from, at the hands of(259면)
(ㄴ) 박서방안테 내가 은전 십원 밧앗소, 포교안테 잡혓소, 그 사롬안테 속엇소(76면)

또한, 이 여격형태가 1896~1897년도의 『독립신문』에서도 빈번하게 출현하는 사실을 보면 19세기 후기 중부방언의 입말에서 이 형태가 일반화되어 있었던 것으로 생각된다.

(가) 미국 대통령안테 편지ᄒ고(2권 80호)
(나) 이 바얌안테 일부러 물녀 (2권 81호)
(다) 미국에 잇는 일본공ᄉ안테로 견보를 하얏는듸(2권 79호)
    cf. 저놈훈테 속았다(1894, 『ᄉ과지남』, 7면)

그 반면, 19세기 후기 전라방언 자료에서 이 여격형태로 다음과 같이 '-한틔/한터'형이 일반적으로 등장하였다.

(ㄱ) 아가씨한티 안이 가시랴오(33장본 병오, 춘. 28ㄴ)
(ㄴ) 청가 묘무를 뉘훈틔 비울잇가(상동. 18ㄱ)
(ㄷ) 츈향훈티 이별츠로 나오면셔(상동. 11ㄴ)
(ㄹ) 단장 밋틔 빅두룸은 긔한틔 물여난지(수절가, 하. 29ㄴ)

12) 규장각 소장 1741년 팔공산 수도사 간행의 <임종정염결>('부모효양문'(총 7장)(김영배 외, 『염불보권문의 국어학적 연구』(1996, 동악어문학회))의 영인본을 이용하였다. 이

ㄴ. 쏘 집안 사룸과 병디뫼여 보는 사룸과 왕리ᄒᆞ야 문는 사룸
을 유촉ᄒᆞ여 니로더 내훈디 오ᄂᆞ니는 오직 날 위ᄒᆞ야 념불
을 ᄒᆞ고(1776년, 해인사본, 一簑문고본 40ㄱ)

위의 예문 (3)에서 '내훈티' 또는 '내훈디'형의 등장이 같은 자료에서
도 거듭 확인되는 것은 아니지만, 이 형태는 이미 문법화를 수행한 단계
를 나타내는 것인 동시에 그 출현이 고립되었거나 전혀 우연이었을 것으
로는 생각되지 않는다. 지역적으로는 완급의 차이가 개재되었다 하더라도,
18세기 중반에 경북방언에서 이미 확립되어 있는 여격조사 '-훈티/훈
디' 역시 그 이전 단계로 소급될 수 있는 역사성을 갖고 있으며, 이와 같
은 시간심층(time depth)은 우리가 관찰한 16세기 후기 한글편지 글 가운
데 (2ㄴ)에서 확인할 수 있음을 보여준다.

이러한 글쓴이의 판단과 관련하여 주로 문헌자료를 중심으로 이루어
지는 역사적 연구에서 관찰자를 괴롭히는 일종의 모순(paradox)을 다음과
같이 요약해 보일 수 있다. 즉, 일정한 언어 현상이 문헌상으로 증명되지
않았다고 해서, 그 현상이 해당 시기에 사용되지 않았다는 전제가 과연
타당한 것일까. 그렇다면, 문헌상으로 한번도 나타나지 않았던 형태를 그
시기에 대중들의 자연스러운 입말에서 사용되고 있었다고 어떻게 증명해
보일 수가 있는가. 19세기 후기 전라방언 텍스트가 갖고 있는 특징적인
매개변항은 다음과 같다. 우선 그 텍스트들이 경전의 번역 부류가 아닌
창작적 요소를 갖추고 있는 고전소설이다. 동시에 대중들과의 호흡이 일
치하고, 가창적 운율이 실려 있는 판소리의 사설이라는 것이다. 동시에

자료는 용문사본 판목을 이용하여 쇄출한 것에다 끝에 세 부분만 추가하여 1741년 팔
공산 수도사에서 간행한 것(용문사본+수도사본)이다. 서울대 규장각에 소장되어 있다.
김영배의 해제에 따르면(1996 : 116), 43장까지는 예천 용문사본과 동일하며 추가된 7
장만 차이가 있다고 한다. 따라서 수도사본에 반영된 언어는 1741년 경북 영천 지역방
언으로 판단된다.

이들은 이질적이고 다양한 이본과 필사본 부류를 포괄하고 있기 때문에, 상호 대조와 비교의 면밀한 과정을 거치면 이 시대의 살아 있는 구어에 접근할 수 있는 근거가 마련될 것으로 본다. 여기서 추출된 19세기 전라 방언의 실상과 구어를 오늘날의 전라방언의 그것에 비추어 언어변이와 변화의 전개 과정을 추출하여 위에서 언급한 "관찰자의 모순"의 문제, 즉 문어(글말)와 구어(입말)와의 거리에서 파생되는 문제들을 부분적으로 해결해 보려고 한다.

4. 19세기 후기 전라방언 텍스트의 특질과 진행 중인 언어변화

4.1. 음성적 변이와 표기 변이와의 직접적 대응 ─재구조화와 음성적 'ㅎ'의 실현

중세에서 현대국어로 넘어오는 근대국어의 다양한 장르의 문헌자료들 이 갖고 있는 가장 두드러진 특질 가운데 하나는 무질서한 "혼란된 표 기"를 보여준다는 사실이다(이기문, 1963 ; 전광현, 1967 / 2003). 그러나 일반 대중 속으로 점진적으로 확대되어가는 대중문학의 융성과 한글문화의 일 반화는 그러한 혼란된 표기의 상태에서도 특히 18, 19세기의 텍스트들은 당시의 살아 있는 입말을 그대로 표현하려는 서사자 또는 저자들의 의식 이 새롭게 전개되는 형태음소적 표기 질서의 틀 안에서 강하게 반영되었 다. 또한, 18, 19세기에 호남 일대에서 발생한 민중 연희의 일종인 판소 리는 관중들과의 호응과 일치감을 북돋우기 위해서 그 당시 민중들의 토 착어로 여과 없이 표출되었다. 판소리의 대본인 판소리 사설이나, 전주에서 간행된 완판본 판소리 계열 고소설 부류들 역시 문자로 정착되는 과정을 거치면서도 역시 대중들의 살아있는 토착어들이 그대로 수용되어 있다(최전승, 1986을 참조).

이와 같은 관점에서 19세기 후기 전라방언 자료는 전통적인 간본 중심의 여타의 중세와 근대국어의 문헌 자료들과 분명한 대조를 이룬다. 그러나 이들 19세기 전라방언 자료 내적으로는 언어 분석의 모든 층위에 걸친 여러 유형의 변이 현상이 마치 혼란된 표기법에서 볼 수 있는 것과 같은 정도로 출현하고 있다. 여기서 말하는 변이는 표기상의 변이와 음운론적 변이로 구분할 수 있다. 그리고 이 시기의 자료에는 방언 어휘상의 변이와 형태·통사론적 변이에까지 확대되어 있는 경우가 대부분이다. 글쓴이는 19세기 전라방언 자료에서 확인되는 변이 현상 가운데 단순히 표기상의 차원에서 존재하는 부류는 검증 과정을 거쳐서 제외시키려고 노력할 것이다. 이와 같은 작업이 가능하다면, 단순히 표기상의 변이가 아닌 유형들은 당시의 음운론적 및 형태론적 차원에서 변이를 보이는 19세기 후기 전라방언에서의 공시적 언어 상태를 반영한 것으로 판단한다. 이와 같은 사회언어학적 상황에 대한 재구는 이른바 "동일과정설의 원리"(uniformitarian principle)에 따른다. 즉, Romaine(1982 : 122)에 의하면, 이 원리의 기본은 오늘날 우리 주위에서 작용하고 있고, 관찰할 수 언어적인 힘과 규칙이 과거에 작용하였던 그것들과 상이하지 않았을 것이라는 실증적인 전제에 있다. 이러한 전제는 사회언어학적 관점에서 현대 전라방언에서 공시적으로 관찰되는 가변적인 언어변이와 변화의 유형과 정도가 마찬가지로 19세기 후기 전라방언에서도 동일한 모습으로 나타났을 것으로 예측하게 하는 것이다.

19세기 후기 전라방언 자료에서 보이는 어떤 변이 유형들은 사례에 따라서 음성적 표면에 가까운 현상을 표기에 반영하려는 시도로 판단된다. 한글 표기는 음소문자이면서 동시에 음성적 사실을 나타낼 수 있기 때문에, 우발적으로 등장하는 표기의 변이들이 실재 발음 그대로 일치하는 가능성이 있다. 다음의 예가 이러한 사실을 잘 예증한다. 즉, 19세기 후기 전라방언을 반영하는 몇 가지 고대소설 필사본 자료들에서 'ㅅ' 변칙용언 '짓-'(作) 다음에 연결되는 자음 어미의 어두 폐쇄자음이 유기음화되는 표기 유형이 반복되어 출현한다.

> (4) ㄱ. 언제 밧바 옷 <u>짓컷나</u>(판, 박. 383)
>
> ㄴ. 양나리 쥬흥스가 흐로밤의 이 글을 <u>짓코</u>(99장 필사본 별춘. 14ㄱ)[13]
>
> ㄷ. 농스 <u>짓키</u> 일삼난대(병진본 필사 박흥보.1ㄴ), 흔 둘금은 져구리 짓고, 쏘 흔 돌금은 바지 <u>짓코</u>(동. 6ㄴ), 닙구쯔로 집을 짓코(동. 13ㄱ), 졔비 집을 <u>직코</u>(동. 21ㄴ)[14]
>
> cf. 군역 <u>쑬키</u>(동. 1ㄱ), 군역을 <u>쑬코</u> 보니(동. 3ㄱ), 무릅 쑬코 (동. 3ㄴ), 군역을 <u>쑬쪼</u>(장자백창본 춘향가 12ㄴ)

이와 같은 유기음화 현상은 (4ㄷ)에서와 같이 같은 문장 내부에서도 가변적으로 실현된다. 그렇다면, 이러한 이와 같은 산발적인 음성적 변이에 대해서 우리는 다음과 같은 '외적' 규범으로 평가하게 될 것이다. 첫째, 이러한 현상은 역사적으로 개연성이 있는 음운 현상의 발달을 나타

---

13) 이 필사본 99장본 「별춘향젼이라」는 박순호 소장본으로 『한글필사본 소설자료 총서』 18권에 영인되어 있다. 본문 가운데 "사셜이라 / 진양조라 / 쥬즁며리라 / 즁멸리라 / ᄌ진멀리라 / 즁타령졔라 / 휘모리라 / 말노흐라" 등과 같은 지시 사항이 언급되어 있는 사실로 보아 판소리 창본에 가깝다. 필사본 말미에 "희동조션 졀나북도 고부군오금면 각목동 근셔, 졍스 이월초육일 등셔라"라는 기록이 첨부되어 있다. 여기서 졍사년은 1917년에 해당된다고 한다(김진영 외, 2000).

14) 이 필사본은 임형택 소장 26장본 「박흥보전」으로 『고전소설선』(형설출판사)에 수록되어 있으며, 김진영 외(1977) 『흥보전』(박이정)에서 소개되고, 역주되어 있다. 필사 시기는 표지에 적힌 기록(丙辰 9월 20일 膽, 김의관 군현댁 入納)으로 보아 1856년, 아니면 1916년으로 추정된다.

내는 것인가. 둘째, 자연스러운 음운 과정의 관점에서 이 지역의 방언에서 충분히 예상되는 변화인가(Lass, 1997 : 65).

지금까지의 지역방언의 기술에서 (4)과 같은 현상이 적극적으로 관찰되고, 여기에 어떤 의미 있는 음운론적 설명이 시도된 바는 없다. 활용 과정에서 표면적으로 실현되는 유기음화에 근거하여 기저형을 단순히 재구조화된 /짛-/(作) 정도로 설정하였을 뿐이다. 일반적으로, 용언의 활용 과정에서 폐음절 어간 다음에 통합되는 어미 두음 장애음들에 일어날 수 있는 자연스러운 변화는 경음화가 주류를 이룬다. 그렇기 때문에, 선행하는 미파음에 후속하는 장애음에 실현되는 유기음화 과정이 일단은 부자연스럽고, 동시에 역사적 개연성을 쉽게 찾을 수 없는 음운 현상임에 틀림없다.15) 음운변화의 과정에서도 '짓->짛-'의 방향은 생각할수 없는 것이다. 그러나 (4)의 예를 보여주는 문헌들에서도 모음으로 시작하는 어미 앞에서는 다음과 같이 'ㅎ'은 자동적으로 탈락한다. 글 두귀를 <u>지어쓰되</u> 본관 정체를 싱각하야 <u>지어것다</u>(수절가, 하. 36ㄴ), 동작티을 <u>지여</u> 노코(화룡, 상. 20ㄱ). 이러한 사실에도 불구하고, (4)의 예에서와 같은 음운 현상이 같은 역사적 단계에서나, 뒤따르는 시기의 다른 유형의 방언 자료, 그리고 오늘날의 공시적인 지역방언에서도 다음과 같이 반복하여 출현하고 있다.

    (5) ㄱ. 죄를 <u>지코</u>(뎐로력뎡, 1895년, 1ㄴ)
        일홈은 조케 <u>지코</u>…흉흉게 지엿스니(동. 3ㄱ)

---

15) 통상적으로는 원래 어간말음에 'ㅎ'을 갖고 있는 용언들에 연결되는 어미두음에서 유기음화가 실현된다. 예를 들면,

   (ㄱ) 고쵸 <u>찟턴</u> 절굿던지(찛-, 판, 변, 538)
     cf. 쩔구덩 찌여라(동. 546), 방아 찐나(546), 가족 방아만 찐는다(동. 538)
   (ㄴ) 공단 덩기 벗게 <u>짝코</u>(짛-, 판, 변. 586), 잘른 머리 길게 <u>쏘코</u>(동. 588)
   (ㄷ) 품에 <u>넛코</u>(넣-, 판, 변. 562)

ㄴ. 자네처럼 흐다가는 시비 <u>듯키</u> 쉽사오리(정정 인어대방, 1882
년, 3. 6ㄱ)

(6) 늬가 지흔 죄논(1912년, 재봉춘. 177)
지흔 일홈이라(1907년, 혈의누. 35)
이것은 하날이 지흐신 일이런가, 스롬이 지흔 일이런가(1907년,
혈의누. 12)
잘 지흔 집(1908년, 은세계. 3)
죄를 지흔 사람(1908년, 귀의성. 하. 91),
원수 척을 지흔 스람(1908년, 은세계. 115)[16]

(7) ㄱ. 오늘도 머물 <u>밧케</u> 업스오(초간 / 재간 교린수지 3. 37ㄴ)
문 <u>밧케</u> 나와셧습네(초간 교린수지 4. 39ㄴ)
문 박케(재간 교린수지 4. 39ㄱ)
년은 인군 박케는(초간 / 재간 교린수지 3. 37ㄱ)
ㄴ. 처분은 <u>당신케</u> 잇습네다(초간 / 재간 교린수지 4. 41ㄴ)[17]

19세기 후반에서 20세기 초에 걸친 상호 이질적인 자료의 표기에서
추출되는 이와 같은 유기음화의 예들은 위의 (4)에서 '짓코∽짓고'와 같
은 변이 형태들이 단순히 표기상의 잘못과 관련된 문제가 아님을 보여준
다. 따라서 '짓+고→ 짓코, 지코'의 음운론적 과정은 일정한 사회언어학

---

16) 20세기 초엽 신소설 자료는 황용주 선생(국립국어연구원)이 입력한 말뭉치를 이용하여
검색한 결과이다.
17) 『交隣須知』 초간본(1881)과 재간본(1883)의 텍스트는 편무진 교수가 편집한 『【제본대
조】 교린수지』(교린수지의 기초자료적 연구 별책부록 자료집, 제이엔씨, 2005)와, 경도
대학문학부 편, 『異本 隣語大方·交隣須知』(경도대학국문학회, 1967)를 이용하였다.
또한, 장애음과의 결합에서 기대되는 경음화 대신에 일어나는 이와 같은 유기음화 현
상은 『주해 어록총람』(1919)에서도 확인된다.

(ㄱ) 주린 미 밥 차<u>득키</u> 흐리라(74ㄴ)
(ㄴ) 콩 복근니 쥬어 먹<u>득키</u>(76ㄴ)
(ㄷ) 물네박휘 둥글<u>득키</u>(83ㄴ)
cf. 허숭아비 잡아늬득기 니노는다(92ㄱ)

적 조건에 따라서 수의적이기는 하지만 표면 음성적으로 실현되었을 것이다. 이러한 미세한 음운론적 과정을 19세기 후기 전라방언 자료에서의 (4)와, 여타의 다른 지역방언의 자료에서 추출된 (5)~(7)의 표기 형태는 그대로 반영하고 있는 것이 분명하다.[18]

위의 예들에서와 같이 표면 음성적으로 실현되는 유기음화와 관련하여 (4ㄷ)의 참고 항목으로 제시한 "(군역을) 쏠키∽쏠쏘, (무릅) 쏠코"와 같은 표기도 역시 현실 발음을 그대로 반영한 경우이다. 이러한 예들은 중세 또는 근대국어에서 계승되어 온 '듧-'(>뚫-)과 '쏠-(>꿇-)의 어간에 성문 마찰음 'ㅎ'이 첨가된 재구조화를 이미 19세기 후기에 가변적으로 실행시키고 있었음을 보인다. 두 무릅 마조 쏠고(완판, 심청, 상. 23ㄱ)∽두 무릅 정이 쏠코(33장본 병오, 춘. 30ㄴ). 그러나 이 용언형태 어간들에 새로 개입된 'ㅎ'은 예측할 수 있는 성질의 것이 아니기 때문에, 여기에 개입된 통합적 과정에 음운론 층위에서의 해명을 얻기가 간단하지 않다.[19]

---

18) 따라서 이와 같은 유형의 유기음화 현상은 19세기 후기 전라방언의 고유한 특질이 아니다. 충남 홍성 출신 만해의 시집 『님의침묵』(1926)에서도 '짓-'(作)의 활용형에 유기음화가 적용된 표기가 나타난다.

 (ㄱ) 도포도 지코 자리 옷도 지엇슴니다
 (ㄴ) 지치 아니한 것은
 (ㄷ) 지코 십허서 다 지치 안는 것임니다∽짓다가 노아두고(134, 수의비밀)

 또한, 『한국구비문학대계』(전남, 북 편)에 실린 구비 한글전사에서도 미약하지만 이와 같은 발음이 수록되어 있다.

 절은 짓코야 말었다고, 우리가 이 무덤을 짓코는 말었는디. 우리 역군, 당군들이 집을 짓코는.

19) 이러한 현상과 관련하여 '짜르(隨)-+고'와의 연결에서 축약되어 '짤-+고'를 이룬 다음에 유기음화를 수행하여 '짤코'로 전환되는 예도 19세기 후기 전라방언 자료에 등장한다.

 (ㄱ) 비힝 뒤를 짤코(수절가, 하. 3ㄱ)
 (ㄴ) 사람 짤코 힌 업는게 제비로다(판, 박. 442)
  cf. 뒤를 짜라(판, 변. 600)

 오늘날의 전남방언에서도 '따르-'(隨) 어간에 한정된 활용시 유기음화 과정이 지속되

  제1부 19세기 후기 국어방언의 음운론과 형태론의 역동성

용언의 활용 시에 어간말음에 개입되는 'ㅎ'은 19세기 후기 전라방언의 자료에서 'ㄷ' 변칙용언에 포함되는 '싣-'(載)의 재구조화형 '실-'에도 이미 표기에 반영되어 있다.

(8) ㄱ. 술을 실코(병오, 춘. 29ㄱ), 비예 실코(판, 심. 192), 실코 갓다가(판, 박. 388), 놉피 실코(충열, 상. 25ㄴ), 지물을 만이 실코(충열, 상. 20ㄴ), 말 짐 실키(병진본 필사 박흥보. 2ㄴ), 슈리 우의 실코(충열, 하. 17ㄴ), 슘신손을 실코 잇셔(판, 퇴. 276), 슘신손을 실코 잇고(판, 심. 200)

ㄴ. 놉피 실고(심청, 하. 11ㄱ), 쥬뉵등물을 슬고(삼국 4. 29ㄴ), 슈리 우의 슬고(정사본 조웅 3. 34ㄴ), 거름 실고(판, 변. 544) ∽복물 실코(판, 박. 346)

ㄷ. 지물을 실쏘(길동. 13ㄱ), 잔득 실쏘(판, 적. 486)

이와 같은 표기 형태들은 오늘날의 지역방언에서 'ㄷ' 변칙용언들의 재구조화와 아울러 생산직으로 출현히는 'ㅎ'의 존재를 고려할 때, 당시의 실제 발음 현실을 그대로 반영한 것이다. 따라서 이와 같은 불규칙 용언 '싣-∽실-'의 비자동적 교체에서 유추적 확대에 의하여 '실-'로 어간이 단일화된 형태에 개입된 'ㅎ'의 기원은 19세기 후기의 단계로 소급될 수 있다. 오늘날 전북의 하위 지역방언에서 'ㄷ' 불규칙 용언은 '듣-'(聽) 하나에만 국한되어 사용된다. 나머지 불규칙 용언의 어간말 자음은 대부분 [-lh]으로 재구조화되어 규칙 활용으로 전환되었다(최태영, 1983 ; 김규남, 1987).[20]

어 있다. 그리하여 『전남방언사전』(이기갑 외, 1977 : 189)에 이 용언어간의 표제어는, 또 다른 형태 '싫다'(注)와 더불어, 'ㅎ'이 첨가된 '싫:다'(전남 담양)로 수록되어 있다. 그 반면에, 현대 전남방언에서도 하위지역에 따라서 '데리-(率)+고'의 축약형에서 경음화가 말의 스타일에 따라서 수의적으로 실현되기도 한다. "꼭 누구를 델꼬 댕겨. 누구를 델고 다니든지 댕겨. 동행을 딜꼬 댕겨. 항상 사람을 딜꼬 다니는디…"(『한국구비문학대계』 6-11. 전남 화순군편 (3), 화순군 한천면 설화 62 : 192, 김채문 67세)

또한, (8ㄷ)의 '실쪼'는 이들 지역방언에서 재구조화된 '실-'(載)의 활용에서 뒤따르는 어미의 두음에 따라서 수의적으로 개입되는 경음화 현상도 알리는 것인데, 이러한 음성적 사실도 역시 19세기 후기 전라방언 자료의 표기에 변이의 형식으로 실현되어 있다. 그 반면, 19세기 후기 경상방언을 부분적으로 나타내는 재간『교린수지』(1883)에는 '싣-'(載) 어간 다음에 연결되는 어미 두음의 폐쇄음이 경음화 되어 있다. 나귀게 싯쪼 옵소(2. 4ㄱ).

『한글』 4권 3호(1936 : 11~15)에 이강수씨가 전남 함평을 중심으로 조사 보고한 1930년대 함평방언 어휘 가운데 중부방언에서의 'ㄷ' 변칙용언들은 모음어미로 시작되는 어간형태로 단일화된 모습으로 나타난다. (ㄱ) 걷다(步) → 걸따, 걷고→ 걸꼬, (ㄴ) 묻다(問) → 물따, (ㄹ) 실고(載)→ 실코, 실다→ 실타. 이와 같은 전남 함평방언의 예에서 두 가지의 현상이 특히 주목된다. 첫째는 'ㄷ' 변칙용언들의 종류에 따라서 어간말 자음이 각각 [-lh]과 [-l²] 으로 나뉘어 재조정되어 있다. 둘째는 다른 'ㄷ' 변칙용언과는 달리, (ㄹ)의 표제어로 어간의 단일화가 이미 완료된 '실-고, 실-다'(載)가 제시되었다. 이 가운데, 두 번째의 사실은 어간의 단일화 과정을 모든 'ㄷ' 변칙용언들이 같은 속도로 진행해 오지 않았음을 전제하는 것인 동시에, 어떤 이유로 그 가운데 '싣-'(載) 활용형이 그러한 재구조화의 과정에 시간적으로 앞서 참여하였음을 의미한다. 이러한 글쓴이의 판단은 앞서 제시하였던 19세기 후기 전라방언에서 생산적으로 나타나는 '싫-'(載)의

---

20) 전북 전주방언의 음운론을 기술하면서 최태영(1983 : 42~43)은 중부방언에서 'ㄷ' 변칙용언에 해당되는 대부분의 동사어간 '싣-'(載), '걷-'(步), '묻-'(問), '긷-'(汲), '눋-'(불에 타다) 등이 이 방언에서는 활용에서 기저형에 유기음 'ㅎ'이 첨가된 '싫-', '겳-', '뭃-', '긿-', '눟-' 등으로 각각 재구조화되어 쓰이고 있음을 지적하였다. 이러한 현상은 김규남(1987 : 17)에 의하면, 전북 부안방언에서도 거의 동일한 모습으로 나타나고 있다.

그러나 재구조화된 기저형에 첨가된 이 'ㅎ'의 기원은 어디에서 유래하는 것일까?

용례에 근거한 것이다.21)

이 시기의 자료에서 'ㄷ' 변칙용언 가운데 또한 '걷-(步), 긷-(汲), 일
컫-(稱), 겯-(編), 꺄닫-(覺)' 등도 모음어미와 연결될 때의 형태로 어간
이 단일화되기 시작하는 모습을 보여주었다. 그러나 아래의 예에서 관찰
할 수 있는 바와 같이, 어간의 재구조화에 뒤따르는 자음어미의 유기음
화 또는 경음화 현상이 19세기 후기의 단계에서는 아직 생산적으로 확대
되지 못한 것 같다.

> (9) ㄱ. 걷-(步) → 걸-
> 한번 <u>걸꼬</u> 두 번 걸러(충열, 상. 8ㄴ)

---

21) 'ㄷ' 변칙용언 가운데 '싣-'(載)의 '싫-'로의 재구조화는 19세기 후기 중부방언을 반
영하는 『독립신문』에서도 적극적으로 등장하고 있다. 따라서 '싣->싫-'의 규칙화는
비단 이 시기의 전라방언에서만 수행된 변화는 아닌 것 같다.

> (ㄱ) 춍 세 바리를 <u>실코</u> 동대문으로 나갓논디(1896. 5. 26. ③)
> (ㄴ) 물건들을 사셔 비에 <u>실코</u> 쟝ᄉ차로 츙쳥도토(1896. 9. 10. ②)
> (ㄷ) 돈 <u>실코</u> 갓고 차가는 샹고 츠로 쓸 오십셕 <u>실코</u> 제물포로 갓고(1897. 1. 16. ③)
> (ㄹ) 노리기 두벌과 은시져 두벌을 쇼에 <u>실코</u> 그 고모로(1897. 6. 8. ③)

그러나 같은 시기에 간행된 중부방언 중심의 다른 성격의 자료들에서 '싣->실-'로의
전환은 보여주지만, 유기음 'ㅎ'의 형성은 아직 나타나지 않는다. 이러한 사실이 단순
한 표기상의 문제가 아니라면, 'ㅎ'의 출현은 이 용언의 어간말음이 모음 활용형에 준
하여 '실-'로 바뀐 다음에 파생된 것으로 생각된다.

> (ㅁ) <u>실다</u>, sil-ta, si-re, si-reun. 載, Charger sur, mettre sur(un boeuf, un char, un
>   bateau. 『한불ᄌ뎐』(1880 : 423)
>   cf. 것다, ket-ta, ke-re, ke-reun, 步, marcher(상동. 149면)
> (ㅂ) 슐만 먹고 말짐 <u>실기</u>(경판 20장본 흥부전, 5ㄴ)
>   cf. 말짐 실키(김문기 소장 26장본 흥보전, 6ㄱ)

22) 19세기 후기의 『독립신문』에서도 'ㄷ' 변칙용언 가운데 '걷-'(步)이 이미 '걸-'으로
재구조화의 대열에 참여하고 있으나, 이 시기의 전라방언의 경우와 동일하게 어간말음
에 아직 'ㅎ' 유기음은 나타나지 않는다.

> (ㄱ) 눌기는 쌀나 잘 눌지는 못ᄒ나 <u>걸기는</u> 대단히 쌀니 거르며(1897. 7. 8)
> (ㄴ) 두거름을 <u>걸지</u> 못 ᄒ야 달닌 빙이 길에(1896. 8. 4. ②)
> (ㄷ) 몸은 쟝 꼿꼿시 가지고 거름을 지어 <u>걸지</u> 말며(1896. 11. 14)
> (ㄹ) 륙디에셔는 몸이 묵어워 잘 <u>걸지를</u> 못ᄒ나(1897. 7. 3)

거러라 <u>걸</u>는 틔도 보자(수절가, 상. 28ㄴ)

자라나셔 제 발노 <u>걸거든</u>(심청, 상. 6ㄴ)

금자리 <u>걸듯</u>(필사, 성열. 193)

거름<u>걸기</u> 조을시고(병오, 춘. 33ㄴ)

<u>걸</u>는 틔도(판, 변. 532)[22]

ㄴ. **긷-(汲) → 길-**

물을 <u>씰고</u> 쌀을 쓰러(汲-, 판, 심. 186)

물도 <u>질고</u>(삼국 3. 33ㄴ)

물을 <u>질다가</u>(충열, 상. 19ㄴ)

물 <u>질난</u> 죵(장경, 하. 18ㄱ).

ㄷ. **일컫-(稱) → 일칼-**

<u>일칼더니</u>(수절, 상. 19ㄱ)

스람이 다 <u>일칼더라</u>(판, 심. 156)

ㄹ. **겶-(編) → 졀-**

쏘가리를 <u>졀쓴지</u>(판, 박. 330)

cf. 덕셕을 졀을 젹의(판, 박. 330)

ㅁ. **찌닫-(覺) → 찌달-**

이졔야 <u>찌달난</u>이다(구운, 하. 50ㄱ)

cf. 마암을 찌닷게 ᄒ오니(구운, 하. 50ㄱ)

23) 물론 이 시기의 방언 자료에서도 단순한 표기상의 혼기도 많이 출현하였으나, 대부분 당시의 현실 언어에 비추어 검증하여 낼 수 있는 성질의 것이다. 예를 들면, 1907년 간기가 있는 완판 83장본 『화룡도』(다가서포본)에 인명 '曹操'를 표기하는데 다음과 같이 네 가지 형태가 연이어 같은 문면에 등장하고 있다.

(ㄱ) <u>됴됴</u> 격셔을 보니여씬이(상. 8ㄴ)
(ㄴ) <u>죠됴</u> 형쥬을 치고(상. 9ㄴ)
(ㄷ) <u>됴죠</u>의 군병(상. 8ㄴ)
(ㄹ) <u>죠죠</u>의 형셰 큰지라(상. 10ㄱ)

그러나 이 시기의 '曹操'의 실제 한자음은 [조조]였을 것이다.

4.2. 음운론적 변이와 표기 변이와의 직접적 대응
- '웨여(呼)〉위여∽워여'의 사례

지금까지의 논의에서 글쓴이는 19세기 후기 전라방언의 자료에 혼란스럽게 또는 무원칙적으로 분포되어 있는 것처럼 보이는 표기상의 변이 유형들을 검증하여 보면, 대부분 이것들은 당시의 음운변화의 진행 상태를 어느 정도 그대로 반영하고 있는 것으로 추정하려고 한다. 즉, 이 방언 자료의 텍스트에서 나타나는 표기상의 가변성은 사회언어학적 변항(variables)에 따라서 당시 화자들의 언어생활에서 음운론적 뿐만 아니라, 형태·통사론적으로 선택되는 변이 현상을 보여주는 것으로 해석하려고 한다. 그리하여 현대 지역방언에 등장하고 있는 공시적 변이에 대한 증거와, "과거의 언어 모습을 이해하기 위해서 현재의 언어 상태를 이용"(Labov, 1994 : 21~25)하는 동일과정설의 원리, 그리고 점진적인 어휘확산(lexical diffusion)의 가설(Wang, 1977)을 따라서 혼란스러운 표기 상태의 19세기 후기 전라방언의 자료들을 당시의 이질적이고 동시에 가변적인 구어의 실상에 접근하는 발판으로 삼으려는 것이다.

표기법이 현대국어에서와 같이 엄격하게 성문화되어 있지 않은 19세기 후기의 당시 상황에서 표기상으로 출현하는 변이가 실제 발화의 구어에 출현하는 유의미적인 변이와 대등한 것이라고 간주하려면 변화 방향의 타당성과 자연성 이외에도, 다음과 같은 세 가지 검증의 단계를 거쳐야 한다. 첫째, 동일한 자료의 내부에서 그러한 변이가 거듭되어 출현하고 있는가. 둘째, 동일 자료의 다른 이본들과의 비교에서 그러한 변이가 다시 반복되어 확인되는가. 셋째, 다른 부류의 자료 텍스트에서도 동일한 유형의 변이가 등장하는가.

19세기 후기 전라방언의 자료에서 어떤 사례들은 음성변화의 자연성 또는 타당성을 찾을 수 없지만, 동일 자료와 다른 판본, 그리고 필사본 부류에서 반복하여 출현한다. 따라서 이러한 유형의 변화와, 이러한 사실을 반영하는 표기와의 관계가 정밀하게 규명된 다음에 이러한 변화의 방향성이 인정되고, 또한 그 원리가 파악되어야 한다. 이와 같은 성격의 변화 가운데, 근대국어 단계에 쓰였던 '웨다'(呼)의 활용형의 반사체들을 제시할 수 있다. 이들은 19세기 전라방언 자료에서 보수적인 형태 '웨-' 이외에, '위-∽워-'와 같은 두 가지 형태의 변이로 끊임없이 등장하고 있는 것이다.

> (10) ㄱ. 크게 웨여 왈(장경, 상. 23ㄴ)
> ㄴ. 진문으로 나와 <u>위여</u> 왈(상동. 23ㄴ)
> ㄷ. 원슈 크게 <u>위여</u> 왈(상동. 23ㄱ), 크게 <u>워여</u> 왈(상동. 60ㄱ)
>
> (11) ㄱ. 일편 빅운이 쩌오며 웨여 왈(적성, 상. 9ㄱ)
> ㄴ. 도인이 <u>위여</u> 왈(상동. 11ㄴ)
> ㄷ. 즈연 슬푸고 씨다라 <u>워여</u> 왈(상동. 5ㄱ)

위의 예에서 이 시기에 이중모음 '웨-'[we]에 일어날 수 있는 자연스러운 음성변화의 방향은 '웨->위-'(we>wi)이다. 글쓴이가 그렇게 판단하는 근거는 이와 같은 변화의 방향이 19세기 후기의 자료에서 상이한 어형들에도 동일하게 적용되어 출현하고 있기 때문이다. 초췌(憔悴)>초취(심청, 하. 3ㄴ), 호궤(犒饋)>호귀(대봉, 하. 37ㄱ), 쮀여(貫)>쮜여, 뒈여지다(死)>뒤여지리(수절가, 하. 27ㄱ). 따라서 we>wi와 같은 성격의 음성변화는 당시의 모음체계에서 전체적으로 수행되고 있는 모음상승(에→이, 오→우, 어→으)의 경향을 이중모음의 핵모음에서도 반영한 것으로 보인다.[23]

---

23) 'C+웨'의 음성 환경을 갖고 있는 어휘들은 'C+위'의 변화 이외에, 또 다른 유형의 변화인 'C+우'의 방향도 이 시기의 전라방언 자료에 반영하고 있다.

　(ㄱ) '쮀여>쑤여'(櫃) : 칼 꼿티 <u>쑤여</u> 들고(대봉, 상. 33ㄱ), 칼 꼿티 <u>쑤여</u>(하. 5ㄱ),

  그 반면에, 예문 (10ㄷ)과 (11ㄷ)에서 거듭 확인되는 또 다른 음성변화
인 '웨->워-'(we>wə)의 방향은 이해하기 어려운 과정이다. 그 이유는
19세기 후기 전라방언에서나 오늘날 공시적 지역방언의 음운론에서 이러
한 변화가 성립될 수 있는 음운론적 과정의 타당성이나, 예측 개연성을 찾
아 볼 수 없기 때문이다. 또한, 오늘날의 지역방언에서도 역시 '웨->워-'
의 음성변화의 과정이 쉽게 발견되지 않는다. 그렇다면 위의 예에 실현
되는 '웨->워-'의 변화는 단순히 표기상의 문제일까. 글쓴이는 이와 같
은 음성변화는 현재의 여건에서 그 기제를 투명하게 규명할 수는 없으나,
일정한 자료 내부에서 거듭 출현하고 있는 동시에, 다른 유형의 자료에
서도 '웨-∞위-∞워-'의 변이를 통하여 확인된다는 사실을 주목하려
고 한다.24) 즉, '웨->워-'와 같은 과정은 19세기 후기 자료에서 위의
예 이외에도 다른 완판본 비판소리계 고소설에서 뿐만 아니라(12ㄱ), 언어
표출의 관점에서 성격이 상이한 경판본 부류(12ㄴ, ㄷ)에서도 반복하여 등
장하고 있다.

    (12) ㄱ. 명빅기 <u>워여</u> 왈(길동. 15ㄱ)
             장안터샹의 <u>워여</u> 왈(대봉, 하. 28ㄴ)

     칼 꼿티 쩌여 들고(하. 1ㄱ)
  (ㄴ) '호궤>호구'(犒饋) : 군亽을 <u>호구</u>하라 ᄒ고(조웅 2. 14ㄴ)
24) 또한, 박순호 소장 99장 필사본 『별츈향젼』에서 '웨>워'와 같은 변화의 방향이 '훼졀'
    (毁節), '궤문'(櫃문), 원 말, 원 일(웬 말, 웬 일) 등과 같은 어휘에도 적용되어 나타난다.

  (ㄱ) 죵시 <u>훼졀</u> 안니 ᄒ고(71ㄴ)
  (ㄴ) <u>궤문</u> 열고(49ㄴ)
  (ㄷ) 이계 <u>원</u> 일인야(60ㄱ), 그게 <u>원</u> 말린야(50ㄴ), 딕답니 <u>워</u> 업는야(32ㄴ)
  (ㄹ) 이익, 짐번슈야, <u>워</u>야(장자백 창본 춘향가, 33ㄱ)
      cf. 여보 익씨, 웨야(동. 33ㄴ)

  '웬 일>원 일'과 같은 변화 유형은 신재효의 『판소리사설』에도 등장하였다.

  이게 <u>원</u> 일인고(판, 변. 604), <u>원</u> 일인가(춘, 남. 46 ; 66)

ㄴ. 동지 위여 왈(경판본 전운치전. 7ㄴ)∽<u>위여</u> 왈(9ㄱ)
ㄷ. 크게 <u>위여</u> 왈(경판 25장본 농문전. 8ㄴ)∽웨여 이르되(8ㄴ)∽
크게 위여 이로되(9ㄱ)∽공중의셔 외여 왈(8ㄴ)

위의 예들을 보면, '웨-(呼)>위-'의 변화는 19세기 후기 전라방언 자료에만 특유하게 한정되어 출현하는 것은 아니었다. 그리하여 중부방언을 주로 반영하고 있는 Gale의 『ᄉ과지남』(*Korean Grammatical Forms*, 1894)에서도 '쮀-(貫) → 쭤-'와 '웨(何) → 워' 등과 같은 표기가 확인된다. 보션 <u>쭤민</u> 거슬 본즉(237면, no.1007), 번거혼 쟝바닥에 <u>워</u> 갓더냐(238면, no.1011), cf. 웨 사름을 톤톤 치느냐(247면, no.1076). 이러한 변화 유형이 일찍이 18세기 후기의 『蒙語類解』(1790)로 소급되는 사실을 보면, 그 발단이 19세기 후기에 있는 것은 아니다. <u>워여</u> 푸다(하, 21ㄴ). cf. 웨여 푸다(역어유해, 보, 37ㄴ). 여기서 '웨여>워여'의 예는 19세기 후기 정읍방언의 일상어를 반영하고 있는 필사본 『蘊各書錄』의 언어 내용을 현대 지역방언과 대조하면서 전광현(2003 : 189)에서 미해결의 문제로 남겨 놓았던 "쟝ㅅ <u>워여</u> 팔다(ᄡᆡ唱)"의 보기와 자연스럽게 연계될 수 있다.

19세기 후기의 자료에서 이와 같이 넓게 분포되어 있는 '웨-(呼)>워-'의 표기는 실제의 언어 사실의 반영이면서, 동시에 여기서 음성적 동기를 구체적으로 규명할 수 없기 때문에, 당시의 화자들에 의해서 형성된 일종의 과도교정(hyper-correction)으로 해석할 수 있는 가능성을 찾기로 한다. 19세기 후기 전라방언에서 '원슈'(怨讐)형은 움라우트를 수행하여 '웬슈'로 빈번하게 사용되었다. 이러한 '원슈>웬슈>웬수'와 같은 과정을 거친 변화는 동일한 문장 내에서 구술자의 시점의 이동(13ㄱ), 또는 같은 자료 내에서 화자들의 사회언어학적 변항에 따라서(13ㄴ) 교체되는 변이의 형식으로 등장하였다.

(13) ㄱ. <u>웬수</u> 왕희와 굴양관 진틱열을 죽여 원수을 갑고(대봉, 하. 12ㄴ)
　　　　원수를 갑하(동, 하. 2ㄱ)∽웬수 왕희을 죽여(동, 하. 25ㄱ)
　　ㄴ. 원수로다, 원수로다. 존비귀쳔 원수로다(수절가, 상. 38ㄴ)
　　ㄴ′. <u>웬수</u>로다, <u>웬수</u>로다. 빅발리 <u>웬수</u>로다(동. 하. 26ㄱ)
　　　　cf. 원수로다, 원수로다. 빅발리 원수로다(서계서포본, 수절
　　　　　　가, 하. 26ㄱ)
　　ㄷ. 셰월리 <u>웬슈</u>로다(충열, 하. 41ㄱ), 아비 <u>웬슈</u>(동. 하. 8ㄴ)

위의 예에서 (13ㄴ)의 움라우트 비실현형 '원수'는 춘향이가 이 도령
의 이별 통고를 듣고, 신세자탄조로 울면서 하는 푸념에 등장하는 형태
이다. 그 반면에, (13ㄴ)′의 '웬수'는 농부들의 백발가 대목에 나타난다.
그러나 (13ㄴ)′에서와 같이, 완판 84장본『열여춘향슈절가』의 또 다른 판
본인 "서계서포"본에서는 다시 '원수'로 복원되어 있다. 따라서 이 시기
의 토박이 방언 화자들은 규범 형태인 '원수'와 움라우트를 수용한 방언
형 '웬수'가 각각 상황에 따라서 선별저으로 운용될 수 있는 사회언어학
적 가치를 인지하고 있었을 것으로 생각한다. 이와 같은 '원슈'의 [wə]와,
'웬슈'의 [we]에서 추출된 음운 대응을 근거로, 원래의 규범 형태인 '웨-'
(呼)가 잘못 유추되어 '워-'로 과도교정된 결과를 위의 (10)~(13)의 예들
이 보여주는 것으로 추정한다.

4.3. 움라우트와 유추에 의한 확대(analogical extension)의 실현

19세기 후기 전라방언의 자료에서도 토속어 표출의 관점에서 완판 방
각본 판소리계 고소설 부류와 그 판소리 창본 또는 필사본 계열 간에는
어느 정도의 차이를 보인다. 즉, 판소리 창본과 필사본 고소설 계열에서
는 당시의 구어에 근거한 음운현상들이 방각본의 그것보다 더욱 생동감
있게 노정되어 있는 경우가 많다. 주격조사 '-이'가 선행하는 체언의 비

전설모음을 역행 동화하여 전설화시키는 19세기 후기 전라방언의 움라우트 현상 가운데 일부를 예로 들기로 한다.

'울음(泣)+-이'와 같은 음성 환경에서 완판 84장본『열녀춘향수절가』는 "서계서포"본이나 다른 동형 이판본인 "다가서포"본에서 동일하게 움라우트를 전연 실현시키지 않았다(예문 14). 그 반면에, 84장본 완판본의 내용 전개를 충실하게 따르고 있는 장자백 창본『춘향가』에서는 음성 환경을 충족시키고 있는 경우에는 움라우트 실현형(우름+-이→ 우림이)과 비실현형 간에 변이가 표기상으로 반영되어 있다(예문 15).

(14) ㄱ. 우룸이 장차 질구나(수절가, 상. 39ㄱ)
　　 ㄴ. 진양조란 우름이 되야(하. 7ㄱ)
　　 ㄷ. 우룸이란게 말이난 사람이 잇시면(상. 36ㄴ)
　　　　 cf. 우룸 울고(하. 29ㄴ), 봄식 우름(상. 6ㄴ)

(15) ㄱ. 쇽의셔 우림이 끄러 나오며…우림이 보츠 통츠 아죠 쑥 싸져…우림이라 흐난 거시(장자백 창본 춘향가, 22ㄴ~23ㄱ)
　　 ㄴ. 우름이 장츠 질거날(24ㄴ)
　　　　 우름이나 망슈 되잔케 우씨요(29ㄱ)
　　　　 cf. 노당나구 우름쪼를 너여(상동. 22ㄴ)

　장자백 창본『춘향가』에서도 움라우트가 실현된 (15ㄱ)의 예들은 본문 가운데 지시된 '즁머리'와 'ㅈ진머리' 대목에서 등장하는 것이며, 움라우트 비실현형 (14ㄴ)의 예들은 사설, '말노(ᄒ라)'의 대목에 배분되어 있는 사실이 주목된다. (15)의 예는 19세기 후기 전라방언에서 주격조사 '-이'에 의한 움라우트는 화자들의 사회 계층 또는 말의 스타일과, 자료상의 격식성 등과 같은 사회언어학적 변항에 따라서 실현되는 양상을 보인다. 형태소 경계에서 실현되는 19세기 후기 전라방언의 움라우트와 관련된 이와 같은 경향은 판소리계 고소설이나, 그 창본 부류보다는 토속어 표출의 측면에서 격식성이 높은 비판소리계 고소설 자료에서도 확인된다.[25]

    (16) ㄱ. 집푼 물의 <u>풍닝이</u> 요란한듸(風浪+이, 대봉. 상. 10ㄱ)∽
            너룬 물의 풍낭이 고요ᄒ고(삼국지 3. 15ㄴ)
            cf. 풍낭 즁의 밀치니(대봉, 상. 9ㄴ)
        ㄴ. 화공할 <u>싱긱이</u> 잇기로(생각+이, 화용도. 74ㄴ)
        ㄷ. 틱평으로 <u>늘기미</u> 엇더ᄒ요(늙음+이, 초한, 하. 8ㄴ)
        ㄹ. 그딕을 쳥흠문 <u>다림이</u> 아니라(다름+이, 초한, 상. 34ㄱ)

    따라서 장자백 창본『춘향가』에 반영된 '우름(泣)+–이 → 우림이∽우름이'와 같은 표기는 19세기 후기 당시 주격조사 '–이'가 체언의 말모음 '으'를 전설화하는 공시적 현상을 변이의 형식으로 나타낸 것이 틀림없다. 글쓴이의 이와 같은 판단은 동 시대의 다른 판소리 계열의 고소설 자료에서도 확인된다. 면상의 흑 빗시오, 외복이 <u>어림이라</u>(어름+이, 심청, 상. 17ㄱ)∽으복이 어름이라(완판 41장본 심청. 17ㄱ). 그러나 '우름+–이'와 비슷한

---

25) 필사본 고소설 자료 가운데 김문기 소장 26장본「홍보전」은 주격조사 '–이'를 포함하여 형태소 경계를 넘어 실현되는 움라우트 현상이 매우 적극적으로 반영되어 있다. 이 필사본은 경판 20장본「홍부전」(松洞 신판)을 모본으로 하여 필사한 것으로 추정되는데(김창진, 1991 : 130~132), 경판본에는 형태소 경계에서 일어나는 움라우트 현상이 전연 나타나지 않는다. 아래에 먼저 제시된 움라우트 실현형들의 예는 김문기 소장본에서 추출된 것이고, 나중의 비실현 예는 20장본 경판본의 예에 해당된다.

  (ㄱ) 홍보는 어진 <u>사림이라</u>(4ㄴ)=사롬이라(4ㄱ)
  (ㄴ) 그릇 <u>찍기</u>(5ㄱ)=그릇 짝기(4ㄱ)
  (ㄷ) 엇끄제가 <u>뀜이로다</u>(10ㄴ)=엇그제가 꿈이로다(8ㄴ)
  (ㄹ) <u>쉼이</u> 차 헐쩍헐쩍 ᄒ다가(17ㄴ)=슘이 츠셔 헐덕헐덕(13ㄴ)
  (ㅁ) 풍유을 조화한다 <u>희기</u>예(14ㄱ)=ᄒ기의(11ㄱ)
       젼장의 승젼 <u>희기</u> 기다리듯이(4ㄴ)=승젼 ᄒ기(3ㄴ)
  (ㅂ) 사직이라는 것슨 하날을 <u>위힘이니</u>(21ㄴ)=ㅅ직이란 ᄒ날를 위ᄒ미니(16ㄴ)
  (ㅅ) 복장 <u>치기</u>, 비 치기, 작쩍이 치기, 치질 희기, 초혼 희기, 허리쮜 끈코 다라너기(21ㄱ)
       =복중 츠기, ᄇ딕기 츠기, 죽딕기 츠기, 키질 ᄒ기, 허리쎅 끈코 다라나기(16ㄱ)

음성 환경을 갖고 있는 '노름(遊戱)+-이'의 경우에는 해석이 그렇게 단순한 것 같지 않다. '노름+-이'에서 움라우트가 실현된 '노림이'의 예도 19세기 후기 전라방언 자료에서 찾을 수 있으나, 움라우트의 음성 조건 이외의 환경에서도 전설화를 수행한 형태로 여겨지는 '노림'형이 빈번하게 출현하고 있기 때문이다.

(17) ㄱ. 춘향아, 우리 <u>말노림</u>이나 좀 하여보자. 이고 참 우수워라. <u>말노림</u>이 무어시오.
<u>말노림</u> 만이 하여본 셩 부르게, 천하 쉽지아(수절가, 상. 35ㄱ)26)
ㄴ. 광디 십여인이 모다 <u>노름</u>ᄒ며, 나도 <u>노림</u>을 ᄒ더니…광디등이 듯고 <u>노림</u>을 시작ᄒ거날… 왼ᄭ <u>노림</u>을 잘 ᄒ니(풍운, 10ㄴ)
ㄷ. 이 <u>노림</u> 져 <u>노림</u> 그만 두고 놀보놈을 조쳐ᄒᄌ (김문기 소장 26장본 흥보전, 23ㄴ)
ㄹ. 이 번 <u>노림</u>에(필사. 구운, 하. 257ㄱ), 다만 <u>노림</u>에 춤예치 아님으로(상동. 257ㄴ), 낙유원 <u>노림</u>에(상동. 257ㄱ)27)
ㅁ. 광디 창부 네 <u>노림</u>은 이왕의 구경이라(필사본 봉계집. 41ㄱ) 각식 <u>노림</u>을 시기미(상동. 44ㄱ)28)

26) 완판 84장본 『열녀춘향수절가』의 이야기 구성과 전개를 어느 정도 충실히 따르고 있는 두 편의 필사본에서 '말노름∽말노림'은 '말농질'로 교체되어 있다.
(ㄱ) 이이 말농질이나 좀 ᄒ여 보ᄌ. 이고 구졉시러라. 말농질은 엇쩟케 한단 말삼이요 (장자백 창본 수절가, 21ㄱ)
(ㄴ) 그러나 졜어나 시작ᄒ 짐의 말농질이나 ᄒ어 보자. 이고 그 양반 별 잡셩시런 쇼리을 다 ᄒ시요(박순호 소장 99장본 별춘향전, 30ㄴ)
27) 여기서 인용한 필사본 「구운몽」(常山本)은 김문기 편 『고전문학 정선』(1982, 태학사)에 수록되어 있다(201~260면). 글쓴이가 여기에 반영된 언어 내용을 검토해본 결과, 19세기 후기 전라방언의 자료들의 그것 과 어느 정도 접근하여 있으나, 그 작성 시기가 19세기 중엽 이전으로 추정된다.
28) 필사본 「鳳溪集」은 1894년 전북 진안군 주천면 출신 朴海寬이 작성한 50장본으로, 전북대 이태영 교수가 발굴하여 19세기 후기 전북방언과 대조하여 소개한 바 있다("<봉계집>과 19세기 말 전북 화산 지역어"(『국어문학』 제28집, 3~25면).

위의 예들에 출현하는 '노름'과 '노림'형들의 분포를 관찰하면, (15ㄱ)의 경우와는 달리, '노림'형이 단순히 '노름+-이'와 같은 음성 환경에서 움라우트의 적용을 받아서 형성된 것으로 파악되지 않는다. 움라우트가 실현될 수 있는 이외의 환경에서 이미 '노름→노림'(遊戲)과 같은 변화를 수용하고 있기 때문이다. 19세기 후기 전라방언에서 '노름'형의 쓰임은 그 문맥에서 대부분 동사 '놀-'(遊)에서 파생된 원래의 기본적 의미를 유지하고 있다. 그러나 경우에 따라서 그 의미가 특수화되어 오늘날의 [賭]으로 발달하는 초기의 모습도 부분적으로 등장하였다.29) 예문 (17)에서와 같은 '노름∽노림'의 공시적 변이에서 19세기 후기 방언에서의 규범은 역시 기원적인 '노름'형이었을 것으로 쉽게 추정된다. 그것은 별개의 어휘인 '그림'(畵)의 방언형들 가운데 움라우트를 수행하고('그림>긔림>기림'), 이어서 '리>르'와 같은 과도교정(hyper-correction)이 이루어진 '기름'형이 이 시기의 방언 자료에서 내부적으로, 또는 『춘향전』 이본들의 유형에 따라서 산발적으로 등장하고 있기 때문이다.30)

---

29) (ㄱ) 상ᄒᆞ 업시 노난 노름의 무신 쳥탹이 잇씨랴(장자백 창본, 춘향가. 5ㄴ), 소동파의 임슐 노름(허두가, 신씨가장본. 655), 동졍즁악 큰 놀음을 졔 뉘라 보와던가(동. 656), 명챵 명기 쳥가묘무 이 놀음이 엇지 아니 죠흘손가(동. 677)
  (ㄴ) 노름도 못홀 테요, 강쯔도 안 홀 테니(賭, 판, 변. 542)

그러나 전라방언 자료와 거의 비슷한 시기에 생산된 19세기 후기 중부방언의 자료에서 '노름'은 주로 전용된 의미인 [賭]로 사용되었다.

  (ㄱ) 어제 밤새도록 노름ᄒᆞ야 빅량 일헛소(gamble, 「ᄉᆞ과지남」, 111면)
    놀음에 잠착ᄒᆞ야 잠 잘 쥴 모르고(gambling, 상동. 228면)
  (ㄴ) 집안에셔 노름 잡계를 ᄒᆞᄂᆞᆫ디(독립 1권 92호)
    노름을 ᄒᆞ기로 슌검 네명이 붓드러(동. 1권 64호)
  (ㄷ) 노름 ᄒᆞ다가 돗토아(賭, 태상감응편, 3. 34ㄱ)
    글 닑키는 아니ᄒᆞ고 날마다 노름을 공부ᄒᆞ니(賭, 상동. 33ㄴ)

30) 이와 같은 과도교정은 이 시기의 방언 자료에서 치찰음 계열 'ㅅ'에 연결되는 '으' 모음이 전설화되는 전설고모음화 과정에 대한 반작용으로 나타나기도 한다. 즉, 원래의 '시-'가 '스-'로 잘못 교정되어 같은 문장 내부에서 등장한다.

  (ㄱ) 삼삭 양슥을 가지고…삼삭 양식은 고스ᄒᆞ고(糧食, 화룡, 하. 3ㄴ)

(18) ㄱ. 벽상을 살펴보니 무슨 기림장도 붓쳐 잇고 기림을 그려 붓쳐
　　　스되…기림이 웨 잇슬고만는 월션도란 기림, 조회 받던 기
　　　림, 황정경 익던 <u>기름</u>, 사양문 짓던 기림…견우 직여 만나난
　　　<u>기름</u>, 항아 <u>기름</u>…역역히 기려 잇다(수절가, 상. 21ㄴ~22ㄱ)
　　ㄴ. 벽상을 둘너본니 왼갓 긔림 다 붓쳣다. 엇쩌흔 긔림 붓쳣넌
　　　고…만고성인 공ᄌ 긔림, 향우 긔림, 츈화 긔림을 넉넉키 긔
　　　려잇고(29장본 완판 별춘향전, 7ㄴ~8ㄱ)
　　ㄷ. 사방을 살펴보니…군신죠회 밧던 <u>기름</u>, 상양문 짓는 <u>기름</u>,
　　　판션여 안희 <u>기름</u>(박순호 소장, 99장 별춘향전, 19ㄴ)
　　ㄹ. 사벽의 붓친 거슨 여러 <u>긔름</u>뿐이로다…동벽의 부친 <u>긔름</u>…
　　　남벽의 부친 <u>긔름</u>(가람본, 춘, 남. 10ㄴ)
　　cf. 사벽에 부친 거슨 열녀 기림뿐이로다─동벽의 부친 기
　　　림…남벽의 부친 기림(춘, 남. 16)

　　위의 예에서 '그림(畵) → 긔림 → 긔름 → 기름'의 과정을 거친 과도교
정형 '기름'의 출현은 19세기 후기 전라방언에서 '노름'(遊戲)에서 벗어난
'노림'형이 매우 유표적 형태이었음을 가리킨다. 물론 '노름 → 노림'의
등장은 공시적으로 주격조사 '-이'와의 연결에 의한 음성적 환경에서만
음운과정으로 허용되어 왔을 것이다. 이러한 사정은 예문 (15)~(16) 가운
데 '우름(泣)+-이 → 우림이'와 '다름(異)+-이 → 다림이', 그리고 '어름
(氷)+-이 → 어림이' 등과 같은 움라우트 실현형에서도 확인된다.

　　그러나 (17)의 예문에서 생산적으로 등장하고 있는 '노름(遊戲) → 노림'
의 경우는 일관성 있는 음성 환경, 즉 주격조사 '-이'의 조건을 표면적

(ㄴ) 슈리의 <u>슬코</u>, 셜민의 <u>슬코</u>, 쇠게 <u>실코</u>(載, 판, 박. 388)
(ㄷ) 짐을 만이 <u>슬고</u> 가니(충열, 하. 31ㄱ)

이러한 유형의 과도교정 현상은 전설고모음화가 생산적으로 일어났던 19세기 후기 중
부방언 중심의 『독립신문』에서도 관찰된다.

(ㄱ) 아라샤 사름의 몰끠 <u>슬코</u> 가는 물건을(1897. 1. 14. ③)
(ㄴ) 슈뢰포 <u>슬코</u> 다나는 비가 흐나…슈뢰포 <u>슬코</u> 다니는 비(1897. 1. 30. ②)

으로 확인할 수 없는 위치에 출현하고 있다. 그뿐 아니라, '노림'은 19세기 후기 전라방언 자료에서도 판소리계 고소설에서부터 비판소리계 양반 고소설, 그리고 필사본 부류와, 약간 이질적인 성격의 『봉계집』(1894)에까지 폭넓게 분포되어 있다. 그렇기 때문에, '노름(遊戲) → 노림'의 변화를 형태소 경계에서 적용된 움라우트 현상과는 상관없이 형태소 내부에 수행된 '르>리'에 의한 음성변화에 기인되었을 가능성을 찾을 수밖에 없다. 19세기 후기 전라방언에서 '르>리'의 변화는 전형적인 '푸르->푸리-'(靑), '누르->누리-'(黃) 활용형의 사례를 제외하면, 몇몇 용언어간에 국한되어 변이의 형식으로 출현하였는데, 그렇게 생산적인 음운과정은 아닌 것 같다.[31]

(19) ㄱ. **뭇지르-〉뭇지리-**
   혼 칼의 다 <u>뭇지리고</u>(충열, 하. 39ㄴ)
   디칸의 <u>뭇지리고</u>(동, 하. 22ㄴ)
   cf. 뭇지르고(동, 하. 9ㄱ)

ㄴ. **불 지르-〉불 지리-**
   잔도괴 불 <u>지리기난</u>(초한, 상. 26ㄴ)
   cf. 잔도교질으기를(동. 상. 31ㄴ)
     불 지른이(동. 상. 26ㄴ)

ㄷ. **업지르-〉업지리-**
   황후를 게흐의 <u>업지리고</u>(충열, 하. 20ㄱ)
   웬수을 게흐의 <u>업지리고</u>(동. 하. 18ㄱ)
   cf. 유심을 자바다가 게흐의 업지르고(동, 하. 10ㄱ)

ㅁ. **모르-(不知)〉모리-**
   노인죤장 <u>몰리고</u>(박순호 소장 99장본 별춘향전 54ㄴ)
   어스 쥴을 <u>몰리고셔</u>(동. 63ㄱ)

---

31) 19세기 후기 전라방언 자료와 오늘날의 제주방언에서 '러' 변칙용언 '푸르-'(靑)와 '누르-'(黃)형이 각각 '프리-'(푸리고∽푸리여)와 '누리-'(누리고∽누리여)로 재구조화되어 활용하는 예와 그 설명에 대해서는 최전승(1995 : 504~506)을 참조.

위의 예에서 특히 (19ㅁ)의 '모르-(不知)>모리-'의 출현 빈도는 매우 희소한 반면에, 19세기 후기 전라방언에서는 오히려 '모르->모로- / 모루-'와 같은 변화가 일반적이었다. 철도 모루고(심청, 하. 35ㄱ)∽모로고셔(판, 심. 194)∽모르고(판, 심. 188). 또한, 용언어간에서 '-르>-로'로의 변화가 선행 음절의 모음이 비원순모음인 환경에서도 생산적으로 적용되어 있다. 기르-(育)>기루-(적성, 상. 36ㄱ), 이르-(至)>이루-(삼국 4. 35ㄴ), 짜르-(隨)>짜로-(초한, 하. 40ㄱ), 벼르-(紀恨)>벼루-, 어르만지-(撫)>어로-(대봉, 상. 22ㄱ), 어루-(구운, 하. 27ㄱ).32) 그 반면, 최명옥(1982 : 63)에 의하면, 오늘날의 경북 월성방언에서 '르' 변칙용언에 속하는 '따르-(隨), 가르-(分), 다르-(異), 무르-(軟), 부르-(唱)' 등은 '으>이'의 변화를 수용하고 있다. 따라서 경북방언에서 '르' 변칙용언 어간들의 '르'은 치찰음(ㅅ, ㅆ)과 경구개음(ㅈ, ㅊ, ㅊ)과 한 부류를 이루어 '으>이'와 같은 전설모음화의 규칙으로 묶여진다. 오늘날의 전남과 전북방언 등지에서 통상적인 전설모음화 규칙(스, 즈, 츠>시, 지, 치)은 19세기 후기 전라방언으로 소급되는 음운현상인 동시에, 그 시기부터 적용 환경이 형태소 경계에까지 확대되어 있었다(최전승, 1986 : 310~323). 그러나 용언어간의 '르'의 경우는 조음위치가 '이' 모음을 전설화하기에는 거리가 있기 때문에, 위의 (19)의 예에서 관찰한 바와 같이, 19세기 후기의 단계에서도 '르>리'의 변화는 생산적이지 못하였다. 이러한 사정은 오늘날에도 마찬가지로 변함이 없다. 그러나 현대 전남과 전북의 지역방언에서 용언어간에서의 '르>리'의 변화는 '모

---

32) 근대국어의 18세기 간본 자료에서도 '짜르-(隨)>짜로-'와 '벼르-(紀恨)>벼로'와 같은 변화가 나타난다.

　　(ㄱ) 짜로니(삼역총해 3. 20ㄱ)
　　　　짜로다(동문유해, 상. 46 ; 한청문감 11ㄴ)
　　　　먼 듸를 짜로고(척샤륜음, 5ㄴ)
　　(ㄴ) 셩 내여 크게 벼로고(삼역총해, 1. 10ㄴ)

르->모리-’(不知)와 같은 특정한 용언어간에 한정되어 나타나거나, 또는 주로 경상방언과의 접경지역에서만 산발적으로 실현되고 있다. 따라서 위의 (19)와 같은 ‘르>리’의 예들은 19세기 후기 당시에 개입되었던 일종의 방언 차용에서 결과되었을 가능성도 있다고 생각한다.

그렇다면, (17)의 예에서 주격조사 ‘-이’의 동화에 의한 움라우트의 가능성을 찾을 수 없는 ‘노름(遊戱)>노림’의 출현도 ‘르’의 영향으로 ‘으>이’의 전설모음화를 수용한 경상도 방언의 차용으로 파악되어야 할까. 그러나 ‘르’ 변칙용언을 중심으로 ‘르>리’의 전설모음화가 생산적인 경북 월성방언에서도 체언부류 ‘그릇(器), 노릇(戱), 버릇(慣習), 어른(成人), 어름(氷)’ 등에는 ‘르>리’의 변화가 적용되지 않는다. 이러한 음성변화는 개음절 어간의 용언 범주에만 적용되는 반면에, 폐음절 어간을 갖고 있는 체언들에는 아무런 의미가 없기 때문이다(최명옥, 1982). 이와 같은 ‘르>리’ 변화의 제약은 다른 경상도 하위지역 방언에서도 역시 동일하게 적용되고 있다.33) 그렇기 때문에, 적어도 음운론적 층위에서는 19세기 후기 전라방언에서 빈번하게 등장하는 ‘노름(遊戱)>노림’에 대한 어떤 합리적인 해석을 표면적으로 찾을 수 없다.

따라서 위의 (17)의 예들은 그 출현 빈도에도 불구하고, 현실적인 당시 화자들의 발음과는 무관한 단지 표기상의 문제로 취급될 수밖에 없는 상황에 직면하게 된다. 그러나 19세기 후기에 사용되었던 ‘노림’(遊戱)의 후속형이 오늘날의 전남 벌교방언을 구사하는 이봉원 토박이 화자의 긴 이야기 내용 가운데 아래와 같이 ‘노름’형과 더불어 여전히 등장하고 있다.34) 이러한 사실을 보면, 비록 ‘노림’형의 의미가 [遊戱]에서 [賭]으로

---

33) 용언의 어간 모음에 한정되어 일어나는 ‘르→리’의 변화는 황해도 지역방언에서도 부분적으로 관찰된 바 있다. 가르다→가리다, 벼르다→베리다 등(황대화, 2007 : 35). 황해도 방언에서도 폐음절 어간을 갖고 있는 체언 부류에서 이러한 변화는 제외된다.
34) 전남방언 구술 자료는 <뿌리깊은나무 민중 자서전 12. 벌교 농부 이봉원의 한평생>, 『그

특수화되었으나, 19세기 후기 전라방언에 사용되었던 예문 (17)의 '노림' 형의 존재가 다시 확인되는 것이다.

  (20) ㄱ. 그때는 그 근방이 <u>노림</u>이 흔해, <u>노림</u>이 흔헝께(34면)
        ㄴ. <u>노림</u> 배우면 못 씐다고. <u>노림</u>이 살림 망헌 사람 있고(34면)
        ㄷ. 노름 히 갖고 기양 새경돈 다 없애뿌리고(34면)
           즈그 죙형은 노름해 갖고 거덜이 나 갖고 있고(171면)

   위의 예에서 (20ㄱ)의 '노림'은 주격조사 '-이'의 움라우트에 의한 역행 동화로 형성된 것으로, 그 성격은 한 세기 이상 소급되는 19세기 후기 전라방언 자료에서 추출된 (17ㄱ)의 '노림+-이'의 과정과 전연 동일하다. 또한, (17)의 다른 예들에서 움라우트의 동화주 '-이'의 조건이 없어도 '노림'이 등장하였는데, 이러한 과정은 이봉원 노인의 방언 자료 (20ㄴ)에도 동일한 모습으로 확인된다. 이 예들 가운데 '<u>노림이</u> 살림 망헌 사람'에서 '<u>노림이</u>'는 부사격조사 '-에'에 해당하는 전남 방언형이다.

   이봉원 노인의 구술 자료를 검토해 보면, 가장 생산적인 음운론적 과정으로 동화주인 주격조사 '-이'에 의한 다양한 움라우트 실현과 그 유추적 확대 현상이었다(최전승, 2004).35) 움라우트에 의한 유추적 확대는 주격조사 '-이'에 의한 움라우트를 실현시킨 주격 형태가 사용 빈도수의 증가에 따라 다른 격 형태로 확산되어 결과적으로 음운론적 환경을 벗어

때는 고롱고롬 돼 있제』(편집 : 박기웅, 1992)을 이용하였다. 이 자료는 전남 보성군 벌교읍 가난한 농가에서 1906년 출생하여 1990년 현재에 이르기까지 이 지방 소작농으로서 살아온 한평생을 순수한 토박이 벌교말로 자연스럽게 구술한 당시 85세 이봉원 노인의 말을 편집한 것이다.

35) 글쓴이는 "움라우트에 의한 유추적 확대"(analogical extension)라는 용어를 움라우트 규칙의 형태론화 과정으로 사용한다. 최전승(2004)에서는 이와 같은 움라우트에 의한 유추적 확대형들이 자연스러운 발화에서 출현하기 위해서는 해당 지역 방언을 사용하는 화자들의 구술 텍스트에서 주격조사 '-이'에 의한 움라우트 실현형들의 비율이 80~90% 수준에 도달하여야 된다는 사실을 제시하였다.

나서 형태론의 영역으로 재구조화된 결과를 나타낸다. 그렇다면, 움라우트의 동화주 '-이'의 중재 없이 등장하는 (20ㄴ)의 '노림'의 형태는 유추적 확대형의 신분인 것으로 판단된다.

이러한 유추적 확대 과정이 이봉원 노인의 토박이말에서 고립되어 존재하는 것은 아니다.36) 가장 출현 빈도수가 높은 '사램'과 '나락'을 포함하여 18가지 유형의 유추적 확대형이 이봉원 노인의 이야기 가운데 확인된 바 있다(최전승, 2004). 그리하여 '노름(賭博) → 노림'과 동일한 음성조건을 구비하고 있는 '여름(夏) → 여림, 구름(雲) → 구림, 보름(望) → 보림, 씨름(角戲) → 씨림' 등에서도 이러한 범주에 귀속되는 것이다.37)

> (21) ㄱ. 시안에 방애 찧다가 <u>여림</u>에까장 묵그덩(92면)
> 　　　 일꾼덜이 인자 <u>여림</u>에 맹글아(92면)
> 　　　 덕석은 <u>여림</u>에 마당서 맹글제(92면)
> 　　　 <u>여림</u>에 모 다 싱키고(122면)
> 　　ㄴ. 여름에 날 따시고 헝께로 여름으로 짜고(134면)∞
> 　　　 봄에 <u>여림</u>에백이 못 입고(134면)

---

36) 전남 벌교 토박이 방언 화자 이봉원 노인의 말에 등장하는 유형과 같은 움라우트에 의한 유추적 확대형 가운데 개신형 '사램'(人)과 보수형 '사람' 간의 부단한 변이 현상의 보기는 이 글의 각주 8)을 참조.

37) 이봉원 노인의 이야기 가운데에 개음절 용언어간 위치에서는 경상도방언에서 나타나는 '르→리'의 전설모음화 현상이 부분적으로 실현되어 있다.

(ㄱ) 마르-(乾) → 모리- : 논이 <u>모리면</u> 물대기가 일이여(170면)
(ㄴ) 모르-(不知) → 모리- : 시방 사람은 맥다리도 <u>모리겠네</u>(91면)∞
　　　　 인삼은 알도 모르고(132면)

특히, '모르->모리-'(不知)의 경우는 전북방언 일대에까지 확대되어 동일한 화자의 말 가운데에서 원래의 '모르-'형과 말의 스타일에 따라서 교체되어 출현하고 있다.

"이것 <u>모르겠습니까?</u>" 헌게, 전연, 뭐, 전연 <u>모리겠다고</u> 헌게, "그러실 것입니다. <u>모르</u>실 것입니다." 그서 인자 전후사 이애기를 죽허니 힜어(『한국구비문학대계』 5-5, 전북 정주시 정읍군편 (1) 정우면 설화 7 : 715).

(22) ㄱ. <u>구림이</u> 막 탐박질로 들어가고, <u>구림이</u> 막 부산 낳게 올라
　　　　와. 하느바람허고 <u>구림이</u> 들오고 나가고(77면)
　　　　<u>구림이</u> 막 저 동쪽으서(76면)
　　ㄴ. <u>구름이</u> 또 요리 내리오그덩(76면)
　　　　그릏께 구름 들으강 것 보고(77면)

(23) ㄱ. <u>보림에</u>는 또, 근방으 댓나무가 있어(27면)

(24) ㄱ. 그 굿이 농군덜 <u>상씨림이여</u>(123면)
　　ㄴ. 씨림 헤기가 일이고(25면), 그리갖고 씨림 했다 허먼(123면)
　　ㄷ. 씨름 헤기 허고(26면), 씨름 허고(25면), 인자 벌괴에서나 씨
　　　　름 붙이면(123면), 씨름헐만한 사람들만(124면)

　위의 예들 가운데 (21)에서 '여림(夏)∽여름'과 같은 변이는 유추적 확
대형과, 그러한 형태론적 과정에 참여하지 않은 어휘가 동일 토박이 화
자의 말에서도 스타일에 따라서 공존하고 있음을 나타낸다. (22)의 '구
림'(雲)의 경우는 주격조사 '-이' 이외의 환경에서는 확인되지 않지만, 그
움라우트 실현형들의 빈도가 높기 때문에 말의 스타일의 쓰임에 따라서
유추적 확대형의 출현이 충분히 예상된다.38) 그 반면에, 이봉원 노인의
말에서 '보림'(望)은 단 한번 사용되었으나, 유추적 확대형의 모습을 보인
다. 이러한 사실은 자료 자체에서는 확인되지 않으나 주격조사 '-이'에
의한 움라우트 실현을 전제로 하는 것이다. 따라서 (24ㄴ)에서 움라우트
에 의한 유추적 확대형 '씨림'의 존재는 (24ㄱ)에서 '씨름+이 → 씨림이'

---

38) '구름'(雲)의 변이형들 가운데 움라우트에 의한 유추적 확대형으로 생각되는 '구림'형
　이 경북 포항지역의 방언형으로 수집되어 있다(최학근, 1990 : 26). 또한, 전북 남원방
　언 일대에서 '거름'(肥料)형이 '거림'으로 조사되어 있다(전광현, 1977 : 193)

　거림, 재거림, 밑꺼림이(동면, 아영, 운봉)
　cf. 고드름(194면), 지름, 동백 찌름(196면)

의 빈번한 출현 빈도수에서 확대된 결과임을 말한다.[39]

따라서 현대 전남방언의 토박이 화자의 말에 쓰이고 있는 예문 (20ㄴ)의 '노림'(角戲)형이 출현 빈도수가 높은 움라우트 현상 '노름+－이→노림이'를 기반으로 하는 유추적 확대형이라면, 이와 동일한 모습을 보이는 19세기 후기 전라방언에서의 예문 (17)에 등장하는 '노림'형의 존재 역시 같은 해석이 적용되어야 한다. 이 시기의 전라방언에서도 역시 움라우트에 의한 유추적 확대형으로 보이는 또 다른 사례가 확인된다(최전승, 2004 : 184).

> (25) ㄱ. <u>동틱이</u>(董卓, a) 난을 지으미 사도 왕윤이 사직충신으로 <u>동틱</u>
>   <u>을</u>(b) 치고(화룡, 1ㄱ)
>   ㄴ. <u>동틱이</u> 작난ㅎ미(초한, 하. 44ㄱ)
>   ㄷ. 동탁보단 심훈지라(판, 적. 454)

1907년 간행 연도를 갖고 있는 완판 83장본 『화룡도』 첫머리에 등장

---

39) 그러나 이봉원 노인의 말에서 '노름'과 둘째 음절 위치에서 동일한 음성 조건을 갖고 있는 '이름'(名)과 '지름'(油)의 경우에는 주격조사 '－이' 앞에서도 움라우트를 실현시키지 않는다.

(ㄱ) 동네마당 <u>이름이</u> 달라(18면)
    그것은 <u>이름이</u> 읎어(77면)
(ㄴ) 약값이랑 것이 <u>지름이여</u>(80면)

이러한 사실은 이 토박이 화자의 말에서 '이름'과 '지름'의 사용 빈도수가 위의 예문 (21)~(24)의 경우들보다 훨씬 낮았을 가능성을 의미한다고 생각한다. 그 반면, 『평북방언사전』(김이협 편, 1981)에 부록으로 수록된 "평북방언 「千字文」"(557~569면)에서 새김으로 '이림'(名)형이 사용되었다. 號, 이림 호, 이름 호(558면), 名, 이름 명, 이림 명(560면). 이 평북사전의 표제어들을 관찰하면 개음절 용언 '－르' 계열이 '－리'로 전설모음화되는 음성변화는 전연 반영되지 않았다. 또한, 이 사전에서도 '씨름'에 대한 '씨림'과, '기름'에 대한 '기림'형이 등록되어 있다.

(ㄱ) 비교씨림(220면), 씨림꾼, 씨림판(372면)
(ㄴ) 개기림(18면), 기림(油, 79면), 챙기림(참기름, 489면)

평북방언에서 주격조사 '－이'에 의한 움라우트 현상이 생산적으로 등장하고 있음은 물론이다.

하는 '동틱이'와 '동틱을'형이 같은 문장 내에서 공존하는 모습은 그 당시에 움라우트 실현형과 그 유추적 확대형과의 관계가 성립될 수 있었음을 뜻한다.[40] 물론, 19세기 후기 전라방언의 자료에서 주격조사 '-이'에 의한 움라우트 현상이 오늘날과 같이 전면적 확대의 양상을 보이지는 않았다. 그러나 움라우트의 진행의 과정 가운데 유독 '노름'(遊戲 / 睹)형만이 유추에 의한 움라우트의 확대라는 변화의 흐름에 선두 위치에 있어 왔다는 사실은 어휘 확산의 가설과, "모든 어휘들은 각각 고유한 역사를 갖고 있다"(Malkiel, 1967)는 방언지리학에서의 유서 깊은 강령으로 이해되는 것이다.

5. 19세기 후기 전라방언의 변이와 변화에 개입된 비음성적 요인―용언어간 'ⅰ' 모음 첨가 현상과 접미사 '-이'

5.1. '웃-(笑)〉윗-'의 사례

국어 방언사의 고찰에서 봉착하게 되는 몇 가지의 제약 가운데 하나는 취급하는 해당 지역방언의 고유한 어휘 및 음운현상, 그리고 그 변천의 과정을 주로 전통적인 간본 중심의 문헌어에서 확립된 일반 규칙과 원리에 비추어 파악할 수밖에 없다는 사실이다. 이러한 제약은 지역방언의 공시적 기술에서도 그대로 적용된다. 통시적 또는 공시적 관점에서 일정한 지역방언은 고립하여 존재하는 것은 아니다. 그것은

---

40) 예문 (25ㄱ)에 나타나는 '동틱이∽동틱을'과 같은 교체에서 '동틱'(董卓)의 '틱'이 '卓'의 한자음과 관련되어 있을 개연성도 생각할 수 있다. 그러나 '卓'의 한자음은 전통적인 문헌 자료에서 '탁'으로 실현되어 있다. 노플, 탁(卓, 신증 유합, 하. 56ㄱ), 반적 동탁이 그 고으믈 듯고(오륜삼강행실도 3. 17ㄴ), 탁이 모든 군스로 ᄒ여금(동. 3. 17ㄴ).

중앙어 또는 다른 지역방언들과 모든 언어 층위에서와 발달의 진로에서 서로 밀접한 영향과 간섭의 상황 속에서 기능을 발휘하고 있기 때문이다. 그렇기 때문에 지역방언의 모습을 전반적인 국어 기술의 원리와 틀 안에서 기술할 수 있는 측면도 있다. 그러나 일정한 지역방언들이 중앙어 또는 다른 방언들과 대립되는 고유한 음운현상들과 형태론적인 절차, 그리고 독특한 토속 어휘들을 보유하고 있는 변별성도 역시 존재한다는 사실을 부인할 수 없다. 따라서 이러한 고유한 변별적인 특질을 언어변화의 관점에서 합리적으로 이해하는 설명과 그 원리를 표면적으로 찾기 어려운 경우가 많다. 이와 같은 유형들은 일반적인 음운변화의 원칙으로 파악되지 않는 고유한 지역 방언적 변화를 보이는 것이다.

19세기 후기 전라방언 자료에 반영된 당시의 언어 현상 가운데 동사 '웃ᅳ'(笑)의 활용에서 그 어간의 모음이 일정한 상황에 따라서 '우→위ᅳ'와 같은 변화를 수용한 예들이 다음과 같이 산발적으로 등장하고 있다.

> (26) ㄱ. 톡기 앙천ᄒ고 혼참 디소ᄒ니, 용왕이 무르시되 간스니 탈
> 노ᄒ이 헐 말 업셔 <u>윗ᄂ고ᄂ</u>. 톳기ᄀ 엿자오되 할 말슴은 만
> 스오ᄂ 디왕 갓튼 져 지위의 무식하물 <u>윗ᄂ이다</u>(완판 퇴별
> 가, 17ㄱ)
> =간숭이 탈노ᄒ니 할 말 업셔 <u>웃난고나</u>. 토기가 엿자오더
> 할 말슴은 만스오나 디왕갓튼 져 지위의 무식함을 <u>웃난이다</u>
> (신씨가장본, 판, 퇴. 304)[41]

---

41) 21장본 완판 「퇴별가」는 1898년으로 추정되는 간기를 갖고 있으며, 신재효의 판소리 사설 「퇴별가」(신씨가장본)를 모본으로 하여 판각한 자본이라고 한다(유탁일 1983 : 211). 이 완판본과 판소리 사설 「퇴별가」 사이에는 방언 어휘 출현빈도와 음운현상의 실현에 있어서 상당한 차이를 나타낸다. 몇 가지 예를 제시하면 다음과 같다. 앞의 예는 판소리 사설에서 인용한 부분이고, 뒤의 예는 완판본에 해당된다.

(1) <u>퇴간이</u> 엇더키에(兎肝, 254면)=토간(2ㄱ), <u>퇴찌라</u> ᄒ난 거시(254)=톡기(2ㄱ)

ㄴ. 별주부 긔가 막켜 <u>윗다가</u> 울다가 수궁으로 들러가서(김동욱
　　소장 필사본 토선생·별주부입전, 22ㄴ)

이 시기의 모음체계에서 '위'는 음성 환경에 따라서 하향 이중모음
[uy] 또는 여기서 발달된 [wi]의 신분으로 사용되고 있었다(최전승, 1987).
따라서 '웃- → 윗-'의 과정은 어떤 이유로 '웃-'(笑) 어간모음에 -i(y)가
첨가된 결과를 나타낸다. 그러나 이와 같은 변화의 방향은 두 가지의 문
제점을 우리들에게 제시한다. 하나는 용언어간 모음 '우- → 위-'의 변
화 과정을 이루고 있는 기제의 자연성과 그 형성 원리를 음운론과 형태
론에서 규명하기 매우 어렵다는 사실이다. 또 다른 문제는 19세기 후기
전라방언의 자료에서 이러한 예들이 생산적으로 확인되지 않는다는 것이
다. 대부분의 이 시기의 방언 자료에서 동사 '웃-'(笑)의 활용형들은 동
일한 형태로 등장하고 있기 때문이다. 우수워라(수절가, 상. 35ㄱ), 우숩다(동,
상. 31ㄱ), 우스며(동, 하. 8ㄴ), 우스면셔(동. 하. 20ㄱ) ; 헛우슘 우슈며(심청, 하. 13
ㄴ), 티사 크게 우셔 왈(구운, 하. 50ㄴ).

(2) 슈어난 용밍 잇셔 <u>쒸기</u>를 잘 ᄒᆞ옵고(260)=쑤기(4ㄱ)
(3) <u>코궁기</u> 좁스오니(266면)=코궁기가 좁스오나(6ㄴ)
(4) 눈 그리고 귀 기리고 향늬 맛난 코 그리고(268)=눈 <u>기리고</u> 귀 기리고 <u>힝늬</u> 맛난
　　코 <u>기리고</u>(6ㄴ)
(5) 줍아 먹난 법이 업고(264)=<u>볍이</u> 업고(5ㄴ)
(6) <u>물컷</u> 업고 밥 만ᄒᆞ여(물것, 294)=물것 업고(14ㄱ)
(7) 셩인 임군 등극을 하겨시니(278)=<u>희계시니</u>(9ㄴ)
(8) 여우가 쏘 나셔며(282)=<u>여의가</u>(10ㄴ)

그러나 이와 같은 두 가지 유형의 자료에 반영된 차이는 전사자(또는 구술자)의 방언
의식의 실현상의 차이로 소급되는 것이며, 19세기 후기 전라방언에서 상황에 따라서
공시적으로 서로 교체되는 변이의 모습을 반영한 것이다. 즉, 완판본에서 '여의'(狐)형
에 대하여 판소리 사설에서 '여우'로 대응되지만, 판소리 사설 자체에서도 다른 상황
에서 또한 '여의'형도 등장하고 있다.
이와 같은 관점에서 위의 예문 (26)에서 교체되어 등장하는 '윗-∽웃-'(笑)의 관계는
서로 별개의 대립되는 형태가 아니라, 화자의 주관적인 감정의 첨가 또는 말의 스타일
의 차이에서 찾아야 될 것이다.

　　제1부 19세기 후기 국어방언의 음운론과 형태론의 역동성

또한, '윗−'(笑)형을 보이고 있는 같은 자료에서도 다른 맥락에서는 역시 통상적인 '웃−'으로 교체되고 있다. 여우ㄹ 하하 웃고(완판 퇴가, 10ㄴ), 희구가 우셔(동. 7ㄱ). 그렇기 때문에 (26)의 예들은 표기상의 문제로 취급될 가능성 이 높은 것이다. 그러나 19세기 후기 전라방언에서와 같은 '웃− → 윗−'의 현상은 실제의 발음을 반영하였을 것이 분명하다. 그렇게 판단하는 근거 는 이와 동일한 방언형이 오늘날의 전라방언과 경상방언 일대에서 다음 과 같이 토박이 노년층의 일상적인 구어에서 부분적으로 사용되고 있음 이 확인되기 때문이다.

(27)　ㄱ. 원님이 <u>윗다가</u> 인자 겝이 났다 그 말이여(『한국구비문학대
　　　　계』6-3, 전남 고흥군 동강면 설화 10 : 663, 신지우 67세)
　　ㄱ'. 허고는 <u>위스매</u>(우스개)를 한 자리 했단 말이여(동강면 설화
　　　　10 : 663, 신지우 67세)
　　　　그런 대갬이 아주 재주꾼 <u>위스매</u> 소리 잘 허고(동강면 설화
　　　　10 : 661)
　　　　cf. 우스매 소리로…그게 우스매 소리란 말여(『한국구비문학
　　　　　대계』5-6, 전북 정주시 · 정읍군편 덕천면 설화 3 : 781,
　　　　　민대호 82세)
　　ㄴ. 서로 <u>윗고</u> 즐기고 행복허니 잘 살았더라네(동강 20 : 694, 신
　　　　지우 67세)
　　ㄴ'. <u>위세</u>(우세)도 그런 <u>위세</u>가 어디 있을 낀가(고흥군 풍양면 설
　　　　화 8 : 333, 최상근 76세)
　　　　그런 <u>위세</u>가, 챙피가 있는가? 어디가?(전남 정암면 설화 21,
　　　　465)
　　ㄷ. 그 어사가 안 묵고 앉아서 새새 <u>윗고</u>만, 앉었단 말이여. "어
　　　　이, 자네는 왜 <u>윗고</u>만 앉았는가?" 근께(6-3, 전남 고흥군 정
　　　　암면 설화 4 : 428, 신몽구 71세)
　　ㄹ. 또 <u>이슨</u>(우스운) 소리는 잘 헌다(『한국구비문학대계』5-4, 전
　　　　북 군산시. 옥구군 편, 옥구 대야면 설화 19 : 685)

(28) ㄱ. 그래가 돌아서가 <u>윗고</u> 마 돌아서 가니(『한국구비문학대계』 7-1,
　　　경북 경주 월성군 편 현곡면 설화 140 : 363, 이석춘 79세)
　　ㄴ. "니 저 여자 <u>윗기겟나?</u>" "<u>윗기마.</u>" "내가 대턱을 내지러."
　　　"니 <u>윗기겠나?</u>" "아, 그라만 내 <u>윗기지</u>"(월성군 편 내면 설
　　　화 21 : 628, 정장석 65세)[42]

　위의 예 가운데 '위스매'형은 동사어간 '웃-'이 어근으로 관여한 파
생어일 것인데, 같은 방언형 '우스매'의 존재로 보아 '우스매→위스매'
와 같은 과정을 밟았다고 이해할 수도 있다.[43] 그러나 먼저 동사어간에
서 '웃->윗-'과 같은 변화를 겪은 어근의 신분으로 파생어 형성에 참
여한 형태로 생각된다. 이와 동일한 과정을 보여주는 (27ㄴ)'의 '우세>위
세'에서 의 방언형이 동사어간 '웃-'과 직접적인 관련을 맺고 있는 것인
지 쉽게 결정되지 않는다. 전북방언에서 추출된 (27ㄹ)의 '이슨 소리'에
서 '이슨'은 '위스운'의 축약형 [위:슨]에서 어두음절의 ü가 비원순화된
결과(ü>i)로 보인다. 이러한 과정을 거친 형태는 특히 경상도 방언 등지에
서 사용되고 있다. 잇:때(웃다), 이서니(웃으니), 이서서(웃어서)(최학근, 1990 : 1985
를 참조).

　이상의 사실을 보면, 오늘날 전남과 전북방언 일대에서 산발적으로 출
현하고 있는 방언형 '윗-'은 '웃-'(笑)의 '우' 모음에서 직접 전설화하여
[ü]로 대응되는 것이 아니다. 그것보다는 적어도 19세기 후기 이전의 시
기에 이 용언어간의 모음에 -i(y)가 첨가되어 이중모음 [uy]를 형성한 다

---

42) 예문 (28ㄴ)의 '윗기-'의 에는 어간모음에 일어난 '웃- → 윗-'의 자체적인 변화가 아
　니라, 뒤따르는 사동의 접사 '-기'에서 '이' 모음의 움라우트로 인한 통합적 변화에서
　비롯되었을 가능성도 있다.
43) 또한, 동일한 토박이 화자(신지우 67세)의 구술 가운데 상황에 따라서 '위스매>위시매'
　와 같은 전설모음화를 수행한 형태도 등장하였다.
　환자 대갬이 <u>위시매</u> 소리를 건넬 줄 알고(전남 고흥군 동강면 설화. 10 : 665)

음에 uy>wi>ü의 과정을 순차적으로 밟아 온 결과이다.44) 따라서 현대 전라방언에 부분적으로 출현하고 있는 (27)의 예들은 19세기 후기의 단계로 소급되는 셈이다.

또한, (28)의 예는 '웃->윗-'(笑)과 같은 변화의 분포가 전남지역으로만 국한된 것이 아니고, 경상방언에까지 확대되어 있음을 나타낸다. 그렇지만, 지금까지 이루어진 여러 지역방언의 공시적 기술에서 이와 같은 현상이 주목되고, 여기에 적절한 설명이 어떤 방식으로라도 제시된 적은 없는 것 같다. '윗-'의 활용형들이 자연스러운 발화의 상황에서 산발적으로 출현할 뿐만 아니라, 격식적인 면담과정에서 토박이 화자들로부터 추출하기 어려운 방언형이기 때문이라고 생각한다. 또한, 동사어간 '웃-'의 방언적 분포에서 어떤 특별한 음운현상을 통상적으로 기대하지 않았기 때문에, 대부분의 방언조사 설문지에서 이 형태는 제외되어 있기 마련이다.

5.2. 일정한 용언어간 '우' 모음에 연결된 '-이'

그러나 19세기 후기 전라방언에서 용언어간 '우' 모음에 '-이'가 첨가된 '웃->윗-'의 예는 단독으로 우연하게 등장하는 고립된 현상이 아니다. 같은 시기의 방언 자료에 표면적으로 이와 동일한 과정을 반영하고 있다고 생각되는 일련의 용언어간 '꾸->뀌-'(夢), '두->뒤-'(對局)의 과정을 거친 방언형들이 등장하고 있었다.

---

44) 19세기 후기 전라방언의 모음체계에서 하향 이중모음 '위'와 '외'가 수행하여 오는 역사적 단모음화 과정에 대해서는 최전승(1986, 1987)을 참조. 전북방언에서 추출된 (27ㄹ)의 '이슨 소리'에서 '이슨'은 '위스운'의 축약형 [위:순]에서 어두음절의 ü가 비원순화된 결과(ü>i)로 보인다.

(29) ㄱ. 그날 꿈을 <u>쒸니</u>…근밤의 꿈을 <u>쒸니</u>(심청, 상. 24ㄴ)
　　　　일젼의 꿈을 <u>쒸니</u>(심청, 하. 31ㄱ)
　　ㄴ. 니가 정영 꿈을 <u>쒸제</u>(판, 심. 246)
　　　　기 꿈 <u>쒸난</u> 쇼리(장자백 창본 춘향가, 45ㄴ)
　　ㄷ. 니 신셰로 꿈 <u>쒸미라</u>(가람본, 춘. 남. 41ㄴ)
　　　　=니 신셰로 <u>쒼</u> 꿈이니(춘, 남. 70)
　　ㄹ. 꿈을 엇터킈 <u>쒸여</u>(가람본, 춘. 남. 42ㄱ)
　　　　=간 밤 꿈을 엇디 <u>쒸여</u>(춘, 남. 72)
　　ㅁ. 어허, 이 꿈 잘 <u>쒸엿다</u>(병오, 춘. 22ㄱ)
　　　　꿈을 엇찌 <u>쒸엿나</u>(장자백 창본 춘향가, 45ㄴ)
　　ㅂ. <u>쒸던</u> 꿈 쯰엿짜고(판, 젹. 512)
　　　　cf. 공쥐 밤의 흔 꿈을 쑤니(구운, 상. 54ㄴ)
　　　　　　간 밤의 꿈을 쑤니(수절, 상. 11ㄴ)

(30) ㄱ. 상산의 바돌 <u>뒤던</u> 스호션싱 노라씬이(장자백 창본 춘향가. 2ㄴ)
　　　　바돌 <u>뒤난</u> 훈슈 ᄒ노라고(상동. 14ㄱ)
　　　　스호의 <u>뒤던</u> ᄇ돌(판, 퇴. 272)
　　　　=스호의 두던 바독(완판, 퇴. 7ㄴ)
　　ㄴ. 종일토록 바둙을 두다가 나오니(구운, 하. 6ㄴ)
　　　　바독이나 두자 ᄒ고(동, 하. 6ㄱ)
　　　　바돌 두ᄌ 날을 챳나(판, 퇴. 286, 완판, 퇴. 11ㄴ)
　　　　바돌 둘제(신재효의 허두가, 659면)
　　　　바독 두다 어디 간고(동. 658면)

　　위의 예들은 용언어간의 모음 '우'에 모종의 기능을 하는 '－이'가 연결되어 이중모음 [uy] 또는 [wi]의 단계를 나타내고 있다. 특히, 19세기 후기 전라방언에 반영된 '쑤－∽쒸－'(夢)의 공시적 변이 가운데, 개신형 '쒸－'형이 이러한 과정에 참여하지 않은 보수적 '쑤－'형들보다 더 많은 출현 분포를 보인다. 이러한 현상이 오늘날의 전남과 전북의 지역방언에 대부분 그대로 지속되어 있다. 『한국방언 자료집』(VI. 전남 편, 1991 : 397)

에 의하면, 전남방언에서 이 형태는 대부분의 하위지역에서 '(꿈을)뀌지
∽뀌어서∽꿰서∽뀌었다'와 같은 활용형으로 확대되어 쓰이고 있다.45)
간혹 승주, 고흥, 여천, 완도 등지와 같은 몇몇 하위지역에서 '꾸-'형만
을 사용하는 것으로 이 자료집에서 조사되었지만, 실제로는 '뀌-'형과
말의 스타일에 따른 변이의 관계를 이루고 있을 것이 분명하다. 그리하
여 진도방언에서는 '(꿈을)뀌지∽꾸지∽꾸었다∽뀌어서'와 같은 두 형태
사이에 공시적 변이를 나타낸다(『한국방언 자료집』(VII. 경남 편, 1991 : 347)과
VIII. 경북 편 (1992 : 379)을 참조).

현대국어에서 '꾸->뀌-'(夢)의 변화는 이와 같이 전라방언을 중심으
로 가장 일반화된 모습을 보여주는 동시에, 그 강도는 다소 약화되어 가
지만, 충청방언과 경기방언에까지 부분적으로 확대되어 있다.46) 위의
(29)의 예들은 19세기 후기 전라방언에서 일반화되어 있는 개신형 '뀌-'
(夢)의 출발이 훨씬 그 이전의 단계로 소급될 수 있음을 가리킨다. 그 반
면, 개신형 '뀌-'(夢)를 포함해서 위의 (30)의 '뒤 '(對局)형들은 오늘날
경남과 경북 방언의 일대에서는 전연 사용되지 않는다. 이러한 사실은
경북방언에서도 부분적으로 사용하고 있는 '웃->윗-'(笑)의 분보 상태
와 두드러진 대조를 이룬다.

19세기 후기 전라방언에 등장하고 있는 (30) '두->뒤-'(對局)의 경우

---

45) 이러한 활용형들은 전북방언에서도 대체로 동일하게 나타난다. 『한국구비문학대계』
   (5-1, 전북 남원 편, 1981)에서 '(꿈을) 꾸->뀌-' 용례를 제시하면 다음과 같다.

   아이구, 나는, 꿈은 이상시럽게 <u>뀌었다</u>고. 뭔 꿈은 <u>뀌었</u>느냐고(금지면 설화 24 : 483,
   임규홍 62세)

46) 1920년대 옛 러시아에서 간행된 한국어 교과서에 나타나는 함북방언의 요소를 논의하
   는 자리에서 King(1994 : 174)은 (꿈을) '꾸->뀌-'와 같은 변화를 거친 방언형이 관
   찰된다고 보고한 바 있다. /kkwi-/ 'to dream'(PA 27). 또한, '뀌-'(夢)는 함북방언의 일
   부 지역, 즉 종성과 회령에서 사용된다고 한다(김태균, 1986 : 107). 그 반면, 평북방언
   에서 이러한 변화는 보이지 않는다(김이협, 1981).

는 개신형과 보수형 간의 변이를 보인다. 특히 개신형 '뒤-'는 구어성이 강한 판소리 사설 계통과, 몇몇 판소리 창본 부류에서 출현하고 있는 반면에, 전형적인 양반계 완판본 고소설 계통에서는 등장하지 않았다. 그러나 동일한 판소리 사설에서도 '두-∽뒤-'와 같은 변이가 나타난다. 이와 같은 출현 분포로 미루어, 이 시기의 방언에서 '두->뒤-'의 변화가 (29)의 '쑤->쒸-'(夢)의 사례보다 늦게 출발하였을 가능성도 생각할 수 있다.

위와 같은 19세기 후기 전라방언의 (30)의 예들은 오늘날의 전남과 전북의 지역방언에서는 적극적으로 확대되어 있다. 이들 지역방언에서 '뒤-'(對局)는 '(장기를) 뒤지∽뒤어서∽뒤어라∽뒤었다' 등과 같은 활용형들을 각각 보인다.47) 따라서 오늘날의 전라방언에서 공시적으로 출현하는 전형적인 용언어간 '쒸-'(夢)와 '뒤-'(對局)형들의 기원은 19세기 후기 전라방언으로 소급되는 역사성을 갖고 있다. 그렇기 때문에, 이들 용언어간의 모음 '우'에서 변화된 '위'는 오늘날의 지역방언을 중심으로 표준형 어간과 대조하여 단순히 표면적으로 u>ü의 음운론적 변화를 수용한 것이 아니다. 오늘날의 표준어와 지역방언에서의 이들 용언어간의 대응 u∽ü는 한 세기 이전의 19세기 후기로 환원하면 u∽uy로 실현되었던 것이다. 이와 같은 음운 대응이 19세기 후기 이전으로 소급되어질 가능성이 높지만, 그 이전의 구체적인 방언 자료에서 이러한 용례는 확인되지 않는다.

위의 예문 (27)~(30)에 대한 오늘날의 지역 방언형의 반사체와 표준어의 그것들과의 음운대응 u∽ü에서 u>ü의 무조건적인 변화 과정을 합리

---

47) 전남과 전북에서 동일한 방언 화자라도 하더라도 가변적인 상황에 의한 말의 스타일에 따라서 보수형과 개신형을 번갈아 사용하는 경향이 강하다. 그러나 『한국구비문학대계』 (전남·전북 편)에 수록된 토박이 화자들의 구술 담화 가운데 '두-'(對局)형은 '뒤-'로만 등장하였다. 그 사용 예를 들면 다음과 같다.

그날사 말고 그 집이서 장기를 뒤기로 되아서 인자 둘이 장기를 뒤는데…이대감이 장기를 이케 뒤고는 '너 뒤어라' 이랑께 김대감이 한번 탁 뒴시로 '장을 받어라' 이라거든(6-1, 전남 진도군 군내면 설화 7 : 120, 박길종 58세)

적으로 설명할 수 있는 방법을 찾기 어렵다. 여기서 '무조건적 변화'는 해당 변화의 표면적 조건을 이루는 음운론적 환경의 부재를 말한다. 이들 매우 한정된 용언어간의 모음에 대하여 19세기 후기의 단계에서 확인되는 u∞uy의 대응에서 u>uy의 변화 과정을 상정하여야 되지만, 역시 이러한 무조건적인 변화는 이 시기의 음운론적 층위에서 설명되지 않기 때문이다. 따라서 19세기 후기 전라방언에서 '웃->윗-'(笑)과 '꾸->쮜-'(夢), '두->뒤-'(對局) 등과 같은 용언어간의 모음 '위'는 형태론적 층위에서 어떤 문법형태소 '-이'가 첨가된 것으로 파악된다.

이렇게 가정하였을 때, 여기서 두 가지의 중요한 문제가 떠오른다. 첫째는 이 시기의 방언에서 용언어간에 같은 '-우' 모음을 가지고 있던 다른 대부분의 용언들에는 왜 이러한 형태론적 과정에 참여하지 않았을까.[48] 둘

---

[48] 19세기 후기 전라방언 자료에서 또 다른 용언어간에 '우>위'와 같은 변화가 출현하는 예가 확인된다. 그러나 이러한 예는 어두음절의 '우' 모음에 해당되기 때문에 우리가 논의해 온 유형들과는 동일한 것은 아니다.

  (ㄱ) 월삼동취 독흔 형벌 몹시도 쌍당 쮜달어 거의 죽게 되얏시되(박순호본 99장본 필사 별춘향전, 71ㄱ)
  (ㄴ) 슈청 안니 든다 ᄒ고 쮜달어(상동. 73ㄱ)
  (ㄷ) 몹시도 쌍당 쮜딜어 황시쪽시 ᄒ야(상동. 76ㄱ)
  (ㄹ) 가심 탕탕 쮜다린이(가람본, 판, 춘. 28ㄱ)
     cf. 가삼 탕탕 쑤다리니(판, 춘. 46)

위의 예에서 방언형 '쮜다리-'(打)는 '두드리->쑤드리-'에서 첫 음절 모음에 '우>위'의 변화가 개입된 것으로 어간말 모음에 '-이'가 첨가된 현상과는 차이가 있다. 오늘날의 지역방언에서 '뚜드리->뛰드리-'의 예는 광범위하게 확대되어 나타난다. 그러나 동일한 화자의 말에서 상황에 따라 구사하는 스타일에 따라서 '뚜드리-∞뒤드리-'가 다음과 같이 교체되어 출현한다.

  (ㄹ)' 남편이 마누래를 뚜드려도 안들어, 뛰두려도 안들어. 뛰두려도 안 듣다가(『한국구비문학대계』 5-2, 전북 전주시. 완주군 편, 전주시 풍남동 설화 11 : 187, 이영숙 71세)
  (ㅁ) 아무리 뛰두려도 안 들은게. 뛰드러서 안 들은 건 그리 달개야 듣는 거라네(상동. 풍남동 설화 11 : 189)
  (ㅂ) 일찍 일어나서 뛰드리라고 힜드만. 다 뚜드릴라고 일찍 일으나서 뚜드리는구나(5-5, 전북 정읍. 정주시 편, 정주시 설화 10 : 147).

또한, '뛰드리-'형은 19세기 후기 평안방언의 자료(Ross의 『예슈셩교젼서』, 1887)에서

째는 (27)~(30)의 예들의 용언어간에 연결된 '-이'는 음운론적 층위에서 해결할 수 없다면, 어떤 형태론적 기능을 담당하고 있던 문법형태소인가.

5.3. 용언어간 '아 / 어' 모음에 연결된 '-이'와 접사 '-이'의 관련성

첫 번째의 의문에 대한 해결을 글쓴이가 여기서 명료하게 제시할 여유와 능력은 없다. 그러나 19세기 후기 전라방언에서 몇몇 용언어간의 모음에 첨가되어 모종의 기능을 발휘하였던 '-이'가 위의 예에서와 같은 어간말 모음 '우'에만 한정되지 않고, 여타의 다른 모음을 갖고 있는 용언어간들에도 동일한 기제에 의하여 적용되어 있는 사실을 제시하려고 한다.

 (31) ㄱ. 바라-(望) > 바릐-
     바릐건디 션관은 길을 가라치소셔(적성, 상. 6ㄱ)
     바릐본이(구운, 상. 16ㄱ), 바릐난이다(초한, 하. 10ㄱ)
     바릐더니(병오, 춘. 22ㄴ), 마조 바릐보난지라(삼국 3. 13ㄴ)
     멀이 바릐보니(삼국 3. 13ㄴ)됴됴의 슈진을 바릐보며(화룡 39ㄴ)
     ∽쏘 한곳 바라보니(수절, 상. 6ㄴ), 혼 고슬 바라보니(심청,
     하. 15ㄱ)
   ㄴ. 지나-(過) > 지늬-
     압푸 지늬거날(풍운, 13ㄱ), 다 지늬디(수절, 상. 14ㄱ)
     쳐도리 지늬면(판, 박. 344), 지닌 일(필사, 구운, 상. 226ㄱ)
     밤을 지늬고(완판 26장본 별춘 23ㄱ), 마춤 지늬다가(동. 23
     ㄱ), 명나수의 지늬다가, 지늬여(충열, 상. 9ㄱ)
   ㄷ. 만나-(遭) > 만늬-
     어진 군자을 만늬여(필사, 구운, 상. 226ㄱ), 다시 만닌 것 갓

도 생산적으로 출현하였다.

 (ㅅ) 문을 <u>쬐딘</u> 즉 열어주리니(초역 누가 11 : 9)=문올 <u>쬐진</u> 즉(예슈셩교 누가 11 : 9)
 (ㅇ) 문을 <u>쬐디넌</u> 쟤(초역 누가 11 : 10)=문올 <u>쬐지논</u> 쟤(예슈셩교 누가 11 : 10)
 (ㅈ) 문을 <u>쬐딜면</u>(초역 누가 12 : 36)=문올 <u>쬐질면</u>(예슈셩교 누가 12 : 36)

더라(동. 210ㄱ), 셔로 만녀기난(동. 209ㄴ)∽
만나보리(수절가, 하. 1ㄴ)

(32) 건너-(渡) 〉 건네-
향으게 건네가니(수절, 상. 11ㄱ), 잔말 말고 건네 가자(동. 10ㄴ),
건네 갈식(동. 11ㄴ), 강을 건네더니(조웅 3. 19ㄱ)
건네 마을(심청, 상. 5ㄴ), 물을 건네기 을(구운, 상. 6ㄴ), 하북
건네기를(삼국 3. 39ㄴ)

위의 예들을 보면, 이 시기의 지역방언에서 용언어간의 말모음에 '-이'를 첨가하는 현상이 몇몇 용언의 유형에 따라서 '아'와 '어'의 모음에까지 이미 확대되어 있음을 알 수 있다. (31ㄱ)의 '바라-(望)〉바러-'의 예가 19세기 후기 전라방언 자료에서 생산적으로 출현하고 있으며, 이러한 변화의 과정을 수용하지 않은 보수형 '바라-'의 쓰임은 극히 드물다. (31ㄴ)의 '지나-(過)〉지너-'에서나, (32)의 '건너-〉건네-'(渡)의 경우에도 대부분 개신형으로만 방언 자료에 반영되어 있다.

그 반면에 (32ㄷ)의 '만나-(遭)〉만녀-'의 용례는 필사본 『구운몽』에서만 확인될 뿐이다. 84장본 완판 『열여춘향슈절가』에서도 대부분 개신형 '바러-'와 '지너-' 그리고 '건네-'의 용례만 나타나지만, 용언어간에 '-이'가 첨가된 '만녀-'는 전혀 쓰이지 않았다. 만나보자(하. 1ㄱ), 만나스니(상. 13ㄱ), 만난디도(상. 24ㄱ), 만나보리(하. 1ㄴ).

19세기 후기 전라방언 자료에 아직 출현하지 않은 용언어간 '만나-'(遭)는 19세기 후기 평안방언의 자료인 Ross본 『예슈셩교젼셔』(1887)와 대조를 이룬다. 그 이유는 이 시기의 평안방언에서도 일정한 용언어간 '아'와 '어' 모음에 '-이'가 생산적으로 첨가되어 사용되었으며, 개신형 '만녀-'가 적극적으로 등장하기 때문이다.49) 따라서 용언어간모음에 '-이'가 첨가되는 형태론적 과정은 이미 19세기 후기의 단계에 남부와 북부,

특히 평안방언에까지 어느 정도 확대되어 있었던 것으로 보인다. 그 반면에, 19세기 후기 평안방언 자료에는 용언 어간말 '우' 모음에 연결된 '-이'의 용례는 확인되지 않는다.

위의 예들 가운데 (32)의 '건너-(渡/濟)>건네-'와 같은 '-이' 모음첨가는 중세국어 단계의 문헌어로 소급된다. 15세기 국어에서 '건너-∽건너-'형들과, 용언어간말음에 '-이'가 첨가된 '건네-'형이 공시적으로 공존하였다(남광우, 1997 : 61~63). 중세국어 문헌어에서 '건너-∽건네-'와 같은 두 가지의 용언이 구별되어 쓰이는 맥락으로부터 표면상 어떤 분명한 언어적 의미의 차이를 추출해 낼 수는 없다. 그러나 이 두 가지 형태로 대변되는 용언어간의 존재는 보수적 형태(즉 용언어간+ø)와, 새로운 형태론적 과정을 반영하는 개신형(용언어간+-i)과의 대립을 뜻하는 것이다. 여기서 보수형에 대한 개신형의 쓰임은 화자들의 특정한 사회계층 또는 출신지역, 그리고 말의 스타일에 따른 사회언어학적 변항의 지배를 받았을 것으로 보인다. 그러나 17세기 전반의 문헌어에서부터 보수형 '건너-'형이 우세하게 사용되었으며, 이와 대조적으로 개신형 '건네-'의 출현 빈도수는 대폭 줄어들게 되었다(『17세기 국어사전』, 1995 : 92를 참

---

49) 『예슈셩교젼셔』(1887)에 반영된 19세기 후기 평안방언에서도 비슷한 시기에 속하는 전라방언에서의 (31)~(32)의 예들과 동일한 현상이 관찰된다. 즉,

  (ㄱ) 지나->지늬- : 지늬가더라(누가 4 : 31), 지늬는지라(요안 4 : 14), 수일을 지늬여 (말코 2 : 21), 지늬는디(동. 2 : 23)

  (ㄴ) 건너->건네- : 바다을 건네여(요안 6 : 17), 건네니(동. 6 : 1), 건네 가니(동. 8 : 1) ∽건너 가자(말코 4 : 34), 건너 가니(동. 5 : 21)

  (ㄷ) 만나->만늬- : 만늬지 못ㅎ고(요안 7 : 23), 만늬여(요안 1 : 43), 만늬니(요안 4 : 51)

  (ㄹ) 바라->바릐-, 기다리-(待)> 기듸리- : 의롤 바릐물 기듸리문(가라타 5 : 5), 간절 이 기듸림과 바릐물안찰ㅎ여(빌립보 1 : 20)

또한, 『예슈셩교젼셔』(1887)에는 19세기 후기 전라방언에서 관찰되지 않았던 '기다리-(待)>기듸리-'와 함께 '자라-(育)>자릐-'의 예도 등장하였다.

  (ㅁ) 키가 잘의여(누가 2 : 51), 자릐는 곳(누가 4 : 16), 오직 하나님은 잘의게 ㅎ느니 (코린. 전 3 : 6)

조).50) 이러한 추세는 대체로 18세기 국어에서도 그대로 진행되는 것 같다. 그리하여 이 시기에 글쓴이가 확인한 희소한 '건네-'(渡)의 용례는 18세기 초엽에 경북 예천지방에서 간행된 용문사본『염불보권문』(1704년)에 지역 방언형으로 등장하고 있다. 바단믈 겐네미 ㄱㅌㅎ니(14ㄱ), 삼계바다 건네미라(39ㄴ), 화장바다 건네 저어(40ㄴ).51)

19세기 후기 전라방언과 평안방언 등지에 적극적으로 출현하는 '건너-(渡)>건네-'의 기원이 이와 같이 15세기 국어의 이른 단계로 소급되는 동시에, 개신형 '건네-'의 출현 빈도수가 근대로 올수록 적어도 문헌어 또는 중앙어에서 대폭 감소하게 되는 경향에서 글쓴이는 다음과 같은 사실을 가정한다.

첫째, 어떤 이유로 용언어간말 모음에 '-이'를 첨가하는 형태론적 과정이 이른 시기에서부터 중앙어 이외의 다른 지역방언에서부터 하나의 개신으로 출현하게 되었으며, 그 대표적인 주자는 '건너->건네-'이었을 것이다. 따라서 어휘 확산의 원리에 의하여 '건너->건네-'의 변화가 가장 먼저 일반화되어 중앙어의 영역에까지 도달하였다. 둘째, '건너>건네'의 형태론적 변화는 그 성격성 뒤이어 여기에 참여한 다른 용언들의 어간말 모음 변화, 즉 '-이' 첨가의 예들과 동일한 과정을 반

---

50) 17세기 국어에서 '건네-'형의 쓰임은 초간본『첩해신어』에 국한되어 있다.

　(ㄱ) 잘 두라 건넬 양으로 닐럿습니(4 : 4ㄱ)
　(ㄴ) 우리 兩人을 블의예 막켜 건네여 겨시니(5 : 3ㄱ)

　그러나 보수형 '건너-'형이 동일한 초간본『첩해신어』에서 개신형보다 훨씬 더 많은 출현 빈도수를 나타낸다. 마줌 년호여 됴흔 천기예 예까지 건너시니(5 : 18ㄴ) 등.

51) 예천 용문사본『염불보권문』(1741년)에 출현하는 '건네-'의 용례 가운데 '겐네미'형이 매우 특이하다. 즉, 첫째 음절의 '건-'이 '겐-'으로 바뀐 모습으로 다음과 같이 동일한 문면에서 두 번에 걸쳐 반복되었다.

　(ㄱ) 비을 무어 트고 바단믈 겐네미 ㄱㅌㅎ니(14ㄱ)
　(ㄴ) 비를 비러 트고 바단믈 겐네미 ㄱㅌㅎ니(14ㄱ)

영하였을 것이다. 셋째, 원래 '-이' 모음 첨가 현상은 지역방언에서부터 전개된 개신이었기 때문에, 근대국어의 시기로 올수록 점진적으로 보수적인 중앙어에서 이와 같은 개신형들이 제거되어 갔을 것이다. 그러나 해당 지역방언에서는 이러한 변화를 지속적으로 발전시켜 왔다. 이와 같은 모습이 19세기 후기 전라방언과 평안방언에 그대로 반영되어 있는 것이다.

이와 같은 글쓴이의 추정에 또한 많은 문제점들이 새롭게 제기될 수 있다. 우선, 그 가운데 하나는 용언어간의 끝 모음에 첨가되는 형태론적 성분 '-이'가 해당 지역방언에서 일정한 기능을 발휘하는 것이라면, 위에서 언급된 일부 한정된 용언들에만 적용된 근거를 쉽게 제시할 수 없다는 것이다. 또한, 지역방언에서 과거의 어느 역사적 단계에서부터 출현하였다고 하는 용언어간 모음에 연결되는 형태론적 '-이'의 기능이 무엇인가. 이러한 예측되는 질문에 대하여 글쓴이는 유감스럽게도 확실한 답을 제시할 단계에 와 있지 못하다. 그러나 보수적 형태인 '용언어간+ø' 유형과, 새로운 형태론적 과정을 수용한 개신형인 '용언어간+-i' 간에 개재된 언어 내적 가치는 전연 존재하지 않았다고 판단한다. 그렇다면 이 두 유형 사이에는 사회언어학적 또는 화용론적 영역에 해당되는 언어 외적 차이가 개입되어 있을 것이 분명하다.

그리하여 지금까지 19세기 후기 전라방언에서 용언어간에 적용된 모음의 변화 내지는 변이를 중심으로 추출된 (29)~(32)의 예들은 또한 같은 시대의 자료에서 개음절 체언의 명사에 생산적으로 첨가된 '-이' 모음의 다양한 용례와, 여기에 연관된 사회언어학 및 화용론적 기능을 연상시킨다. 이러한 형태론적 과정을 거친 명사들의 일부는 19세기 후기 전라방언에서 대략 다음과 같은 종류들이다.52)

(33) 바더(海), 치마(裳), 나러(國), 방자, 방지(房子＋－이), 신희(臣下＋
    －이), 불효지(不孝子＋－이), 진퇴(塵土＋－이), 쇠코리(象, 코→
    코), 적퇴마(赤免馬, 토→퇴), 원쉬(怨讐＋－이), 노리(獐, 노루＋
    －이), 투긔(胄, 투구＋－이)

위의 예들은 현대 전북과 전남방언을 위시한 대부분의 지역방언들에
서 더욱 확대되어 생산적으로 출현하고 있음은 주지의 사실이다. 그러나
동일한 방언 지역과 화자들에서도 말이 쓰이는 사회언어학적 변항 등에
따라서 이러한 형태론적 과정이 적용되어 있지 않은 규범형 ‘체언＋ø’과
‘체언＋-i’ 사이에 부단한 교체를 실현시킨다. (33)의 예 가운데 한자어
‘臣下’에 접사 ‘－이’가 연결된 ‘신희’형은 위에서 언급한 바 있는 18세기
초엽의 예천 용문사본『염불보권문』(1704)에서도 출현하고 있다. 그리하여
‘신하＋－이’의 형태론적 과정의 기원이 19세기 이전으로 소급될 수 있음
을 보여준다.53) 신해는 님금의 말슴을 듯고, 즈식은 아뷔 마을 드르니(13ㄱ).54)

---

52) 19세기 후기 전라방언에서 명사파생접사 ‘－이’에 의한 파생법을 거친 방언형들의 용
    례들과, 그 사회언어학적, 화용론적 의미 규정에 대해서는 최전승(1995 : 342∼347)을
    참조.
53) 개음절 체언말음에 첨가된 명사파생접사 ‘－이’의 예들은 후기 중세국어의 문헌어에서
    도 산발적으로 등장하였다, 예를 들면, ‘스지’(獅子＋－이), ‘즈쉭’(核, 즈슥＋－이). 그러
    나 오늘날 지역방언에서 볼 수 있는 통상적인 예들의 선행 현태들은 근대국어단계에
    들어와서야 문헌어에 나타난다. 몇 개의 예를 들면 다음과 같다(최전승, 2004 : 68).

    (ㄱ) 가매(釜) : 죠롱박 너출을 가매예 담고(언해 두창집요, 상. 6ㄴ)
                   프른 가매애 술마 내오(중간, 두시언해, 11. 17ㄴ)
    (ㄴ) 화뢰(爐) : 동지쌀애는 화뢰예 잇고 셧쌀애는 평상의 잇고(언해 태산집요, 66ㄴ)
    (ㄷ) 팔지(八字) : 자내 팔지롤 혼홀만 ᄒᆞ데(현풍곽씨 언간, no.46)
    (ㄹ) 마뢰(廳) : 분둘 내방 창밧긔 마뢰여 연저 서리 마치게 마소(상동. no.10)
                   대쳥 마뢰ᄒᆞ며 뜰ᄒᆞ며(상동. no.62)

    명사파생접사 ‘－이’가 연결된 ‘가매, 화뢰, 팔지, 마뢰’형들의 어간말 모음은 17세기
    초엽의 단계에서 오늘날과 같은 전설모음이 아니라, 각각 이중모음을 형성하였다. 즉,
    ‘화뢰’(爐, 화로＋－이)와 ‘마뢰’(廳, 마로＋－이)의 어간말 모음 oy는 이후의 계속적인
    발달 과정을 거쳐서 오늘날의 지역방언에서 각각 ‘화리 / 화레’와 ‘마래 / 마리’ 등으로
    분포되어 있다.

또한, 19세기 후기 전라방언에 등장하는 '쇠코리'(象)형과 같은 단어형성은 특이하다. 일반적으로 합성어나 파생어들은 해당 복합어가 처음에 형성되었던 당시의 음운 형태론적 규칙을 반영하고 있기 때문이다. 따라서 복합어들은 일종의 공시적 화석형들에 속한다. 여기서 '쇠코리'는 '코'(鼻)에 접사 '-이'가 결합되어 '쇠'형을 이차적으로 파생시킨 어근에 '-기리'가 다시 연결되어 형성된 복합어이다. 19세기 후기 전라방언 자료에 '쇠'(鼻)형의 쓰임은 찾을 수 없으나, 1940년대의 小倉進平(1944 : 85)에서와, 오늘날의 최학근(1991 : 414)의 조사에 의하면, 전남과 경남·북 일부 지역에서 방언형 '쇠' 또는 '케'가 일부 사용되고 있다. 또한, 1936에 간행된 『한글』 4권 3호의 「방언조사란」에 실린 전남 함평방언 어휘 조사 가운데 19세기 후기 전라방언에서의 형태와 동일한 "코끼리→쇠코리, 코키리"(16면) 항목이 확인된다.[55]

글쓴이는 예전의 다른 글(1995)에서 오늘날의 지역방언에서 생산적으로 쓰이고 있으며, 동시에 오랜 역사성을 갖고 있는 위의 예문 (33)의 범주에 속하는 '체언어근+-이'와 같은 유표적 방언형들이 해당 지역사회에서 토박이 구성원들 간에 다음과 같은 사회 상징적 의미를 이분법의

---

54) 19세기 후기 전라방언에서 '臣下+-이'의 에는 완판본 「퇴별가」와 신재효본 판소리 사설 「퇴별가」에 동일한 모습으로 다음과 같이 나타난다.

신희가 지죠업셔 츈양ᄒᆞ기 어렵기로(판, 퇴. 288 ; 완판 퇴. 12ㄱ)

이러한 방언형은 명사파생접사 '-이'의 첨가가 생산적으로 실현되는 평안도 방언에서도 사용되었다. 즉, 『한글』 5권 6호(1937)에 전몽수씨가 수집하여 보고한 「평북지방 방언에 대한 일면적 고찰」 (3) 가운데 이 지방말로 된 속담 "황뎨(皇帝) 무덤에 신애" (臣下, 6면)가 소개되었다.

55) 방언형 '쇠코리'는 '쇠키리'에서 첫째 음절의 '오' 모음이 뒤따르는 모음에 순행동화를 일으킨 결과로 보인다. 이 '쇠키리'형은 제주도 방언에까지 분포되어 있다. '쇠키리'(『제주도 방언집』, 석주명, 1947 : 134), 주로 경남 방언권에서 '象'에 대한 전형적인 방언형은 '쇠코리'(함양), '키꼬리'(쌍책), '캐꼬리'(성리), '캐고리'(김해), '캐꼬리'(하동) 등으로 쓰이고 있다(이 형태들은 『천자문 자료집』(지방 천자문 편, 1995 : 212)에서 조사된 한자어 새김에 해당한다).

양식으로 나타내고 있음을 제기한 바 있다. 즉, [−위신,+친숙성,−격식성, +낮춤, +정체성]. 따라서 접사 ‘−이’의 첨가가 화자에 의해서 이와 같은 사회언어학적 속성을 첨가하는 것이며, 동시에 어기의 통사적 범주를 바꾸지 못한다는 점에서 이것은 축소 접미사, 경멸 또는 애칭 접미사 등과 유사한 기능을 보유하고 있는 일종의 평가 접미사(evaluative suffix)에 속한다.

이와 같은 관점에서 체언어근에 붙는 평가 접미사 ‘−이’의 적용 영역을 확대하여 지금까지 우리가 예문 (26)~(32)을 통하여 살펴 본 ‘용언어간+−이’까지 확대하여 포함시킬 필요가 있다고 잠정적으로 판단한다.

6. 음운변화의 규칙성을 벗어나는 토착 방언형의 특이성

6.1. ‘(갈)가마구∽(갈)가무기’(鴉)의 경우

현대국어의 형성 과정에 대한 정밀한 역사와, 지역방언의 분화와 발달에 대해서 오늘날 우리가 갖고 있는 체계적인 지식의 축적이 19세기 후기 전라방언의 음운론과 방언 어휘 형성에 관여하고 있는 기제를 충분히 이해하기에는 너무나 불충분한 경우가 많다. 현대국어의 지역방언에서 보편적인 것으로 설정된 음성변화의 규칙적인 원리를 이용하여 방언의 고유한 음운현상과 어휘의 형성을 쉽게 설명할 수 없는 예들이 존재하기 때문이다. 이러한 예들 가운데 19세기 후기 전라방언 자료에 교체되어 출현하는 ‘(갈)가마구’(鴉)와, 또 다른 방언형 ‘(갈)가무기’의 변이 현상을 검토할 필요가 있다.

　　(34) ㄱ. 티빅산 갈가무긔 게발 무러 던진 다시 홀노 누어쓰니(완판
　　　　　A본, 심청, 상. 10ㄱ)
　　　　　티빅산 갈가무긔 겨발 믈어 던진 다시 홀노 누엇스니(41장
　　　　　무술본 심청, 7ㄱ)
　　　　ㄴ. 티빅산 갈가무긔 머리 희거든 오랴는가(완판 26장본. 별춘,
　　　　　18ㄴ)
　　　　　티빅산 갈가무긔(백성환 창본 춘향가, 22ㄴ)
　　　　ㄷ. 티빅산 갈가무긔 긔발 무러다 던지 다시(수절, 상. 41ㄱ)
　　　　　지리산 갈가무긔 두 날기을 쩍 벌이고(수절, 하. 34ㄴ)
　　　　ㄹ. 티빅산 갈가마구 게발 무러 더진 다시(완판 E본, 심청, 상.
　　　　　10ㄱ)
　　　　　티빅산 갈가마구 게발 물어 더진다시(장자백 창본 춘향가,
　　　　　25ㄴ)

　　현대국어의 '갈가마귀'(鴉) 형태는 중세국어의 문헌어 '굴가마괴'에서
일련의 규칙적인 음성변화를 단계적으로 수행하여 온 발달 과정을 투명
하게 반영하고 있다. 이것의 오늘날의 전형적인 지역 방언형은 대체로
'갈가마구'(주갑동, 2005 : 7)이며, 어휘 형태상으로 방언 분화의 다양성은
보여주지 않는다.[56] 그렇기 때문에, 이 방언 어휘는 지금까지의 고찰에서
별로 주목을 받은 바 없다. 그러므로 예문 (34)에서 고정된 관용구의 형
식을 통해서 19세기 후기 전라방언형으로 반복되어 등장하는 '갈가무긔'
형태는 매우 특이한 것이다.

　　당시의 동질적인 방언 자료 자체 내에서도 '갈가무긔'와 '갈가마구'는
이본에 따라서 가변적으로 출현하고 있다. 즉, 완판 71장본 『심청전』(A본)
에 등장하였던 '갈가무긔'형은 동형 이판본인 "다가서포"본 『심쳥젼』(E본)

---

56) 이 어휘에 대한 19세기 후기 중부방언은 다음과 같이 '갈가마괴∽갈가마귀'로 나타난다.
　　티빅산 갈가마귀 츳돌도 돌도 못 어더먹고(경판. 20장본, 흥부젼. 10ㄱ)
　　지리산 갈가마괴 게발 무러 던진드시(경판 심청전, 4ㄴ)

에서는 통상적인 '갈가마구'로 대치되어 나타난다.57) 그 반면에, 완판 84
장본 『열여춘향슈절가』에서 "서계서포"본과 "다가서포"본 간에는 적지
않은 표기상의 상이가 개입되어 있음에도 불구하고, '갈가무기'형은 두
이본들에서 변동이 없다. 그러나 단일어 '까마귀'에 대한 방언형은 복합
어의 경우와는 다르게, 완판 『심청전』(A / E 본) 계열과 완판 열여춘향슈절
가』 계열에서 오직 '가마구'형으로 출현하는 것이다.

    (35) ㄱ. 유유혼 가마구난(심청, 하. 27ㄴ)
           미물 짐싱 가마구도(동, 상. 12ㄱ)
       ㄴ. 쯧박기 가막구가 옥담의 와 안쩐이(수절, 하. 22ㄴ)
           방정마진 가막구아(동, 하. 22ㄴ)
           그 가막구가 가옥가옥 그러케 울제(동. 하. 22ㄴ)

그렇다면, (34ㄱ)에서 '갈가무기'형은 어근 '가마귀'(烏)와 별개의 형태
에서 파생된 복합어이거나, 표기상의 문제일까. 만일 단순한 표기상의 문
제라고 간주한다면, 위와 같은 과오가 다른 이본에서 수정되지 않고 반
복해서 출현하는 이유는 무엇일까. 이러한 문제와 관련하여 글쓴이는
1946년 전북 익산방언 자료를 수집한 비전문가의 보고 가운데 '갈가무
기'와 동일한 형태가 등록되어 있음을 발견하였다.58) 까마귀 → 까무개(전북

---

57) 완판 『심청전』 유포본의 서지학적 특징과 그 계보에 대해서는 유탁일(1983 : 124~140)
　　을 참조. 유탁일 교수는 이 책에서 소위 심청전 A본은 1905년, 다가서포본인 E본은
　　1916년 이후 간행된 것으로 설정하였다.
58) 전북 익산지방 남궁현씨가 수집하여 『한글』에 투고한 익산방언 자료를 검토하여 보면
　　당시의 방언 토박이 화자가 사용하는 전북방언의 어휘적 특질이 잘 반영되어 있음을
　　알 수 있다. 예를 들면
　　덤불, 숲→숨풀, 덥풀(45면), 도끼→돌치(46면), 주둥이→쥐뎅이, 쥐뎅배기(46면) 등.
　　따라서 이 보고서에 수록된 방언형 '까무개'형도 위의 예들과 동일한 익산방언의 특징
　　적인 어휘이었을 것이 분명하다.

익산지방, 『한글』 제11권 1호, 45면, 남궁현 수집).

이와 같은 1940년대 익산 방언형 '까무개'의 존재는 한 세기 이전의 방언 자료에 등장하였던 파생어 '갈가무기'(鴉)형이 단순한 표기상의 과오에서 비롯된 것도 아니고, 어근 '가마괴'(鴉)와 무관한 형태도 아니라는 사실을 확인시켜준다. 19세기 후기 전라방언에서의 '갈가무기'는 그 이전의 어느 역사적 단계에서 어근으로 존재하던 '가무기'에 접사 '굴- / 갈-'이 첨부된 복합어이다. 어근으로 기능하였던 단독형은 그 이후에 일반적인 변화의 범주에 합류하였으나, '갈가무기'의 경우는 일종의 화석형으로 지속되어 온 것이다.

그러나 19세기 후기 전라방언의 공시적 어휘체계에서 파생어 '갈가무기'형은 어근인 '가마구'와 불일치하였기 때문에 방언 화자들에 의해서 투명한 '갈가마구'형으로 끊임없이 대치되려는 압력 속에서 존재하였던 것으로 보인다. 그러한 저간의 사정을 위의 (34ㄹ)의 예들이 그대로 반영하고 있는 것이다. 그렇지만, 역시 이 방언에서 '(갈)가무기'가 밟아 온 특이한 변화의 과정은 일반적인 음성변화와 연관하여 쉽게 복원할 수 없다.[59]

6.2. '자최∽자초∽지초(跡)'의 경우

현대국어의 '자취'(迹)는 중세국어의 단계에서 '자최'로 소급된다. 蹤 자최 죵, 跡 자최 젹(1527, 훈몽자, 하, 11b). 따라서 근대국어의 단계에 비어두음

---

[59] 19세기 전라방언에서와 1940년대 익산방언에서 관찰되는 '가마괴>가무기'와 유사한 변화과정을 보이는 '가무기' 형태가 『함북방언사전』(1986, 김태균)에 실려 있다. '갈가마귀 → 가무기'(청진, 경원, 40면). 또한, 20세기 초반 육진방언을 반영하는 옛 러시아 카잔 자료 *Azbuka dlja Korejtsev*(『한국인을 위한 철자교과서』, 1902) 가운데에서도 '가뭉기'에 해당되는 방언형이 관찰된다.

kamuŋgi muri məkku šiyphə hɛɛšə(가뭉기, Azbuka. 35 / 47)
kamuŋgi ətti har šü əpsə(Azbuka. 35 / 47)

절 위치에 수행된 모음상승 '오>우'의 변화(자최>자취)만 제외하면, 이 어휘는 음성변화의 관점에서 아무런 특징을 보여주지 않는다. 사룸의 발자취 소리도 어지러히 들니는지라(1894, 천로역, 상, 71). 그러나 '자취'형은 19세기 후기 전라방언의 자료에서 '자최∞자초∞지초'와 같은 세 가지 유형의 공시적 변이를 반영하고 있다.

(36) ㄱ. 창 밧기 발지최 소리 느거늘(구운몽, 상. 45ㄴ)
　　 ㄴ. 심청이 온 자최 향어 긴가(심청전 A/E 본, 상. 17ㄱ)
　　　　 심청이 온 지초 힝여 긴가 반겨 느셔(무술본 41장본 심청가, 11ㄴ)
　　 ㄷ. 션인 득도훈 지초 왕왕이 머물러(길동. 35ㄴ)
　　　　 니 지쳐 업는 지초로 위연이 이 고디 당호엿스니(길동. 10ㄴ)
　　　　 cf. ᄌ최을 보지 못호고(길동. 13ㄴ)∞ᄌ초을 보지 못호고(길동. 13ㄴ)
　　 ㄹ. 지초 업시 가만가만 걸의면셔(수절가, 상. 18ㄴ)
　　　　 기 지실가 엄예하야 지초 업시(수절가, 상. 19ㄱ)
　　 ㅁ. 여셩의 지초을 문왕이 아니시면 뉘라셔 아려 보리(적성, 상. 29ㄴ)
　　　　 cf. 니의 ᄌ초을 후셰에 알게 호라(장경. 64ㄱ)
　　　　　 자초를 감초고(초한, 상. 30ㄱ)

위의 예에서 '지초'(迹)형의 형성은 물론 '자최>지최>지초'의 과정을 밟은 것이지만, 여기에 개입된 '자최>지최'의 변화는 통상적인 음운변화의 관점에서 불투명하다. (36ㄷ)에서는 완판본 36장본 『홍길동전』의 본문 가운데 세 가지의 변이형의 등장하고 있음을 보여준다. 완판본 『홍길동전』의 서체는 1857년에 간행된 『됴웅전』(丁巳本)의 서체와 동일한 것으로, 1903년 지음에 제1장에서 18장까지는 마멸된 원판을 교체하고 새로 보각된 것이라 한다(유탁일, 1983 : 202). 이 자료에서 'ᄌ최'(13ㄴ)와 'ᄌ

초'(13ㄴ)는 보각한 부분에서 출현하였다. 그러나 보각의 범위 안에 들었던 변화형 '지초'(10ㄴ)는 '자초'로 교정되지 않고, 원래의 판목에서 사용되었던 형태와 동일한 모습을 보인다.

이러한 사실은 19세기 후반 또는 20세기 초기의 전라방언에서 '지초'형이 충분히 언중들에게 이해되었거나, 실제 언어에 구사되었을 가능성을 전제로 한다. 그 반면에, 완판 84장본『열여춘향수절가』에서도 위에서 언급한 바 있는 상이한 두 판본에 '지초'형이 그대로 반영되어 있다.

따라서 위의 (36)의 예에서 19세기 후기 전라방언에서 상황에 따른 변이의 형태로 등장하는 방언형 '지초'의 존재가 인정된다. 이 시기 이전으로 소급되는 '자초>지초'의 과정은 설명되지 않지만, 다음의 (37)의 예들을 보면, 이와 같은 변화를 수용한 형태가 19세기 후기에서부터 20세기 전반에 걸쳐 매우 광범위하게 여타의 지역방언에도 분포되어 있었음이 틀림없다.

(37) ㄱ. <u>재초</u> 적(迹, 마산, 김해, 153면)
　　　 <u>재추</u> 적(跡, 강계, 오동, 쌍책, 성리, 함양, 153면)
　　　 『천자문 자료집』(지방 천자문편, 이기문 외, 1995)
　　ㄴ. <u>재추</u> 적(跡, 평북『천자문』(김이협) 1981. 564)
　　　 cf. 자추→자취(평북방언. 김이협, 1981 : 447)
　　　　 니 몸에 예수의 못질혼 자추룰 졋눈지라(예수셩교젼셔,
　　　　 가라타 6 : 17)
　　　　 그 손에 못질한 자취룰 보며(예수셩교젼셔, 요한복음 20 :
　　　　 25)

7. 결론

지금까지 글쓴이는 이 글에서 19세기 후기 전라방언 자료에 속하는 다양한 유형들에 반영된 당시의 표기체계를 통해서 동 시대로 추정되는 언어변이 현상들을 정리하여 내고, 그 결과를 바탕으로 현대 전라방언의 공시적 관점에서 수행되고 있는 변이 현상의 일부와 대조를 시도하였다. 오늘날 전남과 전북방언의 공시적 구조와 변이 현상에 대한 합리적인 이해와 구체적인 설명에 대한 통로는 그 통시적 형성 과정을 고려하는 데 있다고 생각한다. 글쓴이가 그렇게 판단하는 근거는 공시적 전라방언 또한 역사적 산물에 불과한 것이기 때문이다(Haspelmath, 1999 : 205). 이와 같은 현대 전라방언의 고유한 구조와, 특징적인 변이 현상이 왜 일어나고 있는가에 대한 의문은 이러한 현상이 시간적으로 어떠한 과정과 제약을 거쳐서 발달되어 왔는가와 같은 질문으로 대치되는 것이다.

글쓴이는 이러한 작업을 수행하는 과정에서 다음과 같은 사실을 세시하여 논의하고, 오늘날의 음운론의 관점에서 새삼 강조하려고 노력하였다.

7.1. 세기 후기 전라방언의 표기 자료들은 비교적 음성 표면에 가까운 (low level) 음운론적 특성을 충실하게 반영하고 있었다. 따라서 이 글의 4장 1절에서 기술한 바와 같이, 통상적으로 일부 음성적 변이와 여기에 대응되는 표기상의 변이 현상이 직접적인 대응으로 실현되는 경우가 많았다.

이러한 관찰과 관련하여, 글쓴이가 19세기 후기 전라방언 자료에서 논의의 대상으로 설정한 항목은 'ㅅ' 변칙용언의 범주에 드는 '짓-'(作)의 활용형에서 당시의 표기에서 산발적으로 유기음 'ㅎ'로 반영되는 현상이었다. 짓코∽지코∽짓키. 이와 같은 유기음화는 해당 용언의 어간에 'ㅎ'을 전제하지 않고는 이해하기 어려운 것이다. 그리고 같은 동 시대의 방언 자료의 표기에서 'ㄷ' 변칙용언들 가운데 특히 '싣-'(載)의 경우에 규칙적인 단일어간 '실-'로 재구조화되는 모습을 반영하였다. 아울러 '실-'의 활용형태에서 'ㅎ'이 출현하기 시작하는 모습을, 통상적인 경음화와 함께, 부분적으로 표기에 보이기 시작하였다. 실코∽실고∽실꼬.

현대국어의 지역방언에서 이러한 'ㅎ'의 개입은 위의 'ㅅ' 변칙과 'ㄷ' 변칙용언에서 더욱 확대되어 나타나고 있다. 오늘날의 지역방언의 연구에서 이들 활용형태에서 표면에 실현되는 'ㅎ'을 고려하여 그 기저형을 '싫-'(作)과 '싫-'(載), '걿-'(步) 등으로 설정하려는 경향이 일반적이다. 그러나 음운변화의 방향의 원리와 그 방향의 관점에서 통상적인 '짓->짛-'(作)이나, '실->싫-'(載) 등과 같은 진로는 생각하기 어렵다. 그렇기 때문에, 이러한 유기음화 현상이 장애음과 장애음의 통합 과정에서도 조음 또는 음향음성학적으로 실현 가능한 과정인가에 대한 검토가 진지하게 있어야 될 것으로 판단한다. 그 근거는 4장 1절의 예문에서 이러한 음성 조건에서 간혹 발견되는 19세기 후기의 '당신케, 박케는, -듯키, 먹키' 등의 존재가 오늘날의 지역방언의 자연스러운 구어에서도 관찰된다는 사실에 있다.

7.2. 19세기 후기 전라방언 자료에 반영된 당시의 지역방언은 오래 전에 확립된 보수적인 특질들의 유지와 함께, 새로운 개신형들의 출현을 보여준다. 이러한 개신형들의 유형 가운데 특히 주목되는 현상은 일종의 과도교정의 유형들이다. 이러한 경향은 19세기 당대의 전라방언을 구사하였던 중산층의 화자들이 실제의 일상적인 언어생활에서 방언 접촉을 통해서 표준어 또는 규범어에 대한 인식과, 그에 대한 예민한 반응을 나

타낸 결과로 보인다. '그림'(畵)에 대한 19세기 후기 전라방언의 표기 '기름'이 오늘날의 전통적인 방언 자료에서도 실제로 관찰되는 것이다. 또한, 전형적인 19세기 후기 전라 방언형 '종조리∽종지리'(雲雀)에 대한 '종지리→종기리'와 '종조리→종도리'와 같은 사례, '소쥬→효쥬'(燒酒) 그리고 '포슈→표슈(砲手) 등의 유형들도 이와 같은 성격의 과도교정의 범주에 속한다고 보았다.

당시의 규범어와 방언의 접촉에서 일어나는 과도교정과 관련하여 '모시∽모수'(苧)와 '낙시∽낙수'(釣)와 같은 비어두음절 모음에서 관찰되는 i(규범어)∽u(지역방언)의 대응도 이 범주에 귀속시킬 가능성도 있다고 생각한다. 즉, 19세기 후기 전라방언에서도 오늘날의 상황과 거의 동일하게 비어두음절 위치에서 규범어와 다음과 같은 u∽i의 대응이 출현하였을 것이기 때문이다. '장수∽장시(商人), 국수∽국시(麵), 가루∽가리(粉), 하루∽하리(一日), 마루∽마리'. 따라서 이 시기의 지역방언의 화자들이 u(규범어)∽i(지역방언)와 같은 모음 대응을 인지하고, 원래의 '모시'와 '낙시' 형태에도 이러한 기준을 잘못 적용시킨 결과로 '모수'와 '낙수'형이 형성되었다고 본다. 19세기 후기 이후에 형성된 '갈키∽갈쿠'와 '미시∽미수'의 경우도 이러한 모음 대응의 계열에 참여한 것이 분명하다.

7.3. 지금까지 글쓴이가 관찰한 몇 가지의 19세기 후기 전라방언의 변이 현상과 오늘날의 전남과 전북방언에서 짝을 이루는 해당 변이 현상을 대조하면, 언어발달 과정의 시간적 지속성이 두드러진다. 즉, 19세기 후기 전라방언에서 전개된 음운, 형태론의 모습이 현대 전라방언에도 그대로 지속되어 있는 동시에, 그 적용 영역은 크게 확대되어 있음을 발견한다. 따라서 근대국어의 마지막 단계에 속하는 19세기 후기 전라방언의

음운, 형태론과 현대국어의 전남과 전북방언에서의 음운, 형태론의 영역 간의 차이는 질적으로 존재하는 것이 아니라, 단지 규칙들의 내적 확대와 규칙 적용의 일반화에 있다.

현대국어의 전라방언에서 '노름(賭博) → 노림, 여름(夏) → 여림, 구름(雲) → 구림, 보름(望) → 보림, 씨름(角戲) → 씨림' 등과 같은 과정을 거쳤다고 생각되는 공시적 방언형들은 먼저 주격조사 '-이'와의 통합적 과정에서 움라우트에 의해서 전설모음화를 수행한 연후에, 주격형태의 출현 빈도수에 이끌려 움라우트 형태가 다른 격 형태 앞에까지 유추에 의한 확대를 거쳐 재구조화가 이루어진 과정을 보이는 것들이다(최전승, 2004 및 이 글의 4장 3절을 참고). 이와 같은 움라우트와 그 이후 형성된 유추에 의한 확대 현상의 출발이 19세기 후기 전라방언 자료에 출현하기 시작한다. 당시의 자료에서 움라우트가 야기되지 않는 음성조건에서 생산적으로 등장하는 '노름(遊戲) → 노림'의 형태들이 등장하고 있다.

또한, 오늘날 전라방언에서 일반적으로 관찰할 수 있는 'ㄷ' 변칙용언들의 어간단일화 와 이어서 활용에 참여하는 어간말 'ㅎ'에 의한 유기음화 또는 경음화 현상이 19세기 후기 전라방언 자료에서부터 시작되고 있다(예를 들면, 싣(載)+고→ 실+고→ 싫+고∽실ㅎ+고). 이 방언 자료에서 여러 용언어간들 가운데 제일 먼저 '싣->싫-∽실ㅎ-'(載)이 이러한 과정에 우선적으로 참여하고 있음을 보여준다.

7.4. 19세기 후기 지역방언들 역시 오늘날의 상황과 동일하게 인접 방언들과 끊임없는 언어적 간섭과 차용을 상호 주고받는 가운데 의사소통이 영위되었던 것이 분명하다. 그렇기 때문에, 19세기 후기라는 시대적 경계에서 전라방언의 다양한 음운현상들을 다른 지역방언 자료에서 추출

된 해당 음운현상들과 비교하면, 일정한 현상이 어느 한 지역에만 고유
하게 분포되어 있지 않은 경우가 대부분이다. 물론 각각의 음운변화들이
초기에 하나의 개신으로 출발하는 기원지는 지역상으로 존재하기 마련이
다. 동시에 시간이 충분히 지나면 해당 변화는 그 중심지로부터 인접 방
언 구역으로 확산되어 간다는 사실 역시 하나의 원칙인 것이다.

예를 들면, 'ㅅ' 변칙용언 가운데 '짓->짖-'(作)이나, 'ㄷ' 변칙용언
들의 단일어간화의 과정 역시 실현 강도의 차이는 있지만, 19세기 후기
서울방언을 위시한 남부 방언권에서 대부분 확인되는 현상이다.

우리가 5장 2절에서 취급한 용언어간+접사 '-이'의 형태론적 과정(두->
뒤-, 쑤->쒸-) 역시 같은 언급을 할 수 있다. 특히 움라우트 현상의 경
우 그 적용 영역과 환경 등의 조건에서 19세기 후기 전라방언의 자료가
가장 일반화된 모습을 반영하고 있다. 그렇기 때문에, 19세기 후기의 단
세에서 어느 특정한 지역의 음운, 형태론적 현상을 관찰하는 경우에 절
대적 있음과 없음에 근거한 정량적 분석이 아니라, 그 농담의 정도를 측
정할 수 있는 계량적 분석 방법으로 접근하여야 함을 19세기 후기 전라
방언의 자료는 함축한다.

7.5. 그 반면, 19세기 후기 전라방언은 그 이전의 단계에서부터 지속
되어 온 고유한 방언적 특질도 아울러 보유하고 있다. 이러한 전통적 특
질들은 통상적인 음운변화의 원칙에 의해서 쉽게 파악되지 않는 측면이
강하다. 주로 우리가 5장에서 제시한 '웃->윗-'(笑)의 경우도 그렇지만,
특히 '갈가무기'(鴉), '쒸'(帶), 그리고 '종조리∽종지리∽종기리∽종도리'
(雲雀) 등의 방언형들은 고유한 전라방언의 특질의 일부를 담당하고 있다.
그러나 이러한 방언적 특질들은 현대로 오면서 점진적으로 사라지는 단

계에 있다.

예를 들면, 불투명한 '갈가무기'(鴉, <줄가마괴)의 경우에 19세기 후기 당시의 방언 자료 자체에서도 투명한 '갈가마구' 형태로 지속적으로 대치되어 가고 있음이 주목된다. 이 형태가 1940년대의 방언 조사에서 확인될 뿐이고, 오늘날의 전라방언에서 그 존재를 다시 발견하기 어렵다.

참고문헌

강한영(1971), 『신재효 판소리 사설집』(全), 한국고전문학대계 12, 민중서관.

곽충구(1994), 『함북 육진방언의 음운론』, 국어학총서 20, 국어학회.

기세관(1985), 「중부방언과 전남방언의 모음 대응에 대한 통시적 고찰」, 『순천대학교 논문집』 제4집.

김규남(1987), 「부안 지역어의 음운론적 연구」, 전북대학교 석사학위논문.

김규남(1994), 「『石南歷史』의 표기와 음운론적 특징」, 『국어문학』 제29집(전북대).

김동소(2003), 『한국어 변천사』, 형설출판사.

김동소(2007), 『한국어의 역사』, 정림사.

김동욱(1976), 『증보 춘향전 연구』, 연세대학교출판부.

김영배(1983), 「Corean Primer의 음운현상」, 『한글』 179호.

김영배 외 2인(編, 1996), 『염불보권문의 국어학적 연구』, 동악어문학회.

김옥화(1994), 「고창방언의 이중모음에 대한 통시적 연구」, 『국어연구』 121호.

김옥화(2001), 「부안지역어의 음운론적 연구」, 서울대학교대학원 박사학위논문.

김완진(1996), 『음운과 문자』, 신구문화사.

김이협(1981), 『평북방언사전』, 한국정신문화연구원.

김주원(1984), 「18세기 경상도 방언의 음운 현상」, 『인문연구』 제6호(영남대).

김창진(1991), 「흥부전의 이본과 그 계열」, 『흥부전 연구』(인환권 편), 집문당, 118~170면.

남광우(1997), 『교학 고어사전』, 교학사.

백두현(1992), 『영남 문헌어의 음운사 연구』, 국어학 총서 19, 국어학회.

신은수(2004), 「무술본(1898) 완판 심청전의 표기 특징」, 『국어사연구』 제4호, 315~347면.

안귀남(1999ㄱ), 「고성 이씨 이응태묘 출토편지」, 『문헌과 해석』, 1999.

안귀남(1999ㄴ), 「이응태 부인이 쓴 언간의 국어학적 의의」, 『인문과학연구』, 안동대학교

안병희(1992), 「중세국어 연구 자료의 성격」, 『국어사 자료 연구』에 수록, 문학과 지성사, 11~27면.

유탁일(1983), 『완판 방각소설의 문헌학적 연구』, 학문사.

유탁일(1990), 「완판 방각소설 형성 배경」, 『한국문헌학 연구』, 아세아문화사, 127~152면.

이기갑 외(편, 1997), 『전남방언사전』, 전라남도, 태학사.

이기문(1963), 『국어 표기법의 역사적 연구』, 한국연구원.

이기문(1980), 「19세기 말엽의 국어에 대하여」, 『남광우박사 화갑기념논총』, 일조각.

이기문·손희하(1995), 『천자문 자료집』(지방 천자문 편), 도서출판 박이정.

이숙경(2006), 「후기 근대국어의 문법화」, 『후기 근대국어 형태의 연구』, 홍종선 외, 역락.

이태영(2000), 「완판(전주판) 방각본 고소설의 서지와 언어」, 『21세기 국어학의 과제』, 역락.

이태영(2000ㄱ), 『전라도 방언과 문화 이야기』, 신아출판사.

이태영(2004), 「완판본 『심청가』 해제와 영인」, 『국어사연구』 제4호.

이태영(2007), 「새로 소개하는 완판본 한글고소설과 책판」, 『국어문학』 43집. 국어문학회, 29~54면.

전광현(1967 / 2003), 「17세기 국어의 연구」, 『국어사와 방언』에 재수록, 월인, 7~102면.

전광현(1983 / 2003), 「『온각서록』과 정음 지역어」, 『국어사와 방언』에 재수록, 월인, 177~190면.

주갑동(2005), 『전라도 방언사전』, 수필과비평사.

최명옥(1982), 『월성지역어의 음운론』, 영남대학교출판부.

최명옥(1985), 「19세기 후기 서북방언의 음운론」, 『인문연구』 제7집 4호.

최명옥(1987), 「평북 의주 지역어의 통시 음운론」, 『어학연구』 23권 1호.

최운식(1982), 『심청전 연구』, 집문당.

최임식(1984), 「19세기 후기 서북방언의 모음체계」, 계명대학교 석사학위논문.

최임식(1994), 『국어방언의 음운사적 연구』, 문창사.

최전승(1986), 『19세기 후기 전라방언의 음운현상과 그 역사성』, 한신문화사.

최전승(1987), 「이중모음 '외', '위'의 단모음화 과정과 모음체계의 변화」, 『어학』 제14집(전북대).

최전승(1995), 『한국어 방언사 연구』, 태학사.

최전승(2004), 『한국어 방언의 공시적 구조와 통시적 변화』, 역락.

최전승(2007), 「완판본 고소설에 반영된 공시적 변이와 역사적 연속성－19세기 후기 전라방언의 어휘와 문법형태소의 몇 가지 특질을 중심으로」, 『완판본(전주본) 고문헌의 국어문학적 가치』, 국어문학회 2007년도 춘계 학술발표대회 자료집, 22~42면.

최학근(1954), 「방언의 시대차에 대한 일고찰」(상·하), 『국어국문학』 11, 12호.

최학근(1990), 『증보. 한국방언사전』, 명문당.

최태영(1983), 『방언 음운론』, 전주 지역어를 중심으로, 형설출판사.

한용운(2003), 『언어단위 변화와 조사화』, 한국문화사.

황대화(2007), 『황해도 방언연구』, 한국문화사.

황문환(2002), 「조선시대 언간과 국어생활」, 『새국어생활』 제12권 2호, 여름, 국립국어연구원.

홍윤표(1993), 『국어사 문헌자료 연구』(근대편 I), 태학사.

홍윤표(1994), 『근대국어 연구』 I, 태학사.

홍윤표(2007), 「한글의 역사와 완판본 고소설의 문헌학적 가치」, 『국어문학』 43집,

5~28면.

小倉進平(1944), 『朝鮮語 方言의 研究』, 岩波書店.

Bell, Allan.(1997), "Language Style as Audience Design(revised)", *Sociolinguistics : A Reader*, pp.240~250. ed. Coupland, N. & A. Jaworsky, St. Martin's Press.

Hock, H. H.(2003), "Analogical Change", in *The Handbook of Historical Linguistics*, ed. by Joseph R. & R. D. Janda, pp.441~460. Blackwell Publisher.

King, J. R. P.(1994), Dialect Elements in Soviet Publications from 1920, Howard I. Aronson (ed.), NSL 7 : *Linguistic Studies in the non-Slavic languages of the Commonwealth of Independent States and the Baltic Republics*, Chicago Linguistic Socity, pp.151~183.

Labov, William.(1978), *Sociolinguistic Patterns*, Basil Blackwell.

Labov, William.(1994), *Principles of Linguistic Change*, Internal Factors, Blackwell Press.

Lass, Roger.(1997), *Historical Linguistics and Language Change*, Cambridge Studies in Linguistics 81, Cambridge University Press.

Malkiel, Yakov.(1967), "Each Word has a History of its own", pp.137~149, Glossa 1 : 2,

Milroy, James.(1992), *Linguistic Variation and Change*, Blackwell Press.

Romaine, Suzanne.(1982), *Socio-linguistic Linguistics*, Cambridge University Press.

Ryden Mats,(1979), *An Introduction to the Historical Study of English Syntax*, Almqvist & Wiksell International, Stockholm.

Susan C. Herring et als.(2000), On Textual Parameters and Older Languages, pp.1~32, in *Textual Parameters and Older Languages*, John Benjamins Publishing Company.

Wang, William. S-Y.(1969), Competing Changes as a cause of Residue, *Language*, 45.

제2부

19세기 후기와 오늘날의
전라방언의 의미변화

제5장 __ 국어 지역 방언에서 일어난 의미 변화의
일반적 발달 경향과 환유와의 상관성
─전라방언에서 '도르다 / 두르다'형의 의미 전이(欺 〉 盜)의 경우를 중심으로

제5장

국어 지역 방언에서 일어난 의미 변화의
일반적 발달 경향과 환유와의 상관성

―전라방언에서 '도르다 / 두르다'형의 의미 전이(欺 〉盜)의 경우를 중심으로

1. 서론

1.1. 언어 변화의 문제와 본질을 취급하는 역사언어학의 영역에서 최근 논의되고 있는 가장 흥미로운 주제 가운데 한 가지는 변화의 단일방향성이다.[1) 이러한 변화의 경향은 명사나 동사와 같은 독립적인 어휘 항목, 또는 구나 절과 같은 문장의 구성 성분들이 특정한 통사 환경에서 문

---

1) 이 글은 2005년 전북대학교 연구기반 조성연구비에 의해 작성되었다. 그리고 이 글은 "2006년 배달말학회 전국학술대회"(2006. 10. 14, 경상대학교)에서 발표한 초고를 수정한 것이다. 지정토론자로 참여한 이기갑(목포대학교) 교수로부터 전남방언 자료와 해석상에 많은 도움을 받았다. 이에 감사를 드린다.
또한, 안주호 교수(위덕대학교), 강희숙 교수(조선대학교), 석주연 교수(서울대학교), 조남호 선생(국립국어연구원), 위평량 선생(전남대학교), 신은수 선생(전북대학교)은 이 글의 초고를 읽고 건설적인 비평과 많은 문제점들을 지적하여 주었다. 그리고 황용주(전북대학교), 이길재(겨레말 사전편집위원) 선생으로부터 자료검색에 많은 도움을 받았다. 이분들에게 깊은 감사를 드린다.

법적 기능과 문법 형태로 전환되어 사용되는 일련의 통시적 과정을 나타
내는 문법화 현상에서 분명하게 확인되었다. 그리하여 이 현상을 적극적으
로 주도해 나가는 형태 통사론적 변화, 음성적 변화, 그리고 추상화 내지는
탈색화의 과정을 거치는 의미의 변화, 그리고 통사 범주의 변화 등의 복합
기제에서 단일방향성, 즉 규칙적인 발달의 경로가 규명되어 왔다.2)

최근 Traugott & Dasher(2002)는 의미 변화가 화용론에서 파생되는 다의
형식으로 출발하여 수행된다는 이론적 가정 위에서 실증적 수많은 사례들
을 논의하면서, 화용론적으로 형성된 의미가 관습적인 용법으로 정착되기
시작하여, 결국에는 의미론적으로 재분석되는 일정한 경로와 원리들을 제
시하였다. 그들이 주장하는 논지의 핵심은, 화자들은 의사소통의 과정에서
어떤 의미를 나타내기 위해서 전략적으로 함축을 사용하고, 청자들이 의도
했던 의미를 추론해 가도록 유도한다는 것이다.3) 또한, 그들은 의미 변화
는 단일방향으로 진행되어 간다고 논증한다. 의미 변화의 규칙성, 또는 단
일방향성은 대화적 추론의 고정화가 이루어지는 일상적인 의사소통의 상
황이나, 인간의 인지 구조 등과 밀접하게 연관되어 있다고 한다.4) 이러한

---

2) 문법화는 덜 문법적인 형태와 구성으로부터 더 문법적인 것으로 발달하여 가는 단일방
향적 과정이다. 그러나 문법화에서의 이러한 단일방향성의 문제가 최근에 형식 언어학
이론의 진영에서 많은 논란의 대상이 되어 왔다. 그러한 과정에서 some linguistic
element>some more grammatical element의 진행 방향을 위반하는 듯한 예외적 현상, 즉
탈/역문법화의 예들이 다양하게 제시되어 왔다. 그리하여 역사 언어학에서 언어 변화
를 이해하기 위하여 적극적으로 제시된 문법화 이론의 위상을 Language Science,
23(2001) 특집호에서 생성문법의 관점에서 비판적으로 검토하기도 하였다.
그러나 Heine & Kuteva(2002), Traugott(2001), 그리고 Lehmann(2004) 등은 지금까지
거론된 문법화의 예외 현상들은 단일방향을 준수하고 있는 대다수의 다른 전형적인 문
법화의 예들에 비하여 그 수효가 매우 적거나, 분석 방법에 오류가 있는 경우, 아니면
다른 유형의 형태 통사론적 요인으로 설명될 수 있다고 논증하였다. 한국어에서 역문법
화 현상의 유형과 그 의미에 대해서는 안주호(2001)를 참고.
3) Traugott & Dasher(2002)는 이러한 기제를 원래의 대화적 함축의 개념을 확대하여 "의미
변화를 유도하는 추론 이론"(invited inferencing theory of semantic change)으로 부른다.
4) 의미 변화에서 추출되는 규칙성 또는 단일방향성은 지금까지 축적된 수많은 의미 변화

단일방향적 진행 통로는 문법화의 초기 단계에서나 일반 어휘의 의미 발달 과정에서 먼저 (1) 객관적이며, 동시에 구상적인 의미에서 출발하여, (2) 접속사 등과 같은 담화 구조를 형성하는 텍스트 구성상의 의미로 전환되고, 이어서 (3) 담화 내용에 대한 화자 자신의 신념이나 판단 및 주관적 평가가 개입된, 즉 주관화의 방향으로 향하는 시간적 순서를 말한다.

이와 같은 의미 변화의 방향과 관련하여 글쓴이가 이 글에서 관심을 갖고 적용해 보려고 하는 중요한 개념은 주관화의 발달 방향이다. 주관화(subjectification)는 Traugott 교수가 공식적으로 1982년의 논문에서, 주로 문법화의 과정에서 일어나는 의미 변화의 단일방향적 진행 과정을 "명제적(propositional) 의미>담화 구조를 이루는 텍스트 구성(textual)의 의미>감정 표현(expressive)의 의미"로 요약될 수 있는 공식으로 제시한 이후, 그 적용 범위를 양태 조동사, 양태 부사, 화행동사 등과 같은 일반 어휘의미의 발달에까지 확대시키며, 최근까지(Traugott, 1989, 2006) 거의 20년 넘게 꾸준하게 정밀화시켜 왔다. 특히, Traugott & König(1991)에서는 이러한 발달의 단계들을 세 가지의 의미·화용론적 경향으로 재해석하고, 동시에 마지막 단계인 감정 표현의 의미를 주관화라는 용어로 대치하였다.5)

의 사례들에서 반복되어 나타나서 일정한 방향을 가리키는 "전형적인 변화의 경향"을 뜻하고, 음성 변화의 경우에서와 같은 엄격한 "예외가 없음"을 뜻하는 용어는 아니다. 즉, 의미 변화의 어떠한 양상이 규칙적으로 출현하기 때문에, 이와 유사한 다른 사례에서도 마찬가지로 예측하여 제시할 수 있다는 가정을 말한다.

따라서 다른 언어 변화에서와 마찬가지로, 의미 변화의 단일방향성은 일정한 가능성을 뜻하지만 필연성을 가리키지는 않는다. 일찍이 Stern(1931 / 1965)에서부터 의미 변화의 영역에서 반복되어 출현하는 규칙성 또는 단일방향성을 발견하려는 시도가 진지하게 이루어져 왔다.

5) 다음과 같은 의미 변화의 세 가지 과정은, Traugott(1989, 1990, 1995)와 Wang & Ogura 1995)의 설명을 따르면, 어떤 단어가 표출하는 의미에 대한 해석 또는 정보가 화용론적으로 강화되어 가는 방향을 나타낸다고 한다.

    (1) 의미·화용론적인 경향 1단계 : 객관적이고 외부적인 상황을 뜻하는 사물이나 사건의 외연적 의미>해당 사물이나 사건을 바라보는 화자들의 내적 심리에 근거한 의

따라서 통시적 의미 변화가 보여주는 세 가지 진행 경로는 화자의 주관적 감정이 배제된 외연적 의미, 또는 덜 주관적 의미로부터 점진적으로 주관화의 정도가 더욱 강화되어가는 방향으로 옮겨가는 과정을 반영한다(이성하, 1999 : 153 ; 이정애, 2002 : 64).

1.2. 이 글에서 글쓴이는 현대 전라방언(서남방언)에서 오랜 역사적 발달 과정을 거쳐서 수행되어 왔거나, 그 하위방언 지역에 따라서 지금까지 변화가 진행 중인 '도르다 / 두르다'(欺 / 盜)형의 어휘적 의미 변화를 위에서 잠시 언급한 통시 인지의미론의 관점에서 고찰하려고 한다. 그리하

미(평가, 지각, 인지 등).
제1단계에는 언어 사용자의 입장에서 나온 가치 판단이 작용한 의미 가치의 상승과 하락, 또한, 공간>시간, 대상>공간, 물리적 동작동사>심리동사, 화행동사 등과 같은 대부분의 은유화 작용이 포함된다.
(2) 의미·화용론적 경향 2단계 : 외부적인 상황이나 사건을 뜻하는 의미나, 내부적인 화자의 심리에 근거하는 의미>일정한 담화를 구성하고, 접속사 등과 같은 결속력 있는 텍스트를 형성하는 의미.
제2단계에는 결속력 있는 담화를 창조해 내는데 이용될 수 있는 언어적 장치, 즉 선행절과 후행절을 연결하는 다양한 접속사(英語史에서 대표적인 since, while 등이 전후의 인과적 사건을 연결하는 시간 관계 접속사로 발달하는 경우, 이성하, 1988 ; Hopper & Traugott, 2003)로의 발달, 지시와 조응 현상 등을 구성한다. 문법화의 과정을 거치지 않는 어휘적 의미의 발달에서는 제2단계는 생략되고 곧 이어 제3단계로 이행하게 되는 경향이 강하다.
(3) 의미·화용론적 경향 3단계 : 일정한 객관적인 명제나 상황에 대한 화자의 내적 해석이 증가하여 주관적인 판단, 신념과 태도를 표출하는 의미로 더욱 강화된다.
제3단계에서는 텍스트 자체나 표현된 내용에 대한 화자의 개인적 믿음과 태도 등을 강하게 표현하는 언어적 장치에 해당된다. 환유를 거친 많은 의미 변화가 이러한 단계에 포함된다고 한다.

이와 같은 일련의 의미·화용론적 발달의 세 가지 경향을 잘 보여주는 예는 국어에서 '드디어'(遂)의 통시적 문법화 과정에서 찾을 수 있다고 생각한다. 즉, 원래 동작동사 '드듸-'(踏)가 갖고 있던 명제적 개념에서 "후행하는 사건이 앞에 있었던 사건의 전철을 잇거나 밟아서"와 같은 은유화를 거치며(1단계), 앞의 사건과 뒤에 오는 사건과의 인과 관계를 나타내는 텍스트 연결 기능을 나타내는 접속사 단계를 거치고(2단계), 끝으로 이러한 인과 관계를 파악하는 화자의 심리적 또는 추론적 판단이나 태도를 나타내는 방향(3단계)으로 발달하였다.

여 이러한 방언형의 의미가 단계적으로 수행해 온 통시적 발달의 방향이 일반적인 의미·화용론적 변화의 원리, 즉 환유(metonymy)의 과정을 거친 주관화 경향의 지배를 받아서 형성되어 왔을 가능성을 제시하려고 한다.

오늘날 주로 전북과 전남의 지역 방언에서 사용되고 있는 동사 '도르다/두르다' 계열의 어휘적 의미는 하위 지역에 따라서 각각 중간 단계로 생각되는 [속이다](欺)의 의미에서 여기서 다시 파생된 새로운 의미인 [훔치다](盜)의 방향으로 변화를 완료했거나, 아니면 그러한 방향으로 옮겨가고 있는 과정을 나타낸다. 이와 같은 의미의 분화를 방언지리학적인 방식으로 정밀하게 측정할 수는 없으나,『한국방언 자료집』(전북 편, 1987과 전남 편, 1991) 등의 방언 자료집을 참고하면, 대체로 전북방언에서는 '도르다/두르다'형의 의미가 대부분 '欺瞞'의 단계에 머물러 있다.

그 반면에, 전남방언에서 이 형태는 '盜'의 의미에까지 확대되어 있는 동시에, 출현하는 통사적 환경에 따라서 '欺∽盜'의 다의 관계를 이루고 있다. 전라방언에서 전북과 전남 지역에 따른 이와 같은 의미의 분화는 19세기 후기의 단계에까지 소급될 수 있을 것으로 보인다.

글쓴이는 19세기 후기 전북방언의 자료(전주에서 간행된 완판본 고소설 계열과 신재효의 판소리 사설집 중심)를 검토하면서, 다양한 대화와 지문의 문맥에서 나타나는 '도르다/두르다'의 주동형이나 피동형이 주로 남을 유혹하거나 그럴 듯하게 꾀여서 [속이다]와, 남에게 [속임을 당하다]의 뜻으로 예외 없이 사용되고 있음을 관찰하였다. 이러한 현상은 현대 전북의 하위방언에서 통상적인 방언 화자들이 구사하는 이 방언형의 독특한 용법과 대체로 일치한다(나중에 언급될 남원과 정읍방언의 예들만 제외하면). 그 반면, 현대 전남방언의 경우에 이 방언형의 피동형 '둘리다/돌리다'는 여전히 '欺'의 의미를 보유하고 있어 남에게 [속임을 당하다]의 뜻으로 사용되지만, 주동형 '도르다/두르다'는 남의 것을 속여서 [훔치다](盜)의 뜻으로 대부분 변화되어 있다. 전남방언에서 보이는 이러한 의미의 전이가 19세기 후기의 개화기 국어 자료인 『독립신문』 1권(1896. 4~1896. 12)에서도 등장하고 있는 사실이 특이하다. 지금으로부터 대략 1세기 전에 간행되었던 『독립신문』에 사용되는 모든 '도르다'의 활용형들은 완판본 고소설 계열과 판소리 사설집으로 대표되는 19세기 후기 전북방언 자료에 반영된 [속이다]의 의미보다는, 남의 것을 [훔치다]는 뜻으로 일관되어 있는 것이다.

그 출현하게 되는 시대적 정신과 당시의 사회적 상황 등을 객관적으로 비교하여 볼 때, 전남방언의 언어 특질들과 무관할 것으로 생각되는 19세기 후반의 개화기 자료인 『독립신문』에 반영된 이와 같은 언어 현상의 일부가 오늘날의 전남방언에서의 특질들과 대략 일치하고 있는 사실이 글쓴이의 관심을 끌게 되었다. 19세기 후기 전북방언 자료와, 이와 비슷한 시대의 산물이며, 당시의 중부방언을 반영하고 있는 『독립신문』에서 사용된 '도르다 / 두르다'형의 의미는 각각 '欺'와 '盜'와 같은 상이한 발달의 단계를 나타내고 있기 때문이다. 19세기 후기 전북방언의 자료에서 쓰인 '도르다 / 두르다'(欺)형의 의미는 오늘날의 전북방언에 그대로 계승되어 있다. 그러나 개화기 『독립신문』에서의 '도르다'(盜)의 의미는 20세기 초엽 또는 현대 중부방언의 용법과 무관한 것이고, 오히려 현대 전남방언의 용법에 접근하여 있다. 만일 19세기 후기 『독립신문』에서 사용된 이와 같은 '도르다'(盜)형의 쓰임을 당시의 중부방언의 반영이라고 전제한다면, '도르다'형의 의미가 이 지역 방언에서 '盜>欺'와 같은 방향으로 변화를 수행하여 온 것으로 해석할 수밖에 없다.

글쓴이는 '도르다 / 두르다'형이 중세국어에서부터 역사적으로 수행하여 온 의미 발달의 방향을 고려할 때, 이러한 해석은 성립되기 어렵다고 판단한다. 또한, 이 형태와 관련된 현대 중부방언의 용법 등을 상기하면,

19세기 후기 중부방언에서 '도르다 / 두르다'형의 의미가 『독립신문』에서
와 같은 [훔치다](盜)의 단계에까지 발달되어 있었을 것으로 생각되지 않
는다.

따라서 글쓴이는 『독립신문』에서 사용된 '도르다'(盜)형은 그 당시에
이러한 의미 변화의 단계에까지 도달하여 있던 어느 전남방언의 특질의
반영이었을 가능성을 조심스럽게 추정해 보려고 한다. 그리하여 글쓴이
는 오늘날의 전북과 전남방언, 그리고 19세기 후기의 전북방언의 자료와,
이들과 무관한 개화기 자료인 『독립신문』을 특징짓고 있는 '도르다 / 두
르다' 형태의 의미 분화가 [속이다]에서 [훔치다]로의 자연스러운 의미
발달의 방향을 가리키고 있을 것이라는 가정을 이 글에서 제기하려고 한
다. 즉, 중세국어의 단계로 소급되는 '도르다 / 두르다'형은 다음과 같은
두 가지의 의미 변화 과정을 거쳐 온 것으로 이해하려고 한다.

첫 번째의 과정은 원래의 구상적인 의미(環, 圍)에서 출발하여 특정한
맥락에서 은유화(metaphorization) 작용으로 인하여 형성된 화용론적 함축을
거치면서 [속이다](欺)의 의미로 재분석되었다. 남의 시야를 가려서 사실
(진실)을 현혹시키는 행위는 통상적으로 남을 속이려는 목적에서 나온 것
이라는 함축이 사회 문화적으로 고정화되었다. 이 과정은 의미 발달의
의미·화용론적 경향 가운데 제1단계에 해당되는 것이다.

두 번째의 과정은 '도르다 / 두르다'의 대상이 무정물인 경우에, 남을
속인 행위의 결과가 결국에는 어떤 대상을 속여서 몰래 얻거나 또는 훔
치는 과정을 인과적으로 연상하게 되는 환유화(metonymization) 작용을 거
쳐 [훔치다](盜)의 의미가 파생된 것이다. 동시에 이러한 '欺 > 盜'와 같은
의미 전이는 의미 화용론적 경향의 제3단계를 나타내는 것으로, 해당 상
황에 대한 화자의 주관적인 믿음이나 판단이 강화된 주관화의 영역에 속
한다.

2. 기원적 '도르다 / 두르다'(環, 圍)형의 제1단계 의미 전이
─은유화(環, 圍)欺)

2.1. 중세국어에서부터 19세기 후기 중부방언까지의 의미 변화

1940년대 이전에 원고가 완성된 『큰사전』(한글학회지은, 1947)에는 표제어 타동사 '두르다²'(893면)와 '도르다⁴'(827면)형에 "이치에 그럴 듯하게 하여 남을 속이다"와 같은 풀이가 제시되어 있다. 그리고 '두르다²'와 '도르다⁴'형은 어감의 차이에 따른 큰말과 작은말의 구분에 따른 분류이며, 풀이와 함께 제시된 이형태 '둘르다'와 '돌르다'는 각각의 표제어에 대한 비표준어로 배정되어 있다. 그 반면에, 이 사전에서 또 다른 표제어 '두르다¹'의 경우에는 원래의 구상적인 "(1) 싸서 가리다, (2) 원을 그리며 돌리다"의 뜻과, 역사적으로 다른 기원의 '두르다'(斡旋)에서 유래된 것으로 보이는 "(3) 사물을 이리저리 변통하다, (4) 사람을 마음대로 다루다"의 뜻으로 풀이되어 있다. 또한, 이 사전에서 '두르다²'와 '도르다⁴'형의 피동형 '둘리다²'(902면)와 '돌리다²'(854면)의 경우는 "이치에 그럴 듯한 일로 남에게 속다"로 풀이되어 있다.

이러한 사실을 보면, 1940년대를 전후하여서 '두르다 / 도르다'와, 그 피동형 '돌리다 / 둘리다'형이 '欺'의 뜻으로 서울과 경기 지역어 등지에서 어느 정도 보편적으로 사용되고 있었던 것으로 일단 추정된다. 『큰사전』(1947)에서 표제어 항목에 오른 '두르다 / 도르다'형과, 그 피동형 '둘리다 / 돌리다', 이들에 대한 각각의 풀이말은 최근의 개정판 『우리말 큰사전』(1992 : 1089)에서도 대체로 반복되어 있다. 그러나 『우리말 큰사전』(1992)에 등록되어 있는 이러한 표제어들과 풀이는 오늘날 서울말 또는 중부방언의 언어 현실을 그대로 반영하지 못한 것 같다.6) 현대국어의 용법에 관한 한, 위의 사전과 그 성격을 달리하는 연세 『한국어사전』(1998, 연세대학교 언어정보개발원 편)에서 단독 표제어로 '두르다 / 도르다'(欺) 부류 는 찾을 수 없다. 그 대신 이 사전에는 다음과 같이 '둘러대다'와, 피동형 '둘리다 / 돌리다' 항목만 등록되어 있다.

(1) 둘러대다 : ① 그럴듯한 말로 꾸며대다.
                ② 돈이나 물건을 억지로 마련하여 대다.
     둘리다 : ① 둘러서 막히다(울타리나 철망으로).
              ② 그럴듯한 꾀임에 속다.
              cf. 돌리다 : ⑤ 말을 간접적으로 둘러대다.

연세 『한국어사전』(1998)은 1960~1990년대 중반까지의 한국어 문헌 자료를 바탕으로 편찬되었으며, 대규모의 언어자료(말뭉치)를 전산화하고, 여기서 소용되는 다양한 용례들을 예문으로 선정하였다고 한다. 따라서 이 사전에서 하나의 표제어 항목으로 출현하지 않는 '두르다 / 도르다'형은 '欺'의 뜻을 갖고 있는 단독형으로 서울말 중심의 구체적인 의사전달의 상 황에서 더 이상 쓰이지 않는다고 생각한다. Google 검색어 찾기에서도 이 러한 사실을 확인할 수 있다.7) 따라서 1940년대 이전의 어휘인 '두르다 / 도 르다'에 대한 용법은 오늘날 서울말에서 위의 (2)에서와 같은 '둘러대다'로 좁혀진 것이다.8) 이 '둘러대다'형은 『큰사전』(한글학회 , 1947 : 902)에도 표

---

6) 그 반면에, 국립국어연구원 『표준국어대사전』에서 '두르다' 형은 제외되었으나, 표제어 '도르다'에 "그럴듯하게 말하여 남을 속이다"라는 해설이 제시되어 있다. 이 사전에도 또한 피동형 '둘리다 / 돌리다' 항목이 표제어로 등록되어 있다.

7) 또한, KAIST Concordance Program을 이용한 한국어 용례 조사에서도 결과는 마찬가지 로 나타난다. 그리고 피동형 '둘리다 / 돌리다'에 대한 용례도 이 조사에서 나타나지 않 는다.

8) 현대국어에서 복합용언 '둘러대다'의 용법과 의미 기능은 다음과 같은 예문의 분석에서 밝혀질 수 있다고 생각한다.

(8-1) 히믈러는 또 다시 적당한 구실을 둘러대면서 총통 벙커를 방문하지 않았다(『만약에』

제어로 확립되어 있었다.

　서울말과 경기도 일대에서 쓰였던 1940년대 이전의 '두르다 / 도르다'(欺) 형과, 현대 전라방언에서 생산적으로 사용되고 있는 방언형 '둘르다 / 돌르다'(欺, 盜)의 기원은 구상적인 의미[두르다, 에워싸다, 둘러막다] 등을 갖고 있었던 중세국어에서의 '두르다'와 '도ᄅ다'의 단계로 소급될 수 있다.

<hr>

　　　　2(일반 역사편), 제21장 「히틀러, 전범 재판에 회부되다」, 455면, 이종인 옮김).

위의 예에서 밑줄 친 '둘러+대다'는 '울어대다, 졸라대다, 꾸며대다' 등과 같이 본용언의 반복적인 모습과 강세라든가, 화자의 "짜증"이나 "고마움"을 나타내는 보조용언 '-어대다'(손세모돌, 1996 : 228~233)가 연결된 구성으로 볼 수 없다. 이것은 거짓 또는 꾀로 남을 속이다(欺)는 뜻을 갖고 있던 동사어간 '두르-'에 동사 '대다'(사실대로 말하여 밝히다)가 합성된 형태이다. 이러한 사실은 (8-1)의 문장에서 '둘러대면서'의 앞 성분 '둘러'를 제거시키면 더욱 분명해진다.

(8-2) 히믈러는 또 다시 적당한 구실을 <u>대면서</u> 총통 벙커를 방문하지 않았다.

그러나 문장 (8-2)에는 원래의 문장 (8-1)이 전달하려고 하는 동작 주체의 구체적 동작의 의미가 실현되어 있지 않다. 그렇기 때문에, 이러한 의미 기능은 문장 주체의 의식적인 거짓 또는 속임수와 같은 행위를 뜻하는 '둘러'가 담당하고 있음을 알 수 있다. 원래의 성분 '둘러' 대신 '대다' 앞에 아래의 예문 (8-3)에서와 같이 비슷한 의미를 보유하고 있는 다른 성분들로 대치한다 하여도 원래 (8-1)의 통사적 구조로부터 크게 이탈되지 않는다.

(8-3) 히믈러는 또 다시 적당한 구실을 (거짓으로 / 속여서 / 꾸며서) 대면서 총통 벙커를 방문하지 않았다.

또한, '둘러대다'에 관한 현대국어에서의 다양한 용례들을 살펴보면, 예문 (8-4)에서와 같이, 비슷한 의미를 나타내는 '거짓으로 / 거짓말로, 속여서, 꾸며서'와 같은 성분 다음에 '둘러대다' 동사가 연결되는 양상이 부분적으로 관찰된다. 이러한 현상은 '둘러대다'의 의미 기능이 약화된 모습을 보이는 것으로 생각된다.

(8-4) 히믈러는 또 다시 적당한 구실을 (거짓으로 / 속여서 / 꾸며서) 둘러대면서 총통 벙커를 방문하지 않았다.

그러나 아래의 비적격문 (8-5)과 (8-5)′에서와 같이 '둘러대면서'의 구성으로부터 '대다'가 탈락되고 '두르다' 성분 자체가 독립적으로 쓰일 수 없다. 이러한 사실은 서울말 중심의 현대국어에서 원래의 '두르다 / 도르다'의 기능이 완전히 제거되고, 단지 '-대다' 성분이 뒤따르는 앞자리에서만 합성동사의 구성성원으로 유지되어 있음을 나타낸다.

(8-5) *히믈러는 또 다시 적당한 구실을 (거짓으로 / 속여서 / 꾸며서) <u>둘르면서</u> 총통 벙커를 방문하지 않았다.
(8-5)′ *히믈러는 또 다시 적당한 구실을 <u>둘르면서</u> 총통 벙커를 방문하지 않았다.

15세기 국어의 동의어 관계를 검토하면서, 남성우(2001 : 169)는 동일한 원문을 각각 독자적인 방식으로 언해한 대표적인 한글 자료『월인석보』와『법화경언해』, 그리고『석보상절』을 이용하여 일정한 환경에 등장하는 '두르다'와 '도르다'형의 동의성 '環, 圍'을 확인한 바 있다.

    (2) ㄱ. 須彌山올 <u>둘어</u> 밧긔 土山 黑山이 이쇼더(석보 20. 21ㄴ)
        ㄴ. 須彌롤 <u>돌아</u> 밧긔 土山 黑山이 이쇼더(월석 18. 47ㄱ)
        ㄷ. 須彌 밧골 <u>둘어</u> 土山 黑山이 이쇼더(법화 6. 164ㄴ)
        cf. 풍류로 城을 두르고(석보 23. 52ㄱ)
           圍논 두를씨오(월석 2 : 32ㄴ)

중세국어에서 [두르다, 에워싸다, 둘러막다] 등의 구상적인 의미를 갖고 있었던 동작동사 '두르다'와 '도르다'형이 국어사의 단계에서 언제부터 [속이다]의 뜻으로 추상화되었는가는 정확하게 밝힐 수는 없다. 그러나 18세기 초엽에 들어와서 만주어 교재『삼역총해』(1703)에서 이 형태가 '欺瞞'의 의미로 등장하였다.

    (3) ㄱ. 孔明이 웃고 니로되 子敬은 나롤 엇지 <u>두루ᄂ니</u>(삼역총해
          5 : 19ㄴ)
        ㄴ. 므슴 일에 너롤 <u>두루관디</u> 엇지 이런 말을 내ᄂ니(상동. 5 :
          20ㄱ)

위의 예문 (3ㄱ)에서 밑줄 친 '두루ᄂ니'에 짝을 이루는 해당 만주어 성분은 '에터럼비'(eiterembi)로 음역되어 있다. 이 18세기의 만주어는 Erich Hauer의 *Handwörterbuch der Manchu Sprache I*(1952 : 236)을 참조하면, betrügen, täuschen, irreführen(속이다, 기만하다)에 해당한다. (3ㄴ)의 '두루관디'도 역시 동일한 의미를 갖고 있는 만주어 '에터러허(eiterehe)와

대응된다. 이와 같이 18세기 자료에서 만주어 음역 '에터럼비'(eiterembi)와 '두르다'와의 상관성은 만주어 대역사전 부류인『동문유해』(1748)와『한청문감』(1779)에서 거듭 확인된다. 에터럼비 : 꾀와 소기다 又 두로다(동문유해, 상. 32ㄴ), 에터럼비 : 詐欺, 두루다 又 꾀와 소기다(한청문감 欺哄類, 8 : 38ㄱ).

따라서 15세기 국어의 '두르다 / 도릭다'형은 구상적인 의미(環, 圍)로부터 18세기를 전후하여 점진적으로 '欺瞞'의 뜻으로 확대된 것으로 보이는데, 여기에 관여한 의미 전이의 기제는 관념적 은유 작용이었을 것이다. 기원적으로 '두르다 / 도릭다'는 어떤 생물이나 무생물이 주위를 빙 둘러 가리는 또는 가리게 되는 행위나 상태의 범주에서 출발하였다. 그러나 이러한 구체적인 행위나 상태에서 동작주가 주로 그러한 행위를 능동적으로 구사하는 유정물로 전환되면서 결과적으로 상대방으로 하여금 시야가 가려서(그리하여 현혹되거나 잘못 판단하게 되어) 어떤 사실이나 진실을 제대로 간파하지 못하게 되는 상황으로 유도되었을 것으로 보인다. 이렇게 유도되는 상황은 통상적으로 동작주가 상대방을 어떠한 진실로부터 적극적으로 기만하려는 의도에서 비롯될 경우가 대부분이었을 것이다.9) 따라서 무엇에 가려서 그 너머를 제대로 보지 못하는 구상적인 상

---

9) 18세기 국어에서 "欺瞞"의 의미를 다의로 갖고 있는 '두르다 / 도릭다'형은 비유법과 관련이 없는 '속다 / 속이다'(欺)와 유의어를 이루게 된다. 이러한 사실이 국어의 유의어 부류들을 통시적으로 고찰한 조항범(1984 : 90)에서 주목된 바 있다. 글쓴이는 다의어로서 새로 확립된 '두르다 / 도릭다'(欺)의 의미영역과 통사적 기능은 전형적인 '속다 / 속이다'와는, '欺'라는 공통부분을 제외하면, 어느 정도 달랐을 것으로 본다. 그 구체적인 차이는 '두르다 / 도릭다'형의 경우에, 동작주가 구사하는 적극적인 기만의 행위에 있다. 즉, '두르다 / 도릭다'에서는 상대방을 현혹시켜 속게 하려면, 그 구체적인 은폐하는 수단인 "거짓말, 유혹, 꾀임" 등이 적극적인 수단으로 이용된다.
이와 같은 사정은 만주어 대역사전에서 '에터럼비'에 대한 대역으로 제시된 "꾀와 소기다=두로다"에서 확인된다.
예문 (3)의 출처인『삼역총해』(1703)에서 '두르다'와의 유의어 '속이다'도 아울러 쓰였는데, 이 단어에 해당되는 만주어는 '홀톰비'(holtombi)로 대응되어 있다.
曹操롤 엇지 ᄒ여 소김이 되리(삼역 5. 20ㄴ)=아다라머 홀토치 옴비, adarame(wie, warum wieso), holtombi(lügen, täuschen, 452면), holtosombi(betrügen), ombi(möglich

태나 행위의 범주는 동작주가 어떠한 사실이나 진실을 은폐하여서 상대
방을 현혹시키는 부정적인 행위 범주와 일정한 유사성을 바탕으로 한 은
유화의 연상 작용으로 연결된 것으로 생각한다.

15세기 국어에서도 '두르다 / 도르다'형은 그 사용되는 문맥에 따라서
구체적인 의미(사방을 둘러 가리다)에서 추상적인 의미(속이다)를 연상해 내
는 화용론적 함축의 과정을 초래하였을 것이다. 그러나 18세기 초엽부터
'欺瞞'의 뜻으로 문헌 자료에 등장하는 위의 (3)의 예들은 문맥에 따라서
(즉, 동작주가 유정물인 상황에서) 이차적으로 파생된 임시의미 또는 화용론적
인 의미가 점진적으로 언어사회에서 관습화되어 의미론적 다의로 옮겨 왔
음을 나타낸다. 따라서 18세기 국어에서 다의어 동사 '두르다 / 도르다'형
은 해당 문장의 주어 또는 목적어가 무정물인가, 아니면 유정물인가 따라
서 원래의 구상적인 의미(環, 圍)와, 새롭게 재분석되어 의미화(semanticization)
를 거친 파생된 의미 '欺'가 공시적으로 자동적으로 선택되었음을 (3)의
예들은 보여준다. 또한, (3)의 예들이 18세기 초엽의 보수적인 문헌어에
까지 확대되어 등장한다는 사실은 실제의 구어에서 그 의미 발달의 기원
이 훨씬 더 이른 시기로 소급될 수 있음을 뜻한다고 생각한다.

---

sein werden(Hauer, 1952 : 452), 소기다 : 홀톰비(동문유해, 상. 33ㄱ, 한청문감 欺哄類
8 : 37ㄴ).

또한, 『삼역총해』(1703)에는 '두루다'와 '속이다' 등과 유사한 의미 영역에 속하는 '긔이
다'형도 출현하였다.
曹操ㅣ 니로더 先生은 긔이지 말고 フ르침을 원호노라(7 : 13ㄱ). 여기서 '긔이지 말고'에
해당되는 만주어는 '기다라쿠'로 대역되어 있다. 역시 Erich Hauer의 사전(1952 : 351)에
의하면, 만주어 gidaraku는 gidambi(속이다, 은폐하다)의 명령형에 부정을 첨가한 형태이
다(ohne zu unterdrücken, ohne zu vertuschen).
이러한 '긔이다'형은 중세국어 '긔쐬다, 그쐬다'(諱)로 소급되는데, 19세기 후기 서울말
중심의 『한어문전』(1881)의 예문에서도 지속되어 있다. 동모의게 긔이다(tromper ses
camarades, IV. Exercise sur les cas, no.75). 『한어문전』(1881)과 자매편인 『한불ᄌ뎐』
(1880 : 160)에도 '긔이다' 항목이 [사실을 은폐하다, 속이다]와 같은 의미로 수록되어
있다.

이와 같이 '핵심의미(環, 圍)>파생의미(欺)'의 은유적 확대를 거친 '두르다/도르다' 형태의 다의성은 19세기 국어에도 지속되고, 동시에 지역적으로 확산되었을 것으로 보인다. 19세기 중엽의 전형적인 중부방언의 언어 특징들을 반영하는 『한불ᄌ뎐』(1880)에서 다의를 갖고 있는 '두르다' 항목은 실려 있지 않지만, 피동형 '둘니다'(둘녀, 둘린)는 표제어로 선정되어 구상적인 뜻과, 여기서 파생된 "속임을 당하다"라는 뜻이 두 가지의 다의로 배열되어 있다. (1) être entourné, (2) être trompé(504면). 그 반면, Gale의 『영한ᄌ뎐』(1897 : 688)에 등록된 표제어 '두루다'와 피동형 '둘니다'에는 단지 구상적 의미로만 풀이되어 있다. 두루다(둘녀, 두룬, 圍) : to surround, to circle about, see 에워싸다, 둘니다 : to be surrounded.

2.2. 19세기 후기 전북방언과 현대 전북방언에서 '도르다 / 두르다'형의 의미 변화

19세기 또는 20세기 초엽의 중부방언 자료에서 '도르다/두르다'형이 이차적인 '欺'의 뜻으로 사용된 예들이 충분히 관찰되지 않는다.[10] 이러한 사실은 그 당시의 살아 있는 구어 자료의 빈곤에서 비롯되었을 가능성도 있을 것이다. 그러나 이 형태의 사용이 오늘날의 서울방언을 포함한 여타의 중부방언에서도 구어에서도 대폭 축소되었음을 상기할 필요가 있다. 이와는 대조적으로 19세기 전라방언 자료에서는 은유화 작용을 거친 '두르다/도르다'(欺瞞)형들이 아래와 같은 다양한 문맥에서 생산적으

---

10) 20세기 초엽의 산물인 일련의 『신소설』의 언어에서 '도르다/두르다'(欺瞞)의 쓰임은 극히 미약하였다.

아들을 꾀여 돈 빅관도 돌나 먹고(고목화, 116)
cf. 구변은 죠와 둔사로만 암만 둘너딘들 누가 올은 말노 알아야지(안의성, 47)

또한, 문세영의 『조선어사전』(1918 : 405)에서는 표제어 '두르다'에 대하여 제시된 여러 다의 가운데 '欺'의 의미에 가까운 [농락하다]와 같은 풀이가 포함되어 있다.

로 사용되고 있었다.

    (4) ㄱ. 함끠 가면 죠컨만은 마다ᄒ면 억지 할고, <u>도로난</u> 슈가 올타
           (판, 심. 218)
        ㄴ. 간스훈 뺑덕어미 셔 즈룬 말쇼리로 심봉스를 <u>돌나</u>(판, 심.
           218)
        ㄷ. 도화동 근쳐의난 <u>돌을</u> 스람 업셔씨니 노비냥 나마 씰 제가
           마니 도망ᄒ여(판, 심. 236)
        ㄹ. 실업신 톡기 쇼견 졔가 쥬부 <u>도르기로</u> 업난 거진말을 넝슈
           먹듯 ᄒ는구나(판, 퇴. 290)
        ㅁ. 이리져리 살살 <u>돌나</u> 슈작ᄒ며 가노라니(판, 퇴. 296)
        ㅂ. 밤나스로 고슝ᄒ다 토기를 게우 <u>돌라</u> 고국으로 도라가기 시
           각이 밧바시니(판, 퇴. 300)
        ㅅ. 벼술 ᄒ라 슈궁 가즈 <u>돌나올</u> 쬐 만ᄒ니(판, 퇴. 308)
        ㅇ. 즉금 ᄒ는 저 지조는 남 <u>도르잔</u> 궤슐이오(판, 적. 514)
        ㅈ. 셩친ᄒ기로 유비를 <u>돌나</u> 오거던 가두고 형주을 토식ᄒ여(삼
           국지 3. 2ㄱ)
        ㅊ. 됴적이 공을 <u>돌나</u> 셩으 드러와(삼국지 3. 37ㄴ)
        ㅋ. 어라, 이 도격놈! 네가 쏘 누구을 살작 <u>돌나</u>보난아(丙辰. 박
           흥보, 20ㄱ)

    (5) ㄱ. 우리 승상 어이 그리 쬐가 업셔 황기의게 <u>돌여난고</u>(화룡, 62ㄴ)
        ㄴ. 공명이 니 쬐의 <u>돌여쏘다</u>(삼국지 3. 15ㄴ)
        ㄷ. 당나라 이졍이가 홍불기난 <u>돌여씨되</u> 날 돌일 슈난 업졔(판,
           심. 228)
        ㄹ. 홍보딕이 쫙 <u>돌이여</u>, 익겨 그러커든(판, 박. 382)

    위의 예들은 기원적으로 음성상징에 근거한 '두르다 / 도르다'(欺)의 두
가지 형태가 19세기 후기 전라방언에서 어두음절 모음의 어감이 강하고
큰 음성모음 '두르다'보다 양성모음 '도르다'형으로 단일화되어 가는 경

향을 나타낸다. 그렇다고 해서 '두르다'(欺)형이 완전하게 사라진 것은 아니었고, 그 사용 빈도만 줄어들었던 것으로 보인다. 날 다려다 엇다 두고 눌 <u>두루라</u> 쏘 왓난다(판. 퇴. 308). 그 반면, 원래의 구상적 의미(環, 圍)를 나타냈던 형태는 어두음절의 모음이 주로 음성모음 '우'로만 한정되어 사용되고 있었다.

(6)　ㄱ. 힝닉 만실ᄒ고 오쉭 안기 <u>두루더니</u>(완판, 심청, 상. 4ㄱ)
　　ㄴ. 춘향이는 이를 복복 갈며 고기만 빙빙 <u>두루면셔</u>(수절, 하. 12ㄱ)
　　ㄷ. 여기 셩죠을 ᄒ거드면 탐낭슈ㄱ <u>둘너스니</u> 부귀영화 날거시오(병진본 필사 박홍보. 12ㄴ)

또한, 이 시기에서도 '도르다'와 '속이다'는 유의 관계를 유지하고 있었음이 분명하다. 위의 예문 가운데 고소설『화용도』에 등장하는 예문 (5ㄱ)에서의 피동형 '돌여-'는 신재효의 판소리사설『적벽가』의 유사한 통사구조에서 다음과 같이 '쇽케-'로 대응되어 있다. 황기의 ᄉ항셔와 방통의 연환계에 그리 몹시 <u>쇽케논고</u>(판, 적. 510).

19세기 후기 전라방언 자료에 반영된 '두르다 / 도르다'(欺)의 이와 같은 쓰임은 오늘날 전북지역의 하위방언에서도 그대로 계승되어 생산적으로 사용되고 있다. 방언지역 토박이 화자들의 구술 내용을 그대로 한글 전사한 민담 자료집『한국구비문학대계』(한국정신문화연구원 간행) 가운데 전북 편에 수집된 방언 구어자료에서 등장하는 '두르다 / 도르다'의 사용을 선별적으로 제시하면 대략 다음과 같은 특징이 추출된다.

(7-1) 둘러+가지고 / 먹다(欺)
　　ㄱ. 젊은 사람들끼리 모여서, 저 영감 둘러먹게 소피를 코구녁에다 발라 놓고 오자(웃음)(구비문학 5-3, 전북 부안군 편,

부안읍 설화 1 : 25, 홍용호 64세)

ㄴ. 당신이 사람을 뭣이냐, <u>둘러먹으도</u> 유만부득이지. 아, 작대기, 작대기가 여시를 잡는다고더만. 에이, 여보쇼. 작대기가 무신(5-5. 정주시. 정읍군 편, 457)

ㄷ. 그래가지고 군량이 있다고 그놈을 <u>둘러가지고서</u> 많다고 해가지고서, 그래서(5-3. 부안읍 30 : 112, 이상희 68세)

(7-2) **돌르다 / 돌라먹다(欺)**

ㄱ. 정도(正道)를 안허고 밤낮 진술을 혀. 사람을 <u>돌로는</u> 술(術)만 혀. 그래가지고 그런 사람이 참도꾼을 만나면 혼이 나는 것인데(5-2. 전주시. 완주군, 491)

ㄴ. 정도를 안허고 그렇게 사람을 <u>돌로고</u> 그랬다는 말이 있고(5-2. 전주시 완주군, 491)

ㄷ. 서울이 여기가 눈 빼먹는 데다, 그랬거든. 그런게 인쟈 시골서 가면, 서울이 인쟈 <u>돌라먹는</u> 사람이 많다 그 말이지(5-2. 전주시. 완주군, 705)

ㄹ. 천석군이 받는 놈이 "아, 이놈들 내 소작헌 놈이 나를 전부 <u>돌라먹었구나</u>. 음, <u>돌라먹었</u>지, 닭 잡아오고, 꿀 가조고 허더니 요놈들이 고렇게 <u>돌라서</u> 나를, 저그가 잘 사는구나." (5-7. 정읍군 편 (3), 산내면 30 : 755, 홍일남 71세)

(7-3) **돌리다(被欺)**

ㄱ. 이 놈이 내 말에 <u>돌린</u> 줄을 알고 나를 잡아 먹을란지도 모른개(5-2. 전주시. 완주군, 59)

ㄴ. 내가 어제 저녁으 도깨비한티 <u>돌렸는디</u> 뭔지 모르게 조금 있으면 나 죽게 생겼는디(5-5. 신태인 30 : 538)

ㄷ. 근게 그 자리서, "넥, 도적놈! 너한티 <u>돌렸다</u> 이놈아!" 그렸다는 것여 박상의개[일동 : 웃음](5-4. 군산시. 옥구군, 926)

(7-4) **둘리다(被欺)**

ㄱ. 이눔한티 <u>둘려</u> 이 사람은 200냥 뺏겼지. 제 뭣이냐 못 살게 히놨지. 이놈이(5-5. 정읍군 신태인 19 : 461)

　　ㄴ. 이 사람은 다시 그런 넘한티 둘리들 안 허고 살드리여(5-5.
　　　　정주시. 정읍군 편, 461)
　　ㄷ. 근게 저놈을 어떻게 해서 뺏어 먹으까 해도 당초 안 둘려.
　　　　그 사람이 영리해(5-5. 정읍군 감곡면 27 : 650)
　　ㄹ. 아, 푀수란 놈이 가만히 생각흔게 이 도둑놈한티 둘렸단 말
　　　　여. 근게(5-6. 정주시. 정읍군, 112)

위의 예에서 오늘날의 전북방언에서 남을 속이는 적극적인 행위를 나타내는 동사로 '두르다'와 '도르다' 두 가지의 형태가, 그 출현 빈도에서 차이는 보이지만, 나란히 사용되고 있음이 확인된다. 이러한 사실은 이 형태들의 피동형 '둘리다'와 '돌리다'의 분포에서도 동일하게 확인된다. 예를 들면, 위의 예문 (7-4ㄱ)에서 피동형 '둘리다'를 사용한 구술자 오진택씨(당시 62세)는 앞선 이야기 가운데에서는 양성모음의 어두음절 '돌리다'형을 구사하였다. "그적으는 아, 이거 이놈한티 또 돌렸다 그러니, 이거 환장헐 일 아녀?"(5-5, 정읍군 신태인면 19 : 460). 따라서 주동형이나 피동형으로 '도르–' 계열만 적극적으로 반영하는 19세기 후기 전라방언 자료에서 (4)의 예들과는 어느 정도 차이를 보인다.

그러나 이 형태의 어두음절 모음의 출현 빈도에 따른 이와 같은 차이점이 19세기 후기의 단계와 현대 전북방언 사이에 개입된 실제 시간적 거리에서 기인되었을 것으로 생각되지 않는다. 오늘날의 전북 하위방언에서도 지역에 따라서 이 형태의 어두음절 모음의 출현 빈도가 조금씩 다르기 때문이다.[11] 또한 전주지역어를 사용하는 동일한 화자들에게서 이 방언형의 어두음절의 모음 '오'와 '우'를 말의 스타일이나 화제 등과

---

11) 전북 전주 출신인 전북대학교 이태영 교수는 그의 저서 『전라도 방언과 문화 이야기』 (2000 : 220)에서 전북방언에서 남에게 속은 것을 통상적으로 '둘렸다'라고 말하지만, 거꾸로 남을 능동적으로 속이는 것을 '둘러먹다 / 돌라먹다'라고 한다고 설명하면서 다음과 같은 예문을 들었다. 그르케 사람 돌라먹다가는 저도 언진가는 둘린다고.

같은 일정한 사회언어학적 조건의 개입 없이 교체되어 사용하고 있다.12)

그 반면에, 전북의 남원과 정읍방언 등지에서 '도르다/돌르다' 형태가 (7)의 예에서와 같은 [속이다]의 의미 이외에, 새로운 [훔치다]와 같은 의미로 확대되어 두 가지의 다의로 사용되고 있는 사실이 관찰된다. 이차적으로 확대된 의미인 [훔치다]의 쓰임은 '도르다/돌르다'의 어간에 '먹다'와 같은 보조용언이 연결되는 경우가 많다.13) 이와 같은 '돌라-먹다'의 구성이 위의 (7)의 예들을 포함한 대부분의 전북방언에서는 '속여-먹다'와 같은 의미를 유지하고 있는 사실과 대조를 이룬다. 이러한 유형은 19세기 후기 전라방언의 자료에서도 이미 등장하고 있다.

> (7-5) 귀변 족코 지치 잇꼬 스람 <u>돌나먹기난</u> 이상업는 놈이엿째(장자
> 백 창본 춘향가. 100)
> cf. 익가 <u>둘너붓칠</u> 속은 오유월 피마 쑹구녁이로구나(장자백 창
> 본 춘향가. 110)

『한국구비문학대계』(5-1. 남원군 편, 1981 ; 5-7. 정읍군 편, 1983)의 구술 자료에서 '도르다/돌르다' 방언형이 [훔치다]의 의미로 사용되고 있는 몇 가지 용례를 제시하면 다음과 같다.

---

12) 『한국구비문학대계』, 5-3. 전북 부안군 편에서 줄포면(16 : 301~304) 설화 구술자 최경호(당시 65세)의 이야기 속에 등장하는 어두음절 '오'형과 '우'형의 임의적인 교체 양상은 다음과 같다.

"사우녀석한티 <u>돌렸다</u>" 하고 영감이 부애가 난개(301면), "장인을 조께 더 <u>둘러먹으까?</u>", "뭘, 죄로 갑랍뎌". 아, 마누라가 싱락을 히줘. 인자 어트게 <u>둘러먹는고</u> 허면은(302면), 아, 그놈이 말여 <u>돌렸지마는</u> 아, 왔그딩(303면), 아, 그날도 음식 장만도 못허게 돌려먹고는(304면).

13) [훔치다]의 의미로 쓰이는 용언어간 '돌라-'에 연결되는 '먹다'형이 전북의 남원과 정읍방언의 일대에서 보조용언화될 수 있는 자격이 있는가 하는 문제는 앞으로 3장에서 논의될 19세기 후기 『독립신문』에서의 자료와 오늘날 전남방언의 예들을 함께 검토하면 해결될 것으로 보인다.

(8) ㄱ. 서방질을 했으면 고이 서방질이나 하지 왜 돈보따리까지 ㉠홈치냐? 아이구, 나 서방질은 했어도 돈 ㉡돌른 적은 없습니다. 돈 ㉢집어낸 일은 없습니다(남원 대산면 설화 6 : 703, 최경섭 60세)

ㄴ. 그 근동에서 어뜬 사람이 그놈 욕심이 났다 이 말이여. 어떻게 해서 그놈을 돌라가 부렀어. 뒤에다 대고 "쟁반 돌라간 놈 누구냐? 거기 앉어라"(대산면 설화 6 : 699, 최경섭)

ㄷ. 그런개 인자 누에 고치 돌라갔다고 찾을라고 헌개로…그런개 도둑놈들이 옥새를 ㉠돌라다가, ㉡홈쳐다가 도로 갖다주고 나갔단 말이여(남원군 금지 7 : 446, 임규임 62세)[14]

ㄹ. 그 전에는 떡시루를 많이 돌라먹었네, 그 동네 사람들이. 그 돌라먹다가 동네사람만 디게 욕을 했는디, 오다가 떡시루 돌라먹었지(남원군 보절면 설화 6 : 655, 정강현 36세)

(9) ㄱ. 이거 참 그 영감의 것을 돌라먹으다치면 그 죄가 되고(5-7. 정읍군 산내면 24 : 742)[15]

ㄴ. 어느 땐가 여그 와서 거 쌀 한짝씩 둘러간 사람 안 있능가?(5-5. 정읍군 고부면 17 : 326)[16]

ㄷ. 아 그리서 남의 것 쪼깨 둘러가기는 둘러갔지만 저도 잘 살고 그 사람들 빼냈자 빼낸 것 없지(5-5. 정읍군 고부면 17 : 327)

전북방언 가운데 남원과 정읍 일대의 하위방언에서 [홈치다](盜)의 의

---

14) 남원군 금지면 설화 7에서 추출된 (8ㄷ)의 예문의 화자는 임규임 여사(당시 62세)로서, 1979년 금지면 옹정리 자택에서 채록된 것이다. 이 이야기는 화자가 처녀시절(17, 18세)에 친정인 전남 곡성군 고달면에서 친정할머니로부터 들었다고 한다. 이러한 조사자의 설명으로 미루어 보면, 화자 임규임여사의 말은 전남방언이었을 것으로 생각한다. 그러나 남원군 운봉면에서 출생한 조용환 교수(전북대학교, 53세)의 조언에 의하면, 이 지역어에서도 '돌라가다'형은 통상적으로 '홈치다'의 뜻으로 쓰인다고 한다.

15) 『한국구비문학대계』 5-7. 전북 정읍군 편에 첨부된 정읍군 산내면 설화 제보자 소개에 따르면, 구술자인 홍일남(남, 당시 71세)씨는 산내면에서 5대째 살아 온 토박이이며, 초등학교를 졸업하고 서당에 10년간 다녔다고 한다.

16) 이 예문의 구술자인 김병수(남, 당시 64세)씨의 원래 출생지는 전북 부안군이며, 정읍군 고부면에는 40여 년 전에 이주하여 왔다고 한다.

미로 사용되는 위의 (8)과 (9)의 '돌른다, 돌라먹는다, 돌라간다 / 둘러간다' 등과 같은 용례는 전북 여타의 다른 지역 방언에서는 아직 적극적으로 확산되어 있지 않다.17) 이러한 방언형들이 [속이다](欺瞞)의 뜻만 보유하고 있는 전북방언의 화자들에게 위의 (8)과 (9) 예문을 제시하면, 이 방언형이 쓰이는 맥락에 의지하여 유추를 거쳐 개략적인 의미를 추론해 내기는 한다. 그러나 해당 지역 화자 자신들이 통상적인 대화에서 이러한 방언형을 [훔치다]의 의미로 사용하지 않는다고 지적한다. 그 반면, 위의 예들을 [훔치다]의 의미로 사용하는 남원과 정읍방언의 화자들은 다른 맥락과 통사 구조에서 동일한 방언형을 [속이다]의 의미로도 동시에 사용하고 있다. 따라서 이 지역 방언에서 '돌른다, 돌라먹는다, 돌라간다 / 둘러간다' 등은 [속이다∽훔치다]와 같은 다의 관계를 형성하고 있는 셈이다.

글쓴이가 위의 (8)과 (9)의 예들에 출현하는 기본적인 '도르다 / 두르다' 방언형을 다의어로 판단하고, 각각 독립적인 의미 [속이다](欺)와 [훔치다](盜)를 단의로 갖고 있는 동음어로 분류하지 않으려는 네 가지의 사실을 근거로 제시하면 다음과 같다.

첫째, 현대 전북방언에서 제시된 위의 예문들에 등장하는 문제의 방언형들이 보이는 형태론적 구조는 동일한 것이다. 둘째, '도르다 / 두르다' 형이 보유하고 있는 [속이다]와 [훔치다]의 해석 간에는 서로 연결될 수 있는 의미적 관계가 성립될 개연성이 있다. 즉, 두 가지의 해석 사이에는 서로의 연관성을 감지할 수 있어서 한 의미에서 다른 의미로 확대되는 인지적 과정을 설명할 수 있다. 셋째, 만일 '도르다 / 두르다'형에 원래의

---

17) 글쓴이는 전북의 익산 출신 일부 중년층의 화자들이 구사하는 비격식어에서 '돌라먹다'가 '盜'의 의미로 사용되고 있음을 관찰한 바 있다. 그러나 같은 지역 출신의 다른 화자들에게 이 형태가 수행한 의미의 전이 '欺>盜'의 파장이 아직 미치지 않고 있다.

[속이다]의 해석과 맺고 있는 의미적 관계를 무시하고, 독자적인 [훔치다]라는 단일한 해석만을 배정한다면, 이 방언형의 역사성을 확인할 수 없다는 사실이다.

마지막으로 넷째, 화자가 구사하는 같은 발화 내부에서 표현의 다양성, 또는 말의 스타일의 차이에 따라서 '훔치다'와 '도르다'형이 서로 교체되어 등장한다. 즉, (8ㄱ)의 예문에서 발화의 앞에 출현하는 밑줄 친 ㉠ (돈을) '훔치다'는 곧 이어서 ㉡ (돈을) '도르다'와 같은 단어로 다시 교체되었다. 그리고 이와 같은 표현은 같은 문장의 끝 부분에서 ㉢ (돈을) '집어낸 일'로 보충되었다. 이러한 교체의 모습은 예문 (8ㄷ)에서도 확인된다. 이 예문에 사용된 밑줄 친 ㉠ (옥새를) '도르다'형이 곧 화자가 말을 바꿔 사용함에 따라서 ㉡ (옥새를) '훔치다'로 대치되어 등장하였다. 동일 화자가 같은 맥락에서 서로 바꿔 구사하는 '훔치다'와 '도르다'는 그 의미가 정확하게 일치하는 것은 아니지만, 상호 교체될 수 있는 유의어의 영역에 포함되어 있음을 보이는 현상인 것으로 생각된다.18)

또한, 일부의 전북방언에서 다의어로 쓰이고 있는 '두르다 / 도르다' 방언형은 직접적인 언어 맥락과 통사 구조에 따라서 어느 한쪽의 해석이 자동적으로 결정되는 일종의 변이(variation)로 출현하고 있다.19) 즉, '도르

---

18) 네 번째 항목은 이 글의 초고에 대한 석주연 교수(서울대학교)의 지적(즉, 동일한 발화 내부에서 교체하는 '훔치다'와 '도르다'형의 쓰임은 화자가 그 각각의 의미를 어느 정도 다르게 인식하고 있었음을 나타내는 것이 아닌가)에 대한 글쓴이의 답변에 해당한다.

19) 의미 변화를 구성하는 기본적 요소는 다음과 같은 두개의 과정으로 이루어진다고 한다 (Kearns, 2000).

(ㄱ) Fa>Fa∞b(어떤 낱말 F, 기존의 의미 a, 새로운 의미 b)
(ㄴ) Fa∞b>Fb

여기서 (ㄴ)의 과정은 다의 관계를 맺고 있는 형태에 적용되는 것이다. 따라서 다의성이 선행하는 (ㄱ)의 단계로부터 파생되는 관계라 한다면, (ㄴ)의 과정은 그 선행 단계에서 결과 되는 부속물로 생각된다. 이러한 이유로, (ㄱ)에서와 같이 어떤 낱말이 특정한 맥락에서 새로운 의미를 획득하게 되는 과정이 의미 변화가 일어날 수 있는 필수적

다 / 두르다'형이 [속이다]의 의미로 선택되는 경우에는 위의 (7)의 예문
들에서와 같이 목적어에 해당되는(NP을 / 를) 동작의 대상이 [+유정물]이
다. 그 반면에, 이 방언형의 의미가 [훔치다]로 배정되는 경우에는 동작
의 대상이 [−유정물]에 한정된다. 따라서 [훔치다]의 다의를 갖고 있는
일부의 지역 방언에서도 '도르다 / 두르다'의 피동형 '둘린다 / 돌린다'에
서의 의미 선택이 피동문의 구조에서 한결같이 남에게 [속임을 당한다]
의 뜻으로만 한정되는 이유가 이해되는 것이다. 즉 대부분의 피동문은
어떤 행위나 동작이 [+유정물]인 남의 행동(NP에게 / 한테)에 의해서 이루
어지는 구문 형식을 취하기 때문이다.

　이와 같은 관점에서, 전북의 남원과 정읍방언의 일부에서 추출된 (8)
과 (9)의 예들은 '도르다 / 두르다'형이 [속이다∽훔치다]와 같은 다의
관계를 문맥에 따라서 자동적으로 선택되는 공시적 변이의 일종으로 실
현된다고 해석한다. 여기서 보이는 다의성 [속이다∽훔치다]는 위에서
언급된 특정한 맥락에서 수행된 [속이다]>[훔치다]와 같은 방향의 의미
변화를 전제로 한다. '도르다 / 두르다'형의 의미 발달의 추이가 지금까
지 살펴 본 통상적인 18세기 초엽의 문헌어와 19세기 후기 전라방언의
자료 등에 견주어 볼 때, 그 반대의 방향인 [훔치다]>[속이다]를 가리
키고 있다고 생각할 수 없기 때문이다. 따라서 대부분의 전북방언에서
보이는 (8)의 '도르다 / 두르다'(欺)의 용례들은 19세기 후기 전라방언에
서 계승된 보수적인 의미를 보존하고 있는 반면에, 남원과 정읍방언 일

───────────

인 조건이 된다.
(ㄱ) Fa>Fa∽b의 과정은 의미 변화에서 필수적인 다의 형성의 중간 단계로서 변화의
출발과 확산 과정에서 언어 변이(variation)를 반영한다고 해석된다. 여기서 의미 변이는
다양한 담화 맥락의 조건에 따라서 자동적으로 교체되어 나타나는 의미 변이형, 즉 다
의의 선택을 가리킨다. 그리고 (ㄴ) Fa∽b>Fb와 같은 과정은 다의 가운데 어느 의미
변이형 성분의 탈락으로 인하여 다의성이 제거되는 의미 변화의 최종 단계를 나타낸다.

대에서의 '도르다 / 두르다'(盜)의 예들은 개신적 변화의 모습을 반영하고 있다.[20)]

그렇다면 새로운 변화의 방향을 보이는 위의 (8)과 (9)의 예들은 같은 대방언권 내에 속하는 전남방언에서 '도르다 / 두르다'형의 의미 변화와 관련하여 어떤 관련을 맺고 있을까. 그리고 개신적인 의미 변화 [속이다]>[훔치다]는 오늘날의 전북과 전남 일대의 지역 방언에서 현재 진행 중에 있는 언어 변화의 모습을 반영하고 있는 것일까.

20) 석주연 교수(서울대학교)는 이 글에 대한 논평에서 '도르다 / 두르다'형이 수행하는 의미 변화의 공식 '欺>盜'는 너무 급진적인 변화의 과정을 나타내는 것으로, 정밀화되지 못했음을 지적하였다. 즉, 석 교수는 본문의 예문 가운데 (8ㄹ) (떡을) '돌라먹다', (9ㄴ) (쌀을) '둘러가다', (9ㄷ) (남의 것을) '둘러가다' 등이 완전한 '盜'의 의미를 표상하는지 의심스럽다고 하였다. 여기서 사용된 예들을 문맥상으로 파악해 보면, "상대방을 속여서 이익을 얻다(물건을 가지다)" 정도로 해석되기 때문이다. 따라서 석 교수는 이 예들에서 사용된 '도르다 / 두르다'형에 '盜'의 의미를 이끌어 낼 수 없다고 보았다. 일반적으로 '盜'의 연상 의미는 "훔치는 것 자체가 목적인 매우 의도적이고 범죄적인 행위"로 이해되기 때문이다. 그리하여 석 교수는 '도르다'형이 "속여서 남의 물건을 가지다"와 같이 '속이다'에 초점을 둔 행위를 나타낸다면, 이와는 달리 '훔치다'는 '속이다'에 초점을 두지 않고, 훔치는 행위 자체나 훔친 후의 결과에 초점을 둔 행위라고 본다.
따라서 석 교수는 '도르다'형이 표상하는 행위의 결과가 '盜'에서 초래된 상황과 동일한 모습을 전개시켰더라도, 이 형태가 나타내는 의미는 '盜' 자체는 아닐 수도 있을 것으로 이해한다.
글쓴이도 이러한 석 교수의 해석에 전적으로 공감한다. '도르다'의 의미 변화의 단계에서 첫 단계는 먼저 초점이 남을 '속이다'에 있었을 것이고, 그 결과 얻어지는 이익이나 물건은 뒤따르게 되는 부수적인 것이었다. 그러나 이러한 용법이 점진적으로 관습화되면서, 그 의미가 강화되어 사용 문맥이 확대되어서 먼저 남을 속이는 전제와 과정이 제거되고, 전적으로 초점이 '盜'로 향해지는 과정으로 의미가 발달되는 두 번째의 단계로 이행하였을 것으로 글쓴이는 생각한다.

3. '도르다 / 두르다'(欺)형의 제2단계 의미 전이(欺>盜) ―환유

3.1. 현대 전남방언에서 '도르다'형의 의미 변화와 다의 형성(欺∽盜)

현대 전남방언을 구성하고 있는 대부분의 하위 지역어에서는 우리가 지금까지 같은 의미 범주로 논의하였던 '도르다'와 '두르다'형이 단순한 음성상징(sound symbolism)의 단계를 넘어서 원래의 '欺'와, 여기서 한 단계 발달된 개신적인 '盜'의 의미를 각각 나누어 배정하게 되어, 결국에는 형태의 분화로 향하고 있는 것 같다. 즉, 전남방언에서 '도르다'와, 이 용언 어간에 '먹다 / 가다'와 같은 보조용언이 연결된 형태는 새로운 [훔치다]의 의미가 배분되어 있다. 그 반면에, 어두음절에 음성모음으로 나타나는 '두르다' 또는 그것과 보조용언으로 구성된 형태에는 [속이다]와 [훔치다]의 의미가 나의 긴계로 지속되어 있는 경우가 많다.[21]

어두음절의 '오'와 '우'의 모음교체에 의한 형태의 이와 같은 분화 현상은 『한국방언 자료집』(전북 편, 1987)과 『전남 편』(1991)에 수집된 용언의 활용형 '훔치는'(盜)과 '훔치지'에 대한 각각의 토착어들을 대조하여 보면 분명하게 드러난다. 즉, 『한국방언 조사질문지』(I. 638, 1980) 가운데 {13. 동작, '훔치다'}에 대한 설문 "도둑은 남의 물건을 <u>훔치는</u> 사람이다. 다시는 <u>훔치지</u> 말아라."에 대한 전북지역의 방언형으로 자료집 『전북 편』(1987 : 198)에서 대부분 '훔치―' 계열로 수집되어 있다.[22] 그 반면에, 이 자료에는

---

21) 이 방언형에 대한 글쓴이의 문의에 대하여 기세관 교수(순천대학교)는 전남 순천방언에서 '도르다'형은 '盜'의 뜻으로, '두르다 / 둘루다 / 둘리다' 등은 '欺'의 뜻으로 사용되고 있다는 답변을 주었다.

22) 그러나 『한국방언 자료집』(전북 편, 1987 : 310)에서 '속이다'(欺瞞)에 대한 방언형은 움라우트의 실현 여부에 대한 관점으로 조사되어 있어서 다른 대안적 표현은 허용되지 않고, 단순히 움라우트 실현 여부와 관련된 '속이다 / 쇡인다'형으로만 나타날 뿐이다. 이러한 사정은 같은 자료집 『전남 편』(1991 : 412)에서도 동일하다.

위의 설문에 대하여 유일하게 전북 남원방언에서만 '훔치다 / 훔치지'형과 아울러 '도룬다, 도룬, 돌라'로 나타난다. 남원방언에서 이 자료집에 반영된 '도르다'(盜)형의 사용은 우리가 2장 2절에서 제시한 (8)의 예들에서도 관찰된 바 있다.

자료집 『전남 편』(1991 : 272)에서 표준어 '훔치다'에 대한 이 지역 방언형들은 위에서 언급한 『전북 편』(1987)과는 매우 다른 모습으로 나타난다. 전남의 "영광, 장성, 함평, 화순, 고흥" 등의 지역어에서는 원래의 '훔치다' 활용형들만이 수집되어 있는 반면에, 장흥과 강진을 포함한 대부분의 지역에서는 단독형으로 '도르- / 돌르-' 계열이 주류를 이루고 있다. 그리고 담양과 곡성 등의 몇 지역에서는 원래의 '훔치다'와 '도르다'형들이 공존하여 있다. 따라서 자료집 『전남 편』(1991)에 의하면, 전남방언에는 '盜'의 의미로 '도르다'와 '두르다'형 중에서 어두음절에 양성모음을 갖고 있는 '도르다'와 그 변이형 '돌르다'형이 주로 사용되고 있다. 그렇지만, 이 자료집에는 진도방언에서 유일하게 '두르는 / 두르지'형이 함께 공존하고 있음을 보인다.

위와 같이 『전남 편』(1991 : 272)에서 '훔치다'에 대한 방언형들이 각각 (ㄱ) '돌르다' 계열, (ㄴ) '훔치다' 계열, (ㄷ) '돌르다'와 '훔치다' 형의 공존 등과 같은 하위방언들로 분화되어 있는 모습을 보인다. 그러나 실제로 전남의 전체 지역에서 '돌르다' 또는 '돌라가다', '돌라묵다' 등과 같은 형태들이 '盜'의 의미를 보유하고 있다고 글쓴이는 판단한다. 따라서 이 방언에서 '돌르다'(盜) 계열과 또 다른 '훔치다'형이 일종의 동의어로 공존하면서 연령과 사회계층 등과 같은 사회언어학적 변항, 또는 동일한 화자들에서도 화제나 말의 스타일에 따라서 자동적으로 선택된다고 해석하는 것이 더 합리적이다.

이러한 사실은 '돌르다' 및 그 변이형들이 '盜'의 의미로 전남 전역에 걸쳐 분포된 것으로 조사된 『전남방언사전』(1997 : 164)에서도 확인된다.
또한, 『한국방언 자료집』(전남 편, 1991)에 따르면, 고흥방언에서 '도르다'
형이 '盜'의 뜻으로 사용되지 않는 것으로 보고되어 있다. 그러나 고흥방
언의 용언어간을 목록으로 제시한 배주채(1994 : 207, 부록 3)에는 [훔치다]
의 뜻으로 '돌르다'형이 단독으로 제시되어 있다.23)

　　『한국구비문학대계』(한국정신문화연구원 간행) 전남 편에 수록되어 있는
토박이 화자들의 설화 가운데 자연스러운 상황과 맥락 속에서 등장하는
'두르다'와 '도르다' 계열이 [훔치다]의 해석으로만 실현되는 경우와, 원
래의 [속이다]의 해석도 다의로 보유하고 있는 예들을 아울러 제시하면
다음과 같다.

　　(10-1) 둘러+먹다(欺)
　　　　ㄱ. "나를 처가에 가면 이렇고 푸대접을 허니 내가 느 아부지
　　　　　　<u>둘러먹어 불란다</u>". 그에 내외간 정리라 나서 "거 <u>둘러 자잇</u>

---

23) 최학근(1978 : 1469)에서 '훔치다' 표제어에 대한 전남 방언형은 다음과 같은 변이형들
　　로 조사되어 있다.

　　(ㄱ) '돌룬다' : 구례, 곡성
　　(ㄴ) '돌른다' : 장흥, 영암, 순천
　　(ㄷ) '돌린다' : 광양
　　(ㄹ) '돔분다' : 함평, 나주, 광주

　　이 변이형들 가운데 '돔분다'형이 다른 '돌르다' 계열과 비교하여 매우 특이한 형태 구
　　조를 보인다. 이러한 '돔분다'(盜)형이 광주지역에서 사용되고 있음은 전남 장흥 출신
　　의 강희숙(조선대학교) 교수를 통해서 확인한 바 있다. 또한, 광양에서 수집된 (ㄷ) '돌
　　린다'형은 '돌른다>돌린다'와 같은 경상도 방언에서 보편적인 '르>리'의 음운론적 과
　　정을 반영하는 것으로 생각된다. 『한국방언 자료집』(전남편, 1991 : 272)에는 고유한
　　전남 방언형 '도르다'에 경상방언의 음운현상을 적용시킨 형태들이 담양(도리는 / 도리
　　지∞훔치지)과 구례(도리면 / 도리지) 등의 지역에도 나타나는 것으로 수집되어 있다.
　　『한국방언 자료집』(경남편, 1993 : 236)에서 표제어 '훔치다'는 전 지역에 걸쳐 표제어
　　와 동일한 형태로 조사되어 있다. 단지 경남 남해방언에서만 '훔치다'와 나란히 '두리
　　는 / 두리지'형이 발견된다. 아마도 이 방언형은 '盜'의 뜻으로 전라방언에서 형태 차용
　　되었으나, 경상방언의 보편적인 음운현상의 지배를 받은 것 같다.

시오". 아이고, 이 자식헌테 내가 둘렸구나, 내가(76면)(6-2.
함평군 엄다면 설화 8 : 75~77, 천학실 71세)

ㄴ. 그런께, 자식은 부모를 <u>둘러먹어도</u> 부모는 자식을 생전 안
<u>둘러먹지</u>, 그런께 자식은 부모를 <u>둘러먹어도</u> 부모는 자식
을 안 둘른다는 거여(6-11. 전남 화순군)

(10-2) **둘리다**(被欺)

ㄱ. 인자 부자에 <u>둘랬다</u> 말이여(77면), 느그 성도 <u>둘리고</u> 나도
둘랬싱게 당장에 가서(77면)(6-2. 함평군 엄다면 설화 8 :
75~77, 천학실 71세)

ㄴ. 눈도 못 보는 놈들이 사람을 <u>둘러도</u> 유분수가 있제, 아, 호랭
이란 놈이 퇴깽이한티 <u>둘려서</u>, 호랭이가 <u>둘려서</u> 함정에 도로
못 나오고 도로 빠졌더라우(6-2. 함평군 신광면 13 : 708, 정
정암 82세)

ㄷ. 할 수 없이 <u>둘렸구나</u>, 속으로만 그러고는 자기도 죄가 있은
께 뭐라고 말도 못하고,(6-12. 보성군 보성읍 4 : 25, 임태회
72세, 7대째 토박이)

(11-1) **둘르다 / 둘러+가다**(盜)

ㄱ. 성은 어디서 멋 <u>둘러다</u> 잘 사냐? 내가 <u>둘른</u> 것이 아니라 형
편이 이케이케 해서(6-1, 전남 진도 지산 22 : 404, 이순례
67세)

ㄴ. 모도 인자 일가친척들이 인자, 도둑 인자 잡는다고 야단이
여… "누가 소 <u>둘러갈까</u> 봐서 이렇게 소꾀삐 쥐고 있습니
다"(6-1, 전남 진도군 편 지산면 13 : 353, 설국전 74세)

(11-2) **둘러 / 돌라+먹다**(盜)

ㄱ. 그란데 그 물을 먹고 그 돌팍을 눌러놔 버리거든요. 근데,
자기도 그 물을 <u>둘러먹는거요</u>(6-1. 전남 진도군 편 지산면
17 : 36, 박병천 47세)

ㄴ. 이렇게 내분 곡식도 많은디 남의 걸 <u>돌라먹어서</u> 쓸 것이냐,
그러치만 이것도 임자가 있어(6-10. 전남 화순군 편)

(11-3) 돌르다 / 돌라+가다(盜)

> ㄱ. 그런께 그 나라 옥새 <u>돌라간</u> 놈이 한나는 째글이고, 한나는
> 삐글이여… "죽을 죄로 나래 옥새를 <u>돌랐습니다</u>" 근께(한국
> 구비 6-12. 전남보성 벌교읍 40 : 209, 양동희 71세)

> ㄴ. 우리가 오늘 저녁에 여런히 모여서 장난을 걸고 닭을 <u>돌르</u>
> <u>러</u> 가자 그랬어. "닭을 <u>돌르러</u> 가자" 그런께, 그런디, 어디
> 로 닭을 <u>돌르러</u> 갔어, 그 사람 역시 저 장안이 나서 닭 <u>돌르</u>
> <u>러</u> 온 사람이 또 덮쳤어(6-12, 보성군 득량면 28 : 594~595,
> 주순예 80세)

> ㄷ. 도둑놈이 돼지를 잡아갖고 <u>돌라가버렸단</u> 말여, 돼지 다리
> 를, 돼지 다리를 <u>돌라가버렸는디</u>(6-10. 전남 화순군 편)

> ㄹ. 항시 타고 댕기는 말을 그 희건 백만(白馬)디 그놈을 대문
> 으로 <u>돌라갖고</u> 나왔어. <u>돌라갖고</u> 즈그 집이를 나와갖고
> (6-4. 전남 승주군 편)

『한국구비문학대계』(한국정신문화연구원 간행) 전남 편에 수록되어 있는 노년층 토박이 화자들의 설화 중심의 말뭉치(corpus)을 대상으로 조사한 어휘검색 결과를 보면, 전남방언의 대부분 지역에서 '盜'의 뜻으로 '도르다 / 돌라간다' 계열이 같은 의미를 갖고 있는 '두르다' 계열보다 더 빈번하게 나타나고 있다.[24] 이러한 사실을 보면, 주로 어두음절 양성모음인 '도르다' 계열을 중심으로 '欺>盜'의 의미 변화가 먼저 확산되어 왔을 것 같다. 그 반면에, '두르다' 계열은 이 자료집 전체를 통하여 그 출현

---

[24] 『전남방언사전』(이기갑 외, 1997 : 171)을 참조하면, 어두음절에 '우' 모음을 갖고 있으며 동시에 '盜'의 의미를 나타내는 방언 표제어 '둘루다'와 '둘르다'형의 분포는 매우 한정되어 있어서, 전남 진도와 완도지역에서만 사용되는 형태로 나타난다. 그리고 이기갑 교수는 이 논문을 토론하는 자리에서 대부분의 전남방언에서 '돌르다 / 돌라가다 / 돌라먹다'는 '盜'의 뜻으로만 쓰이고 있으며, 피동형 '둘리다'의 경우에만 '欺'의 뜻이라고 제시하였다.
전남 목포 출신이며 광주에서 생활하고 있는 이기갑 교수는 자신의 말에서 '盜'의 뜻으로 '훔치다'라는 단어는 사용한 바 없으며, '도르다'형만 존재한다고 하였다. 강희숙 교수(조선대학교)도 이와 동일한 언급을 글쓴이에게 한 바 있다.

빈도가 매우 낮으며, 위의 (11-1)과 (11-2)의 예들을 제외하면, 피동구조에서만 대체로 '欺'의 뜻을 유지하고 있다. 전남 진도군 설화에서 추출된 (11-1)의 '둘르다 / 둘러가다'(盜)의 유형은 다른 전남 지역어에서는 생산적인 모습으로 나타나지 않는다. 따라서 '盜'의 뜻을 갖고 있는 (11-1)의 '두르다' 형태는 '欺∽盜'의 다의 관계를 맺고 있던 '도르다' 계열에서 '欺∽盜>盜'와 같은 의미 변화를 비교적 최근에 수행하여 온 것으로 생각한다.

위의 (10-1)에서와 같은 '둘러+먹다'(欺)의 경우에, 다른 전남방언의 예들을 아울러 참고하면, 후행 동사 '먹다'는 보조용언의 신분에 충분히 접근한 것으로 보인다.25) 근디 한번 즈그 외숙을 한번 <u>둘러먹어야겠는디</u>(6-10. 화순군 편), 딸 사우가 장인영감 <u>둘러먹은</u> 그런 유래가 있답니다(6-6. 신안군 편), 내가 중국 천자놈을 한번 <u>둘러먹어야</u> 쓰겄다(6-6. 신안군 편). 이러한 예에서 '둘러먹다'는 통사적 의존성을 나타내며, 앞 용언 '둘러'와 뒤따르는 용언 '먹다' 사이의 분리가 가능하지 않다. 그리고 용언 '먹다'는 구상적인 '食'의 영역을 벗어나서 선행하는 용언의 명제에 대한 화자의 부정적인 평가가 첨부되어 있다.26) 그러나 (11-2)에서의 '둘러+먹다'(盜)에서는 추출된 실제의 용례가 적어서 뒤따르는 용언 '먹다'의 보조용언화를 분명하게 판단하기 어렵다.

지금까지 글쓴이는 위의 예문 (10)~(11)에서 전남방언에서의 '두르다'와 '도르다' 계열이 이야기 속에서 구사되는 실제의 용법을 제시하면서,

---

25) 전남방언의 '둘러+먹다'(欺)에서 '먹다'는 다음의 예문에서 확인할 수 있는 바와 같이, 동의어 '속여+먹다'에서 뒤따르는 용언 '먹다'가 보이는 보조용언적 기능과 아주 동일하다.

에이, 이놈 내가 한번 <u>쇡에 먹을</u> 수밖에 없구나. 그래 내가 아닝게 아이라 그놈 한번 <u>쇡에 먹었네</u>(구비문학대계 6-2. 전남 함평군 엄다면 5 : 62, 김정균 88세).

26) 현대국어에서 보조용언의 특성과, 그 설정의 기준에 대하여는 이선웅(1995), 서정수(1996 : 631~634)를 참조하였음.

'도르다'형의 경우에는 대부분 '欺>盜'와 같은 방향의 의미변화 과정을 예전에 밟아왔을 것으로 보았다.27) 동시에 또 다른 형태 '두르다'형은 하위 지역 방언에 따라서 '欺'의 뜻으로 한정되어 '도르다'형과 대립되는 형태상의 분화를 초래하였을 가능성도 생각하였다. 이와 같은 추정은 다음의 두 가지 사실에 근거한다.

첫째, '도르다 / 두르다'형이 국어사의 단계에서 구상적인 '環, 圍'의 의미에서 은유화의 작용을 거쳐 문헌어에서 적어도 18세기를 전후하여 '欺瞞'의 영역으로 옮겨 왔음은 우리가 앞서 제시하였다. 19세기 후기의 단계에서 이러한 새로운 의미가 확대되어 '도르다'형이 중부방언으로도 파급된 것 같으며, 특히 같은 시대의 전라방언 자료에는 [속이다]의 뜻으로만 생산적으로 사용되었다. 따라서 오늘날 전북의 하위방언들에서 사용되는 '도르다 / 두르다' 계열은 19세기 후기 전라방언에서의 모습을 충실하게 시속하고 있으며, 계속적으로 발전시키고 있다. 현대 전북방언에서도 2장 2절의 예문 (8)과 (9)가 보여주는 바와 같이 남원과 정읍방언 일부에서 '도르다 / 두르다'형이 '欺∽盜'의 다의 관계를 나타낸다. 이와 같은 경향은 새로운 의미 변화 '欺>盜'의 과정을 이미 수행한 전남방언에서 영향을 받은 것으로 해석할 수 있을 것이다. 그러나 이러한 방향의 개신적 변화가 뒤늦게 전북방언에서 자체적으로 출발하고 있을 개연성도 있다.28)

---

27) 예문 (11-3)에서 보여주는 바와 같이, 현대 전남방언에서 '도르다' 활용형들은 대부분 '盜'의 뜻으로 사용되고 있으나, 그 이전의 시기에서 '欺'의 의미를 보유했었던 단계로 소급될 수 있다. 즉, 1909년 전남 나주 출신인 정광수씨가 남긴 『정광수 오대가 사설집』(1986, 문화공보부) 가운데 「수궁가」 대목의 일부에 등장하는 '돌르다'형이 다음과 같이 여전히 '欺'의 의미로 사용되고 있다.

"너 이놈 독술아, 내가 네의게 할일 없이 죽을 것을 너를 돌려서 이 바우 궁기로 살아왔으니 이것이 의사줌치가 아니냐? 독수리 그제야 돌린 줄을 알고"(60면).

28) 전주지역에서 초등과 중등학생을 포함한 십대들의 언어에서 '돌르다'형이 '돌라먹다'

둘째, 주로 '도르다''형을 '盜'의 의미로 사용하는 대부분의 전남지역과 전북의 남원과 정읍의 일부 하위방언에서 그 피동형 '돌리다 / 둘리다' 형은 여전히 예전의 의미인 '欺'를 유지하고 있다. 따라서 아래와 같은 예들은 전남방언과 전북의 정읍방언에서 주동형의 의미는 변화하였으나, 피동형의 경우는 그러한 변화의 보조에 따르지 않는 특이한 단계를 나타내고 있음을 보인다.

> (12) ㄱ. 부인이 가만이 생각해 본게, 이게 자기가 <u>돌렸단</u> 말이여, <u>돌려가지고</u> 내 서방인 줄 그냥 알고(구비문학 6-8, 전남 장성군 편)
> cf. 아주 도둑놈이라, 있는 것 다 <u>돌라다가</u> 걸게 장만해 놓고 (6-5. 전남 해남군 편, 373)
> ㄴ. 내가 아이고 서울 사람들한티 안 <u>둘린다고</u>, 그래 가지고는 (6-6. 전남 신안군 편)
> cf. 인자, 쌀을 가지러, 실지로 말허면은 <u>돌루러</u> 가는데 (6-6. 전남 신안군 편)
> ㄷ. 그적으는 아, 이거 이놈한티 또 <u>돌렸다</u>. 그러니 이거 환장헐 일이여(5-5. 정주시. 정읍군 편, 460)
> cf. 니가 우리 딸 속곳만 <u>돌라가믄</u> 너를 사오를 삼으마. 근디 이놈의 속곳을 <u>돌아올</u> 수가 없단 말여(5-5. 정주시. 정읍군 편, 117)

와 같은 보조용언과 통합되어 '훔쳐먹다'와 같은 뜻으로 사용되는 경향이 있다. 그러나 '둘러먹다'의 형태는 전주의 십대들은 본래의 전통적인 '속여 먹는다'로 사용한다. 전주의 중산층 화자들은 이러한 십대들이 '훔쳐 먹다'의 의미로 '돌라먹다'형을 쓰는 것을 부정적으로 평가한다. 이와 같은 현상을 볼 때, '돌라먹다'의 의미를 '欺>盜'의 방향으로 움직여가는 언어변화가 중산층 화자들로부터 부정적 평가를 받고 있는 십대들의 언어에서 출발하고 있음을 보여준다고 생각한다.

전북 부안방언에서는 중산층 중년 화자들도 일상어에서 "무정물+돌라가다 / 돌라먹다"의 통사 구성에서 '훔쳐가다 / 훔쳐 먹다'의 뜻으로 사용하고 있다는 토박이 화자의 말(송정수 54세, 전북대 교수)을 글쓴이가 확인한 바 있다.

3.2. 19세기 후기 『독립신문』에서 '도르다' 계열의 의미 변화에 관한 문제

그렇다면, 전남방언에서 '도르다' 계열의 '欺>盜'의 의미 변화가 출현하여 확산되기 시작하는 개략적인 역사적 단계는 언제부터일까. 이러한 의문과 관련하여, 전남방언과는 전연 무관한 것으로 잠정적으로 판단되는 19세기 후기의 개화기 자료 『독립신문』 1권(1896. 4~1896. 12)의 언어에 다음과 같이 '도르다'형이 '盜'의 의미를 보유하고 생산적으로 출현하고 있는 사실이 주목된다.

(13-1) **도르다**
    ㄱ. 산림동셔 탕건을 <u>돌나</u> 젼당을 잡히다가 붓드러 잡아왓기로 신문훈 즉 쇼쇼훈 물건 만이 <u>돌나갓기</u>로 다 차자 임쟈를 주고(1권 60호, 1986. 8. 22 / 잡보)
    ㄴ. 쏘 헌집 쓴눈더 지목들을 <u>돌나다</u> 파눈 모군군들이 만흐되 슬피눈 사롬이 업눈지 알슈 업더라(1권 58호, 1896. 8. 18)

(13-2) **돌나+먹다**
    이만 오쳔 삼빅냥은 최홍슌의게 맛겨더니 최가가 <u>돌나먹고</u> 도망흐고(1권 65호, 1896. 8. 18)

(13-3) **돌나+가지고 / 가다**
    ㄱ. 리경삼이가 그 동리 쇼고기 장수 쳥인 싱경유 집에셔 빅미 넉되를 <u>돌나가지고</u> 가눈 거슬 슌검 리인지의게 붓들녀 경무쳥으로 갓다더라(1권 87호, 1896. 10. 24)
    ㄴ. 돈 <u>돌나간</u> 도적 놈 일곱을 슌검들이 잡앗다니(1권 106호 / 잡보, 1896. 12. 8)
    ㄷ. 흉흔 김봉셕이란 놈이 록용을 <u>돌나가지고</u> 도망 흐엿기로(1권 11호, 1896. 12. 12)
    ㄹ. 부즈의 집에 지물도 격지 안케 <u>돌나가다가</u> 붓잡히고(1권 108호 / 잡보, 1896. 12. 10)

ㅁ. 도적이 들러와 물건을 <u>돌나가는</u> 거슬(1권 95호, 1896. 11. 12)

ㅂ. 진고기 일인의 집에서 호피 <u>돌나간</u> 도적놈 모화관 김용득
  을(1권 64호, 1896. 8. 18)

ㅅ. 공덕리 죠희퇴가 쇼를 일헛는디 셔산 감악골 리학봉이가
  <u>돌나갓기</u>로 팔월 십이일 경무청에셔 잡아셔 쇼를 차자 주
  엇다더라(1권 57호, 1896. 8. 15)

ㅇ. 용 그린 셕함과 벼리돌과 각식 그릇슬 <u>돌나가다가</u> 본군 슌
  괴들 이 즉시 포착ᄒ여셔 경무쳥으로 보내노라고 ᄒ엿거놀
  (1권 116호, 1896. 12. 31)

ㅈ. 집에 나제 들어 가셔 쇼금 흔셤을 <u>돌나가지고</u> 가다가 셔셔
  슌검 김샹길의게 붓들녀 경무쳥으로 갓다더라(1권 88호,
  1896. 10. 24)

ㅊ. 돈 고집을 열고 은젼을 <u>돌나갓다니</u> 여긔는 엇지 슌검들노
  슈직을 아니 ᄒ엿는지(1권 82호, 1896. 10. 13)

위의 (13)의 예들은 오늘날 중부방언의 용법들과, 그리고 그 출현 빈도
수에서 매우 분명한 대조를 이루고 있다. 19세기 후기 단계의 중부방언
의 어떠한 자료에서나, 오늘날의 중부방언권에 속하는 대부분의 하위 지
역어에서도 '도르다'(盜)와 같은 유사한 예들은 생소한 것이다. 우리가 앞
서 살펴 본 바와 같이, '도르다'형이 19세기 후기 또는 20세기 초엽의 중
부방언 자료에 간혹 나타난다고 하더라도 그 의미가 대부분 '欺'의 단계
에 머무르고 있었다. 또한 위의 예들은 19세기 후기 전북방언 자료에서
추출된 대부분의 '도르다 / 두르다'형이 보이는 '欺'의 의미와 다른 양상
을 보이고 있는 사실이 주목된다.

『독립신문』 1권에서 추출된 위의 예들은 (11-3)에서와 같은 현대 전남
방언에서 사용되고 있는 '도르다 / 돌라-가다 / -먹다'(盜)의 용법에 매우
접근된 모습을 보인다.[29] 그러나 19세기 후기 『독립신문』 1권에 반영된
형태들과 현대 전남방언의 예들과의 사이에는 그 형태와 의미에서 다음

과 같은 표면상의 차이가 발견된다. 즉, 『독립신문』 1권에서 추출된 예들에서는 전남방언의 (10)과 같은, 어두음절에 음성모음을 갖고 있는 '두르다/둘러-가다/-먹다'(盜)의 형태들이 전연 발견되지 않는다. '두르다'의 활용형들이 이 자료에 나타나는 경우에는 비유법을 거치지 않은 구상적인 원래의 의미(環, 圍)로 사용된 것이다. 스면으로 <u>둘너 싸고</u> 총을 노흐니(독립신문, 1896. 8. 51), 죠흔 병풍을 둘너 쳤눈티(1897. 7. 10), 동리 사름 둘너 안져 (1897. 9. 30), 모리를 둘너 집을 짓고(1897. 9. 9). 이와 같은 구상적인 의미로 쓰이는 통사적 환경에는 어두음절에 양성모음을 갖고 있는 '도르다'형도 이 자료에 동시에 나타난다. 슈십명이 돌나 셔고(독립신문, 1897. 4. 22), 몽동이를 가지고 산을 돌나 싸고 나오니(1897. 11. 11).

이러한 사실을 보면, 『독립신문』 1권에서는 원래의 구상적인 의미 '環, 圍'와 여기서 파생된 '盜'의 의미만을 다의로 보유하고 있는 '도르다/돌라간다/벅다' 형태들만 나타난다고 상정할 수 있다. 따라서 전남과 전북 방언에서와 같은 '도르다/두르다'(欺)의 의미가 19세기 후기 『독립신문』 자료에서 사용된 '도르다/돌라가다'형과는 아무 관련이 없는 것으로 잠정적으로 상정된다.30)

---

29) 19세기 후기 자료 『독립신문』에서 열거된 위의 (13)의 예(돌나먹다, 돌나가다, 돌나가지고)들은 이상하게도 유독 1권(1896. 4~1896. 12)에 집중되어 출현하고 있다. 글쓴이가 조사하고 있는 『독립신문』 2권(1897. 7. 1~1898. 8. 18)에서 '도르다'(盜) 형태는 발견되지 않고, 그 대신 유의어 '도적(질)ᄒ-' 등으로 대치되어 등장한다. 원래 이 형태는 『독립신문』 1권에서도 '도르다' 계열과 나란히 사용되었다.

도적질훈 증거와 장물이 만흐더라(1권. 1896. 8. 11)
가난훈 사름의 집을 도적질ᄒ는 거시니(1권. 1896. 5. 14)
쓸을 만히 도적ᄒ야 갓는지라(2권, 1897. 7. 8).

이와 같은 '도르다'형이 『독립신문』 1권에만 제한되어 출현하는 분포상의 문제를 어떻게 이해하여야 적절한가는 『독립신문』 전체 자료를 대상으로 시기별로, 편집자의 유형에 따라서 구분하여 글쓴이가 지금 진행하고 있는 음운, 형태·통사론 및 어휘적 특질에 대한 종합적 고찰을 거쳐야만 해결될 것으로 보인다. 따라서 이 글에서 글쓴이가 제기한 논의는 나중에 수정될 개연성이 높은 우선 잠정적인 추정일 뿐이다.

『독립신문』 1권에서 (13)의 예들은 이와 비슷한 시기의 역사적 산물인 19세기 후기 전라방언의 자료 3장 1절에서의 (4)와 (5)의 예들과도 의미 발달의 단계에서 분명한 대조를 보인다. 즉, 어두음절에 양성모음을 갖고 있는 '도르다'형들이 사용된 사실은 서로 동일하지만, 이 형태에 배당된 의미 해석은 상이하다. 19세기 후기 전라방언의 자료에서 '도르다' 계열 은 여전히 '欺瞞'의 영역에 속하여 있으나, 『독립신문』 1권의 예들은 오 로지 '盜'의 의미만을 나타내고 있음을 위의 (13)의 예들은 가리키고 있 다.31) 그렇다면, 전북방언 가운데 남원과 정읍 등지에서 수집된 예문 (8)

---

30) 19세기 후기 『독립신문』의 언어에는 '欺'의 뜻으로 대부분 통상적인 '속이다 / 속여 먹 다'형만 사용되었다.

  빅셩의게 토식과 <u>속여</u> 먹는 거시 격지 안흔 놈(1896. 10. 6), 이쳔원을 <u>속여</u> 먹는 일 (1897. 11. 11), 한영필이를 <u>속여서</u> 주고(1896. 8. 18), 쟝가를 <u>속여</u> 말흐되(1896. 8. 4) 등.

31) 오늘날 '盜'의 의미를 대표하는 통상적인 '훔치다'에 관한 예는 『독립신문』 1권과 2권 전체 자료를 통해서 다음과 같이 단 1회 출현하였을 뿐이다. 이러한 사실을 보면, 오 늘날의 의미로 쓰이는 '훔치다'(盜)의 형태는 19세기 후기의 단계에는 그 출현 분포가 아직 한정되어 있었던 것으로 생각된다.

  (ㄱ) 삼쳔 ᄉ빅 오십량을 <u>훔쳐</u> 먹엇고(1897. 6. 24)
  (ㄴ) 엄지 손ᄀ락이 잇눈 ᄭ돍에 무슴 물건이든지 튼튼히 <u>훔쳐 쥐며</u> 물건을 문져보고
      (1898. 6. 25)

  위의 예에서 (ㄴ)의 경우는 '盜'의 의미를 보이지 않고 '움키다'(握)에 해당된다. 19세 기 후기 중부방언을 대표하는 『한불ᄌ뎐』(1880)에서 '훔치다'가 다의어로 등록되어 있 는 사실과도 일치한다.

  훔치다 : 1. voler, emporter secretement, derober
           2. prapper, battre(116면)

  Underwood의 『한영ᄌ뎐』(1890)에서도 '훔치오' 표제어에 to steal, pilfer와 clean, wipe 와 같은 의미가 동음어로 배정되어 있다(41면). 그 반면에, 조선총독부 편 『조선어사전』 (1920 : 974)에서 이 형태는 "닦아서 제거하다"의 뜻 이외에, '훔으리다'와 같다고 해 설되어 있다. 이 사전에서 '훔으리다'는 "빼앗아 취하다"의 뜻으로 풀이되었다(41면). 그러나 19세기 초엽의 어휘집인 필사본 『廣才物譜』에서 '훔치다'는 오늘날의 '움키다' 의 의미에 국한되어 있다. 움치다 : 慺, 劫奪若鷹虎狐慺也(2, 物性, 4ㄴ). 이러한 사실을 보면, '훔치다'형의 의미가 [움켜잡다]와 같은 영역에서 '盜'로 옮겨 온 것은 최근인 것 같다. 현대 경북방언의 일대(영주, 봉화, 영양, 문경)에 표준어 '움키다' 에 대한 '훔치다형이 분포되어 있다(최학근, 1978 : 1426). '훔치다'라는 어휘가 '후리

과 (9)의 '도르다/두르다' 형태가 그 쓰이는 통시적 환경에 따라서 [속이다]>[훔치다]와 같은 의미 변화의 방향을 나타내고 있으며, 이러한 변화 과정을 전남방언에서는 전북방언보다 한 단계 앞서 일찍 수행했을 것으로 이해하려는 지금까지 글쓴이의 관점과, 위의 (13)의 예들은 어떻게 조정될 수 있을까. 『독립신문』 1권에 나타난 예들에 확립되어 있는 '도르다'(盜)의 의미 발달의 과정을 다음과 같이 두 가지의 방안으로 해석할 수 있다고 생각한다.

하나는 19세기 후기 『독립신문』 1권에서 '도르다' 계열이 오로지 '盜'의 의미만으로 사용되고 있는 (13)의 예들을 19세기 전라방언 자료에 출현하는 예들의 경우에서와 달리, 원래의 구상적 의미 '環, 圍'에서 출발하였지만, '環, 圍>盜'와 같은 직접 은유화의 과정을 거친 것으로 해석하는 방법이다. 따라서 위의 (13)의 예들을 지금까지 논의되어 왔던 19세기 후기 전라방언에서와, 오늘날의 전남과 전북방언들의 예들과 관련시키지 않는다. 그렇다면, (13)의 '도르다'(盜)형의 쓰임은 그 당시의 중부방인의 반영일 수밖에 없다고 보게 된다. 이러한 해석은 19세기 후기 또는 20세기 초엽에 해당되는 중부방언의 자료에서 '도르다'형이 소극적으로 출현하였으며, 그 의미도 '欺'에 머물러 있었다는 지금까지의 관찰에 배치된다. 동시에, 의미 발달의 과정 '環, 圍>盜'에서 근원영역에서 목표영역으로의 개념 범주의 이동이 자연스럽지 못하다.

이러한 문제를 해결하기 위한 다른 하나의 대안은 (13)의 예들이 글쓴이가 취급해 왔던 의미 발달의 논리적 전개상 역시 '環, 圍>欺>盜'의 과정을 순차적으로 밟아서 형성된 결과로 보는 것이다. 그렇다면, 19세기 후기의 산물인 『독립신문』(1896)에서 추출된 '도르다' 계열의 쓰임은 이

티다'(劫奪)에서 발달한 형태라는 역사적 설명에 대하여는 유창돈(1971 : 49)을 참조.

미 '欺'의 단계를 지나서 최종적인 '盜'의 의미로 환유화 작용을 거쳐서 도달한 모습을 나타낸다.

글쓴이는 '도르다' 계열이 보이는 의미 발달의 방향에 대한 관점에서 위의 두 가지 대안 가운데 후자의 해석을 선택한다. 즉, 위의 (13)의 예들은 19세기 후기에 이미 '環, 圍>欺>盜'와 같은 과정을 밟아 온 것으로 판단한다. 사실, 이러한 예들은 당시의 중부방언을 특징짓는 성분이 아니라, 우리가 관찰한 (11)의 예들에서 '도르다'(盜)의 용법과 동일한 성격을 보인다. 그렇기 때문에 글쓴이는『독립신문』1권에서 추출된 (13)의 예들이 당시의 전남방언의 특질 일부를 반영하였을 개연성이 있다고 생각한다. 오늘날의 '도르다 / 두르다'형이 보이는 전남방언에서의 예들(10과 11)에 비추어 볼 때, 19세기 후기 단계의 (13)의 예들은 그 당시의 전남방언 가운데 일찍이 의미 변화 '欺>盜'의 과정을 수행한 하위 지역방언에 근거하였을 것으로 본다.32) 그렇다면, 서재필이 주도한『독립신문』1권에 사용된 언어 일부에 드러난 전남 방언적 요소는 어떠한 근거에서 유래된 것일까.

글쓴이는 예전의 글(최전승, 1995 : 553~583)에서 19세기 후기 전라방언

---

32) 전북대학교 윤영옥 선생은 이 글의 초고를 검토하면서,『독립신문』창간호(1986. 4. 7)의 논설에서 공표된 대원칙 가운데 하나, 즉 "남녀 상하귀천이 모도 보게홈이요"의 관점에서 당시의 다양한 독자층들이 자신들의 지역방언에서 생소한 '도르다'(盜)의 용법을 과연 이해할 수 있었을까 하는 의문을 제기하였다.
글쓴이는 규범적인 맞춤법 제정(1933)과 표준어(1936)가 아직 확립이 되지 않았던 1920년대와 30년대 시기의 작가들의 문학 작품에 나타난 다양한 지역 방언형들을 관찰하고, 그것들의 기능을 생각해 본 적이 있다(최전승, 2001). 그리하여 글쓴이는 20세기 초엽의 작가들이 작품 속에 일정한 문학적 표현을 위해서 의도적으로, 또는 언어 사용의 미숙으로 무의식적으로 자신들의 토속어를 자유롭게 구사하는 방식이 어느 정도 용인되고 있었다고 보았다. 따라서 이러한 경향이 20세기 초엽 이전으로 소급되어 개화기 시기에도 만연되었을 것으로 추정한다. 그리하여, '도르다'(盜)의 독특한 용법이 자신의 토속어가 아닌 중부방언 등을 구사하는『독립신문』의 독자층들은 그 형태가 신문에서 사용된 앞뒤의 문맥에 의해서 어느 정도 근접한 의미를 추론해 내었을 것으로 생각한다.

자료와, 이와는 여러 측면에서 이질적 성격을 갖고 있다고 통상적으로 판단되는 개화기 자료인『독립신문』(적어도 서재필 선생이 사장 겸 주필로 관여하였던 기간인 1896. 4. 10~1898. 5. 10)에 나타난 문법적 특질 가운데 일부의 모습이 어느 정도 서로 접근되고 있는 양상을 논의한 바 있다.33) 그리고 이러한 언어적 유사성이 서재필 선생이 충남 논산에서 출생하였으나, 언어 습득기에 해당되는 유년시절의 일부를 그의 외가인 전남 보성군에서 보냈다는 사실(주진호, 1991 ; 이정식, 2003)에 비롯되었을 것으로 추정하였다.34) 공통된 19세기 후기의 역사적 산물이지만, 그 시대적 정신과 배경, 그리고 간행 지역을 달리하는 상이한 유형의 두 자료에 반영된 유사한 전남 방언적 특질만을 이용하여 어떤 추정을 확립하려는 시도는 분명히 위험한 작업에 속한다. 지역 방언 사이의 상위는 어떠한 언어적 특질의 절대적인 있음과 없음에 따른 정량적(qualitative) 차이에서 비롯되는 質的 대상이 아니라, 어떠한 사회언어학적 상황에서 어떤 계층의 화자들이 해당 언어적 특질들을 어느 정도 빈번하게 사용하는가 하는 계량적(quantitative) 차이에 따라서 결정되기 때문이다(Trudgill, 2002 : 48~49). 이러한 사실에도 불구하고, 종래에 글쓴이가『독립신문』에서 추출하였던 특징적인 19세기 후기 전라 방언적 특질들의 묶음에, '欺>盜'의 의미 발달을 보이는 위의 (13)의 예들을 첨가하여 보충하려고 한다.35)

---

33) 19세기 후반의『독립신문』(1896. 4. 7~1899. 1. 7)은 그 창간에서부터 서재필 선생이 이 신문을 떠난 시기(1896. 4. 7~1898. 5. 10)와, 윤치호 선생이 그 독립신문을 맡고 폐간될 때(1898. 5. 17~1899. 1. 7)까지의 두 시기로 나뉜다(김기혁, 1999). 이와 같은 시기의 구분은『독립신문』에 나타난 당시의 언어적 특질에 상당한 차이를 반영하고 보였을 것으로 글쓴이는 추정한다. 예를 들면, 19세기 후기 전북방언 자료에 특유한 접속어미 '-거드면'형이『독립신문』에도 생산적으로 출현하였는데, 서재필 선생이 독립신문의 사장 겸 주필의 역할을 사임한 이후부터 이 신문에서 점진적으로 나타나지 않는다.
34) 그러나 김인선(1996 : 93)은 서재필 선생이 어린 시절(7세까지)을 충청남도에서 보냈다고 설명하였다.

35) 최전승(1995)은 조건관계 접속어미 '-거드면'형이 19세기 후기 전라방언 자료와, 서재
필이 관여할 때까지 당시에 간행되었던『독립신문』의 언어(논설 부분)에 생산적으로
사용되고 있음을 주목하였다. 이러한 문법형태소는 19세기 후기 당대에서 위의 두 가
지 유형의 자료에서만 집중적으로 출현하고 있었다. 그리하여 두 가지의 자료에서 다
음과 같은 서로 일치하는 몇 가지 음운론적 특징과 어휘들을 추출하여 보았다.

(1) '듸듸여 / 듸디여'(<드듸여, 遂), 튀젼(投錢) 등과 같은 움라우트 제약의 탈피(그러나
    이러한 유형은 19세기 후기 평안도 방언의 자료에서도 등장하였다)
(2) 구개음화와 관련된 과도교정형 : 겸찬케(점잖-), 길겁게(즐겁-), 기럼길(지름길)
(3) t-불규칙 용언의 규칙화 : 실코(신-), 걸고(걷-)
(4) 역사적 원순모음화의 확대 : 나뷔(나비), 검위(거미)
(5) 보조사 '-은커녕'에 대한 '시로에 / 시로이'

지금 글쓴이의 입장에서 본다면, 위에서 개략적으로 추출된『독립신문』의 언어 요소들
은 19세기 후기 전라방언에서만 아니라, 중부방언적 특질을 동일하게 반영하였을 가능
성이 높다고 생각한다. 그러나 글쓴이는 오늘날의 지역적 분포가 전남과 전북 일대에
만 한정되어 있으며, 동시에 두 자료에 같이 출현하고 있는 방언형들의 예들을 몇 개
새로이 첨가하여 보기로 하겠다.

(6) 숩풀(林) :
    ㄱ. <u>숩풀</u> 깁푼 고디(수절가, 상. 2b)
       <u>숩풀</u>의 우난 시는(심청, 상. 7a)
    ㄴ. <u>숩풀</u> : 토디와 직목과 <u>숩풀</u>을 공용ᄒᆞᆫ 째ᄂᆞᆫ 젹당ᄒᆞᆫ 갑슬 갑ᄂᆞᆫ 일(독립 1권 77호)
       cf. 숩풀 속에 살고(독립 2권 80호)

여기서 방언형 '숨풀'의 등장은 16세기의 전라 방언적 특징을 반영하고 있는『百聯抄
解』와, 17세기의『勸念要錄』으로 소급되며, 행곡본『천자문』(1862)에 반영된 특징적인
새김들 가운데에도 등장하였다(숨풀 : 林, 23ㄴ, 손희하, 1991를 참조).

    ㄷ. 새 숨풀 아래셔 우로디(筆巖書院本, 百聯 1a)
       새 수플 아래셔 우루디, 林 숨플 림(東京大本, 百聯 1a)
    ㄹ. 숨풀나모와 뎐집들왜(林木, 勸念要錄. 16a)

또한, 小倉進平(1944 : 344)에 의하면, 방언형 '숨풀'의 1940년대 지역적 분포는 오로
지 전남과 전북에만 한정되어 나타난다.

전남 : 보성, 강진, 영암, 목포, 장성, 담양, 곡성
전북 : 운봉, 순창, 정읍, 김제, 전주, 진안

또한, 전남과 전북의 방언형 '숨풀'은 초기의『한글』방언 수집란에서도 확인된다.

숲(林) → 숨풀, 덤풀, 더울(전남 함평, 한글 4권 3호, 16면)
덤불(雜藪) → 숨풀, 덤풀(전북 익산, 한글 11권 1호, 45면).

(7) 뉘예(蠶)
(8) 종조리식 / 종도리식 / 종디리(종달새)

활용형들이 앞에서 글쓴이가 취급한 전남방언에서의 (11) 예들과 아무런 관련이 없는 독자적인 중부방언적 특질의 양상을 보여주는 것이라고 판정될 수도 있다. 설령 그렇다 하더라도, '도르다' 계열이 전남과 전북의 일부지역, 그리고 일찍이 19세기 후기『독립신문』의 언어에서 표출하는 의미 변화의 순차적 발달이 역시 '環, 圍>欺>盜'의 방향으로 향하는 과정일 수밖에 없음은 어떠한 원리에 근거하는 것일까. 이러한 문제와, 여기에 적용된 의미 변화의 원리가 국어 지역 방언에서 어휘형태소 '도르다'형 이외에 문법화 과정을 거치는 다른 문법형태소의 발달에서도 하나의 자연스러운 경향으로 수행되어 왔을 가능성을 검토하여 보기로 한다.

4. 결론―'도르다' 계열에서 수행된 의미 변화 '欺 > 盜'의 원리

4.1. 의미 변화와 환유

Geeraerts(1994 : 2477~2478)의 설명에 따르면, 환유는 다의어가 갖고 있는 두 가지 또는 그 이상의 의미를 체계적으로 연결시키는 연결고리로서, 연결의 원리는 해당 의미들이 나타내는 지시물이나 대상 간에 인지된 인접성에 근거한다. 환유는 동질적인 사회 구조와 문화 전통 속에 생활하는 구성원들이 유연성이 있는 두 개의 실체 또는 개념을 자연스럽게 연상하여 접근하게 하는 통합적 관계를 나타내는 인지 과정이다. 인접성을 매개로 서로 연결되는 두 가지의 개념이나 대상은 공통된 특성과 자질을 갖고 있는 사고의 영역 또는 경험의 범주에 포괄되어야 한다. 따라서 환유의 특성은 언어 사회마다 고유한 사회 문화적인 성격을 갖고 있다고

이 가운데 19세기 후기 전라방언과『독립신문』에 나타나는 '뉘예'(蠹)에 관하여는 최전승(2004 : 553~556)을 참조.

한다(Fortson IV, 2003 : 649). 그 이유는 환유에 의한 연상은 언어적인 것이 아니라, 사회 문화적 요인에 근거하기 때문이다. 동시에 환유 과정에서 감지되는 인접성이라는 개념은 물리적인 대상과 같은 좁은 뜻이 아니라, 발화된 맥락 속에서의 관계나, 실제 현실에서 존재하는 장소와 시간, 그리고 사건 등의 인과적 영역에서 일어나는 다양한 연상 작용을 가리키는 폭넓은 개념을 포괄한다.36)

또한, 환유화는 근원의미와 목표의미 간의 관계를 일관성 있게 그려내는 장치를 제공하는 동시에, 이러한 과정에서 수행된 의미 전이 또는 확장의 통로를 일정한 원리에 비추어 규명될 수 있는 실증적인 근거를 마련하여 준다. 따라서 최근에 환유화 작용이 추상적이고, 동시에 개념적인 인접성을 취급하는 기본적인 인지 현상으로 재해석되면서, 다양한 공시적 의미 변화를 촉발시키는 중요한 기제 가운데 한 가지 성분으로 새롭게 인식되고 있다. 특히, 환유는 통상적인 의사전달의 과정에서 화자가 의도하는 문맥에 유도되어 청자들이 형성하게 되는 화용론적 추론이 시간의 흐름에 따라 강화되면서 따라서 결국에는 의미화를 수행하는 개념적 원리로 설정되었다(Traugott & Dasher, 2002 : 29).

하나의 개념 또는 실체가 다른 개념 또는 실체를 지시하는 환유가 화자와 청자 간의 의사전달 상황에서 일어나는 함축의 결과라는 사실은 시간적 환유의 유형에 속하는, 다음과 같은 잘 알려진 공시적 다의 형성 또는 통시적 의미 변화의 예들에서 쉽게 관찰할 수 있다(유창돈, 1971 : 204 ; 심재기, 1982 : 177 ; 김태곤, 2002).37) (ㄱ) 말민 : [事由]∽[여가 / 휴가], (ㄴ) ㄱ초

---

36) 환유(metonymy)가 갖고 있는 인지적 특성과 과정, 그리고 환유의 인지원리와 문법 현상 간의 동기화 도식에 대하여 각각 임지룡(1995, 1997 : 189~214), 이종열(2005), 김동환(2005), 이수련(2006) 등을 참고하였다.

37) 김동환(2005 : 544)의 용어 해설에 의하면, 환유의 종류는 (1) 공간적 환유(전체−부분, 유형과 그릇−내용물 유형), (2) 시간적 환유(전체 사건과 하위 사건 사이의 관계, 선행

다 : [갈무리하다 / 저장하다]>[감추다], (ㄷ) 즈츽다 : [설사하다]>[피곤하다], (ㄹ)
빋 : [價]>[債].

　여기서 중세국어의 형태 '말미'의 경우는 이 시기에 [事由]를 기본 의
미로 하였으나, 그러한 앞선 원인 행위 또는 사건으로 말미암아 통상적
으로 수반되는 [휴가]라는 뜻이 함축에 의해서 나중에 파생된 것으로 보
인다. (ㄷ)의 '즈츽다'에서 통시적 환유에 의해서 일어난 의미 변화는 어
떤 행위의 원인이 그 결과로 파생되는 신체적 관계를 지시하는 과정을
보인다. 즉, 중세와 근대국어에서 "설사하는 행위"(원인)로 쓰인 형태의
의미가 나중에 그 결과로 신체에 나타나는 지친 상태로 이전된 것이다(심
재기, 1982 : 177). 또한, 중세국어에서 '빋'은 원래 '가치 / 가격'을 뜻하는
낱말이었지만, 환유화에 의해서 '채무'와 같은 화용론적 의미가 형성되기
시작하여 공시적 다의로 정착하였으며, 결국에는 재분석이 이루어져 보
수적 의미 '價'는 제거되었다(유창돈, 1971 : 204).[38]

　이러한 예들에서 원래의 문자석 의미로 해석되는 '말미'(사유), 'ᄀ초
다'(臧), '즈츽다'(泄瀉), '빋'(價) 등은 화자의 감정이 표출되지 않은 외현적
인 현실 상황에 속한다. 그러나 '말미'(사유→ 휴가), 'ᄀ초다'(갈무리하디 →
감추다), '즈츽다'(설사→ 피곤), '빋'(가격→ 채무)에서와 같은 다의 형성 또
는 의미의 재해석으로의 전환은 이 형태들이 쓰이는 문맥에 따라서 화자
들이 이러한 객관적인 사실이나 대상에 대해서 그 선후의 관련 속에서
필연적으로, 또는 해당 사회 문화적 통례에 따라서 파생되는 인과적 결

　상황과 후속 상황 사이의 관계), (3) 추상적 환유(어떤 실체가 갖고 있는 추상적인 자질
　이 전체 실체를 대표)로 나뉜다.
38) 그 반면, 홍사만(2004 : 91)은 중세국어에서 사용된 '빋'(채무∽가격)의 다의성과 의미
　변화를 논의하면서, 원래 '빋'의 원의는 '債'였는데, 이로부터 '價'의 의미가 부차적으
　로 파생된 것으로 파악하였다. 그렇다면, '빋'의 의미 변화의 과정은 '債>債∽價>債'
　와 같이 유의 경쟁을 거처 다시 원래의 의미로 복귀된 셈이 된다.

과를 환유적 상상력에 의하여 내적으로 추론해 낸 인지 과정을 나타낸다.39) 그리고 이러한 과정을 거쳐 형성된 의미는 시간이 경과하면서 화자의 주관적인 판단이나 신념이 첨가된 추상적인 의미로 더욱 강화되어, 의미·화용론적 발달의 제3단계로 접근하였다고 생각한다.40)

즉, '즈츼다'에서 수행된 통시적 의미 변화 [설사하다]>[피곤하다]의 경우에, 화자는 설사를 일으키는 단순한 생리적 행위를 통해서 그 이후에 반드시 몸이 피곤해질 것을 연상하고, 이러한 연상이 점진적으로 화용론적 강화를 거치면서 화자가 확신하게 된다. 또한, '빈'에서 수행된 [價]→[債]와 같은 다의 형성 과정은 객관적인 [價]의 의미에 대한 화자의 적극적인 주관적 판단과 감정이 개입되지 않고서는 이와 같은 의미의 이전을 생각하기 어렵다. 그러나 [價]에 적용된 환유화의 작용이 왜 하필이면 [債]와 관련을 맺게 되었는가 하는 것은, 환유는 고유한 사회 문화적인 속성을 갖고 있다는 말로 대치할 수밖에 없다.

지금까지 간략하게 논의된 단어들의 최종적인 의미 발달의 단계에 대해서 Traugott(1982, 1990, 1995)는 주관화(subjectificaion)라는 명칭을 부여하고, 의미·화용론적 발달 경향의 제3단계로 배정하였음은 이미 이 글의 1장에서 언급한 바 있다.41)

---

39) 이와 같은 관점에서, 통시적인 의미 변화의 한 유형인 '어리다'(愚 → 幼>愚∽幼), '스랑'(思 → 愛>思∽愛)과 같은 다의 형성 사례들(홍사만, 2004)도 그 기제는 환유의 과정에 있다고 생각한다.

40) 문장의 구성성분이나 자립어휘에서 문법형태소로 옮겨가는 문법화 과정에서 수행되는 의미·화용론적 발달에서는 제2단계 변화를 밟아서 제3단계로 순차적으로 이행하여가는 사례가 많다. 그러나 자립어휘의 의미 변화의 경우에는 의미·화용론적 변화의 제2단계, 즉 담화를 구성하거나, 접속사 등과 같은 텍스트의 결속력과 관련 있는 문법형태소에서 보이는 의미 발달의 단계는 면제된다(Traugott, 1995).

41) "주관화"라는 용어와 개념은 원래 문법화 과정에서 수행되는 의미 변화의 최종적인 단계를 지칭하는 것으로 사용되었다. 즉, Traugott(1982)의 설명에 의하면, 문법화에서 나타나는 의미의 주관화는 처음에는 구상적, 어휘적, 개관적 의미를 나타내었던 어휘 항목이나 문장의 구성체들이 한정된 통사적 환경에서 반복되어 사용되면서 형태 통사

4.2. '도르다'(盜) 계열에서 수행된 환유화 작용과 주관화의 강화

이와 같은 주관성의 증가는 그 속성으로 보아서 경험의 상이한 영역들을 유사성을 근간으로 연결하여 주는 은유보다는 환유의 과정을 거친 의미 변화에서 자주 나타난다고 한다(Traugott, 1990). 우리가 3장에서 제시하였던 전북과 전남방언의 '도르다' 계열에서 수행된 '欺>盜'의 변화에서도 이러한 경향을 확인할 수 있다. 우선, 글쓴이는 중세국어의 단계에서 사용되었던 이 형태의 구상적 의미인 '環, 圍'가 근대국어 후반기에 와서 문헌어상으로 '欺'의 의미로 향하게 되는 의미 변화는 은유화의 기제가 작용한 것으로 전제하였다. 따라서 이 형태의 지속적인 의미 발달에서 보이는 '欺>盜'의 과정은 "은유적 개념의 동인에 의한 환유화의 작용"(Barcelona, 2000 ; 이수련, 2006)으로 파악하려고 한다. 물론, 19세기 후기 『독립신문』(예문 14)에서나, 오늘날 전남방언(예문 12)에서 사용된 '도르다'(盜)의 예들을 '環, 圍>盜'와 같은 직접적인 변화를 거친 것으로도 파악하는 방안도 있다. 그러나 글쓴이가 3장 2절에서 이미 제시한 두 가지의 근거로 이와 같은 의미 변화의 방향은 여기서는 고려하지 않는다.

론적 변화와 범주의 이동, 음운론적 부식 등의 과정을 거치며 문법적인 기능으로 전환되는 동시에 그 의미도 추상적 또는 화자 중심적 기능으로 변화되는 과정을 말한다. Traugott(1989, 1990, 1995)는 그 이후의 일련의 연구에서 의미 변화가 지향하는 주관화의 경향이 문법화 과정에서만이 아니라, 어휘변화 가운데 일반적인 의미 변화에서도 보편적으로 실현되는 강력한 경향임을 논증하려고 꾸준히 노력하였다.
이와 같은 요지의 의미 변화의 보편적인 진행 과정(또는 단일방향성 / 규칙성)에 대한 지금까지 Traugott 교수의 연구 성과는 Campbell(2000), McMahon(1994) 등과 같은 역사언어학 개론서에서 긍정적으로 수용되고 있으며, Trask(2000 : 349)의 역사・비교언어학 사전에서도 「Traugott 방식의 의미 변화의 진행 방향」이라는 항목으로 소개하고 있다.
그 반면에, Fortson IV(2003 : 658)은 Traugott 교수가 제시한 의미 화용론적 발달의 세 가지 단계적 통로는 매우 귀중한 성과로 인정은 하지만, 이러한 경향들을 의미 변화를 지배하는 일반적인 원리로까지 격상시키려는 주장에 대하여는 회의를 나타낸다. 즉, 그에 의하면, Traugott 교수가 위에서 제안한 의미 변화의 원리는 통상적으로 의미 변화 자체에서 부차적으로 파생된 현상이라는 것이다.

‘도르다’형에서 밟아 온 ‘欺>盜’의 의미 전이의 과정은 앞선 사건이나 행위가 뒤따르게 되는 결과와 연관되어 빈번하게 습관적으로 연상되는 시간적 환유에 속한다. 즉, 임지룡(1997 : 196)이 설명한 바와 같이 “원인이 결과에 포섭되어 결과를 확대 지칭”하는 사례 가운데 하나이다.42) 우리가 남을 꾀여서 적극적으로 속이는 행위를 하는 경우에, 그러한 행의의 목적이 남에게서 어떤 구체적인 사물이나 이득을 부정한 방법으로 획득하기 위한 수단일 경우가 보통이다. 따라서 남을 속이는 행위(선행하는 상황 또는 원인)와 같은 추상적인 경험의 범주는 그 결과 관습적으로 함축되어 일어나는 훔치는 구상적인 경험의 범주로 자연스럽게 전이된 것으로 보인다.

‘도르다’ 계열의 의미상의 추이가 이와 같은 방향으로 진행되어 온 과정은 다음과 같은 ‘欺∽盜’의 중의적 맥락에서 추론하여 볼 수 있다.

> (14) ㄱ. 리성환의 말이 논 판 돈 이만 오쳔 삼빅 냥은 최흥슌의게 맛겨더니 최가가 <u>돌나먹고</u> 도망ᄒ고(독립 1권 65호, 1896. 9. 3)
> ㄴ. 아, 그렁게 큰 애기를 발말발말 따라가다가, 가가지고는 큰 애기를 살짝 <u>돌라갖고</u> 궤짝에다가 넣어갖고 왔단말이여(『전북민담』(최래옥 편, 1982 : 178)

위의 예문 (14ㄱ)에서 ‘돌라먹고’는 ‘도르다’ 계열의 의미가 예외 없이 ‘盜’의 단계로 이행하여 온 『독립신문』에서 인용된 형태이다. 따라서 이 낱말의 의미는 ‘훔쳐먹고’에 해당될 것이지만, 그런 행위가 있기 이전에 먼저 주인 “이성환”이 “최가”에게 맡긴 돈을 그럴듯한 구실로 속이는 일

---

42) 임지룡(1997 : 196~197)은 이러한 환유 유형으로 현대국어에서, ‘한 잔하다’(원인)가 ‘醉하다’(결과)의 의미로, ‘손 씻다’(원인)가 ‘관계를 끊다’(결과), ‘팔 걷고 나선다’가 ‘적극적으로 참여한다’로, ‘머리를 맞댔다’가 ‘힘을 모아 일을 추진한다’와 같은 의미로 전이되는 관용어들의 예들을 제시하였다.

이 선행되어야 할 것으로 보인다.

또한, (14ㄴ)에서의 민담 가운데 등장하는 '돌라갖고'의 예는 구술 당시 전남 승주군 출신의 43세 화자(조순엽씨)가 전주시 풍남동에서 조사자(최래옥 교수)에게 들려준 내용이다. 전남방언에서도 '돌라갖고'가 무정물을 대상으로 쓰일 경우에는 '盜'의 의미가 선택되지만, 목적어가 사람에 해당되는 경우에는 '欺'의 의미가 선택되는 것이 일반적이다. 그러나 위의 (14ㄴ)에 쓰인 '돌라갖고'의 의미는 '盜'의 의미로 해석된다. 예문 (14ㄴ)이 사용된 민담의 전개로 보면, 어떤 총각이 처녀를 그냥 훔쳐서 궤짝에 넣은 것이 아니고, 먼저 처녀로 하여금 궤짝에 들어가도록 적당한 거짓말로 속이는 행위가 있었을 것으로 보인다. 이와 같은 관점에서 위의 예문 (14)에 등장하는 '도르다' 계열의 의미는 먼저 [속이다]의 과정을 거치고, 그러한 행위의 결과가 [훔치다]로 해석되는 것으로, 그러한 두 가지의 의미 범주를 동시에 포함시켜 "속여서 훔치다" 정도에 해당된다.43) 이와 같은 '도르다' 형태의 의미 변화 과정에서 일어나는 '欺>盜'와 같은 재분석은 위와 같이 화자들에게 한 가지 이상의 해석이 실제적으로 가능한 중의적인 맥락에서 일어난다고 한다(Fortson IV, 2003 : 650).

지금까지 논의된 '도르다' 계열의 의미 변화에서 근대국어 18세기 경에 은유화 작용을 거쳐 구상에서 추상적 의미로 확대된 '環, 圍>欺'의 과정은 그 발달의 방향에서 제1단계 의미·화용론적 경향을 보여준다. 이

---

43) '도르다'형의 의미가 '欺 → 盜'의 추이를 어느 정도 보여준다고 생각되는 또 다른 예는 1910년대 이인직의 신소설 자료에 나오는 '돌녀닉다'의 사용이다.

평양성녀에 잇는 옥련이 한아를 돌녀닉느니, 못 돌려닉느니 ᄒᆞ는 소리를 듯고(399면) 소문에, 평양성 녀에 있는 옥련이를 돌려닉려고 돈을 십만원이나 쓴다 ᄒᆞ니, 엇던 션녀 ᄀᆞ혼 계집인구(1913. 3. 21, 25회, 이인직의 "모란봉"(매일신보 연재) : 권영민 교열/해제, 2001 : 398)

위의 '돌려내다'에 대해서 『표준조선말사전』(이윤재, 1948 / 1991 : 207)에서 "남의 것을 속여서 가지다"와 같은 풀이가 되어 있다.

어서 대부분의 전남방언과 전북의 일부 방언에서 수행되었거나, 진행 중에 있는 '欺>盜'의 단계는 환유의 작용을 거쳐 어떤 사실을 꾀어 "속이는 사실" 자체에 대한 화자의 주관적인 판단과 태도가 더욱 강하게 주입되어 문맥에 의해서 초래된 추론(즉, '盜')이 확립되었다. 그렇기 때문에 이 과정은 제3단계 의미·화용론적 경향을 가리키고 있다고 판단한다.

참고문헌

김기혁(1999), 「개화기 국어의 문법 범주-독립신문 전산화를 중심으로」, 『인문학 연구』 3호, 경희대 인문학 연구소.

김동환(2005), 『인지언어학과 의미』, 태학사.

김인선(1996), 「서재필과 한글 전용, 『독립신문』을 중심으로」, 『현상과 인식』 20권 1호, 89~107면.

김종도(2005), 『인지문법적 관점에서 본 환유의 세계』, 경진문화사.

김태곤(2002), 『중세국어 다의어와 어휘변천』, 박이정.

남성우(2001), 「국어 어휘의 변화」, 『언어과학연구』 20, 81~126면.

남성우(1997), 「어휘의미의 변화」, 『국어사 연구』, 국어사연구회, 태학사, 877~919면.

남성우(2001), 『月印釋譜와 法華經諺解의 同義語 硏究』, 태학사.

손세모돌(1996), 『국어 보조용언 연구』, 한국문화사.

안주호(1997), 『한국어 명사의 문법화 현상 연구』, 한국문화사.

안주호(2001), 「한국어의 문법화와 역문법화 현상」, 『담화와 인지』 제8권 2호, 93~112면.

안주호(2003), 『국어교육을 위한 문법탐구』, 한국문화사.

유창돈(1966 / 1971), 「轉義史」, 『국어국문학』 32호, 196~216면, 『어휘사』(19/1, 선명문화사)에 재수록

이기갑 외 공편(1997), 『전남방언 사전』, 전라남노.

이성범(2002), 『추론의 화용론』, 한국문화사.

이성하(1998), 『문법화의 이해』, 한국문화사.

이성하(1999), 「문법화론과 한국 언어학」, 『언어과학연구』 16호. 언어과학연구회.

이수련(2006), 「은유와 환유의 상호 작용성 연구」, 『한글』 271호, 한글학회, 107~132면.

이익환·권경원 공역(1993), 『화용론』, Stephen Levinson 저, 한신문화사.

이정식(2003), 『구한말의 개혁·독립투사 서재필』, 서울대학교 출판부.

이정애(2002), 『국어 화용표지 연구』, 도서출판 월인.

이종열(2005), 「국어 문법현상에 대한 환유적 동기화 연구」, 『어문학』 108호, 어문학회, 107~126면.

임지룡(1995), 「환유의 인지적 의미특성」, 『국어교육연구』 27집, 국어교육연구회, 223~254면.

임지룡(1997), 『인지 의미론』, 탑출판사.

임지룡(1998), 「인지 의미론」, 『의미론 연구의 새 방향』, 이승명 엮음, 박이정, 35~64면.

전재호(1992), 『국어 어휘사 연구』, 인문・사회과학학술총서 5, 경북대학교출판부.

조남호(2004), 「의미 변화 이론의 수용과 전개」, 『국어학』 43집, 국어학회, 461~485면.

조항범(1984), 「국어 유의어의 통시적 고찰-명사・동사를 중심으로」, 『국어연구』 제 58호, 국어연구회.

주진호(1994), 「서재필 자서전」, 『역사 비평』, 가을호.

최래옥(1982), 『전북민담』, 어문총서 18, 형설출판사.

최전승(1995), 「조건관계 접속어미의 한 유형 '거드면'에 대하여」, 『한국어 방언사 연 구』, 태학사, 553~583면.

임지룡(2001), 「시어와 방언-'기룹다'와 '하냥'의 방언 형태론과 의미론」, 『문학과 방 언』(이기문 외 공편), 도서출판 역락, 233~286면.

최학근(1978), 『국어방언 사전』, 현문사.

홍사만(2003), 「국어 어휘의미의 사적 변천-유의어의 의미 기술」, 한국문화사.

小倉進平(1944), 『朝鮮語 方言의 硏究』, 岩波書店.

Barcelona, Antonio(2000), Introduction. The Cognitive Theory of Metaphor and Metonymy, In *Metaphor and Metonymy at the Crossroad*, A Cognitive Perspective, edited by A. Barcelona, 28, Mouton de Gruyter.

Campbell, Lyle(2000), *Historical Linguistics*, An Introduction, The MIT Press.

Dworkin, Steven N.(2006), Recent Developments in Spanish(and Romance)Historical Semantics. In *Selected Proceedingsof the 8th Hispanic Linguistic Symposiums*, ed. TimothyL. Face and Carol A. Klee, pp.50~57. Somerville, MA : Cascadilla Proceedings Project.

Fortson IV. Benjamin(2003), An Approach to Semantic Change, pp.648~666, In *The Handbook of the Historical Linguistics*, edited by Joseph. B & R. Janda, Blackwell Publishing.

Geeraerts, Dirk(1994), Lexical Semantics, In Asher, R. E. et als(eds). pp.2160~2163.

Geeraerts, Dirk(1997), *Diachronic Prototype Semantics* : A Contribution to Historical Lexicology. Oxford : Clarendon Press.

Hauer, Erich.(1952~1955), *Handwoerterbuch der Mandschusprache*, I-III, Kommissionverlag, Otto Harrassowitz, Wiesbaden.

Heine, Bernd. & Tania. Kuteva(2002), *World Lexicon of Grammaticalization*, Cambridge Univ. Press.

Hopper. P. & Elizabeth Traugott(2003), *Grammaticalization*, 2nd Edition, Cambridge Univ. Press.

Lehmann, Christian(2004), Theory and Methods in Grammaticalization, pp.52~187, *Zeitschrift fuer Germanistische Linguistik* 32 / 2.

McMahon, April(1994), *Understanding Language Change*, Cambridge Univ. Press.

Ogura, M. & W. S.-Y. Wang(1995), Lexical diffusion in Semantic change : with special reference to universal changes. *Folia Linguistica Historica*, 16 : 29~73.

Stern. Gustaf(1931 / 1965), Meaning and Change of Meaning, Indiana Univ. Press.

Trask, R. L.(2000), *The Dictionary of Historical and Comparative Linguistics*, Edinburg Univ. Press.

Traugott, Elizabeth. Closs.(1982), From Propositional to Textual and Expressive meanings : Some semantic-pragmatic aspects of Grammaticalization. In *Perspectives on historical linguistics*, edited by W. P. Lehmann and Y. Malkiel. Amsterdam : John Benjamins, pp.245~271.

Traugott, Elizabeth Closs(1989), On the Rise of Epistemic Meanings in English : An example of subjectification in semantic change. *Language* 65 : 31~55.

Traugott, Elizabeth Closs(1990), From Less to More situated inlanguage : the Undirectionality of semantic change. In *Papers from the Fifth International Conference on English Historical Linguistics*, edited by Sylvia Adamson, Vivien Law, Nigel Vincent and Susan Wright. Amsterdam : Benjamins, pp.496~517.

Traugott, Elizabeth Closs(1995), Subjectification in Grammaticalization, In *Subjectivity and Subjectivisation*, edited by Dieter Stein & Susan Wright, pp.31~54. Cambridge Univ. Press.

Traugott, Elizabeth Closs(2006), The Semantic Development of Scalar Modifiers, *The Handbook of the History of English*, Edited by Ans van Kemenade, pp.335~359. Blackwell Publishing.

Traugott, Elizabeth, and Ekkehard Koenig(1991), The Semantics-Pragmatics of Grammaticalization revisited, In E. Traugott & B. Heine(eds) *Approaches to Grammaticalization*, Vol. 1, pp.189~218, John Benjamin.

Traugott, Elizabeth & R. Dasher(2002), *Regularity in Semantic Change*, Cambridge Studies in Linguistics 97, CUP.

Trudgill, Peter.(2002), *Sociolinguistic Variation and Change*, Georgetown Univ. Press.

Ullmann, Stephen.(1957), *Principles of Semantics*. Oxford : Blackwell.

제3부

국어사의 기술과 해석

제 6 장

국어사 연구에서 언어 사실과 그 해석의 논리―'ᄋ̆'의 경우
―「남부방언의 양순음 아래 모음 'ㅗ'에 대하여」를 대상으로

1. 이 논문에서의 기본 전제와, '으'의 원순모음화와 'ᄋ̆'의 원순모음화의 불균형에 대한 해석의 문제

글쓴이가 심사 의뢰를 받아 살펴본 논문은 작성자의 투고 논문 「남부 방언의 양순음 아래 모음 'ㅗ'에 대하여」이다.[1] 이 논문에서 논문 작성

---

1) 이 글은 「남부방언의 양순음 아래 모음 'ㅗ'에 대하여」라는 제목으로 학술지 『배달말』에 투고된 논문 원고를 해당 편집위원들의 선정을 거쳐서 글쓴이가 평가하는 과정에서 파생된 것이다. 이 논문을 자세하게 읽고, 이 글에 대한 글쓴이 나름대로 첨가한 몇 가지 수정과, 평가에 대하여 이 원고 작성자는 다시 수정된 원고와, "논문 심사자에게 대한 답변 (2)"를 편집위원을 통하여 개별적으로 따로 보내 왔다. 그 답변서를 읽고, 글쓴이는 국어사 연구에서 실증 또는 사실과 그 해석은 과연 어떤 논리 위에 서야 하는 것인지에 대하여 곰곰이 생각을 해 보는 계기를 가졌다.
그 결과가 이 짧은 글로 나온 것이다. 그리고 이러한 문제를 학문을 하는 한 개인의 문제로 끝내지 않고, 공동의 광장에서 공개적으로 논의할 가치가 있다고 판단되었다. 그러한 생각의 결과가 역시 이와 같은 형식으로 선 보이게 된 것이다. 이 글의 초고를 논문 작성자가 이번에는 익명의 심사위원 한 사람의 자격으로 검토하고 상세하게 논평하여 준 것을 매우 고맙게 생각한다.

자가 설정한 주제와, 그것을 논증하는 방법은 매우 간단명료하고 투명한 것이었다.

이 논문의 체제는 4장으로 구성되어 있는데, 제1장은 서론에 해당되는 「들머리」이고, 제2장은 「양순음 아래 모음 '오'를 가진 어형의 분포」, 제3장은 「양순음 아래 모음 '오'를 가진 어형의 해석」에 배당되었으며, 제4장은 「마무리」로 요약된다. 이 논문의 내용은 그 체제 구성과 요약문에서 잘 들어나는 바와 같이, 대체로 다음의 네 가지로 압축된다.

(1) 양순음 다음에 연결된 원순모음 '오'를 갖고 있는 어휘들이 남부방언 중심으로 분포되어 있는 언어 지리적 상황을 질문지를 사용한 우편조사 방법에서 추출된 자료를 바탕으로 살펴보면, 전남방언 지역이 그러한 현상의 기원지에 해당된다.

(2) 이러한 부류의 어휘들은 '으'의 원순모음화와 동일하게, 종래에 양순음 다음에 연결된 'ᄋᆞ' 모음이 순행동화를 수용하여 이루어진 원순모음화 현상이라고 규정하고 있으나, 이와 같은 관점은 인정할 수 없다. 그 이유는 '으'의 원순모음화와 'ᄋᆞ'의 원순모음화 과정은 그 음운변화의 성격상 전연 상이하기 때문이다.

(3) 따라서 이러한 어휘들은 양순음 다음에 'ᄋᆞ'가 연결되어 원순모음화된 것이 아니라면, 원래의 모음 음소 'ᄋᆞ'는 중세국어 이후 모음체계에서 존재하지 않은 셈이 된다. 'ᄋᆞ'가 당시의 모음체계에 존재하지 않았고, 상이한 지역 방언들의 모음 대응을 "절충"하기 위한 수단으로 사용되었던 많은 문헌적 증거가 있다.

(4) 그 결과, 남부방언에서 양순음 다음에 연결된 '오' 부류의 어휘들은 기원적인 모습이고, 오히려 중부방언에서 동일한 음성조건에서 '아'를 갖고 있는 어휘들에서 '오>아'와 같은 변화를 수행했음이 틀림없다.

미리 말할 필요도 없거니와, 글쓴이는 이 논문의 글쓴이가 누구인지 미리 알 수도 없다. 글쓴이의 논문 평가의 원칙은 어떠한 학파와 이론에 근거하든가 간에, 합리적으로 설정된 가설에 객관적인 입증 자료를 제시하여 무리 없이 결론을 이끌어 논증하면 매우 우수하다고 간주한다. 또한, 어떤 논문이든지 간에, 그 논문을 작성한 학자의 오랜 노력과 심혈을 기울인 성과로 인정하며, 고귀한 정신적 결정체로 이해한다.

이 논문의 출발점은 논문 작성자가 남부방언 가운데 양순음 아래 '오' 모음을 가진 단어들에 대한 의문을 풀기 위한 것이고, 그것에 대한 잠정적인 결론은 이러한 문제는 현재로서는 다른 대안이 없다면 해결할 수 없다는 사실이었다. 논문 작성자가 그렇게 판단하는 근거는 양순음 아래 '으'의 원순모음화와 '♡'의 원순모음화(잠정적으로 음소 '♡'를 인정한다는 관점에서)는 그 본질에 있어서 동일한 현상이 아니라는 기본 전제 위에 있기 때문이다.

그러나 국어사의 단계에서 수행된 '으'의 원순모음화와 '♡'의 그것을 동일한 음운 현상으로 인정하지 않으려는 이러한 전제는 언어 변화의 관점에서 심각한 문제를 야기하게 된다고 글쓴이는 생각한다. 논문 작성자는 원고 2면에서 '으'의 원순모음화는 (ㄱ) 예외가 없이 수행되었으며, (ㄴ) 국어 전반에 걸쳐 확대되어 있지만, 그 반면에, '♡'의 (추정된) 원순모음화는 (ㄷ) 특정한 방언에만 일어난 현상이며, (ㄹ) 특정한 어휘에만 일어난 과정이기 때문에, 이와 같은 서로 다른 분포와 적용 영역을 보이는 두 가지 유형의 원순모음화는 동일한 현상일 수 없다고 판단하였다.

구체적으로 논문 작성자는 위의 전제를 다시 풀어서 원고 9면에서 '으'와 '♡'의 원순모음화를 동일한 과정으로 보게 된다면 두 가지의 문제점이 일어나게 된다고 지적하였다.

첫째는 원순모음화는 일종의 동화현상인데, 동화현상은 원칙적으로 일부 방언에서 일어나서 나중에 국어 전체로 확산되는 것이 보편적인 현상인('으'의 원순화의 경우에서와 같이) 반면에, '♡'의 경우에는 그렇지 못하기 때문이다.

그러나 글쓴이의 판단으로는, 논문 작성자의 이러한 해석은 너무 단순한 논리에 바탕을 두고 있다. 동일한 범주에 속하는 동화 현상에 적용되는 입력들이 갖고 있는 각각의 고유한 음성적 특성으로 인하여 해당 변화의 수용 단계에서나, 그 확산 과정에 있어서 시기적으로 완급의 차이가 있거나, 아니면 분포상의 불균형이 일어나는 경우는 국어사에서 드문 일이 아니다. 이와 유사한 사례를 들면, 대표적인 동화 현상인 구개음화 현상 가운데 남부방언에서 비교적 이른 시기에 등장하기 시작하는 'ㄷ' 구개음화의 경우에는 그 실현 분포가 보편적이고, 점진적으로 방언지역 전반(평안도와 육진 일부 지역은 제외하고)에 걸쳐 적용되었으나, 뒤이어 나타나는 'ㄱ'이나 'ㅎ' 구개음화는 남부지역과 북부 일대의 방언에만 수용되어 있고, 국어 방언 전체로 확산되지 못했다. 그렇다고 해도 국어사의 기술에서 통시적 구개음화 현상에서 'ㄱ'이나 'ㅎ' 구개음화를 'ㄷ' 구개음화와는 별개의 다른 음운변화의 범주로 취급하지 않는다.

논문 작성자가 지적한 두 번째의 문제는 소위 'ᄋ'의 원순모음화가 적용될 수 있는 남부지역의 방언형들 가운데 양순음 아래라는 동일한 음성 조건을 갖추고 있던 어떤 단어는 왜 원순모음화를 수용하여 '오'로 바뀌게 되었으며, 또 어떤 단어들은 '오'가 아닌 '아'와 같은 다른 모음으로 바뀌게 되었는가를 예측하여 설명할 수가 없다는 사실이다.

원고 2면에서 밝힌 바와 같이, 논문 작성자는 중세국어의 단계에서 양순음 아래 'ᄋ'를 보유했던, 문제의 어휘들이 오늘날 '오' 모음을 갖고 있는 상태로 남부지역에 분포되어 있는 모습을 직접 파악하기 위해서 방언 조사 설문지를 작성하여 우편조사의 방법으로 얻은 결과를 제시하였다. 원고 5면에 열거된 "<표 1> 전남방언의 양순음 아래의 모음 대응 현상"을 조감해 보면, 논문 작성자의 지적대로 소위 'ᄋ'의 원순모음화를 수용한 문제의 14가지 어휘들의 분포는 이 지역에서도 개별적인 어휘들마다 고유한 확산의 영역을 서로 상이하게 점유하고 있다. 예를 들면, (14) 중세국어 '풏'(赤豆)의 반사체 경우에는 조사된 전남지역 전체에서 '오'로 변화된 모습을, 이어서 '푸리'(蠅)와 '볿다'(踏) 등이 1개 지역(화순)을 제외하

면 전 지역에서 그러한 변화를 수용한 것으로 나타났다. 그 반면에, ‘ᄆ
디’(節)의 경우에 ‘오’로 바뀐 지역이 구례, 광양, 장흥 3개 지역에 국한되
어 있고, 여타의 다른 지역에서는 ‘아’ 또는 이것의 후대의 변화형인 ‘애’
로 대부분 분포되어 있다. <표 1>에 의하면, 다른 조사 어휘들도 정도에
있어서 차이는 있지만, ‘ᄋ’의 원순모음화의 수용 과정을 가변적으로 보
여준다.[2]

일찍이 河野六郎(1945)은 순자음에 후행하는 ‘ᄋ’를 구비하고 있던 단
어들이 보이는 원순모음화의 모습(ᄑ리>포리, 픗>폿, ᄆ술>모실, 믈>몰, 붉
다>볾다, 몱다>몱다 등)이 이러한 과정을 수용한 방언 지역에서도 한결같
지 않았으며, 동일한 방언 내부에서도 단어의 유형에 따라서 각각 확산
의 상이한 정도를 나타내고 있다고 관찰한 바 있다. 그 확산 과정이 어휘
마다 동일하지 않다는 사실은 각각의 고유한 단어들이 보유하고 있는 언
어 내적 특성이나, 그 쓰이는 사회언어학적 배경에서 나온 결과로 생각
된다. 순자음 아래에서 수행된 ‘ᄋ>오’ 변화의 수용에 대한 이러한 개별
어휘적 특성을 논문 작성자는 전연 고려하지 않고 있다. 오히려 그와 같
은 사실을 근거로 논문 작성자는 ‘ᄋ’의 원순모음화 과정을 부인하고, 그
대안을 제시하는 근본적인 동기로 삼고 있다. 즉, 남부방언에서 ‘ᄋ’와 관
련하여 양순음 아래 연결된 ‘오’를 보유하고 있는 어휘들은 원래의 기원
적인 모습을 보여 주는 것이며, 동일한 조건에서 이 위치에 ‘아’를 갖고
있는 중부방언의 어휘들은 ‘오>아’의 변화를 수용한 결과라는 것이다.

그렇다면, 이와 같은 논문 작성자의 두 번째 의문을 거꾸로 적용하여,
그것과 동일한 질문을 제시할 수 있다고 생각한다. 즉, <표 1>에서와 같

---

2) 논문 작성자가 설정한 새로운 이론의 바탕이 되는 방언 자료의 수집 방법에 있어서 구
  사한 우편조사 방식의 문제점들과, 설문지를 통해서 이끌어낸 방언 자료가 갖고 있는
  객관적인 신뢰도와 투명성에 대하여 글쓴이는 방언학의 관점에서 하고 싶은 말이 많이
  있으나, 지면상 생략하기로 한다.

이, 전남방언에서도 양순음 아래 '오'가 아닌 '아'를 보여주는 어휘들은 어떤 이유로 '오>아'의 변화를 수용하게 되었으며 또 이를 어떻게 예측하여 합리적으로 설명할 수 있을까.

따라서 위와 같은 상황을 고려하여 글쓴이는 국어사에서 모음 '으'와 (추정된) 'ᄋ'가 원순모음화에 관한 한, 분포상으로 그리고 실현상으로 지역 방언에 따라서 동일한 과정을 보일 수 없음은 일정한 역사적 단계의 음운체계상에서, 그리고 다른 유형의 음성변화와 맺고 있는 상대적 관계 (상대적 연대순서) 등과 같이 이 두 모음 음소가 갖고 있는 서로 다른 특성에 기인된다고 추정한다. 동일한 음운 현상(원순모음화)이 성격이 상이한 두 가지의 입력('으'와 'ᄋ')에 적용될 때, 음성변화의 점진적인 성격상 동일한 시기에 동일한 방식으로 실현될 수 없으며, 시간적인 차원에서 완급(緩急)의 차이가 나기 마련이다. 동시에 음성변화의 진행 단계에서 또 다른 경쟁하는 변화의 입력이 될 수도 있다. 통상적인 음성변화에 개입되는 시간의 차원과 어휘적 차원을 'ᄋ'와 '으'의 원순모음화 과정에도 역시 고려하여야 될 것으로 판단한다.

물론, 17세기부터 문헌 자료에 등장하는 '으>우'라는 원순모음화는 우선 이 개신이 적용되는 공시적 규칙의 입력에서 음운변화로서 일반성이 결여된 모습을 보이고 있음은 잘 알려져 있다. 그것은 이전 단계에서 '으'와 'ᄋ'는 자연부류를 형성하고 있어서 동일한 음성 조건에서 'ᄋ'도 역시 선행하는 순자음의 원순성에 의한 동화에 '으'와 함께 참여하여야 원순모음화 규칙의 일반성이 획득되기 때문이다. 20세기 초엽의 육진방언에 대한 옛 소련의 Kazan 자료(곽충구, 1994)에서나, 18세기 남부방언의 자료인 『염불보권문』(백두현, 1992), 그리고 논문 작성자가 우편 조사를 통해서 확인한 바와 같이 현대의 공시적인 전남과 경남 및 함북방언 등과 같은 지역에서 양순 자음에 후행하는 'ᄋ'가 원순모음화하여 '오'로 동화된 방언형들이 분포되어 있음을 상기할 때, 17세기 이후의 문헌어에 출현하기 시작하는 '으'만이 관여하는 원순모음화 현상은 일반적인 규칙이 아니다. 이와 같은 동일한 원순모음화 현상에 대하여 '으'와 '♀'가 입력으로써 보이는 이러한 불일치와, 결과적으로 보이는 확산 과정에 있어서 지역적 불균형을 논문 작성자가 논문에서 지적한 것은 타당하다.

그러나 논문 작성자는 종래의 국어사 또는 국어 방언사의 연구에서 이러한 문제를 서로 다른 관점에서 원순모음화의 범주에서 해석하려는 다음과 같은 두 가지의 대표적인 가설을 전연 고려하지 않았다.

첫째는 모음 '으'와 '♀'에 적용될 수 있는 원순모음화 현상이 본격적으로 출현하기 이전에 중부 지역에서는 이 음운규칙의 입력의 대상 가운데 '♀'가 비음운화 되어 '아'로 합류되어 버렸다는 관점이다(김완진, 1975 : 3 ; 백두현, 1992 : 233). 근대국어의 계기적인 시간 차원에서 '♀'의 비음운화 규칙이 먼저 일어나 원순모음화 규칙에 부분적인 출혈(bleeding) 상태를 초래한 것이다. 그 반면, 순자음 다음 위치에서 '으'와 더불어 '♀>오'의 원순모음화를 수행한 남부지역 방언에서는 '♀>아'의 개신파에 아직 휩쓸리지 않고 '♀'가 음소로서 해당 모음체계에 존재하고 있었기 때문에 자연부류 '으'와 '♀'를 입력으로 하는 일반화된 원순모음화 규칙을 보유하게 되었다. 이와 같은 해석은 적어도 중부방언에서 일어난 '♀'의 비음화의 시기를 근대국어 초기의 '으>우' 원순모음화 현상이 확산되기 이전인 17세기로 계기적으로 설정하여야 된다(백두현, 1992 ; 송민, 1998 : 43).

둘째는 '♀>아'의 제2단계 변화의 완결 시기를 18세기 중엽으로 설정하려는 입장에서 근대국어에 나타난 순자음에 의한 원순모음화 규칙은 먼저 일반성이 떨어지는 음운규칙으로 출발하였을 것으로 파악하는 방안이다. 그렇기 때문에 '으'의 원순모음화가 나타나기 시작하였을 단계에서도 근대국어의 초기 모음체계에서 '♀' 모음 음소는 건재하였다는 가정을 한다(이기문, 1977 : 193 ; 곽충구, 1994 : 270). 그리하여 이 규칙은 '으'의 원순모음화에서부터 시작하여 상당한 기간을 두고 확대되다가, 규칙이 일반화되어 18세기에 나중에 'ㅇ'로 파급될 즈음에는 'ㅇ'의 비음운화가 빠른 속도로 전개된 것으로 해석한다.

글쓴이는 이와 같이 근대국어에서 일어난 '으'의 원순모음화 또는 'ㅇ'의 원순모음화와 관련하여 음운사의 관점에서 위에서 두 가지로 제시된 어느 쪽의 가설도 이론상 가능하다고 생각한다. 그러나 논문 작성자가 지향하려는 이론에서는 음성변화에 대한 그러한 견해가 본질적으로 용인되지 않았다. 그 이유는 논문 작성자는, 글쓴이의 생각으로는, 모음 음소로서의 'ㅇ'의 존재를 인정하지 않으려는 논리 위에 서 있기 때문이다. 그리고 그러한 논리를 통상적인 'ㅇ'의 원순모음화에도 확대하려고 시도하였기 때문이다. 따라서 이러한 논문 작성자의 생각이 본 논문을 작성하게 된 근본 이유가 된 것으로 글쓴이는 이해한다.[3]

2. 모음체계에서 'ㅇ'의 위상에 대한 해석의 문제

논문 작성자는 원고 3장 2절의 새로운 해석 가운데 3장 2절 1항에서 모음 'ㅇ'의 존재를 부정하게 되는 논리와 그 주장을 명료하게 제시하였다. 즉, 논문 작성자는 'ㅇ' 모음이 존재하지 않았다는 사실을 증명하면, 자연스럽게 양순음 아래 'ㅇ>오'와 같은 원순모음화 과정도 함께 부정될 수 있다고 판단한 것이다. 그러한 주장 가운데, 논문 작성자가 스스로 제

---

3) 또한, 논문 작성자가 이 논문의 원고 10면의 각주 6)에서 특별히 언급한 바와 같이, 중세국어의 단계에 음소 'ㅇ'의 존재가 당시의 모음체계로부터 제외된다면, 이 모음을 핵심으로 하는 당시의 모음조화에 관한 여러 가지의 문제들도 응당 부정되어 자연히 해결될 것으로 기대하였다.

기한 다음과 같은 질문은 언어변화를 공부하는 글쓴이로서 이해할 수 없다고 생각한다.

> 그런데 놀랍게도 종래의 견해에 따르면, 가장 핵심이 되는 모음이었던 '♀'가 18세기에 이르는 동안 우리말 모음체계에서 사라지게 되었다. 이러한 현상이 있을 수 있는가? 음운의 변천사를 둘러보면 기능 부담량이 적은 모음이 서서히 사라져 간 것은 흔히 있는 일이지만, 기능 부담량이 가장 높은 모음이 사라져간 것은 볼 수가 없다. (원고 11면)

위와 같은 논문 작성자의 언급에 글쓴이도 사실 놀라웠다. 왜냐하면, 그러한 단순하고도 명쾌한 논리가 논문 작성자가 '♀' 모음을 음소로서 인정하지 않게 되는 직접적인 가능성을 제공했다는 사실을 발견했기 때문이었다. 물론, 논문 작성자는 이를 실증적으로 증명하기 위해서 '♀'의 표기상의 혼란을 제1음절과 제2음절 이하의 환경에서 정연하게 정리하여 제시하였다. 논문 작성자가 꼼꼼하게 열거한 '♀'의 표기상에서 보이는 "혼란"의 성격에 대해서는 이 글의 아래에서 곧 글쓴이가 따로 언급할 것이다. 그러나 모음체계에서 가장 핵심적인 역할을 담당했던 '♀'가 과연 음소의 신분이었다면, 통시적으로 다음 후행 단계에서 절대로 사라질 수 없을 것이라는 논문 작성자의 확신에 대해서 글쓴이는 동의하지 않는다는 점을 먼저 강조하려고 한다.

물론, 가장 투명한 15세기 후기 모음체계(잠정적으로 '♀'를 포함한 7모음체계를 인정하고)에서부터 오늘에 이르기까지 문제의 '♀' 모음 이외에는 역사적으로 선행 단계에 존재하였던 어떤 모음 음소가 그 체계상에서 탈락한 경우는 따로 찾을 수 없다. 그렇지만, 논문 작성자가 언급한 것처럼, 18세기 중엽 정도에 '♀'는 비음운화되었으나, 그 후대의 반사체가 완전하게 소실되었다고는 볼 수 없다. 널리 알려진 이기문(1972)에서의 설명을 따르면, '♀'는 15세기 후엽 이후에서부터 부단한 변화를 수행하기 시작했다. 그 변화의 과정은 중세국어 단계에 비어두음절 위치에 일어난 소위 '♀'의 제1단계의 변화 '♀>으'(부분 합류)와, 훨씬 뒤이어 18세기 중엽 이후에 첫째 음절 위치에서 완료된 제2단계의 변화 '♀>아'(완전 합류)의 긴 역사적 과정으로 실현되었다. 그리하여 결과적으로 모음 음소 '♀'는 소실되었지만, 그 모음 음소의 역할은 각 시대의 모음체계의 위상에 따라서 부분적으로 '으'와, 완벽하게 '아'로 옮겨간 것이다.

논문 작성자가 주장하는 것과 같이, 과연 모음 음소 '♀'가 모음체계에서 전연 존재한 적이 없었다면, 역사적 시대에 따라서 비어두음절 위치에서는 '으'로, 나중에 어두음절에서는 '아'로 표기에 반영되는 현상을 단순히 표기상의 혼란으로만 설명하여야 합리적인가를 생각해 보기로 한다.

논문 작성자는 논문 원고 11면에서부터 '♀'가 음소로서 존재하지 않았을 가능성을 몇 가지 근거로 제시하였는데, 그 가운데 아래에 인용한 논문 작성자의 첫째 논거가 타당성을 갖고 있음은 글쓴이도 충분히 인정한다.

> 15세기 문헌 자료를 보면 어두에 '♀'를 가진 고유어 단어는 하나도 없다. 어떤 음소가 음소로서 자격을 확실히 가지게 되려면 어두에서 변별력이 있어야 하는데 '♀'는 그렇지 못하다. …… 그런데 어두에 '♀'를 가진 고유어는 15세기는 물론이요, 그 이후에도 한 단어도 생겨나지 않았다. (원고 12면)

그러나 이러한 문제는 모음 '♀'가 어두 위치에 한정된 15세기 국어 음운론에서 형성되어 있었던 '음소배열 제약(phonotactics)'에 의거하였을 가능성에서 찾아야 될 것으로 글쓴이는 생각한다. 15세기 국어에서 '♀' 음소가 존재하지 않았다는 근거로 논문 작성자가 제시한 네 번째 논거에

대하여 글쓴이가 나중에 언급할 y가 앞선 상향 이중모음 가운데 '૦'의
존재(특히, 제주도 방언에서, 그리고 여타의 남부방언 일부에서의 반사체들에서)는
15세기 국어 또는 그 이전의 단계에서 어두의 모음 '૦'가 이미 다른 유
형의 어떤 모음으로 합류되어 버렸을 역사적 과정을 반영하고 있다. 그
결과 모음 '૦'는 어두에서 그 분포가 당시의 15세기 국어에서 제약되어
나타났을 것으로 글쓴이는 추정한다.

그 다음, 논문 작성자가 '૦'를 음소로서 부정하려는 논증 가운데 제시
된 두 번째에 해당되는 표기상의 혼란에 대해서 글쓴이의 생각을 정리하
려고 한다. 논문 작성자가 원고에서 예문 (6-1)부터 (6-2)까지 기술해 놓
은 예들을 자세히 다시 점검해 보면, 다음과 같은 몇 가지의 유형으로 분
류할 수 있다.

하나는 중세국어의 문헌 자료에서 제1음절 위치의 '૦'와 '으'가 혼란
을 일으키 예들(6-1, (1))은 글쓴이 생각으로는 확실하게 전부는 단언할 수
없어도 일부는 '૦'와 대립되는 '으' 모음 간의 음성상징에 기조하여 파
생된 상호 교체, 또는 근원어와 파생어의 관계(특히, '스싀'(間)와 '슷'의 경우)
에서 형성된 것으로 해석된다. 그리고 (6-1, (2))의 예들은 일부의 경우에
통상적으로 '૦' 음소의 '૦>아' 변화의 첨단을 보여주는 예들로 종래에
파악된 바 있다. 사실, 그러한 예들은 일찍이 유창돈(1980 : 28~30)에서
다음과 같이 '૦' 음소가 제1음절 위치에서 소실된 유형으로 분류되었다.
중세국어에서의 문헌 출처와 사용 예는 생략하고 그 유형들만 인용하면
다음과 같다.

(1)　ㄱ. 츠리다(覺)>차리다　　　ㄴ. 눈호다(分)>난호다
　　　ㄷ. 뎌(處)>대　　　　　　ㄹ. ㄱ지다(持)>가지다
　　　ㅁ. ㅈ다(切)>갓다　　　　ㅂ. 씨다(省)>깨다

위와 같은 비교적 초기 단계에서의 'ᄋ>아'의 변화는 최근 이병근 (2004)에서도 다시 거듭 확인된 바 있다. 이병근(2004 : 58~60)은 중세국어에서 'ᄋ'를 갖고 있었던 '몰'(藻)과 여기서 나온 복합어 '말왐'(菱)과의 음운론적 관계를 논의하면서 15세기 또는 그 이전에 어두에서 'ᄋ>아'의 변화를 인정하였다. 그리고 위의 (1)의 예들 이외에, '프르−∽파르−', 'ᄂ올∽나올', 'ᄀ만ᄒ−∽가만ᄒ−' 등과 같은 첫 음절에서 'ᄋ∽아'의 혼란 또는 변화의 역동성을 관찰하였다.

또한 논문 작성자가 제시한 (6-1, (3))의 예들은 대부분 후행하는 원순모음에 의한 역행 동화작용의 결과로 통상적으로 설명된다. 유창돈(1980 : 30)에서도 중세국어 단계에 출현하는 'ᄠ로(殊)>뽀로', 'ᄃ외−(爲)>도외−', 'ᄒ오ᅀᅡ(獨)>호은자' 등의 경우는 동화 현상에 의한 것으로 분류되어 있다. 여기서 논문 작성자가 제시한 예 중에서, '몬져'(先)의 경우는 매우 특이한 존재이다. 왜 이 어휘를 'ᄋ'와 관련된 혼기의 증거로 제시하였는지 글쓴이는 궁금하다. 추측컨대, 논문 작성자는 'ᄋ'를 보여주는 15세기 국어에서의 유일한 단어 '몬졈'을 '몬져'(先)의 변형 정도로 파악한 것 같다. 그러나 이 어휘가 오직 한번 출현하는 『월인천강지곡』(上) 원전을 점검해 보면, '몬졈'을 "先"의 뜻으로만 파악하기가 어렵다고 생각한다. 글쓴이도 한 때 중세국어에 수행된 원순모음화 현상과 관련하여 이 예를 '몬졈>몬져'와 같은 원순모음화로 해석하여 보려고 시도하였지만, 그 쓰이는 문맥이 너무 달라서 잠정적으로 포기한 적이 있다(최전승, 2004).[4]

그 다음으로, 논문 작성자가 제시한 제2음절 이하에서 일어난 소위 표기상의 혼란에 대해서 관찰하면 다음과 같다. 즉, (6-2, (1))의 예들은 대부

---

4) 이 어휘가 등장하는 상황과 문맥을 참고로 찾아 제시하면 다음과 같다.

놈 爲혼 ᄆᄉᆞᆷ온 萬福이 몯ᄂ니 耆婆鳥이 됴혼 일 술보리
몬졈 머근 ᄆᄉᆞᆷ온 혼 福도 업ᄂ니 耆婆鳥이 모딘 일 술보리(월인천강지곡, 상. 133)

분 '९>으'의 제1차적 변화의 단계에서 수행된 변이(變異, variation)의 모습을 표기에 반영하고 있다고 판단된다. 15세기 후반에 수행된 '९'의 제1단계 변화의 기본적인 전제가 변이와 같은 중간 단계의 모습으로 반영되어 있었다고 본다. 그리고 표면적으로 '으>९'와 같은 변화로 보이는 "혼기들"(한영균, 1994를 참조)은 그 당시에 이러한 개신적 변화에 대한 반대급부로 일어나는 서사자들의 의식적인 과도교정에서 일어났을 개연성도 배제할 수는 없다.

'९'를 부정하려는 논문 작성자의 세 번째 논증 역시 글쓴이에겐 이해가 되지 않는다. 음소 '९'와 '으'가 중세국어의 당시에(그리고 '으'의 경우에는 오늘날에서도) (ㄱ) 매개모음으로 기능을 발휘하며, (ㄴ) 다른 모음과의 결합시에 예외 없이 탈락하는 음운현상이 존재한다고 해서 '९'가 음소로서 그 가치를 부정해야 된다는 근거가 어디에 있을까. 그 반면에, '९'와 같은 짝을 이루어 행동하는 자연군의 성원인 '으'의 경우는 그것과 동일한 기능에 참여하지만 왜 음소로서 인정을 할까. 다른 언어들의 음운체계에서도 이러한 음운 현상에 참여하는 일정한 부류의 모음들을 'schwa'라고 규정하고 있는데, 그렇다고 해서 이들을 모음 음소로서의 기능을 부인하고 있는 논거는 확인된 바 없다(Giegerich, 1992 : 68~69).

'९'를 부정하기 위해서 논문 작성자가 제시한 네 번째의 논거는 중세국어의 단계에서 y가 앞선 상향 이중모음 /ya, yə, yo, yu/ 등이 있었지만, '९'와 연결된 /yʌ/('९')는 아직 존재하지 않았다는 사실이다. 그러나 y가 앞선 상향 이중모음 /yʌ/('९')가 훈민정음 당시에도 존재하였다는 해례본 『훈민정음』 합자해에서의 분명한 증언(· ― 起丨聲於國語無用. 兒童之言, 邊野之語 或有之. 當合二字而用 如기 긴)을 논문 작성자는 어떻게 생각하는지 알수 없다. 또한 현평효 선생의 『제주도 방언연구』(자료편, 1961 : 511~514)에 수집된, 제주도 방언에서 사용되고 있는 /yʌ/('९')와 관련된 오늘날의 다양한 반사체들은 과연 어떠한 사실을 반영하고 있을까.

끝으로, 논문 작성자가 처음 원고 11면에서 제시한 "모음의 발생 과정과 'ㅇ'의 신분"과의 관련에 대해서는 글쓴이로서 별로 언급할 말이 없어서 부끄럽다. 글쓴이는 공부가 얕아서 아직 고대국어의 모음체계 또는 그 당시의 차자표기에 대한 정확한 해독에까지 아직 이르지는 못하였다. 사실, 고대국어의 단계에 쓰인 차자표기만을 이용하여 당시의 모음 'ㅇ'의 존재 여부를 판가름할만한 용기와 역량이 아직 글쓴이에겐 없다. 다만, 논문 작성자가 제시한 그 해박한 고대국어의 지식과 해독의 방법론에 경의를 표한다. 그러나 글쓴이는 역사언어학에서의 한 가지 원리는 분명하게 터득하고 있다. "고대의 언어 단계로 들어 갈수록, 사실(fact)의 차원에서 자신도 모르게 신화(myth)의 세계로 변형되어 가는 것이다"(Lass, 1997 : 4~6).

3. 절충식 표기로서 설정된 'ㅇ'와 관련된 문제점들

이번 글쓴이의 순서는, 'ㅇ'를 부정하고 난 다음에 논문 작성자가 제기한 새로운 해석(또는 대안)의 전제를 검토하여 볼 차례이다. 이 부분이 논문 작성자가 작성한 논문에서 가장 중요한 핵심을 이루고 있다. 그러나 이 논문의 앞부분에서 'ㅇ'의 존재를 부정하기 위해서 그렇게 공 들인 노력에도 불구하고, 논문 작성자가 그러한 논증 위에서 전개한 새로운 해석이라는 내용은 너무나 단순하고, 동시에 여타의 다른 반증(反證)에 너무 취약하다고 생각한다.

논문 작성자는 15, 16세기의 중세국어의 단계에서 모음 음소로서 'ㅇ'가 존재하지 않았다는 가설을 이 논문의 앞 장에서 제시하였고, 그 논리적인 결과로 자연스럽게 'ㆍ'의 원순모음화 현상을 인정하지 않았다. 그 대신, 남부방언 등지에 나타나는 양순음 아래 '오'를 갖고 있는 어휘—그 농담(濃淡)은 각각의 어휘에 따라서 동일하지는 않지만— 들은 원래 중세국어로부터의 기원적인 모습을 보여주는 것으로 "새롭게" 해석하였다. 그 뿐만이 아니라, 남부 방언들에서의 이러한 어휘들과 대조되는 중부방언 등에서 양순음 아래의 '아'의 경우도 역시 원래의 형태를 보여준다고 글쓴이는 주장하였다. 이와 같은 가설은 과연 국어사 연구에서 그 어떤 학자도 제기해 보지 못한 새로운 관점이다(그러나 김동소, 2005ㄴ : 150을 참조).

따라서 15세기 훈민정음 창제 당시에 동일한 어휘 부류들에 대하여 남부방언에서는 양순음 아래 '오' 모음을, 그리고 중부방언 등지에서는 '아' 모음으로 대응을 보였기 때문에, 이와 같은 방언적 모음 대응을 "절충"하기 위해서 표기문자 'ㆍ'가 사용되었다는 것이 이 논문에서 내건 논문 작성자의 일관된 주장이요, 또한 이 논문에서 추출된 결론의 일부이다.

이와 같은 논문 작성자의 가설에 대하여 많은 의문점들이 글쓴이에게 떠오른다. 우선, 이러한 논문 작성자의 논점은 김동소 교수가 누차에 걸쳐 주장한 'ㆍ' 음소 부정에 대한 논리적 맥락과 개략적으로 일치한다(김동소, 2003 ; 2005ㄱ ; 2005ㄴ). 그러나 오늘날의 남부방언과 중부방언들의 모음 분포에서 보이는 공시적 지역방언의 음운 현상을 15세기의 중세국어 당시의 그것들의 과정과 동일시하여 보려는 방법론에 근거한 "절충"이라는 개념에는 다음과 같은 몇 가지의 측면에서 해결하여야 할 문제들이 개입되어 있다.

첫째, 15세기 당시에도 오늘날의 경우에서와 동일하게 그 지역 방언들의 모음적 분화와 변이 현상이 존재하였을 것은 분명한 사실이다.5) 따라

---

5) 과거에 수행된 언어 변화를 복원하고 설명하려는 역사언어학과 사회언어학에서의 기본적인 작업 원리는 "동일과정설의 원리"(Uniformitarian principles)이다. Labov(1978 : 275 ;

서 그 역사적 단계에 있어서도 양순음 다음에 연결되는 모음의 경우에도 방언의 분화 모습이 역시 다양하였을 것이다. 15세기라는 공시적 언어는 해당되는 그 시기의 언어 구조를 형성하고 있을 뿐만이 아니라, 그 이전의 역사적 단계에서 그 때까지 밟아 온 모든 언어 층위에서 일어난 과거 변화들이 축적된 통시적 산물이기도 하다. 그렇기 때문에, 15세기 공시적 국어의 지역 방언에 나타나는 모음의 분화 현상은 그 이전 단계에 수행된 음운변화의 역사성에 바탕을 두고 있다고 생각한다.

이와 동일한 논리로, 또한, 오늘날의 지역 방언들에서 보이는 모음 분포의 양상도 역시 15세기 국어 이전과 그 이후를 포함하여, 또한 근대국어 과정에서 계기적으로 발생하여 누적된 여러 통시적 변화들이 축적된 모습을 언어 층위에 반영하고 있을 것이다. 따라서 오늘날의 지역 방언들에서 보이는 모음 분포의 상황을 변화의 과정과 차원이 다른 15세기 국어와 동일한 상황으로 그대로 소급하여 끌어내 똑같은 모습으로 파악하려는 방법은 도저히 상식적으로 이해하기 어려운 것이다.6)

1994 : 21~23)에 의하면, 오늘날 언어 변이와 변화를 발생시키는 제약과 요인들은 과거 수백 년 전, 또는 그 이전의 역사적 단계에서 출현하였던 변이와 변화를 조건지었던 요인들과 그 본질과 유형에 있어서 대략 동일하다는 가설이다.

6) 이러한 논리는 중세국어의 음소체계에서 '♀' 모음을 음소로서 인정하지 않고, 그 대신 인위적 표기(또는 비음소적 문자)로만 간주하려는 김동소(2005ㄱ, 2005ㄴ)에서도 반복되어 있다. 예를 들면, 김동소(2005ㄴ : 150)는 새로 문자를 만들어 보급시키던 당시에 인위적인 문자 '♀'는 방언에 따라 다르게 모음이 발음되는 방언형들, 예를 들면, '마을'(里)에 대한 15세기 당시의 방언형들 '마슬, 마실, 마알, 마울, 머얼, 모술, 모슬, 모실, 모울, ᄆᆞ슬(제주도 방언형)' 등을 제1음절과 제2음절 위치에서 대표하게 하여 하나의 표기 'ᄆᆞ술'로 설정하였으며, 이 표기가 실제 다양한 방언적 발음을 포괄한 것으로 파악하였다.
또한, 김동소(2005ㄱ : 123)에서도 결국 '♀'는 15세기 국어의 문헌에서 사용한 표기에 따라 현실 발음과는 상관없이 표기에 사용되어 왔다고 주장되었다. 이번에는 김동소 교수는 한 가지 예로 '흙'(土)를 들면서, 이 형태가 당시의 지역 방언에 따라 '학, 헑, 헐, 헉, 흘, 흙, 흐륵, 흑' 등과 같은 20세기 초엽의 국어의 지역 방언(小倉進平, 1944 : 224)에서 관찰되는 다양한 방언형들의 모음을 포괄한 것으로 기술하였다. 글쓴이는 적어도 이러한 관점과 기술 태도에 대하여 언어 역사의 기술에서 있을 수 없는 논리라고 판단

물론, 각각의 시대에 따라 문헌 자료에 반영된 '으'는 해석하기에 따라 불가해한 부분들이 엄존한다. 그러나 그와 같은 사정은 어디까지나 표기와 음소 반영 간의 관계, 즉 표기와 우발적 변화의 반영이거나, 또는 전사 과정에서 복잡한 모습을 보이는 것이지, 그렇다고 해서 독립된 음소로서 '으'를 당시의 모음체계에서 전면적으로 부정할 만한 충분하고도 필요한 논거가 되지 않는다고 판단한다.

둘째, 『훈민정음』(1446)의 한글 표기문자가 속성상 대부분 음소문자라는 사실(몇 가지 문자만 제외하면)은 유독 '으' 문자가 남부방언에서와 중부방언에서의 모음 대응을 적당히 "절충"하기 위해서 창조되었다는 주장과 정면으로 배치된다. 그뿐 아니라, 『훈민정음』(1446)의 중성해에서 양성모음 계열 '아'와 '오'는 기본모음 중 하나인 '으'에 '口張'과 '口蹙'이라는 음운론적 과정을 거쳐 형성된 이차적 모음이라는 명백한 규정은 논문 작성자의 "절충"의 방식으로 어떻게 조정이 되는 것일까. 그리하여 15세기 국어에서 모음 '으'가 논문 작성자의 논거대로 음소 신분이 허구라고 한다면, 문자 '으'에서 이차적으로 파생된 '아'와 '오'는 과연 어떤 신분으로 당시의 모음체계에 참여하고 있었을까.

셋째, 글쓴이가 이 글 2장에서도 잠깐 언급한 바와 같이, 『훈민정음』(1446) 창제 당사자들은 문자를 만들 때에, 당시의 전통적인 '정음사상(正音思想)'에 근거하여 그 문자들의 음가는 보통 한양어 중심의 공시적인 15세

한다.
그러한 해석에 대한 하나의 보기를 들면 다음과 같다. 김동소(2003 : 187)와 김동소(2005ㄴ : 187)는 근대국어에 일어난 음운현상 가운데 치음(ㅅ, ㅈ, ㅊ)아래에서 모음 '으'가 '이'로 변화하는 전설 모음화 현상을 설명하였다. 그러나 글쓴이가 바로 위에서 소개하였던 김동소(2005ㄴ : 150)에서 19세기에 일어난 전설 모음화를 수용한 둘째 음절에 오늘날의 방언형 '마실, 모실' 등을 아직 그러한 변화가 일어나지 않았던 중세국어에서 방언형 가운데 하나의 성원으로 간주하고, 이들의 발음을 표기 '으'로 절충하였다고 설명하였다.

기 국어에 그 표준을 두었겠지만, 이와 동시에 아동들의 말과 방언에 나타나는 음소까지에도 세심한 관찰을 하였다. 따라서 음소 /yʌ/와 /yɨ/에 해당되는 '갸' 및 '갸'와 같은 예시적 문자를 만들어낼 줄 알았던 당시의 학자들이 구태여 가상적인 '♀'를 이용하여 당시의 남부와 중부방언들에서의 모음 대응을 구차스럽게 표시할 필요가 어디도 없었을 것으로 판단된다.

넷째, 중세국어의 단계에 '♀'가 존재하지 않았을 수도 있다는 논문 작성자의 논지를 충분히 인정한다 하더라도, 그러한 틀 안에서 제주도 방언에 첫 음절 위치에서 사용되고 있는 '♀'의 공시적 본질을 어떻게 파악해야 타당한 것일까. 지금까지 제주도 방언의 모음체계와 관련하여 예전부터 지속적으로 石宙明(1947), 小倉進平(1945), 현평효(1985 : 311~324), 특히 정승철(1995 : 18~52, 96~101) 등에서 정밀하게 관찰되고 기술되어 온 음소 '♀'는 양순음 아래에서도 역시 그대로의 모습을 유지하고 있다.[7] 전통적으로 이 방언에서 '♀'는 양순음 아래에서 '으'의 경우와는 달리 원순모음화를 수행해 오지 않은 셈이다. 그렇기 때문에, 역시 '♀'의 원순모음화를 수행하지 않고 있는 다른 중부방언에서도 근대국어에 가까운 어느 역사적 시기에 지금의 제주도 방언의 상태와 동일한 모습을 유지하였던 단계가 있을 것으로 추정된다(이기문, 1977).

---

7) 글쓴이는 2005년 4월에 연세대학교에서 열린 <국어사 학술 발표대회>에서 김동소 교수가 "이른바 알타이 조어의 모음체계와 한국어 모음체계"라는 제목으로 발표하는 자리에 참석한 바 있다. 그 발표문에서 김동소 교수는 '♀'라는 문자 자체가 안고 있는 문제점들을 차례로 열거하면서 결론적으로 이것은 현실적인 음소기호가 아니라 일종의 과잉문자였다는 사실을 강조하였다.
이어서 질의와 응답 시간에 어떤 질문자가 김동소 교수가 주장하는 '♀'에 대한 부정적 관점과 오늘날 제주도 방언에서 첫 음절 위치에서 쓰이고 있는 음소 '♀'와의 연관성에 대해서 질의하였다. 글쓴이는 큰 관심을 갖고 김동소 교수의 답변을 경청하였으나, 그분의 응답은 글쓴이의 판단으로는 극히 우회적으로 완곡하게 비켜나가는 방식이었던 것으로 기억한다.

4. 논문 작성자의 "새로운 해석"의 논리와 순자음 아래 '오〉아' 변화의 문제

종래의 '♀〉오'의 원순모음화에 대한 대안으로 논문 작성자가 제시하는 소위 새로운 해석은 이 글의 3장에서도 잠시 언급한 바와 같이, 중세국어의 단계에서 양순음 아래 '♀'로 표기되었던 어휘들은 원래 기원적으로 남부방언에서 '오' 모음과, 중부방언 등지에서 '아' 모음으로 사용되었다는 가정이다.8) 이와 같은 논리에 의하면, (1) '오∞아'와 같은 방언의 모음 분화 양상을 중세국어 단계에서 문자 '♀'로 절충시킨 것이며, (2) 근대국어에 들어와서 지역 방언의 실제 음운현상이 문헌에 반영되기 시작하였고, 또한, 종전의 엄격했던 표기법의 질서가 흔들리면서 현실 발음이 각각 '오'와 '아'로 노출되기 시작한 것이다.

이러한 새로운 해석에 내하여 글쓴이는 다음과 같은 여러 가지의 의문을 지울 수 없다.

첫째, 근대국어의 역사적 단계에서 정연한 중세의 표기법이 새로운 방향으로 옮겨가는 과도기적 상태를 표면상으로 "혼란"의 모습으로 반영시켰으며, 동시에 지역 방언에 근거한 살아 있는 구어들이 생산적으로 표출되었음은 분명하다(전광현, 2003). 그러나 이러한 시기에 양순음 아래 "절충"식 발음으로 대표되었던 '♀' 표기 대신에 원래의 실제 발음인

---

8) 이와 동일한 가정이 김동소(2005ㄴ : 150, 각주 104))에도 제시되어 있어 있다. 논문 작성자의 가정과 김동소(2005ㄴ : 150)의 그것과는 어떤 관계가 있는 것인지 글쓴이는 알수 없다. 김동소 교수는 중세국어에서의 '♀'의 문자의 본질과 관련하여, 다음과 같이 예를 들어 언급하였다.

"지금까지는 중세 시기의 '풀'이 근대 시기에 와서 중앙 방언에서는 '팔'로, 남부 방언에서는 '폴'로 바뀐 것으로 알려져 왔으나, 사실은 중세 시기부터 중앙 방언에서는 '팔'이었고, 남부 방언에서는 '폴'이었는데, 이를 15세기부터 '풀'로 통일 표기해 왔었다는 말이 된다."

'오'를 드러낸 예들은 논문 작성자가 백두현(1992)에서 인용하여 제시한 원고 13면의 예문 (8)을 참조해 볼 때 너무 희소한 실정이다. 이러한 사정의 이면에는 물론 표기법의 보수성이 작용하였다고 말할 수 있다. 그러나 남부방언에서 양순음 아래 위치한 모음의 현실 발음을 그 당시의 화자들이 실제로 구어에서 일상적으로 사용하는 것이라면, 그와 같이 문헌 자료에서 실제 발음의 예가 드물게 출현하게 되었을 것으로 생각되지 않는다.

또한, 원래의 실제 발음은 이 위치에서 화자들이 '아'로 발음하였지만 역시 표기 '♀'로 절충하였을 것으로 추정된 중부방언의 경우에도 이러한 논문 작성자의 관점을 근대국어의 단계에 적용해 볼 수 있다. 그러나 중부방언을 반영하고 있는 근대국어의 문헌 자료에서 양순음 아래 '♀'로 절충되었던 어휘들이 실제의 발음 '아'로 출현했던 사례는 찾을 수 없다. 그 대신, 첫째 음절 위치에서 '♀>아'의 제2단계 변화가 18세기 중엽 이후 양순음 아래에서나 다른 자음 아래에서 동일한 방식으로 일어나게 된다.

둘째, 남부방언에서 양순음 다음에 '♀'와 아무런 관련 없이 기원적으로 '오'를 보유하고 있는 다른 일련의 어휘들(즉, 중세국어에서 '몰애, 메밀, 목욕, 본도기, 볼모' 등의 반사체에 해당되는)은 왜 오늘날의 중부방언에서 이에 대응되는 모음 '아'로 출현하지 않을까? 물론, 중세국어의 단계에 이들 어휘는 각각 '오'와 '아'의 모음 대응을 보이지 않았고 모두 단일한 '오' 모음으로 사용되었기 때문에 당시에 '♀'로 절충할 필요가 없었다고 말할 수 있다. 그렇다면 양순음 아래에서 남부와 중부방언 어휘에서 '오∽아'의 대응을 보이는 '오'와, 그렇지 않고 불변의 '오'와 같은 두 가지 종류의 '오' 모음 음소가 중세국어에 존재하였다는 결론에 이르게 된다. 과연 이러한 해결책이 당시의 음소체계의 관점에서 일반적으로 타당한 것일까.

  셋째, 양순음 아래에서 사용되었다는 남부방언에서의 '오'와 중부방언의 '아'가 15세기 국어 이전의 역사적 단계부터 분화되어 있었다는 증거를 어디에서 찾을 수 있을까. 그리고 동일한 음성 환경에서 야기된 이와 같은 분화의 기원과 그 원인은 어떤 방식으로 추정해 낼 수 있는 것일까. 특히, 세 번째 문제를 글쓴이는 논문 작성자에게 이 논문의 첫 원고를 읽고 제기하였는데, 그가 보낸 수정 원고에서 다음과 같이 그 답이 첨가되어 있다.

> 그러면 이들 어형들에서의 '아' 또는 '오' 모음의 기원은 무엇이었을까? '아'도 아니고 '오'도 아닌 제3의 모음이었을 수도 있고, '아'이었을 수도 있고(그래서 남부 방언에서 '아>오'의 변화를 겪었을 수도 있고), '오'이었을 수도 있을 것이다(그래서 남부 방언에서 '오>아'의 변화를 겪었을 수도 있을 것이다) 이 문제를 해결하기 위해서는 많은 자료가 뒷받침되고 깊이 있는 논증이 이루어져야 힐 것이다. (13면)

  여기서 글쓴이는 특히 국어사 연구에서 소위 '가설(假說)'이란 무엇일까를 한참이나 생각했다. 이러한 사실과 관련하여 글쓴이는 2005년 4월 이기문 선생이 <국어사 학술 발표대회>(2005년 4월 20일, 연세대학교)에서 낭독한 주제발표의 논문인 「국어사 연구의 회고와 전망」에서 다음과 같이 시작되는 첫 구절을 연상하였다. "모든 역사가 그런 것처럼 국어의 역사도 하나의 虛構입니다. 국어사를 쓰는 일은 헛집을 짓는 일입니다."(23면) 국어사를 평생 연구해 오고 있는 老大家의 그러한 첫 구절이 그 방면에 아직 풋내기에 지나지 않는 글쓴이의 뇌리에서 오래 동안 지워지지 않았다. 그리고 그 "허구" 또는 "헛집"이라는 단어는 사실, 국어사 연구에서 제기된 과학적인 '가설'에 해당됨을 글쓴이는 뒤늦게나마 터득하였다.

이와 동시에 오래 전에 읽었던 Robert Stockwell의 논문 "Mirrors in the History of English Pronunciation"(1969 : 228)에서 '가설'에 대하여 다음과 같이 언급하고 있는 구절을 새삼 찾아서 다시 음미하여 보았다.[9] 즉, 그는 그 논문에서 사실과 추론을 구분한 다음에 "역사적 사실들에 근거한 기술에서 나온 아주 우수한 통찰력을 갖춘 설명이라는 것도 종국에는 그 결론이 궁극적으로 바탕을 두고 있는 실증적인 자료들로부터 많이 동떨어진 추론과 가설들로 이루어진 복잡한 그물망 덩어리에 불과한 것이다."라고 하였다. 그가 말하는 통찰력을 갖춘 가설이란 "사실과 추론과를 엄격하게 구분한 것이며, 동시에 단순히 역사적 사실들을 설명하는 것으로 그치는 것이 아니라, 이와 관련되어 있는 다른 이차적인 사실들 또는 추론들과 긴밀한 연관을 맺고 있어야 한다."

여기에 글쓴이가 가설에 대하여 조금 덧붙인다면, 해당 가설에서 내건 내용의 진위(眞僞) 또는 타당성이 다른 학자들의 논증으로 규명될 수 있는 방법이 없거나, 거의 불가능할 때 그 학문적인 의미와 가치가 없다는 것이다.

다시 논문 작성자의 논지로 되돌아가면, 그는 자신이 내건 가설 가운데 양순음 아래 분화되었던 예의 '오∽아' 대응의 기원이 원래 모음 '오'에 있었을 것으로 추정하였다. 논문 작성자가 그렇게 판단하는 근거는 남부지역의 방언형 '몰'(馬)형이 알타이 동계어에서 주로 '오' 모음을 보유하고 있다는 사실 한 가지에 있다.

　　그러므로 '馬'에 해당하는 어형이 처음 한국어에서 사용될 때에는

---

9) 이 논문은 Roger Lass가 편집한 *Approach to English Historical Linguistics* : An Anthology (1969, Holt, Rinehart and Winston, Inc, 228~245면)에 수록되어 있다. 이 책에 대한 소개와 긍정적인 평론을 W. F. Bolton이 *Journal of Linguistics*(1971, 293~296면)에 발표한 바 있다.

'모린'이었다가, 이것이 '모리'로 바뀐 다음, 남부 방언과 북부 방언에서
는 '몰'로 바뀌고, 또 이 '몰'은 중부 지역에서 '말'로 바뀌었다는 가정
을 해 볼 수 있는 것이다. (14면)

따라서 논문 작성자의 논리에 따르면, 현대국어에서 남부지역의 방언
형 '몰'(馬)에 대한 중부방언형은 '말'로 대응되기 때문에, 중세국어 단계
의 표기 형태 '몰'은 오늘날의 지역 방언형들에서와 동일한 '오∞아'의
모음 분화를 "절충"하고 있는 셈이다. 그리고 이러한 모음의 분화는 중
세국어 이전의 어느 단계이므로, 위와 같이 논문 작성자가 가정한 일련
의 변화 과정, 즉 '모린>모리>몰>말'에 대해서 그것의 타당성을 객관적
으로 검증해 볼 수 있는 방법이 없는 셈이다.10)

그러나 12세기 초엽의 개성 중심의 고려어를 전사한 『계림유사』에서
'馬曰 末' 항목이 등장하고 있다. 강신항(1980 : 55)에서 시도된 '末'음에
대한 宋代 추정음이 대체로 mo, mua로 나타난다. 그렇다면 이러한 mo,
mua와 같은 추정음을 논문 작성자가 설정한 가설에 비추어 보면, 오히려
중부방언에서 12세기 초엽에 '몰'에 가까운 모습을 보였다는 사실이 도
출된다. 이러한 결론은 15세기 국어의 '몰'과 관련된 단어에 대하여 중부
방언에서 순자음 다음에 '아'로 연결되어 사용되었다고 설정하는 논문
작성자의 논리와 전연 일치하지 않는다.

---

10) 이기문(1991 : 167)은 15세기 국어의 '몰'(馬)과 몽고어의 morin은 차용이라기보다는
    알타이 조어에서 유래하는 同源語로 간주하는 것이 타당하다고 언급한 바 있다. 그러
    나 김동소(2005ㄴ : 181)는 『계림유사』에 나오는 '馬曰 末'(몰) 항목을 주목하면서, 이
    형태와 중세국어의 '몰'은 12세기 이전 북방언어(알타이 제어)로부터 차용된 것으로
    생각하는 것이 더 타당하다고 기술하였다.
    그 반면에, 이른 시기에 일어난 漢語와 국어 사이에 일어난 언어 접촉의 일단을 살피
    는 과정에서 김완진(1971 : 112)은 말의 원산지, 우리가 말을 처음으로 접하게 된 경로
    와 같은 여러 가지 복잡한 사회 문화적 개재되어 있으나, "적어도 간접적이나마 중국
    어의 '馬'를 관련시킬 수 있을 것"으로 보았다.

또한, 15세기 국어에서 순자음 아래 '♀'로 표기되었던 일련의 어휘들이 역사적 어느 단계에서 '오' 모음의 기원으로 소급된다는 가정을 용인한다고 하더라도, 이번에는 중부방언에서 수행되었다고 추정하는 '오>아'의 변화의 방향은 몇 가지의 관점에서 무리한 음운론적 과정임이 드러난다고 생각한다.

첫째, 양순음 다음에 일어난 '오>아' 모음 변화의 음운론적 동인을 쉽게 추출할 수 없다. 어떠한 음운론적 조정이 양순음 다음에 연결된 동일한 자질의 모음 '오'를 비원순의 '아'로 이동시키게 하는 직접적인 계기가 되었을까.

둘째, 15세기 국어 이전의 모음체계를 어떻게 재구한다 하더라도, 변화 이전의 '오'와 변화가 일어난 '아'는 계열(series)과 서열(order)의 위치가 서로 상이하기 때문에, 모음 변화에 대한 "동일과정설의 원리"에 의하면(Lass, 1978 : 270~272), 한 단계씩 이동하여 도달할 수 있는 음운론적 공간의 범위에 있지 않다.

셋째, 순자음 아래의 기원적인 '오'에서 유독 중부방언에서만 '오>아'의 변화를 일으켰을 사회언어학적 이유와 그 타당한 근거를 전연 제시할 수 없다.

5. 새로 만들어지는 '수수께끼'

논문 작성자가 투고한 논문 「남부 방언의 양순음 아래 모음 '오'에 대하여」를 중심으로 글쓴이 나름대로의 관점에서 그 논문에서의 중심 주제와 논증 방식의 논리에 대한 검증을 이제 마무리하면서 한편으로 논문 작성자와, 다른 한편으로는 혹시 이 글을 읽게 될 독자들에게 죄송한 마음을 금할 수 없다. 국어사의 영역 가운데 논문 작성자가 고심하여 해결하려고 시도한 일종의 '수수께끼'를 글쓴이가 또한 이상한 고집스러운 논리를 갖고 끼어들기한 셈이 되었기 때문이다. 또한, 글쓴이가 끼어들었다고 해서 여기서 취급한 해당 국어사 또는 국어 방언사에서 일부의 문제점들이 조금이라도 해결되었을 아무런 징조도 보이지 않기 때문이다.

이러한 사실과 관련하여 글쓴이는 괴테의『파우스트』제1막에 나오는 다음과 같은 유명한 한 구절을 연상한다. Da muss manches Raetsel loesen. Doch manches Raetsel knuepft sich auch.(Goethe Faust, erster Teil). 이 구절은 19세기 후엽 당시에 저명한 비교언어학자 Karl Brugman과 Delbrueck 교수가 공동으로 간행한 *Grundriss der Vergleichenden Grammatik der Indogermanischen Sprachen*(1897)의 머리말 앞쪽에 장식되어 있는 헌시(獻詩)에서 인용한 것이다. 그 대강의 뜻은 다음과 비슷한 것 같다. 즉, "수많은 (지상의) 수수께끼들이 반드시 풀려져야 되기 때문에, 바로 이러한 이유로 그것을 해결하려는 과정에서 또한 새로운 많은 수수께끼들이 만들어져 나오는 것이다." 글쓴이가 이 작업을 하면서 바로 이 구절을 연상함은 우연이 아니다.

이 글을 통해서 글쓴이 역시 15세기 국어의 'ㆍ'의 진정한 정체, 신화(神話)와 같은 성질의 모음체계 재구의 문제, 소위 'ㆍ'의 원순모음화라는 문제의 본질, 국어사 기술에서 가설 설정의 논리는 무엇인가에 대한 스스로의 반성 등과 많은 무거운 국어사적 짐들과 미해결의 수수께끼들을 남기고 있는 것이다. 그렇기 때문에, 글쓴이는 이 글에서 시도한 무리하고 지루한 작업이 다른 학자들에 의하여 반드시 세밀하게 다시 검증되고 엄격한 기준으로 비판받게 될 것을 분명하게 알고 있다.

그러나 글쓴이는 논문 작성자가 보낸 "논문심사에 대한 답변 (2)" 가운데 피력한 다음과 같은 언급에서 국어사 연구의 새로운 돌파구의 일단과 앞으로의 희망을 본다.

　　또한 저와 같이 '♀'음의 존재를 의심하는 분들이 많이 나와 모음사를 새로이 기술할 수 있기를 바랍니다. 그러면서 한편으로 제 생각이 무리하다는 것을 논리적으로 반박하는 논문도 나오기를 기대합니다. 제 논문의 허점을 보완해 주게 되든가, '♀'음의 존재를 확고하게 하게 되든가 하는 학문적 토론이 활발히 이루어져 어느 쪽으로 보는 것이 더 합리적인 것인지 판명되기를 바랍니다.

참고문헌

강신항(1980), 『계림유사 「고려방언」 연구』, 성균관대학교 출판부.

곽충구(1994), 『함북 육진방언의 음운론』, 국어학총서 20, 국어학회.

김동소(2003), 『한국어 변천사』(수정 4쇄), 형설출판사.

김동소(2005ㄱ), 「이른바 알타이 조어의 모음 체계와 한국어 모음 체계」, 「국어사 연구 어디까지 와 있는가」(국어사 학술대회 발표요지), 연세대학교 국학연구원, 110~126면.

김동소(2005ㄴ), 『한국어 특질론』, 정림사.

김완진(1971), 『국어음운체계의 연구』, 일조각.

김완진(1975), 「전라도 방언 음운론의 연구방향 설정을 위하여」, 『어학』 2, 전북대학교 어학연구소

백두현(1992), 『영남 문헌어의 음운사 연구』, 국어학총서 19, 국어학회.

석주명(1947), 『제주도 방언집』, 서울신문사 출판부.

송 민(1998), 「근대국어의 음운론적 인식」, 『음운』 Ⅱ, 국어학강좌, 태학사.

유창돈(1980), 『이조국어사 연구』, 이우출판사.

이기문(1972), 개정판 『국어사 개설』, 탑출판사.

이기문(1977), 「제주도 방언의 '♀'에 관련된 몇 문제」, 이숭녕선생 고희기념 『국어국문학논총』, 탑출판사, 183~196면.

이기문(1991), 『국어 어휘사 연구』, 동아출판사.

이기문(2005), 「국어사 연구의 회고와 전망」, 「국어사 연구 어디까지 와 있는가」(국어사 학술대회 발표요지), 연세대학교 국학연구원, 23~39면.

이병근(2004), 「'마름'의 어휘사」, 『어휘사』에 재수록, 태학사, 51~80면.

전광현(2003), 「17세기 국어의 연구」, 『국어사와 방언 1』에 재록, 월인, 7~102면.

정승철(1995), 『제주도 방언의 통시음운론』, 국어학총서 25, 국어학회.

최전승(2004), 「원순모음화 현상의 내적 발달과 개별 방언 어휘적 특질」, 『한국어 방언의 통시적 변화와 공시적 구조』에 재수록, 역락, 93~142면.

한영균(1994), 「후기중세국어의 모음조화 연구」, 서울대학교 문학박사논문.

현평효(1961), 『제주도 방언연구』(자료편), 정연사.

현평효(1985), 『제주도 방언연구』(논고편), 이우출판사.

小倉進平(1944), 『朝鮮方言의 研究』, 岩波書店.

河野六郎(1945 / 1979), 『朝鮮方言學 試攷』, 東都書籍.

Giegerich, Heinz.(1992), *English Phonology* : An Introduction, Cambridge Textbooks in

Linguistics, Cambridge University Press.

Labov, William.(1972), *Sociolinguistic Patterns*, University of Penn Press.

Labov, William.(1994), *Principles of Linguistic Change*, Internal Factors, Blackwell Press.

Lass, Roger(1978), Mapping Constraints in Phonological Reconstruction, *Recent Developments in Historical Phonology*, pp.245~286. (edited by Jacek Fisiak), Mouton Publishers.

Lass, Roger(1997), *Historical Linguistics and Language Change*, Cambridge Studies in Linguistics 81, Cambridge University Press.

제 7 장

음성변화와 내적 재구,
그리고 지역 방언에서의 개별 어휘적 특질

—중세국어의 비자동적 교체 유형과 그 방언 반사체들의 발달을 중심으로

1. 서론

이 글에서 글쓴이는 대장간에서 쇠를 불릴 때 쓰는 받침 쇳덩이를 뜻하는 현대국어의 '모루'(鐵枕)에 대한 다양한 지역 방언형들을 형태음소론적 교체로 파악하고, 내적 재구를 통하여 15세기 국어 이전의 단계에서 소위 특수어간 교체에 참여하였던 단일 어간 '*ᄆᆞ록'을 복원하려고 한다.[1] 그 다음, 이 가상적인 재구형에서 발달된 반사체들이 15세기 국어 이후에 일찍이 남부방언에서 'ᄋᆞ'의 원순모음화 과정을 수행하여 근대국

[1] 이 글의 초고를 읽고 논지 전개에서부터 내적 재구의 문제점들을 지적하고, 보충적인 자료를 제공해 준 김영일 교수(계명대학교), 박종희 교수(원광대학교), 백두현 교수(경북대학교), 안주호 교수(위덕대학교), 신승용 교수(영남대학교), 강희숙 교수(조선대학교), 그리고 전남대학교의 손희하, 이진호 교수께 깊은 감사를 드린다. 그러나 글쓴이의 능력 부족으로 경우에 따라서 이분들의 친절한 충고와, 건설적인 비평을 모두 수용하지는 못하였다.

어의 단계에서부터 중부방언을 포함하여 여타의 다른 지역 방언들로 확산되어 왔을 것이라는 가정을 제시하려고 한다. 그리하여 글쓴이는 이 단어가 방언사적으로 보이는 개별 어휘적 특질과 그 발달의 과정을 고찰해 보려고 한다.

또한, 재구형 ‘*ᄆ록’으로부터 오늘날의 지역 방언형으로 이루는 여러 형태들이 보이는 변화의 과정에 개재된 몇 가지 음운변화의 성격과 형태론의 관여 문제를 부수적으로 논의하려고 한다. 이와 더불어 후기 중세국어에서 ‘ㅎ’ 말음 체언의 부류에 속하였던 일부의 어휘들, 즉 ‘그릏’(株)와 ‘드릏’(野)이 함경도와 평안도의 방언들에서 특수어간 교체에 귀속되었을 가능성과, 문헌어에서 일어났을 예외적인 발달의 경로를 추정하게 될 것이다.

1940년대 또는 그 이전의 지역 방언에서 수집된 다양한 반사체들을 중심으로 일찍이 Ramstedt(1928)와 河野六郎(1945 / 1979)에서 중세국어의 특수어간 교체 유형에 대한 역사적 선행 형태(단일 어간)들이 매우 합리적으로 재구되었다. 이와 같은 기반 위에서 이기문(1962)은 특수어간 교체들이 보이는 15세기 국어의 체언과 용언들의 공시적인 형태음소적 교체형들을 중심으로 정밀한 내적 재구의 방법을 이용하여 그 단독 기저형들과 후대로의 발달 과정을 하나의 확고한 가설로 정립하였다.[2] 이 대상에

---

2) 후기 중세국어에서 특수한 비자동적 교체를 보이는 체언과 용언어간들이 그 말음절의 음성 환경에 따라서 각각 네 가지 유형으로 출현하였다(이기문, 1962, 1978 : 153~154). 앞으로의 논의의 편의를 위해서 이와 같은 대표적인 체언과 용언어간의 비자동적 교체 유형을 하나씩 간단하게 제시하면 다음과 같다.

제1유형 : 나모∽낡ㄱ-(木), 시므-∽심-(植)
제2유형 : 노ᄅ∽놀ㅇ-(獐), 다ᄅ-∽달ㅇ-(異)
제3유형 : ᄒᄅ∽홀ㄹ-(一日), 모ᄅ-∽몰ㄹ-(不知)
제4유형 : 아ᅀ∽앗ㅇ-(弟), ᄇᅀ-∽볏ㅇ-(碎)

안병희(1971)는 이러한 소위 특수어간 교체형들이 공시적으로 출현하는 교체의 조건과 방식이 매우 유사함을 주목하고, 휴지 앞에서 출현하는 단독형의 표면상의 특징을 아래

관한 그 이후의 후속 연구들이 새로운 관점에서 최근까지 지속되고 있으나(김영일, 2005), 대부분 이기문(1962, 1978ㄴ)에서 설정된 작업가설과 논의 위에서 출발하고 있다.[3] 이 글에서 글쓴이가 제시하려는 작은 문제의 근거도 역시 예외가 아니다.

2. 중세국어의 특수어간 교체형 '*ᄆᆞᄅᆞ'(鐵砧, 〈 *ᄆᆞ록)와 오늘날 반사체들의 지역적 분포의 특성

2.1. 어두음절 위치에서 모음 'ᄋ'의 복원의 문제

글쓴이는 지역 방언의 어느 역사적 이전 단계에서 발단되어 전개된 'ᄋ'의 원순화 현상이 문헌상으로 등장하는 선구적인 몇 가지 예들을 논의하는 자리에서 오늘날의 표준어 '모루'(鐵枕)형이 15세기 국어에서 특수어간 교체에 참여하였던 '*ᄆᆞᄅᆞ'로부터의 발달일 가능성을 매우 간략하게 추정한바 있다(최전승, 1995 : 11). 그 이후, 함경도 방언, 특히 육진방언에 관한 일련의 곽충구(1994, 1996, 2000ㄱ, 2000ㄴ)의 연구를 통해서 이

와 같이 열거한바 있다. 즉, 모두 (ㄱ) 두 음절로 구성되었으며, (ㄴ) 두 번째 음절은 유성자음(m, n, r, z)과 'ᄋ / 으'의 결합을 보여 주는 동시에, (ㄷ) 성조가 低·低調(평·평성)를 이루고 있다.

3) 지금까지 축적된 중세국어의 특수어간 교체에 관한 연구사와 그 문제점들의 요약, 그리고 새로운 대안의 제시는 김경아(1991), 이근용(1994), 김양진(2001), 이광호(2001), 박종희(2001) 등을 참조. 특히, 이러한 비자동적 교체에 참여하는 중세국어의 후음 'ㅇ'의 본질에 대해서 지금까지의 학자들은 『훈민정음』에 대한 1940년대의 연구에서 정인승(1940 : 9)이 훈민정음에 사용된 문자 'ㅇ'에 대하여 이끌어낸 다음과 같은 결론을 주목하지 못했다.

"이들을 만일 현대 음성학상의 자음에 비교하여 본다면, ㅇ는 성문내파유성음(glottal implosive voiced consonant)인 ɦ에 가깝다고 할 수 있겠고, ᅙ는 성문폐쇄파열음(glottal stopped plosive)인 ʔ에 가깝다 할 수 있겠다."

'모루'형이 '쟈루(囊), 자루(柄), 가루(紛), 나루(津), 부루(蒿), 마루(頂), 비루(潽)' 등의 방언형들과 함께 특수어간 교체형으로 이미 등록되어 있음을 알게 되었다. 표준어 '모루'에 대한 남부방언 대부분의 지역적 변이형들은 '모루, 모리, 마리, 머루' 등으로 사용되고 있다. 따라서 이 방언형들에 개입된 몇 가지 음성변화와 형태론적 변화를 제거하면 '모루'형에서 크게 벗어나지 않는 모습을 보인다. 특히 역사적으로 '♀'의 원순화 현상과 무관하다고 거듭 확인된 바 있는 제주도 방언(이기문, 1977 ; 정승철, 1995)에서도 이 방언형은 '모리'형으로 사용되고 있다. 그렇기 때문에, 지역 방언에서 사용되고 있는 반사체들을 중심으로 내적 재구된 '*ᄆᄅ'(鐵枕)의 타당성과, 원순모음화의 반영과 관련하여 지역 방언으로의 특이한 발달과정을 다시 한번 검토해 볼 필요가 있다고 생각되었다.

함북방언의 비자동적 교체 어간에 대한 논의에서 곽충구(2000ㄱ : 1140~1141)는 '모루'(鐵枕)에 대한 굴절 형태가 '몰기'(주격형), '몰구∽몰그'(목적격형), 그리고 자음과 휴지의 앞에서와 합성어에서는 '모루'로 교체되어 사용된다고 기술하였다.4) 이와 같은 교체는 『함북방언 사전』(김태균, 1986 : 212)에서 수집된 '말기∽모루∽몰그∽몰기' 등의 형태들과 거의 동일하다. 단지 이 사전에서 함북 종성지역에서 쓰이는 '말기'형이 또 다른 형태 '몰기'와 함께 등록되어 있다.

19세기 후엽 Putsillo의 『로한ᄌ뎐』(1874 : 332)에 반영된 표준어 '모루'의 함북 방언형들도 오늘날과 동일하였다. morgi, moru, margi(몰기, 모루, 말기). Putsillo(1874)에 실린 그 당시의 함북방언, 특히 육진방언의 자료를 집중적으로 검토한 King(1991 : 90)은 '몰기, 모루, 말기'(鐵枕)와 같은 교체

---

4) 곽충구(2000ㄱ)에서 제시된 함북방언의 자료는 곽 교수가 1995년에서부터 2000년 사이에 중국 길림성 등지에 가서 그 지역에 거주하고 있는 주로 육진지역 출신의 자료 제공자들로부터 직접 조사한 것이다.

형들을 이용하여 그 이전 형태 '*mʌlg-i'를 재구한 바 있다.5) 여기서 함북 방언형 '말기'와 '모루, 몰기'에서 실현된 어두 음절 '아'와 '오'의 대응으로부터 중세국어 단계의 'ᄋ'를 복원한 것은 합리적인 해석이었다고 생각한다. 이것은 중세국어의 특수어간 교체에 속했던 이른바 제2유형들인 '노ᄅᆞ∽놀ᄋ(獐), ᄀᆞᄅᆞ∽ᄀᆞᆯᄋ(粉), ᄂᆞᄅᆞ∽ᄂᆞᆯᄋ(津), ᄌᆞᄅᆞ∽ᄌᆞᆯᄋ(柄)' 부류에 대한 함북 방언형의 반사체들과 그 형태는 물론 곡용에서도 일정한 대응을 보인다. 지금까지의 연구에서 이들 특수어간 교체형에 대한 중세국어 이전의 단일형들이 각각 '*노록(獐), *ᄀᆞ록(粉), *ᄂᆞ록(津), *ᄌᆞ록(柄)' 등과 같이 재구되어 있다(Ramstedt, 1928 ; 이기문, 1962). 이러한 사실을 바탕으로 표준어 '모루'(鐵枕)의 후기 중세국어 단계의 형태는 제2유형의 비자동적 교체에 참여하였을 것이고, 문헌상에 출현하지는 않았지만 음성 환경에 따른 '*ᄆᆞᄅᆞ∽몰ᄋ'와 같은 체언어간을 보유하였으며, 그 이전 시기의 '*ᄆᆞ록'으로부터 발달이었을 것으로 추정한다.

공시적인 함북 방언형 '말기∽보루∽골그∽몰기' 등을 근거로 재구된 중세국어의 교체 형태 '*ᄆᆞᄅᆞ∽몰ᄋ'는 해결하여야 될 몇 가지 문제점을 갖고 있다. 한 가지는 어두음절의 모음 '아'와 '오'의 대응을 설명하기 위해서 설정된 'ᄋ'의 성격이다. 표준어 '모루'(鐵枕)에 대한 남부 방언에서의 지역적 분포를 어두음절의 모음을 중심으로 살펴보면 대체로 다음과 같은 네 가지 유형으로 서로 중첩되어 나타난다.6)

    (1) ㄱ. 모루<경북, 전남, 전북, 충남, 충북, 경기>
        ㄴ. 모리<경북, 경남, 전남, 전북, 충북, 제주>7)

---

5) 이러한 이전 형태는 King 교수가 Putsillo(1874)의 반사체들을 대상으로 설정한 *nol.g-i (노루), *nalg-i(나루), *calg-i(자루), *malg-i(마루) 등과 같은 부류의 재구형들과 일치한다(King, 1991 : 245~246).

6) '모루'(鐵枕)의 남부지역 방언형들의 분포는 주로 『한국방언 자료집』 1~9권(한국정신문화연구원, 1987~1995)을 참고하였다.

　　ㄷ. 마리<경남 : 거창, 전북 : 완주, 진안, 김제, 충남 : 금산>
　　ㄹ. 머리<경북 : 상주, 금릉, 전남 : 영광, 광산, 무안, 전북 : 상
　　　　　주, 익산, 고창, 무주, 충남 : 서산, 당진 외 7개 지역, 충
　　　　　북 : 단양, 청원, 보은, 영동, cf. 머루 : 괴산, 중원>
　　ㅁ. 머루<충남 : 논산 외 9개 지역, 충북 : 괴산, 중원, 경기도 :
　　　　　여주, 평택, 광주, 양평, 강원도 : 원성>

　위와 같은 방언형들 가운데 일부는 지역에 따라서 '모리땡이, 머릿독, 모리쇠, 모루쇠, 마리뗑이'와 같이 합성어 또는 파생어로 사용되고 있는 경우가 많다. 그러나 전남과 경남방언, 그리고 경북방언 등지에서는 '모리'형이 '모루' 등과 같은 유형들에 비하여 훨씬 더 넓은 분포를 차지하고 있다. (1)의 예에서 어두음절의 모음에만 주목하면 대부분의 '오'와 부분적인 '아'의 대응은 우리가 함북방언에서 이미 관찰하였던 '말기∽몰기'에서의 '오∽아' 대응과 일치한다.

　특히, (1ㄹ)과 (1ㅁ)에서 방언형 '머리'와 '머루'와 같은 어두음절의 '어' 모음은 북부지역 방언의 경우에 나타나지 않으나, 경기도와 충남, 충북 등과 같은 지역 일대에 분포되어 있다. 그러나 (1ㄹ)과 (1ㅁ)의 예에서 어두음절의 '어'는 (1ㄱ)과 (1ㄴ)의 유형과 동일한 모음 '오'에서 출발하여, 이들 지역 방언에 비교적 생산적인 음운론적 과정, 즉, 양순음 아래에서 '오>어' 비원순모음화 현상(이병근, 1970 / 1981)에 적용된 결과로 파악된다.8) 모리→머리 ; 모루→머루. 그렇다면, 남부 방언형들인 (1)의 예

---

7) 『한국방언 자료집』(제주도편, Ⅸ, 1995 : 90)에서 이 방언형은 '받침쇠, 멧돌'로 수집되었으나, 현평효(1962 : 434)에서는 제주도 전역에서 '모릿-돌'로 사용되는 것으로 보고되어 있다.

8) 순음아래에서의 '오>어'와 같은 비원순모음화 현상은 근대국어 이후 '몬져(先)>먼저, 보션(襪), 몬지(埃)>먼지' 등에서 출발하여 경기도와 충청도 그리고 일부 전북방언에까지 확산되어 있다. 경기방언을 중심으로 모음체계와 비원순화 과정을 체계적으로 고찰한 이병근(1970 / 1981)을 참조. 이병근(1970 / 1981 : 143)에서 제시된 제1음절에 적용된 비원순모음화의 예들 가운데 '모:루(鐵床)>머:루'가 포함되어 있다.

에서도 어두음절의 모음은 양순음 아래에서 '오'와 '아'의 대응을 나타내
는데, 이러한 대응은 함북 방언형들에서와 일치하는 것이다.

이와 같은 양순음 아래에서의 '오'와 '아'의 모음대응은 그 이전 역사
적 단계에서 모음 'ᄋ'를 가정하였을 때 어느 정도 합리적으로 설명할 수
있다. 함북 방언형 '말기' 유형과 남부지역 방언형 '마리'는 비록 그 분포
지역이 매우 한정되어 있으나, 규칙적인 제2단계의 변화 'ᄋ>아'를 근대
국어의 시기에 수용한 결과이다. 그 반면, 함북 방언형 '몰기' 유형과 대
부분의 남부지역 방언형 '모루, 모리', 그리고 '오>어' 비원순화를 거친
'머리, 머루' 등과 같은 유형들은 근대국어 또는 지역 방언에 따라서 그
이전 시기에 'ᄋ'가 양순음의 영향으로 원순화되어 'ᄋ>오'의 변화를 겪
은 것이다.

현대국어의 표준어 '모루'형은 19세기 후반 이전에서부터 서울말로 확
립되어 있었던 것으로 생각된다. 모루 mo-rou 治鐵『한불ᄌ뎐』(1880 : 246), 모
루(鐵床), 모루채『조선어사전』(1920 : 320). 또한, Gale의『한엉ᄌ뎐』(1897)에는
'모루'에서 어두음절 비원순화를 수행한 '머루'형도 등장하였다.9) 머루(治
鐵) : a blacksmith's anvil, 319면. 그리하여『큰사전』(한글학회, 1947 : 1063)에는
표제어 '모루'와 방언형 '모리'가 동의어로 등록되어 있다. 표준어 '모루'
(鐵枕)의 후기 중세국어 단계의 형태는 문헌 자료에 별로 등장한 적이 없
으나, 17~18세기의 근대국어 자료에 다음과 같이 '모로'형으로 나타난
다. 따라서 현대국어에서의 '모루'는 근대국어의 단계에서 사용되었던
'모로'로 소급된다.10)

---

9) Ramstedt(1949 : 146)에서도 Gale(1897)의 표제어 '머루'(鐵枕)가 하나의 항목으로 이용
   되었으며, Putsillo의『로한ᄌ뎐』(1874)에서 moru, morgi, margi의 방언형이 제시되었으
   나, 다른 알타이 계통의 언어와의 적극적인 비교나, 자체적인 내적 재구형을 설정하려
   는 시도는 보이지 않았다.

10) 19세기 초엽에 쓰인 것으로 추정되는 필사본『廣才物譜』(4권 4책, 홍문각 영인)에도 '모

(2) ㄱ. 네 손즈 여기 플무롤 믿돌고 마치 집게 <u>모로</u>((鐵枕) 도관 준
　　　연장과 瀝靑을 가져다가 예서 셩녕ᄒ라(朴通事 언해 하, 29ㄴ)
　　ㄴ. 네 예와 플무 안치고 그 나믄 연장 마치와 집게와 <u>모로</u>와 도
　　　관ᄀ톤 거슬 네 다 가지고 와 예셔 셩녕홈이 보야ᄒ로 됴타
　　　(박통사신석 언해, 3 : 33ㄴ)

2.2. 'ᄋ'의 원순모음화 시기의 문제와 '*ᄆᄅ>모루'(治鐵) 변화의 개별성

　오늘날의 '모루'(鐵枕)가 후기 중세국어의 단계에서 '*ᄆᄅ'로 재구되었
을 경우에, 17세기 중엽의 구어 자료인『박통사 언해』(1677)에 이 단어의
이전 형태로 소급되는 '모로'형이 처음으로 등장하고 있는 사실은 통상
적으로 이해하기 어렵다. 즉, 근대국어의 '모로'의 출현은 '*ᄆᄅ>ᄆ
ᄅ>모로'와 같은 변화 단계를 전제로 하여야 되기 때문이다. 이와 같은
변화는『박통사 언해』(1677)에서 어두음절의 'ᄋ' 모음이 양순음 아래에
서 원순모음화를 수행하여 'ᄋ>오'와 같은 조정을 이미 수용했음을 의
미한다.

　그러나 이 자료에서 양순음 아래에서 'ᄋ>오' 유형의 변화는 글쓴이
가 추정하는 '모로'(鐵枕) 이외의 다른 단어들에서 전연 찾을 수 없으며,
동일한 음성 조건에서 통상적인 '으'의 원순화 현상을 수행한 '우'로의
대치도 쉽게 확인되지 않는다.『박통사 언해』가 근대국어에서 여타의 다
른 문헌들과 구분되는 독특한 구어 자료라는 사실과, 원순모음화 현상이
17세기에서부터 확산되는 음운론적 조정임을 상기할 때, 원순모음화와
연관된 이 자료의 보수성은 이해하기 어려운 것이다.

　양순음에 연결되는 '으'가 그 당시의 모음체계에서 원순성 자질의 유

루'형이 등장하였다. 鐵枕, 모루(1권 民業, 2ㄱ). 이 필사본에 또한 '그루'(3권 穀麻, 1ㄱ),
'나루'(1권 地道, 4ㄴ), '마루'(2권 宮室, 3ㄱ) 등도 최종적인 변화의 모습을 보인다.

무로 대립되어 있던 '우'로 바뀌는 원순모음화 현상은 17세기 전반기부터 산발적으로 문헌 자료에 등장하기 시작하다가, 점진적으로 17세기 후반에 일반화되는 모습을 보인다고 한다(송민, 1998 ; 전광현, 1967 / 2003). 그러나 원순모음화의 또 다른 입력인 '으>오'의 경우는 오늘날의 그 반사체들의 지역적 분포에서 미루어 추정할 수 있듯이, 규범적인 문헌 자료에 등장하기 어려운 경남과 전남, 전북의 일부, 그리고 함북의 북단에서 주로 일어난 지역 방언적 현상이었다. 그렇기 때문에 문헌 자료만을 이용하여 양순음 아래에 일어난 '으>오'의 원순모음화 현상의 출발 시기와 그 전개 과정을 투명하게 파악하기는 어렵다.11) 18세기 초엽의 경북 방언을 반영하고 있는 예천 용문사본 『염불보권문』(1704)에서 어두음절 위치에 일어난 '으'의 원순화의 예가 확인된다. 일월이 볼다 훈둘(40ㄱ), cf. 일월이 불다 훈둘(동화사본, 40ㄱ). 이러한 '븕->봌-'(明)의 변화가 당시의 지역 방언에서 진행되고 있는 공시적 변이 현상인지, 아니면 그 전 시기에 원순화가 완료된 형태를 반영하는 것인지 분명하지는 않다.

통상적인 역사적 문헌 자료에서 양순음 아래 '으>오'와 같은 원순모음화를 적극적으로 보여주지는 않지만, 여러 정황으로 미루어 이러한 변화를 수용했을 것으로 추정되는 방언 어휘들이 산발적으로 존재한다. 이러한 예 가운데 하나가 16세기 광주본 『천자문』(1575)의 보수적인 새김 가운데 우연히 등장하는 '*믈>몰>못'(正)의 변화이다. 못 졍(正, 10ㄱ).12)

---

11) 경상도 방언을 반영하는 다양한 문헌 자료들을 중심으로 18세기 이후에 반영된 '으'의 원순모음화 현상의 예는 백두현(1992 : 232~234)을 참고.

12) 천자문 계열에서 가장 오래된 한자의 새김과 음을 보여주는 광주판 『천자문』(1575)에는 방언적 성분들이 거의 없다고 알려져 있다. 또한, 이 광주판 『천자문』에는 중부방언 중심으로 엮어진 중세국어의 지식으로 설명될 수 없는 특수한 새김들이 상당수 존재하고 있다. 이기문(1972)은 광주판 『천자문』에서 다른 천자문 계통과는 전혀 다른 모습을 보이는 특이한 새김 30항목을 열거하고, 이 가운데 10항목은 미해결로 남겨 두었다.

한자 ‘正’에 대한 새김 ‘못’은 다른 천자문 계열인 대동급기념문고본『천자문』에 그대로 계승되어 있다(10ㄱ). 대동급기념문고본『천자문』에는 광주판 천자문에 등장하였던 특이한 새김 대부분들이 그대로 실려 있다. 이 천자문 자료의 언어와 서지 내용을 면밀하게 검토한 藤本幸夫(1980)는 광주본(小倉本)과 대동급기념본 자료가 동일한 광주 계통에 속한다고 판단하였다.

또한, ‘正’을 ‘몯’으로 풀이한 새김이 동경대학본『백련초해』에서도 등장하였다. 正 몯 졍(17ㄴ). 이 문헌은 16세기 중엽 이후의 전남 장흥판으로 추정되는데(안병희, 1992 : 550), 그렇다면 여기에 출현한 ‘몯’(正)은 거의 비슷한 시대의 산물인 광주본『천자문』에서 ‘못’(正)의 새김과 깊은 관련을 맺고 있는 셈이다.13) 광주본『천자문』의 새김을 검토하는 자리에서 최학근(1980 : 219)은 한자 ‘正’이 원래 ‘첫 졍, 정월 졍’으로도 통용되어서 ‘歲首’를 ‘正月’이라고 하기 때문에, 이 ‘첫’이 ‘몯’과 통하므로 ‘몯’으로 읽을 수 있고, 이것이 당시의 전라도 방언 ‘못’으로 사용되었을 가능성을 제시하였다. 또한, 손희하(1991 : 24~25) 역시 주해『천자문』에 ‘정월 정 歲首’(10ㄱ)으로 사용된 예를 지적하며, 광주본과 대동급기념문고본의『천자문』 계열과『백련초해』에 보이는 ‘못/몯’은 ‘첫’을 뜻하는 ‘몯’에서 변화된 방언형일 것으로 해석한바 있다. 여기서 ‘몯>몯/못’(正)의 변화는 양순음 다음에 일어난 ‘ㅇ>오’의 원순모음화 현상에 의하였을 것으로 판단된다.

그렇다면, 천자문 새김의 계통에 따른 기원적인 ‘몯’ 졍(正)이 ‘ㅇ’의 원순모음화와 무관한 다른 지역의 천자문에서는 ‘ㅇ>아’의 과정을 밟아

---

13) 안병희(1992 : 550)에서『백련초해』의 독특한 한자의 새김 가운데, ‘不 안득 불(4ㄴ), 未 아톨 미(1ㄱ, 5ㄱ), 上, 마더 샹(5ㄱ)’ 등이 광주판『천자문』과 일치를 보인다는 사실이 주목되었다.

왔을 가능성을 생각할 수 있다. 각각의 지역 방언에 따른 오늘날의 천자문 새김을 수집한『천자문 자료집』(지방 천자문 편, 1995)을 살펴보면, 한자 '正'은 대부분 '바룰 정, 정다울 정'으로 사용되었으며, 제주도 애월 지역에서만 '정월 정'이 등장한다. 그러나 평북 강계(자료 제공자 : 김이협)에서와 박천(자료 제공자 : 김이홍) 천자문 자료에서는 '正'이 각각 '맏 정'과 '맛 정'(1995 : 54)으로 쓰이고 있다. 자료 제공자들이 1920년대 고향에서 습득한 천자문의 새김에 등장하는 '맏' 또는 '맛'은 역사적 어느 이전 단계에서 '몯'을 전제로 하여야 되는 동시에, 이 형태는 '♀'의 제2단계 변화를 수용하여 형성된 것이다.

그러나 문제는 유독 '正'에 관한 새김 '못' 또는 '몯'에서 '♀'의 원순모음화가 16세기에 수용되어 보수성이 강하다는『천자문』계열에 등장하게 된 이유는 무엇일까. 더욱이 광주본『천자문』에 '♀'의 원순모음화인 '몯>못'이 한자 '正'에만 반영되었고, 그 새김의 원형인 '몯 빅(佰, 15ㄴ), 몯 형(兄, 15ㄴ)' 등과는 무관했던 사정이 무엇이있을까.

이러한 의문은 17세기 중엽의『박통사 언해』(1677)에 등장한 '모로'(鐵枕)의 경우에도 똑같이 적용된다.『박통사 언해』에서도 그렇지만, 특히 광주본『천자문』에는 원순모음화로 추정되는 '못'(正)만 제외하면, '♀'는 물론이고 통상적인 '으'의 원순모음화를 수용한 다른 새김들이 전연 나타나지 않는다.14) 예를 들면, '블(火, 4ㄱ), 수플(林, 31ㄱ), 거믄고(琴, 39ㄱ), 블글(赤, 27ㄱ), 므뤀(宗, 4ㄴ), 므뒤(節, 16ㄴ)' 등. 다만, 이 자료에서 '님금'(皇, 帝, 4ㄱ)에서 양순자음의 역행동화를 받은 '님굼'(宣, 26ㄱ)의 형태가 확인될

---

14) 그러나 '몯>몯'(兄)과 관련된 '♀>오'의 변화를 분명하게 반영하는 훨씬 후대의 丙子本『천자문』에서도 양순자음 아래에서 '으'의 원순모음화는 전연 표기에 나타내지 않는 완고한 보수성을 상기할 필요가 있다.
  兄 몯 형(12ㄱ), cf. 草 플 초(5ㄴ), 水 믈 슈(2ㄴ), 火 블 화(3ㄱ), 蓋 두플 개(5ㄴ) 등.

뿐이다.15)

글쓴이는 이러한 의문을 국어사에서 어느 방언 지역과 어느 역사적 시기에서 실제로 일어났고 확산되기 시작하였던 일련의 음성변화들과, 그것을 문헌 자료에 어느 기간이 지나도록 반영하지 않는 보수적인 표기 전통 사이에 놓여있는 전형적인 간극을 통해서 풀어야 할 것으로 생각한다. 『백련초해』와 광주본 『천자문』에서의 '못 / 몯'(正)의 출현은 당시의 입말에서 양순음 아래 'ᄋ'의 원순모음화가 하나의 개신으로 어느 정도 확산 중에 있었음을 우연하게 드러낸 신호이었을 것이다. 그리고 당시의 화자들의 언어 사용 가운데 한자 '正'에 대한 '몯 > 못'의 변화가 동일한 음성 조건을 갖추고 있는 다른 어휘들보다 먼저 적용된 원순모음화의 첨단이었을 가능성이 높다. 그러나 광주본과 대동급기념문고본『천자문』에 똑같이 출현하는 원순모음화 수용 형태 '못'(正)의 음절말 자음이 'ㄷ'이 아닌 'ㅅ'으로 결과된 현상이 문제로 지적된다. 이러한 사실에도 불구하고, 남부지역 방언의 실제 입말에서 일어났을 것으로 추정되는 'ᄋ'의 원순모음화 현상은 18세기의 통상적인 문헌 자료들이 보이는 상태보다 훨씬 더 시간적으로 앞당겨 소급될 수 있을 것으로 보인다.

위와 같은 맥락에서, 17세기 중엽의『박통사 언해』(1677)의 언어에 등장하는 '모로'(鐵枕)의 경우는 이미 남부지역의 방언에서 발생한 'ᄋ'의 원

---

15) 백두현(1992 : 230~231)은 순자음에 의한 원순모음화 현상의 한 가지 예로 '님금 > 님굼(帝)'을 제시한 바 있다. 이러한 '님굼' 형태는 16세기 국어에서서부터 산발적으로 출현하였다.

님굼 皇(예산본 훈몽자회, 중. 1ㄱ), 님굼이 드르시고(이륜행실도 초간, 6ㄱ), 님굼 뫼셔(동. 13ㄱ).

그러나 송민(1998 : 42)은 근대국어에서의 음운론적 인식 과정을 논의하는 자리에서 '님금 → 님굼'에 반영된 모음 변화는 아직 '으'와 '우'가 모음체계에서 대립 관계를 이루지 못한 단계에서 일어난 역행동화이므로, 이들까지 모두 원순모음화에 포함시키기에 난점이 있다고 보았다.

순모음화를 수용하여 '*ᄆᆞᄅᆞ>ᄆᆞ로>모로'의 과정을 밟아 온 방언형이 당시의 문헌어로 차용된 것으로 추정한다. 그러나 17세기 남부 방언형 '모로'가 어떤 사회언어학적 배경에서 중부방언을 포함하여 다른 방언권으로 점진적으로 수용되어 왔는가는 명확히 알 수는 없다. 우리가 2장 1절의 예문 (1)에서 관찰하였듯이 함북방언만을 제외하면, 오늘날의 지역 방언들이 대부분 '모로'에서 기원된 변화형들을 보유하고 있다는 사실은 이 어휘가 발휘하는 확산의 힘이 강하였음을 의미한다.16) 심지어 중세국어에서의 특수어간 교체를 잔존형의 형식으로 보유하고 있는 평북방언에서도 이 형태는 이미 '모루'(김이협, 1981 : 242)형으로 단일화되어 있다.17)

특히, 제주도 방언에서도 이 형태는 '모로>모루'의 과정에서 이 지역 방언에서 생산적인 접사 '-이'를 첨가한 '모리'형으로 사용되고 있다(즉, 모루+-이>모뤼>모리). 이러한 사실은 중세국어 단계의 'ᄆᆞᄅᆞ'(大廳, 棟)의

---

16) 지역 방언형이 다른 방언권으로 확산되어 방언 차용의 과정을 거쳐 표준어의 영역에까지 확립된 예로 'ㅎ' 구개음화를 수용한 '썰물'(潮水)과 '써-'(退潮)를 제시할 수 있다. 1930년대 사정한 「표준말 모음」(1936)에서 표준어로 사정된 '썰물'과 '써-'(退潮)에 대한 원래의 서울말 형태는 17세기 문헌어에서 출현하였던 '혀->쪄-'의 과정을 규칙적으로 밟아 온 '켤물'과 '켜-'이었음을 알 수 있다. 기원이 방언형이었던 '썰물'과 '써-'는 19세기 후반의 한글사전 부류에서 일찍부터 '썰물'과 '써-'형과 같은 표제어로 확립되어 있었다.

　썰물 : low water of the tide, Opp. 밀물(Gale, 1897 : 550)
　써다(써, 썬) : to go out of the tides, Opp. 밀다(Gale, 1897 : 550)
　Ebb : 쪄오, 나가오, 업서지오(Underwood, 1890 : 91)

　위와 같은 경향이 『조선어사전』(1920)에서도 그대로 지속되어 있다.

　(ㄱ) 써다 : '물써다'의 略(474면)
　(ㄴ) 썰물 : 退潮, 켤물(476면)
　(ㄷ) 켤물 : '썰물'과 같다(852면)

17) 그러나 『평북방언 사전』(김이협, 1981)에서 '마루'형의 곡용에 '시루'(甑)의 곡용형들과 마찬가지로(싥에 / 싥을 / 싥은, 362면) 'ㄱ'이 출현하였다.

　닭 따라 가던 개 지벙 맑을 테다 보듯(226면)
　넝 맑이 보인다, 넝마루(132면)

후속 형태가 이 방언에서 '으'의 원순모음화와 무관하게 '마리, 무를, 무르'(현평효, 1962 : 434)로 나타나는 예와 좋은 대조를 이룬다. 최근 수집된 『한국방언 자료집』(IX, 제주도 편, 1995 : 90)에 의하면, 이 방언형은 예전의 '모릿돌' 대신에 '바침쇠, 멧돌'로 교체 되어 있다. 이러한 사정을 고려해 볼 때, 제주도 방언의 '모리'(鐵枕)형도 역사적 이전 단계에서 '으'의 원순모음화를 수용한 남부 방언형 '모로' 또는 '모리'를 차용하여 토착화시킨 것으로 생각한다.

3. 중세국어의 'ㅎ' 말음 체언 유형과 지역 방언 반사체들의 변화

3.1. 중세국어의 특수어간 교체 부류와 '드릏'(野)와 '그릏'(株)의 예외성

후기 중세국어에서 '드릏'(野)와 '그릏'(株)는 'ㅎ' 말음을 갖고 있었기 때문에 위에서 언급된 특수어간 교체를 보이는 체언 부류들과 관련을 맺고 있지 않았다는 사실은 잘 알려져 있다. 묏고리어나 뷘 <u>드르히어나</u>(석보상절 19 : 43ㄴ), 이운 <u>그르히</u> 잇거늘(월인석보 1 : 45ㄱ). 그러나 성조에 있어서 '드릏'(野)는 [평성+거성]이었으나, '그릏'(株)형은 특수어간 교체형들의 성조와 동일한 [평성+평성]의 구조를 보유하고 있었다는 점에서 두 어휘는 차이를 보인다. 개별적인 지역 방언의 연구가 국어사에 기여하는 중요한 역할을 예증하는 자리에서 곽충구(1996 : 65)는 15세기 국어의 'ㅎ' 말음 체언이 함경도 방언에서는 'ㄱ'으로 대응되는 사실을 제시하면서, 특히 '들'(野)과 '그루'(株)같은 어휘들에 대한 함경도 방언의 반사체들이 특수한 어간 교체를 보인다고 언급하였다. 즉, '들'의 방언형은 '사들

기'(사들-濕野]-이), '그루'의 경우는 '글기(긁-이), 글게(긁-에), 글거리(긁-어
리)'와 같이 교체된다는 것이다(또한, 김태균(1986 : 86)에서 온성 외 6개 지역 방
언에서 수집된 '그루'의 함북 방언형 '글게, 글그, 글기, 글거리, 글격지'를 참조).

평북방언에서도 '그루'의 방언형은 '시루'(甑)의 경우와 동일하게 굴절
형태에 체언어간 말음에 'ㄱ'이 실현된다. 즉, 김이협의『평북방언 사전』
(1981 : 75)에 의하면 다음과 같은 곡용을 보인다. '긁'(그루, 75면) : 긁이요,
긁을, 긁은, '싥'(시루, 362면) : 싥에, 싥을, 싥은.[18]

오늘날의 함경도와 평북 방언에서 체언어간 말음에 'ㄱ'을 실현시키는
'시루'(甑)의 중세국어 굴절 형태들이 '시르∽실이∽실을' 등에서와 같이
전형적인 특수어간 교체를 보였음을 생각할 때, 같은 방언에 등장하는
'그루'(株)의 굴절 형태 '긁'의 중세국어에서의 쓰임은 예외적인 모습을
보인다. 즉, 이 어휘의 굴절 형태는 전형적인 특수어간 교체 유형들이 보
유하고 있는 동일한 음성 환경과 성조의 배열을 갖추고 있음에도 불구하
고 중세국어의 공시적 단계에서 '그르∽글이∽글을' 등과 같은 비자동적
교체를 실현시키지 않았다. 그 대신 북부지역 방언형 '긁'(株)에 대한 중
세국어의 형태는 '그릏'으로 교체를 보이는 'ㅎ' 말음 체언 부류의 범주
에 귀속되어 있다.

후기 중세국어에서 '그릏'(株)의 굴절형태와, 여타의 특수어간 교체를
보이는 일련의 명사 부류들 사이에 보이는 이와 같은 불일치는 그 이전의
역사적 단계의 한양어 중심의 문헌어에서 어떠한 변화가 일어났음을 뜻한
다. 그것은 중세국어의 '그릏'(株)가 기원적으로 특수어간 교체의 제2유형
에 속하였으며, 'ᄂᆞᄅ∽놀ㅇ'(津), '노ᄅ∽놀ㅇ'(獐)와 같은 비자동적 교체

---

18) 김영배(1984 : 90)에서 정리된 평안방언의 형태론적 특질을 살펴보면, 중세국어의 단계
　　에 특수어간 교체를 나타냈던 대부분의 굴절 형태들이 그대로 이 지역 방언에서도
　　'ㄱ' 곡용을 보이고 있음을 알 수 있다.

형들이 각각 이전 형태 '*ㄴ록'(津), '*노록'(獐)으로 소급될 수 있는 것과
마찬가지로 '*그륵'으로 복원될 수 있기 때문이다(이현희, 1987).[19] 그리고
'ㅎ' 말음 체언과 관련하여 중세국어 이전 단계에서 확인되는 'k>h' 변
화 경향(신승용, 2003)에 의하여,[20] 재구형 '*그륵'은 후기 중세국어에서의
굴절형태와 같은 '그릇'으로 전환되어, 결과적으로 여타의 다른 특수어간
교체형들로부터 이탈하게 되었을 것으로 생각한다. 그러나 당시의 어떤
사회언어학적 상황이나, 어휘체계의 내적 근거에서 이러한 개별적인 변화
가 추진되었는가는 알 수 없다(그러나 이현희, 1987 : 29를 참조).

　　이와 같이 글쓴이가 추정한 '*그륵>그릇'(株)의 변화 과정에 또 다른
형태인 '드릏'(野)도 참여하였을 것으로 보인다. 중세국어의 '드릏'(野)에
대한 오늘날의 평안도 방언의 반사체는 좀처럼 'ㄱ' 곡용 형태를 보여주
지 않는다.[21] 이러한 사정은 육진과 함북방언에서도 대체로 동일하다. 그
러나 19세기 후반의 기독교 관련 평안도 방언 자료에는 아래와 같이 '드

---

19) Ramstedt(1949 : 118)는 *SKE*에서 '그루'에 대한 함북 방언형 kɨrg-i와, 파생어 kɨrgəri
(글거리)를 이용하여 합리적으로 이전 형태 *kɨrig를 재구하였다. 19세기 후반의 카잔
자료를 중심으로 함북방언을 고찰한 King(1991 : 245) 역시 */kɨlʌg/ 또는 */kɨlig/로 복
원한바 있다.

　namu kɨrgi(kɨrgəri)(노한소사전, 78면), ʧagin namu kɨrgi(노한소사전, 78면).

20) 신승용(2003)은 중세국어와 경상방언의 /h/ : /k/ 대응에 내재된 변화의 방향이 k>h/
이었음을 논증하고, 동시에 중세국어 자음체계 가운데 유성마찰음 계열인 'ㅇ'/ɦ/에 관
련된 종래의 변화의 진로 *g>ɤ>ɦ이 결국 음운론적으로 위와 동일한 성격을 보유하
고 있는 /k/>/h/>ø 과정일 수밖에 없음을 주장하였다.

21) 20세기 초반의 육진방언을 전사한 옛 러시아 카잔 자료에서도 '들'(野)의 방언형은 '두
루' 또는 '두뤼'형으로만 출현하였다.

　(ㄱ) ir-bun kun-pye turue šəsso?(두루에)(로한회화, 57. 407), obun turullu tara
　　　tɛŋyera(철자교과서, 29. 37)
　(ㄴ) turui(두뤼)(로한소사전, 85), turui(단어와 표현, 40)
　　　cf. t'ai(地)(단어와 표현, 41), ir-bun t'ai(로한회화, xvii)

　카잔에서 간행된 문헌 자료에 대한 검토와 개관은 곽충구(1994)를 참조.
　또한, 小倉進平(1944 : 28~29)에 의하면, [tu-rui] : 함북(경흥), [tu-ru] : 함남(문청, 영
　홍, 정평, 신흥), 함북(경원), [tɨ-re] : 함남(북청), 평북(영변, 희천).

370　　제3부 국어사의 기술과 해석

러∽듥'(野)과 같은 교체를 나타내었다.

    (3) ㄱ. 양치년 쟈 <u>들어</u>에 거ᄒ여(1882, 누가 초역, 2 : 8)

        ㄴ. <u>들어</u>에셔 셩신의 인도ᄒ물 입어(누가 초역, 4 : 2)

          →셩령이 인도하여 **들게** 가(누가, <83> 4 : 2)

          →셩령이 인도ᄒ여 <u>들에셔</u>(누가, <87> 4 : 2)

        ㄷ. 발ᄭ이여 쩌나 <u>들어</u>에 나가미(누가 초역 4 : 41)

          →발ᄭ이여 예수 **들게** 나가미(누가, <83> 4 : 41)

          →발ᄭ이여 예수 <u>들</u>에 나가미(누가, <87> 4 : 41)

        ㄹ. 우리 어긔는 <u>들어</u>이니이다(누가 초역 9 : 12)

          →우리 어긔난 **들기니** 쳥컨딘 뭇사룸을 헷쳐(누가, <83>
            9 : 12)

          →우리 여긔는 **들기니** 쳥컨딘 뭇사룸올 에쳐(누가, <87>
            9 : 12)

        ㅁ. 비시다 **들게** 가ᄂ딘(누가, <83> 9 : 9)

          →바시다 들에 가ᄂ딘 뭇 사룸이 알고 좃거날(누가, <87>
            9 : 9)

        ㅂ. 모쇼가 **들게셔** 비암 듬 갓치(요안니, <83> 3 : 14)

        ㅅ. <u>들어</u>에셔 솔이 불너 갈으되(누가, 초역 3 : 4)

          →**들게셔** 불으는 소리 갈오디(누가, <83> 3 : 4)

        ㅇ. <u>들어</u>에셔 하느님의 명을 밧고(누가, 초역 3 : 20)

          →**들게셔** 하나님 말이(누가, <83> 3 : 2)

    위의 예에 등장하는 '들'(野)의 방언형들은 최초로 한글로 번역된 Ross 본 『예수셩교, 누가복음젼셔』(「누가」 초역, 1882)에서의 '들어'를 거쳐서, 그 보다 1년 후에 『뎨자힝젹』과 같이 한 권으로 다시 출간된 『누가복음』 (누가, <83>)에서 '듥'(들-게, 들-기)로 교체되어 있다. 그리고 이 형태는 다시 신약 전체가 번역된 『예수셩교젼셔, 누가복음』(누가, <87>)부터는 '들'(부분적으로는 그대로 '듥')로 수정되는 과정을 보인다. 평북방언 『천자문』(김이협, 1981 : 557~569, 부록)의 보수적인 새김 가운데 등장하는 '드러, 야'(野)를 생각할 때, 19세기 후반의 '들어'가 더 오랜 전통적인 형태인 것 같다.22) 그러나 곽충구(1996 : 65)에서 제시된 유일한 파생어 '사들기'(사들-濕野]-이)형을 고려하면, 위의 3)의 예에서 '들어'와 교체된 '듥'형이 오히려 더 앞선 단계의 모습을 보이는 것이다.

그렇다면, 19세기 후기의 평안도 방언에서 '듥'(野)형은 후기 중세국어의 역사적 단계에서 특수어간 교체를 하였던 '시르∽실ㅇ'(甑) 등의 부류와 마찬가지로 '드르∽들ㅇ'과 같은 비자동적 교체에 참여하였으며, 이러한 교체는 '*드륵'에서 기원되었을 가능성이 높다. 여기서 재구된 '*드륵'(野)은 후기 중세국어에서 특수어간 교체에 참여하였던 명사어간의 전형적인 성조 배열인 [평성+평성]의 구조를 벗어나 있음이 주목된다. 그러나 위의 (3)의 예에서와 같이 19세기 후기 평안도 방언에 사용되었던 '듥'의 굴절 형태는 그러한 비분절 음소의 제약에 구속되지 않았음을 보여준다.23) 이기문(1962)에서 특수어간 교체 유형들이 보여주는 성조 배열의 특수성이 두드러지게 강조된 바 있으나, 이러한 특성은 어디까지나

---

22) 『평북방언 사전』(김이협, 1981 : 193)에는 '들'(野)의 방언형으로 '드레'와 '드루' 항목만 수집되어 있다. 그리고 이 방언에서 '드루'는 독립된 단어로는 쓰이지 않으나 지명으로 복합된 경우에 뚜렷이 나타난다는 주석이 첨부되어 있다. 그 예로, '장드루'(章坪洞, 강계), '건넌 드루'(越坪洞, 위원).

   cf. 드러(들) : 평북 선천(한글 4권 4호), 안뚜루(內坪, "조선 말 지명 ; 영흥, 고원, 문천을 중심하고"(한글 5~6호, 11면, 고원. 천혁)

   평안도 방언형 '두루' 또는 '드레'형은 또한 함경도 방언에서도 사용되었다.

   들→두루(함남 정평 <1>, 한글 5-1호, 1937), 들→드레(北靑), 두루(함남 : 신흥, 정평, 영천, 문천)(『咸鏡南道 및 黃海道의 방언』, 小倉進平, 1930)

23) 김무림(1994 : 681)은 특수어간 교체에 참여하였던 후기 중세국어에서 제3유형의 용언어간 가운데 '모르-∽몰ㄹ'(不知), '누르-∽눌ㄹ'(鎭, 抑)의 경우에 [평성+거성]의 유형이 존재한다는 사실을 주목하였다. 육진방언의 현상과 연구 과제를 논의한 곽충구(2000ㄴ : 348)에서 이 지역 방언에서도 특수어간 교체를 하는 '누루-'(壓) 어간이 [고조+저조], '모루-'(不知)어간이 [저조+고조]로 실현되어 있음이 관찰되었다.

표면구조의 현상일 뿐이며, 그 전형성은 기저구조에, 즉 그 이전 형태들의 형태론적 특질에 있다.

이와 같이 추정된 서북 방언의 예전 형태 '*드륵'형은 15세기 국어에서의 'ㅎ' 말음 체언인 '드릏'과 대응을 이루게 된다. 그리고 이러한 대응은 위에서 'ㄱ' 곡용과 관련하여 설정된 '*그륵>그릏'(株)의 변화 과정과 동일하게, 후기 중세국어 이전 단계에서 중부방언 중심의 문헌어에서 일어난 '*드륵>드릏'과 같은 변화를 겪었음을 뜻한다. '*그륵>그릏'(株)와 '*드륵>드릏'과 같은 변화의 전제는 이 두 어휘들이 후기 중세국어 이전에 제2유형의 특수어간 교체에서 이탈하여 'k>h' 변화를 수용하였을 것이라는 사실에 있다.

3.2. 중세국어 '돓'(石)에 대한 남부방언의 반사체 '독'와 '바독'(碁)

후기 중세국어의 단계에서 일정한 음성 환경에 위치한 */k/로부터 일련의 변화를 밟아서 형성된 후두유성마찰음 'ㅇ'/ɦ/에 대한 오늘날의 북부 방언군(함경도와 평안도 방언을 포함한)의 반사체들은 일반적으로 그 원형의 모습을 간직하고 있다.[24) 이러한 사실은 후기 중세국어 문헌어에 반영되어 있는 *g>ɣ>ɦ의 변화 과정을 이들 방언에서는 수행하지 않았음을 뜻한다.

그 반면에, 중세국어의 'ㅎ' 말음 체언으로 소급되는 일련의 어휘들의 말음은 북부 방언군에서 그 기원이 */k/에 있었음에도 불구하고, 산발적인 ŋ의 흔적 이외에는 소실되어 버리고 나타나지 않는다. 따라서 예문 (3)에 반영된 19세기 후기 평안방언 '듥'(野)이 15세기의 문헌어에서는

---

24) 위에서 부분적으로 언급된 특수어간 교체의 제2유형에 대한 반사체들 이외에, 김태균 (1986)과 곽충구(2000)에서 함북방언과 육진방언의 몇 가지 예를 들면, '술기'(수레), '멀귀'(머루), '니르∞넑'(謂), '두루∞둙'(包圍) 등이다.

‘드릏’로 사용되었으나, 어간말음에서 h>ø의 변화에 참여한 흔적을 보이지 않는다는 사실은 이 어휘가 역사적 어느 단계에서 ‘*드륵’(野)에서 출발하여 특수어간 교체를 보이는 제2유형 부류에 참여하였던 단계가 있었음을 말한다.25)

북부 방언군들과는 대조적으로 중세국어에서의 ‘ㅎ’ 종성체언들에 대한 중부와 남부 방언군의 후속되는 반사체들은 굴절 형태에 부분적으로 ‘ㄱ’ 곡용의 흔적을 나타내고 있음은 잘 알려진 현상이다. 중세국어의 ‘ㅎ’ 종성체언들에 대한 이와 같은 지역 방언적 반사체들과 관련하여, 19세기 후기 전라방언에서 부분적으로 쓰이고 있었던 ‘돍’(石, <돓)과, 이것과 합성된 것으로 추정되는 ‘바돍∽바돌∽바둑’(碁) 등과 같은 방언형들은 매우 특이한 면이 있다.

중세국어에서 이른바 ‘ㅎ’ 말음 체언 가운데 하나인 ‘돓’은 1103년에 작성된 『계림유사』에서 ‘石曰 突’로 기록되어 있으나, 단독형 차자 표기 ‘突’로는 그 당시 어간말음의 확실한 모습이 반영될 수 없었다(강신항, 1980 : 45~46).26) 그러나 1940년대에 분포되어 있던 이 단어의 공시적 방언형 [to:l], [tu:l], [to:ri], [to:k] 등으로부터 이 어휘의 원형을 ‘돍’로 재구하려는 시도는 河野六郎(1945 / 1979 : 215)으로 소급된다. 그리하여 河野六郎(1945 / 1979)은 후기 중세국어의 문헌어에서 ‘ㅎ’을 수반하여 나타나는 ‘돓’형은 선행하는 단계의 ‘돍[tolk]’에서 변화된 과정을 나타내는 것으로 해석하였다. 중세국어 ‘돓’의 이전 형태에 대해서 김방한(1983 : 158)

---

25) 19세기 후기 함북방언을 반영하는 Putsillo의 『로한ᄌ뎐』(1874)에서도 ‘들’(野)의 방언형이 ‘들이, 두루이’(turui, 411면, 457면)로 나타나 있으며, 보수적인 『평북방언 천자문』(김이협, 1981 : 부록)에서도 ‘野 드러 야’(565) 또는 지명에 ‘두루’가 잔존하여 있는 예들을 고려해 보면, 이들 방언에서 비자동적 교체의 단일화 경향(곽충구, 2001)이 이 어휘의 경우에 비교적 이른 단계에 시작된 것으로 보인다.

26) 강신항(1980)은 『계림유사』에 기록된 ‘돌’(石)에 대하여 宋나라 한자음으로 음역된 ‘突’을 t'uət으로 복원하였다.

에서는 *tōr-k으로 복원되었으며, 또한『삼국사기』지리지에서 '石'을 뜻
하는 옛 지명 표기 '珍惡'이 *tor-ak으로 재구된 바 있다. 김방한(1983)은
이렇게 재구한 *tōr-ak이 우리가 한국어 내에서 확인할 수 있는 최고형이
라고 해석하였다. 그렇다면 중세국어에서의 '돓'은 성조가 상성을 갖고
있기 때문에 두 음절이 축약된 형태일 것이고, 그 이전 단계에서 '*도록
(평성+거성)>돓(상성)'과 같은 변화를 거쳐 왔을 것으로 보인다. 이와 같
이 추정된 '*도록(평성+거성)'의 경우는 3장 1절에서 논의된 '*그륵>그
륳'(株)와 '*드륵>드륳'(野)과 같은 유형에 속하기 때문에, 북부 방언군 반
사체들이 보이는 '그르∽긁', '드르∽듥'의 비자동적 교체에 참여하지 않
은 사실이 특이한 점이다.27)

　그러나 '돓'(石)의 방언형이 19세기 후기 전라방언 자료와, 20세기 초
반 전남 고흥에서 간행된 것으로 추정되는 중간본『여사서 언해』에 다음
과 같이 산발적으로 반영되어 있다.

  (4)　ㄱ. <u>돌기</u>라도 망두셕은 쳔말연이 지니가도(수절가 상, 44ㄱ)

    ㄴ. 압푸 초부셕이라 ᄒ난 <u>돍긔</u> 잇스니(길동, 11ㄱ)

    ㄷ. 길동이 <u>돍문</u>밧긔 나와(길동, 11ㄱ)

    cf. 모진 도그다 부듯치니(수절가 하, 20ㄴ)

     독미 웃짝(수절가 상, 29ㄴ)

     장독간의 돌 던지기(판, 박, 426)

  (5)　ㄱ. 피가 <u>돍의</u> 져져 싯쳐도 가시지 아니 ᄒ야(여사서언해 중간,

---

27) 19세기 후기 평안도 방언 자료에 '돌'(石)은 h>ø의 과정만을 반영하였다.

 (ㄱ) 한나 돌이 돌우에 깃티미 업시 다 물어딜이라 ᄒ니(누가, <82> 21 : 6)
  → 한나 돌을 돌우에 깃치지 안코 다 물어질이라(누가, <83> 21 : 6)
 (ㄴ) 뉘가 아달이 썩을 구ᄒ는디 돌을 주며(누가, <83> 11 : 11)
 20세기 초엽의 함북방언에서도 '돌'의 이러한 모습은 대략 동일하였다.
 mur kwa tori(돌)(노한소사전, 39), tor-i(소사전, 42), tori(초등, 45).

　　　　　　4 : 21ㄱ)

　　　　cf. 피 돌히 무더 시ᄉ도 업디 아니 ᄒᆞ더라(여사서언해 초간,
　　　　　　4 : 26ㄴ)

　ㄴ. 샹말에 ᄀᆞᆯ오디 화열ᄒᆞᆫ 안식과 슌졍ᄒᆞᆫ 말은 사ᄅᆞᆷ이 <u>돍이</u> 아
　　　니라 가히 궁글리며(여사서언해 중간, 2 : 12ㄴ)

　ㄷ. <u>돍의</u> 각홈이 오히려 잇도다(여사서언해 중간, 4 : 21ㄱ)

　ㄹ. 슬퍼 ᄒᆞ야 <u>돍의</u> 각ᄒᆞ니라(여사서언해 중간, 4 : 21ㄱ)

　이와 같은 전남과 전북의 고유한 방언형 '돍'의 존재는 그 이후의 방언 자료에서도 계속 등장하였으며,28) 이 형태의 지역적 분포는 충청도 일대와 경상도 방언에까지 확대되어 있었던 것으로 보인다. 즉, 충남 홍성군에서 출생한 한용운의 1920년대 시집 『님의 침묵』(1926)에 나타난 표기에서도 방언형 '돍'(石)이 사용되었다. 돍쑤리(4), 돍길(13), 적은 돍도(17). 그리고 小倉進平(1944 : 218~219)은 충남과 강원도, 그리고 경북 지역 내의 많은 지방에서 '돌'에 대한 주격형으로 [tor-i] 이외에 [tol-gi]라는 형태가 쓰인다고 관찰하였다.

　또한, 표준어 '바둑'(碁)에 대한 지역 방언형으로 '바독'과 '바돌'이 주로 사용되고 있는데, '바돌'형은 경남과 전남의 대부분과 전북(장계, 운봉, 남원)과 제주(수산), 충북(옥천) 등지에 분포되어 있다(小倉進平, 1944 : 24 ; 최학, 1978 : 877~878). 이 단어의 두 번째 성분에서 보이는 '－독'과 '－돌'의 변이는 오늘날의 표준어 '돌'(石)이 '돌'과 '독'의 지역적 변이를 나타내고 있는 현상과 유사한 점이 있다. 그리하여 일찍이 지역 방언 연구에서 '돌∽독'(石)과 '바돌∽바독'(碁) 사이에 개재된 유연성이 거듭 지적된

---

28) 또한, 이 '돍'(石)형은 1863년 전북 익산에서 출생한 林圭가 작성한 『日本語學 音·語編』 (1912)에서도 매우 다양한 맥락에서 다음과 같이 등장하고 있다.

　　술돍을(240면), 굴쑥은 벽돍로 맹기는 것(231면), 돍 칭계우에(232면), 쥬추돍이(231면), 돍몽이(227면), 죄약돍을(207면)

바 있었으나, 그러한 사실에 대한 구체적인 증거는 제시되지 못하였다.[29]

표준어 '돌'의 경우는 앞선 형태 '돍'에서 k>h의 변화를 수용한 중세
국어에서 '돐'의 단계를 거쳐 종성 'ㅎ'의 소실과 더불어 어간 말음 'ㄹ'
로 자연스럽게 단일화된 결과이다. 그 반면, 지역 방언형 '독'은 위의 (4)
와 (5)에서와 같은 원래의 '돍'에서 어간말 자음군단순화(ㄺ→ㄱ)가 통상
적인 '흙'(土)이나 '닭'(鷄) 등에서보다 더 일찍 수행된 것으로 보인다. '바
독'과 '바돌'(碁)의 지역적 변이에서도 두 번째 성분을 '돍'(石)에서 기원된
것으로 해석할 수 있다. 그러나 그 지역적 분포는 오늘날의 '돌'(石)과는
매우 대조적인 모습을 나타낸다. 즉, '돍'에서 오히려 어간말 'ㄹ'을 유지
한 '바돌'형이 방언형으로 밀려나 있는 것이다.

19세기 후기 전라도 방언 자료에서와, 이와 비슷한 시기에 간행된 일
종의 대역사전 『국한회어』(1895)에서 '바둑'의 이전 형태 '바돍'(碁)이 다
음과 같이 쓰이고 있다.

    (6) ㄱ. 짐과 바독이나 두자 ᄒ고 … 종일토록 <u>바돍</u>을 두다가 나오
        니(완판, 구운몽 하, 6ㄱ)
        cf. 네 노인이 바돌판 압푸 놋코(병오. 춘, 7ㄱ)
           수호의 뒤던 바돌(판, 퇴, 272)
           수호의 뒤던 바독(완판, 퇴별가, 8ㄱ)
     ㄴ. 바돍 긔(碁), 바돍 낫(碁子), 바돍 두다(국한회어 乾, 41)[30]

---

29) 최학근(1968 : 173)에서 다음과 같이 지적되어 있다. "이 '돌'(石)은 고려시대부터서 [to:l]
로 굳어진 듯하나, 원래는 종성에 'ㄺ'이 있었던 듯해서 /-l/계와 /-k/계의 두 종류로
나타난다. 현 중앙어에 있어서도 /-k/계가 상존한다. 즉 '바둑'(碁)은 '바돌'로도 사용되
고 있고, '-둑'은 어원적으로는 '돌'(石)과 동일하다."
    또한, 김형규(1982 : 285)도 방언형 '바돌'에 대한 분포를 설명하면서 다음과 같이 언
급하였다. "본시 pa-에 /dok/(石)이 결합된 어형으로 보는데, 사실은 전라와 경상 지방
은 '돌'을 '독'이라고 하는데, 이 낱말에 있어선 도리어 /padol/의 형태를 택하고, 기타
지방이 /padok/의 형태를 가지게 되었다."
30) 이 사전에서의 용례는 태학사에서 간행한 영인본과 그 면수를 이용하였다. 최초의 대

이러한 19세기 후기 전라방언과 경상 방언형 '바둙'의 쓰임을 보면, 오늘날의 '바돌∞바독'(碁)과 같은 변이가 '돍'(石)과 관련이 있는 '바둙'에서 기인되었을 가능성이 높다. '돍'(石)은 전남과 전북 방언 등지에서 자음군 단순화가 'ㄺ→ㄱ'로 선택된 반면에, '바둙'(碁)의 경우에는 김형규(1982)에서 지적된 바와 같이 그 방향이 'ㄺ→ㄹ'로 역전되어 있음이 흥미 있다.

그러나 오늘날의 표준어 '바둑'의 형성은 중세국어 훨씬 이전으로 소급되어지는 것 같다. 15세기 국어 당시에서도 이 어휘는 통상적인 '돓'(石)과의 유연성을 상실했음은 물론이며(성조에 있어서 상이), 굴절 형태에서 'ㅎ' 말음 체언의 범주에서도 이미 벗어나 있기 때문이다. 賽는 마굴시니 가줄비건댄 <u>바도기</u> 여러 소니어든 한 소내 막다호돗 호니라(금강경삼가해 3 : 13ㄴ), <u>바독은</u>(언해 박통사 상, 23ㄱ), 셜흔집 <u>바독을</u> 이긔여뇨(언해 박통사 상, 3ㄱ), 눈 업슨 <u>바독이</u>로다(언해 박통사 상, 22ㄴ).

4. 음성변화의 확산과 수용, 그리고 형태론의 관여

4.1. '*ᄆᆯ〉ᄆᄅ〉모/마로〉모/마루'(鐵砧) 유형의 변화의 성격

후기 중세국어에서 비자동적 교체에 참여하였던 특수어간 교체 유형들은 그 당시에서부터 유추 과정을 통하여 어간의 단일화가 이루어지는 경향을 보인다. 이러한 현상은 어간을 규칙화시키려는 화자들의 노력에서 나온 것으로, 15세기 국어에 산발적으로 문헌어에 반영되기 시작하였

역 국어사전인 『國漢會語』(1895)에 대한 서지적 고증과, 표기법 및 사전적 특질에 대한 고찰은 홍윤표(1986, 1993)를 참조. 백두현(1998)은 이 사전의 <國文解>을 맡았던 경주 출신인 이준영의 토박이 방언이 반영되어 있을 것을 전제로 하여, 여기에 등장하는 다양한 경상방언의 특질들을 다양하게 추출하였다.

으나, 근대국어 후반부에 접근하여서야 점진적으로 구체화되어 나타난다.

이 가운데 어간 단일화로 선택되어지는 제2유형 '느른'(津), 제3유형 'ᄒᄅ'(一日), 제4유형에 속하는 '아ᅀᆞ'(弟) 등과 같은 범주에 속하는 일련의 체언들은 비어두 음절 위치에서 각각 'ᄋᆞ'의 제2단계 변화(ᄋᆞ>의)를 거친 다음에, 이어서 특이한 '으>오'의 변화를 수용하게 된다.[31] 그러한 '으>오'의 변화는 근대국어의 단계에서도 문헌 자료의 속성에 따라서 일정하게 실현된 것은 아니지만, 대체로 18세기 국어에는 '느르>느로(津), ᄒᆞ르>ᄒᆞ로(一日), 아으>아오(弟)' 등과 같은 방향을 보인다(전광현, 1967 / 2003 : 81 ; 곽충구, 1980 : 99~100).

그러나 비어두 음절 위치의 체언어간에 적용된 '으>오'의 변화는 근대국어의 모음체계를 기반으로 하여 음운론적으로 쉽게 이해되지 않는다. 'ᄀᆞᄅᆞ>ᄀᆞ르>ᄀᆞ로>가루'(粉)와 같은 일련의 변화 과정에 대하여 일찍이 河野六郎(1945 / 1979 : 210의 각주 22))은 근대국어의 단계에서 체언 어간 말에 모음 '으'의 배열을 허용하지 않는 음성배열상의 제약이 형성되었기 때문인 것으로 추정하였다.[32] 글쓴이 역시 현재의 능력으로 근대국어에 일어난 '으>오'의 변화를 합리적으로 파악할 수 있는 방안이 없다. 그렇지만 이 변화는 특수어간 교체에 참여한 대부분의 체언들의 어간에서와, '-C + 으'와 같은 음성 조건을 갖추고 있는 통상적인 단어들의 어간, 그리고 종래에 부사파생접사 '-로'에 유추된 변화라고 알려진 일

---

31) 15세기 국어에서도 '노른>노로(獐)와 같은 첨단적인 예가 출현하였으나, 이러한 변화는 선행음절의 원순모음 '오'에 의한 원순성 동화라는 결합적인 음운론적 조정(이기문, 1978 : 82)에 속하기 때문에 여타의 다른 특수어간 교체 유형들에서 수행되는 '으>오'의 변화와는 구별된다.

32) 18세기 국어에서 어간말 모음 위치에 일어난 이와 같은 유형의 '으>오' 변화를 논의한 곽충구(1980 : 100)도 그 변화의 원인을 체언이 어간말 모음으로서 '으'를 기피하는 형태소 구조제약(Morpheme Structure Constraint)에서 추구하였으며, 이 경우에 변화의 방향이 '오'로 선택된 이유는 확실하지 않지만 국어의 체언말 모음의 분포와 어떤 관련이 있을 것 같다고 보았다.

부 부사들(예를 들면, 바르(正)>바로, 서르(相)>서로)에 강력한 영향력을 발휘하였다.[33)

중세국어에서 '드릏'(野)는 문헌어에서 '들'로 축약되어 오늘에 이르지만, 3장 1절에서 우리가 관찰한 바와 같이 함경도와 평안도 방언에서 쓰이는 '두루'형은 일부의 지역 방언에서 역시 '드릏>드롱'와 같은 과정을 수행하여 왔음을 뜻한다. 17세기 중엽의 문헌어에서도 그러한 변화를 반영하는 '드롱'(野)가 출현하였다. 됴니ᄒᆞᄂᆞᆫ 법은 낫존 <u>드로희</u> 히롤 뾔며(『마경언해』, 상 81ㄱ). 국어사에서 굴절 형태를 전혀 보이지 않았던 고립형 '미르'(龍)는 [평성+거성]의 성조배열을 갖고 있었기 때문에 중세국어의 특수어간 교체에 참여하였을 가능성이 적지만, 한자어로 대치되지 않았을 경우에 역시 '미르>미로'의 진로를 취했을 것 같다. 이와 관련하여 최남선의 『新字典』(1915, 광문회)에서 '龍'의 새김에 등장하는 '미료'형이 주목된다(龍, 4 : 55ㄴ).

또한, 중세국어의 합성어 '쇠벼릏'(淵遷, 『용비어천가』, 3 : 13ㄴ)에서 분석되는 '벼릏'(遷)도 18세기에 사용된 '벼로'(峭崖, 『한청문감』, 1. 39)와, 오늘날의 지역 방언에 잔존하여 있는 '벼루'(경남 김천, 최학근, 1978 : 101) 또는

---

33) 특히, 근대국어에서 비어두 음절 위치에서 '르>로'의 변화는 용언어간에서도 적용되어 있다. 예를 들면, '뜬로다'(따르다)형은 '짜르다'와 공존하고 있다. 뜬로니(삼역총해, 3 : 20), 뜬로다(동문유해, 상, 46 ; 한청문감, 11b). 그리하여 '뜬로다'는 부사형 어미 '-아'와 연결될 때는 '뜬롸'가 된다.

뜬롸(동문유해, 상, 46), 늡뜬롸 ᄒᆞᄂᆞᆫ 이(한청문감, 228b)

또한 '벼르->벼로-'(記恨)의 예도 역시 위와 동일한 근대국어 문헌들에 나타난다(남광우, 1997).

셩내여 크게 벼로고(삼역총해 1 : 10), 벼로다(동문유해, 하, 33), 벼로다(한청문감, 185d).

이러한 변화는 19세기 후기 전라방언 자료에 매우 생산적으로 확대되어 있다.

(ㄱ) 이르-(至)>이루-, (ㄴ) 바르-(正)>바루-, (ㄷ) 기르-(育)>기루-, (ㄹ) 벼르-(記恨)>벼루-, (ㅁ) 어르 만지-(撫)>어루 만지-(최전승, 1986 : 256~257을 참조).

‘베루’(충북 제천, 김형규, 1982 : 292) 등의 존재를 보면 ‘벼른>벼르>벼로>벼루’와 같은 일련의 변화를 밟아 왔음이 분명하다(이숭녕, 1984 : 41). 빙애 或云 벼로(地灘, 역어유해, 상 7ㄴ), 벼로길 遷(柳氏物名, 五 水).34) ‘쇠벼른’(淵遷)에 등장하는 ‘벼른’의 성조가 [평성+거성]이었으나, 이 어휘는 중세국어 이전의 단계에서 ‘벼른∽벏’과 같은 교체를 실현시켰을 가능성이 있다. 『악장가사』와 『악학궤범』에 실려 있는 고려 가요 「動動」과 「鄭石歌」에서 보여주는 처소격 형태 ‘별해, 별혜’를 고려하면 이 어휘는 ‘ㅎ’ 말음 체언 부류로 합류된 것 같다. 따라서 함경도 방언과 황해도 방언 일대에서 수집되었던 ‘벼락’, ‘베락때’, ‘벼락장’(崖)과 같은 방언형들(小倉進平, 1944 : 33~34)은 15세기 이전 형태 ‘*벼록’으로 소급될 수 있을 가능성을 뜻한다. 그러나 이렇게 재구된 ‘*벼록’형이 어느 역사적 단계에서 ‘벼른∽별ㅇ’와 같은 특수어간 교체에 참여하였는지에 대해서는 알 수 없다.

표준어 ‘거룻배’(渡船)에서의 ‘거루’형도 예전에 ‘거르>거로>거루’와 같은 변화를 수행하여 온 과정을 가리킨다. 거르션(渡船, 한정문감 12 : 20), 즁 걸오와 낙 걸오며(한양가), 我國小船曰 傑傲(열하일기, 남광우, 1997 : 65). 일찍이 Ramstedt(1928 : 445)는 국어 방언에 출현하고 있는 ‘나모∽낡(木), 자루∽잘기(炳), 가루∽갋(粉), 구무∽굶(穴)’ 등과 같은 이형태들로부터 체언 어간말 위치에 마찰음 -ɣ를 재구해 낸 방식과 동일하게, ‘거루’(渡船)형도 이러한 범주에 포함시켜 *kêrăɣ(*거록)으로 설정하였다. 그러나 이러한 재구형에 이르게 한 이른바 ‘ㄱ’ 곡용을 보이는 북부 방언형이 존재한다는 확실한 근거가 여기서 생략되어 있었다. 이러한 사실과 관련하여, ‘거르’

---

34) 방언형 ‘벼루’는 정지용의 시어 가운데에서도 등장한다.

春川三百里 벼루ㅅ길을 냅다 뽑는데(「유선애상」)

이 예문은 “정지용의 난해 시어 해석”(박노균, 2004, 『개신어문연구』 제22집, 324면)에서 인용하였다. 여기서 시어로 쓰인 방언형 ‘벼루ㅅ길’은 강가나 바닷가의 낭떠러지로 통하는 비탈길, 또는 벼랑길을 뜻한다고 한다.

의 곡용 형태 '걸놀'(거루+를)이 19세기 필사본 『漂海錄』 가운데 다음과 같이 등장하고 있어 주목된다(박재연, 2001 : 29).

> (7) 비사름이 뭇믈을 거륵비예 싯고 비쏘리의 <u>걸놀</u> 미얏더니 표풍
> 혼 후의 <u>걸놀</u> 일허브리고(표희록, 1 : 23)
> 거륵션을 둘너 미엿거늘 <u>걸놀</u> 틋고(표희록, 3 : 21)
> cf. 거륵션이 겨롤 업시 왕니흐거늘(빙빙전, 4 : 125)
> 신이 거륵 타 건너니 이 건도쇠라(표희록, 3 : 12).

위와 같은 '거륵∽걸놀'의 곡용 형태는 후기 중세국어의 특수어간 교체들에서 제3유형 'ᄒᆞ룩(一日)∽홀ㄹ'와 같은 교체의 흔적을 보여준다. 현평효(1962 : 363)에 의하면, 제주도 방언에서 '거룻배'(渡船)는 전 지역에서 '걸리', 그리고 일부에서 유일하게 '걸귀'(西烌)로 사용되고 있다. 여기서 '걸리'형은 제주도 방언에서의 특수어간 교체들 가운데 중세국어의 제2유형 '쟈룩'(囊)에 대한 반사체 '찰리'(정승철, 1995 : 45~46), 또는 제3유형 'ᄆᆞ룩'(宗)에 대한 '(지붕 / 산)ᄆᆞ를, 물리, 몰랭이'(현평효, 1962 : 382) 등과 형태상으로 일치를 보인다. 그러나 '거룻배'(渡船)에 대한 또 다른 방언형 '걸귀'는 중세국어의 특수어간 교체에 대해서 제주도 방언이 보여주는 일반적인 반사체들과 대조해 보면(정승철, 1995) 이질적인 존재이지만, 어느 역사적 단계에서 '거르∽겂'의 교체와 같은 'ㄱ' 곡용의 모습을 반영한다.

글쓴이가 2장에서 표준어 '모루'(鐵枕)에 대한 오늘날의 공시적 방언형들을 중심으로 재구한 어느 역사적 단계에서의 '*ᄆᆞ록'과, 후기 중세국어에서 실현되었다고 가정한 '*ᄆᆞ룩∽몰ㅇ'과 같은 비자동적 교체는 위에서 언급된 제2유형의 변화 과정에 맞추어 'ᄆᆞ룩>ᄆᆞ르>모 / 마로>모 / 마루'의 변화를 수행하여 왔을 것이 분명하다. 그리고 이 재구형은 원래 특수

어간 교체의 제2유형에 속하는 ‘ᄆᆞᆯ∽ᄆᆞ로’(宗, 棟)의 비자동적 교체와 일치한다. 따라서 후기 중세국어에서 오늘날의 ‘모루’(鐵枕)와 ‘마루’(宗, 棟)는 동일한 ‘*ᄆᆞ록’에서 기원된 일종의 다의어에서 출발하였거나, 아니면 성조 배열에까지 일치하는 동음이의어이었을 것 같다. 단지 후대의 발달 과정에서 오늘날의 ‘모루’(鐵枕)는 ‘마루’와 달리 특수한 사회언어학적 배경과 고유한 개별 어휘 역사적 원인에 의해서 일찍이 남부방언에서 전개된 순음 아래 ‘ᄋᆞ’의 원순모음화를 수용하여 다른 지역 방언으로 확산되었을 것이다.

4.2. ‘*ᄆᆞᆯ〉ᄆᆞ르〉모 / 마로〉모 / 마리’(鐵砧) 유형의 변화와 접사 ‘-이’

후기 중세국어에서 특수어간 교체에 참여한 제2유형과 제3유형의 오늘날의 반사체들은 대부분의 남부지역 방언에서 비어두음절 위치에서 직접 ‘르〉리’와 같은 변화를 수용한 모습으로 분포되어 있다. 제주도 방언에서 특수어간 교체의 반사체들 가운데 ‘노리’(노루), ‘시리’(시루), ‘마리’(마루), ‘찰리’(자루), ‘나릿배’(나룻배) 등이 그러한 예이다(현평효, 1962). 이러한 부류에 대해서 이숭녕(1978 : 11~15)은 개음절 체언어간에 ‘-이’를 첨가한 형태론적 과정임을 제시한 바 있다(또한, 정승철, 1955 : 42~44를 참조). 글쓴이는 제주도 방언에서 뿐만 아니라, 대부분의 지역 방언에서 생산적으로 관찰되는 이와 같은 유형의 발달에 기여한 형태론적인 ‘-이’는 지역방언 사회에서 일정한 화용론적 기능을 갖고 있는 명사파생 접사라고 판단한다(최전승, 1995 : 295~355).

제주도 방언에서 통상적으로 ‘드르’(들)는 ‘그르’(그루)와 더불어 접사 ‘-이’의 간섭을 받지 않은 것처럼 보이지만(현평효, 1962), 『천자문 자료집』(1995 : 160)에 의하면, 이러한 형태론적 과정을 수용한 ‘드리 야’(野, 표선,

애월)와 같은 새김을 보여준다(아울러, 새김 '나미'(木), '구미'(穴)도 참조). 따라서 이 방언에서 개음절 체언어간에 연결되는 접사 '-이'의 오랜 전통이 드러난다. '들'(野)은 3장 1절에서 제시된 바와 같이 육진방언에서 '두루이'(『로한ᄌ뎐』, 411, 457) 또는 turui(『로한소사전』, 85, 小倉進平, 1944 : 29)로 사용되고 있다. 이들 형태는 '드르>드로>드루>두루'의 마지막 단계에서 개음절 체언에 매우 생산적으로 적용되는 접사 '-이'가 관여한 것(두루+-이→두뤼)으로 보인다.

특히, '龍'의 새김(미르)은 『천자문 자료집』(1995 : 19)에서 한자어로 대치되지 않는 방언 대부분에서는 '미리'로 나타난다. 이러한 '미리'의 출현은 천자문 계열에서 19세기 중엽에 간행된 행곡본 『천자문』(1862)으로 소급된다. 미리(龍, 73).[35] 이러한 '미리'의 선행 형태는 광주본과 일정한 유사성을 보유하고 있는 대동급본 『천자문』에서의 새김 '미릐'(龍, 4ㄱ)로 확인된다. 여기서 '미릐'는 다른 천자문 새김에서의 전형적인 '미르'에 접사 '-이'가 연결되어 형성된 변화의 중간 단계를 보여 주는 것으로, '미르>미리>미릐>미리'와 같은 일련의 변화의 단계를 거쳐 왔음을 가리킨다.

위에서와 같은 접사 '-이'의 첨가로 형성된 '미리'(龍)형과 유사한 변화의 과정을 수행해 온 지역방언 형태로 '*ᄆᄅ(大廳)>마리'의 예를 들 수 있다. 즉, 방언형 '마리'의 출현은 '*ᄆᄅ>ᄆ르>ᄆ로>마로'와 같은 일련의 변화 과정을 거친 다음에, 접사 '-이'가 연결되어 '마뢰'가 형성될 수 있었기 때문에 가능하였다. 이 '마뢰'형이 17세기 초엽의 한글 편

---

35) 행곡본 『천자문』의 새김 인용은 손희하(1991)를 참조하였으며, 인용된 새김의 출처에 해당되는 번호는 역시 손희하(1991)에서 작성된 색인 순서를 따랐다. 이 자료에 파생 접사 '-이'가 연결된 새김들이 '미리'(龍) 이외에 다음과 같이 나타난다.

바디(海, 65), 치미(裳, 88), 신희(臣, 117), 누기(執, 543), 잇블 뢰(勞, 685)

지『현풍곽씨 언간』에 두 차례나 사용되었다(백두현, 2003 : 338). 그리고 '마뢰'에서 계속적인 발달로 간주되는 '마뤼'형이 19세기 후기의 함북방언 자료인『로한ㅈ뎐』에서 등장하였다.

(8) ㄱ. 분둘 내방 창밧긔 <u>마뢰여</u> 연저 서리 마치게 마소(현풍곽씨
　　　언간, no.10)
　　　대쳥 마뢰ᄒ며 쁠ᄒ며(상동. no.62)[36]
　　ㄴ. <u>마뤼</u>, 마루(marui, maru)(로한ㅈ뎐, 461)

함북방언에서 '마루'(大廳)의 방언형은 일찍이 특수어간 교체 유형에서 이탈하여 체언어간의 단일화를 수행한 것이 분명하여, 김태균(1986 : 192)에는 여타의 다른 특수어간 교체 유형에 대한 반사체들과는 대조적으로, 어간의 단일화를 수행한 '마루' 혹은 '마리'형으로만 수집되었다. 19세기 후반 Putsillo의『로한ㅈ뎐』(1874)에 등장하는 '마뤼'형은 그 이전의 역사적 단계에서 '마뢰'로 소급될 수 있으며(마뢰>마뤼), 동시에 오늘날의 '마리'의 바로 전 단계(마뤼>마리)를 나타내는 것이다.『현풍곽씨 언간』에 등장하는 '마뢰'에 대하여 백두현(2003)은 경상방언에서 쓰이는 '마리'형(大廳)이 '마뢰>마릐>마리', 또는 '마뢰>마뤼>마리'와 같은 변화를 거쳐 형성되었을 것으로 파악한바 있다.[37]

---

36)『현풍곽씨 언간』자료는 백두현(2003)과, 여기서 재정리된 편지 번호를 이용하였다. 이 한글 편지에는 개음절 체언에 명사파생 접사 '-이'의 첨가를 보여주는 다른 예도 발견된다.

자내 팔지 눔의 강긔드르라 삼겻거니 자내 <u>팔지</u>(八字)롤 ᄒ홀만 ᄒ데(현풍곽씨 언간 no.46)

또한, 이 자료에는 인명과 지명에 연결된 접사 '-이'의 예들도 풍부하게 반영되어 있다.

37) 위의 예문 (8)에 등장하는 17세기 초반의 '마뢰'(大廳)형은 이 형태가 중세국어의 'ᄆᆞ루'로 소급된다면, 어두음절 위치에서 'ᄋᆞ'가 이미 제2단계의 변화를 수행하여 '아'로 전환되었다고 보게 된다. 17세기 후반에 간행된『역어유해』(1690)에 '마루'(地塘坂, 地平板, 상, 16ㄴ)의 존재가 확인되지만, 같은 자료에서도 'ᄆᆞ르업시 편히 ᄒ집'(平房子,

4장 1절에서 언급된 '벼르>벼로'(峭崖)의 발달 과정에서도 중간 단계에서 접사 '-이'의 형태론적 간섭을 받아서 형성된 지역 방언형 '베래' 유형(함북 길주, 『한글』 6권 3호, 12면)도 존재한다. 방언형 '베래'의 경우는 '벼르+-이>벼리', 혹은 '벼르>벼로+-이>벼뢰>벼레'의 과정을 반영한다.

지금까지 위에서 제시된 몇 가지 논증에 따라서, 2장에서 제시된 '모루'(鐵枕)의 여러 유형의 지역 방언형들 가운데 비어두 음절 위치에서 표면적으로 '-르>-리'의 변화를 수행한 것 같은 '모리, 마리, 머리' 등도 글쓴이가 추정한 'ᄆᆞ르>ᄆᆞ르>모/마로>모/마루'의 연속적인 변화 사이에 개입된 접사 '-이'의 형태론적 조정을 받아서 형성되었을 것이다.

5. 결론-내적 재구의 한계

일반적으로 내적 재구(internal reconstruction)는 문헌 자료가 존재하지 않거나, 친족 언어의 동계어휘들을 활용할 수 없는 상황에서만 사용할 수 있는 방법론으로, 일정한 언어에서 교체를 나타내는 공시적 자료에 대한 검토로부터 추출되는 통시적 결론이다(Birnbaum, 1970 : 99). 그렇기 때문

상, 17ㄱ), 그리고 'ᄆᆞ르'(脊梁, 상, 17ㄱ) 등과 같이 어두음절에 'ᄋᆞ'를 유지한 형태들이 있어 문제가 된다. 『역어유해』(1690)의 실린 단어들에서 어두음절에서 'ᄋᆞ'가 동요된 예가 위의 '마루' 이외에는 보이지 않기 때문이다.
또한, 백두현 교수는 이 글의 초고에 대한 논평에서 (8)의 예에서 나오는 '마뢰'(大廳)형이 그 이전 단계 'ᄆᆞ로'에서 변화된 것으로 보기 어렵다고 지적하였다. 즉, (8)의 예의 원전인 『곽씨언간』에서 통상적인 'ᄀᆞ마니>가마니'(152번 편지) 이외에 어두 위치에서 'ᄋᆞ>아'의 변화를 실현시킨 예는 발견되지 않기 때문이다. 그렇기 때문에, 백두현 교수는 이 문제에 대해서 별도의 고찰이 필요하다고 판단하였다. 그러나 15세기 국어에 일부의 단어에서 'ᄋᆞ>아'의 변화를 반영하기 시작하는 예들에 대한 자세한 논의는 이병근(2004 : 59~61)을 참조.

에, 이러한 장치는 원칙상 "검증" 또는 다른 방법에 의한 "확인"의 절차를 거칠 수 없다는 난점이 있다. 내적 재구가 갖고 있는 인식론적, 그리고 방법론적 여러 문제를 심도 있게 고찰한 Lass(1975 : 18)는 이 방법론이 안고 있는 근본적인 한계를 다음과 같이 지적한바 있다.

(1) 내적 재구를 가능케 해주는 해당 공시적 교체가 역사적 변화를 거쳐 나왔을 것이라는 아무런 증거가 없다. (2) 공시적 교체형들이 역사적 변화를 밟아서 형성되었다고 인정하더라도, 내적 재구가 이러한 과정을 정확하게 복원할 것이라는 보장은 어디에도 없다. (3) 따라서 내적 재구는 언어사를 복원하기 위한 믿을만한 방법론으로서 아무런 독자적인 가치가 없는 것이다.

그러나 글쓴이는 내적 재구의 작업과 관련하여 Campbell(2000 : 202)이 순차적으로 설정한 네 가지 단계의 과정 가운데, 제3단계(즉, 가정된 원형으로부터 공시적 교체에 이르는 조건 음성변화에 대한 합리적인 기술)와, 제4단계(그 결과들에 대한 검증 : 가정된 재구가 해당 언어의 내적 체계의 발달에 비추어 유형론적으로 개연성이 있으며, 동시에 자연스러운 것인가)가 확립이 된다면, 하나의 가설로서 이 방법은 여전히 유효하다고 판단한다. 중세국어의 특수어간 교체 유형에 대한 이기문(1962)에서의 내적 재구에서 가장 확실한 단계는 불규칙한 이형태들의 공시적 교체를 추출하는 제1단계이다.

이 글에서 Ramstedt(1928)와 河野六郎(1945 / 1979), 그리고 이기문(1962)의 가설 위에서 추정해 낸 중세국어 당시의 '*ᄆᆞᄅᆞ∽몰ㅇ'와 같은 비자동적 교체와, 여기서 복원된 그 이전 단독형 '*ᄆᆞ록'에 대한 추정도 이와 같은 내적 재구의 한계 속에서 가능하다. 그러나 글쓴이는 후기 중세국어의 단계에 굴절 과정에서 관찰되었던 일련의 특수어간 교체 명사 유형들과 오늘날의 지역 방언들에서의 그 반사체들을 대조하면서 15세기 당시의 문헌 자료상으로 확인되지 않았던 또 다른 예들이 출현하였을 가능성과, 음성변화의 확산 과정에서 일부 개별적인 어휘 형태들이 보여주는 특이한 진로의 일면을 추정하려고 시도하였다.

지금까지 중세국어에서 비자동적 교체를 나타내는 몇 가지 특수어간 유형들에 대한 글쓴이의 접근 방식은, 종래의 국어사 연구에서 모든 연구자들이 강하게 또는 약하게 대체로 인지하고는 있었지만, 구체적으로 취급하지 않았던 아래와 같은 두 가지 문제 또는 제약에 바탕을 두고 출발한 것이었다.

우선, 글쓴이가 주목하려고 했던 첫째 문제는 이러한 특유한 비자동적 교체를 포함한 다양한 언어 현상들을 표기에 반영하고 있는 중세국어 문헌자료의 단편적인 성격과, 그 자료의 분포에 있어서 드러나는 분명한 한계와 제약에 있다. 15세기 국어를 반영하고 있는 자료들이 다른 역사적 단계의 그것들에 비해서 풍부하고 그 표기법이 일정하게 안정되었다고 규정할 수는 있다. 그러나 역사적 우연성으로 우리들에게 넘어 온 이러한 자료들은 대부분 엄격한 표기 규범에 근거한 균질적인 문헌어를 반영하고 있으며, 당시 토박이 화자들의 살아 있는 구어와는 상당한 거리가 있다. 그리고, 예를 들어 중세국어의 특수어간 교체의 유형들이 당시의 공시적 언어 현상 그대로 자료에 반영되었으며, 또한 남김없이 전부 그 실체를 드러내고 있다고 생각할 수 없는 것이다.

이러한 문헌 자료상의 제약과 결부되어 있는 국어사 연구의 심각한 한계는 역사적인 어느 일정한 단계의 당시 화자들이 갖고 있었던 언어능력에 오늘날의 연구자가 직접적으로 접근할 수 있는 방법이 전연 없다는 사실이다. 우리는 단편적인 자료에 문헌어로 실현된 당시 화자들의 언어 수행의 일부분만을 취급할 수밖에 없다. 이러한 문제는 종래에 역사 언어학 연구 분야에서 간혹 지적되어 왔는데, 이와 유사한 제약을 일찍이 Vizmuller(1982 : 376)는 *Saussurean paradox*라 부른 적이 있다.

15세기 국어에 사용되었던 풀이씨의 끝바꿈 꼴을 제시하면서 허웅 (1975 : 412)은 우리는 15세기 국어의 모든 끝바꿈 꼴을 만들어낼 수 있는 언어능력을 갖고 있지 않다는 사실을 지적하였다. 그리하여 우리가 이용할 수 있는 당시의 많은 문헌들을 전부 검토하여 당시 문법의 규칙을 귀납적으로 추출하여 보아도 문헌에 쓰여 있는 말은 무한한 언어수행의 일부에 지나지 않는다는 것이다. 따라서 허웅(1979)은 문헌에 모든 풀이씨와 그 끝바꿈 형태들이 전부 나타날 것으로 기대할 수도 없기 때문에, 어떠한 끝바꿈 형태가 자료에 등장하지 않았다 해서 그러한 형태가 없었다는 직접적인 증거는 될 수 없다고 보았다. 그렇기 때문에, 그분에 의하면 "문헌은 긍정적인 (언어) 자료는 제공해 줄지언정, 부정적인 자료는 제공해 주지 않는다"(허웅, 1979 : 412).[38]

중세국어의 특수어간 교체를 보이는 일련의 체언들이 근대국어의 단계에서와 그 이후 지역 방언으로 분화되어서 겪게 되는 변화와 관련하여 글쓴이가 수복했넌 두 번째의 문제는 몇몇 단어 형태들은 표면적으로 규칙적인 언어변화의 흐름에서 벗어나서 예외적인 행위를 보인다는 사실이다. 규칙적인 언어변화, 특히 음성변화에서 이탈된 일정한 예외들의 존재는 국어사의 영역에서 어느 시기에서나 쉽게 찾아볼 수 있다.[39] 그러나

---

38) Labov(1994 : 10~11) 역시 단편적이고 불완전한 역사적 문헌 자료의 해석에 개재된 다양한 문제점들을 제시하면서, 문헌자료는 단지 긍적적인 증거만을 제공해 줄 수 있을 뿐이라고 지적하였다.

39) 유명한 소장문법학파의 작업 원리인 규칙적인 언어변화의 원칙과, Gilliéron으로 대표되는 언어지리학파의 강령인 "각각의 단어는 그 고유한 역사를 갖고 있다" 사이를 조정하려고 시도한 Malkiel(1967 : 145)은 다음과 같은 타협안을 제시한바 있다.
즉, 많은(논점에 따라서 혹은 일부의, 그렇지 않으면, 별로 몇몇 안 되는) 어휘들은 정말로 독특한 역사를 보여주는 것 같으며, 그 독자성은 역사적으로 우연한 사건, 또는 그 단어의 형성에 참여한 상상력이 풍부한 그 당시의 화자들, 특히 민중 어원설 등이 관여하고 있다는 것이다. 여기서 변화에 참여하는 적극적인 토박이 화자들의 역할을 주목한 것은 오늘날 사회언어학에서 언어변화의 주체를 실제의 화자 중심으로 파악하려는 경향과 통한다고 생각한다.

역사적으로 어느 단계에서 확산되는 해당 음성변화와, 그 변화에 파급될 수 있는 음성 환경을 갖추고 있는 일군의 어휘들의 음운론적 행위를 문헌 자료만을 통해서 고찰할 수밖에 없는 우리는 그 결과를 귀납적으로 확인하는 방안 이외에는 구체적인 다른 대안이 없다.

언어변화는 기본적으로 해당 사회 속에서 화자들에 의해서 효과적인 의사소통을 위해서 운용되는 산물이다. 그렇기 때문에, 예외형들의 존재는 당시의 화자들이 의사전달의 과정에서 직접적으로 참여한 결과이다. 일반적으로 공시적인 언어변화와 변이의 개념을 중심으로 사회언어학에서 확립된 언어 개신의 성격과, 공간적으로 그리고 사회적으로 확산되고 수용되는 기본적인 원리들이 역사언어학에서도 적극적으로 응용되어야 할 것으로 글쓴이는 판단한다.

참고문헌

강신항(1980), 『계림유사 「고려방언」 연구』, 성균관대학교 출판부.

곽충구(1980), 「18세기 국어의 형태론적 연구」, 『국어연구』, 국어연구회.

곽충구(1994), 『함북 육진방언의 음운론』, 태학사.

곽충구(1996), 「국어사 연구와 국어 방언」, 『이기문교수 정년퇴임기념논총』, 신구문화사, 45~71면.

곽충구(2000ㄱ), 「함북방언의 비자동적 교체와 그 단일화 방향」, 『21세기 국어학의 과제』, 월인, 1123~1166면.

곽충구(2000ㄴ), 「육진방언의 현상과 연구 과제」, 『한국학논집』(한양대) 제34집, 327~361면.

김경아(1991), 「중세국어 후음에 대한 일고찰」, 『국어학의 새로운 인식과 전개』, 민음사, 108~127면.

김무림(1994), 「중세국어 쌍형어간의 음운사적 고찰」, 『어문론집』(고려대), 34집, 659~686면.

김방한(1983), 『한국어의 계통』, 민음사.

김양진(2000), 「특수어간 교체설 재고」, 『21세기 국어학의 과제』, 월인, 287~312면.

김영배(1984), 『평인방언연구』, 동국대학교 출판부.

김영일(2005), 「15세기 국어의 'ㄱ' 탈락과 어형교체」, 『어문학』 제88집, 1~26면.

김이협(1981), 『평북방언 사전』, 한국정신문화연구원.

김태균(1986), 『함북방언 사전』, 경기대학교출판부.

김형규(1982), 『한국방언 연구』, 서울대학교 출판부.

남광우(1997), 『교학 고어사전』, 교학사.

박재연(2001), 『고어사전』, 낙선재 필사본 번역고소설을 중심으로, 이회.

박종희(2001), 「중세국어 특수어간 교체의 음운론적 해석」, 『국어음운사 연구』, 보고사, 95~124면.

백두현(1992), 『영남 문헌어의 음운사 연구』, 태학사.

백두현(1998), 「『국한회어』의 음운현상과 경상방언」, 『방언학과 국어학』, 태학사, 693~712면.

백두현(2003), 『현풍곽씨언간 주해』, 태학사.

손희하(1991), 『새김어휘 연구』, 전남대학교 대학원 박사학위논문.

송　민(1998), 「근대국어의 음운론적 인식」, 『음운』 Ⅱ, 국어학 강좌, 태학사.

신승용(2003), 「/k/>/h/ 변화에 대한 연구」, 『국어학』 41, 국어학회, 93~122면.

안병희(1971), 「한국어발달사(중), 문법사」, 『한국문화사대계』 9, 고대민족문화연구소.

안병희(1992), 「중세국어의 한글 자료」, 『국어사 자료 연구』에 재수록, 문학과 지성사, 497~565면.

이광호(2001), 「후음 'ㅇ'과 중세국어 분철표기의 신해석」, 『국어문법의 이해』 2(태학
　　　사)에 재수록, 167~202면.
이근용(1994), 「15세기 국어의 특수어간 교체에 대한 연구」, 국민대학교 대학원 문학
　　　박사 학위논문.
이기문(1962), 「중세국어의 특수어간 교체에 대하여」, 『진단학보』, 진단학회, 120~147면.
이기문(1972), 『국어음운사 연구』, 한국문화연구소 총서 13, 한국문화연구소.
이기문(1977), 「제주도방언의 'ㅇ'와 관련된 몇 문제」, 『이숭녕선생 고희기념 국어국문
　　　학논총』, 탑출판사, 183~195면.
이기문(1978ㄱ), 『16세기 국어의 연구』, 탑출판사.
이기문(1978ㄴ), 『개정 국어사 개설』, 탑출판사.
이기문(1991), 『국어 어휘사 연구』, 동아출판사.
이기문 외(편, 1995), 『천자문 자료집』 지방 천자문 편, 박이정.
이병근(1981), 「모음체계와 비원순모음화」, 『음운현상에 있어서의 제약』에 재수록, 탑
　　　출판사, 139~157면.
이병근(2004), 「'마름'(菱仁)의 어휘사」, 『어휘사』에 재수록, 태학사, 49~80면.
이숭녕(1961), 「어간쌍형설의 제기」, 『국어조어론고』에 재수록, 을유문화사, 213~262면.
이숭녕(1978), 『제주도방언의 형태론적 연구』, 탑출판사.
이현희(1987), 「국어의 어중·어말 'ㄱ'의 성격에 대한 종합적 교찰」, 『한신논문집』(한
　　　신대학교) 제4집, 225~281면.
전광현(1967 / 2003), 「17세기 국어의 연구」, 『국어사와 방언』 1(『국어사 연구』(월인)에
　　　재수록), 7~102면.
정승철(1995), 『제주도 방언의 통시음운론』, 태학사.
정인승(1940), 「고본 <훈민정음>의 연구」, 『한글』 제8권 9호(통권 82호), 조선어학회,
　　　3~16면.
최전승(1986), 『19세기 후기 전라방언의 음운현상과 그 역사성』, 한신문화사.
최전승(1995), 『한국어 방언사 연구』, 태학사.
최학근(1968), 『국어방언 연구』, 서울대학교 출판부.
최학근(1978), 『한국방언 사전』, 현문사.
최학근(1980), 「『천자문』에 대해서」, 『국어국문학』 83, 국어국문학회.
허　웅(1979), 『우리 옛말본, 형태론』, 샘문화사.
현평효(1962), 『제주도방언 연구』, 정연사.
藤本幸夫(1980), 「조선판 『千字文』의 계통」, 『조선학보』 제94집, 조선학회, 63~117면.
小倉進平(1944), 『朝鮮方言學의 研究』, 岩波書店.
河野六郎(1945 / 1979), 『朝鮮方言學試攷』, 河野六郎著作集 Ⅰ, 평범사.
Birnbaum, Henrik(1970), Internal Reconstruction, Order of Synchronic Rules in Generative

Grammar, and The Problem of Early Balto-Slavic Relations, in *Problems of Typological and Genetic Linguistics Viewed in a Generative Framework*, pp.92~122, Mouton.

Campbell, Lyle(2000), *Historical Linguistics*, An Introduction, The MIT Press.

King Ross(1991), *Russian Sources on Korean Dialects*, Ph.D dissertation, Harvard University.

Labov, William(1994), *Principles of Linguistic Change*, Vol. 1 : Internal Factors, Blackwell.

Lass Roger(1975), Internal Reconstruction and Generative Phonology, *Transactions of the Philological Society* : 1~26.

Malkiel, Yakov(1967), Each Word has a History of its Own, *Glossa* 1 : 2, pp.137~149.

Ramstedt, G. J.(1928), Remarks on the Korean Language, *Mémoires de la Société Finno-Ougrienne*, Helsinki, Suomalais-ugrilainen seura.

Ramstedt, G. J.(1939), *A Korean Grammar*, Helsinki.

Ramstedt, G. J.(1949), *Studies in Korean Etymology*, Helsinki, Suomalais-ugrilainen seura.

Vizmuller, J.(1982), Theories of Language and the Nature of Evidence and Explanation in Historical Linguistics, *Papers from the 5th ICHL*, John Benjamins.

제4부

중세국어의 음운론과 원순성 자질의 기능

제8장 __ 중세국어에서의 이화작용에 의한 원순성 자질의 소실에 대하여

1. 서론

　음운론의 역사적 연구의 제1의 원칙은 어느 일정한 시기에서 수행한 음운변화의 현상을 전체의 패턴, 즉 체계 속에서 파악하는 작업이다 (Penzel, 1957 : 10~12). 그러므로 어떤 음운변화를 고립시켜서 관찰하는 태도는 합리적인 언어기술을 제공하지 못한다는 것은 주지의 사실이다. 이와 같은 관점에서 이 글에서 고찰하려는 대상은 중세국어에서 β>w의 음운변화의 결과 일어나게 되는 일련의 이화작용에 대한 음운론적 조정 (phonological processes)이다.

　이러한 변화들은 15세기 국어의 음운체계 내의 변화에 의하여 야기되는 것이기는 하지만, 일정한 해당 형태소들의 구조 형태에만 관련될 뿐이며 중세국어의 음소목록이나 체계에 별 영향을 주지 않는다는 점에서 근자의 연구에서 관심을 끌지 못했다. 따라서 지금까지는 이러한 현상들을 15세기 국어에서의 '♀' 음소의 공시적 변이 현상, 그리고 순경음 '팅'의 통시적 발달 등을 취급하는 자리에서 부차적으로 간단하게 처리되었을 뿐이다.

15세기 자음체계에서 순경음 '팅'의 본질과, 그 발달의 과정에 대해서는 종래의 연구에서 이미 대부분의 설명이 이루어져 있다(이숭녕, 1954 ; 남광우, 1959).[1] 그 이후에 지속된 후속적인 연구들은 '팅'이 출현하는 연대라든가, 'ㅂ>팅'의 변화를 보여주는 음성 조건 및 일반적인 변화의 공식 β>w를 벗어나는 문제 등에 대해서 정밀화를 가져 왔다. 그리하여 확립된 β>w의 공식은 순경음 '팅'의 변화 규칙으로서 의심할 여지가 없게 되었다.[2]

이 변화의 공식은 우리가 이 글에서 제기하고 새롭게 검토될 주제의 발판이 될 것이다.

$$(1) \quad \beta a > wa$$
$$\beta \ni > w\ni$$
$$\beta i > wi(i)$$
$$\left. \begin{array}{l} \beta \Lambda > w\Lambda \\ \beta o > wo \end{array} \right\} \rightarrow [o]$$
$$\left. \begin{array}{l} \beta u > wu \\ \beta \dot{i} > w\dot{i} \end{array} \right\} \rightarrow [u]$$

그러나 β>w의 음운변화 결과 해당 형태소의 연결과정에서 그리고 형태소의 내부에서 수행되는, 어떠한 한 분절음이 선행하거나 후행하는 다

---

1) 이숭녕(1960 : 23)은 순경음 '팅'의 통시적 발달을 'ㅂ>팅>w' 공식으로 요약하고, 부사형에서는 이 공식의 예외를 이룬다고 설명하였다. 즉, 그것은 βi>wi의 결과가 부사의 형태 '-이'로 유추되어 단일화 되었기 때문이라는 것이다. 그 이후의 연구에서는 부사형 '-이'의 형태론적 제약을 극복하고, 원래의 순수한 공식 β>w로 환원시키려는 노력이 이어져 왔다.
2) 이기문, 『국어음운사연구』(한국문화연구소, 1972), 44~46면 및 김완진, 「다시 β>w를 찾아서」, 『어학연구』 8-1, 1972, 51~62면을 참조.

 제4부 중세국어의 음운론과 원순성 자질의 기능

른 분절음에 대하여 작용하는 통합적(syntagmatic) 현상에 초점을 맞춘 연구는, 단편적인 관찰 이외에, 지금까지 별로 없었다. 따라서 중세국어에서 모음의 이화작용에 의하여 발휘되었던 음운론적 기능의 역할이 경시되거나, 그렇지 않다고 하더라도 이러한 음운론적 과정들이 전체와 유기적인 관계를 맺지 않고 너무 단편적으로 취급되어 온 느낌이 있다.

따라서 이 글에서는 중세국어에서 모음의 이화작용의 범주 안에서 수행된 여러 음운론적 변화 가운데 존재한다고 생각되는 유기적인 관계들을 찾아서 종합하고, 여기에 새로운 해석의 가능성을 찾아 보려고 한다. 이렇게 해서 따로 고립된 현상처럼 보이는 언어 사실의 내부에서 중세국어의 음운부문(phonological component)에서 작용하고 있었던 보편적인 음운 규칙 몇 개를 규명하려는 작업을 하려고 한다. 이것이 이 글의 주안점이다.

1.2. 이화작용에 대한 개략적인 정의는 지금까지의 일반 언어학서에 다양하게 기술되어 있다.[3] Paul(1960 : 65)의 고전적인 기술은 "zwei nicht aneinander angrenzenden gleichen Lauten"(두개의 서로 연속되지 않은 동일한 음성들)을 동화 뿐만 아니라 이화의 조건으로 설정하고 있다. 그러나 이러한 조건은 나중에 와서 완화되어 두 음운의 직접 결합에서 일어나는 aa>ab와 같은 유형의 변화도 인접 이화작용(contiguous dissimilation)으로서

---

3) 필자가 참고한 저서와 논문은 다음과 같다.
　(ㄱ) 이숭녕, 「중세국어의 이화작용의 고찰」, 『학술원논문집』 제2집, 1960, 3~4면을 참조. 여기서는 "이화작용"의 정의에 관한 종합적인 고찰이 제시되었다.
　또한, (ㄴ) 허웅, 「『東方學志』 제1집을 읽고 이숭녕 선생께 사룀」, 『국어국문학』, 제12호, 1954. 허웅 선생이 이 논문에서 제기한 이화작용과 관련된 몇 가지의 토론은 매우 중요하다고 생각한다.
　(ㄷ) H. Paul, *Prinzipien der Sprachgeschichte*, Max Niemeyer Verlag, 1960. 동화와 이화의 음운론적 조정이 일어나는 원인에 대한 설명은 현대 언어학도 H. Paul(64~65면)의 그것보다 별로 진전한 것이 없다고 필자는 생각한다.

이화작용의 범주에 포괄된다(Chomsky and Halle, 1968 : 351).

그러나 이 글에서는 다음과 같이 이화작용의 현상을 이해하려고 한다.

> (2) 형태소의 연결 과정 및 한 형태소의 내부에서 유사한 변별적 자
> 질을 갖고 있는 두 개의 음운이 직접 연결되거나, 또는 다른 분절
> 음을 사이하여 인접될 경우에 일어나는 음운론적 조정으로서, 한
> 분절음이 다른 분절음이 닮은 인접 분절음이 갖고 있는 변별적
> 자질 성분의 일부를 제거하는 현상.

이와 같은 음운론적 조정을 반영하는 공식에는 가변적 자질 $-\alpha$(마이너스 알파) 기호를 사용하는 것이 매우 효과적이다.[4] 즉,

$$x \rightarrow [-\alpha\ b] / [\alpha\ b]\_\_\_.$$

여기에 등장하는 [b]는 수위적인 변별적 자질을, x는 수의적 음소 또는 변별적 자질들의 집합을 각각 대변한다. 그리고 $-\alpha$는 [--=+, -+=-]의 규약을 준수한다.

1.3. 이 글에서 취급할 자료는 후기 중세국어의 문헌(15～16세기)에 주로 의존하지만, 경우에 따라서 발달의 연속적인 진로를 제시하여야 될 때에는 근대국어 단계의 자료도 참고하였다.[5] 이러한 자료들을 필자는

---

4) 이화작용의 현상을 취급하는 공식에 등장하는 -α와 그 사용 규약의 방식에 대해서는, Chomsky and Halle, *Sound Pattern of English*(1968 : 350~354), 그리고 Schane, *Generative Phonology*(1973 : 64)를 참조하였다.

5) 이 글에서 인용된 중세국어 및 근대국어 문헌어의 예들은 필자가 직접 조사한 것 이외에, 다음의 사전과 저서에 의거하였음을 밝히면서, 그분들의 노고에 감사한다.
유창돈, 『이조어사전』, 연대출판부, 1964.
남광우, 『고어사전』, 일조각, 1971.
이기문, 『훈몽자회연구』, 한국문화연구소, 1971.

다음과 같은 입장에 서서 검토하였다. 즉, 하나의 변화는 한 시대의 단계 또는 한 세대 내에서만 종결되는 것은 아니다. 음운론적 변화에 대한 근자의 실험적 연구들은 하나의 변화는 수세대 간을 걸쳐서 동일한 방향으로 계속되어 간다는 사실을 밝히고 있다. 동시에 어떤 변화의 시작과 종료 사이에는 두 개 이상의 보수형과 개신형들이 일정한 변이의 형식으로 출현하게 된다는 것은 이미 오래 전에 주지된 사실이다.6) 따라서 변화의 결과로서 개신형이 일정한 시기의 문헌 자료에 관찰된다고 하더라도 그 뒤의 문헌에 등장하는 아직 변화를 입지 않은 보수형의 출현은 변화의 과정에서 있을 수 있는 자연스러운 현상이며, 당시의 실재 발음을 그대로 반영하고 있을 것으로 보려고 한다(김완진, 1974를 참고). 그리고 이것은 보수형과 개신형 가운데에서 당대의 표기자들의 언어학적, 사회적 또는 미학적 고려에 의해서 선택되어진다고 생각한다.7)

1.4. 이 글의 고찰의 범위는 일반적으로 순경음 '병'의 변화 이후에 일어나는 원순모음의 이화작용과, 연쇄적으로 이차적 이화작용을 야기하게 하는 원순모음의 동화작용의 현상에만 한정하였다. 그러나 '병'을 15세기 당대 또는 그 이전의 역사적 단계에서 소유하였을 것으로 문헌으로 증명되지 않는 몇몇 어형들도 동일한 궤적의 음운론적 과정을 보여주는 경우에는 역시 한 자리에 같이 종합하였기 때문에, 위에서 언급한 고찰의 범위가 엄격한 것은 아니다. 이 글의 진행 절차는 다음과 같다.

제2장에서는 β>w의 음운변화가 순경음 '병'과 특정한 음성 환경을 형성하고 있던 일군의 체언과 용언들에게 어떠한 음운론적 조정을 야기

---

6) Weinreich, Labov and Herzog(1968) : *Empirical Foundations for a Theory of Language Change*, 187~190면을 참조.
7) β>w의 새로운 음운론적 해석은 특히 김완진 교수의 논문(1972, 1974)를 주로 참고하였다.

하게 하였는가를 살펴보기로 한다. 먼저 제2장 1절에서 β>w에 의하여 {o/u}+β>{o/u}+{w/o/u}의 연결 조건을 갖게 되는 '곱-(麗), 눕-(臥), 돕-(助), 굽-(炙)' 등의 용언어간들이 뒤따르는 모음의 원순성 자질을 규칙적으로 제거하는 경향을 지적하였다.

제2장 2절에서 체언의 형태소들이 용언과 동일한 환경에서 동일한 음운론적 행위를 보이는 사실을 제시하였다. 이와 같은 현상을 이화작용에 의해서 원순성 자질(rounded feature)이 소실되는 음운론적 조정으로 간주하고, 여기서 음운론적인 하나의 假說을 설정하고 앞으로 검증해 보기로 하였다.

제3장에서는 제4장 및 그 이후를 위한 배경으로 β>w의 음운변화 이후에 일어나게 되는 중요한 현상 가운데에서 지금까지 비교적 관찰의 대상이 되어오지 못한 사실 몇 가지를 지적하고 새로운 해석을 시도하여 보았다.

제4장은 본 연구의 주제가 되는 제5장을 준비하는 배경을 이룬다. 즉, β>w에 의해서 'ᄋ+오' 또는 '으+우'의 음성 환경을 구비하게 되는 형태소들이 규칙적으로 '오+오' 또는 '우+우'의 연결을 형성하는 과정을 제시하였다. 이러한 과정을 원순성에 의한 동화작용으로 이해하였다.

제5장에서는 위와 같은 음성 조건을 갖추게 되는 형태소들이 일정한 시대적 간격을 두고 '오+ᄋ/으' 또는 '우+으'와 같은 변화를 수행하여 간다는 사실을 지적하였다. 이러한 현상은 동화의 음운론적 조정에서 생성된 환경에 제2장에서 추출된 가설, 즉 이화의 규칙 ①이 적용되어서 결과된 것으로 이해하였다. 따라서 동화규칙 ⑥에 의하여 연쇄적으로 야기되는 이화규칙 ①을 수행한 것으로 판단되는 일련의 형태소들이 검토되었다.

제6장에서 이차적 이화작용이 수행되는 시기를 15세기의 단계로 설정

하였으며, 제7장은 이 논문의 전체를 요약하는 결론에 대한 서술로 배당
되었다.

　이러한 순서와 내용으로 이 글에서 기술하였고, 논의된 자료들과 언어
현상들은 지금까지의 국어사 연구에서 전혀 새로운 대상이 아니다. 단지
동일한 자료를 이용하여 해석하는 관점과 기본 태도를 달리해서 설득력
있는 다른 설명의 대안을 추구해 보았을 뿐이다.[8] 동시에 이러한 작업을
위해서 설정된 몇 가지 가설과, 필자가 시도한 추정들은 그 자체 독자적
이거나, 완전한 것이 아니다. 따라서 이 글은 더 원숙한 사고를 약속하는
하나의 중간 보고서이다.

2. 중세국어 음운론에서 원순모음의 이화작용

2.1. 용언에서 원순모음의 이화작용

　후기 중세국어에서 일정한 부류의 용언어간은 제2음절 모음의 원순성
자질이 일정한 조건에서 중화 또는 제거되어 나타나는 빈도가 높다.[9] 그
런가 하면, 다른 조건을 갖고 있는 다른 부류의 용언어간들은 동일한 위
치에서 모음의 원순성이 엄격하게 유지되어 나타난다. 전자의 활용을 보

8) 이 글의 기본 태도는 다음과 같은 원칙(Akmajian & Adrian 1975 : 15)에 입각하고 있다.
　즉, (ㄱ) 한정된 일정한 언어 자료를 수집한 다음에 이러한 자료를 설명하기 위한 몇 가
　지의 잠정적인 규칙 또는 가정을 설정한다. (ㄴ) 여기서 일단 설정된 가정은 더 많은 포
　괄적인 다른 자료들에 비추어 다시 검증되어야 하는 동시에, 필요에 따라서 반증 예들
　을 설명하기 위해서 다시 수정되어야 한다. (ㄷ) 그 다음, 여타의 다른 독자적인 언어 증
　거에 의하여 수정된 가정은 확인 받아야 하는 동시에, 이러한 가정이 해당 언어 체계 속
　에서 어떠한 질서 속에서 존재하는가를 음미하여야 된다.
9) 여기서 후기 중세국어의 시대 구분은 15세기 중엽 이후 16세기 후기에 걸치는 역사적
　단계를 경계로 한다(이기문, 1972ㄱ).

여주는 용언군을 편의상 (a)부류라 하고, 후자의 경우를 (b)부류라 하여 구분하기로 한다. (a)부류에는 일반적으로 '곱-(麗), 눕-(臥), 돕-(助), 굽-(炙)' 등의 동사와 형용사들이 속하여 있다. 이들이 용언어간에서 보유하고 있는 공통 특징은 음절말음으로 순경음 'ㅸ'을 모두 갖고 있다는 사실이다. 그러나 (b)부류의 용언군 역시 동일한 위치에 'ㅸ'을 갖고 있기 때문에 이러한 사실이 두 부류를 구분하는 외견상의 환경이라고 볼 수 없다.

순경음 'ㅸ'의 발달에 대한 음운규칙을 β>w의 공식으로 충분히 설명할 수 있다면, 후기 중세국어에서 '도ᄫ∽도바(助), 구ᄫ∽구버(炙), 누ᄫ∽누버(臥), 고ᄫ∽고바(麗)' 등의 예에서와 같이 'ㅸ' 정칙활용을 하던 용언들은 당연히 모두 예외 없이 '도오∽도와, 구울∽구워, 누우∽누워, 고온∽고와' 등과 같이 다음 단계에서 출현하여야 될 것이다.

그러나 실제로 출현하는 (a)부류의 음운현상은 다음과 같이 (ㄱ) β>w에서 파생된 w 또는 [o]와 [u]의 원순성 자질이 제거되어 나오는 활용 예와, (ㄴ) 이러한 원순성 자질이 보존되어 활용에 참여하는 예를 함께 보이고 있다.

① '돕-'(助) : 도부시니이다(용가 96)∽도볼씨니(석보 11 : 6ㄴ)∽

도바(월석 11 : 36ㄴ)

ㄱ) 원순성 자질이 제거된 활용 예
   (1) 도ᄋ-
       큰 慧롤 도ᄋ샤 定과 慧왜 고르며(1461, 능엄언 1, 20a)
       쏘 닐오디 律올 도ᄋ시며 常올 니르시다(능엄언 1, 19a)
       어엿비 너기샤 도ᄋ샤몰 求ᄒᆞ와(능엄언 7, 28b)
       輔는 도올씨니 님금을 도올씨라(능엄언 9, 3a)
       서르 도ᄋ며 눈과 발왜 서르 돕는 천치라(1465, 원각경, 8,

하2, 1 : 15a)

助 도올 조(1583, 석봉천, 42b), 佐 도올 자(석봉천, 23a)

(2) 도으-
輔 도을 보(1527, 훈몽자, 중, 13a)
그 滋味를 도을 뿐이언뎡(1586, 소학언, 5, 51b)
祐 도을 우(1575, 광주천, 41a)

(3) 도아
서르 도아 서르 ᄀᆞᄌᆞ니라(법화경, 2, 108b)
ᄠᅳ들 도아 發ᄒᆞ시ᄂᆞ니(법화경, 1, 128b)
陽올 도아 精氣롤 攝衛ᄒᆞᄂᆞ닌(능엄언 8, 133a).

ㄴ) 원순성 자질이 유지된 활용 예
(1) 도오-
行올 發ᄒᆞ야 道롤 도오미라(능엄언 7, 24b)
부텻 知見을 얼오 智롤 도ᄋᆞ디(1463, 법화경, 1, 43b)
果는 德으로 도오몰 삼ᄂᆞ니라(법화경, 3, 195b)
資는 도올씨니(법화경, 2, 205a)
助는 닐오디 도오미니(원각경, 6, 상 2, 2 : 113a)

(2) 도와
쇠 져즐 取ᄒᆞ야 齋롤 도와 ᄀᆞ장 시브며(능엄언 6, 99a)
物이 어루 모몰 도와 道애 나ᅀᅡ갈만ᄒᆞ라(능엄언 6, 108a)
맛당이 남진을 도와 그 브죡ᄒᆞᆫ 이를(1517, 번소학, 7, 36b)[10]

---

10) 후기 중세국어에서 '돕-'(助)의 활용형들이 모음의 원순성을 상실하는 현상은 근대국어에까지 지속되어 나타난다. 17세기 국어의 표기와 음운·형태를 고찰한 전광현(1971 : 68)은 이 용언의 활용형들이 '오'와 '우' 모음을 갖지 않고, '-으-'로 실현되는 특이한 예들의 존재를 주목하였다. 즉,

도으시는지라(D 7b)
도으심이요(P 1a)
도으시단 말이라(I 1a)

② '굽-'(炙) : 딜엇 굽는(1459, 월인석, 2, 9b)∽밤 구붏 제(1517, 몽산법, 고, 33b)∽봇그며 구버(1459, 월인석, 21, 54a)

ㄱ) 원순성 자질이 제거된 활용 예
　　(1) 구어
　　　　 荃蝎 두 나출 구어(1466, 구급방, 상, 2a)
　　　　 甘草롤 구어 져기 븕게(구급방, 下, 56a)
　　　　 싱앙 흔 량 브레 구어 빼혀 사흐로니(1489, 구급간, 2, 26a)
　　　　 닗꿀으로 ᄆ라 빠 닉게 구어 머그라(구급간, 2, 20b)
　　　　 죠희로 빠 구어 닉거든(1608, 두창집, 下, 55b)
　　　　 나못 가지를 블에 구어 진 나거든(1608, 태산집, 72b)

　　(2) 구으-
　　　　 노올 압지예 무더 구을시라(구급방, 상, 14a)
　　　　 燔 구을 번, 炙 구을 쟈(훈몽자, 하, 6a)
　　　　 저즌 죠희예 빠 구으니와(구급방, 상, 1b)
　　　　 블에 구으니와롤(구급간, 1, 96b)
　　　　 그 구은 고기 가져오라(번역박, 상, 6a)
　　　　 쏘 춤새 구은 이를 싱각ᄒ더니(1586, 소학언, 6, 22b)
　　　　 감초 구으니 각 세 푼 이롤 싸ᄒ라(두창집, 上, 68a)

ㄴ) 원순성 자질이 유지된 활용 예
　　(1) 구우-
　　　　 상모 일빅 근 구운 구술(번역노, 하, 67a)
　　　　 구운 그르시 玉으로 ᄆᆡᆼ근론 缸애셔 디디 아니토다(1632, 두시중 15, 32b)

　　(2) 구워
　　　　 大附子 흔 나출 구워 ᄀᄅ 밍ᄀᆯ오(구급방, 하, 88a)

　　그리하여 전광현(1971)은 위의 예에서 다음과 같은 해석을 하였다. "그런데 'ㅂ' 변칙의 다른 용례들은 모두 '-오/우-'로 변하는 바, 음운론적 면에서 계속되는 원순성의 기피로 해석될 수 있지 않을까 한다."(68면)

블거케 구워 사ᄒᆞ로니와롤(구급간, 3, 79a)

③ ‘눕-’(臥) : 안ᄌᆞ며 누브며(석보상, 6 : 33b)∽지예도 누브며 가ᄉᆡ 남기도 누

버(석보상, 24 : 26a)∽제 모미 누분 자히셔 보ᄃᆡ(월인석, 9, 50a)[11]

ㄱ) 원순성 자질이 제거된 활용 예

   (1) 누어

      醉ᄒᆞ야 누어 다 아디 몯ᄒᆞ야(법화경, 4, 37b)

      써글 밍ᄀᆞ라 베여 누어시면(구급방, 하, 44a)

      구루메 누어슈멘 옷ᄀᆞ외 서늘ᄒᆞ도다(두시초 9, 27b)

      사ᄅᆞ미 ᄃᆞ외야 긼 ᄀᆞᅀᅢ 누엣거늘(석보상, 3 : 17b)

      술 醉ᄒᆞ야 누엣거늘(법화경, 4, 37b)

      뜰 알ᄑᆡ 모진 버미 누엣거ᄂᆞᆯ(1632, 두시중 9, 18a)

   (2) 누으-

      ᄀᆞ마니시며 안ᄌᆞ · 며 누으며(1482, 금삼해, 1, 3a)

      픐 여름 ᄣᅡ 먹고 누으며(1579, 삼강행, 충. 6b)

      두 녀기 다 알ᄑᆞ거든 졋바 누으라(구급간, 2, 7a)

      初生 ᄃᆞ리 누은 ᄃᆞᆺᄒᆞ니(능엄언 4, 111a)

      병ᄒᆞ니 누은 평상 네 모흘(1542, 온역이, 19a)

      醉ᄒᆞ야 누을 ᄯᆞ르미니(법화경, 5, 196b)

ㄴ) 원순성 자질이 유지된 활용 예

   (1) 누우-

      술 醉ᄒᆞ야 누우ᄆᆞᆫ(법화경, 4, 38b)

      앉거나 누우매 혼 偈 닐오매(법화경, 5, 212b)

      안ᄌᆞ며 누우미 편안티 몯더니(1496, 육조법, 上, 33a)

---

11) ‘누볼’ 대신에 ‘느볼’형도 15세기 국어에 등장한다.

오샛 구스를 得호디 醉ᄒᆞ야 <u>느볼</u> ᄯᆞ르미니(월인석, 17, 34b)

이러한 표기는 단순한 오각인지 또는 후행모음 ‘으’에 의한 역행동화의 예를 반영하고
있는 일종의 우발적 표기(occasional spelling)에 해당되는 것인지 알 수 없다.

겨틔 떠나디 아니ᄒ야 안즈며 누우며(동국신, 동삼. 효 7, 19b)

　　(2) 누워

　　　　病ᄒᆞᆫ 사ᄅᆞ미 졋바디여 누워(구급방, 상, 61b)

　　　　평상 우희 졋바누워셔(구급간, 2, 88a)

　　　　늘근 病에 ᄀᆞᄅᆞᆷ ᄀᆞ새 누워쇼니(두시초 3, 29a)

　　　　ᄒ녀고로 누웻디 아니케 홀 디니(구급방, 하, 77b)

　　　　蟄藏ᄒᆞᆫ 龍ᄋᆞᆫ 三冬애 누웻고(두시초 3, 57a)

　　　　나죄 희비츤 누웻는 뷿 ᄀᆞ이로다(두시중 9, 40a)

특히 '눕-'(臥)의 경우에는 17세기의 문헌에서 ㄴ) 부류의 예들보다는 원순성이 제거된 ㄴ) 활용 예들이 빈도상으로 높게 출현하는 것 같다. 안즈나 누으나(동국신, 동삼. 충 1, 24b)∽醉ᄒ야 누으면(두시중 18, 21b)∽급피 누으며(마경언, 상, 73b)∽안즈며 누을 제(두창집, 下, 47b)∽누을 와(1664, 유합_원, 20b)∽술의 숨끼고 누을 제(태산집, 3a).

　④ '곱-'(麗) : 고ᄫᆞᆫ ᄯᅩᆯ(석보상, 6 : 13b)∽눛 고비 빗여(월인천, 상, 18a)∽네 겨지비 고ᄫᆞ니여 對答ᄒᆞᅀᆞᆸ보ᄃᆡ 고ᄫᆞ니이다(월인석, 7, 10b)

　ㄱ) 원순성 자질이 제거된 활용 예

　　(1) 고ᄋᆞ-

　　　　보ᄃᆞ라오시고 微妙히 고ᄋᆞ샤(법화경, 2, 12a)

　　　　얼구리 고ᄋᆞ며(법화경, 2, 73a)

　　　　거우루는 고ᄋᆞ며 골 업스며(원각경, 3, 상 1, 2 : 13b)

　　　　媛은 고온 겨지비라(능엄언 10, 63b)

　　　　俗ᄋᆞᆫ 보ᄃᆞ랍고 고온 것 삼거늘(법화경, 2, 89a)

　　　　艶ᄋᆞᆫ 고온 비치라(법화경, 3, 76a)

　　　　姸 고올 연(1583, 석봉천, 40a)

　　(2) 고으-

　　　　ᄒᆞᆫ 고은 ᄉᆞ나히라(번역박, 상, 55b)

고은 거슬 닙디 아니ㅎ더라(동국신, 동삼. 열 4, 28b)
도적이 그 고은 양을 보고(동국신, 동삼. 열 8, 21b)
고존 흰 고은 거시 펫도다(두시중 18, 2a)

(3) 고아
부드럽고 고아 스랑ㅎ올씨라(능엄언 8, 131b)
이 거시 고아 長常 먼 디셔 날시니라(두시초 15, 21b)
얼굴이 ᄀ장 고아 쥰슈홈이(1677, 박통해, 상, 41b)

ㄴ) 원순성 자질이 유지된 활용 예
(1) 고오
얼구리 고오믄(법화경, 2, 74b)
더러운 거세 고온 ᄠ들 내야(법화경, 2, 111b)
고온 사ᄅ미 누른 흘기 ᄃ외니(두시초 6, 1b)
고온 菊花로소니(두시초 14, 26b)
양지 ᄀ장 고오디(번역박, 상, 63a)

(2) 고와
양지 ᄀ장 고와(번역박, 상, 45b)
양지 고와 모든 中에 ᄀ장 다ᄅ더시니(1611, 내훈奎, 2, 63a)

지금까지 제시한 위의 활용 예들에서 β>w의 과정을 거친 '곱-, 돕-, 굽-, 눕-' 등의 용언들이 ㄱ) 원순성 자질이 제거된 경우와, ㄴ) 원순성 자질이 유지된 경우를 같은 역사적 단계에 속하는 일련의 문헌 자료들에서 보여주는 이유는 어디에 있을까? 제2음절 이하에서 원순성이 단순히 제거 또는 중화되는 현상이 중세국어에서부터 일반화되었을 가능성도 있다. 그러나 이러한 관찰은 앞으로 논의할, 다른 환경을 갖고 있는 용언의 활용 예들의 존재가 이러한 사실을 부정해 준다.

제2음절의 위치에서 의미를 분화시키는 기능을 수행하지 못하면서 이와 같이 수의적으로 교체하는 '도ᅌᆞ∽도오', '도아∽도와'(助) 등과 같은 수의적 變異(free variation)은 중세국어에서 동일한 문헌 자료 내에서 수행될 뿐만 아니라, 같은 문면에까지 등장하고 있다. 이러한 원순성 자질의 유무에 따르는 변이 현상은 당대의 동일한 언어 사회 내에서 일반적인 현상이었으며, 표기자도 자신의 언어에서 말이 쓰이는 상황에 따라 의식적이든 또는 무의식적이든 간에 실현되는 발음상의 동요를 그대로 표기에 반영하고 있다고 생각한다.12)

위의 예 가운데 '굽-(炙) : 구운∽구은, 눕-(臥) : 누운∽누은' 과 같은 변이 현상은 각각 '구운>구은, 누운>누은'의 변화 방향을 나타내는 것으로, 제2음절 위치 '우'가 그 원순성이 제거되었을 때 '으'로 실현됨을 뜻한다. 따라서 이와 같은 비원순화 과정은 15세기 국어의 모음체계에서 '으'와 '우'가 고모음 서열에 위치하며, 원순성에 의한 대립의 짝을 이루고 있음을 반영하는 것으로 볼 수 있다.13) 그 반면에, '돕-'(助)과 '곱-'

---

12) 이러한 경향은 비단 중세국어에 한정되어 나타나는 것이 아니다. 위에서 언급된 '곱-, 돕-, 굽-, 눕-' 등 활용형들의 근대국어의 반사체들은 원순성 자질의 탈락이라는 관점에서 더욱 강화된 모습을 보여준다. 동시에 이러한 경향은 현대국어의 구어에까지 확대되어 나타난다.

13) 이기문(1972ㄴ : 111)에 의하면 15세기 국어의 모음체계는 다음과 같이 설정된다.

이　으　우
　어　오
　아　ᄋ

그 반면, 김완진(1967 : 120~121)에서는 『훈민정음』 해례본의 중성 설명을 해석하여 아래와 같은 모음체계를 확립한 바 있다.

이　우　오
　으　ᄋ
　어　아

위와 같이 가정된 후기 중세국어 단계의 모음체계의 차이는 근본적으로 "모음추이"가 일어난 시기 설정을 15세기 이전으로 설정하는가, 아니면 그 이후로 설정하는가에 따르는 것으로 생각된다. 그러나 이 글에서 필자는 후기 중세국어의 모음체계를 복원할 만한 여건과 능력을 갖고 있지 못하다. 따라서 이 시기에 공시적으로 실현되고 있는

(麗)의 경우에 비원순화에 의하여 등장하는 '도ᄋ∽도으' 및 '고ᄋ∽고으'의 경우는 '오'의 원순성이 제거되면 공시적 모음체계에서 'ᄋ' 또는 '으'로 실현된다는 사실을 말한다.

후기 중세국어의 단계에서 원순모음 '오'와 'ᄋ'는 원순성 자질의 유무에 의해서 대립되어 있었다는 것은 모음 '오'를 再音素化(rephonologization)하면 쉽게 설명된다. 즉, [o]는 기본적으로 /wʌ/의 결합으로 형태음소적으로 생성되었는데, 여기에 다시 원순성 자질에 해당되는 w를 제거하게 되면 ʌ로 환원되는 것이다. 이와 같은 현상은 15세기 국어의 모음체계에서 적어도 다음과 같은 대립을 형성하고 있는 모음체계도 가능하였다는 사실을 나타내는 것이다.

(1) ㄱ. 으→(원순화) 우   ㄴ. 우→(비원순화) 으
     ᄋ→(원순화) 오   오→(비원순화) ᄋ

따라서 '고오'(麗)와 '도오'(助) 등의 비원순화에 등장하는 표기 형태들인 '고으'와 '도으' 유형은 각각 [o]에서 원순성을 제거하면 [ɨ]가 형성된다는 사실을 말하는 것이 아니라고 생각한다. 이러한 예들은 위의 보기에서 확인할 수 있는 바와 같이 16세기 이후의 문헌 자료에서 나타나고 있기 때문에, 비어두음절 위치에 일어난 'ᄋ'의 제1단계 변화인 'ᄋ>으'의 과정이 개입된 것이다. 위의 원순화와 비원순화 과정은 지금까지 제시한 몇몇 용언의 어간에만 한정되지 않고, 이와 동일한 음성조건을 갖추고 있는 체언의 범주에도 일반적으로 적용된다. 그렇기 때문에, 이러한 현상은 15세기 모음체계와 깊은 관련을 맺고 있는 흥미 있는 문제를 제시한다.

원순모음화와 비원순모음화 현상을 합리적으로 설명하기 위해서 잠정적으로 표기상의 음가를 그대로 준수하였다.

지금까지 제시된 (a)부류의 활용 용언들이 갖추고 있는 음성조건은 제1음절 모음이 '오' 또는 '우'의 원순모음이었음이 공통 특징이었다. 그러므로 β>w의 음운변화에서 파생된 w 또는 후행하는 'ᄋ'와 '으' 모음과의 결합에서 이차적으로 형성된 [o]와]u]는 선행하는 제1음절의 원순모음에 의하여 그 원순성을 중화 또는 제거 당한다고 우선 추정할 수 있을 것이다. 이와 같은 판단을 하나의 가설로 다음과 같이 설정하고자 한다.14)

$$(2) \quad \begin{bmatrix} V \\ +r\,ound \\ 1 \end{bmatrix} \begin{bmatrix} V \\ +r\,ound \\ 2 \end{bmatrix} \rightarrow \begin{bmatrix} V \\ +r\,ound \\ 1 \end{bmatrix} \begin{bmatrix} V \\ -r\,ound \\ 2 \end{bmatrix}$$

그러나 이러한 가설 (2)는 그 자체로서 매우 불완전한 것이며, 앞으로 검토될 (b)부류에 속하는 용언군에서 다시 수정되어야 한다. 제1음절 위치에 원순모음을 갖고 있지 않은 (b)부류 활용 용언군들은 제2음절에서 (a)부류의 활용 용언들이 지금까지 보여주는 비원순화와 같은 원순성 자질의 탈락이라는 수의적 변이를 수행하지 않는다. 그 이유는 다음의 보기들에서 관찰되는 바와 같이, 선행 모음이 보유하고 있는 변별적 자질의 차이에 있다고 해석된다. 그리하여 제1음절의 모음이 '오' 또는 '우'와 같은 원순모음을 제외한 여타의 비원순모음 다음에 원순성 자질을 갖고 있는 모음들이 연결되는 용언 활용의 경우에 제2음절 위치의 원순성은 특수한 상황 이외에 언제나 유지되어 있다. 즉, 다음의 용언의 활용형들에서는 "(ㄱ) 원순성 자질이 유지된 예"는 적어도 후기 중세국어의 문헌 자료에서 발견하기가 매우 어렵다.

---

14) Schane(1973 : 117)는 원순모음이 연속되는 환경, 즉 R1+R2일 때 R2가 [−round]되어 평순모음으로 중화된다고 기술한 바 있다. 그는 모든 중화현상을 동화 또는 이화현상으로 분류할 수 있다고 보았다.

⑤ 제1음절의 모음이 '♀'인 음성조건에 후행하는 w 또는 '오', '우'

　－'볿－'(踏) 활용의 경우

　　ㄴ) 원순성 자질이 유지된 활용 예[15]

　　　(1) 볿－＋－아

　　　　妙心으로 볼와 짜히 이로미(능엄언 8, 22b)

　　　　妙心을 볼와 眞實 터흘 사모미(능엄언 8, 23a)

　　　　ᄆ리 사름 믈며 볼와(구급방, 하, 17a)

　　　　몬져 香爐峯을 볼와 뎌를 지스리니(두시초 9, 26b)

　　　(2) 볿－＋오

　　　　노폰 빙애 볼오ᄆᆯ ᄉ랑ᄒ면(능엄언 2, 115b)

　　　　十方애 노녀 볼오ᄃᆡ(능엄언 8, 23b)

　　　　ᄆ를 볼오ᄃᆡ 짜ᄀ티 ᄒ야(법화경, 7, 134b)

　　　　발 볼오ᄆᆫ 修行ᄋᆯ 가ᄌᆯ비고(원각경, 2, 상 1, 1 : 113b)

　　　　中道ᄅᆯ 볼올씨 니ᄅ샤ᄃᆡ 기픈 根源이라(1464, 선종영, 하, 33b)

　　　　踐 볼올 쳔, 踏 볼올 답(1527, 훈몽자, 하, 12a)

　　　　履 볼올 리(1575, 광주천, 11b)[16]

<hr>

15) 제1음절 용언어간에 '♀'를 갖고 있는 또 다른 '涵－'(竝)의 경우에도 β>w 변화 이후
　　에 뒤따르는 어미의 초성에 원순성이 제거된 사례를 중세국어의 문헌 자료에서 찾을
　　수 없다(남광우, 1960 : 237).

16) 그러나 다른 계통의 『千字文』 새김에 등장하는 예 가운데 16세기에 비어두음절 위치
　　의 모음에서 원순성이 제거되기 시작하는 예가 보인다.

　　踐 볼을 쳔(1583, 석봉천, 25a), 踐 볼을 쳔(석봉천, 25a)

　　이와 같은 현상과 관련하여 남광우(1970)는 18세기 후엽 『敬信錄諺解』에 대한 연구에
　　서 불규칙 활용에서 규칙 활용으로 전환된 '볼브며'(踏)를 주목하면서 다음과 같이 기
　　술하였다.

　　"(이 형태는) 오늘날의 규칙활용으로의 복귀연대를 추정하는 자료를 제공한다. 이것은
　　'ㅂ' 변칙활용이 '도으며'(助, 3ㄴ, 16ㄱ), '고으믈'(麗, 4ㄱ)에서, 이것이 '도ᄫᅳ며>도오
　　며', '고ᄫᅳ믈>고오믈'을 거쳐서 그 원순성을 상실한 것과 같이 '볼ᄫᅥ며>볼오며'를 거
　　쳐 '볼으며 → ᄇ르며'로 될 경우 동음이의어와의 충돌을 피하기 위하여 일어난 현상이
　　라 하겠다."(104면)

중세국어에서의 이화작용에 의한 원순성 자질의 소실에 대하여　　413

⑥ 제1음절의 모음이 '이'인 음성조건에 후행하는 w 또는 '오', '우'
　－'잃－'(枯) 활용의 경우

　　ㄴ) 원순성 자질이 유지된 활용 예
　　　(1) 잃－＋－으
　　　　　남골 이울에 ᄒ면(1447, 석보상, 24 : 41b)
　　　　　남기 즉자히 이울어늘(석보상, 24 : 41b)
　　　　　ᄀ술히 霜露와 草木이 이울어든(월인석, 서, 16a)
　　　　　枯ᄂᆫ 이울씨오(능엄언 9, 71b)
　　　　　몃 ᄒ}롤 봀 프리 이울어니오(두시초 5, 43b)
　　　　　枯 이울 고(훈몽자, 하, 2b)

⑦ 제1음절의 모음이 '이'인 음성조건에 후행하는 w 또는 '오', '우'
　－'칩－'(寒) 활용의 경우

　　ㄴ) 원순성 자질이 유지된 활용 예
　　　(1) 칩－＋－어
　　　　　내 아ᄉᆡ 주리며 치워(두시초 8, 34a)
　　　　　하놀히 치워 새와 즘싱이 굿브렛ᄂ니(두시초 8, 59a)
　　　　　주우리고 치워 긼ᄀᆞᅀᆡ 둔노라(두시초 25, 52b)
　　　　　주리며 치워ᄒᄂ니롤(1517, 번소학, 7, 49a)
　　　　　굴므며 치워 셜워커든(1518, 正俗, 29a)

　　　(2) 칩－＋으 / 은 / 을
　　　　　치운 하놀핸 ᄒ}롤 뵈아 뎌르고(두시초 3, 69a)
　　　　　아ᄎ매 치운 비 歇ᄒ니 욿 가온뒷(두시초 15, 14b)
　　　　　열 설 머거셔 쇠 치운 저기며(1517, 번소학, 9, 2b)
　　　　　ᄀ장 치운 겨슬에(번소학, 9, 28b)
　　　　　치운 후에ᅀᅡ 소남긔 후에 뼈러디몰 알리라(1518, 이륜행, 초, 11b)
　　　　　온 얼씨오 洌은 치울씨라(능엄언 8, 82a)

⑧ 제1음절의 모음이 '어'인 음성조건에 후행하는 w 또는 '오', '우'

　ㅡ '덥-'(暑) 활용의 경우

　ㄴ) 원순성 자질이 유지된 활용 예

　　(1) 덥-+-어

　　　ᄆᅀᆞ미 더워 火 發하(능엄언 8, 85b)

　　　주으리며 목 ᄆᆞᄅᆞ며 더워 셜워(법화경, 2, 130a)

　　　ᄆᅀᆞ매 順티 아니ᄒᆞ면 곧 더워 닶가오며(원각경, 7, 하 1,

　　　1 : 28a)

　　　목 안히 더워 마고 므스닐 고티ᄂᆞ니(구급방, 상, 44b)

　　(2) 덥-+-으/은

　　　츠며 더운 여러 相이 간대로(능엄언 2, 113a)

　　　츠며 더운氣分을 다 보라 ᄒᆞ야시ᄂᆞᆯ(능엄언 5, 65a)

　　　더운 믈로 즈늑즈늑기 이베 븟고(구급방, 상, 10a)

　　　길헷 더운 ᄒᆞᆯᄀᆞᆯ 우희여 우희 노코(구급방, 상, 11b)

　　　츠며 더우믈 病ᄒᆞᆫ 사ᄅᆞᆷᅵ 쁘들조차(구급방, 상, 31b)

⑨ 제1음절의 모음이 '으'인 음성조건에 후행하는 w 또는 '오', '우'

　ㅡ '듧-'(穿) 활용의 경우

　ㄴ) 원순성 자질이 유지된 활용 예

　　(1) 듧-+어

　　　ᄒᆞᆫ 구무 들워 몬져 낫 긴헤 ᄢᅦ오(1466, 구급방, 상, 48b)

　　　굼굴 들워 브스름 우희 브툐디(1489, 구급간, 3, 41b)

　　　구든 거슬 ᄀᆞ라 구무 들워 ᄡᅳ라(1489, 구급간, 6, 15b)

　　　ᄒᆞᆫ 져근 굼굴 들워 모딘 긔운이 나게 ᄒᆞ고(1489, 구급간, 7,

　　　75a)

　　(2) 듧-+으/은/을

　　　鑽은 들울씨라(1463, 법화경, 1, 220a)

　　　穿鑿ᄋᆞᆫ 들울 시니(1465, 원각경, 03, 상 1, 2 : 66a)

> 시·름호매 누니 들올 드시 ㅂ·라노·라(1481, 두시초 20,
> 18b)[17]
> 호 길히 구룸 들온디 사ᄅ미 니르디 몯호느니(1482, 남명천,
> 하, 27a)

이상의 예들과 같이, 제1음절 위치에 비원순 계열의 모음들인 '으, 어,
ᄋ' 등에 후행하는 w 또는 '오', '우'는 선행 모음의 간섭을 받지 않고,
그 원순성이 보존되어 출현하고 있다. (b)부류에 나타나는 현상은 이와 동
일한 음성 환경을 갖고 있는 '어령-'(難), '더령-'(汚), '셟-'(悲), '밍-'
(猛), '밍-'(憎), '메밭-'(稛) 등에서 β>w의 음운변화 이후의 활용 형태들
에 충실하게 반영되어 있다.[18] 따라서 이러한 (b)부류의 활용 형태들에서
제2음절 모음의 원순성이 제거되는 음성 조건은 (a)부류와 대조하였을
때, 선행하는 첫 음절의 모음이 원순모음에 있는 것이다.[19] 이와 같은 유

---

17) 그러나 16세기 및 그 후대의 문헌에서 기대되는 '들우-'(穿)형 대신에 '들오-'로 나타
나는 예들도 등장한다. 이러한 사실은 중세국어에서 원순모음 계열 '오'와 '우'가 배열
되어 있는 모음체계상의 위치에 따른 문제인 것 같다. 그러나 '오' 역시 '우'와 같이
원순성을 보유하고 있기 때문에 여기서는 문제를 삼지 않는다.

   穿 들올 쳔(1576, 신유합, 下, 46b)

18) '비밭->비왇-'(吐)의 발달 과정에서도 적어도 중세국어의 단계에서는 제2음절의 모
음이 원순성을 강력하게 유지하고 있다.

   (ㄱ) 혀룰 비봐토니(1517, 몽산법, 고, 24a)
   (ㄴ) 流를 비왇디 아니홇딘댄(능엄경 3 : 79)
       藥 먹다가 비왇고(초간 두시언해 19 : 32)

   그러나 '비왇-'의 제2음절 위치에 고수되었던 원순성 자질이 근대국어에 오면 점진적
으로 약화되기 시작한다. 오늘날의 '뱉다'는 역시 원순성이 제거된 형태이다.

   (ㄷ) 비앗다 : 吐(한청문감 12 : 49)
       비얏다 : 吐(동문유해, 상. 63)
       머금은 거슬 비앗타(十九史略 1 : 31)

   이와 같이, 제1음절의 평순모음 다음에 연결되는 원순모음이 근대국어의 단계에 오면
제거되는 경향이 뚜렷하게 나타난다. 남광우(1959 : 125)는 이 어휘의 역사적 발달 과
정을 "비밭다>비밭다>비왇다>비앗다>뱉다"로 설정하였다.

형의 통합적 현상은 선행 원순모음이 뒤따르는 원순모음의 원순성 자질([+rounded])을 이화시키는 모음의 이화작용의 음운론적 조정에서 파생된 결과라고 해석하고자 한다.

원순성 자질의 수의적인 중화와 관련하여 (a)부류 용언군들의 활용형들이 보이는 음운론적 행위와 관련하여 우리는 가설 (2)를 설정한 바 있다. 이 가설은 평순모음을 제1음절 위치에 갖고 있는 이른바 (b)부류의 활용 형태들을 관찰함으로써 더욱 확실해졌다고 생각한다. 그러나 우리들의 관심이 중세국어에서 "용언의 활용"이라는 하위 범주에만 머물러 있다면 여기서 설정된 가설 (2)는 그 작용 효력이 별로 없을 것이다. 이와 같은 가설이 다른 범주의 형태소들에서 어떻게 그 기능을 발휘하고 있는가를 시험해 보는 데에 그 존재 가치가 놓여 있을 것이다. 이러한 시험의 첫 단계로 앞에서 열거한 (a)부류 용언군들의 음성 환경과 동일한 조건을 구비하고 있는 일련의 체언들을 대상으로 한다. 이러한 작업을 위해서 가설 (2)를 하나의 소규칙(minor rule)으로 승격시킬 필요가 있다고 생각한다.[20]

원순성 자질의 이화작용 규칙 ①

$$V \rightarrow [-\alpha\ \text{round}] / \begin{bmatrix} -\text{cons} \\ +\text{voc} \\ \alpha\,\text{r\,ound} \end{bmatrix} \underline{\hspace{2cm}}$$

이 소규칙 ①의 적용은 후기 중세국어의 음운론에서 필수적이지 않고, 수의적이다. 이러한 수의성은 공시적으로 화자의 말의 스타일 또는 발음

---

19) 중세국어의 단계에 일어나는 이와 같은 비원순화 현상은 지금까지 여러 학자들에 의해서 주목되어 왔다. 김완진(1974 : 112)은 β>w의 음운변화와 관련하여 다음과 같이 지적한 바 있다.
"순경음 '봉'의 발달에서 가끔 β>(w)ø의 예는 '봉' 다음에 모음 '이'가 있을 때이거나 또는 그 앞의 모음이 원순모음일 때 보는 현상인 것이다."
20) 음운변화의 과정에 참여하는 대규칙(major)과 소규칙(minor)들의 상호 관계에 대해서는 King(1969 : 137~138)을 참조.

의 속도(느리게 혹은 빠르게 말하기) 등과 같은 언어 외적 요인과, 발화의 여러 가지의 상황에 좌우되었을 것으로 추정된다. 이러한 사정이 후기 중세국어의 문헌 자료에 어느 정도 사실적으로 표출된 것으로 전제한다.

위의 소규칙 ①을 나타내는 공식은 다음과 같은 이화작용의 내용을 유기적으로 표시한다(Chomsky & Halle, 1968 : 350~352를 참조).21) 즉, β>w의 변화에서 생성된 w는 선행 모음의 원순성 자질의 유무에 따라서 그 w의 원순성의 유무가 역순으로 결정된다. 만일 선행 모음이 [round]를 보유하고 있으면 후행하는 w 또는 다른 모음(ʌ와 ɨ)과의 형태음소적 변화로 형성된 '오'와 '우'는 순행 이화작용에 의하여 [−round]화 된다. 그러나 반대로 선행하는 모음이 [−round]를 보유하고 있으면 후행하는 w와 '오', '우' 모음은 [+round] 자질을 고수하게 된다.

β>w의 변화를 거친 (a)부류 용언의 활용형들은 이와 같이 이화규칙 ①을 수행하게 되었는데, 이와 같은 두 변화 규칙들이 시간적으로 맺고 있는 관계는 소위 급여순서(feeding relationship)를 반영한다. 즉, β>w의 변화 규칙은 이화작용의 규칙 ①이 적용될 수 있는 음성 환경을 제공해 주기 때문이다. 이와 동시에 이화규칙 ①은 (a)부류 용언의 활용형들에게 중세국어에서 생산적으로 작용하였던 모음 축약의 규칙(이기문, 1972ㄱ)이 적용될 수 있는 음성 환경을 이어서 도출하게 된다.

---

21) Chomsky & Halle(1968 : 350~352)는 동화작용이라는 음운론적 과정을 규칙으로 형식화하는 방안으로 주위의 자질들에 대한 속성에 따라서 같이 변하는 가변적 가치를 갖고 있는 그리스 문자 α 기호를 이용한다. 따라서 그리스 문자 α는 인접 환경의 분절음이 나타내는 변별자질이 +이면 덩달아 + 속성을 취하게 되는 동시에, 이것이 −일 경우에는 역시 − 속성을 같이 취하게 된다.
이러한 장치를 이용하면, 동화의 기능이 규칙의 형식화에 자연스럽게 표출될 수 있다. 주위의 일정한 변별자질에 반응하는 그리스 문자 α가 +와 −의 두 가지의 가치를 갖고 있기 때문에, 이화작용 규칙의 형식화도 이러한 규약을 약간 변경하여 작성한다. 즉, [−α Feature X]와 같은 규약을 사용하는데, 여기서 α는 變項이기 때문에, −+=+, −++=−의 규약을 준수한다.

 제4부 중세국어의 음운론과 원순성 자질의 기능

(3) 도·ᄋ며
     도·으며 } 도:며(助)

     구·으니
     구·은 } 구:니, 굼:(炙)

     고·온
     고온 } 곤: (麗)

 그러나 현대국어의 사용 실태와 같은 위의 음운 현상은 중세국어에서
는 나타나지 않는다. 그 원인은 (a)부류 용언군이 갖고 있는 형태론적 어
떤 제약성에 있다고 추정된다(남광우, 1973을 참조).

2.2. 체언에서 원순모음의 이화작용

 체언의 범주에서도 '원순모음+ᄫ'의 통합적 환경이 β>w의 변화가
일어난 이후에 '원순모음+w, o, u'의 환경으로 대치되는 일련의 어휘 형
태소들이 존재한다. 후기 중세국어의 단계에서 이와 같이 연속되는 두
개의 원순성의 모음의 결합을 체언에서 어떻게 조정하고 있는가의 문제
를 여기서 차례로 검토하려고 한다.

 ① 눖두베 〉 눈두웨 〉 눈두에(眼皮)

 후기 중세국어에서 어중의 'ᄫ'을 갖고 있는 '눖두베'형은 오직 1회『蒙
山和尙法語略錄諺解』(1457)에 출현하였을 뿐이다. 그리고 그 이후에는 주
로 '눖두에'형으로 교체되어 있다.

 (4) ᄀᆞᆺ눖두베 므거본 둘 아라든(覺眼皮重, 2ㄴ)

 이 파생명사는 "눈(眼)+둪-(覆)+에"로 분석된다(남광우, 1959 : 120).[22]

그러나 여기서 용언어간 '둪-'(覆)은 이 시기에 원래 순경음 'ㅸ'을 보유한 적이 없었기 때문에, 아래의 활용 예들을 살펴보면 어간 말음은 'ㅍ'이었다.

> (5)　寶帳ᄋ로 우희 둪고(석보상, 20 : 7a)
>　　　가지 펴디여 모든 사ᄅᆞᆷ몰 ᄀᆞ리 두프니(석보상, 6 : 30b)
>　　　帳이 ᄃᆞ외야 이 스싯 諸佛 우희 두프니(법화경, 6, 106b)
>　　　짜해 ᄭᆞᆯ시고 마리롤 퍼 두퍼시ᄂᆞᆯ(월인석, 1, 16a)
>　　　保ᄒᆞ야 가지며 두퍼 간슈ᄒᆞ야(능엄언 9, 065b)

따라서 표면형 '둪-'의 기저형은 /둪-/이어야 할 것이며, 음절말 위치에서 /ㅍ/이 중화되어 대표음 'ㅂ'으로 실현되었을 뿐이다. 남광우(1959)에서의 분석과 같이, '눈+둪+에'의 단어형성론으로 본다면 '(눉)두베 → (눉)두ᄫᅦ'가 아니라, 이미 '*눉두페'형이 결과되었을 것이다. 그렇기 때문에, 이 용언의 어간말음 'ㅸ'의 존재는 이해하기 어렵다. 중세국어 자체에서도 '(눉)두ᄫᅦ'의 통상적인 변화형 '(눉)두에' 이외에 또 다른 형태 '둪게'가 공존하고 있다. 이 형태는 '둪-'(覆)에 수단이나 기구를 나타내는 파생접사 '-개'가 연결된, 중세국어의 전형적인 파생법에 의한 것이다.

> (6)　가마애 녀코 둪게를 여러보니(석보상, 24 : 16a)
>　　　곧 둪게를 닫ᄌᆞᄫᅵ니라(석보상, 23 : 23b)
>　　　世尊이 神力으로 棺 둪게롤 열티게 ᄒᆞ시고(석보상, 23 : 28b)
>　　　둪게 여러 보니 比丘 鐵钁 쏘배 蓮華 우희 안잿거늘(월인석,

---

22) 남광우(1959)에 의하면, 송광사판 『蒙山和尙法語略錄諺解』(蒙法)에는 이 파생어의 어중에 'ㅸ'대신에 'ㅂ'이 등장하는 '눈두베'로 표기되어 있다고 한다. 남광우 교수는 송광사판 蒙法이 1577년 전라도 順天 소재의 松廣寺에서 개간한 판본이기 때문에 이 형태는 당시의 전라도 방언 현실음을 표기한 것으로 판단한다. 그리하여 남광우 교수는 '눉두베∽눉두에'의 양형이 공존하였던 시기가 있었으며, '눉두베>눉두에'의 사실을 기교적으로 혹은 이상적 표기법으로서 '눉두ᄫᅦ'를 선택한 결과로 해석하였다(120면).

25 : 78b)
丈夫ᄂ 棺槨 둡게롤 다다ᅀ(두시초 19, 45b)

그러나 15세기 국어 당대에서 용언어간 '둪-'과, 여기서 파생된 '둡게'형 이외에 또 다른 형태인 '덮-'(覆)과 '덥게'(蓋)이 공시적 변이 관계에 있음이 특이하다. 後者의 형태들은 근대국어의 단계를 거쳐 직접 현대국어로 계승되지만, 前者의 형태들은 사라지게 된다. 문헌 자료에 출현 빈도로 보면, 중세국어의 어느 시점에서 '둪- → 덮-'으로 교체되기 시작한 것으로 보인다.

이 글과 관련하여 문제는 '눖두ᄫᅦ'에서 β>w의 변화를 거친 후속형이 원칙적으로 '눖두웨'형으로 출현하여야 할 것이지만, 중세국어 또는 그 이후의 단계에서 대부분 '(눖)두에'로 나온다는 사실이다. 따라서 '(눖)두ᄫᅦ>(눖)두에'의 결과는 순경음 β가 수행하는 규칙적인 변화의 진로를 위빈하고 있디.

> (7) 瞼 눖두에(1527, 훈몽자, 상, 13a)
>   솓두에예 기름을 죠고마치 븟쪼(1554, 구촬요, 7a)
>   두렫ᄒᆞᆫ 두에 ᄀᆞᆮ튼디라(1586, 소학언, 5, 72a)
>   글흔 믈 붓고 두에 다다 둣다가(1608, 두창집, 上, 66a)
>   가마 두에 덥고(1670, 노걸언, 상, 19b)
>   眼胞 : 눈두에(1690, 역어유, 상, 32b)

위의 예들은 β>w의 변화에 의한 w가 뒤따르는 모음 '-에'[əy]와 결합하게 되면 탈락하게 된다는 결론에 이르게 한다. 즉, (β>)w+əy → øəy.

후기 중세국어에서 β의 변화음인 w가 후행하는 모음과 결합하지 못하고, 탈락하는 경우는 한정되어 있다. 즉, w는 같은 원순성 자질을 갖고 있는 원순모음이 후속하는 경우와, 부사형어미 '-이'와 통합되는 특수한 환경 '-뷔'에만 표면으로 출현하지 못하는 것이다. 이기문(1972 : 45)은 '병'의 변화의 일반 공식에 따르자면 βi>wi가 도출되어야 하지만 βi>i 의 변화가 이루어지는 환경을 다음과 같이 셋으로 정리하였다.

(8) ㄱ. 파생부사 : 수뷔>수이(易), 갓가뷔>갓가이(近)
　　ㄴ. 사동의 파생어간 : 더러뷔->더러이-, 데레이(汚)
　　　*누뷔->누이-(臥)
　　ㄷ. 명사어간 : 사뷔>사이(蝦)

　따라서 β>w의 변화를 거친 w가 모음 '-에'[əy]와 연결되는 경우에 탈락하는 음운론적 근거는 찾을 수 없다. β>w의 일반 공식에 따르면 '베'의 발달은 마땅히 '웨'가 되어야 할 것이기 때문에, '늦두베>*늦두웨'가 도출되어야 한다. 이와 같은 원칙에 근거하여 우리는 이 형태의 발달형에서 w가 탈락되어 나오는 원인은 w과 əy의 연결 과정에서 일어나는 형태음소적 층위에 있지 않고, 조건적이며 결합적인 음성 연결의 낮은 층위의 음운론적 조정에 있다고 판단한다. 다시 말하자면, 우리는 이와 같은 w 탈락(βe>we>e)의 원인이 체언의 형태소 내부에서 선행하는 원순모음에 있을 것이라는 추정을 하려고 한다.

　원래 '늦두베'의 발달형은 일반적인 β>w에 의하여 '늦두웨'이었다. 여기서 '(두베)>두웨>두에'와 같은 음운론적 재조정의 원칙을 지배하고 있는 원리는 2장 1절에서 원순성 자질이 연속적으로 통합되어 나타나는 (a)부류 용언군의 행위에서 추출하였던 소음운규칙 ①에 있다고 판단한다. 지금까지 살펴보았던 (a)부류 용언군에서는 이 규칙이 수의적으로 적용되어 원순성 자질이 탈락된 형태와, 그렇지 않고 소음운규칙 ①을 거부하고 있는 형태들이 공시적으로 공존하였다. 따라서 이 소규칙 ①이 체언의 범주에서도 필수규칙으로 작용하지 못하였을 가능성이 있다. 그

런데 우리가 '눉두볘>눉두웨'의 발달에서 잠정적으로 추정하였던 '눉두
웨'형이 후대의 문헌 자료에서 산발적으로 확인된다.

> (9) 손ㄱ락으로 <u>눈두웨</u>롤 잠짠 비혀(1608, 두창집, 下, 34b)
>   가마ㅅ <u>두웨</u> 덥허 김내지 말고(1790, 몽노중 2, 3b)

이와 같이 제2음절 위치에서 원순성 자질을 보존하고 있는 예들의 출
현은 위에서 언급된 예문 (7)의 형태들이 '(눉)두볘>(눉)두웨>(눉)두에'와
같은 과정을 소규칙 ①의 적용을 받아서 결과된 것임을 말하여 준다. 동
시에 중세와 근대국어의 문헌 자료를 통하여 제2음절 위치에 원순성을
유지한 형태들이 극히 적은 수효로 발견된다는 것은 용언어간에서보다
체언의 범주에 소규칙 ①이 더 적극적으로 관여하였음을 의미한다고 생
각한다.

또한, 광주판 『천자문』(1575)의 전통적인 새긴 가운데에도 '두웨'형이
등장한다고 한다(이기문, 1971 : 112). 蓋 두웨(1575, 광주천, 7a).[23] 이 형태 역
시 '두볘'에서의 직접 발달형임이 분명하다. 그러므로 '(눉)두볘'형은 '(눉)
두웨>(눉)두에'와 같은 w 제거 과정을 선행하는 원순모음의 이화작용에
의하여 수행한 것이다. 그리고 '두볘'(蓋)의 직접 발달형은 '두웨'이었으
며, 이 형태는 잠시 지속되다가 이내 음운규칙 ①의 지배를 받은 것으로
보인다.

---

23) 이기문(1971 : 112)은 『訓蒙字會』에서 둘 또는 그 이상의 釋(새김)을 보여주는 예들을
    열거하는 자리에서, 다른 계통의 『千字文』에 실려 있는 '두웨, 개'(蓋, 광주판 7a)와
    '두플, 개(石峯 千字文, 7a)를 소개한 바 있다. 그리하여 이기문 교수는 이 예에서 동사
    로서는 '두플 개', 명사로서는 '두웨 개'가 오래된 것으로 생각한다고 하였다.

② *누뵈 〉 누웨 〉 누에(蠶)

위에서 제시한 '눉두뵈'(眼皮)와 동일한 음성 조건에서 같은 성격의 음운론적 과정을 거친 또 다른 형태로 중세국어의 '누에'(蠶)을 찾을 수 있다. 이 어형을 순경음 'ㅸ'으로 표기할 것을 기대되는 『訓民正音』 해례본 용자례 가운데 역시 단순히 '누에'로 등장하고 있다. 그리고 '누에'형은 중세국어 이후 근대를 거쳐 오늘날에까지 중부방언 등지에 그대로 이어 오는 것이다.

(10) 절로 살오 절로 주구미 누에고티예 잇듯ᄒᆞ며(석보상, 11 : 35a)
곤 누에와 쇼와 믈왓 類라(능엄언 8, 121b)
能히 나디 몯ᄒᆞ미 누에고티예 이숌 곧다 ᄒᆞ시니(1465, 원각경, 2,
상 1, 1 : 44a)
죠희 ᄒᆞᆫ 張올 누에 ᄲᅵᄅᆞᆯ 조히 업게 ᄒᆞ고(1466, 구급방, 상, 37a)
蚕 누에 줌(1527, 훈몽자, 상, 12a)
밭 갈며 누에 치논(1632, 두시중 22, 28a)

그러나 위와 같은 '누에'형이 원래 순경음 'ㅸ'을 경험했던 어휘에 속하는 동시에, '*누뵈'(蠶)형은 역시 '누웨>누에'의 이화작용을 수행하였을 것임을 다음과 같은 두 가지의 근거에서 추정한다.

첫째, Ogura Simpei(1940 : 33~40)에 의하면, '누에'의 지역 방언형은 어중에 개입된 자음 'ㅂ'의 유무에 의하여 크게 두 가지의 유형으로 구분된다. 즉, (a) [nu-e], [nu-we] 부류와, (b) [nu-bi], [nu-be] 등의 부류. 이 가운데 어중에 b를 보유하고 있는 방언형들은 주로 경상도 방언과 함경도 방언 등지에 분포되어 있다.[24] 어중에 b를 보유하고 있는 다른 부

---

[24] 1930년대 Ogura Simpei(1940 : 34)의 조사에 의하면, [nu-be]형은 함경남도와 북도의 대부분의 지역 및 경상북도의 동부지역, [nu-bi]형은 함경남도의 소부분의 지역, [nui-bi]는 경상남도의 일부 지역, [nii-bi]는 경상남도의 대부분 그리고 경상북도의 일

류의 용언군들과 함께, (b)부류의 어중 자음은 중세국어 이전의 단계로 소급되는 것으로 보인다. 그 반면에, (a) 부류의 형태들은 중세국어에서 '-ㅂ->-ㅸ-'의 변화를 거쳐 순경음 'ㅸ'으로 전환된 다음, 이어서 β>w의 변화를 수용한 형태들의 공시적 반사체인 것이 분명하다.

둘째, '*누뷔'(蠶)의 직접 발달형으로 판단되는 '누웨'형을 문헌 자료에서 드물게 찾을 수 있다.

> (11) 蠶은 누웨라(1459, 월인석, 25 : 42a)
> 곧 누웨롤 주기리라(월인석, 25 : 43b)
> 누웨 주균 거시 아니리라(월인석, 25 : 43b),
> 本來 누웨 이베셔 난 絲綿(월인석, 25 : 43b)
> 겨지븨 이베셔 나디비 누웨 이베셔 난 거시 아니니(월인석, 25 : 44a)
> 갓ㄱ로 낟ᄂ닐 고튜디 누웨 뼈슨 죠희롤(1466, 구급방, 하, 85a)

위의 예에서 『월인석보』에 반영된 형태는 오직 단독 형태인 '누웨'로만 쓰이고 있다. 그 반면에, '누웨'형을 보이는 『救急方諺解』에서는 여기서 한 단계 더 변화된 '누에'형이 더 보편적으로 나타난다. 그리고 '누웨'형을 보이는 『救急方諺解』 하권 자체 내에서도 '누에'형과 변이를 반영하고 있다. 이러한 사실을 보면, '누웨'형이 더 보수적인 형태인 반면에, 여기서 한 단계 발전된 '누에'형은 개신형의 신분을 갖고 있을 것으로 생각된다.

> (12) 쏘 누에 뼈 난 죠희 ᄒ 張(구급방, 상, 37a)
> 누에 뼈롤 조히 업게 ᄒ고(구급방, 상, 37a)
> 목 브ᄉ닐 누에 뼈 난 죠희롤 ᄉ로디(구급방, 상, 44b)
> 누에 뼈 난 죠희롤 ᄉ라(구급방, 하, 55b)

부 지역, 끝으로 [ni-bi]는 경상도의 일부 지역 등에 분포되어 있다.

일시적으로 문헌 자료에 등장했던 후기 중세국어의 형태 '누웨'형은 개신형 '누에'로 완전히 대치된 것이 아니라, 오늘날의 지역 방언형에도 그 역사적 잔재를 제시하고 있다. 小倉進平(1944 : 324)에 의하면, 1940년대에까지 [nu-we](전남 : 순천, 곡성)와 [ɜw-nu](황해 : 안악, 은율)형이 사용되고 있는 것이다.

이와 같은 사실을 고려하면, 15세기 국어에서 '누웨'와 '누에'의 공시적 변이의 관계를 맺고 있는 이 형태의 이전 형태를 순경음 'ᄫ'을 보유하고 있었던 '*누ᄫᅦ'로 소급시켜야만, 합리적인 해석이 가능하다. 즉, 제2음절 위치에 원순성을 유지하고 있는 '누웨'의 출현은 '누에'의 이전 형태가 '*누ᄫᅦ'였을 것이라는 사실을 전제하지 않으면, 오히려 '누에>누웨'와 같은 변화를 상정하여야 된다. 그러나 이러한 변화의 과정은 중세국어의 음운론에 비추어 볼 때, 설득력이 낮으며, 동시에 비경제적이다. 그리하여 '누웨'의 제2음절에서 원순성의 기원은 순경음 'ᄫ'에서 β>w의 변화에서 유래된 것으로 해석하여야 된다고 생각한다.

따라서 후기 중세국어에서부터 보편적으로 쓰이고 있었던 형태 '누에'(蠶)형은 '*누ᄫᅦ>누웨'의 단계에서 선행 원순모음의 영향으로 제2음절 모음의 원순성 자질이 이화작용에 의해서 제거된 것으로 해석하고자 한다. 즉, 여기에서도 음운규칙 ①이 강력하게 작용한 것이다.

③ *수ᄫᅳᆯ〉수울〉수을〉술(酒),

　　*두ᄫᅳᆯㅎ〉두울ㅎ〉두을ㅎ〉둘ㅎ(二)

이 글에서 그 이전 형태를 '*수ᄫᅳᆯ'로 추정하려는, '酒'를 의미하는 단어는 중세국어의 단계에서부터 이미 변화의 최종적인 형태 '술'로 주로 등장하고 있었다. 그뿐만 아니라, 이 '술'형은 같은 시기에 또 다른 이형태들인 '수울∽수을∽술'과 같은 공시적 변이의 모습을 산발적으로 반영하고 있었다. 그렇기 때문에, 종래에 학자들에 의해서 이와 같은 세 가지 유형의 공시적 변이형들의 공존이 크게 주목된 바 있었다.25) 이러한 변이 현상을 취급하는 태도는 소극적인 해석(즉, 표기상의 문제)과 적극적인 해석(실제의 음운현상)으로 나뉜다.

　이숭녕(1955 : 203)은 『鷄林類事』에 실려 있는 "酒曰 酥浮밀"에 대한 기술에서, 이 형태는 역사적으로 '*수블>*수봉>수울∞수울∞술'과 같이 발달한 것으로 간주하였으며, 여기서 '수울'이 '봉'의 변화를 거친 정형일 것이며, 또 다른 표기형 '수을'의 '우−으'는 '우−우'에 대한 장모음 표기로 해석된다고 하였다.26) 그러나 15세기 국어에서 '둘'(上聲)의 성조(長音)의 경우와는 달리, '술'(酒)의 성조는 低調(평성)이었으며, '수을' 역시 "평성+평성"의 연속이었기 때문에, 이 단어의 모음이 장모음이었을 가능성은 없다.

---

25) 중세국어에서 '수울∞수을∞술'(酒)이 반영하는 이러한 공시적 변이에 대한 지금까지의 대표적인 해석은 이숭녕(1945 / 1955 : 481~482)에서부터 시작되었다. 이숭녕 선생은 이 논문 3장 「표기법상 동모음중출과 히아투스」에서 중세국어에 등장하는 세 가지 표기 형태 '수울, 수을, 술'의 "혼란된" 예들을 제시한 다음, 이조 초기의 언중이 이같이도 형태가 유사한 동의어를 세 개나 가지고 있었다고 믿어지지 않기 때문에, '수울'과 '수을'은 둘 다 '술'의 장음 표기에 불과한 것으로 간주하였다.
이기문(1971 : 166~167)은 『訓蒙字會』의 釋에 대한 연구에서 15세기 중엽에 '봉'의 소실로 15세기 후반에는 '으+오'의 연결을 가졌던 단어들이 『훈몽자회』에 와서 표기상으로 모두 '오+으'로 된 예들을 지적하였다. 여기서 이기문 교수는 15세기에 '酒'를 의미하는 단어가 '술, 수을, 수울'로 표기된 사실에 준해서 '오+으'로 표기된 단어들은 문자 그대로 수용하기는 어렵다고 보았다. 왜냐하면, '으+오'는 비록 표기상으로 '오+으'로 나타나지만 '으+오'는 '오'로 축약된 것이기 때문이다. 이 때의 축약된 '오'는 장음이었을 가능성이 있다고 보았다(166면).
허웅(1965 : 483)은 중세국어 후기의 문헌에 '수을(酒), 두을, 두울(二)' 과 같은 표기가 보이는데, 이것은 '술'과 '둘'의 표기법상의 동요로 간주하였다. 남광우(1959 : 120)에서도 '酒'를 의미하는 단어의 음운변천의 과정을 '수블>수봉>수울, 수을>술'(단모음)로 해석하고, 이와 유사한 '두을∞둘'(二)에서 '두을'형은 ':둘'형의 "異樣表記"라고 기술하였다.
26) 따라서 이숭녕(1955 : 203)은 '수울∞수을'과 같은 표기는 마치 '누본>누운'(臥)에서 '누운'이 '누은'과 같이 표기되는 예와 같은 종류로 간주하였다.

　　장모음을 나타내는 표기가 중세국어의 단계에 실제로 등장하였을 가능성은 따로 찾기 어렵다. 중세국어에서의 변별적 韻素 기능은 높낮이(高低)의 단계를 구분하는 성조 체계이었기 때문이다. 물론 후대에 장음으로 발전하게 되는 "先低後高"의 복합성조인 上聲이 잉여적 성분으로 음장을 부차적으로 반영하였을 것이지만, 이와 같은 사실은 성조 체계가 붕괴되는 17세기 근대국어에서부터 표기상으로 관찰되는 것이다(전광현, 1967 : 56).[27]

　　최근에 김완진(1974 : 111)은 '수울>수을'(酒)과 '두울ㅎ>두을ㅎ'(二) 등과 같은 변화는 일종의 이화작용으로 해석되는 현상으로 파악하였으며, 아울러 양순음 'ᄫ'의 발달에서 β>(w)ø의 예는 'ᄫ' 다음에 모음 '이'가 후속되거나, 또는 그 앞의 모음이 원순모음일 때 출현하는 음운 현상임을 지적한 바 있다. 이와 같은 새로운 견해는 15세기 문헌에 공존하는 '수울∽수을∽술'과 '두울∽두을∽둘'의 세 가지 유형의 형태 및 이와 관련된 언어 사실들을 지금까지의 표기법상의 차원에서 하나의 분명한 음운현상으로 인식하려는 태도에서 비롯된다고 생각한다.

　　그러나 대부분의 학자들이 중세국어의 또 다른 표기 형태인 '수울'형이 그 이전의 단계에서 순경음 'ᄫ'을 소유하였던 시기가 있었을 것으로 추정하는 데에는 12초엽의 『鷄林類事』(酒曰 酥孛)와 14세기의 『朝鮮館譯語』(酒, 數本)에서의 기록이 증언하고 있기 때문이다(이기문, 1968 : 231). 그러나

---

27) 17세기 국어의 음운론을 고찰한 전광현(1967)은 중세국어에서 상성을 갖고 있었던 음절이 17세기에 와서 장음으로 표기된 예들을 아래와 같이 추출하였다.

(ㄱ) 숩(裏) → 비 소옥 (肚裏, 1657, 어록해_초,9a),

(ㄴ) 오 : 로(全, 온전히) → ᄂᆞ출 셔로 ᄒᆞ고 오오로 ᄀᆞ장 부쳐을 렴ᄒᆞ니(1637, 권념요, 29b)

　　總領호몰 당당이 오오로 몯호ᄂᆞᆫ가(1632, 두시중 21, 11b)

　　오오로(頓, 1657, 어록해_초, 2a)

(ㄷ) 온(全, 擧) → 그 오온 글월을 비록 可히 보디 몯ᄒᆞ나(1586, 소학언, 서, 2a)

　　香氣ㅣ 오온 殿에 飄散ᄒᆞ니(두시중 6, 7a)

'酒'를 뜻하는 오늘날의 지역 방언형 가운데 어중의 '-ㅂ-'은 전연 찾아 볼 수 없다. 이러한 사정은 '둘'(二)의 경우도 동일하게 나타난다.

이숭녕(1955)에서 지적한 바와 같이 '*수볼'의 직접 발달형은 '수울'일 것이다. 이 형태는 후기 중세국어의 문헌 자료에서 다음과 같이 비교적 흔하게 나타나며, 근대국어의 초반까지 부분적으로 지속되어 있다.

(13) 수욿 毒氣이 사른미 챵즈롤(구급방, 하, 77b)
기튼 수욿잔과(두시초 19, 2a)
樓 우희셔 수울 먹고(두시초 8, 28a),
羊과 수울와 보내라(1481, 삼강행_런, 孝. 6)
호 잔 수울 먹져 수울 머거다 수욿갑 혜라 가져 수울 폴리여(번역노, 상, 64b)
樓 우희셔 수울 먹고(1632, 두시중 8, 28a)
차와 수울와 머구매(두시중 19, 24b)

위의 예 가운데 특히 16세기 국어의 구어성이 풍부한 최세진의 『번역 박통사』와 『번역 노걸대』에 '수울'형이 또 다른 이형태 '술'이나 '수을'의 경우보다 압도적으로 많은 출현 분포를 보이는 점이 특이한 사실이다. (ㄱ) 수울 フ아만 관원(번역 박통사, 상. 2ㄱ)∽됴혼 수울(상. 2ㄱ)∽수울 어드라(상. 3ㄱ)∽초뿔 수울(상. 40ㄴ)∽수울 열항(상. 45ㄱ), (ㄴ) 수울옷 됴티 아니커든(번역 노걸대, 상. 57ㄱ)∽수울 흘리디(상. 63ㄴ)∽수울 머거다(상. 64ㄴ)∽수욿값(상. 64ㄴ)∽호두 잔 수을 머고리라(하. 7a).

아울러 또 다른 '수을' 형태도 중세국어에 다음과 같이 생산적으로 나타난다.

(14) 마시 수을 곧더라(월인석, 1, 43a)
우므리 둡외니 마시 둔수을 곧더니(석보상, 3 : 14b)
수을 고기 먹디 마롬과(석보상, 6 : 10b)

百姓을 수을 밥 머기시며(월인석, 2, 67a)

수을 고기 먹디 말 씨라(월인석, 4, 58a)

옷 밍ᄀᆞᆯ며 수을 비즈며(1481, 삼강행_런, 烈 2)

우리ᄂᆞᆫ 수을도 ᄎᆔᄒᆞ며(번역노, 하, 35b)

중세국어의 문헌 자료에 등장하는 '수울∽수을'(酒)의 변이 현상에서 그 변화의 방향을 쉽게 판단하기는 어렵지만, 잠정적으로 '수울>수을'를 가리킨다고 전제하기로 한다. 그러나 중세국어의 동일한 자료 자체 내에서도 보수형 '수울'과 개신형 '수을'이 번갈아 교체되어 나타난다. 樓 우희 셔 수울 먹고(초간 두시 8. 28ㄱ)∽수으리 므겁고(초간 두시 8. 27ㄴ).28) 여기서 개신형 '수을'에서 '우＋으'의 연결은 중세국어의 음운론에서 예외 없이 '으' 탈락을 초래하기 때문에 단음절 '술'로 축약되는 과정을 거칠 수밖에 없다. 따라서 최종적인 변화 형태인 '술'이 중세국어의 후반부 정도 또는 그 이후에 등장할 것으로 기대된다. 그렇지만 이러한 예측과는 달리, '술'형은 15세기 국어의 전형적인 문헌 자료에 위에서 언급된 '수울' 또는 '수을'의 출현 빈도보다 더 빈번하게 등장하고 있는 것이다.

(15) 술 고기 머그며 풍류홀 씬(월인석, 21, 124b)

모딘 黑象ᄋᆞᆯ 술 머겨 뒷다가(월인석, 22, 71b)

비록 술 마숌과 五辛 머굼과(능엄언 7, 53b)

술 아니 머고몬 亂 마고미 至極이오(능엄언 8, 7a)

술 醉ᄒᆞ야 누엣거늘(법화경, 4, 37b)

거즛말 말며 술 고기 먹디 말씨라(법화경, 7, 78a)

믈 너 홉과 술 두 홉(구급방, 상, 32a)

---

28) 또한, 초간본『두시언해』가운데에는 '술'형의 출현 빈도가 제일 높다. 따라서 이 자료 자체 내에서 '수울∽수을∽술'의 세 가지 형태들이 공존하고 있다. 져그매 흐르ᄂᆞᆫ 수를 너티 자바(酒, 7. 8ㄱ). 그리고 16세기의『번역 박통사』에도 '수울'과 '술'형이 번갈 아 교체되어 나타난다. 됴흔 수울(상, 2ㄱ)∽술 머그면(상. 53ㄴ).

그러나 중세국어의 시기에 위와 같은 '수울∽수을∽술'(酒)의 공시적 변이 현상은 다음과 같은 변화의 순서를 반영하고 있다고 생각한다. 즉, (ㄱ) '*수볼'에서 β>w의 변화를 거친 '수울'형은 '우+우'의 음성 환경을 형성하게 되어 음운규칙 ①의 지배를 받아서 '수울>수을'로 전환되었다. (ㄴ) 이어서 '수을'형은 중세국어의 음운 연결의 규칙에 의해서 '수을>술'로 축약되는 과정을 거친 것이다. 이와 같은 통시적 변화의 순서가 중세국어의 단계에서 공시적 변이의 모습으로 위의 (13)~(15)의 예들은 보여주고 있다고 생각한다.

따라서 (13)~(15)의 예들은 중세국어 당대에 '*수볼>수울' 이후의 과정에 원순성에 의한 이화작용을 나타내는 음운규칙 ①과 '으' 탈락규칙의 수의적인 적용 여부를 문헌의 특성과 유형에 따라서 보이는 것으로 가정한다. 즉, 개신적인 음성변화가 일정한 역사적 단계에 완료되어 종료되는 것이 아니라, 전 언어사회로 확대되어 진행됨에 따라서 그 확산의 파장이 단어에서 단어로, 개인 화자에서 다른 개인 화자로 옮겨 산나는 것을 의미한다(Wang, 1969). 그렇기 때문에, 우리가 편의상 변화의 시간적 방향을 '*수볼>수울>수을>술'로 전제하지만, 실제로는 어느 일정한 시기에 a>b와 같은 공식으로 일률적으로 분석할 수 없는 음운론적 과정을 나타내고 있다.

새로운 음운론적인 변화, 다시 말하자면 새로 문법에 첨가되는 음운규칙은 어느 일정한 단계까지는 사회 계층과 세대 간의 차이 등의 사회언어학적 변항(variables)이나, 심지어는 개인의 언어 사용에서 말의 스타일에 따라서 보수형과 개신형의 공존을 허용하는 것이 일반적인 현상이다(King, 1969). 그러므로 '수울'에서 '수을'으로의 이화작용의 시작과, 음운규칙 ①을 거친 다음에 이어서 '으' 탈락규칙의 적용을 받은 '술'의 최종적인 변화 종료의 시기 사이에는 일종의 수의적 변이의 형식으로 이 세 가지 형태들이 모두 사용될 수 있는 것이다. 당대의 書寫者들은 이 세 가지의 형태들 중에서 문헌 자료의 성격과 장르, 사회언어학적 특성 등의 상호작용에 따라서 선택할 뿐이라고 생각한다. 그러나 이러한 과정은 17세기 근대국어의 단계에 진입하면서 점진적으로 최종적인 형태인 '술'로 종료되었다.

이러한 설명과 가정은 '*두봃ㅎ>두·울ㅎ>두·을ㅎ>:둘ㅎ'의 통시적 변화를 거친 것으로 추정되는 수사 '둘'(二)의 경우에도 그대로 적용된다. 이 단어를 역사적으로 선행하는 후기 중세국어의 이전의 형태는 『鷄林類事』의 증언에 의하면 이음절어이었다. 二曰 途孛. 후기 중세국어의 문헌 자료에서 이 단어는 지금까지 언급된 '술'(酒)의 사례와는 달리, 변화의 최종적인 형태 '둟'형으로 대부분 등장하고 있다. 또한 '둟'은 그 이전 형태 '두욿'과 '두욿'의 성조가 "低調+高調"의 구성이었기 때문에 단음절로의 축약은 "先低後高"(상성)로의 형태음소적 변화를 보인다(정연찬, 1960).

(16) 點뎜이 둘히면 上쌍聲셩이오(훈민언, 14a)
    부텻 둘찻 일후미시니라(석보상, 3 : 4b)
    둘흔 됴흔 힝뎌글 가젯논 警戒니(석보상, 9 : 6a)
    부텻 나히 닐흔둘히러시니(월인석, 11, 11a)
    둘흔 앗곰 업스신 行이니(월인석, 18, 17a)

그 반면에, '*두봃ㅎ'에서 β>w의 변화를 거친 직접 발달형으로 추정되는 '두욿'과, 여기서 이화작용의 음운규칙 ①을 수용한 '두욿'은 중세국어의 시기의 문헌 자료에 매우 희소하게 나타난다. 그리고 근대국어의 단계에서도 그 출현은 마치 화석형과 같이 찾기 어렵다.

   제4부 중세국어의 음운론과 원순성 자질의 기능

(17) ㄱ. 눈 곱고 안졋거눌 두울히 뫼셔 셧더니(1518, 이륜행, 초, 47a)

　　　두울재는 므리니 내 모매 피와 눈믈와 곳믈와 춤괘오(1569,

　　　칠대만, 2a)

　　ㄴ. 두을재는 ᄀ론 허므롤 서르 경계호미오(1518, 여향언, 1b)

　　　두을재는 ᄀ론 힝지거동이 너므며(여향언, 6b)

　　　우흿 갌눌ᄀ론 열두을 ᄂ랫 지치여(1632, 두시중 17, 10a)

위에서 언급된 바 있는 '*수볼'(酒)의 반사체들인 (13)~(14)의 예들이 중세국어의 단계에 비교적 활발하게 등장하고 있는 현상과 극단적으로 대조되는 '*두볼ᄒ'(二)의 반사체들의 이와 같은 자료상의 빈곤은 어휘마다 고유한 발달의 역사를 갖고 있음을 상징적으로 나타내는 것으로 보인다(Lehmann, 1962 : 126). 따라서 우리가 여기서 쉽게 규명할 수 없는 어떤 사정에 의해서 '*두볼ᄒ'의 반사체는 β>w의 변화를 거치고 '두울ᄒ>두을ᄒ'의 과정과 'ᄋ' 탈락 규칙을 중세국어의 시기에 일찍이 완료했던 것으로 추정한다.29)

④ *누뵈〉누위〉누의(妹)

후기 중세국어의 문헌 자료에 등장하는 '누의'(妹)형은 또 다른 이형태 '누위'와 일정한 기간 동안 공존하고 있는 모습을 보인다. 전자는 중세와 근대국어를 통해서 가장 일반적인 형태인 반면에, 후자인 '누위'형은 상대적으로 매우 축소된 분포를 나타내고 있다. 따라서 '妹'를 의미하는 단어는 이 시기에 '누의∞누위'의 공시적 변이를 반영하고 있는데, 이들의 역사적 선행 형태는 다음과 같은 두 가지의 사실로 미루어 순경음 'ᄫ'

---

29) 이숭녕(1954 : 57)은 오늘날의 '둘'(二)의 역사적 발달은 고려 초기의 『鷄林類事』에 기록된 '두불'에서부터 '두블>두볼>두울∞두을∞둘'과 같은 과정을 밟아 온 것으로, '두을'의 '우+으'의 구성은 '수을'(酒)의 경우와 동일한 표기 원리(즉, 장음표기)에 의한 것으로 파악하였다.

을 보유했을 것으로 추정한다. 첫째는 15세기 초엽의 『朝鮮館譯語』의 기록, 즉 '妹, 餧必'. 둘째는 순경음 'ㅸ' 대신에 어중에 '-ㅂ-'를 유지하고 있는 남부와 북부 방언군에 분포되어 있는 방언형 '누비' 또는 '누부' 형들의 존재(小倉進平, 1944 : 63).[30]

　　그렇다면, '누의∽누위'의 공시적 교체에서 순경음 'ㅸ'을 갖고 있는 후기 중세국어 이전의 형태를 복원하자면, (ㄱ) *'누뷔', (ㄴ) *'누뷔', (ㄷ) *'누뵈' 등과 같은 세 가지의 가능한 후보가 떠오른다. 우선 후기 중세국어에서의 '누의∽누위'의 교체에서 변화의 방향은 우리가 여기서 취급하고 있는 주제와 일관되게 잠정적으로 '누위>누의'이었을 가능성을 염두에 두기로 한다. 위에서 언급한 세 가지의 복원 가능형 가운데 *'누뷔'형은 일단 배제하기로 한다. 어휘 형태소 제2음절 위치에서 β>w의 변화에 의한 '-뷔>-위'의 과정이 중세국어의 음운론에서 매우 불안정하기 때문이다. 통상적인 'ㅸ'의 변화 공식에 의하면 이러한 구성은 βi>øi가 도출된다. 예를 들면, '사뷔>사이'(蝦)의 발달을 열거할 수 있다. 水母類는 믈 더 푸므로 體를 삼고 사이로 누늘 삼느니(능엄언 7, 89b), 사이 하 蝦(1664, 유합_원, 9b).

　　다음으로 *'누뷔'형이 차선으로 고려될 수 있다. 어휘 형태소의 제2음절 위치에서 '-뷔'의 존재는 15세기 국어의 특이한 형태 '더뷔'(暑)와 '치뷔'(寒)에서 확인된다. 모기 벌에며 더뷔 치뷔로 셜버 ᄒᆞ다가(월인석보 9, 26ㄱ). 따라서 *'누뷔>누위'(妹)와 같은 결과가 '더뷔>더위'(暑)와 '치뷔>치위'(寒)의 변화에서 반복된다고 말할 수 있다. 그러나 우리는 15세기 국어에서 『훈민정음』 용자례에 제시된 매우 자연스러운 형태 '드뵈'(瓠)를 특히 주목한다. 이숭녕(1954 : 64)은 '드뵈'의 변화에 대한 설명에서 '드뵈>드위>뒤'가 공식적인 발달인 것으로 추정한 바 있다. 이와 같은 발달의 통

─────────

30) 남광우(1959)는 지역 방언의 '누부'와 '누비'형이 15세기 문헌에 등장하는 '누위'와 '누의'보다 더 古形이었을 것으로 보았다.

　　제4부 중세국어의 음운론과 원순성 자질의 기능

로는 β>w의 공식을 따라 β+iy>w+iy→uy와 같은 과정을 자연스럽게 반영하는 것이다. 따라서 우리는 중세국어에서 매우 유표적인 형태에 속한다고 볼 수 있는 *'누뷔'형 대신에, 자연스러운 *'누뵈'형을 '누위'의 선행 형태로 가정하려고 한다.

β>w의 변화를 거쳐 *'누뵈>누위'의 과정을 보이는 '누위'형이 다음과 같이 중세국어와 근대국어의 문헌 자료에 일부 등장하고 있으나, '우+우>우+으'와 같은 이화작용을 나타내는 음운규칙 ①의 강력한 작용으로 그 출현 빈도는 높지 않았다.

(18) 아ᅀᅡ와 누위를 ᄎ자볼 지비(두시초 23, 46a)
　　그 누위 病커든 반ᄃ기 親히 爲ᄒ야(1611, 내훈奎, 3, 42a)
　　브리 그 입거우제 블거눌 누위 닐오디(내훈奎, 3, 42a)
　　비록 ᄌᆞ조 누위를 爲ᄒ야 粥을 수고져(내훈奎, 3, 42b)
　　아ᅀᆞ와 누위왜 蕭條히 제여곰(두시중 11, 29a)
　　어미와 ᄯᅩ ᄆᆞᆮ누위와 아ᅀᆞ누위왜 ᄒᆞ가지로(1637, 권념ᅀᆞ, 18b)

그 반면에, '누위>누의'(妹)의 변화를 거친 '누의'형이 15세기 국어의 문헌 자료에서 그 대부분을 차지하고 있다. 누의는 겨지븨 이롤 다ᄉᆞ릴ᄊᆡ(월인석, 4, 11b). 그러나 우리가 설정한 전제에 의하면, 15세기의 전형적인 형태 '누의'의 존재는 그 앞선 형태 '누위'를 떠나서는 불가능한 것이다. 이러한 사실에도 불구하고 '누의'의 선행 형태 '누위'의 분포가 중세구거의 단계에 매우 낮다고 하는 것은 상대적으로 체언 범주에서 연이어 중복되는 원순성 자질을 제거시키는 음운규칙 ①이 매우 강력하게 적용된 것으로 이해된다. 이러한 음운규칙 ①의 행위는 우리가 위에서 제시한 중간 단계의 형태 '누웨'(蠶), '수울'(酒), '두울'(二) 등의 부류에서 관찰하였기 때문에, 극히 낮은 출현 빈도를 갖고 있는 '누위'(妹)의 경우도 역시 예외가 아니다.

지금까지 제시한 체언의 범주에서 '두에(蓋), 누에(蠶), 술(酒), 둘(二), 누의(姉妹)' 등의 예들은 모두 제2음절에 순경음 'ㅸ'을 직접 경험하였거나, 또는 'ㅸ'을 갖고 있었다고 재구된 단어들이었다. 따라서 이러한 체언들은 중세국어의 단계에서 음운규칙 ①의 지배를 받아서 형성된 것들이었다. 이러한 이화작용의 음운규칙 ①의 적용을 초래했던 음성학적 원인은 다음과 같은 세 가지의 음성 조건에 있었다. 첫째는 제1음절이 원순모음을 갖고 있는 체언들에서, 둘째는 제2음절 위치에 순경음 'ㅸ+평순모음'의 구성을 이루고 있었으며, 셋째는 β>w의 변화를 거치면서 제2음절의 평순모음이 원순성 자질을 갖고 있는 분절음으로 전환되어 '우+우'의 구성을 형성하였다는데 있다. 이와 같이 동일한 원순성 자질이 연속되는 조건에 이화작용의 음운규칙 ①이 강력하게 작용하게 된 이유는 화자가 음성이나 문자 매체로 전달하려고 하는 표현의 인지적 명료성에 있을 것으로 생각된다.

그렇다면, 위의 세 가지 음성 조건 가운데 첫째 조건을 달리하면 제2음절 위치의 원순성 자질은 중세국어의 단계에서 어떠한 행위를 보일 것인가? 다시 말하자면, 제1음절의 모음이 비원순모음이고, 둘째와 셋째의 음성조건은 음운규칙 ①을 수행한 여타의 체언들과 동일하다면 어떠한 음운현상이 수행될 것인가. 이러한 조건에서도 제2음절의 체언어간에 원순성 자질이 중화 또는 제거되어 나타난다고 하면 우리가 지금까지 수행한 작업들은 그 의미가 상실될 것이다.

설명의 편의상, 체언에서 순경음 'ㅸ'을 선행하는 제1음절 위치의 모음이 원순모음인 음성 환경을 갖추고 있는 어휘 형태소들을 (a)부류라 분류하기로 한다. 그리고 제1음절의 모음이 평순모음이면서 둘째 음절 위치에 'ㅸ'이 뒤따르는 체언의 범주를 (b)부류로 부르기로 한다. 그러나 만

 제4부 중세국어의 음운론과 원순성 자질의 기능

일 (b)부류의 어휘 형태소들이 β>w의 변화의 결과 형성된 원순성 자질을 제2음절 위치에서 간섭 받지 않고 그대로 유지하고 있게 된다면, 상대적으로 우리가 (a)부류에서 추출한 원순성에 따른 이화작용을 가리키는 음운규칙 ①은 그 위상이 중세국어 음운론에서 강화될 것이다.

⑤ '봉'을 선행하는 제1음절의 모음이 '어'인 (b)부류 어휘 형태소

(19) 셔볼>서울(京)
셔볼 도즈기 드러(龍歌, 49장)
아바님 셔울 겨샤(월인석, 10, 1a)
셔울 스굴히 엇뎨 다르리오(1464, 선종영, 하, 113a)
어느 젼츠로 두 셔울훌 보리오(두시초 10, 36b)
권시는 셔울 사름이니(1617, 동국신, 동삼열2, 87b)
탁쥐 심록명이 관가일노 셔울 갈 시(1796, 경신석, 55a)[31]

(20) 더뷔>더위(暑)
더뷔 치뷔로 셜버 ᄒᆞ다가(월인석보 9, 26ㄱ)
龍이 더위룰 여희오(월인석, 7, 36a)
더위룰 避ᄒᆞ더 일훔난 위안훌 얻도다(두시초 8, 11a)
치위와 더위왜 온 나룰 서르 섯거(두시초 3, 50a)
더위 드려 죽ᄂᆞ닐(1489, 구급간, 1, 33a)
甚흔 치위와 더위와 비예 뫼슈와셔쇼몰(1611, 내훈奎, 3, 15a)

---

31) 이와 같은 음운 환경을 갖추고 있는 어휘 형태소 가운데 또한 '*저볼>저울'(秤)을 열거할 수 있다. 15세기 국어 '저울'의 이전 형태는 12세기 초엽 『鷄林類事』의 기록(秤曰 雌李)에 의하여 '*저볼'로 재구되어 왔다 여기서 β>w의 변화를 거친 '저울'형의 제2음절 위치에서 원순성 자질이 중화되어 나타나는 예들은 중세와 근대국어의 예를 통해서 찾을 수 없다.

말와 저울와로 눕 소기면(석보상, 21 : 31a)
王이 저울 가져오라 ᄒᆞ샤(월인석, 11, 4b)
衡 저울대 형(1583, 석봉천, 23a)
저울이 다 구의예셔 밍근 이오. 저울대 저울튜 저울눈 저울갈구리(1670, 노걸언, 하, 62b)

⑥ '병'을 선행하는 제1음절의 모음이 '아'인 (b)부류 어휘 형태소[32]

> (21) 가ᄫᆞᆫ더>가온더(中)
>
> 깊 가ᄫᆞᆫ더 쉬우믈 위ᄒᆞᅇᅣ(월석 14 : 80ㄴ)
>
> 中은 가온더라. 가온덦 소리(훈민언, 9b)
>
> 가온더 種種 고지 펫더니(석보상, 6 : 31a)
>
> 路中은 깊 가온더라(월인석, 1, 4a)
>
> 나그냇 가온더셔 머므럿노라(두시초 3, 54b)

⑦ '병'을 선행하는 제1음절의 모음이 '이'인 (b)부류 어휘 형태소[33]

> (22) 치ᄫᅱ>치위(寒)
>
> 더ᄫᅱ 치ᄫᅱ로 셜ᄫᅥ ᄒᆞ다가(월인석보 9, 26ㄱ)
>
> 한 치위와 구든 어르미 그 中에 凍冽호미(능엄언 8, 82a)
>
> 시혹 치위예 ᄃᆞ니거나(구급방, 상, 31a)
>
> 十月에 뭿 치위 하니(두시초 3, 28a)
>
> 큰 치위와 덥고 비올 제라두 뫼셔(1586, 소학언, 6, 2a)
>
> ᄀᆞ장 치위예 싱션을 먹고져커늘(1617, 동국신, 속삼효, 23b)

---

32) 단일 형태소의 경우는 아니지만, 복합어 형성 과정에서 특정한 음성 환경에서 일어난 형태음소적 변화 'ㅂ → 병'(이기문, 1972)를 보이는 구성도 여기서 고려의 대상이 될 수 있다. '글(文)+발 → 글발>글월', '말+밤 → 말밤>말왐'(菱實) 등이 그러한 예이다. '글발>글월'의 중세와 근대국어의 반사체들에서 제2음절의 원순성이 중화된 예는 발견되지 않는다.

編은 글월 밍ᄀᆞᆯ씨라(월인석, 서, 11b)
聖人너 글월와 공복과 졔긔롤(번소학, 9, 95b)
우리 글월 벗기라 가노라(1670, 노걸언, 하, 18b)

그 반면에, '말밤>말왐'(菱實)의 반사체들에서 제2음절 위치의 원순성이 제거되기 시작하는 예들이 17세기 국어에서부터 생산적으로 등장하기 시작하여 현대국어에서는 '마름'으로 정착된다. 이러한 사실은 '글월∽글왈'(文)의 사례들과 대조를 이룬다.

말왐과 蓮고지 이우러 것거뎌(두시초 25, 13b)
거부븐 말암니플 여러 디나놋다(1632, 두시중 2, 64b)
말암 빈 蘋. 말암 조 藻(1664, 유합_원, 5b)
剝菱角 말암 ᄭᆞ다(1690, 역어유, 상, 56a)

33) 이러한 범주에 '사ᄫᅵ>사이'(蝦)의 예가 포함될 수 있을 것이다. 기능적 측면에서 이 변화에 대한 구체적인 논의는 3장 3절을 참조.

⑧ 'ᄫ'을 선행하는 제1음절의 모음이 'ᄋᆞ'인 (b)부류 어휘 형태소

> (23) ㄱ. ᄒᆞᄫᅡ>ᄒᆞ오ᅀᅡ(獨)
>   ᄒᆞᄫᅡ 나ᅀᅡ가샤, 스ᄀᆞᆲ 軍馬를 이길씨 ᄒᆞᄫᅡ 믈리조치샤(용
>   비가, 35>, ᄒᆞ오ᅀᅡ 기픈 道理 ᄉᆞ랑ᄒᆞ더시니(석보상, 3 : 19b)
>   ㄴ. ᄀᆞᄫᆯ>ᄀᆞ올ᄒ(邑)
>   조ᄏᆞᄫᆯ(栗村, 용가 2 : 22)
>   邑은 ᄀᆞ올히오 聚落ᄋᆞᆫ ᄆᆞ술히라(월인석, 12, 20a)[34]
>   ㄷ. *ᄀᆞᄫᆡ>ᄀᆞ외(袴衣)
>   袴曰 珂背, 裙曰 安海珂背(鷄林類事)[35]
>   옷 ᄀᆞ외 헤디오고(석보상, 3 : 22b)

지금까지 (19)~(23)에 이르는 (b)부류 어휘 형태소들에서 β>w에서 형
성된 제2음절 위치의 원순성 자질이 중세국어의 단계에서 엄격하게 유지
되어 있음을 관찰하였다. 이러한 현상은 동일한 위치에서 원순성이 제거
되는 비율이 압도적으로 높은 (a)부류와는 뚜렷한 대조를 이루는 것이다.
원순성 유지와 탈락의 관점에서 두 가지 유형의 어휘 형태소 부류에서
보이는 이와 같은 음운론적 행위의 차이는, 용언의 활용형에서와 마찬가
지로, 첫째 음절의 원순모음의 존재 유무에 따르는 표면 조건의 상이에
있다고 지적할 수밖에 없다.

　그러므로 우리가 일정한 용언군들의 활용상의 차이를 기준으로 가정
한 음운규칙 ①은 지금의 단계에서는 예외가 많거나 혹은 소수 범주의
단어들에만 적용되는 단순한 소규칙(minor)의 신분을 벗어나게 되었다.
즉, 이 규칙은 중세국어에서 분명한 음운론적 기능을 발휘하고 있는 하

---

34) 중세국어에서 'ᄀᆞ올'(邑)과 'ᄀᆞ외'(袴衣) 등의 연속적인 변화의 과정은 원순성 자질의
　　역행동화 현상과 관련하여 이 글의 제4장에서 구체적으로 취급될 것이다.
35) 남광우(1959 : 121)는 이 단어의 역사적 발달을 'ᄀᆞ비>ᄀᆞᄫᆡ>ᄀᆞ외>괴'와 같이 추정하
　　였다.

나의 정식 음운규칙 ①로 재정립될 수 있는 충분조건을 갖고 있다.

후기 중세국어에서 깊은 기저음소로 /β/ '병'을 설정할 수 있다면, 지금가지 논의된 용언과 체언 가운데 몇 가지의 기저형에 이 시기에 작용하였던 일련의 음운규칙을 순서적으로 적용하여 다음과 같이 표면 실현형을 도출시킬 수 있다.

(24) 용언의 활용형(주로 모음으로 시작하는 연결어미와 통합된)

기저표시	/ 더버(熱)	구버(炙)	이븐(枯)	고병(麗) /
β ⟩w	더워	구워	이운	고오
異化의 규칙 ①	−	구어	−	고ᄋ
표면표시	[더워	구어	이운	고ᄋ]

(25) 체언

기저표시	/ 두베(蓋)	저볼(秤)	치뷔(寒)	수볼(酒) /
β ⟩w	두웨	저울	치위	수울
異化의 규칙 ①	두에	−	−	수울
'으' 탈락규칙	−	−	−	술
표면표시	[두에	저울	치위	술]

2.3. 異化의 음운규칙 ①의 적용 영역의 확대

지금까지 우리는 원순성 자질의 이화작용을 반영하는 음운규칙 ①의 적용 대상을 중세국어에서 순경음 '병'을 보유했거나, 또는 그것을 어느 이전의 단계에서 갖고 있었을 것으로 추정되는 일련의 체언과 용언의 활용형들에만 한정시켜 논의해 왔다. 따라서 이들 단어들은 β>w의 변화 수용을 전제로 하였다. 그렇기 때문에, 음운규칙 ①은 그 적용 영역에 위와 같은 사실을 명기하는 일정한 제약을 포괄하고 있는 셈이다. 원순성 자질의 중화와 관련된 음운규칙 ①이 후기 중세국어의 단계에서 보편성

제4부 중세국어의 음운론과 원순성 자질의 기능

을 획득하려면, 용언의 활용형에서나 체언의 어간 내부에서 순경음 'ㅸ'과 이어서 수행되는 β>w의 변화와 전연 관련이 없는 음성 환경을 갖고 있는 단어들에까지 확대되어 적용되어야 한다.

따라서 중세국어에서 제1음절이 '오' 또는 '우'와 같은 원순모음이고, 뒤이어 제2음절 위치에 동일한 기원적인 원순성 자질('ㅸ'과 β>w에서 기원되지 않은)을 갖고 있는 모음계열이 뒤이어 연결되는 경우에도 우리가 설정한 음운규칙 ①이 어느 정도 효력을 발휘할 수 있는가를 검토해 볼 필요가 있다.

    (26) 불휘 〉 불희, 불히, 쓸희(根)
        ㄱ. 根은 불휘라(월인석, 서, 21a)
           부치 불휘과 늘근 차 닙(1608, 두창집, 下, 50b)
           불휘 혼 근을 싸흐라(1686, 구황촬_가, 보유, 20a)
        ㄴ. 사롬이 샹해 ᄂ믈 쓸희를 너흘면(1586, 소학언, 6, 133a)
           根 불희 근(1575, 광주천, 33a)
           염교 흰 불희 므르거든 거지ᄒ고(1608, 두창집, 下, 65b)[36]

---

36) 17세기 국어의 표기와 음운 및 형태의 문제점을 검토한 전광현(1967 : 82)은 이중모음 '위'[uy] 등이 '의'[iy]의 과정을 거치는 사실과 관련하여 '불희', '불히'(根) 등과 함께, 다음과 같은 예에서는 단모음화 '의>이'가 이미 17세기에 나타나기 시작한다고 관찰하였다

길혜 디연는 왼발 초혜 <u>쑤리</u> 다 검게 ᄉ라(路上左脚草규, 1608, 언해 태산집, 27b)

그러나 위의 예문을 살펴보면, '초혜쑤리'의 '쑤리'는 '불희'(根) 부류와 관련이 없다. 이 '쑤리'는 15세기 국어에서 원래 '부리' 또는 병 따위의 아가리를 뜻하는 '부·우·리∽부으리∽:부리'의 반사체일 뿐이다. 위의 예문에 나오는 '초혜쑤리'는 짚신의 뽀족한 앞부분을 가리키는 단어로 보인다.

신 <u>쑤리</u>예 고 드라(1586, 소학언, 3, 22a)

따라서 원래의 '불휘>불희>쑤리'(根)와 같은 변화는 19세기에 와서 이루어진다.

쑤리 근(根)(1884, 정몽유, 5b)

(27) 술위 〉 술의, 수릐(車)

　　　　ㄱ. 천량 시룬 술위 五百 꾸미시며(석보상, 3 : 39a)

　　　　　　님금이 술위와 몰와 주어시든(1611, 내훈奎, 1, 10a)

　　　　　　노새 메오는 큰 술위와(1795, 중노해, 하, 35a)

　　　　ㄴ. 쟈근 술의를 글와 쁘어(1517, 번소학, 9, 59b)

　　　　　　빅 남은 사룸이 술의롤 미러오니(1774, 삼역총, 2, 18b)

　　　　　　이 수릐 박회 히여졋다(1790, 몽노중 7, 1b)

(28) 무뤼 〉 무릐(雹)

　　　　ㄱ. 울에 번게ᄒ고 무뤼 오고(석보상, 21 : 5a)

　　　　　　雹 무뤼(1613, 동의보, 1, 15b)

　　　　　　氷雹 무뤼, 下雹子 무뤼 오다(1790, 몽유상, 2a)

　　　　ㄴ. 눖므를 무릐 쓰리듯ᄒ노라(1632, 두시중 4, 35b)

　　　　　　雹 무릐 박(1700, 유합영, 3a)

　　　　　　무릐 박 雹(17??, 왜유해, 상, 2b)

　　(26)의 '불휘'(根)와 (27)의 '술위'(車)에서 제2음절 위치의 원순성은 문헌의 보수적인 유형에 따라서 근대국어에까지 지속되는 경우도 있다. 그러나 (26ㄴ)에서와 같이 이미 16세기 국어에서부터 uy>iy의 비원순화를 반영하기 시작한다. (28)의 '무뤼>무릐'(雹)에서 개신형 '무릐'는 다음 단계에서 다른 어휘로 대치되어 버렸으나, '불휘>쁠희'와 '술위>수릐'의 변화는 그 이후의 발달과정에서 지속성을 띠게 된다.

　　다음과 같은 예들은 중세국어의 단계에서 하나의 변화 방향으로 정착되지는 못했으나, 둘째 음절에서 원순성의 유무와 관련하여 공시적으로 일종의 수의적인 교체의 형식으로 등장한다.

(29) 　ㄱ. 봉우리 → 봉으리(峯)

　　　　　峯 묏 봉우리(尊經本, 汎文社本. 훈몽자, 상. 3a)

　　　　　峯 묏 봉으리 봉(1527, 叡山本. 훈몽자, 상, 2a, 東中本. 상, 3a)

파 곳 봉으리 파(東中本, 훈몽자, 하. 4a)

ㄴ. 뮈우－→무우－→무으－(使動)

ᄆᆞᅀᆞ미 뮈우디 몯ᄒᆞ며(월인석, 8, 16b)

元良ᄋᆞᆯ 무우리라 垂象ᄋᆞ로 하ᅀᆞᄫᆞ니(용비가, 71)

ᄒᆞᆫ 터리롤 몯 무으리니(석보상, 6：27a)

ㄷ. 고고리→고그리(蔕)

ᄎᆞᆷ밋 고고리(1489, 구급간, 1, 110a)

蔕 고고리 톄(1527, 훈몽자, 하, 2b)

늘근 수세외 고고리 근쳐(1608, 두창집, 上, 9a)

蔕 고그리 톄(東中本, 훈몽자, 하, 4a)

ㄹ. 수수워리－→수수어리－∽수스어리－(떠들다)

수수 議論ᄒᆞ야 수수워리ᄂᆞᆫ ᄃᆡ롤(두시초 9, 9b)

수수워려 ᄃᆞ토ᄂᆞᆫ ᄡᅡ해(두시초 20, 8b)

엇뎨 져비새 수수어리미 업스리오(두시초 21, 10a)

黃牛峽엣 ᄆᆞ리 수스어리ᄂᆞ다(두시초 11, 49b)

놀라ᄂᆞᆫ 새 수스어류믈 듣고(두시초 11, 49b)

ㅁ. 모뢰>모릐∽모리(明後日)

됴ᄒᆞᆫ 말로다하 ᄂᆡ일 모뢰 가포마(번역박, 상, 35a)

오ᄂᆞᆯ브터 모뢰ᄭᆞ장 ᄒᆞ고(번역박, 상, 75a)

後日 모릐(1690, 역어유, 상, 3b)

내 아ᄃᆞᆯ 쇼혹은 모릐면 ᄆᆞᄎᆞᆯ로다(1658, 경민해, 39a)

ᄂᆡ일을 모릐 미뤼니(1765, 박신해, 1, 35a)

위의 예에서 (29)의 '고고리>고그리'(蔕), '뮈우－>무우－>무으－'(使動) 같은 예들은 후기 중세국어의 자료에서 경우에 따라서 획의 탈락과 같은 언어 외적 요인에 근거하였을 가능성도 있다. 그러나 (29ㄹ)에서는 '수수워리－→수수어리－∽수스어리－'와 같이 연속적으로 둘째와 셋째 음절 모음의 원순성이 제거된 모습을 보인다. (29ㅁ)에서 '모뢰'(明後日)에 해당되는 15세기어는 확인되지 않지만, '모릐>모뢰'의 변화 방향이 아니라, 대체적으로 '모뢰>모릐'의 역사적 과정을 나타내는 것으로 보인

다. '모뢰'의 이전 단계의 형태는 차자표기 '母魯'(明日日 母魯, 鷄林類事)이나,
정확한 모음의 재구는 필자의 능력을 벗어나는 문제이다. 그리고 '고고
리>고그리(蒂)', '모뢰>모릐'의 예들은 후기 중세국어의 모음체계에서 먼
저 '고고리>고ᄀ리'와 '모뢰>모릐'를 '오'의 비원순화 과정에 의해서 거
친 연후에, 'ᄋ'의 제1단계의 변화(ᄋ>으)를 수용한 것으로 보인다.[37]

체언의 제2음절 위치에 "원순모음+ㅁ"의 구성을 갖추고 있는 아래와
같은 일련의 단어들은 15세기 국어에서부터 점진적으로 "비원순모음+ㅁ"
으로 변화되어 간다.

> (30) ㄱ. **구룸 〉 구름(雲)**
>
> 十方ᄋ로셔 오니 구룸 지픠돗ᄒ야(석보상, 19 : 41b)
>
> 天上애 <u>구름</u> 흐터ᅀᅡ 둘나돗 ᄒ며(1465, 원각경, 2, 상 1, 1 : 56b)
>
> 불고미 現툿ᄒ야 ᄒ갓 <u>구름</u> 업수믈(1465, 원각경, 2, 상 1, 1 : 56b)
>
> 셔울히 <u>구름</u> 씬 뫼 밧기로소니(1481, 두시초 3, 28b)
>
> ㄴ. **소곰 〉 소금(鹽)**
>
> 소곰 여듧 호볼 믈 서 되로 글혀(1466, 구급방, 상, 17b)
>
> 밀 <u>소금</u> 술 ᄒ 되어나(1489, 구급간, 2, 57b)
>
> <u>소금</u>과 ᄂ믈을 먹디 아니ᄒ더라(1581, 속삼강, 중, 효, 16a)
>
> <u>소금</u> ᄒ 쟈봄식 어더ᄒᆞ디(1608, 태산집, 37b)

---

37) 15세기 국어에서 '도최∽도치'(斧)와 같은 공시적 변이가 나타난다. 초간본 『두시언해』
에는 이 두 형태가 공존하고 있다.

밥 머겨 도치 가져(1481, 두시초 25, 2a)
도최란 나모지는 아히롤 므더니 너기노라(두시초 19, 9b)

따라서 제4장에서 취급할 원순성의 순행 동화작용을 거친 '도치>도최'의 방향도 생각
할 수 있다. 그러나 '도최'형이 15세기의 고전적인 문헌 자료에 출현하는 예들이 있기
때문에 원순성의 이화작용에 의한 '도최>도치'의 과정으로 파악하려고 한다.

도최와 鉞와 鏄과(능엄언 8, 85a)
갈콰 도최예 헐여 피 나(구급방, 상, 82b)

ㄷ. **보롬 > 보름∽보름(望)**

二月 보롬 나래 모딘 ᄇᆞᄅᆞ미 니러(석보상, 23 : 22a)

善友太子 보름낤 아ᄎᆞ미(월인석, 22, 66b)

둜 보름날 동녁으로 버든 복셩홧 가지롤(1489, 구급간, 1, 104b)

이 八月 보름날 仲秋節에(번역박, 상, 24b)

일찍이 이숭녕(1960 : 61)은 위의 예들은 둘째 음절말의 양순음 -m이 조건이 되어 '오'와 '우'의 원순성 자질이 약화되어 나오는 현상일 뿐이고, 선행하는 원순모음의 영향으로 인한 이화작용으로는 파악하지 않았다. '일훔>일흠>이름'(名)의 변화에서와 같이, 첫째 음절의 모음이 원순성을 갖지 않은 단어들의 내부에서도 다음 음절의 모음이 비원순화되는 예들을 보면 역시 이러한 해석이 더 타당한 것 같다.[38]

(31) ㄱ. 太子 아나 나샤 일훔 지터시니(석보상, 3 : 2b)

아바님 지ᄒᆞ신 일훔 엇더ᄒᆞ시니(용비가, 9)

ㄴ. 그 일흠 일ᄏᆞ론 젼ᄎᆞ로 즉재(1463, 법화경, 7, 59a)

다 일흠을 袵이라 ᄒᆞ니(1632, 가례해, 1, 42a)

일흠 짓기 어리온 증은(두창경, 67b)

네대로 일흠을 셰워 브름이 무던ᄒᆞ다(1721, 오륜전, 2, 33a)

그러나 '일훔>일흠'에서의 비원순화가 15세기부터 『法華經諺解』에 등장하고 있다는 사실은 동일 음절의 내부 [-u+m]의 통합에서 어간말 양

38) 그러나 2장 2절 5항에서 살펴 본 바 있는 '글발'(文), '셔볼(京) 등의 통시적 발달형들이 제2음절 위치에서 현대어에 이르기까지 원순성이 보존되는 원인은 역시 우리가 설정한 음운규칙 ①에 의해서 설명될 수 있다고 생각한다. 그렇다고 해서 음운규칙 ①이 그 구조적 기술에 들어맞는 후기 중세국어의 모든 형태소들에게 적용된 것은 아니었다. 예를 들면, '도토리(橡), 오소리(貒), 두루미(鶴)' 등은 음운규칙 ①의 간섭을 받지 않았으며, '곳고리>꾓고리(鶯)'와 같은 경우는 전혀 다른 유형의 음운변화를 수행하기도 하였다.

순음 -m의 역행동화로 인하여 '우' /u/의 비원순화가 당시의 모음체계에서 '으' /ɨ/로 이루어지는 음운론적 과정을 의미한다. 이러한 현상은 위에서 제시된 (30)의 대부분의 예에서도 확인되는 중세국어 음운론의 중요한 사실이다.

3. β>w의 음운변화로 일어나는 다른 몇 가지의 음운론적 조정

3.1. β > w 이후 원순모음 앞에서 w(원순성) 탈락 현상

지금까지 우리는 15세기 국어에 일어난 βi>wi의 변화로 인해서 일반적으로 야기되었다고 생각하는 음운론적 현상 한 가지를 관찰하고, 여기에 작용하고 있는 합리적인 기제를 추출하여 제시하려고 하였다. 제2장에서 작성된 이화작용의 음운규칙 ①은 이러한 작업을 통해서 하나의 가설에서부터 출발하여 이 시기의 공시적 규칙으로 확립된 것이다. 음운규칙 ①은 구조적 기술을 이차적으로 만족시키는 다른 유형의 단어들에도 적용되어 일련의 지속적인 음운변화의 대열에 합류하게 되지만, 이와 같은 연속적인 발달 과정은 이 글의 제4장 이후에서 구체적으로 논의될 것이다. 여기서는 음운규칙 ①과, 이와 연관된 다른 음운규칙들의 설정을 위하여 먼저 해결하고 넘어가야 되는, β>w의 변화 이후에 수반되는 몇 가지의 음운론적 조정에 대하여 기본적인 태도를 확립하려고 한다.

15세기 국어에 등장하는 순경음 'ᄫ'과 관련된 단어 가운데 감각의 형용사 어간 '덥-'(暑)과 '칩-'(寒)에서 파생된 파생명사 '더븨'와 '치븨'형이 β>w의 변화와 관련하여 논의되어 왔다. 이숭녕(1954 : 69~71)은 "ᄫ

음의 變異원칙"을 고찰하면서 8가지의 원순성 유지의 변이 유형 가운데 '뷔>위'를 제시하였다. 이와 같은 변화를 수행한 형태로 '-디뷔>-디위'(연결어미)를 포함하여

　'치뷔(寒冷)>치위', '더뷔(暑熱)>더위'형이 열거되어 있다.39) 이기문 (1972 : 45)은 음성 환경 βi의 경우에 βi>i가 오히려 일반 공식이고, βi>wi 는 선행 모음이 '-이'인 조건에 한정되어 수행된 변화로 설명하면서, βi>wi의 변화를 수행한 중세국어의 형태로 위의 세 가지 예를 제시한 바 있다.40)

　그러나 순경음 '봉'을 보유하고 있는 15세기 국어의 여러 고전적인 문 헌들 가운데 위에서 언급된 '치뷔'(寒), '더뷔'(暑熱)형이 파생명사로 출현 하는 사례는, 적어도 우리가 검토한 바로는, 찾을 수 없다. 이 시기에 형 용사 '덥-'에 부사파생 접사 '-이'가 연결되는 '더뷔>더이'의 경우에는 부사형 *'더뷔'가 존재하였을 것 같다. 15세기 문헌 자료 가운데 실제로 부사형 *'더뷔'는 등장하지 않았는데, 이러한 단어형성론(word formation) 상의 공백은 음운 현상과는 무관한 우연한 빈칸일 뿐이다.41) 그렇지만, βi>i를 수용한 *'더뷔>더이'의 예들이 중세국어에 부사형으로 출현하고 있는 예들을 보면, 선행 형태 *'더뷔'의 존재가 인정된다. 또한, 형용사

---

39) 이숭녕(1954 : 243)은 "봉음의 완전 탈락"의 범주에 부사형어미 '-이'가 연결되어 다음과 같이 '-뷔'의 연결을 형성하는 사례를 제시하였다. 갓가뷔>갓가이(近), 므거뷔> 므거이, 수뷔>수이, 쉬. 이숭녕 선생은 이와 같은 문법형태소에서 관찰되는 봉의 완전 탈락은 음운변이에 의한 것이 아니고, 문법형 통일에 의한 심리적 동기인 類推에 의한 발달이라고 판단하였다.

40) 이기문(1972 : 45)는 연결어미의 경우에 '-디뷔>디위'가 일반적이지만 초간본 『두시 언해』에 '-디외'(7 : 10, 8 : 50)와 '-디웨'(21 : 16, 22 : 22, 24 : 59)로도 표기되어 있음을 지적하였다.

41) 남광우(1960)의 『고어사전』(1971)의 표제어로 부사형 '더뷔'가 수록되어 있으며, 이에 대한 예문으로 『월인석보』(1459) 9권 26장에서의 본문이 인용되었다. 그러나 필자가 본문을 확인한 바로는 부사형 '더뷔'가 아니라, '더버'로 나온다. 熱惱는 <u>더버</u> 셜볼씨 니 罪人올 글는 가마애 드리티ᄂ니라(월인석, 1, 29a).

어간 '덥-'(暑)에 사동의 접사 '-이'가 연결된 사동사 *'더비-'의 발달
형 '더이-'도 중세국어의 단계에 쓰이고 있었다.

(1) ㄱ. 달혀 흔두 번 글커든 즙의 앗고 ㄱ장 더이 ᄒᆞ야(1466, 구급
방, 하, 33b)
글혀 졉가슈디 츠거든 다시 더이라(구급방, 하, 76b)
즈의앗고 다 먹고 더이 더퍼 ᄯᆞᆷ 내라(1489, 구급간, 1, 106a)
ㄴ. 藥 더이믈 게을이 아니ᄒᆞ니(1514, 속삼강, 열, 8a)
술 더이며 죠개 구우라(1517, 번소학, 7, 14a)

15세기의 고전적인 문헌 가운데 'ㅸ'을 부분적으로 유지하고 있는『釋
譜詳節』(1447)과『月印釋譜』(1459)에 중세국어의 파생명사 '치위'와 '더위'
의 선행 형태로 추정되는 '치ᄫᅱ'와 '더ᄫᅱ'형이 반복되어 등장하고 있다.

(2) 모기 벌에며 더ᄫᅱ 치ᄫᅱ로 셜버ᄒᆞ다가(석보상, 9 : 9b)
有情이 오시 업서 모기 벌에며 더ᄫᅱ 치ᄫᅱ로 셜버(월인석, 9, 26a)

위와 같은 파생명사의 존재는 남광우(1959 : 124)에서 "전성명사·부사
에 나타난 ㅸ"의 목록에서 이미 제시된 바 있었지만, 이 형태들에 대한
합리적인 설명은 없었다. 이기문(1972 : 45)에서도 '치ᄫᅱ'와 '더ᄫᅱ'형이 주
목된 바 있으나, 단지 이 형태들의 표기가 흥미 있다는 정도에 한정시키
고, 더 이상 언급을 하지 않았다. 중세국어의 음운론에서 이러한 파생명
사에 대한 설명은 예전이나 지금이나 매우 곤혹스러운 것이다.

이러한 사실에도 불구하고 우리는 이 글에서 취급하는 원순모음화의
주제와 관련하여 다음과 같은 추정을 하려고 한다. 중세국어의 단어형성
론(이숭녕, 1960)에서 동사와 형용사 어간으로부터 명사를 전성시키는 명
사파생 접미사는 각각 '-(ᄋᆞ / 으)ㅁ'과 '-이 / 의'로 나누어져 있었다. 예

를 들면,

(3) ㄱ. 살-(生)+ᄋ+ㅁ→사룸(人)
　　　열-(結)+으+ㅁ→여름(結實)
　　ㄴ. 높-(高)+익→노픽(높이)
　　　넙-(廣)+의→너븨(넓이)

위와 같은 파생법을 고려하면, 15세기 국어에서 특이한 형태 '치뷔'와 '더뷔'는 형용사 어간 '덥-+의→더븨', '칩-+의→치븨'와 같은 형태론적 과정에서 파생되었을 것으로 추정되는 *'치븨'와 *'더븨'형과 어떤 분명한 관련을 맺고 있을 것으로 생각할 수밖에 없다. 이러한 관계는 15세기 당대에서 두 가지의 변화 방향을 상정하게 된다. 첫째는 '더븨, 치븨>치뷔, 더뷔'. 둘째는 이와 반대의 방향, 즉 '치뷔, 더뷔>더븨, 치븨'. 여기서 두 번째의 변화 방향은 우리가 제2장에서 설정한 원순성 이화의 음운규칙 ①과 배치된다. 제1음절의 모음이 비원순모음인 경우에 연속되는 제2음절의 원순성 자질이 중화되지 않고, 그 변별성이 보존되는 것이다. 따라서 둘째의 변화 방향은 여기서 배제된다. 그렇다면, 남은 선택은 '더븨, 치븨>치뷔, 더뷔'이다.

중세국어에서 우리가 선택한 '더븨, 치븨>치뷔, 더뷔'와 같은 변화는 제4장에서 취급할 원순모음화 현상에 비추어 원순성 자질을 갖고 있는 양순 마찰음 'ㅸ'을 뒤따르는 이중모음 '의' [iy]의 핵음 [ɨ]가 원순모음화 되어 '-위' [uy]로 전환되었다고 생각할 수 있다.[42]

---

42) 후기 중세국어에서 산발적으로 확인되는 순자음 'ㅁ, ㅂ, ㅍ' 등에 의한 원순모음화 현상은 '치븨>치뷔, 더븨>더뷔'에서만 고립적으로 출현하는 것은 아니다. 16세기에 등장하는 '말솜>말솜'(辭) 등과 같은 변화에서도 이러한 음운론적 과정을 확인할 수 있다.

(ㄱ) 샹녯 말소매 닐오디 말ᄉ몰 아니 니ᄅ면(번역 박통사, 상. 14ㄱ)
(ㄴ) 엇던 말소미 어시뇨(동. 38ㄱ)

이와 같은 원순모음화를 첨단적으로 수용한 '치뷔, 더뷔'형이 이번에 는 β>w의 음운변화에 의하여 야기되는 중첩적인 원순성 자질 가운데 하나를 제거하여 각각 '치위'와 '더위'로 나오는 과정은 이미 이숭녕 (1954)에서 자세하게 언급된 바 있다. 이숭녕(1954 : 70)은 β>w를 '봉'이 수행하는 몇 가지의 방식 가운데 '보>오'와 '부>우'의 사례들을 제시하면 서, 이러한 과정은 '봉'의 원순성이 후행 모음인 '오'와 '우'의 원순성 자 질에 첨가될 수가 없기 때문에 변화음 w가 탈락되는 것으로 설명하였다.

(4) ㄱ. ᄒᆞ나ᄒᆞᆫ 치봄과 더봄과 ᄇᆞ롬과 비와(월인석, 7, 53b)

치움과 더움괘 올마 흘러(능엄언 2, 6b)

ㄴ. 欲心 더러부믈 여흴씨(월인석, 1, 35a)

藏心이 넙고 크고 더러움 업서(능엄언 1, 9a)

위와 같은 현상은 원순모음을 선행하는 순경음 '봉'이 β>w의 과정을 수행할 때 중세국어의 단계에서 다음과 같은 음운론적 조정을 수행하고 있었다는 사실을 뜻하는 것이다. 아래의 음운규칙 ②는 역시 넓은 의미 에서 원순성에 의한 일종의 이화작용을 반영하고 있다.

(5) W(또는 원순성 자질) 탈락 규칙 ②

$$W \rightarrow \emptyset /\ \underline{\quad\quad}\ \begin{bmatrix} V \\ +\text{round} \\ +\text{back} \end{bmatrix}$$

β>w에서 도출된 w는 원순모음 '오, 우' 앞에서 탈락한다.[43]

高麗ㅅ<u>말소믄</u>(번역 노걸대, 상. 5ㄱ)

그 <u>말솜</u>ᄒᆞ며 거동ᄒᆞ요미(번역 소학 9. 11ㄴ)

cf. 말솜(談, 동국신속, 충신 1. 11ㄴ ; 열여 4. 42 ; 효자 4. 5 ; 효자 6. 60ㄴ)

43) 우리가 의 제2장에서 설정한 음운규칙 ①은 여기서의 w(원순성 자질) 탈락 규칙 ②와 공통된 구조 기술을 안고 있기 때문에, 이 두 규칙을 하나로 통합해서 보다 더 보편적

3.2. β 〉w 이후 상승 이중모음 y 앞에서 w(원순성) 탈락 현상

15세기 국어에서 '봉' 음소가 형태소의 모든 위치와 환경에서 β>w를 무조건적으로(context free) 수행함에 따라서 단계적으로 일정한 시간적 차이를 거치면서 개신음으로 교체되었다.[44] 15세기 중엽의 고전적인 한글 자료 가운데 순경음 '봉'이 표기에 집중적으로 등장하는 문헌은 『訓民正音』해례본(1446), 『龍飛御天歌』(1447), 『釋譜詳節』(1447), 그리고 『月印千江之曲』(上, 1449), 『月印釋譜』(1459) 및 『訓民正音』언해본(1459) 등에 한정되어 있다. 世祖 7년(1461)에 간경도감에서 활자본으로 간행된 불경 언해서인 『능엄경언해』의 표기에는 '봉'이 w으로 대치되어 있다. 그러나 '지벽'(야)형만은 이 문헌에서 순경음 '봉'을 표기에 여전히 유지하고 있어 주목된다.

   (6) ㄱ. 혼 디샛 지벽을 가져(능엄언 5, 72a)

        디샛 지벽올 아ᅀ라 호니(능엄언 5, 72b)

        다시 ᄆ를 보니 디샛 지벼기 번득거늘(능엄언 5, 72b)

     ㄴ. 在抱川滓碧洞 지벽골(용가 1 : 49)

        집터 닷다가 지벽으로 대수톤 소리예(1472, 몽산법, 10a)[45]

인 음운규칙 ②'를 설정할 수 있다고 본다.

W(또는 원순성 자질) 탈락 규칙 ②'

$$W \rightarrow \emptyset \, / \, \begin{bmatrix} V \\ +\text{round} \\ +\text{back} \end{bmatrix}$$

(β>w에서 나온 w는 원순모음이 선행하거나, 후행하는 조건에서는 탈락한다)

44) 김완진(1974 : 115)은 동일한 음성변화 β>w는 순경음 '봉'이 출현하게 되는 음성 환경에 따라서 그 변화의 진행 과정에 빠르고 느린 속도의 차이가 있음을 미시적인 관점에서 관찰하였다.

45) 김영배 교수는 「신발견 月印釋譜 毀損本에 대하여」(『국어국문학』 68・69, 1975)에서 '지벽'의 이형태 'ᄌ벽'형을 소개하였다. 그리고 김영배 교수는 『월인석보』 22권에 등장하는 'ᄌ벽'형이 보다 古形이고, 다른 문헌의 '지벽'은 그 이형태로 파악하였다(52면).

    내 모미ᅀ 디샛 ᄌ벽만도 몯 너기시리로다(1459, 월인석, 22, 48b)

위의 예에서 '지벽'형은 지금까지 논의되지 않았던 특이한 음성 환경을 구비하고 있다. 즉, β+yə의 결합에서 β>w의 변화가 w+yə를 형성하게 되었을 경우에 어떠한 음운론적 조정을 거치게 될 것인가 하는 문제가 매우 흥미 있기 때문이다.

(7) ㄱ. 디샛 지역을 메며 줌 곧ᄒᆞ니라(1464, 선종영, 하, 73b)
    붊 모새 지역 주숨 곧도소이다(1496, 육조법, 下, 23a)
    經講호ᄆᆞᆫ 디새 지역곧고(육조법, 上, 62b)
ㄴ. 디샛 ᄌᆞ역과 ᄯᅩ 거즛 寶를 볼기 아롬 곧ᄒᆞ야(선종영, 상, 105a)
    아롬 업수미 草木과 디샛 ᄌᆞ역 곧다 ᄒᆞ시니(1465, 원각경, 5, 상 2, 2 : 24b)
    더러운 디샛 ᄌᆞ역을 나토고(원각경, 6, 상 2, 2 : 124a)

위의 예들은 (7ㄱ) '지벽>지역'과 (7ㄴ) '지벽>ᄌᆞ역'과 같은 비슷하지만 서로 다른 유형의 변화가 15세기 국어에 일어났음을 보여준다. 여기서 '지벽'이 수행하는 후속적인 발달 과정에는 서로 다른 두 가지 문제가 개입되어 있다. 하나는 '지역'과 'ᄌᆞ역'과 같은 공시적 변이에 대한 문제이고, 다른 하나는 β+yə>w+yə → øyə와 같은 변화에 대한 문제이다.

우선 첫 번째의 문제, 즉 '지역∽ᄌᆞ역'의 교체는 그 이전의 단계에서 '지벽∽ᄌᆞ벽'의 교체를 그대로 반영하는 것이다. 이러한 공시적 변이는 중세국어에서 '귀향∽구향'(流配) 등에서 관찰되는 바와 같이 동일 조음기관에서 조음되는 같은 발음의 연속을 회피하려는 일종의 이화작용에 의

그러나 '지벽'은 합성명사인 것 같으며, 원래는 '지+벽'의 연결 과정에서 이루어진 'ㅂ → ᄫ'과 같은 형태음소적 변화는 모음과 모음 사이에서 수행되는 현상이 아니라, -y__v의 음성 환경에서 가능하였다고 생각된다(이기문, 1972). 따라서 'ᄌᆞ+벽'의 결합에서 순경음 'ᄫ'의 생성은 도출되기 어렵기 때문에 '지벽>ᄌᆞ벽'과 같은 음성변화의 방향을 가리키는 것이다.

하여 y가 탈락하는 현상을 수의적으로 반영한 것으로 생각한다.[46) 즉, '지벽∽ᄌ벽'의 교체는 '지벽>ᄌ벽'의 방향을 가리키는 것이며, 이러한 변화의 기제는 [tsʌy-βyək]에서 후행하는 둘째 음절의 y의 존재로 말미암아 첫째 음절의 y가 이화작용에 의하여 탈락하는 음성학적 이유에 있다.

---

46) 후기 중세국어에서 이와 같은 수의적인 y 탈락 또는 y의 이화작용은 단일 형태소 내부와 굴절 과정에서 생산적으로 출현하고 있다. 이러한 현상들은 개재자음의 개입 有無에 관계 없이 일어나는데, 당시의 언어 내적 사실을 대체로 문자 표기가 그대로 충실하게 반영하고 있다고 전제한다.

(1) 쉬ᄫᅵ, 쉬이(易) → 수ᄫᅵ, 수이
　　ㄱ. 밥 쉬ᄫᅵ 어드리라 호ᄆᆫ 겨근 果 쉬ᄫᅵ 求호ᄆᆯ(월인석, 13, 15a)
　　　　 번드기 쉬이 알와 뎌 ᄇ라노니(능엄언 8, 45a)
　　ㄴ. 사ᄅᆷ마다 ᄒᆡᅇᅧ 수ᄫᅵ 니겨(훈민언, 3b)
　　　　 方便을 수이 일욿디라(능엄언 6, 79a)
(2) 미ᄫᅵ, 미이(猛) → ᄆ ᄫᅵ, 미이
　　ㄱ. 諸天ᄃᆞᆯ히 미ᄫᅵ 닐오ᄃᆡ(석보상, 3 : 29a)
　　　　 두 솑가라ᄀᆞ로 귀ᄅᆞᆯ 미이 마ᄀᆞ면(능엄언 3, 4b)
　　ㄴ. 하ᄂᆞᆯ 울워러 ᄆ ᄫᅵ 닐오ᄃᆡ(1481, 삼강행_런, 忠19)
(3) 뇌실, 뇌일(來日) → ᄂᆞ실, ᄂᆞ일
　　ㄱ. ᄆᆞ쇼 쉬워 뇌실 일 녀져(번역노, 상. 10b)
　　　　 뇌일 ᄂᆞ믜 구지람 ᄃᆞᆫᄂᆞ니라(번역노, 상. 37a)
　　ㄴ. ᄂᆞ실 아ᄎᆞ민 沃野에 이시면(두시초 9, 21a)
　　　　 ᄂᆞ일 아ᄎᆞ민 沃野에 이시면(두시중 9, 21a)

또 다른 용언 어간 '볘-'(枕)에서 수단을 뜻하는 명사파생 접미사 '-게/개'가 연결되어 파생된 파생명사는 예측대로 '볘개'형으로 나오지 않고, 그 대신 '벼개'로만 나타나는 사실이 주목된다. 그러나 이러한 사실 역시 동일 조음기관에서 발음되는 중복되는 y의 연속에 대한 이화작용 [pyə-gay]>[pə-gay]으로 파악될 수 있다고 생각한다. 이러한 현상은 '메~'(擔)와 연관된 파생어 '메에>머에'(멍애)에서도 관찰된다.
위의 (1)~(3)까지의 예에서 관찰되는 y의 이화작용은 중세국어에서 수의적으로 적용되는 음운현상이었다. 그러나 '볘개'(枕)과 '머에'(擔)의 경우에는 통상적으로 예측되는 '볘개'와 '메에'가 변이의 형태로 전연 출현하지 않는다는 점에서 (1)~(3)까지의 예들과 구별된다.

(4) ㄱ. 블근 벼개ᄅᆞᆯ 이대 노코(월인석, 12, 30a)
　　　 머리 벼개예 몯 미처셔(월인석, 25 : 8b)
　　　 노피 벼개 볘여쇼매(두시초 3, 20a)
　　ㄴ. 머에 아랫 ᄆᆞ야지ᄅᆞᆯ 티디 말라(두시초 23, 36b)
　　　 머리ᄅᆞᆯ 술읫 머에예 미오(1481, 삼강행_런, 烈. 9)

‘지벽>ㅈ벽’의 변화에서 야기되는 두 번째의 문제는 β+yə>wyə에서 보여주는 것과 같이 β>w의 결과인 w가 이러한 조건하에서는 탈락하였다는 사실이다. 이와 같은 현상은 오직 한 예에 구한되어 나타나기 때문에, 여기에 개입된 원리를 일반화할 수는 없다. 중세국어에서 이와 같은 특이한 음성 환경을 갖추고 있는 다른 합성어들에서의 변화를 반복해서 확인할 수 없기 때문이다. 이러한 사실과 관련하여 15세기 국어에서 ‘지벽’의 둘째 음절 ‘-벽’과 유사한 구성을 갖고 있는 파생어 ‘올버’(早稻)와 19세기 국어에서의 반사체 ‘오려’ 및 ‘올예’의 예가 떠오른다.

(8) 毒을 고튜디 올볏딥 스론 지롤(1466, 구급방, 하, 50b)

위의 예에서 ‘올+벼’는 접두사 ‘올-’(早)과 ‘벼’(稻)와의 결합이기 때문에 15세기 국어에서 순경음 ‘ㅸ’이 생성될 수 있는 r__v의 환경에 속한다(이기문, 1972 : 43). 이와 같은 특정한 음성 조건에서 ㅂ → ㅸ과 같은 형태음소적 변화가 수행될 가능성이 높다. 그리하여 ‘갈웜(虎)’, ‘도톨왐’(橡), ‘글왈∽글월’(文), ‘말왐’(菱實), 漢字語 ‘셜웝’(說法) 등과 같은 이 시기에 형성된 합성어들은 먼저 ㅂ → ㅸ의 단계를 거치고, 이어서 β>w의 변화를 수용한 결과를 보여준다. 따라서 ‘올벼’(早稻)의 경우에도 15세기의 문헌어로는 등록되지는 않았으나, 당시의 입말에서 ‘*올벼’의 변화를 겪었을 가능성도 있다.

그렇다면 ‘올벼>올벼’에서 이 파생어에 β>w의 변화가 파급되어 왔을 때 어떻게 변하였을까? 근대국어에서도 이 파생어는 ‘올벼’로 지속되고 있으나, ‘*올벼’의 형태는 역시 ‘지벽>지역’의 사례에서와 동일하게 β+yə>wyə>øyə와 같은 변화 과정을 밟아서 ‘올여’로 결과되었을 것으로 추정한다. 남광우 교수의 『고어사전』(1971 : 1096)을 참고하면, 19세기 국어에 '오려'형이 등장하고 있다. 그리고 19세기 후반에 간행된 Gale의 『한영즈뎐』(1897 : 89)에 '오려'(早稻), 20세기 초엽의 산물인『조선어사전』(1920 : 662, 조선총독부 편)에 수록된 표제어 '올예쌀'은 우리의 추측이 어느 정도 타당함을 가리킨다.

β>w의 변화를 수용한 이후에 wyə>øyə의 변화를 거치게 되는 중세국어에서의 '지벽'과 '*올벼'(早稻)의 변화는 이 시기에 작용하고 있었던 다음과 같은 또 하나의 w-탈락규칙의 존재를 반영하고 있는 것으로 보인다.

(9)　W(또는 원순성 자질) 탈락 규칙 ③

$$W \rightarrow \emptyset / \underline{\hspace{2em}} \begin{bmatrix} V \\ +\text{high} \\ -\text{back} \\ -\text{syll} \end{bmatrix}$$

β>w에서 나온 w는 상승 이중모음의 부음 y- 앞에서 탈락한다.

그러나 위에서 설정된 W(또는 원순성 자질) 탈락 규칙 ③은 ㄱ 자체 제약을 몇 가지 안고 있다. 첫째는 어떠한 이유로 원순성 자질 w가 상향 이중모음의 부음 y-와 연결되면 탈락하는가에 대한 음성학적 근거를 쉽게 제시하기 어렵다는 점이다. 둘째는 이 음운규칙 ③의 적용 영역이 15세기 국어에서 '지벽>지역'과, 우리가 추정한 또 다른 형태의 변화 *'올벼>올여>오려'의 통시적 발달 과정에서만 확인된다. 이러한 적용상의 제약은 이 시기의 단어 또는 복합어의 형태론적 구조와 연관된 문제이다. 그렇지만, 이 음운규칙 ③은 우리가 앞서 설정하였던 W(또는 원순성 자질) 탈락 규칙 ②와 공통된 구조적 변화를 공유하고 있기 때문에 아래와 같이 하나의 음운규칙 ④로 통합하는 것이 경제적이라 생각된다.

(10) W 탈락 규칙 ④

$$W \rightarrow \emptyset / \underline{\quad} \begin{bmatrix} \begin{bmatrix} V \\ +high \\ -back \end{bmatrix} \\ \begin{bmatrix} -syll \\ +round \\ +back \end{bmatrix} \end{bmatrix}$$

> β>w에서 나온 w는 원순모음 또는 이중모음의 부음 y- 앞
> 에서 탈락한다.[47]

3.3. 부사파생접사 '-이'에 파급된 β > w와, 의미변별을 위한 예방적 변화의 개입

부사형 접미사 '-이'에 β>w가 적용되는 형태론적 환경에서 w는 일반적으로 탈락된다. 이와 같은 w-탈락 현상을 설명하는 방안에는 지금까지 형태론적 제약과, 이것과 대조가 되는 음운론적 관점 두 가지가 제시되어 왔다. 먼저, 이숭녕(1954)은 β>w에서 '치비>치위(寒), 더비>더위' (酷暑) 및 양보를 나타내는 연결어미의 한 형태 '-디비>디위' 등에서는 '비>위'의 발달 방향을 준수하지만, 부사파생접사 '-이'의 특별한 환경에서는 βi>øi의 변화가 수행되어 일종의 예외를 형성한다고 해석하였다. 그리하여 이숭녕(1954 : 71)은 이러한 예외는 원칙적으로는 아래와 같은 '고비>*고위'와 같은 부사형이 형성될 것이나, 다른 일반적인 부사형 어미 '-이'와 일치시킴에서 일어난 유추(analogy) 현상으로 파생된 것이기 때문에 음운론의 범위를 벗어나는 문제로 인식한 것이다.

---

47) Schane(1973 : 68~69)는 현대 한국어에서 다음과 같은 음운 현상을 지적하였는데, 이것은 W 탈락 규칙 ④와 어느 정도 유사성을 공유하고 있다.

"한국어에는 이중모음 ya, ye, yo와 wi, we, wa만이 존재하는 반면에, *yi나 *wu와 같은 이중모음은 사용되지 않는다. 그것은 y, w 활음(glide)는 자신과 동일한 전설성과 원순성을 갖고 있는 고모음이 연속되면 탈락하기 때문이다."

(11) ㄱ. 눗 고비 빗여(麗, 월인천, 상, 18a)>*고위>고이(법화경, 2, 140a)

ㄴ. 갓가비 이셔(近, 석보상, 6 : 10a)>*갓가위>갓가이(능엄언 1, 37a)

ㄷ. 즈올아비 아니ᄒᆞᄉᆞ(親, 석보상, 6 : 4b)>*즈올아위>즈올아이 (두시중 10, 46b)

ㄹ. 어려비 너기거니와(難, 월인석, 서, 23b)>*어려위>어려이(법 화경, 2, 204a)

그 반면에, 다소 추상적인 음운론 이론으로 β>w의 변화 공식을 새롭게 검토한 김완진(1972 : 57)은 부사파생 접미사 '-이' 앞에서 일어나는 일종의 형태론적 제약이라는 기술은 불필요한 것으로 본다. 김완진 교수는 이 논문에서 동일한 표면형으로 실현된 주격의 '-이', 전성명사 형성의 파생접사 '-이', 그리고 부사형 접미사 '-이'의 기저표시를 순수한 /i/ 이외에, 추상적인 /ij/와 /ji/ 등으로 설정하고, 가정된 /ji/를 부사형 접미사 '-이'에 배정하였다.[48] 즉, 이와 같은 논리에 의하면, 부사형 접미사 /ji/와 통합될 때, '으, ᄋᆞ' 등 모음 이외에, 모음과 같은 기능을 발휘하는 w

---

[48] 그러나 필자는 이 글에서 추상적인 깊은 차원의 음운론적 해결을 주저한다. Schane(1973) 등이 대변하는 생성 음운론에서는 혼란스러운(불규칙적인) 표면의 음운 현상들을 추상적인 기저형을 설정하고 가상적인(실은 통시적 변화 과정을 반영하는) 음운규칙을 적용하여 규칙적인, 질서 정연한 언어 현상으로 환원하려는 작업을 추구한다. 그리하여 표면형으로 동일한 실체를 나타내고 있지만, 표면에서 취하는 음운론적 행위가 서로 상이할 때, 이와 같은 현상을 설명하기 위해서 서로 상이한 기저형을 설정하려고 한다. 이러한 방식은 음운론의 영역에서 합리적인 설명을 얻지 못하였을 경우에 사용하는 전형적인 수단이다. 그러나 이러한 생성론식 해법은 심리적 실체를 결하고 있는 동시에, 확인할 수 있는 개관적 또는 역사적 근거를 찾을 수 없다.
김완진(1972)에서 지적한 것과 같이, 중세국어에서 가장 강력한 모음 연결의 음운규칙({ᄋᆞ,으}→ø / ___+V)인 'ᄋᆞ / 으' 탈락 현상은 부사형 접사 '-이'와 결합되는 경우에는 예외 없이 적용한다. 그 방면에, 이러한 모음 탈락규칙은 주격조사 '-이'(어느+-이→어늬)와, 형용사에서 명사파생접미사 '-의 / 의'가 연결되는 경우(크-+-이→ 킈(丈))에는 적용되지 않는다. 이러한 사실은 형태론적 정보를 상실치 않으려는 특정한 형태론적 제약 밑에서 이러한 통상적인 규칙이 저지된 예로 필자는 해석할 수 있다고 생각한다.

는 제거된다는 것이다. 즉, (11ㄱ)의 부사형 '고빙>고이'(곱-(麗)+-이)를 예로 들면, -koβ+-ji>-kow+ji→koø+ji>[koi]의 과정을 거친다.

김완진(1972)에서 가정된 위와 같은 w 탈락의 원칙은 '지벽>지역'의 경우에 β>w에서 결과된 w가 상승 이중모음의 부음 y와 결합되는 경우에 탈락하는 음운규칙 ③과 어떤 관련성을 보여준다. 그러나 여기에 차이가 있다면 음운규칙 ③은 낮은 층위의 기저형에 적용된 반면에, 김완진(1972)에서 설정된 w-제거 규칙은 추상적인 심층구조의 차원에서 적용된 현상이라는 사실이다.

이러한 사실과 관련하여, '업시보-'(傲)에서 부사파생 접미사 '-이'와 통합된 '*업시비'에서 발달된 후속형 가운데 통상적으로 예측되는 '업시' 형 대신에, β>w의 공식을 준수하는 '업시위'형이 16세기 국어 자료에서 드물게 확인된다.

(12)　ㄱ. 업시보->업시우-, 업시오-
　　　 ㄴ. 업시벼>업시워
　　　 ㄷ. 업시붐>업시움
　　　 ㄹ. 업시비>업시
　　　 업시비>업시위

(13)　ㄱ. 족댱도 소겨 <u>업시위</u> 너기며 동싱도 구짓고(松廣寺本, 은중경
　　　　　 13ㄴ)[49]
　　　 ㄴ. 족쟝도 소겨 <u>업시위</u> 너기며 동싱도 티며(其方寺本, 은중경
　　　　　 13ㄴ)
　　　 ㄷ. 족쟝도 쇠겨 <u>업수이</u> 너기며 동싱도 티며(南高寺本, 은중경
　　　　　 13ㄴ)

---

49) 이 문헌은 1563년 曹溪山 松廣寺本(明宗 18년)으로 원간본이 아닌 복각본으로 後刷本
　 이라고 한다.

(13)의 예에서 '업시위'의 표기는 혹은 '업시워'와 같은 표기일 가능성
도 있다. 그러나 후속하는 '-너기-'와 통합되는 통사적 환경에서 '업시
워 너기-'와 같은 구문은 중세국어의 자료에서 나타나지 않는다. 더욱이
(13ㄷ)의 예문은 18세기 전주에서 간행된 판본에서 인용한 것인데, (13ㄱ)
의 '업시위'형이 '업시ᄫᅵ'에서의 전형적인 발달 과정을 반영하는 '업수이'
형으로 대치되었음을 보인다. 이러한 사실을 보면, 松廣寺本에 등장하고
뒤이어 다른 판본에서 반복되는 '업시위'는 '업시ᄫᅵ'의 후속형이 확실해
보인다.50)

　그렇다면, (13ㄱ)과 같은 매우 고립된 '업시위'는 일반적인 βi>i의 규
칙을 일탈하여 있는 이유가 무엇일까. 이와 같은 표기가 가능함은 상황
에 따라서 예측되는 '업시-' 이외에 원래의 βi>wi와 같은 변화가 일정
한 형태론적 환경에서 출현할 수 있다는 사실을 일종의 우발적 표기로
반영하는 것일까. 중세국어에서 '업시ᄫᅵ'의 후속형들은 (12ㄹ)에서 제시
한 바와 같이 '업시(너기-)'로 등장하는 것이 일반적인 현상이어야 하지
만, 그 출현이 중세국어에서나 근대국어에서 매우 한정되어 있음이 주목
된다.

(14)　ㄱ. 뜨데 流沙磧 녀글 업시 너기더라(1481, 두시초 24, 11b)
　　　　이는 우흘 업시 너김이로(1590, 효경언, 18a)
　　　　이는 法을 업시 너김이오(효경언, 18a)
　　　　이는 어버이를 업시 너김이니(효경언, 18b)
　　ㄴ. 貴호믈 업시 너기논디라(1632, 두시중 2, 58b)
　　　　뜨데 流沙磧 녀글 업시 너기더라(두시중 24, 11b)
　　　　쟝쉬 面目 업시 너길 꺼시니(1676, 첩해초, 7, 6b)

---

50) 부사형 어미와의 연결에서 βi>wi의 변화를 보이는 예로 '어려ᄫᅵ>어려위'(難)가 18세
　　기 국어에 드물게 나타난다. 몸 닷골 道논 너희둘회 <u>어려위</u> 홀 배 아니라(1737, 어내
　　훈, 서, 6b).

위의 예에 출현하는 '업시 너기-' 구문에서 '업시'는 일반적인 βi>i를 수용한 것이지만, 결과적으로 부사파생 접미사 '-이'의 존재는 어간말 '-이-'와 융합되어 표면에 실현되지 못하게 된 것이다. 또한, '업시-' 형의 후속적인 발달 과정에서 예측되지 않은 새로운 형태인 '업슈이-'형 이 16세기 국어의 자료에서부터 출현하기 시작하여 근대국어로 이전되어 간다. 따라서 '업시비'의 역사적 발달은 '업시'를 거치고, 이어서 '업슈이' 로 진행되지만, 규칙적인 음성변화를 수용한 모습과는 거리가 있다고 생 각한다.

(15) ㄱ. 침노ᄒ며 업슈이 녀기기를 아니ᄒ며(1586, 소학언, 3, 6b)[51]
　　　　어딘 이롤 업슈이 너기디 말며(소학언, 5, 34b)
　　　　싀어버이를 업슈이 너겨 교만ᄒ며(소학언, 5, 65a)
　　　　홀어미예도 업슈이 너기디 아니ᄒ시니(1590, 효경언, 11b)
　　ㄴ. 놉흔 어론을 업슈이 너겨(1658, 경민해, 8b)
　　　　ᄀ장 사롬 업슈이 너긴다(1677, 박통해, 하, 26b)
　　　　驕傲人 사롬 업슈이 너기다(1690, 역어유, 하, 49b)

위의 '업슈이'와 더불어 18세기의 단계로 진행하면, '업쉬이', '업슈히' 그리고 다른 유형의 부사파생 접미사 '-게'와 통합된 '업게-'형 등의 계속적인 변화형을 보이고 있다.

(16) ㄱ. 감히 담티히 사롬을 업슈히 너겨시니(17??, 낙진삼, 40)
　　ㄴ. 빈쟈롤 업쉬이 넉이지 말며(1796, 경신석, 74b)
　　ㄷ. 님군도 업게 녀기며 지아비도 업게 녀겨(1736, 여사서, 3, 22a)

---

51) 근대국어의 단계에서 비어두음절 위치에 수의적으로 일어나는 '오'와 '우'의 교체 현상 으로 '업슈이'에 대한 '업쇼이'형도 출현하였다.

남편을 가비야이 녀기며 싀어버이롤 <u>업쇼이</u> 너기디 아니리 젹ᄂ니(1632, 가례해, 4, 2b)
어딘 이롤 <u>업쇼이</u> 너기디 말며(1658, 경민해, 20a)

지금까지 '업시비 녀기-'(傲)의 다음 단계의 후속형들이 (14)의 예들과 같이 규칙적인 β>w를 수용한 '업시 녀기-' 이외에, '업시위'를 포함해서 '업슈이' 또는 '업슈히' 등과 같은 예외적인 통시적 발달을 보이게 된 이유는 음운론의 영역 밖에서 찾아야 될 것 같다. 규칙적인 발달을 거친 '업시(녀기-)'형은 형태론적 정보를 전달하는 부사파생 접미사 -i가 어간말 i 모음과 축약된 것이다. 따라서 이 형태는 쓰이는 상황에 따라서 제 기능을 발휘하지 못하게 되었을 수도 있었을 것으로 생각한다. 이러한 경우에 표면구조에 형태론적 또는 의미론적으로 적절한 정보를 유지하려는 "변별성 조건"(distinctness condition)을 따르려고 하는 경향이 일어나게 된다(Koefoed, 1974 : 283). 일정한 형태소의 의미와 기능은 그의 형태적 성분에 의하여 실현되기 때문이다.[52]

따라서 필자는 위의 (12)의 예에서 관찰하였던 '업시비>업시위'의 예외적 발달은 형태소 구성성분의 분명한 식별을 위한 치유적 방안으로 일반적인 변회 공식 βi>i의 저용을 봉쇄하였기 때문에 형성된 것으로 이해하려고 한다. 그리고 근대국어의 단계에서 생산적으로 출현하는 '업슈이, 업쉬이' 또는 '업슈히'형들은 음성변화에 대한 치유적 방안으로 또 다른 대안도 가능하였음을 의미하는 것이다.[53]

---

52) King(1969 : 160)은 이디쉬어(Yiddish)와 그리스어에서 위와 유사한, 형태론적으로 제약된 음성변화의 예들을 소개하면서 기능적 측면을 강조한 바 있다. 또한, 음성변화의 작용에 관여하는 굴절 패러다임의 중요성을 강조한 Malkiel(1969)도 아울러 참조.

53) 18세기의 자료에 출현하는 '업슈히'는 '업슈이'에서 의미 변별의 확립을 위해서 한 단계 더 발달한 형태로 보인다. 국어 음운사에서 모음 사이에 위치하였던 'ㅸ'과 'ㅿ'의 변화로 인하여 약화되거나 탈락되는 경우에 의미의 변별성을 높이기 위하여 그 해당 위치에 h이 첨가된 예들을 확인할 수 있다.

　(ㄱ) 나싀(薺)>나이>낭이∽나히
　　　　17세기 : 나히(薺菜, 譯語, 상. 11ㄴ)
　　　　　　　　낭이 : 낭이 비름을 키여 오라(朴通, 중. 34ㄱ)
　　　　18세기 : 나히(同文解,하. 4), 나히, 野薺菜(漢淸 12 : 40)
　　　　　　　　낭히(野薺菜, 方言集石 3. 28ㄱ ; 華語 47)∽나이(齊, 詩經 1, 物名)

이와 같은 음성변화에 대한 형태론적 제약과 치유적 변화의 범주에 15세기 국어에서 수행된 '사비(蝦)>사이'의 사례도 포함시킬 수 있다고 생각한다. 이러한 '사비(蝦)>사이'의 변화는 형태소 내부에서 βi>i의 공식이 적용되었음을 가리킨다. 그러나 '사비'의 후속되는 반사체들이 '사이'형을 거쳐 각각 '새요, 사유'와 같이 예측하기 어려운 변화 과정을 보여준다.

    (17) ㄱ. 사비 蝦(훈민정음 용자례)
           모든 水毋돌히 사이로 누를 사마(능엄언 7, 8b)
           사이 하(蝦, 1664, 유합_원, 9b)
      ㄴ. 鰕 새요 하(1527, 훈몽자, 상, 10b)
           蝦兒 새요(1748, 동문해, 하, 42a)
           蝦兒 새요(1790, 몽유하, 34b)
      ㄷ. 蝦 사유 하(1576, 신유합, 上, 15b)

김완진(1974 : 117)은 β>w에 의한 '사비'의 후대 발달형은 원래 '사이'이지만 이 형태로부터 그 뒤의 '새요'나 현대어의 '새우'를 설명하기 어렵기 때문에, '사이'와 함께 '*사외'형이 중세국어의 일정한 단계에 공존하였을 가능성이 있다고 해석한다. 현평효(1962 : 477)를 참고하면, 제주도 방언에서 '蝦'를 의미하는 방언형은 '새위'와 '사위'로 쓰이고 있다. 필자의 판단으로는 제주도 방언의 '사위'형이 중세국어 '사비'의 직접 계승형일 가능성이 있다. 그리하여 규칙적인 변화를 수용한 '사비>사이'도 중세국어에 존재하여 우연히 문헌어로 등록되었을 것이다. 그러나 '사이'형은 모음연결의 규칙에 의하여 '*새'로 축약될 여지를 안고 있었기 때문

(ㄴ) *아복(葵菜)>아옥>아혹
   아옥 : ᄀ숤 아오글 글히니(초간 두시언해 7 : 38), 아옥 규(葵, 훈몽, 상. 15)
   16세기 : 아혹 글힌 므를(구급간이방 6 : 18)
   17세기 : 아혹 규(유합, 상. 10), 아혹과 양의 고기롤(벽신, 18ㄱ). 아혹(葵菜, 박통사언해, 중. 33ㄴ), 아혹삐(태산집요 26ㄴ), 葵菜, 아혹(역어유해, 하. 10ㄱ)

에, 이러한 상황을 회피하기 위한 장치로 위의 (17)의 예들과 같은 다양한 후속형들이 파생된 것으로 보인다.

그 반면에, '업시ᄫᅵ(傲)>업시위' 등과 같은 음성변화에 개입하는 형태론적 제약을 고려하지 않고, 오직 음운론적 층위에서 해석하려는 견해도 있다. 이와 유사한 현상과 관련하여 주로 검토된 대표적인 예는 15세기 국어에 일어난 양보의 연결어미 '-디ᄫᅵ>-디외∽디웨∽디외'이다.54) 이 문법 형태소 '-디ᄫᅵ'형 역시 'ㅸ'의 분포에 관한 한, '업시ᄫᅵ'와 '사ᄫᅵ' (蝦)의 음성 환경과 동일한 것이다. 따라서 규칙적인 '-디ᄫᅵ>-*디이'와 같은 변화는 필연적으로 음절 축약형 '*-디'를 초래할 것이 분명하다. 이와 같은 결과를 회피하기 위해서 '-디ᄫᅵ'의 변화형이 위에서와 같은 다양한 형태를 취한 것으로 추정한다.

3.4. 15세기 국어에서 'ㅂ → ㅸ'의 생산성과 음성 환경의 확대

15세기 국어에 출현하는 'ㅸ'의 환경은 다음과 같이 요약된다(이기문, 1972ㄴ : 40). (ㄱ) 모음과 모음 사이에서, (ㄴ) 하향 이중모음의 부음 -y와 모음 사이에서, (ㄷ) 유음 'ㄹ'과 모음 사이에서, (ㄹ) 아주 드물게 반치음 'ㅿ'과 모음 사이에서. 이 가운데 (ㄴ)~(ㄹ)의 유성음 음성 환경들은 형태음소론적 변화인 'ㅂ → ㅸ'을 수행하여 이차적으로 파생되어 나온 것이다. 그 반면에, (ㄱ)의 환경은 다음과 같은 대립의 관계에 비추어 볼

---

54) 이기문(1972ㄴ : 139)은 중세국어의 모음체계에서 w가 앞선 상향 이중모음으로 wa, wə, wi를 인정한다. 특히 '위'는 uy가 일반적이고, 특수한 경우, 예를 들면 '-tiβ i>-tiwi'에서 결과된 wi를 표기한다고 본다. 따라서 이기문 교수는 부동사 어미 '-디 ᄫᅵ'가 중세국어의 단계에서 '-디외, -디웨, -디외'로 출현하는 현상은 wi를 표기하려는 노력을 반영한 것으로 해석하였다.
그러나 김완진(1972, 1974)는 이와 같은 변화에 개입된 일체의 형태론적 제약을 부정한다. 김완진 교수는 '-디ᄫᅵ'>-디외, -디웨, -디외'와 같은 변화는 w과 i 사이에 모음을 개입시키는 추상적인 규칙(wi → wəy)을 설정하여 해결하려고 한다.

때, 당시의 자음 음소 체계에서 /β/이 /p/과 대립되는 기원적인 신분을 보
유했음이 틀림없다.

(18) 사·비(蝦, 訓正, 용자례)   :   아·비(父, 월석, 서, 14a)
　　　:셔블(京, 용가, 35)   :   :져비(燕, 訓正, 용자례)

따라서 'ㅂ → ㅸ'의 형태음소적 환경으로 v__v의 항목은 적절하지 않기
때문에 제외되어야 할 것이다. 그러나 15세기 국어 당시에서도 'ㅂ → ㅸ'
의 규칙은 필수규칙이 아니라, 문헌 자료의 성격에 따라서 또는 어휘들
의 유형에 따라서 수의적으로 적용되는 양상을 보이고 있다. 또한, 이 규
칙의 적용 영역도 v__v의 환경과, 심지어 ŋ__v에까지 확대되어 있다. 예
를 들면, 匠人을 뜻하는 접사 '-바지' 또는 '-바치'(匠은 바지라. 법화경,
序, 21b)는 전문적인 직종에 종사하는 직종에 연결되어 다음과 같이 사용
되었다.

(19)　ㄱ. 네 五百 흥졍바치 바룻래 드러(월인석, 22, 32b)
　　　　　흥졍바지둘히 길홀 몯 녀아(월인천, 상, 31b)
　　　　　商估는 댱시오 賈客은 흥졍바지라(월인석, 13, 8a)
　　　ㄴ. 셩냥바지와 흥졍바지왜라(능엄언 3, 88a)
　　　ㄷ. 工匠바지 이룰 이대코져 홀딘댄(원각경, 서, 80b)

그 반면에, 16세기 또는 근대국어의 단계에 이르면 접사 '-바치' 또는
'-바지'는 선행하는 어근말 자음의 유형에 따라서 간혹 β>w의 과정을
수행한 형태로 등장하기도 한다.

(20)　ㄱ. 쯰와치 夏五의 메운 거시라(帶匠, 번역박, 상, 18b)
　　　ㄴ. 눈 브쉰 활와치 왕오를 블러 오라(弓匠, 번역박, 상, 59a)

ㄷ. 녀름지스리와 <u>공장와치</u>와 <u>흥졍와치</u>라(正俗, 21b)
ㄹ. 匠人 셩녕바치, 樂工 <u>풍뉴아치</u>(1690, 역어유, 상, 30a)

위의 예에서 (20ㄱ)의 '씌와치'(帶匠)와 '활와치'(弓匠)의 경우는 전형적인 -y__v와 r__v의 조건에서 각각 '씌바치 → *씌봣치>씌와치'와 '활바치 → *활봣치>활와치'의 발달을 보이는 것이다. 특히 'ㅂ → ㅸ'의 변화는 r__v의 음성 환경에서 적극적으로 수행된 것으로 보인다.55) 그리하여 아래와 같은 'ㄴ올(形狀)＋붉－(明)'의 통합적 조건에서도 15세기 단계에 이러한 변화가 일어나기도 하였다.

(21) 그 고지 <u>ㄴ올붉고</u> 貴흔 光明이 잇더라(석보상, 11 : 31b)

또한, 위의 (20ㄱ)의 예들을 반영하고 있는 16세기 최세진이 저술한 일련의 저작물 가운데에는 -y, r로 끝나는 형태소에 p로 시작되는 형태소가 연결될 때 'ㅁ> ㅸ'의 변화를 거쳤을 것으로 생각되는 또 다른 적극적인 예들도 출현하고 있다.

(22) ㄱ. <u>언제우터</u> 나뇨, <u>그제우터</u> 나니(번역. 박통사, 상. 13a)
        cf. 언제브터 낫나뇨, 그제브터 나시되(언해. 박통사, 상. 13b)
     ㄴ. 법셕 시작ㅎ야 <u>셜웝</u>ㅎ리러라(說法, 번역. 박통사, 상. 75b)
        며츠를 <u>셜웝</u>ㅎ리러뇨(상동. 75b)
     ㄷ. 불웝 니르는 양 드르라 가져(佛法, 상동. 74a)

---

55) 초간본 『두시언해』 가운데 '돌오던'과 같은 합성동사의 예가 출현한다. 이와 같은 형태는 원문을 참조하면 '돌－＋보－'와의 결합에서 'ㅂ → ㅸ'을 수용하였던 '돌보－'의 형성을 전제로 하여야 가능한 것이다.

아힛 쎄 서르 <u>돌오던</u> 사르미 다오니(兒童相顧, 두시중 24, 47b)

위의 '돌오던'의 예는 중간본 『두시언해』에도 수정 없이 그대로 유지되어 있다.

그러나 근대국어의 반사체 가운데 (20ㄷ)과 (20ㄹ)의 예에서 '공장와치'와 '풍뉴아치'는 15세기 국어에서의 (19)와는 다른 모습을 반영하고 있다. 이러한 사실은 일정한 음성 환경에서 적용되는 'ㅂ → ㅸ'의 규칙이 지역 또는 계층에 따라서 수의적 규칙의 성격을 띠고 있음을 나타내는 것이다. 또한, 근대국어에서 '홍정와치'와 '풍뉴아치'들과 같은 형태가 가능하였다는 것은 다음과 같은 사실을 전제로 한다. 즉, 순경음 'ㅸ'이 기능을 발휘하였던 15세기의 어느 단계에서 'ㅂ → ㅸ'의 변화가 경우에 따라서 v__v와 ŋ__v의 환경에까지 확대되어 있었을 가능성이 있다. 그리하여 '홍정바치>*홍정봐치>홍정와치'와 '풍뉴바치>풍뉴봐치>풍뉴와치'와 같은 발달을 고려하여야 될 것이다.

(20ㄷ)의 '공쟝와치'와 '홍정와치'의 경우는 15세기 국어에서 ŋ__v의 환경에서 'ㅂ → ㅸ'의 변화를 보이는 예들을 찾을 수 없으나, '풍뉴아치'(樂工)의 이전 형태는 '풍뉴바치'에서 순경음 'ㅸ'이 실현된 '풍류봐지' 형으로 등장하고 있다.

(23) 宮殿에 드러 내 <u>풍류봐지</u> 드리고(석보상, 24 : 28b)

그 반면에, '풍류바지 → 풍류봐지'의 변화형을 보이고 있는 『석보상절』(1447) 자체에서도 '홍정바지'의 경우에는 'ㅂ → ㅸ'의 변화가 수용되어 있지 않았다. 마초아 홍정바지 舍衛國으로 가리잇더니(석보상, 6 : 15a). 이와 같은 사실을 관찰하면 이 시기에서 'ㅂ → ㅸ'은 어휘에서 어휘로, 또는 한 세대에서 다른 세대로 이행하여 가는 확산의 과정에서 유동적인 성격을 띠고 있었음을 알 수 있다.

이와 같이 공시적 단계에서 확인되는 'ㅂ → ㅸ' 음운규칙의 유동성과 관련하여, '일벗-'(竊)의 반사체들의 형태가 주목된다. 동사어간 '일

번-'(竊)은 생산적인 r__v의 환경을 구비하고 있음에도 불구하고 예측
된 '일벙-'으로 출현한 적은 없고, 그 대신 이 형태는 15세기 국어에서
'ㅂ → 봉' 규칙이 적용되지 않은 상태로 시종 등장하였다.

> (24) 나랏 쳔 일버ᅀᅡ(월인천, 상, 2a)
> 그윗 거슬 일버ᅀᅥ(월인석, 1, 6a)
> ᄂᆞ미 것 서르 일버ᅀᅮ믈ᄒᆞᆯ쎄(월인석, 1, 45b)
> 竊盜ᄂᆞᆫ 일버슬씨라(법화경, 2, 167b)
> 일버ᅀᅥ 사랏ᄂᆞ니는 오직 ᄒᆞᆫ 늘그니로니(두시초 11, 53a)

그러나 위의 '일벙-'(竊)의 후속형들은 16세기와 그 이후의 단계의 문
헌 자료에서 '일웟-'으로 출현하였다. 竊 일워슬 졀(훈몽자, 하, 11a), 일워슬
偸(신증유합, 하. 44b). 이러한 사실은 15세기 당대에서도 'ㅂ → 봉' 규칙을
수용한 '일벙-'형과, 그러한 규칙을 거부한 '일벙-'형이 일종의 사회언
어학적 변이의 관계를 맺으며 공존하였을 가능성을 의미한다.56) 일찍이
중세국어에서 '일벙-∽일웡-'(竊)과 같은 유형이 보이는 변이 현상은 이
숭녕(1954 : 62)에서도 주목된 바 있다. 이숭녕 선생은 '일버ᅀᅥ'형은 당시
에 '일워ᅀᅥ'까지 발달한 듯하여 『訓蒙字會』에 "일워슬 竊"(下, 25)을 보여
주지만 초간본 『두시언해』에서 또 다시 '일버ᅀᅥ'(8. 27, 중간본, '일버어')로
나타나 있기 때문에 '일버ᅀᅥ'와 '일워ᅀᅥ'가 일정한 기간동안 공존하였을
것으로 추정하였다.

'ㅂ → 봉' 규칙의 유동성은 특히 v__v 환경에서 심각한 문제를 제기

---

56) 중세국어에서 '일벙->일벙->일웡-'(竊)의 발달 과정에서 관찰되는 '일벗-∽일웡-'
변이 현상에 대해서 이기문(1971 : 164)는 다음과 같이 언급하였다.
"이것(『訓蒙字會』에 출현하고 있는 '竊 일워슬 졀')은 15세기 문헌의 '일벙-'에 대응
하는 것으로, '봉'과는 관계가 없었던 단어이였던 만큼 이외의 것으로 느껴지기도 한
다. 그러나 이와 同軌의 예가 최세진의 번역 『朴通事』(上)에도 나타나는 사실로 보아
그의(그를 포함한 일부 言衆의) 언어사실을 반영하는 것임을 의심할 여지가 없다."

하게 된다. 이와 같은 환경에서 이 규칙이 적용될 수 있음은 우리가 위의 (23)의 예문 '풍류바지 → 풍류봐지'(樂工)에서 확인한 바 있다. 그러나 이러한 음성 환경에서 일어난 변화는 중세국어의 시기에 그렇게 생산적이지는 않았다. 'ᄀᆞᄅ+비'(細雨), '모시(毛施)+뵈'(布)와 '표+범'(豹) 등과 같은 한정된 몇몇 합성어에 적용되었을 뿐이다.

> (25) ㄱ. 늜므리 <u>ᄀᆞᄅ뷔</u> ᄀᆞ티 ᄂᆞ리다(월인석, 1, 36b)
>   ㄴ. 누른 <u>모시외</u> 다슷과(번역박, 상, 51b)
>   cf. 시론 아니 한 모시뵈도 이믜셔(번역노, 상, 8b)
>   ㄷ. 虎 갈웜 호, 豹 <u>표웜</u> 표(동중본 훈몽자, 상. 18a)
>   虎 갈웜 호, 豹 <u>표엄</u> 표(1527, 예산본 훈몽자, 상, 9b)
>   cf. 豹 표범 표(1576, 신유합, 上, 13a)

위의 예들에서 (25ㄱ)의 'ᄀᆞᄅ뷔'는 'ᄀᆞᄅ'(紛)와 '비'(雨)가 결합된 합성어이다. 이기문(1972ㄴ : 43)은 여기서 'ᄀᆞᄅ'는 '*ᄀᆞ롤'로 소급될 수 있는 가능성이 있다고 보았다. 그렇다면, 이 어휘는 v__v 환경에서 수행된 'ㅂ → 봉'의 사례라고 볼 수 없다. 그러나 중세국어에서 작용하는 'ㄹ' 탈락 규칙의 음성 환경(주로, 齒槽音)을 살펴보면 'ᄀᆞ롤+비>*ᄀᆞ롤뷔>ᄀᆞᄅ뷔'의 발달 과정은 어려운 것이다. 'ㄹ' 탈락이 양순음 앞에서 실현되는 예는 전연 발견되지 않기 때문이다. '글발', '말밤' 등은 이 시기에서 'ㄹ' 탈락과 무관하였다. 16세기 최세진의 특징적인 저작물 가운데 출현하는 '모시외'의 경우는 v__v 환경에서 'ㅂ → 봉'의 음운규칙이 적용되어 있으나, 오히려 '모시뵈'가 일반적인 형태로 사용되었다.

(25ㄷ)의 '표웜∽표엄'(豹)은 v__v 환경에서 '표범>*표봠>표웜'의 발달 과정을 전제로 한다. 예산본『훈몽자회』에 등장하는 '표엄'은 동중본에서의 '표웜' 단계를 거쳐서 나온 형태일 것으로 보인다. '표엄'형은

‘ㅸ’의 음소 단위로서의 소실과 ‘ㅂ → ㅸ’에 대한 인식이 후대의 언중들에게서 사라지면서 근대국어의 문헌 자료에서는 다시 원래의 어원적인 형태 ‘표범’으로 환원되었다. ‘*표범>표웜’에서 형성된 원순성 w가 상실된 ‘표엄’형은 이기문(1971 : 164)이 지적한 바와 같이 誤植이라고 볼 수도 있으며, 16세기 국어 당시의 실제 발음이 [phyo-wəm]∽[phyo-əm]으로 동요하였음을 반영하는 것으로 해석할 수도 있을 것이다.

만일 ‘표웜∽표엄’의 표기를 실제 발음상의 동요라고 본다면, 그 동요의 원인은 우리가 제2장에서 설정하였던 원순성 이화작용의 음운규칙 ①이 여기에 작용한 것이다. 이 음운규칙 ①은 이미 제2장에서 잠시 언급한 바와 같이 당시 화자(표기자)들의 사회언어학적 조건에 따라서 적용 여부가 결정되는 것이다. 따라서 ‘표엄’의 경우에 이 형태의 등장은 당시 표기자의 분명한 의식적인 선택의 과정을 거친 결과이었을 가능성이 높다. 그리고 이러한 형태는 오로지 ‘표범 → 표범>표웜’의 발달 단계를 거치고, 이어서 ‘표웜 → 표엄>표범’으로 환원되는 것은 아니라고 본다. 중세국어에는 ‘ㅂ → ㅸ / v__v’ 규칙이 적용된 ‘표범 → 표범’과, 이러한 규칙의 적용을 어떤 사회언어학적 근거에서 거부하였던 당시 화자 계층이 구사하였던 ‘표범’형이 언어사회에 공존하고 있었다고 생각한다. 16세기 단계에서 자음체계에서 음소 ‘ㅸ’이 소실됨과 동시에 형태음소적 규칙 ‘ㅂ → ㅸ’이 탈락되면서, ‘표범’과 대립을 이루었던 변이형 ‘표웜’의 존재 가치가 불리하게 되었고, 원래의 지시물을 가리켰던 어원과 유연성이 약화됨에 따라서 상대적으로 입장이 강화된 ‘표범’으로 완전히 대치된 것으로 판단된다.

4. 원순성 자질의 동화작용

4.1. 원순모음 '오'의 역행과 순행 동화로 인한 'ᄋ>오'

지금까지 우리는 2장에서 중세국어의 시기에 첫째 음절 위치에 있는 원순모음이 후행하는 모음의 원순성을 점진적으로 중화시키는 이화작용의 예들을 검토하여 왔다. 4장에서는 이와 동일한 시기에 둘째 음절에 위치한 원순모음이 선행하는 비원순모음을 원순모음화 시키는 원순성의 역행과 순행 동화의 원리와 현상을 논의하기로 한다. 중세국어의 단계에서 원순성 자질과 원순모음 계열들은 음운론적 과정에서 행사하는 음운론적 기능을 고려할 때 평순모음보다 그 강도가 높았거나, 음운론적 과정에 참여하는 강도가 두드러졌다고 말할 수 있다.

'ᄋ' 음소는 음절 위치에 따라서 상이한 음운변화를 수용하였다. 이미 15세기 중반부터 비어두음절의 'ᄋ'는 '으'로 부분 중화되어 제1단계의 변화를 실현시키지만, 어두음절 위치의 'ᄋ'의 변화, 즉 'ᄋ>아'로의 제2단계 변화는 18세기 중기 이후에 비로소 가능하였다(이숭녕, 1959 ; 이기문, 1972ㄱ). 따라서 후기 중세국어에서 제1음절에 위치한 'ᄋ'는 그 당시의 모음체계 상에서 음소로서 확고한 위상을 유지하고 있었다.

그러나 제1음절의 'ᄋ'는 후속되는 모음이 원순모음일 경우에 강력한 원순성의 역행동화를 입어서 원순모음 '오'로 대치되는 꾸준한 경향을 이 시기의 문헌 자료에 반영하고 있다. 이와 같은 원순성 자질의 역행동화 현상은 16세기의 국어로 진입하면 더욱 강화되지만, 단어의 사용빈도수에 따라서 이미 15세기 중엽부터 산발적으로 실현되기 시작하였다. 이러한 현상을 나타내는 예를 몇 가지 제시하면 다음과 같다.

(1) ᄀᆞ올ㅎ > 고올ㅎ(邑)[57)]

ㄱ. 자시어나 ᄀᆞ올히어나 나라히어나(석보상, 9 : 40a)

ㄴ. ᄒᆞᆫ고올 잇ᄂᆞᆫ 孟七保와 婚姻ᄒᆞ쟈(1514, 속삼강, 열, 2a)

ᄃᆞ외- > 도외-(爲)

ㄱ. 妻眷 ᄃᆞ외얀디 三年이몯차이셔(석보상, 6 : 4a)

ㄴ. 勝福ᄋᆞᆯ 어드릴씨 暫持 功德이 도외니(1463, 법화경, 6, 3b)

ᄀᆞ외 > 고외(袴衣)

ㄱ. 좀드러 옷 ᄀᆞ외 헤디오고(석보상, 3 : 22b)

ㄴ. 裳 고외 샹(1575, 광주천, 4b)

ᄒᆞ오ᅀᅡ > 호온ᅀᅡ(獨)

ㄱ. 獨覺ᄋᆞᆫ ᄒᆞ오ᅀᅡ 알씨니(월인석, 2, 20a)

ㄴ. 유곤니 호온자 이셔(1518, 이륜행, 초, 11a)

ᄂᆞ외야 > 노외야(再)

ㄱ. 오ᄂᆞᆯ브터 ᄂᆞ외야 힝뎌글 ᄆᆞᅀᆞᆷ 조초 아니ᄒᆞ며(석보상, 21 : 47b)

ㄴ. 놀애ᄅᆞᆯ 노외야 슬픐 업시 브르ᄂᆞ니(1481, 두시초 25, 53a)

원순성의 역행동화에 참여한 이러한 용례들은 15세기의 어느 단계에서 순경음 'ᄫ'을 갖고 있었거나, 아니면 오늘날의 방언 자료에 의하면 'ᄫ'을 한 때 보유하였을 것으로 추정된다(小倉進平, 1944). 따라서 원순성 자질의 동화주인 둘째 음절의 '오'의 기원은 'ᄫᆞ'로 소급된다. 그리고 이와 같은 역행동화의 음운론적 과정은 잠정적으로 [Λ+O>O+O]와 같이

57) 그러나 '스ᄀᆞᄫᆞᆯ'(鄕)의 지속적인 발달에서 '스ᄀᆞ올'을 거치지만, '스고올>스고을' 과 같은 중간 단계가 문헌 자료에 등장하지 않고, '스ᄀᆞ올>스골, 스글'로 직접 모음 축약을 수행하였다. 이와 같은 예외를 이루는 표면적 원인은 원순성의 동화주 '오'가 제3음절에 위치하고 있다는 사실과, 복합어라는 사실 이외에 찾을 수 없다.

(ㄱ) 政事 자뱃다 ᄒᆞ야 辭壯ᄒᆞ고 스ᄀᆞ올 갯더니(1481, 삼강행_런, 忠. 8)
두 님금 업스니 스ᄀᆞ올 노하 보내야시ᄃᆞᆫ(삼강행_런, 忠. 34)

(ㄴ) 스골 ᄆᆞ술 서리예(1489, 구급간, 1, 103a)
太子ᄂᆞᆫ 쉰 그늘 주어시ᄂᆞᆯ 스골 가셔(1517, 번소학, 9, 87b)

(ㄷ) 셔울 스굴히 엇데 다ᄅᆞ리오(1464, 선종영, 하, 113a)

요약될 수 있다.

지금까지 위의 (1)과 같은 예들은 중세국어의 음운론에서 긍정적이고 동시에 적극적인 해석을 받아오지 못 한 것 같다. 그리하여 이러한 현상에 참여한 대부분의 단어들은 모음 연결 'ᄋᆞ+오'에서 모음 'ᄋᆞ'의 불완전성에 의하여 '오'로 축약되었다는 해석으로 대표되어 왔다(이숭녕, 1955 ; 이기문, 1972ㄴ).58) 이러한 부정적인 해석은 16세기와 근대국어의 초반의 시기인 17세기에 걸쳐 등장하는 지속적인 변이와 변화, 즉, '고올∽고을'(郡邑), '도외-∽도의-'(爲) 등의 부류에 반영된 [오+오]∽[오+의]의 표기상의 동요 현상을 문자 그대로 받아드리지 않는다. 또한, 이와 같은 해석은 우리가 2장 2절 3항에서 논의한 바 있는 '수울∽수을'(酒), '두울∽두을'(二) 등과 같은 중세국어의 표기상의 동요를 언어 실제의 모습으로 파악하지 않으려는 관점과 일치한다.59) 위의 예들을 전면적으로 일종의 모음 축약으로 파악하려는 입장은 중세국어에서 보편적으로 작용하고 있었던 다음과 같은 모음 연결의 과정에서 파생된 'ᄋᆞ / 으'의 탈락 규칙의 지원을 받고 있다(이기문, 1972ㄱ).

(2) 'ᄋᆞ / 으'의 탈락 규칙

$$\left\{ \begin{matrix} \Lambda \\ \dot{i} \end{matrix} \right\} \rightarrow \emptyset / \underline{\quad} V^{60)}$$

---

58) 이숭녕(1955 : 482)은 'ᄀᆞ볽>ᄀᆞ올>고올∽고을>골'(郡邑), 'ᄒᆞ볼사>ᄒᆞ오사>호올로∽호을로'(獨) 등의 예에서 '오+오'의 연속은 '오+으' 또는 '오+오'의 공존 시대를 보는데, 이와 같은 유사한 공존형이 일정한 기간 동안에 존재하였다는 사실을 부인하고 장음표기의 방안으로 해석한다. 따라서 위의 단어들의 발달은 'ᄀᆞ볼>ᄀᆞ올>골'의 과정을 밟아 온 것이다. 또한, 이기문(1972ㄴ : 118)도 15세기의 'ᄀᆞ올'(<ᄀᆞ볼)에서 모음 'ᄋᆞ 오'의 연속은 '오'로 축약되었으며, 'ᄀᆞ올'은 16세기에 '고을'(訓蒙字會, 중, 4)로 나타난다고 기술하였다.

59) 남광우(1959 : 121)에서 제시된 중세국어 'ᄀᆞ외'의 발달 과정 '*ᄀᆞ비>ᄀᆞ뷔>ᄀᆞ외>괴'(袴衣)을 보면, 남광우 교수 역시 체언 내부에서 '오+오' 또는 '오+으'의 연속을 인정하지 않는 것 같다.

그러나 예문 (1)에서의 지속적인 변화의 진로를 단지 15세기 당대에 집중되어 있는 관찰의 범위를 벗어나서 근대국어 초반의 다양한 문헌 자료의 예들로 시야를 확대할 적에, 우리가 여기서 제시하려는 代案도 음성 변화의 관점에서 어느 정도 현실성이 있을 것으로 판단한다.

또한, 종래의 학자들 가운데 '고올∽고을'(郡邑) 등과 같은 유형을 변화의 방향을 가리키는 것으로 인식하려는 시도도 있었다. 일찍이 유창돈(1964 : 188)은 '드외->도외-'(化,爲), 'ㄱ올>고올'(郡), '조올->조올-'(睡), 'ㄱ외>고외'(衣裳), '호올->호올'(獨) 등에서 보이는 현상을 역행동화의 일종으로 설명하였다. 또한, 전광현(1967 : 84)은 17세기 국어의 음운현상을 고찰하면서 15세기의 '드외-(爲)가 17세기에 와서 여러 문헌 자료에 세 가지의 이형태 '드외-∽도외-∽되-'로 표기되는 사실을 주목하였다. 그리하여 전광현 교수는 이 가운데 '되-'형의 출현 분포가 우세함을 지적하고, 이 형태의 발달의 진로를 '드ᄫᅵ->드외->도외->되'와 같은 연속적인 과정으로 인정하여야 됨을 주장하였다.

그러나 17세기 국어에 등장하는 '도외-'형은 이미 15세기부터 나타나기 시작하는 형태가 그 보수성으로 인하여 뒤이이 형성된 개신형들과 함께 오랜 기간 동안 존속된 결과로 보인다.

> (3) 기름ㄱ티 도외어든 거더 아ᄉᆞ(1466, 구급방, 하, 38b)
>   나그내 도외야 슈믈 춤ᄂᆞ니라(두시초 25, 51a)
>   軍士 도외여 싸호매 죽거늘(1514, 속삼강, 열, 5a)
>   子弟 도외여서 灑掃應對롤 편안히(1517, 번소학, 6, 3b)
>   집비 됴히 도외리니 됴히 도욈 오라믄(1518, 正俗, 6b)

60) 중세국어에서 'ᄋᆞ / 으' 탈락규칙은 입력 가운데 'ᄋᆞ'가 제외된 '으' 탈락규칙으로 전환되어 현대국어 음운론에서 가장 강력한 기능을 발휘하고 있다.

지금까지 '९'의 원순성 자질의 동화와 관련하여 논의된 (1)의 단어들은 '९>오'의 변화가 어두음절 위치에서 수행된 사례들이다. 그러나 '९'는 음절 위치와 상관없이 그 조건만 만족시키게 되면 원순화를 수행하였다. 그리하여 이기문(1959 : 47)에서 '९>오'의 원순모음화로 제시된 예들 가운데 '받ᄌ올 거시'의 경우는 '받ᄌᄫᆞᆯ>받ᄌ올>받조올'과 같은 연속적인 발달 과정을 나타내는 것이다. 尊親끠 받조올 거시 업도다(1481, 두시초 23, 50b). 또한, 15세기 국어에 나타나는 'ᄌᆞᅀᆞ르ᄫᅵᆫ>ᄌᆞᅀᆞ르윈>ᄌᆞᅀᆞ로윈'(要)의 발달에서도 '९'의 원순모음화가 작용하고 있다. 또한, 이러한 과정에 참여하는 또 다른 15세기의 형태인 'ᄌᆞᅀᅩ로이'는 원순성 자질의 동화와 관련하여 매우 특이한 양상을 보인다.

> (4) ㄱ. ᄌᆞᅀᆞ르ᄫᅵᆫ 거슬 사ᄆᆞ료 알라(월인석, 2, 22b)
>   要ᄂᆞᆫ ᄌᆞᅀᆞ르ᄫᅵᆯ 씨라(월인석, 11, 36b)
> ㄴ. 眞實 ᄌᆞᅀᆞ르윈 이롤 사ᄆᆞ시니(능엄언 1, 21a)
>   楞嚴法 ᄌᆞᅀᆞ르외요미 이에 ᄆᆞ출 ᄯᆞ르미어늘(능엄언 1, 22a)
> ㄷ. ᄌᆞᅀᆞ로윈 길히 ᄯᅩ 놉고 깁도다(두시초 14, 20a)
>   ᄌᆞ모 ᄲᅢ혀나 ᄌᆞᅀᆞ로윈 路津에 올아셔(두시초 19, 2a)
>   樓蘭을 <u>ᄌᆞᅀᆞ로이</u> 버힐 ᄢᅦ로다(두시초 23, 40a)
>   黃金을 ᄃᆞ라 두믈 <u>ᄌᆞᅀᆞ로이</u> 너기디(두시초 24, 35a)
>   <u>ᄌᆞᅀᆞ로온</u> 이리(1517, 번소학, 10, 24b)
> ㄹ. 묏부리 어두믈 <u>ᄌᆞᅀᅩ로이</u> 너기고(두시초 9, 13b)
>   方士ᅵ 符呪을 <u>ᄌᆞᅀᅩ로이</u> 너기며(두시초 25, 8a)

우리가 예문 (1)에서 살펴본 '९+오>오+오'의 원순모음화 현상의 동화주 '오'는 기원적으로 '९+ᄫ'의 형태 구조에서 β>w에서 도출된 이차적인 원순모음에 한정된 것이었다. 그러나 중세국어에서 원래 '९+오'의 연속에서도 원순성의 역행동화가 실현되는 예들도 산발적으로 발견된다. 이러한 예들은 그 종류가 다양하지 못하며, 또한 지속적인 변화 과정의 중간 단계를 반영하는 고정적인 성질의 것이 아니고, 나중에 다시 복원되는 일시적인 현상이었다는 점에서 위의 (1)의 예들과 대조된다.

(5) ㄱ. 둗토- 〉 도토ー(競)
　　　ㄴ출 펴 도톼 아름다이 웃고(競, 두시초 3, 18a)
　　　ㄴ출 펴 도톼 아름다이 웃고(1632, 두시중 3, 18a)
　　　ᄀ옰 사룸운 氣量 조바 南風으란 외오 도토고(1632, 두시중 25, 48a)

ㄴ. ᄠ로 〉 ᄯ로로(別)
　　　卓온 ᄠ로로 난 양이라(1465, 원각경, 서, 2b)
　　　번드기 ᄠ로로 볼ᄀ 얼굴 몰홀 거시듸(1467, 목우자, 5b)
　　　이리 드므러 ᄠ로로 ᄦᅡᆨ 업스니(1482, 금삼해, 3, 44b)

ㄷ. -ᄃ록 〉 도록(정도를 나타내는 語尾)
　　　져므도록 詰難ᄒ시고(석보상, 3 : 34a)
　　　劫이 다ᄋ도록 思議ᄒ야도(능엄언 10, 90b)
　　　밀홀 봇고디 검도록ᄒ야 ᄀ라 細末ᄒ야(1466, 구급방, 하, 12a)

ㄹ. -ᄋ로 〉 -오로(격조사)
　　　열가온 우므레 노호로 믈 기러내ᄂ니라(번역노, 상, 31b)
　　　갈호로 죽디 몰ᄒ면 노호로 목미야(1514, 속삼강, 열, 21a)
　　　體信은 몸오로 信홀씨라(1463, 법화경, 2, 215a)

위의 예에서 (5ㄷ)의 문법 형태소 '-ᄃ록〉-도록'은 15세기 국어에서부터 출현하기 시작하며, 16세기에 오면 개신형 '-도록'의 출현 빈도수가 증가하게 되었다. 이와 같은 '-ᄃ록〉-도록'과 '-ᄋ로〉-오로'의 과정은 16세기 국어를 고찰한 이기문(1959 : 46~47)에서 "후행 모음 '오'에 의한 역행동화"로 간주되었으며, 동시에 흥미 있는 음운 현상으로 주목된 바 있다. (5ㄹ)의 부사격조사 '-ᄋ로〉-오로' 역시 15세기부터 출발하여

16세기 후대로 이어지지만 지속적인 변화로까지는 확대되지 못했다.[61]

'-ᄋ로>-오로'에서 관찰되는 'ᄋ'의 원순모음화와 관련하여, 16세기 문헌 자료 가운데 일견해서 '-ᄋ로>우로' 또는 '-으로>우로'의 변화 방향을 가리키는 것으로 보이는 예들이 등장하고 있다. 16세기의 『번역 노걸대』, 『번역 소학』, 『선조판 소학언해』 등에서 주로 '앒'(前), '뒿'(後), '웋'(上) 그리고 '집'(家)의 단어에 연결되는 향격조사 '-으로'에 대한 변화형 '-우로'의 예들이 그것이다.

> (6) ㄱ. 앒으로 → 앒푸로
> 앒푸로 나ᅀᅡ가(번역 노걸대, 상. 10ㄱ)
> 앒푸로 다듣디 몯ᄒ고(같은 책, 상. 10ㄱ)
> 뒤흐로 → 뒤후로
> 뒤후로는 뎜에 다듣디 몯ᄒ리니(번역 노걸대, 상. 10ㄱ)
> 뒤후로 옷기슬 잇그러(번역 소학 5. 70ㄴ)
> 우흐로 → 우후로
> 열량 우후로 풀리라(번역 노걸대, 상. 9ㄱ)[62]
> 우후로 ᄎ자, 아래로 비화 우후로 통달ᄒᄂ니라(소학 5. 86ㄱ)
> cf. 뿍으로 → 뿌구로
> ᄶᅩ 뿌구로 비야미 쏘리롤 ᄡᅳ면(구급방 언해, 하. 79ㄱ)

---

61) 이기문(1959)은 '-ᄃ록>-도록'에서는 다음 단계에서 확고하게 고정화된 반면에, '-ᄋ로>-오로'의 경우에는 후대의 변화에서 고정되지 못하고 탈락하는 이유를 다음과 같이 추정하였다.
"이러한 상이한 현상의 원인은 -torok은 고립 형태인 반면에 -ᴐro는 -ɯro와 대립을 이루고 있었던 사실에서 찾을 수 있다. 즉 -oro는 -ɯro에 索引되고 만 것이다."(48면)

62) 『소학언해』에서는 선행명사 '앞'(前)의 경우에는 그대로 격조사 '-으로'가 연결되었고, 선행 명사 '뒿'(後)에만 '-우로'형으로 출현하였다.

아프로 옷기슬 둥긔고 <u>뒤후로</u> 옷기슬 잇그러(5. 70ㄴ)

그리고 『소학언해』에는 동사 '가-'(去)에서 파생된 명사형 '감' 다음에 격조사 '-으로'가 '-오로'로 연결되는 예도 등장한다. 일로 븓터뼈 가모로 구족애 니르히(5. 70ㄱ). 이 언해문에 해당되는 원문 다음에 한글 토가 다음과 같이 '-오로'로 쓰이고 있다. 自慈 以往<u>오로</u> 至于九族히(5. 69ㄴ).

∽뿌그로 쓰면(같은 책, 하. 73ㄴ)

　ㄴ. **집으로 → 지부로**
　　모로매 지부로 오고라(번역 노걸대, 상. 44ㄴ)

　위와 같이, 문법 형태소의 비어두음절 위치에 실현된 '－ᄋ로>우로' 또는 '－으로>우로'의 예들은 이 당시 16세기 국어에서 산발적으로 일어난 '오∽우'의 동요를 반영하는 것으로 보인다. 이러한 '오∽우'의 교체 현상은 16세기, 특히 최세진의 저작물 등에 내부적으로 다음과 같이 확인된다.

　(7)　ㄱ. 두루미(鶖鷺, 사성통해, 상. 13ㄴ)∽두로미(같은 책, 하. 23ㄱ)
　　　ㄴ. 스믜나무(예산본 훈몽자회, 상. 5ㄴ)∽누튀나모(같은 책, 상. 5ㄴ)
　　　ㄷ. 벼루(硯, 번역 박통사, 상. 60ㄴ)∽벼로(예산본 훈몽자회, 상. 18ㄱ)
　　　ㄹ. 항귀, 뷰(銶, 사성통해, 상. 63ㄱ)∽항괴(예산본 훈몽자회, 중. 8ㄴ)

　16세기 당시에 譯官으로서 중인 신분이었던 최세진이 저술한『번역 박통사』(1517)와『번역 노걸대』(1517) 등에는 격조사 '－ᄋ/으로'가 역행 원순모음화를 수용한 '－오로'형으로 사용되는 빈도 또한 높게 나타난다.

　(8)　제 ᄆᅀᆞ모로셔 즐기는 거슨(번역 박통사, 상. 70ㄱ)
　　　쏘 두루믜 지초로 살픠 고잣고(같은 책, 상. 27ㄱ)
　　　네 ᄆᆞ스모로 기들워라(번역 노걸대, 하. 1ㄴ)
　　　당시론 五百里 우호로 잇ᄂᆞ니(번역 노걸대, 상. 10ㄴ)
　　　cf. 네 가짓 굴으침오로뻐 ᄒᆞ니(소학 6. 88ㄴ)

이와 같은 상황에서 격조사 '-오로'형은 체언 뒤에서만 통합되기 때문에 비어두음절 위치에 놓이게 되면서, 당시의 '오∽우'의 교체 현상에 의하여 '-우로'로 대치되었을 가능성이 높다고 생각한다. 특히, 앞에서 열거 한 예 가운데 '五百里 우호로'는 여기서 '오∽우' 교체에 의하여 (7)의 예에서와 같이 '우후로'로 실현될 계기를 형성하고 있는 것이다. 또한, 다음과 같은 『번역 노걸대』에서 출현하는 예는 선행하는 순자음에 의한 원순모음화의 음성 조건을 발견할 수 없는 상황에서 '-오로>-우로'의 변화를 보여준다.

> (9) 네 <u>셧그투로</u> 내 물포논 글월쓰라(15ㄴ)
>   cf. 묏그트로 나려 오도다(초간, 두시언해 25. 2ㄱ)

16세기 국어에서 'ᄋᆞ로∽오로'의 교체를 보여주었던 위의 (5)의 예들은 17세기에 간행된 후대의 중간본에서는 예외 없이 다시 '-으로'형으로 복귀되었다.[63] 이러한 사실은 개신형 '-오로'가 근대국어에 들어오면서 다시 보수형 '-으로'로 바뀌지게 되는 경향과 대체로 일치한다.

지금까지 우리는 중세국어의 단계에서 이차적인 또는 기원적인 원순모음 '오'의 강력한 원순성 자질이 선행하는 비원순모음 'ᄋᆞ'에 원순성 자질을 부여함으로써 원순화하는 역행동화의 유형을 검토하였다. 이번에는 제1음절 위치에 있는 '오'가 후행하는 평순모음 'ᄋᆞ'에 순행적으로 원순성 자질을 가하여 'ᄋᆞ>오'의 원순화를 일으키는 순행 원순모음화 현상

---

63) 17세기의 중간본 『언해 노걸대』(1670)에서 본문의 (9)의 예에 해당되는 형태는 모두 '-으로'로 대치되어 나타난다.

열닷냥 우호로 풀고(상. 8ㄱ), 열량 우호로 풀리라(상. 8ㄱ), 우리 앏호로 향흐여(상. 9ㄱ), 뒤흐로 뎜에 다둣디 못흐리니(상. 9ㄴ), 五百里 우호로 잇느니(상. 9ㄴ), 집으로 오고려(상. 40ㄴ) 등.

을 살펴보기로 한다. 前者의 역행 원순모음화는 예측 변화로서 원순성 자질이 후속된다는 사실을 발화자가 미리 알고 앞선 평순모음을 발음하기 시작하였을 때 입술의 모양을 둥글게 만들어 버리는 현상이다. 그 반면, 여기서 취급하려는 後者의 순행 원순모음화는 제1음절 위치에 발음하려는 원순모음의 입술의 둥근 모양을 둘째 음절의 평순모음이 연속되어 발음되는 경우에도 그대로 평순으로 풀지 않고 지속하려는 조음상의 경제의 원리에서 유래한 것이다.

이와 같은 원순성 자질의 측면에서 서로 상반되는 음운현상, 즉 순행과 역행의 원순모음화의 원리가 동 시대에 공존하는 공시태에서 경쟁적으로 일어나고 있다는 사실은 여러 가지의 언어 수행상의 원리를 나타내는 것이다. 그러나 여기서 우리가 강조하려는 사실 가운데 하나는 중세국어의 음운론에서 발휘하는 원순성 자질의 강력한 기능이다. 원순모음이 평순모음보다는 더 有標的(un-marked)이다. 언어의 변화가 지향하는 보편적인 원리는 유표성에서 無標性으로의 방향에 있다고 한다(Hoenigswald, 1966 : 38~39). 이러한 원리를 염두에 두면, 우리가 지금까지 취급한 원순화 현상은 특이한 것이다. 그리고 이러한 특이성은 오로지 중세국어의 단계에 활약하였던 원순모음 '오'와 '우'의 특이한 음운론적 행위에서 찾아진다고 생각한다. 또한, 평순모음에 가하는 원순모음의 작용은 여기에서 끝나지 않았다. 하나의 형태소 내부에 기원적으로 존재하는 '우+우'와 '오+오'의 모음 연속에서 제1음절의 원순모음 '오'와 '우'는 둘째 음절의 동일한 원순성 자질을 갖고 있는 모음의 후속을 배제시키려고 하였다. 이러한 비원순화 현상은 우리가 이미 2장에서 취급한 바 있다.

제1음절 위치의 '오'가 뒤따르는 평순모음 '으'를 순행 동화작용에 의해서 원순화시키는 예들은 15세기부터 문헌 자료에 등장하고 있다.

(10) ㄱ. **도ᄅᆞ혀 〉 도로혀**(反)

두 녁 軍卒이 도ᄅᆞ혀 干戈롤 도로혀 자바(두시초 6, 38a)

죄 니부믈 도로혀 크게 ᄒᆞᄂᆞ니(1517, 번소학, 7, 29b)

이제 도로혀 스싀로 해ᄒᆞ논디라 글(번소학, 8, 30a)

ㄴ. **노ᄅᆞ 〉 노로**(獐)

노로 爲獐(훈민해, 55)

麕肉 효근 노로(1613, 동의보, 1, 47b)

스스로 노로목 내믈에 뛰여드러(1617, 동국신, 동. 삼열 8,
58b)

ㄷ. **오올(〈 오ᅀᆞᆯ) 〉 오올**(全)

시러곰 그 집을 오올완노소라(1586, 소학언, 5, 73b)

微ᄒᆞᆫ 班列에 목수믈 오올와 이슈라(1632, 두시중 20, 18a)

그 오온 글월을 비록 呵히 보디 몯ᄒᆞ나(1586, 소학언, 서, 2a)

우리가 4장 1절에서 지금까지 논의한 'ᄋᆞ'의 원순모음화 현상을 중심
으로 해서 β〉w에서 도출된 원순성 자질 w와, 기원적인 원순모음 '오'에
의한 순행과 역행 원순모음화 작용을 정리하는 의미에서 하나의 음운규
칙으로 설정하면 다음과 같다.[64]

---

64) 이와 같은 원순모음화 규칙 ⑤과 관련하여 15세기부터 출현하고 있는 '호왁'(臼)도 'ᄒᆞ
왁'으로부터의 발달일 가능성이 있다. 이 단어는 후기 중세국어 이전 단계에서 순경음
'ᄫ'을 보유했었을 것으로 추정되어 왔다. 즉, '*ᄒᆞᄫᅡᆨ'. 이 재구형은 β〉w에 의하여 'ᄒᆞ
왁'으로 변화하였을 것인데, 이 형태가 실제로 15세기 국어에 등장하였다. 따라서 15
세기 단계에 'ᄒᆞ왁'형과, 'ᄋᆞ'의 원순모음화 규칙 ⑤를 수용한 '호왁'형이 공시적으로
공존하고 있는 셈이다. '호왁'형은 17세기에는 '확'으로의 축약을 보인다.

(ㄱ) 衆生이 <u>ᄒᆞ왁</u> 소배 이셔(월인석, 23, 78b)
(ㄴ) 방핫고와 호왁과 ᄀᆞᆮ도다(두시초 6, 2a)
   臼 호왁 구(1527, 훈몽자, 중, 6b)
   臼 호왁 구(1576, 신유합, 상, 27b)
(ㄷ) 碓臼 방핫확(1690, 역어유, 하, 16b

(11) '♀'의 원순모음화 규칙 ⑤

$$\Lambda \rightarrow [\alpha\ \text{round}] / \begin{bmatrix} V \\ \alpha\,\text{r ound} \end{bmatrix}$$

원순모음을 선행하거나 후행하는 '♀'는 원순화 한다.

4.2. 원순모음 '우'의 역행 동화로 인한 '으〉우'

후기 중세국어에서 '♀'가 선행하거나 후행하는 인접 원순모음 '오'의 동화작용을 받는다면, 이것과 짝을 이루는 '으'의 경우에도 이와 동일한 음운론적 행위가 수행될 것으로 예측되는 것이 자연스럽다.65) 우리는 2장에서 일정한 음성 환경에 위치한 '오'에서 원순성 자질을 제거하면 '♀'로 전환되는 동시에, 이와 동일하게 '우'에서 비원순화가 '으'로 전환되는 사실을 확인한 바 있다. 15세기 국어 가운데 '으+우'의 연속을 보유하고 있는 단어를 찾아서 이러한 예측의 타당성을 4장 2절에서 점검하여 보려고 한다. 이러한 음성 환경을 갖추고 있는 몇몇 단어, 즉 '그울-'(轉), '드위혀-'(翻), 및 '그위'(官) 등과 같은 예들이 취하게 되는 통시적 발달 과정에 개입된 원순모음화 작용을 추적해 보면 다음과 같다.

(12) 그울-, 그우- 〉 구울-(轉)
    ㄱ. 짜해 업더디여 그울며 우니(석보상, 23 : 21b)
       轉은 그울씨오(월인석, 1, 19b)
       머리롤 자바 짜해 그우리왇고(석보상, 3 : 12b)
       가슴닶겨 짜해 그우더니(1459, 월인석, 17, 16b)

---

65) 중세국어에서 모음 '♀'와 '으'는 생성음운론에서 말하는 소위 '自然群'(natural class)를 형성하고 있다. Harms(1968)는 '자연군'으로 묶일 수 있는 a와 b 음운들의 부류는 다음과 같은 특징과 속성을 공유하고 있어야 되는 4가지 규정을 제시한 바 있다. 이 기준에 의하면, (1) '♀'와 '으'는 음운규칙을 같이 수행한다. (2) '♀'와 '으'는 음운규칙의 구조적 기술, 즉 환경에서 동일한 기능을 발휘한다. (3) 이 두 모음은 변화의 입력과 출력이 될 수 있다. 즉, ♀〉으.

ㄴ. 더레요물 수이 맛나 구우녀 뻐러디니(능엄언 1, 37a)

물쑝구우리 여러 가짓 벌에(법화경, 2, 110a)

두위 구우리면 즉재 살리라(1489, 구급간, 1, 83b)

술읫 뼈 구우룸 곧호몰(원각경, 6, 상 2, 3 : 20a)

轉 구울 뎐(1576, 신유합, 上, 3a)

軸으로뻐 구울니고(1632, 가례해, 8, 4a).

(13) 드위혀- 〉두위혀-(翻)

ㄱ. 셜버 드위텨디게 ㅎ고(1459, 월인석, 1, 29a)

솑바당 드위혀 메셔 샌ᄅ니(1461, 능엄언, 1, 16b)

져기 이로몰 드위혀 불기시니(1465, 원각경, 7, 하 1, 1 : 55b)

혓 미티 믌결 드위 잇듯 ㅎ도다(1482, 금삼해, 2, 44a)

ㄴ. 이런ᄃ로 特別히 두위혀 詰難ㅎᅀ오니라(능엄언 4, 33b)

히미 傷ㅎ며 두위드듸여 알프거든(1466, 구급방, 하, 27b)

블근 새 두위텨 ᄂ라오고(두시초 3, 11a)

ᄇᄅ미 두위티며 힌 올ᄆ며(두시초 16, 54b)

모미 쎨 활 두위트러 가둧 ㅎ거든(1489, 구급간, 6, 83b)

위에서 제시된 두 예들의 발달 과정에서 '으+우'의 연속이 15세기 국어에서부터 공시적으로 '우+우'의 연속으로 전환되어 가는 경향을 추출할 수 있다. 이러한 변화의 원리는 우리가 예측한 바와 같이 둘째 음절의 원순모음 '우'가 앞선 음절의 '으' 모음을 역행 원순모음화한 것이다. 유창돈(1964 : 161)은 초간본 『두시언해』에 '드위'(翻)가 '두위'로 변화되어 나타나는 예를 지적하여, '드위->두위-'의 원인은 후속하는 '우' 에 있다고 설명하였다. 또한, 남광우(1961 : 13)는 위의 단어들이 북부 함경도 방언과 남부의 경상도 방언 에서 어중 '-ㅂ-'을 유지하고 있는 반사체들을 제시하면서 이들의 통시적 발달 과정을 다음과 같이 설정하였다.66)

66) 허웅(1965 : 483)에서도 오늘날의 경상도 방언에서 사용되고 있는 '구불-(轉), 자불-(睡), 디비-(翻), 호불(獨)' 등의 단어들이 어중에 '-ㅂ-'을 갖고 있다는 사실에 근거

즉, (ㄱ) '*구블->*구븥>구울-'(轉), (ㄴ) '*드비->*드븨->드위->뒤-'
(翻). 그러나 (ㄴ)에서 추정된 '*드븨->드위-는 우리가 2장에서 논의한
바가 있는 β>w 공식에 준해서 '*드뵈->드위-'로 수정할 필요가 있다.
또한, (ㄱ)에서도 오히려 '*그블->*그볼->그울-'의 연쇄적 변화의 모
습이 더 정확할 것 같다.

중세국어에서 '으+우'의 구조를 갖고 있는 또 다른 단어 '그위'(官, 公)
의 경우도 역시 (13)의 예들과 동일한 역사적 발달 '우+우' 형태를 취하
고 있다. '官職'의 뜻을 갖고 있는 '그위실'은 '그위+실'로 분석될 수 있
기 때문에, 같은 대상으로 여기서 취급하려고 한다.

(14) 그위 > 구위(官)
ㄱ. 官屬ᄋ 그위예 좃브튼 사ᄅ미라(석보상, 11 : 7b)
百姓ᄋ 그위실 ᄒ리와 녀름 지스리와(능엄언 3, 88a)
그위예 가ᄂ 지빗 宰相이 어디도다(두시초 23, 52b)
그위에서 義ᄅ뷔 너겨 府에 닐어(1481, 삼강행_런, 烈 24)
ㄴ. 구윗 지비 期限이 잇ᄂ니(두시초 5, 26a)
구윗 일 ᄒ다가 參佐ᄅᆯ 延引ᄒ시니(두시초 14, 11a)
구윗 소임 맛닷ᄂ 사ᄅ미 그 소임엣 이ᄅᆯ(번역 소학 3 : 10b)
비록 드러도 구윗과 원의 겨지븐(1579, 삼강행, 열. 19b)
다ᄉ림을 可히 구위예 옴기ᄂ니(1586, 소학언, 2, 70b)

(14)의 예에서 '그위'형은 주로 15세기 중반의 고전적인 불경언해 부류
에 많은 출현 분포를 나타낸다. 그러나 이 시기에도 개신형 '구위'가 등장
하고 있으나, 115세기 후반서부터 16세기에 보수형 '그위'보다 더 높은
출현 빈도수를 보인다. 그리고 초간본『두시언해』(1481)에는 '그위∽구위'

하여, 이들에 대응되는 15세기 국어의 '그을-, 즈올-, 드위-, ᄒ올-' 등이 기원적
으로 모음 사이에 /ᄫ/을 보유한 적이 있었을 것으로 추정된 바 있다.

의 공시적 변이 현상이 반영되어 있다. 이러한 사실은 15세기에서부터 '그의>구위'로의 변화의 방향을 가리키는 것으로 생각한다. 그리고 초간본 『두시언해』를 포함하여 16세기의 문헌 자료에 또 다른 변이형 '구의'가 등장하기 시작한다. 따라서 중세국어의 단계에는 '그위∽구위∽구의'와 같은 세 가지 이형태들이 변이의 모습으로 사용되고 있었으나, 그 출현 빈도수는 시대의 추이와 더불어 상이하였을 것으로 추정된다.

> (15) 구의예 오미 쉰 나리 몯호터(두시초 25, 36a)
> 구의로 무술 집문마다 ㅂ른매 분칠ㅎ고(번역노, 상, 47b)
> 구의나깃 은 닷량을 벌로 내여(번역노, 하, 17a)
> 公 구의 공(훈몽자, 중, 1a), 官 구의 관(훈몽자, 중, 4b)
> 구의예 딕흰 것 둔는 이(1586, 소학언, 2, 44a)

위의 예들은 주로 16세기 이후부터 출현하는 분포가 높아지면서, 상대적으로 '그위'형은 점진적으로 줄어들게 되었다. 이러한 과정은 '그위>구위'의 단계에서 또 다른 '구위>구의'의 변화가 개입된 사실을 의미한다. '우+우'의 연속이 '우+으'로 전환되는 현상은 우리가 1장에서 설정했던 원순성 자질의 이화작용의 규칙 ①이 작용하였기 때문으로 판단된다. 이와 같이 '으+우'의 연속에서 원순성 자질의 동화를 입어서 '우+우'로 전환된 다음, 이어서 이차적으로 형성된 음성 환경 '우+우'가 '우+으'로 비원순화되는 일련의 연쇄적 변화는 16세기와 17세기에 점진적으로 보편화 되어간다. 이러한 음운론적 과정은 5장에서 종합적으로 취급하려고 한다. '그위'의 연속적인 발달에서 '구의'에 이른 형태는 이어서 모음축약 또는 '♀ / 으' 탈락규칙에 의하여 근대국어의 초기 단계부터서는 '귀'형으로 최종적으로 단음절화되기 시작한다. 죵순이 쏘 무식ㅎ여 귀예 하라 권당을 가도왓더니(誣訴于官, 1617, 동국신, 동삼. 열 7, 84b).

그러나 4장 2절에서는 지금까지 제시한 (12)~(14)의 예들을 중심으로
'으+우'의 연속이 '우+우'의 연속으로 전환되는 과정이 우리가 (11)에서
설정한 '♀'의 원순모음화 규칙 ⑤와 동일한 기능을 발휘하고 있음을 확
인하려고 한다. 그리하여 이 규칙 ⑤의 입력 '♀'에 다시 '으'까지 포함
시켜 다음과 같은 형식의 규칙으로 수정하려고 한다.

(16) '♀ / 으'의 원순모음화 규칙 ⑤

$$\begin{Bmatrix} i \\ \wedge \end{Bmatrix} \rightarrow [\alpha \ \text{round}] / \underline{\quad} \begin{bmatrix} V \\ \alpha \, \text{round} \end{bmatrix}$$

> 선행하는 '♀'와 '으'는 뒤따르는 모음의 원순성 자질의 有無
> 에 따라서 원순성을 갖기도 하고, 갖지 않기도 한다. 즉 후행
> 모음에서 α의 값이 +이면 선행 모음 '♀ / 으'는 '오'와 '우'로
> 전환된다. 그 반면에, 후행 모음의 α의 값이 −이면 선행모음
> '♀ / 으'는 아무런 간섭도 받지 않고 원래대로 [−round] 자질을
> 유지한다.

4.3. 어간활용에서 원순성 w의 역행동화에 의한 어간의 재구조화

15세기 국어에 이미 출현하기 시작하는 '어듷->어둡-'(暗 / 昏)의 통시적
과정과, 그보다는 훨씬 뒤늦게 근대국어 초기부터 등장하는 '듧->듦-'(穿)
과 같은 어간의 재구조화가 일어나는 직접적인 원인은 β>w 변화에 있다
고 생각한다. 이들 단어의 어간모음은 규칙적인 β>w를 수용하여 각각
'으+w'의 연속을 형성하면서 우리가 위의 4장 2절에서 설정한 '♀ / 으'
의 원순모음화 규칙 ⑤의 지배를 받은 결과로 해석되기 때문이다.

일찍이 '어듷->어둡-'의 변화는 지금까지 많은 학자들의 관심의 대
상이 되어 왔다. 먼저, 안병희 교수는 "15세기 국어의 활용어간에 형태론
적 연구"(1959)에서 사동의 파생접미사의 유형 가운데 '어듷-'(昏)의 사동

형이 『능엄경언해』(1461)에서 '어두이-'로 출현하는 사례를 관찰하고, 이 예는 "국어음운사를 위하여 실로 암시에 찬" 현상을 반영하는 것으로 언급하였다. 그리고 안병희 교수는 '어두이-'는 '어드ᄫᅵ'의 발달이며, '누이-∞뉘이-' 등의 예와 함께 순경음 발달에 귀중한 자료가 된다고 보았다. 특히, 안병희 교수는 '어드ᄫᅵ->어두이-'를 두 가지의 방식으로 해석할 가능성을 제시하였다. 즉, (ㄱ) 이러한 변화에서 'ᄫ'이 선행 모음에 원순성을 남긴 것이다. (ㄴ) 중간 단계로서 '어드위-'를 가정하여 모음충돌 배제를 위한 '으'가 탈락된 것이다.[67]

이어서 허웅(1964 : 133)은 15세기 국어의 사동의 접미사 '-이'의 용례들을 검토하면서 '어듭-'(暗)에 '-이'가 통합되면 '어두이'로 실현되어 어간이 '어둡-'으로 전환되는, 안병희(1959)에서 지적된 동일한 예를 특히 주목하였다. 즉,

> (17) ㄱ. 제 發ᄒᆞ야 <u>어드우미</u> 能히 어두이디 몯ᄒᆞᄂᆞᆫ 거슨(1461, 능엄
> 언 4, 119a)
> 제 發ᄒᆞ야 <u>어드우미</u> 能히 어두이디 몯홇 거시 잇ᄂᆞ니(능엄
> 언 9, 60a)
> ㄴ. 볼곰과 어드우메 ᄒᆞᆫ 가지라(능엄언 2, 68a)
> 비록 어드우며 볼ᄀᆞᆫ 種種形像이(능엄언 2, 33b)
> 어드우닌 아디 몯거니와(능엄언 5, 57b)
> 샐리 ᄀᆞ마 어드우모ᇙ 어드우미 이러 봄 업슨 時節이라(능엄
> 언 4, 119a)

허웅 교수는 이 논문에서 '어듭-'형이 어간 모음에서 '우'로 변화된 '어

---

67) 남광우(1973 : 79)는 '듧->듧-'(穿)과 같은 변화를 포함하여 '어듭->어둡-'(昏)의 예
는 어간의 '음' 모음이 후속하는 양순음 'ㅂ'에 동화되어 원순모음 '우'로 변화된 것으
로, '어둡-'의 예들이 15세기의 『法華經諺解』를 비롯한 중세 문헌 자료에 등장하기 때
문에 그 원순모음화의 기원이 오랜 것임을 보여준다고 하였다.

둡-'으로 나타나는 예는 15세기 초기의 문헌에는 거의 보이지 않고, 한두 가지의 예(雲霧ㅣ <u>어드우면</u> 쏘 <u>어둡고</u>(능엄언 2, 28b))에 한정되지만, 사동의 접미사와 연결된 타동사의 어간 모음은 언제나 '어둡-'으로 실현되는 현상이 특이하다고 지적하였다. 그리하여 허웅 교수는 이러한 현상은 '어듭-'의 정상적인 사동형 '*어드이'의 두 음절이 비슷한 소리의 연속인데서 오는 어형축소의 위험을 미리 막기 위한 이화작용의 소치로 추정하였다.

또한, 15세기 국어에서 '어듭-'(昏)의 활용형 가운데 사동사 어간에서만 아니라, 부사파생 접사 '-이'가 통합된 형태에도 마찬가지로 어간의 모음에 '으→우'로의 변화가 반영된 예들이 부분적으로 나타난다.

> (18) 셜우며 시름과 無明 <u>어두이</u> ᄀᆞ료매(1463, 법화경, 2, 81a)
> 　　　無明 <u>어두이</u> ᄀᆞ료ᄆᆞᆫ(법화경, 2, 81a)
> 　　　無明 <u>어두이</u> ᄀᆞ료ᄆᆞᆯ 기리 다ᄋᆞ실ᄊᆡ(법화경, 2, 83b)
> 　　　cf. 긴 바ᄆᆡ 어듭게 ᄒᆞ며(월인석, 서, 4a)
> 　　　　　어드우미 能히 어듭게 몯ᄒᆞᆯ(능엄언 2, 107b)
> 　　　　　性天을 숨겨 어듭게 ᄒᆞ고(능엄언 10, 45a)

이와 동시에, '어듭-' 어간에 모음으로 시작되는 활용어미가 연결되어 쓰이는 경우에도 '어드w->어두w-'로의 원순화가 이 시기에 점진적으로 출현하기 시작하여 근대국어로 확산되어 간다. 따라서 이 단어의 사동 어간과 부사형 어간의 모음에 실현된 '으→우' 과정은 먼저 변화된 개신형 '어두w-'에 '-이'가 연결된 결과로 보인다.

> (19) ㄱ. 무ᇰ숨 어두어 能히 외와(1461, 능엄언 7, 46a)
> 　　　凡夫ᄂᆞᆫ 어두워 올마 달이 ᄃᆞ외요ᄆᆞᆯ(능엄언 9, 47a)
> 　　　ᄇᆞᆰ디 몯ᄒᆞ야 어두우미 鬼 ᄃᆞ외오(능엄언 7, 87b)
> 　　　그ᅀᅳ기 어두워 머굴위여 수머셔(법화경, 2, 109b)

十方이 어두우면 大智光明이 업스신 다시니(법화경, 3, 127a)
　ㄴ. 비 와 텬디 어두우니(1617, 동국신, 동삼효 2, 69b)
　　나죄 어두우메 向ᄒᆞᆫ놋다(1632, 두시중 9, 17a)[68]
　　블ᄀᆞ며 어두우믈 므던히 너기더니(두시중 12, 9a)
　　風塵의 어두우믈 苦로이 너기노니(두시중 18, 5b)
　　甘子ᄂᆞᆫ 어두우며 서늘ᄒᆞᆫ 니피오(두시중 20, 9a)
　　玉壘의 어두우믈 ᄒᆞ오아 ᄆᆞᆰ게 ᄒᆞ도다(두시중 24, 1b)

　위의 (19) 예들은 '어드w->어두w-'의 과정이 사동과 부사파생의 접미사와 연결되어서만 아니라, 모음으로 시작하는 다른 유형의 어미 앞에서도 부분적으로 확대되어 있는 사실을 뜻하는 것으로 보인다. 그렇기 때문에, 이 단어의 어간모음에서 보이는 '으→우'의 변화는 사동의 접미사 '-이'와는 직접적인 관련이 없고, 원순모음화를 파생시키는 다른 음성적 요인이 여기에 개입되어 있을 것이다.

　우리는 (19)의 예들은 '어듷-'(昏)의 활용에서 '으+ㅸ'의 음성 환경을 갖고 있던 어간이 β>w로 인하여 '으+w' 또는 '으+오/우'의 형태 구조를 형성하게 됨에 따라 선행 모음 '으'는 후속되는 모음의 원순성 자질에 의한 역행동화를 입어서 '우+우'로 재조정되기 시작하는 사실을 나타내는 음운론적 과정이라고 추정한다. 즉, 여기에 4장 2절에서 설정한 'ᄋᆞ/으'의 원순모음화 규칙 ⑤가 적용된 것이다. 그러나 '어듷-'(昏)에 자음으로 시작되는 활용형의 경우에도 어간모음이 '으→우'로 향하는 예들도 역시 같은 문헌 자료에서 나타나기 시작하는 것이다.

---

68) 17세기 중간본 『두시언해』(1632)에 실현된 '어드w->어두w-'의 진행은 이미 15세기 초간본에서 부분적으로 나타나기 시작한 것이다.

玉壘의 <u>어두우믈</u> ᄒᆞ오솨 ᄆᆞᆰ게 ᄒᆞ도다(초간. 24, 1b) → 玉壘의 어두우믈 ᄒᆞ오아(중간. 24, 1b)

cf. 甘子ᄂᆞᆫ 어드우며 서늘ᄒᆞᆫ 니피오(초간. 20, 9a) → 甘子ᄂᆞᆫ 어두우며(중간. 20. 9a)

(20) 雲霧ㅣ어드우면 쏘 어둡고(능엄언 2, 28b)

　　　 제 블가 靈ᄒ야 어둡디 아니홀쎄(능엄언 4, 11a)

　　　 靈ᄒ야 어둡디 아니 ᄒ닌 眞覺이오(능엄언 4, 11a)

　　　 諸根이 어둡고 鈍ᄒ며(법화경, 2, 167a)

　　　 六根이 어둡고 鈍ᄒ며(법화경, 2, 168a)

　　　 비취여 어둡디 아니ᄒ니(선종영, 상, 64b)

　　　 비취여 어둡디 아니호미(1464, 반야경, 61b)

　　　 우흔 붉고 아랜 어둡다가(1496, 육조법, 중, 38a)

　　　 걸이 못 포고 궁 어둡게 짓고(1579, 삼강행, 충. 1a)

　　따라서 이 단어에서 어간모음에 수행된 '어듭- → 어둡-'의 조건은 앞서 우리가 (19) 예들만 갖고 가정한 'ᄋ / 으'의 원순모음화 규칙 ⑤와는 무관한 것이다. 그렇다면, 예문 (19)와 (20)를 포괄시킬 수 있는 '으→ 우'의 조건은 무엇일까. 위의 (20)의 예에서 제시된 『능엄경언해』의 예문에 나타난 '어드우면…어둡디'의 구문에서 '어드우-'는 오히려 'ᄋ / 으'의 원순모음화 규칙 ⑤은 적용되어 있지 않는 대신에, 그 규칙의 구조 기술에 해당되지 않은 '어둡디-'의 경우에는 '으→ 우'가 실현되어 있다. 남광우(1973)에서 제시된 후속하는 양순음 'ㅂ'의 역행동화의 원리는 위의 (20)에 국한된 현상에만 적용된다. 그러나 원순모음화를 수행한 (20)의 예들도 어간말음에 'ㅸ'을 유지하고 있었던 단계에서 '으→ 우'는 실현된 적이 없다는 사실을 상기해야 된다고 생각한다. 'ㅂ'이 15세기에 원순성 역행동화의 동화주의 신분이 될 수 있었다면, 역시 같은 양순음 계열의 'ㅸ'도 이러한 기능을 발휘하여야 되기 때문이다. 그러나 아래의 예문 (21)에서 확인되는 바와 같이, 'ㅸ'과 원순모음화는 연관 짓기가 어렵다.

(21) 알ᄑᆡᄂᆞᆫ 어드ᄫᅳᆫ 길헤(용비가. 30)

　　　 어드ᄫᅳᆫ 딋 衆生(석보상, 9 : 4b)

믈읫 어드부믈 잘 뎌느니(석보상, 20 : 22a)

ㅈ 업슨 사ᄅ미 어드ᄫᅥ며(월인석, 13, 41a)

이와 같은 사실을 염두에 두면서, 문제의 핵심에 접근하기 위해서 15
세기의 일정한 문헌 자료에 출현하는 '어듭-'(昏)의 활용 양상 가운데
'어듭->어둡-'과 '어드w->어두w-' 변화 유형의 보수형과 개신형 간
의 출현 빈도를 살펴보기로 한다. 여기서 조사 대상은 『능엄경언해』(1461)
1권~10권 전체에 한정하기로 한다.

(22) ㄱ. 어듭-(-고/ ᄂ니/ 디/ 게)→12회 : 어둡-→3회
    ㄴ. 어드워-→11회 : 어두(어/ 워)-→2회
    ㄷ. 어드우-→66회 : 어두우-→1회

위와 같은 출현 빈도수에 비추어 보면, 개신형 '어둡-'과 '어두w-'의
출현은 15세기에 이 단어의 어간모음 '으'의 원순화가 그 세력을 확장하
기 시작하는 이른 초기의 단계에 있었음을 알리고 있다. 동시에 '어듭-'
어간에서 '우' 모음으로의 전환이 자음과 모음으로 시작하는 어미 앞에
서 비슷한 비율로 이루어져 있다. 그러나 이러한 출현 빈도수는 당시의
대중들의 실제 구어를 그대로 반영한 것은 아닐 것이다. 높은 격식을 차
린 고전 불경언해 부류의 언어는 당시의 대중 화자들의 구어 그 자체보
다 훨씬 더 보수적이었을 가능성이 높다. 따라서 『능엄경언해』에서 압도
적인 보수형에 비해서 소극적으로 반영된 개신형의 실제의 모습은 매우
상이하였을 것이 분명하다.

이러한 당시의 문헌어와 구어와의 사이에 개입된 乖離의 측면에서 필
자는 다음과 같은 추정을 해보려고 한다. 즉, 원래 '어듭-' 어간 모음에
서 '으→ 우'를 촉진 시킨 최초의 환경은 위의 (20)에서와 같은 '어드w->

     제4부 중세국어의 음운론과 원순성 자질의 기능

어두w-'이었을 것이다. 그리고 여기에 원순성 자질의 역행동화 음운규칙 ⑤가 작용하였을 것이다. 그리하여 당시의 구어에서 점진적으로 '어두워 ∽어두울∽어두우며'와 같은 활용형이 세력을 얻어 일반화되었을 것이다. 이러한 개신형들의 어간모음 '우'는 또 다른 환경에서의 활용형 '어듭-' 의 '-으'와 거리가 형성되면서, "의미와 형태 간의 1 : 1의 대응"(one meaning-one form, Antilla, 1972 : 100∼101)라는 원칙에 벗어나게 되었다. 그 결과, 모음으로 시작되는 어미 앞에서 수행된 어간모음의 원순화의 파장 이 유추(analogy)의 원리 또는 단일 활용 체계가 발휘하는 구조적 입력에 의 하여 자음으로 시작되는 어간의 모음 '으'에까지 확대되어 異形態를 제거 하고 단일화가 일어나게 되었을 가능성이 높다. 이러한 '어듭->어둡-' (昏)의 재구조화는 당시의 구어에서부터 출발하여 확산됨에 따라서 점진적 으로 문어에까지 침투해 들어 왔을 것인데, 그 초기의 모습을 『능엄경언 해』에서의 (22)의 분포가 반영하였을 것으로 본다.69)

또 다른 형태 '듧->둛-∽둛w-'(穿)과 같은 어간 '으' 모음의 원순화 과정도 지금까지 제시한 '어듭->어둡-'의 발달 과정과 거의 동일한 궤 적을 취한 섯으로 생각한다. 다민, '듧->둛-'(穿)에서는 어간모음의 변 화가 제1음절 위치에서 수행되었으며, 따라서 이러한 음운론적 과정이

---

69) '어드w->어두w-'의 과정을 거친 '우+우'의 음성 환경은 우리가 이 글의 2장에서 설정
   한 원순성 자질의 이화작용 규칙 ①의 입력이 되어 '우+으'의 형태로 변화되기 시작하
   기도 하였다. 이러한 이화작용의 발단은 15세기에서부터 등장하여 16세기로 이어진다.

   (ㄱ) 무슴 어두어 能히 외와(1461, 능엄언 7, 46a)
       cf. 凡夫는 어두워 올마 달이 드외요몰(능엄언 9, 47a)
   (ㄴ) 어두은 짜해(번역 박통사, 상. 37b)
       어두은 디(상동. 55a)
       드리 어두으니(상동. 58a)
       暗 어두을 암(1576, 신유합, 上, 3b)
       瞽 눈 어두을 무(신유합, 下, 35b)
       아득ᄒ고 어두어 알기 어렵거니와(1658, 경민해, 36a)

15세기부터 실현되는 '어드w->어두w-'의 경우보다 시대적으로 훨씬 후
대인 근대국어 문헌 자료에서부터 반영되기 시작한다는 점에서 차이가
확인된다.

> (23) ㄱ. 짜해 구무 듧고 홁 지여(법화경, 6, 154b)
>   鑽은 들울씨라(법화경, 1, 220a)
>   누니 들올 ᄃ시 ᄇ라노라(두시초 20, 18b)
>   혼 구무 들워 몬져 낫 긴헤 ᄢ에오(1466, 구급방, 상, 48b)
>   穿 들올 쳔(1576, 신유합, 下, 46b)
>   ㄴ. 듥긔 알해 죠고만 구멍을 듧고(1608, 두창집, 上, 8b)
>   ᄆ더 겻희 심 ᄭ믈 듧고(1635, 화포언, 9a)
>   金剛鑽 옥 뚧는 것(1690, 역어유, 하, 2a)
>   透鑽 ᄢ듧다(1790, 몽유하, 13b)
>   ㄷ. 그 겨틔 구모 <u>뿌러</u> ᄲ곰 中을 通티 말올디니라(1632, 가례해,
>   7, 33b)
>   그 겻톨 구무 뚧워 ᄲ 中을 通케 호디(가례해, 7, 32b)
>   橛木을 뚧워 심 굼글 밍글고(1635, 화포언, 12b)
>   磨透 달하 <u>뿌러</u>지다(1775, 역어해, 56a)

위의 (23ㄴ)과 (23ㄷ)의 예들이 보여주는 바와 같이, 첫째 음절 위치에
서 실현된 '듥->듧-'(穿)의 과정이 비록 17세기 초반부터 문헌어에 등
장하기 시작하지만, 자음으로 시작된 어미 앞에서 '듧-'형이 이미 이 시
기에 유추작용에 의하여 확립되어 있는 사실을 감안하면 이러한 변화의
첫 단계인 '들w>둘w-'의 변화는 대중들의 구어 가운데에는 16세기에서
부터 시작되었을 것으로 생각된다.[70] 그리하여 17세기의 구어를 어느 정

---

70) 17세기 전기 자료인 『火砲式諺解』(1635)에 반영된 당시의 언어에는 모음어미 앞에서
   이미 '뚤-'로 어간이 확립되어 있다.

   橛木을 뚧워 심 굼글 밍글고(화포언, 12b)
   臨時예 뚧으라 드리틸 제(상동. 17a)

도 반영하고 있는 중간본 『박통사』(1677)와 『노걸대』 부류에서 이 단어는
자음어미 앞에서 주로 개신형으로 출현하고 있는 것이다.

> (24) 남글 <u>뚤디</u> 아니면 亽못디 아닌는다 ᄒᆞ니라(박통해, 상, 14a)
> cf. 남글 <u>듧디</u> 아니면(번역 박통, 상, 14a)
> 하ᄂᆞᆯ <u>뚤는</u> 송곳 아릭(박통해, 상, 38a)
> 혓 긋ᄒᆞ로 불워 창 굼글 <u>뚤고</u>(박통해, 중, 35a)
> 노픈 곳의 흙을 <u>뚤고</u>(박통해, 하. 5b)

　(23ㄷ)의 예 가운데 17세기 국어에서 '뚤워'와 공존하고 있는 '뿌러'의
존재는 역시 먼저 β>w가 적용되고 이어서 원순성 자질의 역행동화 음
운규칙 ⑤가 개입되어 '으+ᄫ>으+우>우+우'와 같은 형태론적 구성은
이번에는 원순성 자질의 이화작용의 규칙 ①의 입력이 되었음을 의미하
는 것이다.71)

　지금까지 4장 3절에서 제시되었고, 여기에 해석을 가한 일련의 체언과
용언의 활용형들은 순경음 'ᄫ'을 보유하고 있었던 단계의 기저형에 (ㄱ)
먼저 β>w 규칙을 적용하고, 이어서 원순성 자질의 역행동화 음운규칙
⑤를 차례로(상대적 연대기 순서) 적용하여 중세국어의 표면형으로 등장하
는 도출되는 과정을 몇 가지 대표적인 단어들을 이용하여 제시하면 다음
과 같다.

故로 두 곳애 굼글 뚤으라(상동. 17a)
各 열 꿈글 뚤워 열줄에 니르면(상동. 19b)
橛木을 뚤워 심 꿈글 밍글고(상동. 12b)
71) '뚤w-'(穿)의 단계에서 원순성 자질의 이화작용의 규칙 ①의 수용을 받아서 '우+으'로
전환되는 예들은 18세기로 진행될수록 빈번하게 등장한다. 18세기의 『漢淸文鑑』을 조
사 대상으로 하면, 이러한 형태들은 다음과 같이 자음어미나 모음어미 앞에서 어간이
'뚤-'로 재구조화가 완료된 상태를 보인다.

（ㄱ) 뚜러지다(1. 46b), 亽못 뚜러지다(11, 57b), 쎄뚜러(4, 50b), 속으로 뚤어(8, 42b)
（ㄴ) 쇠 뚧는 비븨(10, 34a), 여론 곳 뚧다(11, 57b), 쎄뚧다(12, 6b), 쇠에 구무 뚧다(12, 7b)

기저표시	/フ볼(邑)	드뷔–(爲)	그뵈(官)	그볼–(轉)	어드버–(暗)/
β >w 규칙	フ올	드외–	그위	그울–	어드워
원순모음화 동화 규칙 ⑤	고올	도외–	구위	구울–	어두워
표면표시	[고올	도외–	구위	구울–	어두워]

위에서와 같이 표면 실현형으로 도출된 [고올](郡) 등의 형태들은 국어 사의 관점에서 변화의 전 과정을 완료한 것은 아니다. 이들 표면형은 하나의 중간 단계로서 존재하는 것이며, 이어서 또 다른 음운변화, 즉 우리가 2장에서 설정하였던 원순성 자질의 이화작용 규칙 ①의 적용을 받아 '고올>고을' 유형의 발달 과정에 진입하게 될 것이다. 이와 같은 연쇄적 발달 과정은 5장에서 논의하려고 한다.

5. 원순성의 동화작용과 이화작용의 연쇄적 조정

5.1. 중세와 근대국어에 걸친 연쇄적 발달 과정의 본질

15세기 국어에서 순경음 '뵝'에 적용된 β>w는 이 자음을 보유하고 있었던 많은 어휘 형태소와 문법 형태소 부류에게 중대한 몇 가지의 음운론적 과정을 통시적으로 수행하게 하는 자극제가 되었다. 여기에 참여한 원순성 자질의 동화와 이화작용으로서의 기능과, 개입한 해당 음운변화들의 유형을 지금까지 논의된 2~4장을 통해서 차례로 추출한 바 있다. 다시 간단하게 요약하면 다음과 같다.

첫째는 원순모음 '오'와 '우'에 후속되는 β가 대부분의 환경에서 w로 변화되면서 형성된 '오, 우+w, 오, 우' 환경은 원순성 자질의 이화작용에 의해서 둘째 음절의 동일한 원순성 자질이 제거 또는 중화되었다. 이러한 과정은 원순성 반복에 따른 이화의 음운규칙 ①의 지배를 받는 것으로 이해하였다. 둘째는 'ㅸ'을 선행하는 제1음절 위치의 'ᄋᆞ'와 '으' 모음이 β>w를 수용하여 'ᄋᆞ/으+w, 오, 우' 환경을 형성하면서 원순성 자질에 의한 역행동화가 작용하여 이러한 구성은 시간적으로 다음 단계에서 '오/우+w, 오, 우'와 같은 음성 환경으로 변이의 과정을 거쳐 바꾸어지게 되었다. 이러한 음운론적 과정은 순행동화로도 그 기능을 발휘하였는데, 여기에는 중세국어의 단계에서 원순성 자질의 동화규칙 ⑤가 관여한 것으로 파악하였다.

따라서 4장에서 기술한 바와 같이, 원순성 자질의 동화의 규칙 ⑤를 수행한 일련의 중세국어 단어들, 즉 'ᄀᆞ올>고올(郡), ᄃᆞ외->도외-(化), ᄀᆞ외>고외(袴衣), 그울->구울-(轉), 드위혀->두위혀-'(翻) 등은 '오+오'와 '우+우'의 연결 조건을 보유하게 되었다. 이와 같은 이차적인 음성 환경은 원순성 자질이 연속됨에 따라서 그 다음 단계에서 원순성 자질의 이화작용의 규칙 ①의 입력이 되기 시작하여 다시 '오+으(<ᄋᆞ)'와 '우+으'의 구성으로 옮겨 가지 시작하는 것이다. 음운론적 위계가 높은 원순성 자질이 참여하는 이화와 동화의 규칙을 거친 이러한 단어들이 연쇄적으로 취하게 되는 '오+으(<ᄋᆞ)'와 '우+으'의 형태론적 구성은 이번에는 'ᄋᆞ/으' 축약의 규칙의 지배를 받아서 음절이 축약된 '오+ø'와 '우+ø'의 최종적인 형태로 발달되어 현대국어에 이르게 된다.

이러한 연쇄적으로 적용된 음운론적 과정과 여기에 참여한 음운규칙들은 중세와 근대국어를 관통하는 시간의 흐름 순서에 따라 다음과 같은 도표로 나타낼 수 있다.

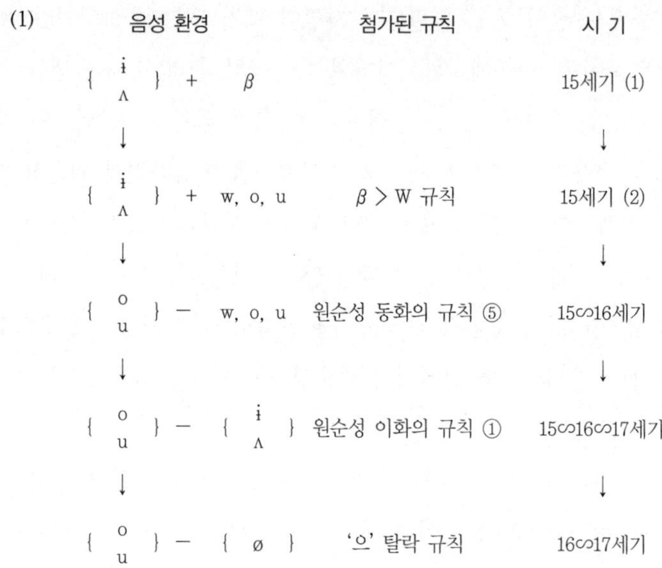

　　5장에서는 먼저 원순성 자질의 역행 동화규칙 ⑤를 수용하였다고 판단되는 일련의 단어들이 거의 동 시대 또는 그 다음 단계에서 보수형과 개신형으로 대립되어 있는 변이 현상을 거쳐서 원순성 자질의 순행 이화 작용 규칙 ①의 적용을 받고, 이어서 최종적으로 축약되는 과정을 검증하려고 한다. 종래에 이루어진 이 방면의 연구에서 원순성 자질의 이화 작용 규칙 ①에 의해서 형성되는 이차적인 환경 '오+으(<ᄋ)'와 '우+으'는 구체적인 언급의 대상이 되어 온 적이 없었다.[72] 따라서 우리는 원순성 자질에 의한 동화와 이화작용을 연쇄적으로 보이는 해당 단어들의 역

---

72) 유창돈(1961 : 215)에서 『번역 박통사』(상)에 등장하는 '도외->도의-(化), 호온자>호은자'(獨), '-로외->-로의' 등의 표기를 주목하고, 이러한 변화는 '도외->되-', '호온자>혼자' 등의 음절 축약을 방지하기 위한 모음 이화작용을 반영하는 것으로 파악하였다. 그 반면, 김형규(1965 : 137)는 'ᄃ뵈->ᄃ외->되-'(化) 등과 같은 발달 과정을 설정하고, 이러한 변화는 일종의 hiatus(모음 충돌)의 회피현상으로 기인된 것으로 해석하였다.

사적 발달 과정을 시대의 흐름에 따라서 개별적으로 정밀하게 검토하여
보려고 한다.

5.2. ᄃᆞᄫᅵ-〉ᄃᆞ외-〉도외-〉도ᄋᆡ-〉도의-〉되-(化)

순경음 'ㅸ'을 갖고 있는 'ᄃᆞᄫᅵ-'(化)는 주로 15세기 중엽의 고전적인
언어자료에 속하는 『용비어천가』(1447), 『석보상절』(1447)과 『월인석보』
(1459) 등에 극소수로 분포되어 있다. 이 용언은 이어서 발생한 β>w에
의해서 'ᄃᆞ외-'로 전환되었다. 위의 문헌 등에 반영된 언어에는 'ᄃᆞ외-'
형이 주류를 형성하고 있다. 또한, 15세기 자체 내에서도 'ᄃᆞ외-'와 대
립되는 또 다른 異形態 '도외-'가 공존하고 있는 모습을 산발적으로 보
이기 시작하였다. '도외-'형은 우리가 4장에서 추출한 원순성 자질의 역
행동화 규칙을 수용한 'ᄃᆞ외-〉도외-'의 방향을 가리키는 개신형이다.
따라서 이 단어의 발달 과정에서 보수형과 개신형이 'ᄃᆞ외-∽도외-'의
변이 현상으로 공시적으로 공존하게 되는데, 이러한 변이는 '노외-'로의
발달을 전제로 하는 중간 단계를 나타내는 것이다.

> (2) 勝福을 어드릴씨 暫持 功德이 도외니(1463, 법화경, 6, 3a)
>   달효디 쪄 올오미 기름ᄀᆞ티 도외어든(1466, 구급방, 하, 38b)
>   뫼햇 고사리 시름 도외얫거니라(1481, 두시초 17, 19b)
>   시름도왼 ᄂᆞ출 허러 ᄇᆞ리디 말라(두시초 5, 44b)
>   뉘 能히 시름도왼 ᄠᅳ들 亂히오 ᄂᆞ니오(두시초 11, 7b)
>   나그내 도외야슈믈 춤ᄂᆞ니라(두시초 25, 51a)
>   軍士 도외여 싸호매 죽거늘(1514, 속삼강, 열, 5a),
>   공슌티 아니혼 ᄌᆞ식이 도외려니(1517, 번소학, 7, 2b)

15세기의 단계에서 개신형 '도외-'의 출현 빈도는 미약하였으나, 16

세기로 넘어 오면 이 형태는 점진적으로 일반화되어 가는 경향을 나타낸다. 이와 동시에 또 다른 이형태 '도의-'와 '도이-'형이 16세기에 생산적으로 등장하기 시작하였다. 따라서 이 시기에 공시적으로 '두외-∽도외-∽도의-∽도이-'와 같은 네 가지 형태가 출현 빈도는 상이하지만, 사용되고 있는 셈이다.

(3)　ㄱ. 됴히 구르쳐 사롬 도의면(번역노, 하, 42a)
　　　　사롬 도의디 몯ᄒ면(번역노, 하, 42b)
　　　　우리는 부모 도의여 잇는 ᄆᄼ몰(번역노, 하, 42b)
　　　　형뎨 도의여셔 어듸 혜아리료(번역박, 상, 72b)
　　　　어딘 사롬 도의디 아니호미(1517, 번소학, 6, 32b)
　　　　도ᄌ기 도의여 굴형에 죽ᄂ니(1518, 正俗, 22a)
　　ㄴ. 져기 고텨 도이디 아니리 업스니라(번소학, 7, 39a)
　　　　엇디 번성ᄒ야 크기 도이디 아니ᄒ리오(번소학, 9, 30a)
　　　　그위예 원 도이리도 ᄯ또 빅셩의 시름믈(正俗, 23b)
　　　　형이 고올 워니 도이여셔(1518, 이륜행, 초, 5a)

위의 예에서 (3ㄱ)의 '도의-'형은 '도이-'에서 비어두음절 위치를 중심으로 15세기 후반에서부터 출발하여 16세기 초반에 종료되는 'ᄋ'의 제1단계 변화인 'ᄋ>으'를 거쳐 온 형태인 것이다(이기문, 1972ㄱ). 번역『소학언해』(1518)에는 '도이-'와 '도의-' 두 가지 형태를 동시에 반영하고 있으나, '도이-'형의 출현 빈도가 훨씬 더 높게 나타난다. 그러나 16세기의 국어에 공존하고 있는 이러한 '도의-∽도이-'의 변이는 15세기의 '두외-'에서 진행된 직접 계승한 형태라고 생각하기 어렵다. 즉, '두외->도이-'의 과정을 통시적으로 연결할 수 있는 적절한 음운론적 장치는 찾을 수 없기 때문이다. 여기에 우리가 위에서 추정한 '두외->도외-'에서 도출된 '도외-'형이 중간 단계로 개입되어야 그 연결이 가능해진다. 즉, '도외->도이-'와 같은 변화의 진로가 설정되는 것인데, 이러한 과정은 원순성 자질의 이화작용 규칙 ①을 수용한 결과를 보여준다.73) 즉, 'ᄋ+오>오+오>오+ᄋ'와 같은 연쇄적 변화를 원순성의 역행 동화 규칙 ⑤와, 이어서 순행 이화의 규칙 ①의 적용을 받아서 이루어진 것이다.

또한, '도이>도의-'의 발달은 여기서 종료되지 않고, 16세기 초입에 진입하게 되면 '오+ᄋ/으'의 연결 구조에 'ᄋ/으' 탈락의 규칙의 입력이 되기 시작하여 '되-'형이 빈번하게 출현하게 되었다. 최종적인 '되-' 형은 16세기 중엽 이후에는 일반화되어 가는 동시에, 이전 형태들인 여타의 보수형들은 출현 빈도가 줄여들게 된다.74)

> (4)　남지니 집 ᄇ리고 즁 되어눌(1514, 속삼강, 열, 1a)
> 　　　너므면 곧 셩신이 되오 미츠면 현신이 되오(1517, 번소학, 8, 3b)
> 　　　지븨 드나ᄃᄂᆫ 손이 되여 ᄀ장 친히 ᄒ더니(번소학, 10, 17a)

---

73) 16세기의 번역 『박통사』와 시대적으로 뒤늦은 중간본 『박통사언해』(1670)에 우리가 설정한 '도외->도의-'의 통시적 과정이 변화의 순서대로 등장하지 않는 특이한 사례가 확인된다.

(ㄱ) 너희 손 <u>도윈</u> 양 말오(번역노, 상, 42b)
(ㄴ) 너희 손 <u>도윈</u> 양 말고(노걸언, 상, 38b)

위의 예만 관찰하면, '도의->도외-'와 같은 방향이 설정될 수 있다. 그러나 본문에서 제시된 바와 같이, 16세기와 17세기 사이에는 출현 빈도수에 상이가 있지만 적어도 세 가지의 이형태 'ᄃ외-∞도외-∞도의-'가 변이의 형식으로 공존하고 있었다고 생각된다. 따라서 이 가운데의 선택은 당대의 사회언어학적 특성(격식성, 말의 스타일, 텍스트의 장르 유형 등)에 따라서 결정되기 때문에, 보수형과 개신형의 출현이 언제나 시대의 차이와, 그 변화의 순서대로 선행하거나 후행하는 문헌 자료에 나타나게 되는 것은 아니라고 본다.
이숭녕(1973 : 95)은 시간적으로 대략 70년의 차이를 보이고 있는 戊寅本과 校定廳本 『소학언해』에 반영된 언어의 차이를 검토하면서 표기의 태도가 보수적인 언어 표기와 현실어의 노출로 뒤섞여 있기 때문에, 兩本의 비교에서 나타난 차이를 그대로의 언어의 차이로 받아들이기 어려운 사실을 지적한 바 있다.

74) 그리하여 校定廳本 『소학언해』(1586)에서는 최종적인 개신형 '되-'(爲, 化)형이 다른 이형태들에 비하여 압도적인 우위를 차지하고 있다.

아비와 아들 되엿는 사ᄅ미(번소학, 7, 4b)
어딘 사ᄅ미 되니라(번소학, 10, 6b)
이 곧 可히 근심 되니라(1586, 소학언, 4, 1b)
안해 되고 그저 가면 妾이 되ᄂ니라(소학언, 1, 7b)
일 홀어미 되엿더니(1617, 동국신, 동삼. 열 2, 10b)

'도의->되-'로의 변화를 반영하는 『번역 소학』(1517)의 언어에서도 보수형과 개신형이 같은 문장 내부에 출현하는 경우도 확인된다. 안해 사ᄒᆞᆫ 거시 德行이 되오, 밧기 ᄒᆡᆼᄒᆞᆫ 거시 事業이 도의ᄂᆞ니(번소학, 8, 4a). 또한, 같은 『번역 소학』에 '도의-'의 이전 형태인 'ᄃᆞ외-'형이 또 다른 이형태 '도-'와 나란히 쓰이고 있는 사례도 있다. 쟝ᄎᆞᆺ 사ᄅ미 아들 ᄃᆞ외며, 사ᄅ미 아ᅀᆞ ᄃᆞ외며, 사ᄅ미 신하 ᄃᆞ외며, 사ᄅ미 져므니 도여셔 ᄒᆞ욜 ᄒᆡᆼ뎍을(번소학, 7, 8b). 이러한 예문에 사용된 '도-'형은 변화의 최종 형태 '되-'에서 y-로 시작되는 어미와의 결합에서 파생된 변화 유형의 하나라고 생각된다. 즉, toy-yə → >to-yə('되여 → 도여').75)

(5) 남지니 病ᄒᆞ야 죽게 도여서 닐오디(1514, 속삼강, 열, 3a)
   안해 도여셔 겨지븨 이롤 잘ᄒᆞ더니(삼강행, 열, 32a)
   겯 먹는 아히 도여실 적브터(1586, 소학언, 6, 132a)
   ᄇᆞ롬과 넝긔예 이건 배 도여 능히 부르며(1608, 두창집, 下, 44b)
   원쥐 원이 도여 녕원을 딕킈열다가(1617, 동국신, 동삼열 3, 94b)
   우리 사ᄅᆞᆷ이 도여셔 四海 다 형데어니ᄯᆞ녀(1670, 노걸언, 하, 65b)

이와 같은 y 탈락 또는 y의 이화작용을 거친 '도-'형은 '되-'의 이중모음 oy가 단모음으로 변화되면서 더 이상 적용될 환경을 상실해 버렸으나, '되-∽도-'의 변이는 16세기 후반의 자료인 『小學諺解』(1586)에서도

---

75) 이 글의 3장 2절 각주 45)에서 논의된 수의적인 y 탈락 또는 y의 이화작용을 참조.

쉽게 찾아 볼 수 있다. (ㄱ) 文寧이 梁相이 도얏더니(6, 56b), (ㄴ) 司馬昭의 司馬
ㅣ 되얏더니(6, 23a).

'드빙'(爲, 化)와 연관되어 있는 형용사 파생접미사 '듷/릅'과
연결된 활용형들 역시 중세국어에서 본용언 어간이 거치는 일련의 이화
와 동화의 규칙을 음성 환경에 따라서 순차적으로 밟아 왔다고 예상할
수 있다. 즉, '드빙>드윈>도윈>도윈>된', 또는 '르빙>르
윈>로윈>로윈>뢴'. 이러한 연속적인 변화의 과정에서 첫 단계인
'드윈>도윈'은 역행동화 현상으로 일반적으로 파악되고 있다.[76] 그
렇다면 이와 대칭을 이루고 있는 '(르빙>)르윈>로윈'의 발달도 역
시 동일한 원리에 의한 것으로 인정하여야 할 것이다. 이러한 첫 단계의
변화는 우리가 설정한 원순성 자질에 의한 동화 규칙 ⑤가 관여한 결과
이다.

    (6)   ㄱ. 시름도윈 ㄴ출 허러 ㅂ리디 말라(두시초 5, 44b)
          뉘 能히 시름도윈 ㅂ드들(두시초 11, 7b)
          요괴롭고 망녕도윈 이를 ㅎ디 말라(번소학, 7, 23a)
          어버이롤 욕도이 ㅎ며(번소학, 6, 17b)
          의심도윈 어려온 딕롤 질정ㅎ야(번소학, 8, 35b)
       ㄴ. ㅂ러디여 쑴로윈 알포믈 受ㅎ뎌(1485, 관음경, 3a)
          묏 치위 하니 외로윈 자새 묬 氣運이 어득ㅎ도다(두시초 3,
          28a)
          奏ㅎ논 소리 쑴로외니(두시초 16, 51b)
          요고로윈 빌믜 븓들인 병 방졍ㅎㄴ니(1542, 온역이, 17a)
          榮華로윈 일후미 믄득 사ㄹ미게(두시중 2, 60a)

---

76) 이숭녕(1960 : 61)은 15세기 문헌 자료에 나타나는 '쑴ㄹ온>쑴로윈'의 현상은 일종의
    역행동화로 해석하였다.

15세기부터 출발하는 위와 같은 형용사 파생접사 '-ᄃ욀>-도욀'과 '-ᄅ욀>-로욀'에서 도출된 음성 환경 '오+오'은 반복되는 원순성 자질의 이화작용 규칙 ①에 의하여 '오+ᄋᆞ / 으'로 전환될 것으로 예측할 수 있다. 즉, '-도욀>-도인>-도욀, -로욀>-로인>-로욀'.

(7)　ㄱ. 정성도인 ᄠᅳᆮ로 감동케 홀디니(번소학, 7, 25a)

　　　　망녕도인 말ᄉᆞ미 ᄃ토와(번소학, 8, 42b)

　　　　시름도인 일란 天下앳 사ᄅᆞ미게셔(번소학, 10, 20b),

　　　　구경도인 거세 다 니도히 너겨 즐길(번소학, 10, 23b)

　　　ㄴ. 흉ᄒᆞ며 영화로온 이리며(번소학, 8, 10b)

　　　　영화로이며 욕 도요매(번소학, 9, 48a)

　　　　요괴로이며 망녕도인 말ᄉᆞ미(번소학, 8, 42b)

　　　ㄷ. 슈고로욀 일 잇거든 ᄒᆞᆫ가지로 맛다 ᄒᆞ고(번역박, 상, 72b)

　　　　慈 ᄌᆞ비로욀 ᄌᆞ(1527, 훈몽자, 하, 11a)

　　　　悌 아ᄉᆞ로욀 데(훈몽자, 하, 11a)

위의 용례들을 관찰하면, 우리의 예측과는 달리, 이화작용을 거친 'N+도인'형은 16세기에서 일부의 자료에만 한정되어 있다. 이러한 사정은 N+로인'의 예들도 마찬가지이다. (7)의 예들이 본동사의 발달에서와 같이 그렇게 다양하지 못한 이유는 알 수 없다. 그러나 16세기 후반에 이르면 'N+된'형이 나타나기 시작하여 그 후대에는 일반화되어 간다. 의심된 디 무름을 싱각ᄒᆞ며(소학언, 3, 5b) 등. 이러한 최종적인 변화형이 '-도욀>-된'에서와 같이 직접 발달하였을 가능성도 있으나, 역시 '-도인>-된'의 변화를 순서대로 밟아 왔을 것으로 판단된다. (7ㄴ)과 (7ㄷ)에서 '-로인>-로의'의 예들은 근대국어에서 '으' 탈락규칙을 수용한 최종적인 모습 '-뢴, -뢰'도 산발적으로 발견되지만, (7ㄱ)의 예들과 발달의 과정에서 이탈하게 되었다. 그 이유는 알 수 없다.

　　제4부 중세국어의 음운론과 원순성 자질의 기능

(8)　최싱약 머구미 <u>죵요뢰</u>니(1608, 태산집, 26a)

　　　닐오디 므슨 <u>조스뢴</u> 일오(1637, 권념요, 1b)

　　cf. 조스로왼 쁘들 잠깐 젼흐야(권념요, 1b)

5.3. 굽-, ᄀᄫ->ᄀ오->고오->고ᅌ->고으->괴-(溜)

여기서는 종래의 관찰에서 구체적으로 취급되어 오지 않았던 새로 발굴된 단어의 음성 구조가 우리가 설정한, 원순성 자질에 근거한 동화 ⑤와 이화 ①의 음운규칙에 순응하여 중세와 근대국어의 단계로 발달하였는가 하는 사실을 검증하여 보기로 하겠다. 다시 말하자면, 지금까지 여기서 설정된 두 가지 유형의 규칙들이 어느 정도 예측성을 보유하고 있는가 하는 것을 제시하려고 한다.

15세기 국어에 사용된 이 용언의 활용 예는『月印千江之曲』(上)에 나타난 희귀어들을 고찰한 남광우(1961 / 1975)에서 처음 소개되었다. 남광우(1961 / 1975 : 403~405)는 이 자료에 등장하는 아래의 두 가지의 예를 주목하였다.

(9)　ㄱ. 輪輪ㅣ 드르신대 믈 <u>굽고</u> 蓮이 프니(1447, 월인천, 상, 22a)

　　ㄴ. 좀 자싫 제 風流ㅣ <u>ᄀᄫ슣더니</u>(월인천, 상, 43a)

　　　　혼 머리 <u>ᄀᄫ이샤</u> 됴흔 곳 머거(월인천, 상, 49a)

　　cf. 風輪에 담겨 므리 <u>ᄀᄫᆺ더니라</u>(월인석, 1, 39b)

그리하여 남광우(1961 / 1975)는 '굽-, ᄀᄫ-'의 활용형들을 15세기 후엽에 간행된『救急簡易方』(1489)에서 "溜"의 의미로 사용된 'ᄀ온'형과 결부시키게 되었다. 솝 궁근 남긔 ᄀ온 믈(樹空中水, 6, 85b). 이 예를 이용하여 남광우 교수는 'ᄀ온'은 'ᄀᄫᆫ'으로 소급될 수 있고, 함경도 방언에서 '(물이) 괸 데'(溜處)를 '가븐 데'라 하기 때문에, "'굽다>ᄀ오다>고오

다>(고이다)>괴다'와 같은 변천을 거쳐 간 것이 아닐까?" 하는 추정을
하였다(404면).77)

　현대어에서 '(물이) 고이–' 또는 '괴–'로 발달된 15세기의 원 형태가
'곯–'으로 소급된다고 한다면, 남광우(1961 / 1975 : 403)에서 추정된 것과
같이 활용형 '곯–∽ᄀᆞᄫᆞ–'로 나타나야 한다. 또한, (9)의 cf. '므리 ᄀᆞ뱃
더니라'(월인석, 1, 39b)에서 'ᄀᆞ뱃더–'는 'ᄀᆞᄫᆞ＋잇＋더–' 구성의 축약으
로 이해하기 어려운 면이 있다. 따라서 우리는 "溜"의 의미로 사용된 단
어는 위의 예들 가운데 (9ㄱ)에만 해당된다고 생각한다. 이와 같은 몇 가
지 풀기 어려운 문제점에도 불구하고, 중세국어에서 '곯–'의 활용형 'ᄀᆞ
ᄫᆞ'과 'ᄀᆞ뱃–'에서 β>w의 변화를 수용한 형태들이 등장하고 있는 사실
을 주목하려고 한다.

> (10) 樹空中水(솝궁근 남긔 <u>ᄀᆞ온</u> 믈)(1489, 구급간, 6, 85b)
> 　　　源은 <u>ᄀᆞ왯논</u> 根源이라(금강경삼가해, 2. 37ㄴ)

　위의 예에서 확인되는 'ᄀᆞ오–'형이 취하게 되는 그 이후의 발달 과정
을 'ᆞ＋오>오'와 같은 축약으로 간주하게 되면, 근대국어에 출현하는
후속형 '고이–' 또는 '괴–'형의 설명을 어렵게 한다. 따라서 'ᄀᆞ오–'의
음성 환경은 후행 모음 '오'의 역행동화를 받아서 제1음절 위치의 'ᆞ'가
원순화되어 '오'로 전환되어 '오＋오'의 구조로 전환되었을 가능성이 높
다. 이와 같은 음운론적 과정에 우리가 설정한 원순성 자질에 동화 규칙
⑤가 작용하였을 것으로 예상된다. 우리가 이렇게 예측한 바와 같이, 'ᄀᆞ
오–>고오–'의 용례가 실제로 15세기 국어에 등장하고 있다.

---

77) 『月印千江之曲』(上)을 주해한 허웅·이강로(1962)에서 이 용언어간은 출현하는 상황
　　(문맥)에 따라서 (ㄱ) '괴다'(溜)의 뜻으로, (ㄴ) 미상으로, (ㄷ) '깨여 있어'(?) 등으로 해
　　석된 바 있다.

(11) 숨궁근남긔 <u>고왓</u>는 므레 계피롤 시서(구급간, 6, 85b)

　위의 '고오-'(溜)형이 사용된 『救急簡易方』(1489) 6권 같은 문면에서 (10)에서 제시된 'ᄀ오-'형이 공존하고 있는 서실을 보면, 이 시기에 보수형 'ᄀ오-'와 동화규칙 ⑤를 수용한 개신형 '고오-'가 수의적 변이로 존재하였던 것으로 추정된다. 이 단어는 중세국어의 문헌 자료에 생산적으로 출현하지 않았기 때문에, 더 이상 구체적인 변화의 진로를 확인할 수 없다. 그러나 우리는 이 단어의 변화의 과정에서 형성되어 나온 이차적 환경 '오+오'에서도 이화의 음운규칙 ①이 적용되었을 가능성을 충분히 예측할 수 있다. 우리가 예상한 바와 같이, 16세기와 17세기 초엽에 '고ᄋ-'형이 유일하게 한 차례씩 문헌 자료에 등장하고 있다.

(12) 湖 <u>고ᄋ</u> 강 호(1576, 신유합, 上, 6b)
　　半天河水 나모 구무과 왕대 쯔르희 <u>고ᄋ</u> 빈믈(1613, 동의보, 1,
　　16a)

　따라서 이 단어가 취하는 역사적 발달 과정에서도 'ᄀ오->고오-'를 거치고, 이어서 우리가 설정한, 반복되는 원순성 자질을 회피하기 위한 이화작용의 규칙 ①이 개입하여 '고오->고ᄋ-'의 변화가 실현되었다고 추정할 수 있다. 이러한 변화는 다시 '고ᄋ->고으-'를 거친 다음에 필연적으로 모음 연결의 제약에서 파생된 '으' 모음 탈락규칙을 수행하게 될 것이다. 그러나 우리의 예측과는 달리, 17세기 중엽 근대국어 이후에 '오+으'의 음성 환경은 아래의 예와 같이 '오+이' 또는 축약형 '외-'로 전환되어 18세기를 거쳐 현대국어에 이르고 있다. 이와 같이 최근에 이루어진 정상적인 음성변화 과정의 이탈이 무엇을 의미하는 것인지 알 수 없다.

(13) ㄱ. 活水 흐르는 믈, 死水 <u>고인</u> 믈(1690, 역어유, 상, 7b)

存水 <u>고인</u> 믈(1778, 방언유, 신부방언, 10b)

짜의 믈이 <u>고인</u> 디 고기가 노단 말이라(1876, 남궁계, 7a)

ㄴ. 굴형에 믈이 <u>괴여셔</u> 몰이 건너지 못ᄒᆞ여(1774, 삼역총, 9, 3a)

存水 괸믈, 水流停處 믈 흘너 <u>괴다</u>(한청문감 1, 42ㄴ)

5.4. ᄀᆞᄫᆞᆯㅎ>ᄀᆞ올ㅎ>고올ㅎ>고올ㅎ>고을ㅎ>골ㅎ(郡, 邑)

'邑'을 의미하는 오늘날의 '고을' 또는 '골'이 15세기 중엽에 순경음 '봉'을 갖고 있었던 'ᄀᆞᄫᆞᆯㅎ'로 소급된다는 사실은 『龍飛御天歌』에 지명으로 등장하는 합성어 '조ᄏᆞᄫᆞᆯ'(2 : 22)와 '스ᄀᆞᄫᆞᆯ'(35장) 등에 연유한다. 그 이후 15세기 대부분의 문헌 자료에서 이 단어는 β>w를 수용한 'ᄀᆞ올'형으로 등장하였다. 4장 1절에서 잠깐 언급한 바와 같이, 'ᄀᆞ올'은 중세국어의 단계에 또 다른 이형태 '고올'과 끊임없는 변이의 모습을 반영하고 있었다. 그러나 그 출현 빈도수는 상이하였다. 그리하여 15세기에서 16세기로 이행하여 가면서 '고올'의 출현 빈도가 점진적으로 증가하는 추세를 반영하였다.

이러한 변이는 우리가 설정한 원순성 자질에 의한 역행 동화규칙 ⑤의 지배를 받은 결과이며, 변화의 방향은 'ᄀᆞ올>고올'을 가리키는 것이다. 종래에 이 단어의 발달 과정은 통상적으로 'ᄀᆞᄫᆞᆯ>ᄀᆞ올>골'(남광우, 1971 : 227)로 대변되어 왔다. 그러나 16세기부터 생산적으로 분포되어 있는 '고을' 또는 '고올'의 형태를 'ᄀᆞ올ㅎ>고올ㅎ>고을ㅎ'의 변화 과정에서 이끌어 낼 수 없다. '고올ㅎ∽고을ㅎ'의 변이를 합리적으로 설명하기 위해서는 필연적으로 중간 단계의 변화인 'ᄀᆞ올ㅎ>고올ㅎ'을 개입시켜야 한다.[78]

---

78) 16세기의 단계에서도 'ᄀᆞ올'(邑)은 '고올' 또는 '고을'형과 변이의 모습을 나타내기도 하였다. 『飜譯 小學』(1517)에서 세 가지 형태들이 공존하는 상황을 여기에 제시하면 다음과 같다. 아래의 출현 예들을 관찰하면 이형태들의 출현 빈도는 『飜譯 小學』의 각 권

   제4부 중세국어의 음운론과 원순성 자질의 기능

'고올ㅎ'형의 분포는 15세기 중엽의 고전적인 문헌 자료에 집중되어 있는 'ㄱ올'에 비하여 주로 16세기 전반에 걸쳐 17세기까지 부분적으로 이어진다. 다만, 'ㄱ올ㅎ>고올ㅎ'의 거친 '고올ㅎ'형들은 15세기의 자료에까지 소급되어지지 않지만, 보수형 'ㄱ올ㅎ'은 부분적으로 16세기까지 지속되는 특이점을 보인다.

> (14) 나히 열네해 흔 고올 잇눈(1514, 속삼강, 열, 2a)
> 　　　그 디경에 드러도 각 고올히 아디 몯ㅎ더니(번소학, 10, 12b)
> 　　　후에 荊州ㅅ고올 剌史롤 ㅎ니(번소학, 10, 8a)
> 　　　州 큰 고올 쥬(1576, 신유합, 上, 19a)
> 　　　邑 고올 읍(신유합, 上, 19b)
> 　　　그 고올 원이 그 뫼해 비 셰고(1579, 삼강행, 열. 21b)
> 　　　길홀 ㅅ양ㅎ며 그 고올희 드니(1586, 소학언, 4, 39a)
> 　　　흔 고올 인논 사롬 도운봉이(1617, 동국신, 속삼열, 4b)

또한, 16세기부터는 '고올ㅎ'괴 보수적인 'ㄱ올ㅎ' 이외에 '고올ㅎ'과 '고을ㅎ'형이 점진적으로 출현 분포를 넓혀 가고 있었다. 지금까지 이루어진 대부분의 국어 음운사 연구에서 '고올' 또는 '고을'과 같은 유형들의 존재

수에 비례하는 것 같다. 그리하여 이기문(1971)에서 지적된 바와 같이, 이 책의 권 9에는 'ㄱ올'과 '고올'이 공존하여 있는 모습이 특이하다.
(ㄱ) 소니 오더 두ㅿ 고올히 다 오니(6, 14b)
　　 ㄱ올 원이 드외여셔(6, 36a)
　　 縣令은 ㄱ올 위두 관워니니(7, 25b)
　　 陶淵明이 彭澤 ㄱ올 원이 되어셔(9, 92a)
(ㄴ) 하양 고올 벼슬ㅎ여 이신 적ㄱ티 ㅎ더니(10, 30a)
　　 각 고올히 아디 몯ㅎ더니(10, 12b)
　　 廣州ㅅ고올 剌史ㅣ란 벼슬ㅎ엿더니(10, 7a)
(ㄷ) 穎州ㅅ고올(9, 4a)
　　 마초아 그 고올 知州ㅅ벼슬ㅎ엿더니(9, 4a)
　　 그 고올호로 ㄱ장 권ㅎ여 보내라(9, 13a)
　　 고올히 닐굽 번 쳔거ㅎ매(9, 27a)

는 대체로 부정적으로 취급되어 왔다.79) 예를 들면, 이기문(1971 : 166~167)은
『훈몽자회』의 여러 판본들에 반영된 언어와 표기에 대한 국어사 자료로서
의 가치를 점검하면서, 15세기 중엽에 존재하였던 '병'의 β>w로 인하여
15세기 후반에는 모두 '♀+오'의 결합을 가졌던 단어들('ᄉᆞᄀᆞ올>스굴'의 예
는 제외하면)이 이 문헌의 시대에 와서는 표기상으로 '오+으'의 결합으로
전환된 다음과 같은 예들을 예시하였다(『훈몽자회』에서의 인용 출처는 편의상
생략한다).

> (15) 고을 州, 郡, 縣, 邑<ᄀᆞ올
> 　　　고의 袴<ᄀᆞ외
> 　　　스굴 鄕<스ᄀᆞ올
> 　　　호을 獨<ᄒᆞ올
> 　　　도읠-化<ᄃᆞ외-
> 　　　ᄌᆞ비로읠 慈<ᄌᆞ비ᄅᆞ외-
> 　　　아ᅀᆞ로읠 悌<아ᅀᆞᄅᆞ외-

　　이기문(1971)은 (15)의 표기들은 문자 그대로 '오+으'로 되었다고 인정
하기는 어렵고, '♀+오'는 '오'로 축약되었다고 판단하였다. 그리하여 15세
기에 '酒'를 의미하는 단어가 '술, 수울, 수을'로 표기된 사실을 염두에
두면, 위의 예들의 '오+으'도 역시 長音의 '오'가 '으'에 가까운 과도음
을 소유했던 것을 반영한 것으로 추정되었다.80) 여기서 'ᄃᆞ외-'(化)의 발
달 과정에서 파생되는 'ᄃᆞ외->도의-' 등이 16세기의 국어에 보편적으
로 사용되었으며, 동시에 '도의-'형은 선행 단계인 '도외-'에서의 결과

---

79) 이숭녕(1954)은 15세기 국어의 'ᄀᆞ봀'은 'ᄀᆞ봀>ᄀᆞ올>골'과 같은 발달 공식(♀+오>오)
　　그대로의 변화를 반영하는 것이며, '골'의 장음 표기상으로 '고을'이 등장한 것으로 보
　　았다. 또한, 이숭녕 교수는 그 논문에서 학자 중에는 『훈몽자회』의 표기에 등장하는
　　것과 같이 'ᄀᆞ올>고올'로 설명하려는 시도도 있으나, 앞으로 삼가야 된다고 하였다.
80) 또한, 2장에서 각주 26)을 참조.

임을 우리는 5장 2절에서 관찰한 바 있다. 따라서 '오+오'의 구조를 이루는 '고올'형의 경우에도 원순성 자질의 중복에 의한 이화의 규칙 ⑤가 여기에도 개입하여 '오+ᄋ' 또는 '오+으'의 결합으로 전환되는 것이다.

> (16)　ㄱ. 지샹 도이여셔 본향 고숫 고올희 어더 보라 ᄒ니(1518, 이륜
> 　　　　행, 초, 29a)
> 　　　　고올 몯 미처 ᄒᆞᆫ 즘게ᄂᆞᆫ ᄒᆞ여셔 닐우듸(이륜행, 초, 41a)
> 　　　　邑 고올 읍(1575, 광주천, 18a)
> 　　　　고올 원이 듣고(1579, 삼강행, 열. 8b)
> 　　　　縣 고올 현(1583, 석봉천, 21b)
> 　　　　슈이 되야 고올히 니ᄅᆞᆫ듸(1586, 소학언, 6, 27b)
> 　　　ㄴ. ᄒᆞᆫ 고을 잇ᄂᆞᆫ 사름 都雲奉이(1514, 속삼강, 열, 12a)
> 　　　　昌邑이란 고을 슈 ᄊᆞ슬ᄒᆞ엿더니(번소학, 10, 5a)
> 　　　　그 고을 디경 안해 어버시 업고(번소학, 10, 15a)
> 　　　　縣 고을 현(1575, 광주천, 21b)
> 　　　　郡 고을 군(광주천, 26b)
> 　　　　고을 사름이 샹ᄉ애 ᄲᅳᆯ것 길옴과 ᄭᅮᆯ을(1581, 속심깅, 즁, 효, 26b)
> 　　　　고을 아젼 박기의 겨집이라(1617, 동국신, 동삼열 1, 74b)

　　위의 예에서 (16ㄴ)의 '고을'은 16세기 초반에서부터 (16ㄱ)의 '고올'과 공존하여 있으나, 이와 같은 변이는 '고올>고을'의 변화 방향을 가리키고 있다. 따라서 16세기에 이 단어의 이형태들은 공시적으로 'ᄀᆞ올ㅎ∽고올ㅎ∽고올ㅎ∽고을ㅎ' 등으로 출현하고 있는 셈이다. 그리고 이러한 변이의 모습은 통시적으로 'ᄀᆞ올>고올>고올>고을'과 같은 발달 과정의 연속을 반영하였다고 판단된다. 여기서 최종적인 '고을'은 강력한 '으' 탈락규칙이 적용될 수 있는 입력을 이루게 되었다. 그러나 우리가 쉽게 예측하는 '고을>골'으로의 발달은 16세기나, 그 이후의 근대국어의 문헌 자료에서 좀처럼 드러나지 않는다. 다음과 같은 예를 보면, '골'로의 축

약이 16세기의 단계에서도 가능하였음을 보여준다.

> (17) ㄱ. 廣州ㅅ <u>고올</u> 剌史 벼슬ᄒ엿더니 <u>골ᄒ</u> 이셔 일 업슨 저기어든
>   (번소학, 10, 7a)
>   ㄴ. 쏘 남진 조차 다른 <u>골ᄒ</u> 가 부모를 여희어도(外郡他鄉, 송광
>   사본, 은중경 16b)[81]

16세기 초반의 대표적인 문헌 자료인 『번역소학』에서 추출된 (17ㄱ)의 예문에 같은 문장 속에서 번갈아 출현하는 '고올ᄒ∽골ᄒ'의 교체는 매우 의미심장한 현상을 우연하게 표기상으로 노출시킨 것으로 생각한다.

5.5. *ᄌᆞᄫᆞᆯ->ᄌᆞ올->조올->조울->조을->졸-(眠)

15세기에 사용된 'ᄌᆞ올-'(睡眠)과, 이 용언에서 전성된 파생명사 'ᄌᆞ오롬'에 대한 현대국어의 반사체들 가운데 지역방언에서 쓰이고 있는 어중 '-ㅂ-'을 보존하고 있는 '자부롭-', '자부럼' 등이 역사적인 순경음 'ᄫ'과 관련되어 주목받아 왔다(小倉進平, 1944 ; 최학근, 1968 : 69~70). 여기서도 중세어 'ᄌᆞ올-'형이 그 이전 형태 '*ᄌᆞᄫᆞᆯ-'에서 β>w 규칙에 의해서 'ᄌᆞ올-'형으로 발달되어 나왔다고 잠정적으로 추정하기로 한다. 'ᄌᆞ올-, ᄌᆞ오-'형은 15세기 국어에서 다음과 같은 활용형으로 사용되었다.

> (18) 시드러 ᄌᆞ오다가 울어 셜버(월인석, 21, 91b)
>   睡眠은 ᄌᆞ올씨오(월인석, 20 : 97a)
>   七日을 ᄌᆞ오디 아니 ᄒ야 두 누늘 일후니(능엄언 5, 43a)
>   뉘으춤과 ᄌᆞ오롬과 尋과 伺와(원각경, 2, 상 1, 1 : 31a)

---

81) 필자가 참고한 『佛說大報父母恩重經』 판본은 원간본이 아닌 복각본으로 조계산 松廣寺本(1553)이다. 위의 예문에서 문제가 되는 '<u>골ᄒ</u> 가 부모를 여희어도' 구절은 선조 25년 萬曆 20년 소백산 喜方寺本(1592)에도 그대로 반복되어 있다.

오직 醉ㅎ야셔 ᄌ오ᄂ다(두시초 9, 27a)

져젯 숤지븨셔 ᄌ올어늘(두시초 15, 41a)

　이와 같이 '*ᄌ불>ᄌ올-'의 과정에서 형성된 'ᄋ+오'의 연쇄는 이번에도 원순성 자질의 의한 역행동화 규칙 ⑤의 입력이 되어 'ᄋ+오>오+오'의 구성으로 전환된 개신형 '조올-'형이 이미 15세기부터 출현하기 시작하였다. 만일 'ᄋ+오>오'의 축약을 직접 거쳐 왔을 경우에는 중세국어에 '졸-'(睡眠)형으로 실현되어야 하지만, 이러한 형태는 이 시기에 아직 존재하지 않았다.

(19) 노피 벼개 볘여 나죄 盧히 조오노니(두시초 3, 7a)

　　나리 늦ᄃ록 오히려 시러곰 조오더니라(두시초 25, 39a)

　　놀애 브르며 조오로몰 흐들히 ᄒ리오(두시초 6, 36b)

　　眠 조오롬 면(1527, 훈몽자, 상, 15b)

　　睡 조오롬 슈(1576, 신유합, 下, 6a)

　　창 바ᄭ긔 볼가시니 ᄉ랑ᄒ야 조오롬미 업두다(1576, 백련초, 2b)

　　사ᄅ미 괴외ᄒ니 낫 조오로미 편안ᄒ고(백련초, 7b)

　　술 먹고 조오롬도 ᄒ디 마로리라(1632, 두시중 2, 2b)

　　나그내 조오로미 엇디 일즉브터 오리오(두시중 2, 27b)

　　입ᄣ예 혹 조오롬을 계워 블러도(16??, 두창경, 6a)

　그러나 16세기 중기 이후부터 이 단어의 형태 구조 'ᄋ+오' 또는 여기서 발달된 '오+오'의 연쇄의 출현은 줄어들고, 그 대신 '오+ᄋ'와 '오+으'의 연결을 보이는 '조ᄋ-∽조으-'와 같은 새로운 형태가 근대국어에 집중적으로 등장하기 시작한다. 여기서 이러한 과정은 우리가 2장에서 설정한 바 있는 원순성 자질의 이화의 규칙 ①의 적용을 받은 통시적 변화를 나타내는 것으로 보인다. 또한, 이 시기에 보이는 '조ᄋ-∽조으-'와 같은 변이 현상은 '조ᄋ->조으-'의 변화 방향을 가리킨다.

(20) 뻥귄 할미 안해셔 조으는 거셔(번역박, 상, 40a)
　　　조으다 : 打遁(사성통해, 상. 63b)
　　　眠 조올 면(1583, 석봉천, 36a)
　　　낫밤을 조으디 아니ᄒ며(1586, 소학언, 6, 67b)
　　　곤ᄒ여 조ᄋ다가 ᄭᆡ여 브르니(1617, 동국신, 동삼열 6, 41b)
　　　ᄒᆞᆫ 디위 조으다가 ᄃᆞᆰ텨 ᄒᆡ여ᄇ려ᄂᆞᆯ(1677, 박통해, 하, 7a)
　　　ᄒᆞᆫ 디위 欄干을 지혀 조으더니 아디 못게라(박통해, 하, 9a)

　　이와 같은 시대적 추이에 어느 정도 일치하는 단계적인 통시적 변화형, 즉 '조올->조올->조올->조을-'과 같은 출현 경향에도 불구하고 16세기 초엽의 『飜譯 小學』(1518)에 이러한 변화 과정의 최종적인 형태 '졸-'형이 다음과 같이 확인되는 사실이 주목된다. 밤야 나쟈 <u>조디</u> 아니ᄒ며(晝夜不眠, 번소학, 9, 73a). 이 예문에 등장하는 '조디-'는 '졸디'에서 중세국어의 단계에서 강력하게 작용하는,'ㄹ' 탈락 규칙(이기문, 1972ㄴ : 34, 각주 6)의 적용을 받은 형태이다. 또한, 여기서 '졸-'(眠)형은 16세기부터 17세기에 이르러 일반화되는 위의 예문 (20)에서 열거된 '조으-'에 연속되는 다음 단계의 최종적인 변화형인 것이다.

　　『飜譯 小學』에 처음으로 출현하는 '졸-'형은 대략 70년 후에 다시 간행된 校正廳本『小學諺解』(1586)에서는 '조으-'로 대치되어 있다. 그러나 이 단어가 지향하는 역사적 변화의 방향은 '조으->졸-'인 것이다. 이러한 사실은 이숭녕(1973)에서 누차 지적된 번역의 태도에 따른 언어적 차이를 보여주는 것이다. '조으>졸-'의 예는『飜譯 小學』(1518)에서 또 다른 문맥에서 다시 나타나지 않기 때문에 다른 용례들을 확인할 도리는 없다. 그러나 이 문헌에 '睡眠'의 뜻을 가진 단어들이 빈번하게 사용되었더라면, 개신형과 보수형이 혼재하는 '조오-∽조ᄋ-∽조으-∽졸-'과 같은 방식의 변이가 나타났을 것으로 추정한다.

이러한 우리의 예측은 『飜譯 小學』(1518)에 반영된 또 다른 형태들의 변이의 양상에 비추어 가능하다고 생각한다. 즉, 5장 2절에서 우리가 고찰한 바 있는 '되-'(化)의 변화형 가운데 16세기의 『飜譯 小學』에는 상이한 역사적 발달 과정을 나타내는 형태들이 쓰이는 맥락에 따라서 서로 교체되어 출현하고 있다.[82] 『飜譯 小學』에 반영된 이와 동일한 유형의 변화는 5장 4절에서 예문 (17ㄱ)에서 추출한 '고올∽골'(邑, 10, 7a)의 경우이다. 그렇다면, 이 문헌에 나타나는 이와 같은 변화의 최종 형태 '되-(化), 골(邑), 졸-(睡眠)'들은 우리가 상정한 일정한 연쇄적 변화, 즉, 먼저 원순성 자질에 의한 동화 규칙 ⑤와 이화규칙 ①을 순차적으로 통과해 온 통시적 결과일까, 아니면, 경우에 따라서 'ᄋᆞ+오'의 환경에서 직접 축약을 거쳐 '오'로 도출된 것일까.

우리는 5장 4절에서 취급한 'ᄀᆞᄫᆞᆶ'(鄕)의 일련의 발달 과정에서, 복합어 'ᄉᆞᄀᆞᄫᆞᆯ'(鄕)의 경우에는 아무런 중간 단계의 개입됨이 없이 직접 'ᄉᆞᄀᆞ올>ᄉᆞ골∽ᄉᆞ굴'과 같은 축약 과정을 통과하였을 가능성을 제시한 바 있다. 그 반면에, 'ᄀᆞᄫᆞᆶ'(鄕)형은 직접 'ᄀᆞ올>골'로 축약되지 않고, 15세기와 16세기 그리고 근대국어의 단계의 순서대로 시대적으로 'ᄀᆞ올>고올>고ᄋᆞᆯ>고을>골'의 변화의 방향을 지향하고 있었다. 또한, 여기서 'ᄀᆞ올ㅎ>골ㅎ'의 축약 과정이 개연성이 있다면, 왜 이와 같은 직접적인 변화가 15세기에는 전연 수행되지 않았을까 하는 의문이 남는다.[83]

82) 이러한 사실은 이숭녕(1973 : 95)에서 제시된 바 있다.

(ㄱ) 文忠公의게 손이 <u>도ᄋᆡ여</u>서(9. 4ㄱ)
(ㄴ) 가무너 법이 <u>도엿</u>더니(9. 106ㄱ)
(ㄷ) 신하 <u>도이</u>디 아니 ᄒᆞᄂᆞᆫ ᄠᅳ들(9. 28ㄱ)
(ㄹ) 영화로ᄋᆡ며 욕 <u>도요</u>매(9. 48ㄱ)
(ㅁ) 귀히 <u>되</u>어(9. 78ㄴ)

83) 'ᄌᆞ오-, ᄌᆞ올-'(睡眠)과 유사한 음성 환경을 갖추고 있는 15세기 국어의 'ᄌᆞ올압-, ᄌᆞ올아ᄫᅵ'(親近)형은 문헌 자료에 동화와 이화의 규칙을 통과한 중간 단계가 전연 반영되어

5.6. *ᄀᆞ빙 > ᄀᆞ외 > 고외 > 고의 > 괴(袴衣)

15세기에 사용된 'ᄀᆞ외'(袴衣, 裙)의 이전 형태는 순경음 'ㅸ'을 갖고 있는 'ᄀᆞ빙'로 추정된다. 남광우(1959 : 121)는 12세기 초엽의 『鷄林類事』에 기록된 "袴曰 珂背, 裙曰 安海珂背."의 증언과, '가비적삼(고의적삼), 고장가비(고쟁이 고의), 덧가비(잠방이)' 등과 같은 함경도 利原방언을 참고하여 이 단어는 일찍이 'ᄀᆞ비 > ᄀᆞ빙 > ᄀᆞ외 > 괴(고이)'로 바뀌어 오늘날에 이르렀음이 분명한 것으로 파악하였다. 이러한 관점은 이숭녕(1954 : 207)에서 먼저 제시된 바 있다. 이숭녕 선생 역시 이 단어의 발달 과정을 위와 동일하게 설정하였으며, 'ᄀᆞ외 > 괴'의 변화 다음 단계에서 등장하는 '고외'와 '고의'형은 이미 발달된 '괴'의 표기에 지나지 않는다는 견해를 고수하였다.

또한, 이 단어의 통시적 발달 과정에 대해서 허웅(1965ㄴ : 269)에서는 kʌ-oy > ko-oy > koy의 단계를 설정하고, 여기에 동화와 생략 규칙이 적용된 현상으로 취급하였다.[84] 그러나 후대의 문헌 자료에서 '고의'와 같은 형태가 나오게 된 원인은 그 발음이 漢字의 '袴衣'와 거의 비슷해 졌기 때문에, 이것을 한자어로 해석하여 그 발음 자체도 /ko-i/로 바뀐 데에 있다고 기술하였다.

15세기 중엽에 β > w을 거쳐 '*ᄀᆞ빙 > ᄀᆞ외'의 변화에 도달한 'ᄀᆞ외'형

있지 않고, 직접 'ᄋᆞ + 오 > 오'의 축약만을 보여준다. 그러나 15세기 국어의 'ᄌᆞ올압-, ᄌᆞ올아빙'(親近)형의 사용 빈도가 극소수이면서, 동시에 한자어 '親近'으로 대치되어 버렸기 때문에, 그 자세한 통시적 전개 과정은 분명하지 못한 점이 있다.

둘히 샹해 ᄀᆞᆯ와 놀으디 서로 <u>졸아이</u> 아니ᄒᆞ야(1737, 어내훈, 이, 4b)

남광우(1959)는 중세국어의 'ᄌᆞ올압-'의 부사형은 'ᄌᆞ불아비 > ᄌᆞ봀아비 > ᄌᆞ올아빙 > 졸아이'의 변천을 겪은 것으로 파악한 바 있다. 그러나 추정된 중간 단계 '*ᄌᆞ봀아빙'는 15세기 국어에서 'ᄌᆞ올아빙'로 출현하였다. 하나의 형태소 내부에서 순경음 'ㅸ'이 탈락하고 동시에 유지되어 있는 현상에 부자연스러운 점이 있다고 생각한다.

84) 그 반면에, 허웅(1965ㄱ : 483)에서는 'ᄀᆞ외 > 괴'의 과정은 'ᄋᆞ + 오'의 환경에서 'ᄋᆞ'가 탈락하는 현상으로 설명되었다.

의 개략적 분포는 다음과 같다.

(21) 겨집둘히 니기 줌드러 옷 고외 헤디오고(1447, 석보상, 3 : 22b)
     옷 고외엔 흰 머릿터리 드리옛고(1481, 두시초 3, 41a)
     기브로 고외호 사르믄 주려 죽디 아니 ᄒ거늘(두시초 19, 1a)
     어미 나혼 고외는 純ᄒ야 섯근 것 업스니(1482, 금삼해, 2, 61a)
     裙에 허리 업스며 고외예 고히 업도다(금삼해, 5, 6b)
     니벳는 옷 고외로 두프면(1485, 관음경, 7b)
     몽샹 니븐 집은 수을 밥과 옷고외 고초와(1518, 여향언, 28a)

　개신형 '고외'의 출현 한계는 15세기와 16세기의 문헌 자료에 걸쳐 있으며, 17세기의 중간본 『두시언해』에 등장하는 예들은 초간본의 언어의 간섭을 받았던 것으로 보인다. 위의 (21)의 예에서 등장하는 '고외'형은 '♀+오'의 음성 환경을 갖추게 되면서 이어서 원순성 자질에 의한 역행 동화 규칙 ⑤의 입력 대상이 되었을 것으로 예상된다. '♀+오>오+오'의 과정을 수용한 예들은 16세기 국어에서부터 출현하지만 그 개신형들의 출현 빈도는 매우 제한되어 있었다. 이러한 사실은 역행동화 규칙 ⑤의 실행에 문제가 있는 것이 아니고, 동화규칙 입력의 대상 자체가 되는 이 단어의 출현 빈도가 문헌 자료에 낮았기 때문이었을 것으로 생각한다.

(22) 裳 고외 샹(1575, 광주천, 4b)
     내 眞實로 옷 고외 ᄒ오치로다(1632, 두시중 1, 19a)
     옷 고외 暮春에 비취엿ᄂ니(두시중 11, 17a)

　위의 예들은 그 수효가 많지 않지만, 16세기부터 산발적으로 등장하기 시작하는 '고외'형의 존재는 역시 '고외>고외'의 발달의 통로를 제시하는 것으로 생각한다. 만일 종래의 관점에서와 같이, '고올>골'으로의 직접 축약 과정을 전제하면, 개신형 '골'의 형태가 중세나 근대국어의 단계에서 출현하여야 될 것이다. 그러나 이 단어의 발달의 최종 형태인 '골'의 모습은 이 시기에 좀처럼 발견되지 않는다. 그 대신, 16세기의 단계에 '고의'형이 생산적으로 출현하면서, 동시에 '고외'형과 일종의 변이 현상을 나타낸다. 이러한 사실은 'ᄀ외>고외'에서 나온 출력 '고외'가 다시 이어서 우리가 설정했던 원순성 자질의 이화의 규칙 ①의 지배를 받은 결과임을 보여주는 것이다.

> (23) 힌횬 고의예 빅 깁 한삼과(번역노, 하, 51a)
>   젹삼 고의 속 오스란 안직 니르디 마져(번역박, 상, 26b)
>   옷 고의 감토 휘둘ㅎ란(번역박, 상, 52b)
>   褌 고의 군, 袴 고의 고(1527, 훈몽자, 중, 11b)
>   오슬 기브로 핟옷과 고의를 아니ㅎ며(1586, 소학언, 1, 5a)
>   젹삼 고의 裸肚 等 속옷으란(1677, 박통해, 상, 25a)
>   袴兒 고의 一云 袴子, 單袴 홋고의(1690, 역어유, 상, 45b)

위의 예에서 생산적으로 출현하는 '고의'형의 존재는 16세기 또는 그 이후의 문헌 자료에서 일상생활 의식주에 가장 기본적인 어휘에 속하는 이 단어의 출현 빈도가 상대적으로 낮았다는 것이 아니었음을 말해 준다. 단지 'ᄀ외>고외'의 과정을 반영하는 (22)의 예들이 극소수에 속하였을 뿐이다. 우리가 지금까지 이 논문에서 견지해온 일관적인 논지에 의하면, (23)의 '고의'형의 존재는 그 선행단계인 '고외'를 전제로 하지 않으면 불가능하다. 따라서 16세기에서부터 출현하여 근대국어의 단계로 이어지는 '고의'는 '고외>고이>고의'의 변화 과정을 전제로 하는 것이다. 또한, 'ᄀ외>괴'를 직접 축약(즉, 'ᄋ/으'의 탈락 규칙)에 의해서 형성되었다고 한다면, 여기서 파생되는 두 가지 문제에 대한 해결을 제시하지 못하게 된다. 첫째, 중세나 근대국어의 어느 역사적 단계에 변화의 최종 형태 '골'을 전연 확인할 수 없는 사실. 둘째, 15세기 이후 생산적으로 나타나는 '고의' 그리고 극소수의 분포를 보이는 '고외'의 형태들을 단지 표기상의 문제로 돌리기에는 그 역사적 발달 과정에서 중간 단계로서 차지하는 위상이 매우 높다는 사실.

5.7. ᄒᆞᄫᆞᅀᅡ>ᄒᆞ오ᅀᅡ>호온자>호은자>혼자(獨)

15세기 국어에서 'ᄒᆞᄫᆞᅀᅡ'(獨)형이 취하는 역사적 발달 과정에 대한 철저한 고증과 설명의 제시는 일찍이 이숭녕(1961 : 265~379)에서 형태론과 어휘론, 의미론 및 음운론의 종합적인 관점에서 이루어진 바 있다. 이숭녕 교수는 이 논문에서 특히 일정한 현상을 어느 하나의 언어 층위의 입장에서 파악하려는 태도를 止揚하여야 하며, 동시에 문헌의 자료에 추출된 자료 그 자체만을 이용하여 액면 그대로 수용하여 어느 결론을 이끌어내려는 방법에 일대 수정을 가하였다. 그리하여 이숭녕(1961)은 'ᄒᆞᄫᆞᅀᅡ>ᄒᆞ오ᅀᅡ>호ᅀᅡ>혼자'와 같은 단선적인 발달 공식이 단일 차원에서 성립될 수 없음을 상세하게 고증하였다.[85] 따라서 이 글에서는 'ᄒᆞᄫᆞᅀᅡ'와 '*ᄒᆞᄫᆞᆯ로>ᄒᆞ올로'의 변화 과정에 대해서 그 이상 더 언급할 사항이 없다. 그러나 이 글에서 설정된 주제(즉, 원순성 자질의 동화와 이화 규칙의 작용)에 따라 음운론적인 측면에서 몇 가지의 사실을 첨부하려고 한다.

15세기 국어에 일반적으로 등장하는 'ᄒᆞ오ᅀᅡ'형이 그 이전의 단계에서 순경음 'ᄫ'을 갖고 있었다는 사실은 『용비어천가』(1447)에 5회에 걸쳐

---

85) 이숭녕(1961 : 266)은 'ᄒᆞ오ᅀᅡ'의 역사적 발달에 대한 고찰에서 16세기에 등장하는 그 후속형 '혼자'는 제1차 어간 'ᄒᆞ오'에 접미사 '-자'가 연결되고, 그 사이에 복합어 형성에서 관형사의 기능을 가진 '-ㄴ-'이 개입된 단어형성론을 거친 것임을 규명하였다. 따라서 'ᄒᆞ오ᅀᅡ>호ᅀᅡ'에서 도출된 '호ᅀᅡ'와 '혼자'는 전연 별개의 어간형성을 이룬 것으로 보았다.

출현하는 '호ᄫᅩ사'형이 가리키고 있다. 이숭녕(1961 : 276)은 이 문헌에 등
장하는 '호ᄫᅩ사'형에 준하여 15세기에 '호오사'와 나란히 쓰이고 있는 또
다른 同義語 '호올로'도 역시 '*호ᄫᅩᆯ로'로 잠재적으로 존재하였을 개연성
을 제시하였다. 15세기 문헌 자료에 등장하는 '호ᄫᅩ사>호오사'와 '*호ᄫᅩᆯ
로>호오사'의 몇 가지 용례를 제시하면 다음과 같다.

> (24) ㄱ. 호오사 기픈 道理 ᄉᆞ랑ᄒᆞ더시니(석보상, 3 : 19b)
> 　　　太子ᄂᆞᆫ 호오사 象ᄋᆞᆯ 나ᄆᆞ티며(월인천, 상, 15a)
> 　　　天地 ᄀᆞᄅᆞ치샤 호오사 내 尊ᄒᆞ오라(월인석, 2, 34b)
> 　　　네 識은 호오사 잇도소니(능엄언 3, 37a)
> 　　　靈光이 호오사 비취여(몽법어, 송, 17b)
> 　　ㄴ. 이 길헤ᄂᆞᆫ 호올로 녀시니(월인석, 22, 7a)
> 　　　疑心호ᄆᆞᆯ 호올로 닐어시ᄂᆞᆯ(법화경, 1, 167a)
> 　　　桃源엣 고ᄌᆞᆯ 호올로 ᄎᆞ조ᄆᆞᆯ(두시초 3, 16b)
> 　　　호올 鶴이 외오 ᄒᆞᆫ번 소리 ᄒᆞ니라(두시초 24, 38a)
> 　　　호올 겨지비 셜워 우ᄂᆞ니(두시초 25, 45a)

　　15세기의 고전적인 불경언해 부류와 초간본 『두시언해』에 주로 반영
된 위의 예들은 'ᄋᆞ+오'의 연결에서 여기에 축약 과정이 개입되지 않고,
일정한 기간 동안 hiatus 'ᄋᆞ오'가 유지되어 있는 모습을 보인다(이숭녕,
1961). 그러나 16세기 국어에 이르면 이 단어의 다음 단계의 발달 과정에
'ᄋᆞ+오>오+오'의 경향이 드러나기 시작한다. 특히 '호올로>호올로'의
전개 과정은 이미 15세기부터 출현하고 있다.

> (25) ㄱ. 곤니 호온자 이셔 나가디 아니커ᄂᆞᆯ(1518, 이륜행, 초, 11a)
> 　　　제 호온자 ᄆᆞ술희 량식 빌라(이륜행, 초, 12a)
> 　　　그듸로 호온자 예 잇게 아니호리라(이륜행, 초, 36a)
> 　　　덕기 호온자 아니라 모디 이우지 잇ᄂᆞ니라(1518, 正俗, 13b)

하늜 フ새 호온자 가는 비(1576, 백련초, 3b)

강산이 호온자 잇더니(1579, 삼강행, 충 27a)

ㄴ. 處士의 節介ㅣ 호올로 淸苦ᄒ도다(1481, 두시초 3, 58a)

엇디 能히 호올로 樂ᄒ리잇고(1590, 맹자초, 1, 5b)

그 身을 호올로 善ᄒ고(맹자초, 13, 7a)

내 호올로 憂에 居ᄒ며(1613, 시경 11, 27b)

내 엇디 호올로 살리오 ᄒ고(1617, 동국신, 동삼효 8, 25b)

호올 겨지비로다(1632, 두시중 4, 11b)

獨, 호올 독(왜유해, 상, 15b)

위의 예들은 문자 표기 그대로 '♀+오'의 연속에서 축약 이전에 원순성 자질의 역행 동화 규칙 ⑤에 의하여 '♀+오>오+오'로 16세기부터 전환되었을 가능성을 나타내는 것으로 본다. 이와 동시에, 이 시기에는 'ᄒ오ᅀᅡ'로부터 '♀+오>오'의 직접적인 축약을 의미하는 또 다른 이형태 '호ᅀᅡ'형도 특정한 문헌 자료에 한하여 사용되고 있었다.

(26) 叔咸이 <u>호ᅀᅡ</u>셔 侍病ᄒ며(1514, 속삼강, 효, 22a)

有文이 <u>호ᅀᅡ</u> 거상을 禮로 フ장 삼가ᄒ더니(속삼강, 효, 34a)

16세기 초엽부터 확인되는 위의 'ᄒ오ᅀᅡ>호ᅀᅡ'의 변화를 이숭녕(1961 : 292~293)은 주목하면서, 이러한 발달은 같은 시기에 등장하는 이형태들인 '혼자', '홀로'와 더불어 15세기의 'ᄒ온자'에서 '♀+오>오'와 같은 축약형임을 입증한다고 보았다. 따라서 여기서 hiatus '♀오'의 축약으로 '오'가 형성되는 예들이 16세기 초반부터 진행된 사실임을 확인할 수가 있다고 보았다. (26)의 '호ᅀᅡ'형들은 사실 이숭녕(1961)에서 지적된 바와 같이, 원순성 자질의 동화규칙 ⑤가 적용되기 이전에 축약규칙을 먼저 수행한 형태로 생각된다.

그렇다면 16세기 초반에 동일한 음성 환경 '♀+오'는 두 개의 음운규칙이 적용될 수 있는 입력을 구성하게 되었기 때문에 그 적용에 서로 경쟁을 하였을 가능성을 제시하게 된 것이다. 원순성 자질의 동화규칙 ⑤와 축약규칙의 적용상의 경쟁에서 어느 조건이 개입되어 결국에는 '호ᄉᆞ'와 같은 출력을 선택하였는가는 여기서 확실하게 말하기 어렵다. 그러나 말의 스타일, 또는 말하는 속도, 화자들이 속한 사회 계층 등과 같은 사회언어학적 요인이 두 개의 규칙 가운데 어느 것을 선호하게 된 배경이 되었을 것으로 추정할 수 있다.

그 반면에, (25)에서의 '오+오' 연결에 원순성 자질의 이화규칙 ①이 개입되어 '오+♀>오+으'로 전환되어 나오는 일련의 개신형들이 1510년을 전후한 문헌에서부터 확산되어 근대국어로 계승된다.

> (27) 내 호은자 뽀아도 이긔요리라(번역박, 상, 55a)
> 혼 사ᄅᆞ미 호은자 ᄀᆞᆯ차 가프리라(번역박, 상, 61b)
> 鰥 호을아비 환, 寡 호을어미 과(1527, 훈몽자, 상, 17a)
> 호올 독 獨(1576, 백련초, 3b)∽호을 독(백련초, 9b)
> 엇디 호을로 人에 니르러 疑ᄒᆞ리오(1590, 맹자초, 11, 15a)
> 내 호을로 南으로 行호라(1613, 시경 2, 9b)

이숭녕(1961 : 290)은 16세기 초엽 번역『박통사』에 등장하는 '호은자' 형은 hiatus '♀오'가 장모음 '오'로 변화함을 최세진의 『훈몽자회』에서도 보여주는 바와 같이, 보통 '오+으'로 표기하는 경향이 여기서도 동일한 모습으로 사용된 것이기 때문에 그리 새로운 사실이 없다고 기술하였다. 따라서 16세기의 '호은자'형은 15세기에서 사용되었던 'ᄒᆞ온자'의 '♀+오'의 축약을 표기한 형태일 뿐이라는 것이다. (27)의 '호은자'에서 생성된 '오+으'의 연결 구조는 거의 동일한 시기의 범주 안에서 '으' 탈

  제4부 중세국어의 음운론과 원순성 자질의 기능

락규칙의 적용을 받은 '오+으>오'의 형태를 내놓게 된다. 따라서 이 단어의 역사적 발달 과정에서 16세기는 '호온자∽호은자∽호ᅀᅡ∽혼자' 등과 같은 네 가지의 이형태들이 공시적으로 혼재하는 양상을 나타내는 일종의 과도기의 모습을 보인다고 생각한다. 이와 같은 변이의 모습은 당시 언어의 다양성을 여러 장르의 문헌자료들이 제시하는 것으로 생각한다.

    (28) ㄱ. 子息이 업스니 혼자 사라셔 므슴ᄒᆞ료 ᄒᆞ고(1514, 속삼강, 열, 8a)

              큰 벼슬ᄒᆞ니 혼자 부귀ᄅᆞᆯ 누리고(1517, 번소학, 7, 49a)

              아비를 일코 혼자 어미와 사더니(번소학, 9, 20a)

              효도롤 일ᄏᆞᆺ더니 혼자 아비 효도ᄒᆞ야(1579, 삼강행, 효. 9a)

      ㄴ. ᄯᅩ 홀로 엇던 ᄆᆞ숨고 ᄉᆞᆯ프다 董生이여(번소학, 9, 100b)

              容이 홀로 ᄭᅮ러 안자 더옥 공슌ᄒᆞ거ᄂᆞᆯ(1586, 소학언, 6, 106a)

              스스로 홀로 ᄒᆞ여곰 臧ᄒᆞ라 ᄒᆞ며(1613, 시경 18, 17b)

5.8. 'ᄂᆞ외(여)'(反復, 再)와 'ᄉᆞ외'(甚)의 발달 과정과 원순성 자질의 개입

15세기 국어 음운론에서 발휘하는 원순성 자질의 기능과 관련하여 우리가 설정한 규칙, 즉, 원순성 자질에 의한 역행 동화 ⑤와, 순행 이화작용의 규칙 ①의 적용상의 한계를 검증하기 위해서 또 다른 유형의 두 개의 단어, 즉 'ᄂᆞ외'(更, 再)'와 'ᄉᆞ외'(甚)의 역사적 발달 과정을 추적해 보기로 한다. 중세국어에 사용되었던 두 단어는 성조(低調+低調)를 포함해서 동일한 음성 환경을 구비하고 있으며, 또한 동일한 문법범주에 속하였다. 그러나 출현하는 빈도수에서, 표출하는 의미내용에 있어서 차이를 보인다.

    (29) ㄱ. 모든 사ᄅᆞ미 ᄂᆞ외야 가지와 닙괘 업고(석보상, 13 : 47a)

              後生애 ᄂᆞ외야 겨지븨 모미 아니 ᄃᆞ외리라(석보상, 20 : 26b)

              아니 드르시면 ᄂᆞ외 즐거본 ᄆᆞᅀᆞ미 업스레이다(월인석, 2, 5b)

              ᄯᅩ 두리버 ᄂᆞ외야 나ᅀᅡ가디 몯ᄒᆞ며(월리벅, 14, 76a)

다아 느외야 煩惱 업수미(1575, 금강언, 53b)

눈 フ몰 나래 느외야 뉘으추미 업게코져(1611, 내훈奎, 2, 53b)

ㄴ. 니러 合掌ㅎ야 스외 보고 偈지서 닐오디(월인석, 4, 33b)

디는 히롤 스외 보아 ᄆᆞᅀᆞ물 구디 머거(월인석, 8, 6a)

어려비 너기는 돌 아라 아ᄃ린 고돌 스외 아로디(월인석, 13, 19a)

두 히롤 華嚴經論올 스외 ᄉᆞ랑ㅎ야(1463, 법화경, 1, 10a)

죠히로 瓶ㅅ이플 스외 마가(1466, 구급방, 하, 95b)

(29ㄱ)에서 15세기에 사용된 '느외'형은 표면적으로 'ᄋᆞ＋오'의 연쇄를 이루고 있다. 따라서 원순성 자질에 의한 역행동화 규칙 ⑤가 적용이 적용될 수 있는 입력의 잠재적인 대상이 된다. 그와 동시에 새롭게 도출된 이 단어의 '오＋오'의 결합은 이번에는 원순성 이화작용의 규칙 ①의 개입을 받게 될 것이다. 이러한 전제를 갖고, 이 부사형의 16세기 이후의 발달을 추출하면 다음과 같이 나온다.[86]

(30)　ㄱ. 놀애롤 노외야 슬픐 업시 브르ᄂ니(두시초 25, 53a)[87]

놀애롤 노외야 슬픔 업시 브릭ᄂ니(1632, 두시중 25, 53b)

남용이 백규롤 세적 노왼대(南容三復白圭, 소학언해 4. 42ㄴ)

亭主의 깃븜이 노외야 업서(1676, 첩해초, 9, 7a)

重羅 노외야 츠다(1690, 역어유, 하, 47b)

ㄴ. ᄒᆞ마 이리 아니 완츌ㅎ거든 노의란 지달쓰라(번역노, 상,

45b)

모든 사ᄅ미 노의여 말이디 아니ᄒ니(번역노, 하, 49a)

그 놈둘히 노의여 ᄒ나토 긔수ᄒ리업서(번역노, 하, 55b)

임의 이리 사오나오면 노의란 지달ᄮ라(1670, 노걸언, 상,
41a)

그놈들히 노의여 ᄒ나토 긔수ᄒ리 업서(노걸언, 하, 50a)

亭主의 긴ᄇᆞ미 노의야 업서(1748, 개첩해, 9, 10a)

따라서 위의 (30)의 예들은 부분적으로 15세기 후엽부터 16세기에 걸쳐 우리가 예측한 바와 같이 순차적으로 'ᄂᆞ외여>노외여'(역행동화의 규칙 ⑤), '노외여>노의여'(순행 이화작용의 규칙 ①)의 발달 과정을 거친 것으로 판단된다. 또한, 이렇게 파생된 음성 환경 '오+으'는 '으' 탈락규칙의 입력이 되어 '노의여>뇌여'의 절차를 거치게 될 것이다. 이 단어가 보이는 최종적인 변화의 단계 '뇌여'는 17세기에 와서야 문헌 자료에 등장하게 된다. 그러나 한글편지에 이 '뇌여'형은 한 단계 앞선 16세기부터 확인된다.

(31) 어딘노라 뇌여 잡말 말라코 이시니(1565, 순천김, 41)

즉시 글혀 먹과라 뇌여 봉셩 마라(순천김, 70)

이러니 셔울 뇌여 갈 ᄠᅳ돌 아녀(순천김, 79)

뎌 즁이 닐오디 뇌여란 싱심이나(1677, 박통해, 상, 34a)

뇌여란 이런 일 모로ᄂᆞᆫ 말 니ᄅ디 말라(박통해, 중, 18a)

네 뇌여란 ᄒ디 말라(박통해, 중, 28b)

그 반면에, (29ㄴ)의 '〻외'(甚)형의 발달은 'ᄂᆞ외여'(再)가 밟아 온 'ᄂᆞ외여>노외여>노의여>뇌여'의 과정에서 이탈하여, 16세기 초엽부터 '으+오>오'와 같은 모음 축약을 직접 반영하고 있다.

(32) 쇠 치운 저기며 덥고 비 오는 저긔도(1517, 번소학, 9, 2b)
　　　쇠 병훈 저기 아니어든 公權을 뵈요디(번소학, 9, 104b)

　이와 같이 동일한 음성 환경 '?+오'를 갖고 있던 'ᄂᆞ외'(再)와 'ᄉᆞ외'(甚)형이 상이한 음운론적 과정을 수행하게 되는 원인이 어디에 있을까. 우리는 여기서 다음과 같은 세 가지의 경우를 생각하여 보기로 한다.

　첫째, '?+오'의 음성 환경을 갖고 있는 'ᄉᆞ외'형도 역시 원순성 자질에 의한 동화와 이화의 규칙의 조정을 차례로 거쳐 16세기 국어에 '쇠'형과 더불어 다른 이형태들이 잠재적으로 존재하였을 것이다. 그러나 문헌 자료상에 쓰이는 빈도수가 적었기 때문에 여타의 다른 이형태들이 나타나지 못하였을 것이다. 둘째, 이 두 단어들이 모두 중세국어의 단계에서 '?+오>오'로 축약되어 'ᄂᆞ외>뇌'와 'ᄉᆞ외>쇠'로 변화하였을 것이다. 이러한 경우에 축약형 '뇌'형만이 장모음 표기를 위해서 위의 (30)에서와 같은 '노외∽노의' 등의 표기상의 혼란을 보였다. 그 반면에, 모음 축약형 '쇠'형은 어떠한 이유로 그러한 장모음 표기를 반영하지 않았다. 셋째, 두 단어가 역사적 발달 과정에서 보이는 이러한 차이는 기저형의 차이에서 기인되었을 가능성이다. 즉, 원순성 자질에 의한 동화와 이화규칙을 수행한 'ᄂᆞ외'의 이전 형태는 'ᄫ'을 보유하였을 가능성이 있다. 이러한 가정은 5장 5절에서 'ᄌᆞ올-'(睡眠)과, 모음 축약을 수행한 'ᄌᆞ올압-'(親近)의 상이한 통시적 발달 과정에서 추정하였던 방법과 동일한 것이다. 'ᄂᆞ외'형은 우리가 설정한 주제와 관련하여 15세기 중엽 또는 그 이전의 단계에서 'ᄫ'을 보유하였던 일련의 단어들과 동일한 범주의 역사적 발달 과정을 밟아 온 사실로 미루어 보아서 '*ᄂᆞᄫᆡ'로 소급될 수 있다.

　제4부 중세국어의 음운론과 원순성 자질의 기능

5.9. 16세기 국어의 '노올'(霞)형의 발달 과정에 대한 추정

오늘날의 저녁 '노을'(霞) 또는 '놀ː'형은 16세기 국어로 소급되어도 형태상의 큰 변화가 발견되지 않는다. 이 단어에 해당되는 15세기 국어의 형태는 문헌 자료에서 한 번도 등장하지 않았다. 그러나 16세기와 그 이후의 단계에서 '노올'과 '노을', '노올' 등의 교체가 산발적으로 확인된다.

> (33) ㄱ. 霞 노올 하(1576, 신유합, 上, 4a)
> 　　　　무霞 아춤 노올. 晩霞 져녁 노올(1690, 역어유, 상, 2a)
> 　　　　霞 노올, 火雲 노올 쓰다(1790, 몽유상, 1b)
> 　　　ㄴ. 노올 하, 霞(유합, 상. 4)[88]
> 　　　ㄷ. 霞 노을 하(1527, 예산본, 동중본 훈몽자, 상, 1b)
> 　　　cf. 노올(존경본, 훈몽자, 상. 2a)

일찍이 小倉進平(1944ㄴ : 46~48)은 '霞'를 뜻하는 방언형들이 1940년대의 지역방언에서 (1) [pʌk-sɛ], (2) [lu-nɛ], (3) [hɛ-ʥi-gi], (4) [no:l]의 네 가지 계통을 수집한 다음, 문제가 되는 [no:l] 계통에서 어중에 [b]가 개입된 방언형과, 이것이 개입되지 방언형들이 지역적 분포를 제시하였다. 이 가운데 어중에 [b]이 개입된 방언형과 그 분포를 인용하면 다음과 같다.

> (34) ㄱ. [na-bu-ri] : 경북, 강원의 일부
> 　　　ㄴ. [na-bul] : 강원의 일부
> 　　　ㄷ. [no-bul] : 함남의 극히 일부
> 　　　ㄹ. [nu-bu-ri] : 함남, 함북의 일부
> 　　　ㅁ. [nu-bu-ri] : 함남, 함북의 일부

위와 같은 어중에 [b]을 갖고 있는 현대국어 지역 방언형들의 유형과

---

88) 이 예문은 남광우(1971 : 301)에서 차용한 것이다.

분포를 참고하면, 16세기에 공존하고 있는 이형태 '노올∽노을∽노울'
등은 우리가 설정하고 있는 일련의 통시적 발달 과정의 틀 안에서 해석
될 수 있다고 생각한다. 지금까지 논의된 5장 2절에서 8절까지 대부분
'ㅸ'을 갖고 있었던 단어들이 원순성 자질의 동화와 이화작용의 규칙의
지배를 받아서 거치게 되는 일련의 변화 과정을 16세기의 '노올' 등의
단어가 참여하였을 것이라는 가정을 가능하게 한다.

16세기의 '노올' 또는 '노을'에서 15세기에 그 기능을 발휘하는 원순
성 자질의 역행 동화작용이 적용되기 이전의 형태를 복원하면 '*ㄴᆞ올'로
소급될 수 있으며, 'ㄴᆞ올'의 순경음 'ㅸ'을 갖고 있던 이전 형태는 (34)의
함경도 방언형들을 고려하면 '*ㄴᆞ볼'로 무리 없이 설정된다. 따라서 오늘
날의 '노을'(霞) 또는 '놀:'은 다음과 같은 과정을 거쳐 온 역사적 산물로
추정되는 것이다.

(35)　*ㄴᆞ볼　>　*ㄴᆞ올　>　노올　>　노올　>　노을　>　놀
　　　　　↑　　　　↑　　　　↑　　　　↑　　　　↑
　　　(ㄱ) β>w　　(ㄴ)　　　(ㄷ)　　　(ㄹ)　　　(ㅁ) 축약
　　　　　원순성의　　　'ᆞ>으' 원순성의
　　　　　역행동화 ⑤　　　　순행 이화 ①

5.10. *그볼->그울->구울->구을->굴-(轉),
　　　 *드븨->드위->두위->두의->뒤-(反)

지금까지는 주로 'ㅸ'을 보유하였던 15세기의 단어들이 β>w에 의해
서 어간 내에서 'ᆞ+오'의 연결을 형성하게 되었을 경우에 시기적인 차
이를 두고 연쇄적으로 적용되는 원순성 자질에 의한 동화규칙 ⑤와 이화
작용의 규칙 ①의 기능을 고찰하여 왔다. 이러한 음운론적 과정이 β>w
에 의해서 이루어진 '으+우'의 음성 환경에도 적용될 수 있다. 그리하여

　제4부 중세국어의 음운론과 원순성 자질의 기능

우리는 4장 2절에서 원순모음 '우'의 역행동화로 인한 '으>우'의 변화를 15세기에서 변이의 상태로 출현하고 있는 '그울-∽구울-'(轉) 및 '드위-∽두위-'(飜) 등에서 확인한 바 있다. 그리고 이들 용언어간은 역사적으로 다음과 같은 발달 과정의 중간 단계를 반영하고 있다고 해석하였다. (ㄱ) *그볼->그울->구울-'(轉), (ㄴ) '*드뵈->드위->두위-'(飜).

　이 두 용언어간들은 여기서 변화를 종료시키지 않았다. 여기서 파생된 '우+우'의 연결은 또한 '우+우>우+으'의 계속적인 발달을 보여준다. 여기에 원순성 자질에 의한 순행 이화작용의 규칙 ①이 적극적으로 개입된 결과이다. 이러한 변화는 부분적으로 15세기부터 출발하여 16세기로 확대되어 나타난다.

> (36)　ㄱ. 짜헤 나아가 一二百 버늘 구으리면 므리 나면(1466, 구급방,
> 　　　상, 73b),
> 　　　五道애 구으녀 사라 오며 주거 가매(1467, 목우자, 24a)
> 　　　춤디 몯ᄒ야 구으러 짜해서 닐락 업너니락ᄒ야(1489, 구급
> 　　　간, 2, 46a)
> 　　　몰쏭구으릿 비 아랠 빼혀(구급간, 3, 21b)
> 　　　사를 쏘니 그 사르미 구으러디거늘(번역노, 상, 29a)
> 　　　누네 치 나셔 머므디 아녀 누어 구을오(번역박, 상, 42b)
> 　　ㄴ. 베 므레 누워 두의티디 몯ᄒ얏도(1481, 두시초 16, 4b)
> 　　　모미 두의틀오 네 활기 몯 쓰며(구급간, 1, 14a)
> 　　　모물 두의 힐훠 혼 녁으로 눕디 아니케(구급간, 6, 66b)
> 　　　고기 녀허 두의저티며 져로 두의저텨 봇가(번역노, 상, 21b)
> 　　　드레 믈에 줍디 아니ᄒᄂ니 네 두의티기옷 모르거든(번역노,
> 　　　상, 32a)

　따라서 15세기 국어의 단계에서 '그울-∽구울-∽구을-' 및 '드위-∽두위-∽두의-'의 세 가지 유형의 변이가 등장하고 있는 셈이다. 그러

나 15세기에서 16세로, 그리고 근대국어의 시기로 이전하여 가면서 출현 빈도수에서 두드러지게 실현되는 변화의 방향은 '그울->구울->구을-' 및 '드위->두위->두의-'이었다. 위의 (36)의 예들에서와 같이 새롭게 형성된 '우+으'의 음성 환경은 이번에는 중세국어에서 거의 예외가 없는 생산적인 적용을 보여주는 '으' 모음 탈락규칙의 입력이 되었을 것이다. 그러나 '우+으>우'의 변화는 16세기 후반부터 문헌 자료에 아래와 같이 출현하기 시작한다.

> (37) ㄱ. 飜 뒤틸 번(1576, 신유합, 下, 56b)
> 反 뒤혈 반(신유합, 下, 59b)
> ㅂ·ㄹ미 흰 믓겨롤 뒤져기니(1576, 백련초, 15b)[89]
> 혹 놀라 뒤틀며 온 몸애 열이 심ㅎ고(1608, 두창집, 上, 10b)
> 잇다감 뒤트ㄴ니는 데심눙노고지 맛당ㅎ니라(두창집, 上, 64b)
> ㄴ. 즉시 몰 굴러 도로 둘려 대쟝 만나(1617, 동국신, 동삼충 1, 46b)
> 하늘홀 브르며 짜 굴러 긋 뻘텨 도라가아(동국신, 삼강효, 2b)
> 머리롤 둘고 몸을 굴러 致死ㅎ면(1792, 증수해, 2, 16a)

이와 같은 부류의 발달 과정을 보이는 예로 15세기 국어에 나타나는 ':부리'(喙)의 이형태 '부·우리∽부·으리'와의 변이를 첨가할 수 있다. 이 단어는 15세기에 대부분 ':부리'의 형태가 주류를 형성하고 있는 반면에, 그 선행 형태로 추정되는 '부·우리' 또는 '부·으리'는 극소수로 출현하고

---

89) 필자가 이용한 16세기의 『百聯抄解』(1576)는 『국문학연구』 제4집(1973, 효성여자대학 국어국문학과 연구실)에 영인된 동경대학 소장본이다. 이 문헌에는 개신형 '두의-'(飜) 의 새김과 한글 번역이 다음과 같이 등장한다.

(ㄱ) 두읠 번(翻, 15ㄴ) : ㅂ·ㄹ미 흰 믓겨롤 뒤져기니(15ㄴ)
(ㄴ) 두읠 번(翻, 17ㄴ) : 넌 니페 비 뒤티미오(17ㄴ)

있어 매우 예외적 분포를 보이는 점이 특이하다.

(38) ㄱ. 峯은 묏부리오(1459, 월인석, 4, 27a)

참仁 셜흔 낫 것과 부리 아ᅀᆞ니와(1466, 구급방, 하, 030b)

홀곤 져비의 부리예 조차 오고(1481, 두시초 03, 027b)

술고삐 숍 ᄒᆞᆫ 되롤 봇가 거플와 부리와 앗고(1489, 구급간,
2, 87b)

그 헐므슨 부리 우희 추모로 나져 바며(번역박, 상, 013b)

ㄴ. 아ᄎᆞᆷ 비치 돗부우리로 혼 창이 들여(초간 두시언해, 22. 1ㄱ)

묏부우리에(1482, 남명집, 상. 3ㄱ)

남진이 그론 병에 부우일 구디 막고(남명집, 하. 56ㄴ)

ㄷ. 서근 딜 디구메 부으리 무딜 ᄃᆞᆺᄒᆞ니(두시초 17, 6a)

부으리와 바톱괘 도로 돗글 더레이리라(두시초 17, 13b)

위와 같이, 우리가 지금까지 설정한 가설에 의하면 ':부리' 형태가 발달의 최종적인 모습을 적어도 15세기 후반에서부터 보이기 시작하여 16세기로 확대되어야 한다. 그러나 ':부리'형이 15세기에 대부분 등장하는 대신에, '부우리'와 '부으리'형의 존재는 이 시기의 문헌 자료상에서 매우 드물게 나타난다. 그렇다면, 이 단어가 취한 변화의 방향은 ':부리>부·우리>부·으리' 정도가 되어야 할까. 또는 종래의 주장에서와 같이, 15세기의 '부·우리'와 '부·으리'는 ':부리'의 장모음을 표기에 반영한 형태에 불과한 것일까. 15세기의 언어는 성조언어이었기 때문에 변별자질은 높낮이의 정도이었고, 여기에 부수적으로 수반되는 長短의 구분은 잉여적 성분이었다. 잉여적 성분인 장음을 구태여 표기에 구현시킬 필요가 그 당시에 존재하였을까?

이러한 의문에 대한 하나의 해결책으로 우선 이 단어의 성조의 변화에 주목해 보기로 한다. 15세기 ':부리'의 첫 음절의 성조는 上聲으로 "先底

後高"의 높낮이를 나타낸다. 그 반면 다른 이형태 '부·우리'의 경우는 제1음절과 제2음절의 모음이 '평성＋거성'의 구성을 갖고 있다. 중세국어의 단계에서 성조의 결합 과정에서 일어나는 일반 규칙은 상성(선저후고)을 '평성＋거성'의 연쇄로 전환시키지 않는다. 오히려 두 음절로 구성된 "평성(低調)＋거성(高調)"이 하나의 음절로 축약되는 경우에 상성이 중세국어에서 통상적으로 도출되는 것이다(정연찬, 1960). 즉, 평성(低調)＋거성(高調) → 상성(先底後高). 따라서 그 반대의 성조 규칙(즉, '상성 → 평성＋거성')을 반영하게 되는 ':부리 → 부·우리'의 방향은 적어도 중세국어의 성조체계에서 발견할 수 없다. 그렇기 때문에, 15세기 국어의 문헌 자료에서 이 단어의 최종적인 변화의 단계를 나타내는 ':부리'가 일반화되었다고 하더라도, 이 형태는 먼저 '부·우리>부·으리'의 변화를 거쳐 이어서 '으' 탈락규칙의 적용을 받아서 한음절로 축약되면서 성조가 상성으로 전환된 것으로 이해하여야 될 것이다. 단지 이 단어가 보유하고 있던 특유한 어떤 형태·의미론적 특성으로 인하여 5장에서 관찰된 다른 여타의 부류들과는 달리 그 최종적인 변화의 단계를 일찍 앞당긴 것으로 이해된다.

일찍이 Ogura(1940 : 37)는 1940년대의 '(새의)부리'형이 함경남도와 경상도 방언의 일부 지역에서 어중에 '-b-'을 보유하고 있는 [pu-bu-ri], [pu-bə-ri] 등으로 분포되어 있으며, 15세기 국어에서는 ':부리'와 같이 장모음(上聲)으로 나타난다는 사실을 주목하였다. 그리하여 Ogura(1940)는 이 단어는 다음과 같은 역사적 과정을 거쳐서 오늘날 장음을 갖고 있는 [pu:-ri]로 발달하여 왔을 것으로 추정하였다.

(39) [pu-bu-ri]>[pu-u-ri]>[pu:-ri]

위와 같은 추정은 기본적으로 옳은 것이지만, (38)과 같은 일련의 변화

    제4부 중세국어의 음운론과 원순성 자질의 기능

가 가능하기 위해서는 이 단어가 원래 순경음 '봉'을 경험했던 것으로 해석하여야 된다. 그리하여 15세기에 등장하는 ':부리'형은 우리가 설정한 원순성 자질에 의한 동화규칙 ⑤와 이화작용의 규칙 ①을 다음과 같이 순차적으로 적용받아서 형성된 것으로 추정될 수 있다.

(40)　*브**봉**리　>　*브우리　>　부·우리　>　부·으리　>　　:부리
　　　　　　↑　　　　　　　↑　　　　　　↑　　　　　↑
　　　　(ㄱ) β>w　　　(ㄴ)　　　　(ㄷ)　　　　(ㄹ)
　　　　　　　　　　원순성의　　　원순성의　　　'으' 탈락에 의한
　　　　　　　　　　역행동화 ⑤　　순행 이화 ①　축약과 上聲化

5.11. 원순성 자질의 동화와 이화 작용에 의한 과정의 통시적 방향

지금까지 우리가 설정한 원순성 자질의 음운론적 행위에 비추어 5장 2절에서 5장 10절에 걸쳐 검토한 일련의 어휘 형태소들은 그 개신형들의 출현 시기에 있어서 일견해서 서로 모순된 현상을 보이는 사례가 적지 않았다. 그러나 표면적으로 혼란되어 보이는 음운 현상 속에서 일정한 원리와 가설에 따라서 그 변화의 방향을 추정하여 보았다.

예를 들면, 위에서 취급한 5장 10절에서의 ':부리'(嗾)의 변화가 변화의 방향의 측면에서 가장 극단적인 모습을 보인다. 우선, 우리의 가설에 의하면 최종적인 변화의 단계에 있어야 할 ':부리'형이 15세기에 압도적인 높은 빈도수로 출현하는 반면에, 그 선행 단계에 속하여야 할 대상인 '부·우리'의 경우는 매우 근소하게 사용되었을 뿐만 아니라, 훨씬 후대에 치우쳐 나타난다. 통상적으로는, 현대국어 '부 : 리'에 관점에서 이형태 '부·우리'와 '부·으리'형은 장모음의 표기 수단일 뿐으로 해석하여야 할 것이다. 그렇지 않으면, 이 단어가 수행하는 변화의 과정은 출현하는 시기에 준해서 ':부리>부·우리>부·으리'와 같이 되어야 할 것이다. 왜냐하

면, 선행하는 시기 A단계에서 문헌 자료에 반영된 형태들은 그보다 후행하는 늦은 역사적 단계 B에 출현하는 형태들보다 변화의 과정에서 앞선 古形일 것이기 때문이다. 따라서 후행하는 시기의 단어 Y는 선행하는 시기의 단어 X에 대해서 X>Y의 공식으로 표현된다는 것은 역사언어학의 일반적인 원칙이다.

이와 같은 관점에 의해서 우리가 논의하였던 일련의 단어들의 변화의 방향을 'ᄃ외->되-'(化), 'ᄀ올>골'(邑), ᄀ외>괴(袴衣), 'ᄌ올->졸-'(睡眠), 'ᄃ위->뒤-'(轉) 등과 같이 설정한 종래의 변화 공식은 이러한 원칙을 고수한 태도에서 비롯된 산물인 것으로 생각한다. 그러나 선행 시기와 후행 시기가 직접 인접하여 있거나, 시간상의 거리가 크지 않을 경우에, 이러한 원칙은 어느 정도 성립되지 않는다는 사실을 우리는 5장에서 제시하려고 하였다. 이러한 문제에 대한 구체적인 논의는 다음 6장에서 다루어질 것이다.

5장에서 지금까지 제기되고 새롭게 해석된 체언과 용언의 어휘형태소 부류들은 다음과 같은 역사적 기저형에서 우리가 설정한 원순성 자질의 동화규칙 ⑤과 이화작용의 규칙 ①을 연쇄적으로 적용받아 15세기 중엽을 거쳐 16세기의 실현형으로 유도되었다. 이 시기의 표면 실현형들은 보수형과 개신형 간의 끊임없는 변이의 모습으로 출현하였다.

기저형	/ᄃ뷩-(化)	ᄀ볼(郡)	ᄌ볼-(睡)	ᄀ뷩(袴衣)	ᄂ볼(霞)	그볼-(轉)/
β>w	ᄃ외-	ᄀ올	ᄌ올-	ᄀ외	ᄂ올	그울-
동화규칙 ⑤	도외-	고올	조올-	고외	노올	구울-
이화규칙 ①	도이-	고을	조을-	고이	노을	구을-
ᄋ>ᄋ	도의-	고을	조을-	고의	노을	구을
모음축약 규칙	되-	골	졸-	괴	놀	굴
16세기의 표면 실현형	[되-	고을∽골	졸-	괴	노을∽놀	굴-]

6. 원순성에 의한 동화와 이화작용의 시기 설정

6.1. 15세기와 16세기에 걸친 變異와 變化

언어변화, 특히 음운론적 변화는 일정한 역사적 단계에서도 전반적으로 수행되어 완료되는 것이 아니며, 동시에 한 세대에서 다음 세대로 연쇄적으로 이동되어 가는 현상임은 우리가 5장에서 언급하였다. 진행 중에 있는 음성변화에 대한 최근의 실험적인 연구들은 하나의 변화는 사회 계층 속에서 S-曲線을 그리며 동일한 방향으로 수세대간을 걸쳐서 어휘 확산(lexical diffusion)의 방식으로 파급되어 간다는 사실을 실증적으로 규명하고 있다(Wang, 1969 ; Weinreich, Labov, Herzog, 1969).[90] 또한 언어변화를 합리적으로 설명하려면 언어가 사회 속에서 실현되는 질서 있는 異質性을 고려하지 않으면 안 된다는 주장이 설득력 있게 제기된 바 있다. 일찍이 Bloomfield(1933)는 일정한 변화를 거부하는 보수형과 그것을 수용한 개신형이 동일한 화자의 말 속에서 공존하고 있으며, 상황에 따른 스나일의 구사에 따라서 적절한 이형태들이 선택된다는 사실을 관찰한 바 있다.

또한 사회언어학을 지향하는 연구에서 사회적으로 조건된(사회 계층, 연령, 지역, 말의 스타일 등)공시적 변이형들이 보여주는 변이 현상은 모든 언어변화의 진행 과정에서 논리적으로 필수적인 단계임이 입증되고 있다. 즉, 모든 공시적 변이가 통시적 변화로 유도되는 것은 아니지만, 변화는 먼저 변이(variation)의 단계를 전제로 하는 것이다(Labov, 1963). 이와 같이, 동일한 언어체계 내부에서 보이고 있는 보수적인 형태와 개신적인 형태 사이의 동요는 일정한 해당 규칙을 화자가 상황에 따라서 선택하는가,

---

90) 언어변화의 진행 방식을 요약하는 S-curve에 대해서는 H. Paul(1960 : 20)의 이론을 현대적 개념으로 재해석한 Wang(1969)를 참조.

하지 않는가에 의해서 표면적으로 결정된다. 동시에 이러한 변화의 진행 과정은 한 언어사회 속에서 일반적으로 초기에는 천천히, 그리고 조건을 만족시키는 어휘군 속에서 일부에 점진적으로 적용되다가, 시간이 경과하면 그 진행 범위를 전체의 더 많은 어휘군들로, 그리고 적용 속도도 빠르게 진행된다는 소위 S-곡선을 그리면서 수행되는 것이다.

위와 같은 언어변화의 과정이 역사적 문헌 자료의 내부에서도 그대로 실현되어 나타난다고 우리는 추정한다. 이러한 사회언어학적 관점에서 중세국어에 수행된 음성변화들의 유형, 특히 이 글에서의 원순성 자질에 의한 동화규칙 ⑤와 이화작용의 규칙 ①이 적용되는 현상을 살펴보면, 이러한 변화들은 이미 15세기에 공시적으로 그 기능을 발휘하고 있었다고 생각된다. 먼저 동화규칙 ⑤가 적용되어 나온 출력이 이화규칙 ①의 입력이 되었다는 연쇄적 순서는 고정되어 있으나, 문헌 자료의 장르적 성격, 번역자의 심리적 태도, 말이 쓰이는 상황 등의 요인에 따라서 변이의 모습으로 출현하였을 뿐이다. 물론 여기에 시간적 성분이 개입되면 초기의 단계에서는 보수형들의 출현 빈도수가 높을 것이지만, 나중에는 점진적으로 이들은 개신형에 자리를 내어주게 될 것인데, 이러한 출현 빈도수상의 차이도 어느 정도 당시 중세국어의 문헌 자료에 반영되었을 것으로 본다.

'오/우+ㅸ'의 연결구조에서 β>w의 변화 결과, 원순성 자질의 이화작용에 의해서 수행되는 '오/우+w→오/우+ㆍ/으'의 조정을 편의상 일차적 이화작용이라고 한다면, 원순성 자질에 의한 동화에서 이차적으로 형성된 'ㆍ/으+오/우→오/우+오/우'에 적용된 음성 환경에 적용되는 이화를 이차적 이화작용이라 구분하기로 한다. 중세국어의 단계에서 이차적 이화작용, 즉 '오/우+오/우→오/우+ㆍ/으'의 조정은 문헌 자료에 반영된 출현 빈도수에 의하면 16세기 와서 일반화되는 모습을 보이지만, 그 출발은 일차적 이화와 구분 없이 15세기 중엽에서부터 표기에 반영되어 나타난다. 이러한 문헌 자료의 표기에 나타나는 경향은 어느 정도 당시의 언어 현실을 반영한 것으로 판단된다. 따라서 원순성 자질에 의한 동화의 규칙 ⑤가 이미 15세기 당대에서도 보편화되어 있음을 전제로 하여야 한다. 그러나 동화의 규칙 ⑤는 15세기의 단계에서는 화자들의 유형에 따라서 대체로 수의적인 minor rule의 신분을 갖고 있었을 것이기 때문에, 당시 문헌의 표기자들은 이 규칙의 첨가에 있어서 일관서응ㄹ 보여주지 못하였다고 추정된다. 그 결과, 원순성 동화규칙 ⑤의 습득 여부에 따라서 원순화를 수행한 개신형과, 그러한 조정을 아직 수용하지 않은 보수형이 공존하게 되었을 것이다. 이러한 상태는 동일한 문헌 자료의 내부에서 뿐만 아니라, 같은 文面에서도 그대로 반영되어 있다. 앞선 5장에서 이미 논의했던 단어들의 발달 과정 가운데 몇 가지의 사례를 다시 제시하면 다음과 같다.

(1) 드외-∽도외-(爲)[91]
　　ㄱ. 세 굴비 흘러 變ᄒ야 千二百이 드외니(1463, 법화경, 6, 026a)
　　　　ᄒᆞᆫ 잔 半올 달혀 ᄒᆞᆫ 자니 드외어든(1466, 구급방, 하, 84a)
　　　　오래 나그내 드외야 ᄃᆞ뇨매(1481, 누시초 3, 32b)
　　ㄴ. 暫持 功德이 도외니(법화경, 6, 3a)
　　　　기름ᄀᆞ티 도외어든 거더(구급방, 하, 38b)
　　　　나그내 도외야슈믈 춤ᄂᆞ니라(두시초 25, 51a)

(2) ᄌᆞ올-∽조올-(睡眠)
　　ㄱ. 숤지븨셔 ᄌᆞ올어늘(초간 두시 15, 1ㄱ)

---

91) 특히 '드외-'(化)형은 15세기에 대부분의 고전적인 문헌 자료에서 개신형 '도외-'로 교체되지 않았다. 개신형 '도외-'형은 『法華經諺解』(1463)에 단지 1회 출현할 뿐이다. 이 문헌 자료에 보수형 '드외-'형이 465회나 출현한다는 사실을 고려하면, 이 가운데 개신형 '도외-'의 등장은 우연에 가깝다. 이러한 분포는 초간본 『두시언해』에서도 비슷하게 나타난다.

ㄴ. 오히려 시러곰 조오더라(초간 두시 25, 9ㄱ)

(3) ᄀᆞ올∽고올(邑)

ㄱ. ᄒᆞᆫ고올 잇는 孟七保와 婚姻ᄒᆞ자(1514, 속삼강, 열, 2a)
그 디경에 드러도 각 고올히 아디 몯ᄒᆞ더니(1517, 번소학, 10, 12b)

ㄴ. 아비 安이 ᄒᆞᆫ ᄀᆞ올 李壽의게 죽고(속삼강, 효, 3a)
縣令은 ᄀᆞ올 위두 관원이니(번소학, 7, 25b)

(4) -ᄅᆞ왼∽-로왼(如)

ㄱ. 기픈 ᄠᅳ디 苦ᄅᆞ왼 ᄃᆞᆯ 아노니(두시초 20, 18b)
近間애 風流ᄅᆞ왼 지손 그리(두시초 20, 22b)
妖怪ᄅᆞ왼 벼리 直宿ᄒᆞᄂᆞᆫ 지븨(두시초 20, 42a)

ㄴ. 외로왼 城이 白帝ㅅ ᄀᆞᅀᅵ로다(두시초 20, 1a)
더욱 새로왼 ᄃᆞᆺᄒᆞ도다(두시초 20, 40b)
시름 ᄒᆞ야셔 苦로왼 籠ᄋᆞᆯ 전ᄂᆞ니라(두시초 21, 26a)

(5) 그울-∽구울-(轉)

ㄱ. ᄯᅡ해 업더디여 그울며 우니(석보상, 23：21b)
ᄯᅡ해다가 그우료ᄃᆡ 일ᄉᆡ빅 번을(1489, 구급간, 1, 67a)

ㄴ. 더레요ᄆᆞᆯ 수이 맛나 구우녀 ᄢᅥ러디니(1461, 능엄언 1, 37a)
올ᄒᆞᆫ 녁을 ᄒᆞ고 두위 구우리면 즉재 살리라(구급간, 1, 83b)

(6) 드위-∽두위-(反)

ㄱ. 아니 瀟湘이 드위텻ᄂᆞ니아(두시초 16, 29b)
모ᄆᆞᆯ 드위텨 긴 넛 서리로 드러가(두시초 17, 7a)
믌뉘누릴 드위텨 ᄢᅥᄇᆞ리ᄂᆞ다(두시초 7, 24b)

ㄴ. 춤 츠ᄂᆞᆫ ᄉᆞ매 두위잇고(두시초 15, 2a)
이스레 두위티며 비 튜믈(두시초 15, 8a)
믌겨리 지븨 두위이주메 다ᄃᆞ랫고(두시초 16, 44b)

위와 같은 보수형과 개신형 사이의 공시적 교체에서 15세기에는 원순성 자질의 동화규칙 ⑤를 적용 받지 않은 보수형들의 분포가 압도적으로 등장하였다. 그러나 이러한 경향은 16세기로 들어오면 보수형들의 분포는 점점 줄어드는 반면에 동화규칙 ⑤를 수용한 개신형들의 등장이 빈번하여 진다. 시간의 흐름에 따른 이와 같은 추이는 다음과 같은 사실을 반영하고 있다고 생각한다. A라는 화자가 영향력이 있는 다른 개인 화자 B로부터 새로운 규칙에 의한 개신형 Y를 모방하게 되면서 그것은 A 자신의 언어능력에 자신이 그 전에 갖고 있었던 규칙 또는 예전의 형태 X, 즉 보수형과 더불어 일정한 기간 공존하게 된다($X\infty y$). 그러나 어떤 유리한 조건 하에서 화자 A가 원래의 보수형이나 규칙을 새로 습득한 것으로 지속적으로 대치하게 되었을 때, 하나의 변화가 수행되는 것이다. 이러한 변화의 과정은 다음과 같은 변이의 형태로 진행되어 간다고 생각할 수 있다.

(7) 변화의 진행 과정 : 변이와 변화

$$\xrightarrow{\hspace{6cm}} time$$

$$X \rightarrow X\infty y \rightarrow X\infty Y \rightarrow x\infty Y \rightarrow Y$$

$$1 \qquad 2 \qquad 3 \qquad 4 \qquad 5$$

15세기 단계에서 일종의 minor rule로 시작된 원순성 자질의 역행 동화규칙 ⑤가 점진적으로 그 영역을 확대하여 감과 더불어 여기서 유도된 새로운 음성 환경 '오+오'와 '우+우'의 연결의 출력은 같은 시기에 상당한 기능을 발휘하고 있었던 이화작용의 규칙 ①의 입력의 대상이 되기 시작하였다. 그리하여 15세기 국어에는 세 가지 유형의 이형태들이 서로 대립되어 공존하게 된 셈이었다. 물론 각각의 이형태들의 출현 빈도수는 동일한 것이 아니었다. 첫째는 이 시기에 아직까지 원순성 자질의 기능을 거부하고 있는 보수형, 즉, 'ᄋᆞ+오' 또는 '으+우'. 둘째는 여기에 원순성 자질에 의한 동화규칙 ⑤를 수용하게 되는 개신형, 즉 '오/우+오/우'. 셋째는 적어도 15세기에는 가장 앞선 혁신형으로서 동화규칙⑤의 출력에 다시 이화작용의 규칙 ①을 적용시킨 개신형, 즉 '오/우+ᄋᆞ/으'. 이러한 과정을 극히 추상적인 도포로 다시 구성해 보면 아래와 같다.92)

15C ①	15C ②	15C ③	16C ④	16C ⑤	시기 \ 환경
{ ᄋᆞ 오 / 으 우 }	{ ᄋᆞ 오 / 우 우 }	{ 오 오 / 우 으 }	{ 오 으 / 우 으 }	{ 오 으 / 우 으 }	a
{ ᄋᆞ 오 / 으 우 }	{ ᄋᆞ 오 / 으 우 }	{ ᄋᆞ 오 / 우 우 }	{ 오 오 / 우 으 }	{ 오 으 / 우 으 }	b
{ ᄋᆞ 오 / 으 우 }	{ ᄋᆞ 오 / 으 우 }	{ ᄋᆞ 오 / 으 우 }	{ 오 오 / 우 우 }	{ 오 으 / 우 으 }	c
{ ᄋᆞ 오 / 으 우 }	{ ᄋᆞ 오 / 으 우 }	{ ᄋᆞ 오 / 으 우 }	{ ᄋᆞ 오 / 으 우 }	{ 오 오 / 우 우 }	d

→→→ 시간

위의 도표에서 우리가 나타내려고 하는 의도는 원순성 자질에 기초한 동화의 음운규칙 ⑤와 이화의 규칙 ①이 출력과 입력의 관계에서 급여순서(feeding relation)를 맺으며 점진적으로 음성 조건을 갖추고 있는 일련의 어휘군으로 확산되어 가는 과정을 보이는 것이다. 동시에 시간적으로 각각의 단계에서 이러한 변화들의 시작과 종료와의 사이에는 보수형과 개신형이 사회언어학적 요인에 따라 변이의 모습으로 등장하고 있다는 사실을 제시하려는 것이다. 따라서 이러한 음운론적 조정들은 15세기에서나, 16세기의 공시적 관점에서 일종의 수의적 변이 현상으로 실현되는

---

92) 음성변화 이론에서 음성법칙의 무예외성을 주창하는 소장문법학자들의 작업가설(Paul, 1960)에 대하여, 최근 어휘 확산의 가설을 제시한 Wang(1969 : 27)이 제시하는 음성 변화 진행의 기본적인 틀(paradigm)을 차용한 것이다.

것이다. 그리고 이러한 변이에 참여하는 각각의 변이형들은 사회적으로 조건 지어진 이형태라고 말할 수 있다.

'♀+오'의 연결로 구성된 단어들과 '으+우'로 구성된 단어들에 적용되는 원순성 자질에 의한 동화의 규칙 ⑤의 기능은 시간적으로 동일하지 않았던 것으로 보인다. 이 규칙 ⑤는 '♀+오'의 음성 환경에서 15세기 중엽의 문헌 자료에서 어휘들의 특성에 따라서 일률적으로 말하기는 어렵지만 그 세력이 강화되지 못하였다. 그렇지만 16세기 단계에 이르면 이 해당 단어들은 여러 문헌 자료에서 원순성 자질의 이화규칙 ①을 수용한 '오+♀'와, 여기서 한 단계 진전한 '오+으'의 연결을 보여준다. 그러나 '으+우'의 음성 연결을 구비한 단어 부류는 15세기 자체 내에서 '으+우>우+우>으+우'의 연속적인 단계에까지 발달되어 있는 것이다.

(9) ㄱ. **그울- 〉 구울- 〉 구을-**(轉)
　　　　풀훈 짜혜 나△가 一二百 버늘 구으리면(1466, 구급방, 상, 73b)
　　　　今日에 니르리 五道애 구으녀 사라 오며(1467, 목우자, 24a)
　　　　구으러 짜해셔 닐락 업더디락ᄒ야(1489, 구급간, 2, 46a)
　　　　믈똥구으릿 비 아랠 빼혀(구급간, 3, 21b)
　　ㄴ. **드위- 〉 두위- 〉 두의-**(翻)
　　　　프른 믌겨리 해 눌여 두의잇놋다(1481, 두시초 6, 48b)
　　　　볘 므레 누워 두의티디 몯ᄒ얫도다(도시초 16, 4b)
　　　　모미 두의틀오 네 활기 몯 쓰며(1489, 구급간, 1, 14a)
　　　　모몰 두의 힐훠 ᄒ 녁으로 눕디(구급간, 6, 66b)

　　따라서 '으+우'의 음성 연결에서 시작된 '그울-'(轉)과 '드위-'(翻)형은 15세기 국어에 '그울-∽구울-∽구을-', '드위-∽두위-∽두의-'의 세 가지지 이형태들로 사용되었다고 할 수 있다. 따라서 원순성에 의

한 이차적 이화작용 규칙 ①은 이 시기에 동화작용의 규칙 ⑤에 뒤이어 연속적으로 출발한 것으로 본다. 이들 용언어간의 이형태들은 16세기의 단계로 들어오게 되면 그 출현의 빈도수가 개신형의 방향으로 이동하여 가지만, 근대국어를 정점으로 이화작용의 규칙 ①을 수용한 '구을-'과 '두의-'형이 일반화되어 간다(5장 10절을 참조). 이러한 경향은 β>w에서 출발한 원순성 자질의 기능이 17세기 근대국어의 단계서부터 그 임무를 완료하게 됨을 의미한다.

6.2. 원순성 자질에 근거한 음운규칙들의 생산성과 그 한계

지금까지 우리는 원순성 자질에 의한 이화작용의 현상을 15세기 내에서 검토하여 이차적인 이화작용 역시 이 시기에 적극적으로 기능을 수행하였음을 확인하였다. 또한, 15세기에서는 '♀+오'의 음성 환경에서보다 '으+우'의 연결 구조에서 역행 동화규칙 ⑤가 더 일찍 확대되어 있었다는 사실도 지적하였다. 여기서 얻은 결론은 우리가 2장에서 취급하였던 '술'(酒), ':둘'(二), ':부리'(喙)에 대한 발달 과정에도 그대로 적용될 수 있다고 생각한다. 축약과정을 거쳐서 이미 단음절 또는 이 음절을 구성하고 있는 이러한 예들은 15세기 중엽의 고전적인 문헌 등에 주로 출현하는 대신에, 원래의 2음절 또는 3음절을 갖고 있던 형태들은 오히려 시기상으로 늦은 16세기에 분포되어 있다. 여기서 성조가 평성(低調)인 '술'(酒)만 제외하면, ':둘'과 ':부리'는 先底後高의 上聲으로 실현되어 있는 사실이 주목된다.93) 이와 같은 ':둘'(二)과 ':부리'(喙)는 각각 '두·울'과 '부·우

---

93) 현대국어에서 '술'(酒)에 대한 표준발음은 단모음으로 발음된다. 중세국어 단계에 수행된 '수울>수울>술'의 발달 과정에서 음절 축약으로 인한 보상적 장음화가 실현되었을 것으로 예측되지만, 그 당시에 초분절음소로 높낮이가 변별 기능을 발휘하였기 때문에 잉여적 자질이었던 장모음은 아무런 역할도 발휘하지 못하였던 것으로 보인다.

리'에서부터 원순성 자질에 의한 이화작용과 모음 축약의 과정을 거쳐 왔음을 나타낸다. 즉, 중세국어 성조의 형태음운론적 변화의 관점에서, 음절 축약에서 "저조+고조→선저후고"의 현상은 존재하지만, 이와 반대의 방향, 즉 단음절이 이음절화하면서 "선저후고→저조+고조"와 같이 전환되는 예는 찾을 수 없기 때문이다(5장 10절을 참조).

우리는 지금까지 15세기의 순경음 'ㅸ'의 변화가 촉발시킨 원순성 자질을 기본으로 한 역행 동화규칙 ⑤와 순행 이화의 음운규칙 ①의 적용을 중심으로 논의해 왔다. 특히, 'ㅇ+오'의 음성 환경을 갖고 있는 몇몇 형태소들은 역행 동화규칙 ⑤가 적용되기 이전에 먼저 'ㅇ'모음 탈락에 의하여 '오'로 축약되는 과정을 거치는 예를 제시한바 있다. 즉, '스ᄀᄫᆞ ㅎ>스ᄀ올ㅎ'(鄕)의 과정을 거친 복합어의 경우에 예측되는 '스ᄀ올ㅎ>스고올ㅎ>스고을ㅎ'과 같은 연속적인 변화가 전연 반영되지 않았다.

(10) 길히 通ᄒ면 셔욼 스굴히 엇뎨 다ᄅ리오(1464, 선종영, 하, 113a)
　　　스골 ᄆᆞᆯ 서리예(1489, 구급간, 1, 103a)
　　　竇氏의 두 ᄯᆞᆯ리 스굴셔 기러 나터(1517, 번소학, 9, 66a)
　　　스골 가셔 나날 집 사ᄅᆞᆷ으로 ᄒᆞ여(번소학, 9, 87b)
　　　鄕 스굴 향(1527, 훈몽자, 중, 5a)

또한, 5장에서 우리는 표면 음성 환경이 동일한 두 부류의 형태 'ᄌᆞ올−(睡眠) : ᄌᆞ올앓−(親近)', 및 'ᄂᆞ외(更) : ᄉᆞ외(甚)' 등이 원순성 자질에 의한 동화와 이화의 규칙의 관점에서 각각 상이한 음운론적 조정을 수행하였음을 제시한 바 있다. 이와 같은 상이를 순경음 'ㅸ'의 여부로 추정하였으나, 이들 음운규칙이 중세국어에 작용하였던 한정된 소규칙의 신분을 벗어나서 일반 음운규칙의 신분을 획득하려면 'ㅸ'과 결부된 제약을 제거해야만 될 것이다.

그 반면에, '♀+오'의 음성 환경을 갖춘 어휘 형태소 가운데에서도 강력한 '♀' 탈락에 의한 음절축약을 거부해온 사례도 발견된다. 중세국어 'ᄀ오(누르-, 厭)'형의 존재가 그것이다.

(11) 厭魅ᄂᆞᆫ ᄀ오 누르ᄂᆞᆫ 鬼神이니(월인석, 9, 34-2a)
　　　厭은 ᄀ오 누롤씨오(월인석, 9, 58b)
　　　사ᄅᆞᆷ몰 ᄀ오누르더던 젼ᄎᆞ로(능엄언8, 121b)
　　　믄득 ᄀ오누르여 ᄎᆞ림 몯ᄒᆞ거든(구급방, 상, 23a)

7. 결론

15세기 국어에 일어난 β>w의 음운변화는 순경음 '병'을 소유하고 있었던 일련의 어휘 형태소와 문법 형태소들에게 깊은 영향을 미치게 하였다. 이 가운데에서도 특히 '병'과 앞뒤로 연결되어 일정한 음성 환경을 갖고 있었던 단어들은 그 역사적 발달 과정에서 β>w에 의해서 도출된 원순성 자질로 인하여 역행 동화작용과 순행 이화작용을 연쇄적으로 수행하게 되었다. 이 글에서는 이러한 음운론적 조정에서 파생된 중세국어의 음운변화와 원순성 모음의 본질, 그리고 그 발달의 원리를 중점적으로 논의하려고 하였다. 지금까지의 논의를 통하여 확인된 사실을 요약하면 다음과 같다.

7.1. 먼저 이 글의 제2장에서 15세기 국어의 용언의 범주에서 '곱-' (麗), '눕-'(臥), '돕-'(助), '굽-'(炙) 등의 활용형에서 β>w에 의해서 형성된 '오+w / 오'와 '우+w / 우'의 음성 연쇄는 수의적으로 '오+♀ / 으'와

‘우+으’의 구조로 전환되어 간다. 이러한 음운 현상은 15세기 국어의 모음 체계에서 ‘오’와 ‘우’의 위상이 각각 후설 원순모음의 신분이었기 때문에 가능하였다고 판단하였다. 따라서 표면적으로 빈번하게 출현하는 ‘오+w / 오→오+ᄋ / 으’와 ‘우+w / 우→우+으’의 재조정은 선행하는 모음의 강력한 원순성 자질이 후속하는 원순성의 반복을 회피하려는 일종의 이화작용으로 인식하였다. 이러한 원순성 자질의 중복을 형태소 경계에서 기피하려는 15세기 음운 현상의 경향을 확인하기 위해서 음성 환경이 다른 용언의 활용형들의 행위를 검토하게 되었다.

이번에는 ‘덥-’(暑), ‘칩-’(寒), ‘이볼-’(枯), ‘볿-’(踏) 등의 용언군들의 활용형들과 대조하였을 때, β>w에 의해서 형성된 ‘어+w / 우’, ‘이+w / 우’, ‘으+w / 우’, ‘ᄋ+w / 오’ 등과 같은 음성 환경에서 후속된 제2음절 위치의 원순성 자질이 예외 없이 보존되어 있는 사실을 관찰하였다. 그렇다면, ‘오+오’와 ‘우+우’의 연결 구조를 활용형으로 갖고 있는 용언군에서 제2음절의 원순성이 세거되는 이유는 비로 선행 음절이 원순성 자질에 근거하고 있다는 조건에 있음을 강조하게 되었다. 즉, 음성 환경 ‘으+우’, ‘이+우’ 등에서 제1음절 위치의 비원순모음들은 후속하는 모음의 원순성 자질에 아무런 영향을 끼치지 않은 것이다.

그리하여 제1음절에 ‘오’와 ‘우’의 원순모음을 갖고 있는 용언군들의 활용형에 실현되는 이와 같은 음운론적 행위를 선행 모음의 원순성 자질에 의하여 후행하는 모음의 원순성이 제거 또는 중화되는 일종의 이화작용으로 간주하게 되었다.

따라서 이러한 가정을 다음과 같은 공식으로 설정해서, 이러한 예측이 이와 동일한 음성 환경을 구비하고 있던 당시 15세기 국어의 체언 범주에 어떻게 적용될 수 있는가를 시험해 보기로 하였다.

(1) 원순성 자질의 이화작용의 가설

$$\begin{bmatrix} V \\ +r\,ound \\ 1 \end{bmatrix} \begin{bmatrix} V \\ +r\,ound \\ 2 \end{bmatrix} \rightarrow \begin{bmatrix} V \\ +r\,ound \\ 1 \end{bmatrix} \begin{bmatrix} V \\ -r\,ound \\ 2 \end{bmatrix}$$

7.2. 15세기 국어에서 β>w에 의해서 '우+w / 우'의 음성 연쇄를 구성하게 되는 일련의 체언 어간에 수행된 음운론적 조정은 우리가 동일한 환경을 갖추고 있는 용언들의 활용형에서 관찰했던 그것과 거의 일치하게 나났다. 즉, 이 체언들의 범주에서도 (1) 원순성 이화작용의 가설이 적용된 것이다.

(2) ㄱ. 눈두베(眼胞)>눈두웨>눈두에
ㄴ. *누베(蠶)>누웨>누에
ㄷ. *누뵈(妹)>누위>누의
ㄹ. *수볼(酒)>수울>수을>술
ㅁ. *두볼(二)>두울>두을>둘

위의 체언들의 음성 환경 '우+w / 우'에 수행된 '우+으'로의 변화는 수의적인 적용의 성격을 띤 용언의 경우에서보다 더욱 강력하게 작용하였다. 그리고 용언어간에서 저지된 중세국어에서 강력한 음운규칙인 '으/(ㅇ)' 탈락규칙의 입력이 되기 시작하였음을 보여 주었다. 그 반면, 다른 유형의 체언 가운데 제1음절의 모음이 비원순모음 모음이고, 제2음절의 모음이 원순모음인 환경에서는 제2음절 위치의 모음의 원순성 자질이 고정적으로 유지되어 있었다. '치뷔(寒)>치위, 더뷔(暑)>더위, 저볼(秤)>저울, ㅎ 뷩ᄿ(獨)>ㅎ오ᄿ, ᄀ볼ㅎ(郡)>ᄀ올'.

따라서 일정한 용언군의 활용형에서 추출된 잠정적인 원순성 자질의 이화작용의 가설을 중세국어에서 분명한 음운론적 기능을 발휘하고 있었던 이화작용의 규칙 ①로 확정하게 되었다.

(3) 원순성 자질의 이화작용 규칙 ①

$$V \rightarrow [-\alpha\ round]\ /\ \begin{bmatrix} -cons \\ +voc \\ \alpha\,round \end{bmatrix} \underline{\quad\quad}$$

7.3. 이 글의 제3장에서는 β>w에 의해서 중세국어에서 수행된 몇 가지의 다른 음운론적 조정을 검토하면서 후속되는 원순모음과 상승 이중모음 y-와의 연결 과정에서 원순성 자질 w가 일정하게 탈락하는 예들을 논의하였다. 특히, 형용사 어간 '덥-'(暑)과 '칩-'(寒)에서 중세국어의 전형적인 명사파생 접미사 '-의'의 연결에서 전성된 '더뷔'와 '치뷔'가 15세기의 고전적인 문헌 자료인『석보상절』(1447)과『월인석보』(1459)에서 각각 '더뷔'와 '치뷔'로 등장하는 것은 이 시기에 작용하였던 '붕'의 원순모유화 현상을 반영하는 것으로 이해하였다.

그리고 15세기 국어에서 β>w에 의해서 수행된 일련의 변화 '더뷔>더위'와 '치뷔>치위', 그리고 '지벽>ㅈ역' 등은 다음과 같은 W 탈락 규칙에 의해서 생성되었음을 제시하였다.

(4) W 탈락 규칙 ④

$$W \rightarrow \emptyset\ /\ \underline{\quad\quad} \begin{bmatrix} \begin{bmatrix} V \\ +high \\ -back \end{bmatrix} \\[6pt] \begin{bmatrix} -syllabic \\ +round \\ +back \end{bmatrix} \end{bmatrix}$$

> β>w에서 나온 w는 원순모음 또는 이중모음의 부음 y- 앞에서 탈락한다.

또한, 음성변화의 적용과 그 회피의 과정을 논의하면서 의미 변별을 위한 예방적 차원에서 파생되는 음운론적 원리를 제시했으며, 일정한 통합적 환경에서 실현되는 'ㅂ → ㅸ'과 같은 형태음소적 변화의 확대 가능성을 몇 가지 예를 들어 논증하려고 하였다.

7.4. 이 글의 제4장에서는 β>w에 의해서 'ᄋ+오'와 '으+우'의 음성 연결의 구조를 갖게 되었던 일련의 단어들이 후행 원순모음의 역행동화에 의해서 15세기와 16세기에 걸쳐 표면적으로 變異의 상태를 보이며 각각 '오+오'와 '우+우'로 점진적으로 대치되어 가는 과정을 논의하였다.

(5) ㄱ. ᄀᆞ올ㅎ>고올ㅎ(邑)
　　 ㄴ. 드외->도외-(爲)
　　 ㄷ. ᄀᆞ외>고외(袴衣)
　　 ㄹ. ᄒᆞ오ᅀᅡ>호온ᅀᅡ(獨)
　　 ㅁ. ᄂᆞ외야>노외야(再)

(6) ㄱ. 그울-, 그우->구울-'(轉)
　　 ㄴ. 드위혀->두위혀-(翻)
　　 ㄷ. 그위>구위(官廳)

이러한 음운론적 변화는 다음과 같은 원순성 자질에 의한 역행 동화작용을 실현시키는 음운규칙 ⑤의 지배를 받은 것으로 해석하였다.

(7) 'ᄋ / 으'의 원순모음화 규칙 ⑤

$$\left\{ \begin{array}{c} \dot{\mathrm{i}} \\ \\ \land \end{array} \right\} \rightarrow [\alpha\ \mathrm{round}] / \underline{\hspace{2em}} \left[\begin{array}{c} \mathrm{V} \\ \alpha\,\mathrm{r\,ound} \end{array} \right]$$

그리고 15세기 국어에 나타나기 시작하는 '어듭->어둡-'(暗)과, 근대 국어의 시기에 와서야 나타나는 '듧->듦-'(穿)의 어간모음에서의 '으>우'의 원순화가 각각 β>w에 의해서 활용형에 실현되는 원순성 자질의 역행 동화의 지배를 받았을 가능성을 논증하였다.

7.5. 이 글의 제6장에서는 15세기에 수행된 β>w의 변화에서 파생된 원순성 자질은 역행 동화규칙 ⑤를 거쳐 나온 '오+오'와 '우+우'의 음성 환경에 우리가 앞서 설정하였던 순행 이화작용의 규칙 ①이 연속적으로 적용되기 시작하였음을 해당 형태소의 역사적 발달 과정을 중심으로 제시하였다. 그리고 여기서 도출된 출력은 어휘들의 특성에 따라서 '으' 탈락규칙을 거쳐 모음축약으로 전 음운론적 과정이 종료되기도 하였다.

(8)　ㄱ. 드빙->드외>도외->도이->도의->되-(化)

　　　ㄴ. 곱-, ᄀ볼->ᄀ오->고오->고ᄋ->고으->괴-(溜)

　　　ㄷ. ᄀ볼ᅙ>ᄀ올ᅙ>고올ᅙ>고올ᅙ>고을ᅙ>골ᅙ(郡,邑)

　　　ㄹ. *ᄌ볼->ᄌ올->조올->조올->조을->졸-(眠)

　　　ㅁ. *ᄀ빙>ᄀ외>고외>고의>괴(袴衣)

　　　ㅂ. ᄒ봉사>ᄒ오사>호온자>호은자>혼자(獨)

　　　ㅅ. 그볼->그울->구울->구을->굴-(轉)

　　　ㅇ. *드뵈->드위->두위->두의->뒤-(反)

지금까지 우리가 원순성 자질의 기능을 중심으로 추출한 중세국어 음운론에서의 음운규칙, 즉, 순행 이화작용의 규칙 ①과 역행동화 규칙 ⑤의 존재는 다음과 같은 두 가지의 사실을 의미하는 것으로 파악하였다.

첫째, 중세의 단계에서 형태소 내부와 형태소의 경계에서 동일한 원순성 자질이 연속되는 현상을 회피한다. 이러한 현상은 β>w에 의해서 형성된 원순성 자질에서나, 기원적으로 원순모음 '오'와 '우'의 연속에서도 마찬가지로 실현되었다.

둘째, 중세국어의 모음체계에서 '오'와 '우'는 후설 원순모음의 위상을 차지하고 있었다. 원순성 자질을 갖고 있는 양순자음이 후행 모음에 가하는 원순성의 순행 동화는 구체적으로 근대국어의 단계에까지 기다려야 하였으나, 원순모음의 원순성 자질이 선행하거나 후행하는 평순모음에 가하는 동화와 이화의 기능이 15, 16세기에 작용하기 시작한 것이다.

7.6. 원순성에 의한 이화작용의 규칙 ①은 16세기에 진입하면서 일반화되어 가는 경향을 보이지만, 그 출발은 15세기로 소급된다. 그러나 이 규칙이 용언의 활용형의 음성 환경, 즉 'ᄋᆞ+w/오'와 '우+w/우의 연쇄에서는 수의적인 적용을 보이지만, 체언의 경우에 필수적으로 적용되었다. 문법의 범주에 따른 이화작용의 규칙 ①의 수의적 성격과 필수적 성격의 차이가 어디에서 기인되는 것인지는 규명하기 어려웠다.

또한 15세기와 16세기에 걸쳐 원순성 자질에 의한 이화작용의 규칙 ①과 이어서 연속적으로 적용되는 동화작용의 규칙 ⑤의 적용은 어휘들의 특성에 따라서, 문헌 자료의 장르적 성격에 따라서, 그리고 표기자 또는 번역자의 태도에 따라서 일정하지 않았고, 시대적으로 명확히 구분되지 않았다. 그 결과, 보수형과 개신형이 일정한 기간 동안 일종의 變異 (variation)의 모습으로 공존하고 있었다. 이러한 두 가지 유형의 형태들의 공시적 변이는 음운론적 변화의 관점에서 자연스러운 현상이며, 특히 16세 기의 음운현상은 중세에서 근대국어로 이전하여 가는 과도기의 단계를 반영하고 있을 것으로 판단하였다. 따라서 일견해서 혼란 또는 동요로 보이는 이러한 보수형과 개신형 간의 공존은 통시적 관점에서 하나의 지 속적인 반향으로의 변화를 지향하여 나가는 역동적인 공시적인 단계를 그대로 반영하는 것으로 우리는 여기서 추정하였다.

참고문헌

강신항(1972), 「『朝鮮館譯語』의 寫音에 대하여」, 『어학연구』 제8권 1호.

김완진(1971ㄱ), 「음운현상과 형태론적 제약」, 『학술원 논문집』(인문·사회) 10.

김완진(1971ㄴ), 『국어 음운체계의 연구』, 일조각.

김완진(1972ㄱ), 「형태론적 현안의 음운론적 해결을 위하여」, 『東亞文化』 제11집.

김완진(1972ㄴ), 「다시 β>w를 찾아서」, 『어학연구』 제8권 1호.

김완진(1974), 「음운변화와 음소의 분포」, 『진단학보』 제38호.

남광우(1959), 「ㅸ △論攷」, 『論文集』(중앙대학교) 제4집.

남광우(1961), 「『月印千江之曲』(上)에 나타난 희귀어에 대하여」, 『한글』 128호.

남광우(1971), 『古語辭典』, 일조각.

남광우(1975), 『국어학 논문집』, 일조각.

안병희(1959), 「15세기 국어의 용언활용에 대한 형태론적 연구」, 『국어연구』 7호.

안병희(1972), 「壬辰亂 직전 국어사 자료에 관한 이삼 문제에 대하여」, 『진단학보』 제
　　　　33호, 진단학회.

유창돈(1964), 『이조국어사 연구』, 선명문화사.

유창돈(1964ㄱ), 『이조어 사전』, 연세대학교 출판부.

이기문(1968), 「鷄林類事의 재검토」, 『東亞文化』 제8집.

이기문(1971), 『訓蒙字會 연구』, 한국문화연구소.

이기문(1972ㄱ), 『개정 국어사』, 민중서관.

이기문(1972ㄴ), 『국어음운사 연구』, 한국문화연구소.

이기문(1972ㄷ), 「漢字의 釋에 관한 연구」, 『東亞文化』 제11집.

이숭녕(1954), 「脣音 攷-특히 순경음 'ㅸ'를 중심으로 하여」, 『論文集』(서울대학교) 제
　　　　1집.

이숭녕(1955ㄱ), 『음운론 연구』, 민중서관.

이숭녕(1959), 「'ㆍ' 音攷 再論」, 『학술원 논문집』(인문·사회) 1집.

이숭녕(1960), 『중세국어문법』, 을유문화사.

이숭녕(1961), 「중세국어의 이화작용의 고찰」, 『학술원 논문집』(인문·사회) 2집.

이숭녕(1973), 「소학언해의 술연본과 교정청본의 비교연구」, 『진단학보』 제33호, 진단
　　　　학회.

이병근(1970), 「경기지역어의 모음체계와 비원순모음화」, 『東亞文化』 제9집.

전광현(1967), 「17세기 국어의 연구」, 『국어연구』 9호.

정연찬(1960), 「15세기 국어의 tone에 대한 연구」, 『국어연구』 8호.

최학근(1968), 『국어방언 연구』, 서울대학교 출판부.

최현배(1961), 『한글갈』, 고친판, 정음사.

허   웅(1954), 「東方學志 제1집을 읽고 이숭녕 선생님께 사룀」, 『국어국문학』 12호.

허   웅(1964), 「15세기 국어의 사역, 피동의 접사」, 『東亞文化』, 제2집.

허   웅(1965ㄱ), 『국어 음운학』, 정음사.

허   웅(1965ㄴ), 『언어학 개론』, 정음사.

小倉進平(1944), 『朝鮮語方言學의 硏究』, 岩波書店.

Anttila, Raimo.(1972), *An Introduction to Historical and Comparative Linguistics*, Macmillan Publishing Co., Inc.

Bloomfield, Leonard.(1933), *Language*, George Allen and Unwin.

Campbell, L.(1974), On Conditions on Sound Change, in *Historical Linguistics* II, edited by Anderson & C. Jones, North-Holland.

Chomsky, N & M. Halle.(1968), *The Sound Pattern of English*, Harper & Row, Publishers.

Fischer, J. R.(1958), Social Influence in the Choice of a Linguistic Variant, in *Language and Society*, 1966, edited by Hymes, D., Harper & Row.

Halle, M.(1962), Phonology in Generative Grammar, in *Phonological Theory*, Evolution and Current Practice, 1972, edited by Makkai V. B., Holt, Rinehart and Winston, Inc.

Harms, R. T.(1968), *Introduction to Phonological Theory*, Prentice-Hall.

King, D. R.(1969), *Historical Linguistics and Generative Grammar*, Prentice-Hall.

Lehmann, W. P.(1962), *Historical Linguistics*, An Introduction, Holt, Rinehart and Winston.

Paul, H.(1960), *Prinzipien der Sprachgeschichte*, Sechste, unveraenderte Auflage, Max Niemeyer Verlag.

Penzl, Herbert.(1957), The Evidence for Phonemic Changes, in *Approaches to English Historical Linguistics*, 1969, edited by Roger Lass, Holt, Rinehart and Winston, Inc.

Postal, M. P.(1968), *Aspects of Phonological Theory*, Harper an Row.

Schane, Sanford, A.(1973), *Generative Phonology*, Prentice-Hall.

Stockwell, R. P.(1969), Mirrors in the History of English Pronunciation, in *Approaches to English Historical Linguistics*, 1969, edited by Roger Lass, Holt, Rinehart and Winston, Inc.

Wang, S-Y. W.(1969), Competing Changes as a Cause of Residue, *Language*, Vol.45, No.1.

Weinreich, U., Labov, W., Herzog, M. I.(1968). Empirical Foundations for a Theory of Language Change, in *Directions for Historical Linguistics*, edited by Lehmann W. P. & Yakov Malkiel, Univ. of Texas Press.

ㄱ

아래로부터의 변화(change from below)